诸城年鉴

2018 ZHU CHENG YEARBOOK

诸城市人民政府　主办
诸城市史志办公室　　编

方志出版社
Publishing House of Local Records

图书在版编目（CIP）数据

诸城年鉴．2018 / 诸城市史志办公室编．—北京：方志出版社，2018.7

ISBN 978-7-5144-3144-5

Ⅰ．①诸… Ⅱ．①诸… Ⅲ．①诸城—2018—年鉴 Ⅳ．①Z525.24

中国版本图书馆CIP数据核字（2018）第169020号

诸城年鉴（2018）

编　　者：诸城市史志办公室
责任编辑：王海荣

出 版 人：冀祥德
出 版 者：方志出版社
地址　北京市朝阳区潘家园东里9号（国家方志馆4层）
邮编　100021
网址　http://www.fzph.org
发　　行：方志出版社图书经销中心
电话（010）67110500
经　　销：各地新华书店
印　　刷：山东黄氏印务有限公司

开　　本：889×1194　1/16
印　　张：32
字　　数：670千
版　　次：2018年7月第1版　2018年7月第1次印刷
印　　数：001~800册

ISBN 978-7-5144-3144-5　**定价**：416.00元

诸城市史志编纂委员会

名誉主任　桑福岭

主　　任　刘峰梅

副 主 任　孙吉海　李庆华　李永光　赵　莉　王爱民　葛淑彬
　　　　　李耀武　韩培武　韩　震

委　　员　孙鲁安　刘加清　周华伟　冷　强　李熙良　王增军
　　　　　韩瑞玉　臧　波　赵　凤　管延贵　李跃志　张焕新
　　　　　李臣波　李学勇　赵永福　胡善清　刘金明　王志伟
　　　　　王桂华　孙铭杰　吴金忠　王树伟　宋明华　张茂盛
　　　　　韩明光　孙海森　徐开荣　李　刚　耿　凯　武志平
　　　　　隋天宁　王　刚　孙希海　王先信　马　良　代　辉
　　　　　王洪阳　张　雷

《诸城年鉴（2018）》

主　　审　李耀武

副 主 审　孙鲁安

主　　编　孙铭杰

副 主 编　刘　云

编　　辑　孙艳华　刘　云　孙培连

特邀编审　邹金祥

诸城名片

- 全国县域经济基本竞争力百强县（市）
- 中国优秀旅游城市
- 国家科技进步示范市
- 国家绿色能源示范市
- 国家园林城市
- 国家卫生城市
- 中国质量魅力城市
- 中国男装名城
- 全国食品工业强市
- 全国粮食生产先进县
- 全国农业产业化示范基地
- 国家级出口食品农产品质量安全示范区
- 国土资源节约集约模范市
- 第三批国家新型城镇化综合试点城市
- 全国文化先进县
- 全国创新社会治理优秀城市
- 全国平安建设先进市
- 山东省文明城市
- 全省社会治安综合治理先进市
- 山东省文化强省建设先进县（市）
- 山东省双拥模范城

数字诸城 2017

- 全市总面积2151.4平方公里
- 户籍人口111.4万人
- 地区生产总值（GDP）824.69亿元
- 第一产业增加值66.01亿元
- 第二产业增加值403.71亿元
- 第三产业增加值354.97亿元
- 三次产业比例为8∶49∶43
- 粮食总产量90.8万吨
- 社会消费品零售总额277.6 亿元
- 出口94.5亿元、进口9.3亿元
- 城镇居民人均可支配收入36998元
- 农村居民人均可支配收入18670元
- 公共财政预算收入71.2亿元
- 公共财政预算支出74.7亿元
- 中国驰名商标27件
- 山东省著名商标57件
- 地理标志证明商标9件
- 国家地理标志保护产品1个
- 院士工作站3家
- 牵头构建产业技术创新战略联盟3家
- 新增各级各类研发平台34家
- 新增高新技术企业17家
- 国家级重点镇2个、省级中心镇4个
- 国家级生态乡镇13个（覆盖全部镇街）

11月15日，山东省人大常委会副主任张新起（前排右二）带领视察组到诸城视察文化、卫生事业发展情况。潍坊市领导邹庆忠、孙明亮、张新强，诸城市领导桑福岭、王玉邦、王爱民、张福秀、单东升等陪同 （摄影　刘培建）

9月23日，副省长、潍河省级河长任爱荣（右二）一行6人到诸城调研潍河河长制工作。潍坊市领导马清民，诸城市领导刘峰梅、杨连富等陪同 （摄影　孔繁亮）

8月10日，省政协副主席许立全（前排右二）一行12人到诸城专题调研军民融合发展工作。潍坊市领导苏立科，诸城市领导桑福岭、孙利宝、王爱民、宗素霞等陪同　　　（供图　李洪军）

4月12日，全省农村产业融合发展规划编制会暨现场观摩会在诸城召开　　　（摄影　孔繁亮）

6月30日，潍坊市委书记、市人大常委会主任刘曙光（左二）到诸城调研社区建设、企业发展等工作。诸城市领导桑福岭、刘峰梅、李永光、王爱民、王大鹏等分别陪同　（摄影　孔繁亮）

5月19日，潍坊市委副书记、市长李宽端（前排左二）到诸城指导开展“作风建设年”活动。诸城市领导桑福岭、刘峰梅、孙吉海、李庆华、李永光、王爱民等陪同。图为李宽端等领导到幼儿园调研
（摄影　王　玮）

10月17日，市委书记桑福岭（右三），市委副书记、市长刘峰梅（右二）现场调度社会事业和城建项目　　（摄影　巩向红）

9月7日，市委副书记、市长刘峰梅（前排左二）调研教育事业发展情况　　（摄影　巩向红）

1月13日—14日，中国共产党诸城市第十四次代表大会在市政府礼堂召开

（摄影　张泽青）

1月19日—22日，诸城市第十八届人民代表大会第一次会议在市政府礼堂召开

（摄影　王槐德）

1月18日—20日，中国人民政治协商会议第十届诸城市委员会第一次会议在市政府礼堂召开　（供图　报社）

8月17日，诸城市举行机器人特色小镇·迈赫机器人智能化产品升级扩建项目启动仪式。市领导桑福岭、刘峰梅、李庆华、王爱民出席仪式

（摄影　巩向红）

11月13日，山东大业股份有限公司在上海证券交易所上市

（供图　金融办）

6月13日，山东惠发食品股份有限公司在上海证券交易所上市

（供图　金融办）

6月23日，市领导桑福岭、刘峰梅、孙吉海等现场调度创卫复审迎查工作　　（摄影　王　哲）

2017年，全市机关事业单位干部职工积极参与国家卫生城市复审迎查工作。图为6月17日机关干部参加义务劳动清扫城市环境卫生（摄影　巩向红）

整治改造后的龙城市场调味品厅一角
（摄影　巩向红　王炳芹）

整治前后的福光花园小区　（供图　市房管办）

城市夜景一角　　（摄影　傅汝强）

入夜，沧湾公园周围华灯璀璨　　（摄影　崔著礼）

10月27日—11月1日，山东省（诸城）首届茂腔文化艺术节在诸城举办。图为10月27日晚举行开幕式

（摄影　王　玮）

3月10日，大型反腐茂腔现代剧《失却的银婚》在市政府礼堂举行首场演出。该剧为国家艺术基金2016年度舞台艺术创作资助项目　（供图　市纪委）

9月27日，2017中国（诸城）大舜文化节在诸城市群众文化活动中心广场开幕。图为专场文艺演出现场

（摄影　巩向红）

11月10日，“中国体育彩票杯”全市中老年健身展演在市体育馆举行　　（供图　市体育局）

7月16日，2017潍坊市首届自行车城市联赛诸城站暨诸城市全民健身运动会自行车骑游大赛在常山举行，活动吸引了青岛、日照、潍坊等地的180名运动员参加　　（摄影　王　玮）

编辑说明

Notes to editors

一、《诸城年鉴》是在中共诸城市委领导下，由诸城市人民政府主办，诸城市史志办公室编纂的地方性、综合性、资料性文献。2016年创刊，每年编辑出版一卷。

二、《诸城年鉴（2018）》为《诸城年鉴》第三卷，主要内容的记述时限原则上为2017年1月1日至12月31日。为反映事物全貌和保持记述资料的完整性，部分资料时限适当上溯或下延。

三、《诸城年鉴》编纂坚持以马克思列宁主义、毛泽东思想、邓小平理论、“三个代表”重要思想、科学发展观和习近平新时代中国特色社会主义思想为指导，坚持辩证唯物主义和历史唯物主义的立场、观点和方法，紧紧围绕市委、市政府的中心工作，全面、系统、翔实、客观地记载诸城政治、经济、文化、社会等方面的综合情况，反映诸城各行各业的新成就、新面貌、新风采，为各级领导决策和管理提供可靠的参考依据，为社会各界了解诸城、建设诸城提供最新的基本情况，也为续修地方志积累资料。

四、《诸城年鉴（2018）》采取分类编辑法。全书设29个栏目，即特载、大事记、全市概况、中国共产党诸城市委员会、诸城市人民代表大会、诸城市人民政府、中国人民政治协商会议诸城市委员会、中国共产党诸城市纪律检查委员会、工商联·群众团体、军事、法治、经济监督管理、农业、工业、商务、金融、财政·税务、交通·邮政·通信、城乡建设、资源·环保、教育·科技、文化·旅游、卫生计生·体育、社会·民生、镇（街道）园区、人物、荣誉、附录、索引。年鉴在结构上设栏目、分目、条目3个层次，条目为年鉴内容的基本记述单位，年鉴多数内容在条目中记载；材料选取注重信息价值和存史价值；全书在设计编排上注重图文并茂。

五、为方便读者查阅，编制了目录、索引，分别置于年鉴的卷首和卷末。

六、年鉴稿件由诸城市各镇街党（工）委、政府（办事处）、市属各重点园区及市直各部门、全市各相关单位提供，并经供稿单位主要负责人审阅，由市史志办公室编辑定稿，供稿人员姓名随文附后。年鉴主要数据以统计部门的统计数据为准。

七、《诸城年鉴（2018）》的编辑出版，是在各级领导的关怀和支持下，各供稿单位的大力协助下，经过广大年鉴工作者通力合作、辛勤劳动所取得的丰硕成果。在此，谨向关心和支持年鉴编辑工作的单位和个人表示衷心感谢。特别鸣谢市委宣传部、潍坊日报社诸城分社及诸城市摄影家协会对年鉴图片编纂给予的大力支持与帮助！

目 录 Contents

特 载

Features

大 事 记

Memorabilia

全市概况

Overview of Zhucheng City

目 录

Contents

目　录

诸城市人民代表大会

Zhucheng Municipal People's Congress

Contents

诸城市人民政府

Zhucheng Municipal People's Government

目　录

Contents

中国人民政治协商会议诸城市委员会

Zhucheng Municipal Committee of the Chinese People's Pclitical Consultative Conference

目　录

中国共产党诸城市纪律检查委员会

Zhucheng Municipal Disciplinary Inspection Committee of the Communist Party of China

Contents

目　录

Contents

经济监督管理

Economic Management and Supervision

目　录

Contents

目　录

工　业

Industry

Contents

目 录

商 务

Commerce

Contents

目　录

Contents

目 录

Contents

资源　环保

Resources Environmental Protection

教育　科技

Education Science and Technology

目 录

文化 旅游

Culture Tourism

Contents

卫生计生　体育

Health　Family Planning　Sports

目 录

Contents

目 录

Contents

人 物

Outstanding Figures

荣 誉

Honours

附 录

Appendix

索 引

Index

特　载

实干担当　激情创业　深入推进“三区一城”建设 努力开创诸城转型发展新局面

——在中国共产党诸城市第十四次代表大会上的报告

（2017年1月13日）

桑福岭

同志们：

现在，我代表中国共产党诸城市第十三届委员会向大会作报告，请予审议。

桑福岭作党代会报告　　（供图　报社）

过去五年的工作回顾

市第十三次党代会以来，面对严峻复杂的宏观环境，我们在党中央和省市委的正确领导下，深入贯彻落实习近平总书记系列重要讲话精神，团结带领全市人民，以推进“五城同建”为抓手，扎实做好稳增长、调结构、促改革、惠民生、防风险各项工作，顺利完成市第十三次党代会确定的各项任务目标，谱写了全市转型发展新篇章。

五年来，我们坚持稳增长促发展，综合实力跃上新台阶。2016年，预计完成地区生产总值810亿元，较2011年增长61.1%，年均增长10%；完成一般公共预算收入73.2亿元，较2011年增长82.5%，年均增长12.8%。完成固定资产投资635亿元、社会消费品零售总额256亿元，分别较2011年增长120%和82.4%，年均分别增长17.1%和12.8%。规模以上工业企业完成主营业务收入2360亿元、利税205亿元，分别较2011年增长79.9%和80.5%，年均增长12.47%和12.54%。县域经济基本竞争力列全国百强县（市）第26位，前移9个位次。

五年来，我们突出转方式调结构，提质增效实现新突破。工业转型升级步伐加快，高新技术产业产值占比由36.2%提高到39.5%，408个项目列入省技术创新项目计划，被确定为国家新型工业化产业示范基地、国家火炬诸城汽车及零部件特色产业基地。骨干企业群体不断壮大，上市企业6家，“新三板”挂牌企业3家，其他场外市场挂牌企业达到95家，220家企业完成规范化公司制改制。服务业增加值年均递增10.8%，金融机构发展到73家，设立产业发展基金近60亿元，荣获首批山东省电子商务示范县、中国优秀旅游城市等称号，“华夏龙城”入选山东省十大旅游目的地品牌。农业产业化水平全国领先，荣获首批国家农业产业化示范基地、国家现代农业示范区、全国农村一二三产业融合发展试点市，连续八年被评为全国粮食生产先进单位，连续九年被评为全国生猪调出大县。科技创新能力显著提高，规划建设了虚拟大学园——超然首新空间，省级以上研发机构55家，新增院士（专家）工作站、博士后科研工作站12家，牵头构建产业技术创新战略联盟16家，引进高层次人才360多人。拥有省级以上品牌218件，参与国标行标制修订69项，专利授权9900多件。连续五届荣获全国科技进步先进市。

五年来，我们全面深化改革开放，区域发展增添新活力。积极推进供给侧结构性改革，制定降低企业成本促进实体经济健康发展的73条政策措施，以创新的思路和办法化解涉企金融风险，设立5亿元政府转贷资金池，获全国县级财政管理绩效综合评价第2名。建立行政权力“四张清单”制度，完善权力清单动态管理机制，荣获国家首批基于云计算的电子政务公共平台建设和应用试点示范地区。农村产权制度改革成效突出，1198个经联社（居委会）全部完成改制，被认定为全国农村集体“三资”管理示范县。农村金融创新和规范化公司制改制工作获郭树清省长批示肯定。承担的国家智慧城市、全省园区经济等10项省级以上改革试点取得良好成效。对外开放水平全面提升，信得科技、迈赫机器人、义和车桥、鼎泰盛等与外企合作取得重大进展，桑莎柬埔寨产业园建成投产。对接青岛成果丰硕，诸城至青岛城际铁路、疏港铁路进入实质性操作阶段，青岛保税港区诸城功能区保税物流中心成为全省第2家县级保税物流中心。

五年来，我们加快推进新型城镇化，城乡面貌展现新变化。城镇化率由53%提高到59.5%，成功承办2016中国新型城镇化（诸城）经验交流会，被确定为国家新型城镇化综合试点市。中心城区扩容提质，实施旧城改造项目14个，开发重点片区14个，建成高层楼宇294栋，8处公园提档升级，新建改建农村公路2010公里，改造提升密州路、潍河堤顶路等城市道路。镇域发展彰显特色，建成省级特色产业镇3个，国家级重点镇2个。农村新型社区项目荣获“中国人居环境范例奖”，3个农村社区入选“省农村新型示范社区”。实施潍日高速、央赣路、平日路等工程，社区通公交率、自来水通村率、有线电视普及率均达100%，获批创建国家智慧城市试点市，成功创建全国国土资源节约集约模范市。圆满完成“三八六”环保行动，万元GDP能耗、电耗分别为潍坊市平均水平的65.4%和41.4%，境内水质达标率100%，林木覆盖率、城市绿化覆盖率分别达到39.1%和44%，空气质量良好以上天数达到290天，创建为国家园林城市。

五年来，我们着力增进人民福祉，社会事业取得新进步。民生支出占比由2011年的55.9%提高到85.9%。累计新增城镇就业6.5万人，转移农村劳动力5万人。提前完成20个省定贫困村脱贫任务。居民基本养老和基本医疗保险实现全覆盖，城乡低保标准分别提高到每人每月500元、每人每年3900元，建设保障性住房10658套。教育总投入108.2亿元，新建、改扩建校舍54万平方米，招聘新教师1633人，被确定为全国唯一的县级整体推进素质教育示范实验区，首批通过全国义务教育发展基本均衡县（市）验收，创建为第一批全国农村职业教育和成人教育示范县。创建为国家卫生城市，被确定为首批县级公立医院改革国家试点县（市）、国家卫生应急示范市、全国农村中医药工作先进单位、国家慢性病综合防控示范市、全国计划生育家庭科学育儿试点市。投资9亿元，实施小农水重点县、小水库除险加固和五大引调水工程，构建起“多源化保障、一体化供水”的城乡供水格局。创新完善基层社会治理模式，被评为全国平安建设先进市、全国社会管理创新综合试点典型培育地区、国家安全生产标准化建设示范市。

五年来，我们致力于民主政治建设，文明法治开拓新局面。坚持和完善民主集中制，完善领导班子集体议事和民主决策程序，重大事项集体讨论决定。加强和改进人大工作，支持和保证人大及其常委会依法行使职权。全面落实依法治国基本方略，加强法治政府建设，支持法院、检察院依法独立行使职权。支持政协积极履行职能，充分发挥协商民主重要渠道作用。支持工青妇等群团组织发挥桥梁纽带作用，民族、宗教、侨务及对台工作取得新成效。深入开展双拥共建，连续五届被评为省双拥模范城。创新“圈网融合”文化服务模式，精心打造“大美龙城·厚德诸城”品牌，连续举办中国（诸城）大舜文化节、“明德和融”中国画名家邀请展，被评为全国文化先进市、全省“四德工程”建设示范市、首批省级公共文化服务体系示范区，连续四届荣获省文明城市称号，连续两届荣获文化强省建设先进市。

五年来，我们坚决从严治党管党，党员干部焕发新气象。扎实开展党的群众路线教育实践活动、“三严三实”专题教育、“两学一做”学习教育，制定合格党员标准“十在先100条”，通过到井冈山接受党性教育、组织科级干部军训、宣传王金鉴先进事迹，累计培训党员干部6万多人次。坚持基层导向、群众导向、发展导向、考核导向、用人导向相统一，建立容错免责机制，干部敢于担当、干事创业的主动性不断增强。健全党群服务、社区治理、集体经济、农民增收、社区组织“五个体系”，深入推进城乡党组织联建、社企联建、“三社”联建，创新推行“五制管理”“四务公开”制度，荣获全国村务公开民主管理示范市称号。压紧压实“两个责任”，持续开展“作风建设年”活动，驰而不息纠治“四风”，认真做好巡视反馈意见整改落实，党风廉政建设向纵深推进，党员干部作风持续好转。

过去五年，我们经受住了复杂局面的严峻考验，成功应对各种风险与挑战，取得来之不易的成就，这是中央和省委、潍坊市委正确领导的结果，是历届市委接续奋斗的结果，是全市上下团结拼搏的结果。在此，我代表中国共产党诸城市第十三届委员会，向全市广大党员干部群众，向老领导老，向驻诸部队指战员和武警官兵，向所有关心支持诸城发展的各级领导和各界朋友，致以崇高的敬意和衷心的感谢！

五年攻坚克难、砥砺奋进，取得了辉煌成就，也积累了宝贵经验，值得倍加珍惜、继承发扬。

一是始终把解放思想作为第一导向。坚持以习近平总书记系列重要讲话精神为指导，全面贯彻落实中央和省市重大决策部署，紧密结合诸城实际，创造性地开展工作，引导带领全市上下统一思想、干事创业，有力地推动了转型发展。实践证明，只有不断解放思想、凝聚共识，才能适应和引领新常态，提振干部群众精气神，推动诸城的发展一路劈波斩浪、勇往直前。

二是始终把推动发展作为第一要务。坚持把发展作为解决一切问题的关键，以“走在前列”为目标定位，以工业转型升级为引领，突出创新驱动发展战略，走质量效益并重之路，全力推进供给侧结构性改革，经济社会呈现出持续健康发展的良好态势。实践证明，只有突出特色优势、加快转型发展，持续提升经济综合实力和核心竞争力，诸城才能在新一轮发展中走在前列、率先突围。

三是始终把改革创新作为第一动力。紧紧

抓住全面深化改革重大机遇，针对发展的薄弱环节和瓶颈制约，先行先试、大胆开拓，努力以改革激发活力、以创新增强动力，实现了有质量有效益可持续的发展。实践证明，只有在改革中创新、在创新中提升，未来的发展空间才会越来越大，发展道路才会越走越宽。

四是始终把改善民生作为第一追求。坚持以人为本、执政为民理念，扎实实施好富民、惠民、安民工程，努力用党员干部的辛苦指数、绩效指数，换取人民群众的幸福指数、满意指数。实践证明，只有真正做到发展为了人民、发展依靠人民、发展成果由人民共享，才能更好地为发展凝聚民心、集中民智、汇聚民力。

五是始终把从严治党作为第一保障。充分发挥市委总揽全局、协调各方的领导核心作用，着力打造一支敢于担当、创新实干、素质优良、清正廉洁的党员干部队伍，为转型发展提供坚强的政治保证。实践证明，只有坚持党要管党、从严治党，才能实现干部清正、政府清廉、政治清明，汇聚起全社会推动改革发展的强大正能量。

成绩令人振奋，但是我们也要清醒地看到存在的问题和挑战：经济结构性矛盾依然存在，产业转型升级任务较重，能够支撑未来区域经济发展的大项目、大企业依然较少；企业整体创新能力不强，高层次人才较为紧缺；保障改善民生工作与群众的新期待还有差距，财政刚性支出增长较快，收支压力仍然较大；转型期引发的社会不稳定因素增多，安全生产、环境保护形势依然严峻；少数基层组织“两个责任”意识不强，部分党员干部思想作风和能力素质有待提高；“四风”问题仍有反复，党风廉政建设任重而道远。对此，我们必须切实增强责任意识、忧患意识，坚持问题导向，采取有效措施，切实加以解决。

今后五年的指导思想和奋斗目标

今后五年，是诸城加快转型发展的关键时期，也是全面建成更高水平小康社会并向基本实现现代化迈进的决胜阶段。综观大势，当前中国经济发展进入新常态、世界经济发展进入转型期、全球科技发展酝酿新突破，前进道路上充满种种挑战，但又富含重重机遇，特别是国家“一带一路”建设、深化供给侧结构性改革、山东半岛国家自主创新示范区建设等战略部署，形成历史性机遇叠加。我们必须深刻把握大变革时代的发展态势，因势而谋、应势而动、顺势而为、乘势而上，奋力开创改革发展新局面。环顾周边，地区竞争不断加剧，兄弟城市你追我赶，千帆竞发，百舸争流，不进则退、慢进亦退的现实经摆在我们面前。面对前有“标兵”、后有“追兵”，“标兵”渐远、“追兵”逼近的形势，我们必须提升境界，提升标杆，不忘初心，继续前进，无论经济建设还是社会发展，无论综合排名还是单项竞争，都要争先进、创特色，确保在新一轮区域竞争中率先发展。审视自我，近年来我们坚持以“五城同建”为总抓手，经济社会发展取得了积极成效，稳的态势在持续，进的力度在加大，新的动能在成长，好的因素在累积。当前，诸城具有良好的产业基础，拥有优秀的企业家队伍和高素质的产业工人，随着青岛胶东国际机场、潍日高速、京沪高铁东线，以及诸青城际铁路、疏港铁路、通用机场等项目规划实施，诸城与青岛的同城化进程不断加快，区位优势进一步凸显。但我们也要看到，诸城发展的隐忧仍然较多，面临产业转型、创新突破、资源环境等方面的制约和挑战，并且新的矛盾还将不断显现，诸城还处于转型发展的阵痛期。我们必须敢于担当、奋发有为，迎难而上、砥砺前行，立足优势谋发展、发挥优势求突破、依据优势创特色，努力推动各项工作再上新台阶。放眼未来，今后五年是诸城加快崛起的机遇期、爬坡过坎的攻坚期、大有作为的窗口期，广大人民群众要求发展进步、追求美好生活的愿望更加强烈。面对美好的发展前景，全市干部群众干事创业热情高涨，凝心聚力谋发展，千方百计抓落实，实干担当、激情创业成为诸城的主旋律。我们必须深刻认识诸城发展新的阶段性特征，积极顺应群众期待、呼应百姓诉求，勇立潮头、敢为人先，披坚执锐、奋发图强，担当实干不松劲，转型创新求突破，在新起点上不断开拓全市转型发展新境界，努力创造无愧于时代、无愧于人民的优秀业绩！

基于上述认识和思考，今后五年全市工作总的指导思想是：高举中国特色社会主义伟大旗帜，全面贯彻党的十八大和十八届三中、四中、五中、六中全会精神，以习近平总书记系列重要讲话精神为指导，认真落实省市委决策部署，紧紧围绕“五位一体”总体布局和“四个全面”战略布局，牢固树立和贯彻落实新发展理念，适应把握引领经济发展新常态，坚持稳中求进工作总基调，以提高发展质量和效益为中心，以转型升级创新发展为主题，以深化供给侧结构性改革为主线，大力实施产业转型、创新驱动、城乡统筹、绿色发展、民生优先、文化引领、和谐共建、从严治党“八大战略”，深入推进创新创业引领区、生态宜居示范区、幸福和谐样板区和山东半岛区域性中心城市“三区一城”建设，实干担当，激情创业，在新起点上不断开创全市转型发展新局面，确保在产业转型中率先突围、在区域竞争中率先发展、在全面建成更高水平小康社会进程中走在前列，为谱写好“中国梦”的诸城篇章、开启基本实现现代化新征程而努力奋斗！

主要奋斗目标是：到2021年，全市地区生产总值突破1100亿元，年均增长7%左右，人均GDP达到1.4万美元；一般公共预算收入过百亿元，年均增长7%左右；全社会固定资产投资过千亿元，年均增长10%左右；城镇化率达到65%以上；居民人均可支配收入突破40000元，年均增长8%左右。

——质量效益显著增强，经济发展更具竞争力。经济保持中高速增长，综合实力大幅提升，在全国百强县中前移5个位次以上。现代产业体系更加完备、结构更加合理，创新发展能力显著增强，建成具有较强竞争力的先进制造业基地和创新型经济发展高地。

——城市品质大幅提升，城乡发展更具协调性。规划布局更趋优化，城市更加精致秀美，城乡更加均衡协调。中心城区的首位度明显提高、辐射带动力日益增强，建成山东半岛区域性中心城市，让本地人更加自豪、外地人更加向往。

——绿色发展深入人心，生态环境更具宜居性。资源节约集约利用取得重要进展，节能减排任务全面完成。城乡综合环境质量明显提升，生态文明建设体制机制更加完善，生产空间更加集约高效、生活空间更加宜居适度、生态空间更加山清水秀。

——改革开放不断深化，动力活力更具持续性。精准对接发展所需、基层所盼、民心所向，重点领域、关键环节改革实现新突破。广泛参与全球竞争合作，深度对接融入青岛，开放平台更加完善、开放内涵更加丰富、开放机制更加优化，为转型发展集聚更多资源、开辟更大空间。

——发展成果普惠共享，人民生活更有幸福感。就业创业更加充分，群众收入水平整体提升，改革发展成果更多惠及全市人民。保障体系更加健全，社会事业全面发展，基本公共服务均等化水平稳步提高。文明法治持续提高，社会和谐稳定，人民权益得到更好保障。

——党的建设全面加强，党员干部更有精气神。管党治党责任得到严格落实，基层党组织和党员队伍建设进一步加强。干部队伍的思想作风、能力素质不断优化，党风政风更加清新，党心民心更加振奋，党群干群更加紧密。党风廉政建设和反腐败工作持续推进，全面从严治党取得更大成效。

今后五年的主要任务和重点举措

今后五年，全市各级党组织和广大党员要围绕奋斗目标，坚持以新发展理念为引领，主动顺应供给侧结构性改革要求，聚力转型升级，聚焦百姓富裕，深入推进“三区一城”建设，努力实现新常态下更高层次新发展。

（一）推动产业加快向中高端迈进，在提高发展质效上实现新突破。坚持以企业为主体，以园区为载体，强攻项目招引建设，通过实施两化融合、技术升级、装备提档，加快推进产业转型升级，全面提升经济综合实力、核心竞争力和可持续发展能力。

一是持续做强工业主导产业。提升以技术、标准、品牌、质量、服务为核心的竞争优势，加快由诸城制造向诸城创造转变，实现由工业大市向制造强市的跨越。到2021年，规模以上工业企业主营业务收入超过5000亿元，实现利税450亿元以上，在现有基础上翻一番。整体提升汽车产业。深刻把握全球汽车产业发展的新方向新趋势，发挥福田汽车龙头带动作用，前瞻布局技术研发、加快推进高端转型，重点发展整车制造、核心零部件制造和新能源汽车，强化协同创新、整体转型，推进汽车全产业链发展。积极承接福田商用车业务转移，建设全球最大的中高端卡车生产基地及研发、制造、销售、运营、服务中心。到2021年，福田汽车诸城厂区主营业务收入突破1100亿元，全市汽车产业突破3000亿元。做精做细食品产业。发挥外贸、得利斯、惠发等企业的龙头带动作用，大力发展绿色食品、有机食品、营养食品和功能食品，全面构建安全健康食品体系。加强新技术研发，挖掘更多的细分品类，实施外贸公司禽肉制品加工、得利斯30万头肉牛分割加工、兴贸15万吨精炼玉米油、润农海洋功能性食品等重点项目，提升市场竞争力和盈利水平。优化提升纺织服装产业。按照“强化特色、突出时尚、提高档次、培育名牌”的思路，将时尚理念融入产品设计、生产、品牌运作等各个环节，实现由加工制造基地向时尚品牌基地的转型。纺织行业，围绕功能化、差异化、高档化发展方向，加快桑莎高档纺纱等重点项目建设，抓好新型功能性面料的研发生产。服装行业，充分接轨国际时装潮流，积极设计研发富含时尚元素的产品，发展个性化定制、3D量体、线上营销线下体验等业务，建立研发、生产、流通一体化的快速反应创新模式。大力发展高端装备制造产业。以智能装备制造为核心，开发具有自主知识产权的机器人、非标自动化设备、数控加工中心、全套自动化装备等高端智能装备，突出机器人集成应用、核心部件产业化和数控机床高端化、专用电机智能化，促进产业向高端化、智能化、服务化方向发展，建设国内一流的智能装备制造产业基地。规划建设通用航空产业园，推动食品机械、节能环保设备、医疗机械、石油装备、海洋工程装备等做大做强，提升市场竞争力。加快壮大生物医药产业。以东晓生物、浩天药业、华源生物等企业为龙头，加快突破重大关键技术，积极培育自主知识产权，着力提升产品附加值和市场占有率。支持信得科技深化与日本住友商事的战略合作，拓展日本和东南亚等国际市场，努力打造全国重要的生物医药研发生产基地。积极培育战略性新兴产业。实施新兴产业培育工程，围绕信息技术、新材料、新能源等重点领域，集中力量提升产业链、创新链，促进规模化、集群化发展。实施“两化”融合示范工程，开展“机器换人”行动，推动传统制造模式向数字化、网络化、智能化方向转变。培育新业态新模式，促进分享经济、网络经济、数字经济发展，重点在“互联网+”制造、云计算、大数据等方面实现突破。推进制造业服务化，加快向研发、销售两端延伸，促进产业跨界融合发展。

二是打造现代服务业增长极。以市场化、产业化、社会化、国际化为方向，坚持生产性、生活性服务业并重，新老业态、线上线下并举，全力推动现代服务业优化升级。到2021年，服务业增加值占GDP比重达到47%以上，平均每年提高1.5个百分点以上。创建县域金融创新示范区。规划建设金融大厦，引进新型金融业态，提升金融产业综合竞争力。引导企业进军资诸城场融资，支持上市企业增发再融资及进行并购重组，推动符合条件的企业发行公司债、企业债、集合债和集合票据。到2021年，金融机构达到80家以上，服务网点达到500个以上；创业板以上上市企业达到15家，“新三板”挂牌企业15家，其他场外市场挂牌企业超过150家。打造区域性物流中心。充分发挥区位、交通和产业优势，打造冷链、汽车及零部件、保税物流、临港物流等四大物流产业，扩大粮食、钢材、木材等物流规模，积极引进和发展第三方物流，推动物流业与制造业联动发展，建设跨行业、跨区域的智能物流信息公共服务平台。建设电子商务示范市。完善提升电商创业园，实施好平台升级、园区示范、龙头引领、人才实训、跨境电商、公共服务等六项工程，促进电子商务平台和企业聚集发展，构建全产业链的电子商务生态系统，建设特色鲜明的电子商务高地。打造文化旅游名城。以“华夏龙城”旅游品牌为引领，全面整合旅游资源，建设具有较高认知度和美誉度的文化旅游名城。突出恐龙文化旅游区建设，实施潍河生态旅游项目，加快常山风景区改造提升，构建市民健身、休闲、游憩的理想生态景区。建设总部经济基地。加大招商引资和培育扶持力度，积极引进世界五百强、中国五百强和民营经济五百强企业总部，重点引进区域性总部和功能性机构，着力培育本地总部企业，营造适合总部经济发展的环境，促进成长型总部企业迅速做大做强，加快建设区域性总部基地。打造新兴服务业发展高地。规划建设新兴服务业创业孵化园区，大力发展文化创意、设计研发、养老养生、科技信息、商务服务、会展等新兴服务业，推动集聚集约集群发展，提升服务业发展层次。

三是大力发展高效品牌农业。以农业增效、农民增收为主要目标，大力推进农业供给侧结构性改革，持续重农强农，再创现代农业发展新优势。加快农业结构调整。狠抓种植业结构调整，积极推进大田调大棚、山地调林果、零散调规模，带动以点扩面工作，全面提高农业产出效益和产业链增值收益，打造全国优质农产品基地。加快畜禽品种升级换代步伐，提升标准质量、提升养殖效益，建设全省现代畜牧业示范区先行区。加大品牌开发和营销力度，提高农产品市场占有率和竞争力，每年新增“三品一标”20个以上。积极转变农业发展方式。引导城市工商资本下乡，发展适度规模经营，有序推进土地流转，到2021年全市规模化种植占比达到50%以上。用工业理念发展农业，强化龙头企业带动作用，推进农业标准化生产，大力发展精致农业。完善农业投入品监督管理、农产品质量安全追溯、农产品监管执法体系，全力保障农产品质量安全，创建农产品质量安全示范市。推进农村三次产业融合发展。以市场需求为导向，以完善利益联结机制为核心，推动农业“接二连三”，实现产业链延伸、价值链提升、供应链贯通，用“新六产”谋求“三农”问题的综合解决。推动生态休闲农业与乡村旅游发展相结合，积极培育农产品电商、休闲农庄、农业庄园、特色农场等新产业新业态，探索推广“投资方+管理方+农户”等农业产业化升级新模式，提高农业全产业链收益。提高农业综合生产能力。加强与中国农科院等科研机构和高校院所的交流合作，实施种子种苗优良化工程，发挥农业科技孵化器和科技示范平台作用，大力推广农业先进适用技术，构建集科研、示范、推广于一体的现代农业科技创新和应用体系。积极推进农田水利、土地整治、中低产田改造和高标准农田建设，加快农业机械化进程，提升技术装备水平。拓展农业服务功能，推进农业产业化、信息化、科技化和生态化发展，不断提高农业生产效益。

（二）培育转型升级核心引擎，在持续激发动力活力上实现新突破。主动顺应经济新常态下发展动力转换的新趋势，把创新摆在发展全局的核心位置，全面深化重点领域改革，构建双向拓展的开放新格局，精准发力服务企业，为全市转型发展提供强劲动力。

一是着力提升创新驱动能力。扶优培强创新主体。强化企业创新主体地位，引导各类创新要素向企业集聚，提升企业核心竞争力。大力推进招院引所，重点抓好中德艾伯特义和学院、中澳得利斯食品研究院建设，继续推进美晨科技与德国百胤科技公司、建华阀门与美国瓦尔玛帝克阀门公司合作。建立健全产学研协同创新机制，支持龙头企业牵头组建产业技术创新战略联盟和院士工作站，加快创新成果转化。搭建优质创新平台。依托超然首新空间，配套完善成果转化、项目孵化、科技服务、宜居宜业、高端教育等服务功能，打造诸城版“虚拟大学园”。完善提升汽车及零部件检测中心、高新技术孵化器、科技创新创业园等平台功能，鼓励企业建设省级以上企业技术中心、工程技术研究中心、重点实验室和工程实验室。汇聚高端创新人才。实施高端人才培养引进工程，突出“高精尖缺”导向，构建“高层次人才+企业家”的创新团队模式。实施专业技术人才知识更新工程，培育一批创新能力强的中高级专业技术人才。深入推进校企合作、订单培养，生产“适销对路”的高技能应用人才。实施企业家队伍建设提升计划，保护企业家精神，支持企业家坚守实体经济，专心创新创业，尽好社会责任，成为支撑诸城未来发展的脊梁。

二是全面深化重点领域改革。强化改革责任担当，积极争取国家和省市改革试点，大胆探索一批率先领先的创新实践，打造具有诸城特色的改革品牌。加大供给侧结构性改革力度，结合实际落实好“三去一降一补”重点任务，有效改善供给体系质量和效率。强化土地供应保障，坚持上争下控、外增内挖，严格执行倒逼机制，优化建设用地结构，积极推进城乡增减挂钩及工矿废弃地复垦。建立政银企合作共济机制，积极扩大信贷投放，拓宽企业直接融资渠道，有效防范化解金融风险。深入推进园区经济试点，加快开发区、高新园转型升级，搭建产业集聚发展重要载体。健全公共资源要素交易平台，完善公共资源配置监督体系，实现公共资源交易法制化、规范化、透明化。深化行政管理体制改革，加大简政放权、放管结合、优化服务力度，争创国家级政务服务标准化试点单位。推进事业单位改革，加快文化体制改革。深化农村产权制度改革，抓好农村土地承包经营权抵押贷款、集体建设用地使用权流转等试点。

三是增创对外开放新优势。推动外贸优化升级。实行优进优出战略，创建自主性国际品牌，提升外贸基地功能，推进跨境电商平台建设，提升产品国际市场竞争力。支持企业到境外建设原料基地、研发营销机构，完善提升桑莎、恒盛源、松源等海外园区，在更宽领域、更高层次上参与国际交流合作。支持优势企业开展国际并购、资本运作，实施品牌、技术、研发、人才合作，积极引进制约产业转型升级的关键设备、短缺资源性产品以及国际先进的管理理念。深入开展“三招三引”。拓宽招商渠道，突出精准招商，通过定点招商、企业招商、项目招商、平台招商、小分队招商、产业链招商等方式，着力引进一批产业链延伸配套、科技含量高、投资规模大、经济效益好的项目。鼓励企业通过增资扩股、股权融资、债权融资、风险投资、境外上市及融资租赁等方式，提升利用外资的规模和质量。把招商引资与招才引智、招院引所结合起来，千方百计集聚发展要素，增强发展后劲。加强区域交流合作。深入对接青岛，主动融入青岛经济圈，发挥青岛保税港区诸城功能区作用，抢抓青岛西海岸新区建设、董家口临港经济发展、中国（青岛）自由贸易港区建设和青岛蓝色硅谷建设机遇，全面加强与青岛在产业、科技、人才等领域的交流，加快与青岛的同城化进程。扎实做好与临清市的扶贫协作工作。

四是创新联系服务企业模式。构建新型政商关系。坚持以服务企业发展为己任，真心实意与企业家交朋友，积极构建“亲、清”新型政商关系，强化主动服务意识，改进联系服务办法，更快更好解决企业诉求需求。完善联系服务制度。完善重点项目联系包靠、一事一议、模块审批、问责观察等制度，推动有限资源向优质企业倾斜，全力支持企业增投入、上项目，实现转型升级、跨越发展。突出“转作风、提效率、优环境”主线，全面提升政务服务水平，做到“围墙内的事企业管，围墙外的事政府办”。探索建立服务企业经理人队伍，实行“一对一”长期联系和跟踪服务，及时掌握企业发展脉搏。制定落实扶持政策。积极推动企业降成本，进一步落实好减税、降费、降低要素成本等方面的政策，让企业在转型过程中轻装上阵，实现企业追求与政府支持的“同频共振”。发挥产业基金作用，实施名企、名牌战略，激发企业创业激情，弘扬“工匠精神”，建设“百年企业”。

（三）完善全域新型城镇化格局，在优化城市功能品质上实现新突破。坚持全域统筹、城乡一体、产城融合，突出功能特色，彰显个性魅力，构建品质城市、特色城镇、新型社区、美丽乡村“四位一体”的新型城镇化体系，推动城镇化进入以提高质量和内涵为主的转型发展新阶段，建设山东半岛区域性中心城市。

一是提升中心城区品质。完善中心城区发展框架，把常山景区和三里庄水库纳入中心城区统筹谋划，推进山水城高度融合。扎实推进旧城改造和棚户区改造，促进精品住宅建设，构建多元化多层次商品房供应体系与住房保障体系。推进房地产业转型升级，引导商业地产、医疗地产、工业地产、旅游地产、养生养老地产等多业态发展。大力发展城市经济，统筹布局教育、医疗、文化、体育等公共服务设施，全面提升中心城区首位度、集聚度。着力提升城市绿化品位，以“优、精、巧、新”为切入点，全方位打造城市绿化精品亮点，逐步形成“城在绿中、绿在水中、人在园中”的整体效果。健全城市精细化管理机制，深入开展违法建设治理行动，加强城市执法和环卫保洁，满足人们对现代生活的追求。

二是特色化发展重点镇。坚持产业立镇、特色兴镇，积极推进镇域经济发展、镇驻地改造提升和基础设施建设，不断增强综合承载力。强化重点镇、示范镇建设，促进功能“聚而合”、形态“精而美”，加快推动区位优、规模大、实力强的重点镇向小城市转型。大力发展镇域特色产业，培育打造一批工业主导型、商贸服务型、现代农业型、文化旅游型特色强镇，争创省级特色小镇。

三是建设农村新型社区。按照人口集中、产业集聚、土地集约、功能集成的原则，围绕示范带动、特色培育、产业发展三大重点，梯次推进“四全一特”示范社区创建。改造提升社区服务中心，健全基本公共服务、市场化便民服务和社区互助志愿服务“三位一体”的社区服务体系。稳妥推进农民聚集融合，加快建设“智慧社区”，争创全国农村社区建设示范单位。

四是深化“美丽乡村”创建。加快农村基础设施建设，以“五化七改”（硬化、绿化、美化、净化、亮化，改路、改电、改校、改房、改水、改厕、改暖）为重点，优化农村人居环境，确保提前两年实现“美丽乡村”全覆盖。深入实施乡村文明行动，推动城乡环卫一体化、服务管理标准化，引导农村群众养成良好生活行为和道德素养，体现人文内涵和地方特色，努力留住美丽乡愁。

五是完善重大基础设施。积极推进诸青城际铁路、疏港铁路、通用机场、潍日高速、京沪高铁东线等重点基础设施项目，实施国省道改造升级和四环路外迁工程。深化智慧城市建设，构建大数据公共服务平台，深入开展“一户一表”改造，加快建设高标准智能化电网。继续实施引调水工程，确保城乡居民饮水安全。按照基础设施适度超前配置的原则，加快和平北街、兴华东路、人民东路、南环路建设改造，统筹推进供水设施升级改造、供热“汽改水”改造、中水回用工程、地下综合管廊和海绵城市建设，基本形成现代化的市政公用设施体系。

（四）建设生态宜居美丽家园，在厚植绿色发展优势上实现新突破。牢固树立生态价值观，推动形成绿色发展方式和生活方式，走生产发展、生活富裕、生态良好的文明发展道路，建设天蓝、地绿、水清的生态宜居美丽城市。

一是加大环境保护力度。深化燃煤锅炉“煤改气”整治，推进热电企业脱硫脱硝升级改造，深入开展空气异味、扬尘、油烟、噪声等整治工作。严格企业危险废物和医疗废物的处置监管，鼓励企业综合利用固体废物。加强污水和垃圾处理设施建设，确保高效运行。加强饮用水源地保护，实施重点企业节水工艺改造、废水深度治理、再生水循环利用等工程，对沿河污染源进行综合整治。

二是深入开展造林绿化。坚持开展造林绿化与农业结构调整、发展乡村旅游相结合，全面推进城市绿化、镇村绿化、水系绿化、道路绿化，扩大城乡绿化面积。推进南部生态涵养功能区建设，持续开展荒山造林、退耕还林、封山护林，开展小流域治理和水土保持综合整治。推进密州国家森林公园建设工作，加强森林资源的保护与管理，实施林业生态建设工程，促进森林抚育，增加森林面积与蓄积，维护和提高生物多样性。

三是推动低碳循环发展。实施清洁能源替代改造工程，推动全社会节能减排，大力发展循环经济，争创省首批循环经济示范市。加强节能环保技术、工艺、装备推广应用，全面推行清洁生产，淘汰企业落后设备，提高资源利用效率。推进绿色消费，完善再生资源回收利用体系，提高再生资源回收、集散、加工处理能力。节约集约利用资源，实施重点产业能效提升计划，强化约束性指标管理，确保完成刚性目标任务。高效利用水资源，大力发展节水经济，创建水生态文明城市。

四是深化生态文明创建。开展城乡环境综合整治，深化绿色社区、绿色学校等生态文明创建。突出抓好农村环境卫生整治和农业面源污染防治，推行畜禽粪污无害化处理和综合利用，推进土壤改良修复，推广生物农药、高效低毒低残留农药。加强生态保护修复，加快潍河流域综合开发，加强全市重要河流水系生态建设，有效改善河流生态环境。加强湿地保护，完善实施湿地保护与修复工程，推进潍河国家湿地公园建设。

（五）聚焦增进民生福祉，在让群众拥有更多获得感上实现新突破。持续增加民生投入，集中力量做好普惠性、基础性、兜底性民生建设，以民意引导决策、以民生助力转型、以幸福评价政绩，全面提升人民群众幸福感满意度。

一是推动全民创新创业。推进大众创业万众创新，积极发展微创经济。实施创业示范园区（孵化基地）建设行动，积极申报省市级创业示范园区（孵化基地）。发挥龙城创业学院作用，着力提高创新创业水平。完善立体化人力资源服务平台，动态消除“零就业”家庭。健全工资水平决定机制、正常增长机制和支付保障机制，创建全省和谐劳动关系示范城市。

二是健全社会保障体系。落实全民参保计划，形成全覆盖、保基本、多层次、可持续的社会保障体系。建立扶贫长效机制，筑牢以城乡低保和农村“五保”、孤残儿、城镇“三无”老人供养为重点的兜底保障，建立面向大多数群体、涵盖基本生活需求的福利制度。实施社会保险惠民计划，稳步提高养老、医疗、失业和工伤等社会保障待遇水平。积极推进住房货币化保障和安置，健全实物配租和租赁补贴相结合的住房保障制度。统筹推进妇女儿童、残疾人、体育、慈善、老龄等社会事业全面发展。

三是坚持教育优先发展。继续实施中小学标准化建设提升计划，不断扩增城乡优质教育资源。完善教师补充长效机制，持续优化干部教师队伍。全面落实立德树人根本任务，普及15年教育，率先基本实现教育现代化。优化中职学校布局，推动潍坊工商职业学院“专升本”，形成产教融合、校企合作、职普融通的现代职业教育体系。开展形式多样的成人教育、实用技术和职业技能培训，构建完善终身教育体系。

四是提高居民健康水平。健全分级诊疗服务体系，实现医疗卫生资源科学合理配置，促进公共卫生计生服务均等化。深化医药卫生体制改革，鼓励社会力量办医，促进医养结合养生养老服务业发展。深入开展“健康诸城”行动，巩固扩大国家卫生城市创建成果。推进中医药继承和创新，实现基层医疗机构中医药服务全覆盖。落实好全面两孩政策，提高出生人口素质，推动计划生育工作持续稳定健康发展。

（六）推进文化繁荣发展，在增强区域竞争软实力上实现新突破。以创建文化强省建设先进市为抓手，不断提升文明新高度和文化软实力，让城市散发文化的温度，让文化成为城市的灵魂。

一是全面推进精神文明创建。突出培育和践行社会主义核心价值观，用中华民族伟大复兴的中国梦凝聚共识、汇聚力量。以实施四德工程为重点，深入推进公民思想道德建设，积极申报国家级、省级爱国主义教育基地。促进文明城市创建常态长效，持续推进文明村镇、文明单位、文明社区、文明校园、文明家庭创建，积极争创国家级文明城市。

二是完善公共文化服务体系。实施公共文化设施提升工程，规划建设市图书馆新馆、诸城美术馆、诸城大剧院，确保全市镇街、社区文化设施全部达到或高于全省标准。强化重点文化惠民工程，推进文化信息资源共享和公共电子阅览室建设，打造提升公共文化服务项目和群众性文化活动品牌。加强非物质文化遗产研究保护和开发利用，提升城市知名度和美誉度。

三是促进文化产业跨越发展。制定文化产业发展规划，树立“文化+”战略思维，发展壮大文化旅游、新闻传媒、影视动漫、会展广告等文化创意产业。加强文化产业发展载体建设，加快培育重点文化产业园区、重点文化企业、重点文化项目，建设提升专业文化市场，高水平打造“大舜文化节”等会展节会品牌。实施文艺精品工程，培育多层次文化产品和要素市场。

（七）深入开展平安和谐创建，在提升社会治理能力上实现新突破。坚持党委领导、政府主导、多元参与、共建共治，推进社会治理社会化、法治化、精细化，实现政府治理和社会自我调节、居民自治的良性互动。

一是建设法治诸城。加强法治政府建设，规范行政权力运行，全面推进依法行政，提高政府公信力和执行力。严格规范行政执法，完善相对集中执法权制度，整合规范行政执法队伍，推进跨部门、跨行业联合执法。推进司法公信力建设，促进司法公正、高效、权威。深化“法律六进”工作，实施“普法惠民”工程，积极开展法治文化建设和基层法治创建，在全社会形成良好的法治氛围和法治习惯。

二是建设平安诸城。深化网格化管理服务，健全基层综治维稳体系，发挥“平安指数”引领作用，打造市级社会治理大数据平台，完善立体化治安防控体系。扎实做好群众工作，完善诉调对接、检调对接、警民联调、律师参与、听证法等多元化解矛盾机制，推进联合接访平台建设，实现群众信访“一站式接待、一条龙办理、一揽子解决”。严格落实安全生产责任制，深化安全生产标准化创建，加强安全生产基础能力建设，切实解决安全责任不到底、不到边问题。健全公共安全体系，强化灾害监测预警和风险防控，完善应急救援机制，全力维护食品药品安全、校园校车安全、网络舆情安全，确保社会和谐稳定。

三是建设诚信诸城。建立守信激励和失信惩戒机制，健全以政务诚信、商务诚信、社会诚信和司法公信为主要内容的社会信用体系。加强社会信用制度和信息标准体系建设，搭建公共信用信息交换和共享平台，培育和发展现代信用服务市场，深化“厚道鲁商”倡树行动，健全信用监管和激励惩戒机制。加强诚信教育，弘扬诚信文化，培育和谐诚信氛围，营造诚实守信、健康有序的社会环境，全面提升社会诚信水平。

全面从严治党开创党建工作新局面

实现未来五年的宏伟蓝图，全面加强党的建设是根本保障，夯实这一保障的关键在党要管党、从严治党。全市各级党组织和广大党员要紧密团结在以习近平为核心的党中央周围，不忘初心、继续前进，着力提高领导水平和执政能力，时刻保持党的先进性和纯洁性，不断增强全面从严治党系统性创造性实效性，为全市经济社会持续健康发展提供坚强的政治保证。

（一）强化思想政治建设，坚守共产党人的精神家园。始终把思想政治建设放在首位，以坚定的理想信念固本培元、引领方向。全面加强理论武装。深入开展“两学一做”学习教育，推进思想政治建设常态化、制度化。严格党性锻炼，坚定理想信念，切实增强政治意识、大局意识、核心意识、看齐意识。加强学习型党组织建设，全面把握党中央治国理政新思想新理念新战略。严肃党内政治生活。认真贯彻《关于新形势下党内政治生活的若干准则》，严格执行民主集中制，完善领导班子议事规则。严格规范领导班子民主生活会，用好批评与自我批评有力武器。认真落实基层党组织“三会一课”、双重组织生活等制度，增强党内政治生活的政治性、时代性、原则性、战斗性。强化舆论宣传引导。坚持党管宣传、党管意识形态、党管媒体的根本原则，切实提高新闻舆论传播力、引导力、影响力、公信力，推进政务新媒体全覆盖，汇聚积极向上正能量。

（二）加强干部队伍建设，打造领导改革发展的中坚力量。深化干部人事制度改革，构建充满活力的选人用人机制，努力造就高素质干部队伍。持续推进作风转变。始终保持蓬勃向上的朝气，树立积极的心态、拼搏的状态、争先的姿态，以高昂的斗志、饱满的激情和“头拱地嗷嗷叫”的精气神，迎难而上、扎实苦干，不达目的誓不罢休。始终保持创先争优的锐气，在全国范围内寻标、定标、竞标、夺标，敢于同强的比、与快的赛、向高的攀，奋力争先、誓争一流。始终保持敢于担当的勇气，时刻把责任记在心上、扛在肩上、抓在手上，一级带着一级干，一级做给一级看，务实高效地推进落实。树立鲜明用人导向。坚持以发展成效论英雄、以德才实绩用干部，严格按照“20字”好干部标准，真正把改革创新最需要、人民群众最信赖的干部选出来、用起来。营造正向激励氛围。建立健全“容错机制”，设立“免责清单”，给冲锋陷阵者加油助威，为改革创新者挡风遮雨，为勇于担当者撑腰打气，最大限度调动广大干部的积极性、主动性、创造性。完善干部培养机制。加强干部教育培训，加快知识更新、加强实践锻炼。优化领导班子结构，统筹培养选拔优秀年轻干部、女干部和党外干部。加大督查考核力度。坚持党内监督和群众监督相结合，增强自我净化、自我完善、自我革新、自我提高能力。加强对镇（街、园区）和部门单位领导班子的综合研判和互动交流，推行个性化考核，完善问责观察制度和电子台账式督查，以发展绩效和群众口碑衡量干部、评价干部、使用干部。

（三）创新基层组织建设，筑牢本固基强的战斗堡垒。坚持把夯实基层作为长远之计和固本之举，突出政治属性、强化服务功能，不断增强基层党组织的创造力、凝聚力和战斗力。完善提升基层党组织整体功能。积极推进党建品牌建设，健全完善农村社区党建工作机制，按照“资源全域化统筹、城乡一体化管理、服务智能化推送”的思路，全面开启智慧党建模式，增强基层党组织的战斗堡垒作用。以组织全覆盖和工作全覆盖为工作重点，坚持“支部建在班组上、活动在生产线上、奉献在先锋岗上”的标准，统筹抓好“两新”组织、机关事业单位等领域党建工作，夯实党执政的基层基础。选优配强基层党组织领导班子。加强农村社区党组织书记队伍建设，探索建立新形势下农村干部激励保障机制，打造党性强、能力强、自律强的社区党组织领导班子。扎实做好选派机关优秀干部到社区任“第一书记”工作，加强非公有制企业党组织书记规范化管理，有效发挥好带头人作用。从严抓好党员队伍教育管理。积极培育挖掘典型，深入开展向王金鉴学习活动，引导全市广大党员争做“十在先”的表率。严格标准条件，提高发展党员质量，优化党员队伍结构。强化党员队伍管理，疏通不合格党员“出口”，始终保持党员队伍纯洁。

（四）狠抓党风廉政建设，营造风清气正的政治生态。坚定不移加强党风廉政建设和反腐败工作，以实实在在的成效取信于民。压紧压实“两个责任”。将反腐倡廉工作纳入经济社会发展和党的建设总体布局，各级党组织切实履行好主体责任，纪检监察机关履行好监督责任，严格执纪问责，营造旗帜鲜明讲政治、从严从紧抓纪律的氛围。驰而不息整饬党风。坚持把纪律和规矩挺在前面，树立道德高线，坚守纪律底线，扎紧制度笼子。聚焦“四风”问题，深入推进机关效能建设，着力解决不作为、慢作为、乱作为等突出问题，真正做到作风效能新提升、人民群众真认可。时刻保持高压态势。坚持无禁区、全覆盖、零容忍，加大对重点领域、关键节点和群众身边腐败案件的查处力度，让群众切实感受到反腐倡廉的实际成效。充分发挥各类廉政教育阵地作用，引导党员干部受警醒、知敬畏、明底线。坚持标本兼治，不断推进惩防体系建设，加快形成不敢腐、不能腐、不想腐的体制机制。

（五）推进民主政治建设，凝聚改革发展的强大合力。充分发挥党委总揽全局、协调各方的领导核心作用，调动一切积极因素，汇聚起万众一心、团结奋斗的强大正能量。加强市委自身建设。坚持正确政治方向，始终与中央和省市委保持高度一致。自觉践行“三严三实”要求，努力改进工作作风，切实做到忠诚干净担当。认真贯彻执行民主集中制，坚持集体领导和个人分工负责相结合，锻造政治坚定、开拓创新、团结务实、勤政廉洁的坚强领导集体。大力发展民主政治。支持人大及其常委会依法履行职能，强化法律监督和工作监督，扎实推进镇街人大建设。支持政府依法行政，大力推进法治型、创新型、服务型政府建设。高举团结和民主两大旗帜，支持政协认真履行政治协商、民主监督和参政议政职能。支持人民法院、检察院依法独立公正行使职能。巩固发展统一战线。切实做好新形势下民族、宗教、对台工作，支持工会、共青团、妇联等人民团体，依照法律和各自章程开展工作。加大党管武装力度，做好民兵预备役工作，支持驻诸部队建设，深入开展双拥共建，推进军民融合深度发展。

同志们，回首过去，我们创造了无愧于历史的光辉业绩；面向未来，我们肩负着续写诸城新辉煌的重大使命。让我们更加紧密地团结在以习近平为核心的党中央周围，高举中国特色社会主义伟大旗帜，在省市委的坚强领导下，不忘初心、继续前进，实干担当、激情创业，深入推进“三区一城”建设，不断开创全市转型发展新局面，为谱写好“中国梦”的诸城篇章、开启基本实现现代化新征程而努力奋斗！

政府工作报告

——在诸城市第十八届人民代表大会第一次会议上的报告

（2017年1月19日）

刘峰梅

各位代表：

现在，我代表市政府，向大会报告工作，请予审议，并请政协委员和其他列席人员提出意见。

刘峰梅作政府工作报告　　（供图　报社）

本届政府工作回顾

2012年以来，面对复杂多变的宏观环境和经济持续下行的严峻挑战，市政府在上级党委、政府和市委的坚强领导下，在市人大、市政协的监督支持下，与全市人民一道，创新实干，砥砺奋进，推动了经济社会持续健康发展。

五年来，我们主要做了以下工作：

一是坚持科学施策，经济发展稳中向好。把稳增长作为首要任务，在产业培育、企业减负、改制上市、化解风险等方面出台一系列针对性政策措施，推动了经济稳中有进、稳中向好。2016年，全市预计完成地区生产总值810亿元，年均增长10%（按可比价格）；实现财政总收入93.6亿元、一般公共预算收入73.2亿元，年均分别增长8.6%和12.8%；完成固定资产投资635亿元，年均增长17.1%；社会消费品零售总额256亿元，年均增长12.8%。县域经济基本竞争力在全国百强县（市）中升至第26位，前移9个位次。

二是突出转型升级，产业发展质效并进。三次产业比例由9.4：60.8：29.8调整到8：51.5：40.5。工业实力持续提升。2016年，规模以上企业完成主营业务收入2360亿元、利税205亿元，年均分别增长12.5%；主营业务收入过10亿元的企业由20家发展到40家。引进高校院所分支机构58家、教学科研基地70多家，新增院士（专家）和博士后科研工作站12家，牵头构建产业技术创新战略联盟16个；省级以上研发机构发展到55家，参与制修订国标、行标69项，完成专利申请1.8万多件、专利授权9900多件；省级以上品牌达到218件；408个项目列入省技术创新项目计划，高新技术产业产值占比达到39.5%。被确定为国家新型工业化产业示范基地、国家火炬汽车及零部件特色产业基地、国家科技进步示范市、全国商标发展百强市，连续三年被评为国家知识产权试点示范城市工作先进集体。现代服务业日益繁荣。实现服务业增加值320亿元，年均增长10.8%。骨干物流企业发展到75家；设立市电商创业园和龙都电商创业园，引进培育了30家电商平台，入选山东省首批电子商务示范市；恐龙地质公园获批国家地质公园，“华夏龙城”入选省十大文化旅游目的地品牌，荣获中国优秀旅游城市。现代农业稳健发展。农民合作社达到2517家、家庭农场1340家，潍坊市级以上农业龙头企业110家，建成千亩以上农业示范园区63个，创建“三品一标”228个。连续多年被评为全国粮食生产先进市、全国生猪调出大县，获批国家农业产业化示范基地、农业标准化示范市、现代农业示范区、农村产业融合发展试点示范市、高标准基本农田建设示范市，入选国家“百县千乡万村”试点示范工程。

三是推进改革开放，发展活力持续增强。供给侧结构性改革有序实施，“三去一降一补”扎实推进。工商便利化注册、户籍制度、基本药物制度、公立医院等改革稳步推进。县域金融创新发展试点工作进展顺利，合作设立产业发展基金近60亿元，先后为企业提供融资担保22亿元、过桥资金90多亿元。企业改制上市成效显著，220家企业完成规范化公司制改制，在“新三板”挂牌企业3家，其他场外市场挂牌96家，上市企业达到6家。全省规模企业规范化公司制改制工作推进现场会在我市召开。园区经济健康发展，全省县域经济科学发展园区经济试点任务圆满完成。农村经联社产权改制和土地确权登记颁证取得阶段性成果，建成运营齐鲁农村产权交易中心诸城分中心，被评为全国农村集体“三资”管理示范市。建立节约集约用地六项制度，挖潜盘活存量土地5000多亩，被表彰为国家级国土资源节约集约模范市。青岛保税港区诸城功能区初具规模，保税物流中心封关运营。成立5地市诸城商会，设立5家海外人才工作站。新增境外研发、营销中心13家。外贸获权企业突破700家，创建外贸转型升级示范基地12个，被评为国家外贸转型升级专业型示范基地。

四是统筹城乡发展，新型城镇化水平进一步提升。确立了“1313”全域新型城镇化体系，城镇化率由53%提高到59.5%，列入国家新型城镇化综合试点市。城区开发重点片区14个、棚改项目10个；特色城镇建设顺利推进，昌城、辛兴两镇被评为全国重点镇；基本建成农村新型社区26个，新建社区服务中心42个，3个社区被评为省示范社区。农村新型社区项目荣获“中国人居环境范例奖”。实施潍河全流域综合开发，改造提升平日路、央赣路、胶王路等国省道，新建改建农村公路2010公里，公路通车里程达到3200多公里，社区通公交率100%。城乡电网全面升级，变电总容量达到487万千伏安。实施“引墙入吴”等引调水工程，实现农村饮水安全全覆盖和城乡供水一体化。建成西部、东部热源点，集中供热面积达到670万平方米。

五是注重绿色生态，环境质量不断改善。“三八六”环保行动全面完成，新建升级10座污水处理厂，建成市生活垃圾焚烧发电厂，潍河、涓河、芦河等主要河流生态治理成效明显。被评为国家可再生能源建筑应用示范市、省城乡环卫一体化全覆盖市，被列为全国农业农村废弃物综合利用项目试点市。新增成片造林近20万亩，新建改建8处城市公园，林木覆盖率、城市建成区绿化覆盖率分别达到39.1%和44%。密州森林公园晋升为国家级森林公园，潍河湿地公园获批国家湿地公园，镇街全部获得国家级生态镇命名，创建成为国家园林城市。

六是紧扣民生改善，群众生活更加幸福。民生支出占财政支出的比重由55.9%提高到85.9%。城乡居民人均可支配收入分别达到34130元和17180元。投放扶贫资金2700多万元，实施产业扶贫项目42个，建档立卡贫困户、省定贫困村全部脱贫。建成公共自行车系统，投用公共自行车3300辆。完成教育总投入100多亿元。改扩建校舍50多万平方米，新招聘教师1633人，首批通过全国义务教育发展基本均衡县（市）验收，被确定为全国整体推进素质教育示范实验区，荣获第一批国家级农村职业教育和成人教育示范市。创新建设“两公里文化服务圈”，荣获全国文化先进市、全国书香城市，连续四届被评为山东省文明城市。医疗卫生服务能力进一步提升，创建为国家卫生城市、国家卫生应急综合示范市、国家慢性病综合防控示范区、全国农村中医药工作先进单位、全国计划生育家庭科学育儿试点市，人民医院晋升为三级综合医院、中医院晋升为三级中医医院。就业和社会保障水平稳步提高，累计增加城镇就业6.5万人、转移农村劳动力5万人，城镇登记失业率控制在2.6%以内。居民养老和医疗保险实现全覆盖，被确定为全国居民养老保险工作试点市。发放城乡低保和农村五保供养费2.7亿元，投入各类社会救助资金3.5亿元，救助困难群众10万多人次，建成保障性住房1万多套。安全生产、市场监管、社会管理等工作进一步加强，荣获全国平安建设先进市，被列为国家智慧城市试点市、全国企业安全生产标准化建设试点市。国防动员、人防消防、史志档案、地震气象、民族宗教、妇女儿童、残疾老龄、统计物价、粮食供销、外侨对台等工作，均取得新进步。被表彰为全国残疾人工作先进市、防震减灾示范市，连续五届荣获省双拥模范城。

七是全面优化服务，政府职能加快转变。发布实施“四张清单”，取消行政审批事项31项，减少审批办理环节167个，被列为国家电子政务重点指导地区。建立政府法律顾问制度，全面推进政务公开，依法行政能力进一步提高。办理人大代表议案建议504件、政协委员提案734件，办结率100%。畅通群众诉求表达渠道，办理群众来电来信来访13.6万余件。扎实开展党的群众路线教育实践活动、“三严三实”专题教育和“两学一做”学习教育。认真落实“一岗双责”，政府系统廉政建设进一步加强。

各位代表，回顾过去五年，全市上下不忘初心、坚定前行，不畏艰难、积极作为，实现了新常态下的新发展，开创了转型发展的新辉煌。这是市委正确领导的结果，是市人大、市政协监督支持的结果，是全市人民和社会各界同心同德、共同奋斗的结果。在此，我代表市政府，向支持监督政府工作的人大代表、政协委员、离退休老领导老，向全市广大干部群众，向关心支持诸城发展的各界人士和驻诸部队、武警官兵，表示崇高敬意和诚挚感谢！

在总结五年发展成就的同时，我们也清醒地认识到，全市发展还面临着不少困难和挑战：经济下行压力依然存在，稳增长的任务比较艰巨；传统产业转型亟待加速，新兴产业增长不够快，尤其是带动长远发展的龙头项目、旗舰型企业不够多；创新发展内生动力不足，人才、资金等资源紧缺；对外开放层次较低，国际市场有待拓展；镇域经济、农村经济不强，城乡居民增收压力较大；城市建设管理、民生投入方面还存在一些短板；干部队伍的担当意识、争先意识、服务意识需要进一步加强，等等。对此，我们一定创新办法措施，认真加以解决，努力推动经济社会更好更快发展。

今后五年奋斗目标

各位代表，今后五年是诸城转型发展的关键时期，也是全面建成更高水平小康社会的决胜阶段。回顾过去改革发展取得的巨大成就，我们豪情满怀；面对市第十四次党代会确定的任务目标，我们信心百倍。当前，经济全球化深入发展，对外开放深度推进，为我们更好利用全球资源提供大好机遇；供给侧结构性改革和全面深化改革持续推进，国家和省市一系列重大战略陆续实施，为我们转型发展创造了有利条件；我市产业体系较为完备，重点产业定位清晰、基础扎实，新兴产业初具规模、长势迅猛，经济发展潜力巨大；新四环路、潍日高速、诸青城际铁路、董家口港疏港铁路、京沪高铁东线等一批重大基础设施项目逐步落地，区域竞争优势更加明显；新型城镇化、农村产业融合发展、智慧城市等一批国家、省改革试点持续推进，为我市发展提供更多的政策支持；广大企业家勇于改革、善于创新，干事创业激情迸发，形成新一轮竞相发展的热潮；广大干部群众万众一心、积极进取，凝聚转型发展的强大合力。只要我们牢牢把握战略机遇，充分发挥各方面优势，就一定能够战胜各种困难挑战，谱写经济社会转型跨越发展的新篇章。

今后五年政府工作的总体要求是： 深入学习贯彻党的十八大和十八届三中、四中、五中、六中全会精神，牢固树立和落实新发展理念，适应把握引领经济新常态，以习近平总书记系列重要讲话精神为指导，以稳中求进为工作总基调，以供给侧结构性改革为主线，以提高发展质量和效益为中心，按照市第十四次党代会部署，深入推进创新创业引领区、生态宜居示范区、幸福和谐样板区和山东半岛区域性中心城市"三区一城"建设，全面做好稳增长、促改革、调结构、惠民生、防风险各项工作，率先全面建成更高水平小康社会，奋力开启基本实现现代化新征程。

今后五年的奋斗目标是：

——综合实力显著提高。经济保持中高速增长，全市地区生产总值突破1100亿元，全社会固定资产投资突破1000亿元，一般公共预算收入突破100亿元，综合实力在全国百强县中前移5个位次以上。

——经济质效显著提高。产业、企业、园区全面转型，现代产业体系基本建立。工业迈向中高端，企业核心竞争优势更加明显，规模以上工业主营业务收入突破5000亿元。现代服务业新业态、新增长点高速成长，增加值占比达到47%以上。农村三次产业高度融合，"新六产"形成规模，农业领先优势重新确立。

——发展活力显著提高。全面深化改革，在重点领域和关键环节上取得一批改革成果。创新成为转型发展的核心动力，培育一批创新型企业、创新型市场主体，主要创新指标达到先进地区水平，建设成为创新型城市。

——对外开放水平显著提高。对外交流全方位推进，外经贸工作实现长足发展，国际合作取得重大突破，外资利用水平不断提高，重点企业在全球布局产业链、创新链、营销链，打造"诸城制造"国际品牌，形成开放型经济发展新格局。

——城乡协调性显著提高。国家新型城镇化试点任务全面完成，品质城市、特色城镇、新型社区、美丽乡村建设有序推进，城乡发展更加协调，城市规模达到中等城市水平，城镇化率达到65%以上。绿色发展理念全面贯彻，生态环境更加优美，城乡更加宜居宜业。

——群众幸福指数显著提高。城乡居民收入大幅增加。基本公共服务均等化水平稳步提升，教育卫生、就业创业、社会保障、公共文化、社会治理体系更加完善。公民思想道德建设、群众性精神文明创建、法治建设深入推进，人民生活更加幸福和谐。

各位代表，美好未来，实干铸就；使命在前，必有担当。我们坚信，有市委的坚强领导，有社会各界的鼎力支持，有全市110万人民的共同努力，率先全面建成更高水平小康社会的目标一定能够实现！诸城的明天一定更加美好！

2017年主要工作任务

今年是新一届政府的开局之年，是实施

“十三五”规划、深化供给侧结构性改革的重要一年，也是诸城撤县建市30周年，做好今年工作意义重大。

今年主要发展预期目标是：全市地区生产总值增长7.5%左右，一般公共预算收入增长8%左右，全社会固定资产投资增长10%左右，社会消费品零售总额增长10%左右。城镇和农村居民人均可支配收入分别增长8%左右，城镇登记失业率控制在2.2%以内。全面完成安全稳定、节能减排等约束性指标。

围绕完成上述目标，重点抓好以下六个方面的工作：

一、突出供给侧结构性改革重点，加快产业转型升级。深入推进“三去一降一补”，大力发展实体经济，全面构建现代产业体系。

坚持工业强市不动摇。工业是诸城经济发展的命脉，工业强则诸城强。把工业作为供给侧结构性改革的重中之重，坚定不移推动工业迈向中高端。做强汽车产业。全力支持福田汽车战略转型，强化龙头作用，带动全产业链技术、产品升级。完成奥铃汽车厂工艺优化升级，推进福田M4项目量产、M3项目投产、TM高端微卡项目启动，争取福田商用车研发、制造、销售、出口、运营、服务全价值链业务整体落户，建设全球最大的中高端卡车生产基地。年内整车产能达到70万辆，商用车中高端占比达到75%以上。推动零部件配套向自动化、模块化、高端化发展，规划建设汽车配件产业园，着力引进发动机、变速箱等核心零部件配套企业，新上青特70万支中高档车桥、义和乘用车桥前悬装备线、美晨高新技术产业园、大业2万吨胎圈钢丝及钢帘线扩产等项目。加强与法国佛吉亚、美国艾瑞缇娜等国际领先汽配企业的合作，打造高端汽车配套供应链。做大专用车规模，依托正泰希尔、乾龙等企业，大力开发房车、救护车、军用餐车等专用车，形成高中低专用车同步发展格局。拓展汽车再制造、服务后市场等业务，进军价值链高端环节。做精食品产业。以提高科技含量和强化质量安全为导向，鼓励得利斯、外贸、惠发、佳士博等企业加强高端产品研发，大力发展功能食品、营养食品、健康食品。推行直营品牌店、体验店等营销模式，实现从车间直通消费者，进一步提高市场竞争力。抓好得利斯30万头肉牛加工、惠发小厨、天益成海洋功能性食品等项目，带动食品企业走精深加工、精准营销的路子。做优服装纺织产业。引导新郎希努尔、桑莎制衣、中纺金维、裕泰针织等企业把握个性化、多样化消费主流，做强设计研发、品牌运营两个环节，促进服装纺织企业向时尚、特色、功能转型。推广普兰尼奥高端订制、优客良依3D量体、伊甸缘婚庆礼服等经营新理念，打造细分领域高端品牌。做高装备制造产业。引导企业由产品供应向服务型制造转型，发展提升以迈赫机器人为代表的工业机器人，以雷沃重工为代表的农业装备，以卓益数控、欧马科技为代表的数控机床，以奥扬科技、金昊三扬、贝特尔为代表的节能环保，以鼎泰盛、小康机械、新大新为代表的食品设备，以软控联合科技、华欣铸造、圣阳机械为代表的铸锻机械，打造一批全国领跑行业。实施高强高端紧固件、溢华新型高强铝（镁）合金制品等项目，建设国内一流装备产业基地。做大生物医药产业。发挥东晓生物、信得科技、浩天药业等企业龙头作用，加强自主知识产权产品研发，加快甜菊糖扩产、生物海藻糖、香菇多糖和DNA禽流感疫苗等项目建设，提升生物医药产业发展水平，年内主营业务收入达到85亿元。做活战略性新兴产业。大力实施新兴产业培育工程，推动腾威模块化房屋、众邦异形钢等一批新材料、新能源项目落地，年内新兴产业产值占比超过10%。

加快发展现代服务业。服务业是供给侧结构性改革的关键。积极运用新技术、新模式和新业态，创造需求，引领消费，年内服务业增加值占比提高1.5个百分点以上。抓好电商产业提升。重点推动“实体企业+互联网”，建立线上营销体系，实现线上线下融合发展。年内入网企业达到1500家。加强大众电商创业扶持，提升市电子商务公共服务中心功能，建设电子商务仓储分拨中心，新引进一批电商平台，孵化培育100家电商企业，打造80个农村淘宝社区服务站。推进商贸物流业转型。优化城市商业网点布局，规划特色商业街区，建设一批体验店、消费中心。改造提升传统商场、批发市场和物流园区，向信息化、专业化、特色化转型。大力引进高端连锁商业龙头，提升区域消费层次，争取银座商城落户。加快中储棉直属库、蓝海国际木材等专业物流园区建设，壮大保税、冷链、临港等特色物流。促进文化旅游业繁荣。整合名人、非遗、书画、文学创作等资源，打造一批龙头企业和重点项目，做大仰苏堂、竹山文院等专业文化市场，实现文化产业整体提升。以“华夏龙城”品牌为引领，集聚力量打造恐龙特色旅游，推动白垩纪恐龙地质公园开发建设、华夏龙城游乐公园项目落地。加快全域旅游发展，通过“旅游+”培育一批研学点、特色村、生态园、宿营地。规划建设游客集散中心，高标准开发常山风景区、潍河景观带，加快竹山生态谷、龙门口度假村等项目建设，逐步实现全产融合、全域景点。引导房地产业健康发展。加强供需双向调节，建立符合实际、适应市场规律的健康发展机制，积极发展工业地产、医疗地产、养老地产、旅游地产。加快新兴服务业壮大。大力发展总部经济，推动北京中兴通软件科技、深圳索高国际融资租赁等总部落地。培育现代会展、健康养老、科技信息、教育培训等新业态。利用工业品展馆、体育馆等公共场馆，打造全国性区域会展品牌。依托迈赫VR（虚拟现实）体验中心，引进VR关联企业，加快规模化、产业化发展。

全面振兴农业。农业是富民的根基，也是供给侧结构性改革的重要方面。坚持品牌化引领、园区化布局、标准化生产、社会化服务、融合化发展，大力培育精致农业、品牌农业、特色农业，把农业发展成为充满希望的朝阳产业。强力推进农业结构调整。制订全市农业总体规划，加强财政扶持和涉农资金项目统筹，按照大田调大棚、山地调林果、零散调规模的要求，因地制宜建设一批“万元田”“十万元田”。年内新增果茶瓜菜等高效作物10万亩以上。突出园区带动，加大土地流转力度，推动土地成方连片向农业龙头企业、农民专业合作社、家庭农场、种养大户等新型经营主体集中，每个镇街新建3处500亩以上现代农业示范园。抓好畜禽品种改良和养殖场标准化改造，提升标准质量、提升养殖效益，年内改造规模养殖场50个，创建潍坊市级示范场5个以上。努力推动农村产业融合发展。产业融合有利于企业打通全产业链条，加快生产方式、组织方式和商业模式转变。顺应农村一二三产业融合发展趋势，引导更多工商资本、民间资本、金融资本进军农业领域，发展都市农业、乡村旅游、农村电商、精深加工等业态，壮大“新六产”。鼓励广大企业领建、共建示范园区，实现跨界融合，带动群众增收致富。建设华山农林平欧榛子、金盛元生态农业等融合示范园区20个以上。着力强化农业技术支撑。实施种子种苗优良化工程，加强农业科技孵化器建设，入驻农业科研院所3家、专家团队3支，繁育品种果树、苗木600万株以上，尽快建成国内一流的种子种苗培育研发基地。完善农业科技服务体系，充实镇街社区农技队伍，全面推广良种良法良技，培训职业农民1万人次以上。支持佳博天益、永辉农场等单位创办“农科驿站”“星创天地”等科技平台。实施万亩高标准基本农田和土地整理等项目，改善农业设施条件，实现增收于地、增收于技。全力拓展高端消费市场。

瞄准周边大中城市，开展“诸城味道”品牌营销，加大农超、农批、农企、农旅对接力度，提高诸城农产品知名度和市场占有率。以青岛市场为主攻方向，鼓励龙头企业、合作社等建立专业营销队伍和运输专线，稳定供应渠道，带动建设一批农产品直供基地，把诸城打造成青岛的“菜园子”。全力保障农产品质量安全。扎实推行标准化生产，加快国家食品安全检验检测资源整合试点项目建设，实现农产品质量安全可控、可查、可追溯。强化农产品品牌创建，增加绿色优质农产品供给，新建农业“三品”基地5000亩，认证“三品一标”10个以上。

培强壮大骨干企业。深化供给侧结构性改革、推进产业转型升级，关键在于培育一批龙头骨干企业。持续加大科学投入。坚持“大项目带动”战略不动摇，支持企业围绕上级产业政策和投资导向，谋划增上优势项目，以优质增量去产能促转型。突出抓好60个年度重大项目，全力以赴推进开工建设、投产达效。全面开展企业“二次创业”。实施企业对标赶超行动，内强素质、外拓市场，鼓励骨干企业争当行业龙头、中小企业争当单项冠军。积极培育特大型、旗舰型企业，引导企业以“百年企业”为目标，更加重视科技创新、人才引进和资本运营，向技术、资本、知识密集型企业转型，实现新常态下“二次腾飞”。提高企业管理水平。扎实推进规范化公司制改制，筑牢抵御风险的“防火墙”，年内完成改制200家以上，规模以上企业全部建立现代企业制度。推广精益生产方式，扩大工业机器人应用范围，以两化融合促进降本增效。加强质量品牌建设，大力弘扬“工匠精神”，引导企业专注产品创新、质量提升和品牌运营，争创名牌产品、品牌企业。年内参与制修订国标、行标3项，新增省级以上品牌5个。鼓励企业并购重组。设立专项基金，支持龙头企业尤其是上市公司并购困难企业和小微企业。鼓励企业拿出优质资产资源，通过股权转让、资产重组、吸收合并等方式，主动与国内外龙头企业重组合作，借力优势企业整合资源，打通上市渠道。

优化企业服务管理。推进服务前移。严格落实镇（街、园区）属地管理和部门行业管理责任，完善企业需求服务信息平台，深化“百人联百企”活动，第一时间解决企业诉求。强化精准支持。发挥产业发展引导资金、产业投资基金作用，加大对科学投入、创新驱动、挂牌上市、对外合作等领域的支持。统筹土地、资金等要素资源，优先支持龙头型、科技型、成长型企业发展。突出园区集聚。巩固省园区经济发展试点成果，鼓励企业和民间资本投资建园。加快经济开发区率先转型，抓好重大项目和创新平台的招引建设，推动低效企业“腾笼换鸟”，力争全省开发区综合排名前移2个位次。加快高新技术产业园发展，统筹资源配套基础设施，建立“飞地”政策集聚高新项目，尽快形成高新技术产业集群。提升南湖生态经济发展区，规划南湖商务区，建设亲水近山、生态宜居的南部新城。抓好滨海工业园及镇（街、园区）的差异化发展和功能提升，培育特色型、创新型、开放型园区经济。

各位代表，为企业营造良好环境是政府义不容辞的责任。我们将畅通政企双向交流机制，尊重企业家，关心企业家，支持企业家，全力为企业保驾护航。希望广大企业家继续勇立潮头，弘扬改革创新精神，积极开展“二次创业”，在担当作为中奋发争先；更加专注主业，做强企业本体，做优科技创新和资诸城场“两翼”，在转型升级中勇闯新路；带头诚信经营，维护市场秩序，倡树优秀企业文化，在打造“百年企业”中争作表率；自觉顾全大局，认真履行社会责任，热心公益，积极奉献，在“三区一城”建设中再立新功、再创辉煌！

二、强化创新驱动，提升科技支撑引领能力。充分发挥创新在供给侧结构性改革中的基础和引领作用，突出科技创新核心，建设创新创业引领区，为实体经济发展插上创新的翅膀。

深化产学研协同创新。产学研合作是提高企业核心竞争力的关键和捷径。充分调动各方面力量，全力打通创新成果同产业的对接通道。提升超然首新空间、众创空间、科技孵化器等载体，打造诸城版“虚拟大学园”。加大招院引所力度，支持企业与高校院所合作共建研发平台、技术转移中心和协同创新联盟。年内引进科研院所及分支机构3家、构建产业技术创新联盟2家，新备案院士工作站2家，规模以上企业全部与高校院所建立合作关系。深化知识产权战略，设立诸城市专利奖，促进知识产权的创造与运用，加快专利成果产业化。年内完成专利申请2000件、专利授权1000件以上。

提高企业创新能力。强化企业主体作用，引导各类创新资源向企业集聚。鼓励企业加大研发投入，探索建立研发准备金制度，深入开展技术研发攻关，年内研发投入占生产总值比重达到3.2%。推动相关企业创建国家级创新平台，新增潍坊市级以上研发机构10家以上。大力培育创新型企业，年内新增高新技术企业5家、省级科技型中小微企业10家。鼓励企业建立独立法人研发机构，面向社会有偿开放，实现创新资源共享。

集聚高端创新人才。把人才作为第一资源，加快建设区域人才高地。高度重视企业家队伍建设，实施创新型企业家培养计划，培育一支现代化企业家和企业管理人才队伍。强化招才引智，突出“高精尖缺”，积极招引国家“千人计划”、省泰山学者、泰山产业领军人才和创新创业团队。年内引进高层次人才400人以上。采取短期聘用、挂职锻炼、项目合作等柔性方式，吸引科研人员到我市流动兼职。发挥海外人才工作站作用，加快中德艾伯特义和学院、中澳得利斯食品研究院建设，推动更多企业利用国际资源，提高创新层级。

三、深化改革开放，激发转型发展活力。改革开放是转型发展的动力源泉。更大力度推进改革开放，更好地以开放促改革、以改革促发展。

全面扩大对外贸易。顺应世界经济一体化发展大势，加快对外经贸向优进优出转变。充分激发企业积极性。出台支持外经贸发展政策，引导进出口企业深耕传统市场，开拓新兴市场，利用境外电商平台，扩大优势产品出口；专注产品质量和品牌打造，由产品代加工向自主品牌转型。年内完成进出口总额110亿元以上。支持骨干企业采取站点加盟、订单分享等方式，扩大对外贸易份额。培育高端进出口平台。加快青岛保税港区诸城功能区建设，完善保税物流中心功能，鼓励企业入驻，提高通关效率。建设桑莎检验检测中心，集聚对日出口物品检测、物流业务，打造亚洲最大的对日出口服装纺织产品检测中心。引进外贸综合服务平台，带动企业扩大进出口。

持续加强对外合作。对外合作是整合国际资源、实现借力发展的重要途径。进一步提升开放理念、视野和格局，紧紧抓住国家“一带一路”、中韩中澳自贸区等战略机遇，深化与有关国家和地区的贸易往来。支持企业与国外先进企业开展战略合作，扩大信得科技、建华阀门、鼎泰盛、浩天药业等企业的合作成果，形成国际竞争新优势。支持企业“走出去”创建境外营销网络、资源基地，培育本土跨国公司。扩大利用外资，加大外资外企、合作项目的引进力度，鼓励企业境外上市，年内到位资金1亿美元以上。全面对接青岛，积极承接青岛产业转移，加强科技人才、重大基础设施等领域的交流合作，加快同城化发展。

深度开展招商引资。招商引资是加快发展最直接、最有效的推动力。进一步完善激励机制，推动各级各单位以招商为己任，掀起全面招商热潮。更加注重企业主体招商，引导企业开展股权招商、众筹招商，广泛招引补链强链项目，形成集群竞争优势。鼓励诸城籍在外企业家返乡创业。加强平台招商，更好发挥各地诸城商会和招商中介作用，成立南京、广州等地诸城商会，推动更多项目落户。突出服务招商，强化项目跟踪服务，年内签约项目80个、引进市外资金110亿元以上。

深化重点领域改革。以关键领域突破激发内生动力。依托潍坊市公共资源交易中心诸城分中心，推动土地、产权、人力等要素市场化配置。深入推进农村集体资产产权改制，有序开展承包土地“三权分置”、农村宅基地有偿退出等改革，盘活农村集体资产和农民权益资源。深化农民合作社内部信用互助业务试点、农村保险互助社试点。稳妥推进事业单位法人治理结构试点。推行“五证合一、一照一码”制度，实现注册登记更加便利化。

四、加强财税金融工作，提高保障服务水平。充分发挥财税金融支撑作用，进一步完善现代公共财政体系，优化金融生态环境，推动现代财税金融与经济社会良性互动。

增强财政保障能力。财政是发展的基础和重要支柱。实施财政精准扶持工程，通过基金引导、股权投资、贴息补助、购买服务等方式，重点支持优势产业提质增效，进一步培植壮大主体财源。认真落实减税降费政策，帮助企业降低成本。做好企业产权完善、担保圈拆解、过桥资金支持、不良贷款处置等工作，化解企业融资难、担保难问题。推广PPP模式，引导社会资本进入重点建设领域。加大政府债务置换力度。改革市镇两级财政事权和支出责任划分，强化增收返还激励，调动镇（街、园区）自我发展积极性。加大组织收入力度，建立涉税信息共享平台，实行联合办税，开展重点领域专项清查，规范非税收入征管，做到应收尽收。

激发区域金融活力。金融是经济发展的战略先导产业。进一步完善金融组织体系，积极引进融资租赁、保险代理、股权投资等区域总部或分支机构，扩大金融市场容量，年内引进持牌金融机构3家以上。积极推动金融去杠杆，建立银行业金融机构考核评价制度，引导各银行积极争取上级支持，增加信贷规模、直贷项目和单列指标，创新金融产品和服务，为企业融资提供更大支持。年内新增贷款50亿元以上。运用互联网金融、再担保等手段，吸引更多金融资源支持实体经济发展。鼓励企业进军多层次资诸城场，通过上市、股权融资、融资租赁、债券、集合票据等方式，扩大直接融资。继续实行上市挂牌分段扶持，推动惠发食品主板上市，大业股份通过中国证监会初审，迈赫机器人通过省证监局辅导验收，金昊三扬、诸城农商银行等在“新三板”挂牌，其他场外市场新增挂牌企业20家以上。加强与金融中介机构的合作，引进天使投资、私募股权投资、风险投资等创业投资，拓宽直接融资渠道。

优化金融生态环境。良好的金融生态环境是区域经济持续健康发展的重要保证。加强企业监测预警，规范非银行业金融机构经营，着力防范系统性金融风险。充分发挥行业组织作用，引导企业强化责任意识，和谐有序健康发展。全面推进社会信用体系建设，深化省社会信用体系建设综合试点，健全信用评估、信息共享和信息应用制度，建设“一网三库一平台”（官方网站，企业、个人、非企业法人公共信用信息基础数据库，公共信用信息共享平台）。定期发布守信红名单、失信黑名单，突出法院执行、市场监管、安全生产、环境保护、食品药品、工程质量等重点领域，加大对失信主体的联合惩戒力度，进一步优化营商环境。将守信激励和失信惩戒机制推广到经济社会各领域，全面打造“诚信诸城”城市品牌。

五、突出区域协调，积极推进新型城镇化。突出“人的城镇化”，扎实开展国家新型城镇化综合试点，着力建设富有特色的生态宜居示范区和山东半岛区域性中心城市。

提升城区功能品质。强化规划引领作用。做好城市总体规划修编，完善城乡规划体系，从严抓好批后监管。加快城市建设提升。开发李家庄子、湖东南、八里庄、新农村、人民医院西等重点片区，开工18个棚改项目，改造44个老旧小区，完善城市服务功能。加强城市精细化管理。实施道路改造、公园提升、裸露土地绿化、美化净化等工程，开展城市夜景亮化改造，提升城市品位。合理划分城市社区网格，规范物业管理，常态化开展违法建设、市容市貌、交通秩序等专项整治，确保顺利通过国家卫生城市复审。

建设培育特色城镇。深化省“百镇建设示范行动”，申报、实施一批国家新型城镇化综合试点项目，全面改造提升镇街驻地，增强承载集聚功能。规划建设特色小镇，重点建设“健康小镇”“北方绿茶小镇”“恐龙小镇”和“机器人小镇”，打造一批产城融合发展试点。

深化农村社区化发展。深入推进农村新型社区建设，加快社区服务中心改造提升，优化基本公共服务、市场化便民服务、社区互助志愿服务体系。推行医养结合养老服务，完善养老托幼、残疾人康复、农资供应等生活生产服务设施。年内改造30个社区服务中心，每个镇街建设2个以上“四全一特”示范社区，争创全国农村社区建设示范单位。发展壮大社区经济，提升社区特色产业园区，增加社区集体和居民收入。深入开展“美丽乡村”建设、“村居四化”提升和连片整治，完善城乡环卫一体化管理机制，优化城乡人居环境。

统筹城乡基础设施建设。做好国家“智慧城市”试点工作，建成应用市民卡系统，开工一批智慧政务、智慧社区、智慧市政、智慧交通项目。提升城乡路网，完成平日路改线、央赣路改建、烟汕路和薛馆路中修等5项国省道工程，贯通潍河路网，启动南环路改线、相石路改造等工程，加快潍日高速（诸城段）建设，实施农村公路安全生命防护工程，新建改建农村公路100公里以上。升级改造市域电网，投运潘池110千伏输变电工程，建设马庄35千伏输变电工程。试点海绵城市和地下管廊建设。

提高生态文明建设水平。牢固树立绿色发展理念，严守生态保护红线。集中力量整治养殖业污染，建立联动执法机制，加快禁养区养殖业户退出。全域推进种养废弃物资源化利用，建设5处废弃物综合利用、种养一体化示范项目，无害化改造农厕1.2万户。加大空气污染防治力度，推进热电企业脱硫脱硝治理，支持绿色清洁生产。实施扶淇河治理、卧龙湖水库、西见屯拦河闸等水系连通工程，确保城乡用水安全。严控废水排放，鼓励中水回用，境内水质达标率保持100%。提升生态涵养功能，加强道路林带建设和河流生态修复，持续开展南部山区小流域治理和水土保持综合整治，年内完成成片造林3万亩以上。

六、坚持共建共享，着力增进人民福祉。做实做好民生工作，织密扎牢民生保障网，建设外地人向往、本地人自豪的幸福和谐样板区。

优先发展教育事业。持续增加教育投入，迁建繁华中学、实验中学，扩增城乡教育资源。积极引导社会力量办学，新建北师大诸城实验学校、诸城一中国际学校，加快民办教育发展。加大高端教育人才引进力度，加强教师队伍建设，新招聘教师600人。深化基础教育综合改革，完善绩效激励机制，提高教育教学质量。大力发展普惠性学前教育，引进北师大新标准幼儿园等优质幼儿园。完善现代职成教育体系，优化职业院校布局，扩大潍坊工程技师学院技师培养规模，推进产教融合、校企合作，打造一批契合诸城产业发展的骨干专业，培养大批具有专业技能与现代工匠精神的高素质劳动者。下大气力引进本科院校，推动潍坊工商职业学院“专升本”，提升诸城教育品牌影响力。

积极促进就业创业。加快创业示范园区（孵化基地）建设，强化创业扶持，培育微创经济，以创业带动就业。创建省级和潍坊市级创业示范园区（孵化基地）各1处，各镇（街、园区）分别建成1处以上创业园区（孵化基地）。依托龙城创业学院，分层次开展培训，年内职业技能培训8000人、创业培训2200人以上，带动新增城镇就业1.5万人以上。创新小微企业劳动关系管理办法，深化全省劳动关系和谐城市创建。

完善社会保障体系。巩固扶贫成果，完善精准扶贫长效机制，确保贫困户脱贫不返贫。积极推进社会保险从制度“无死角”到人员“全覆盖”，实现养老、医疗等“五险”应保尽保。稳步推进社会救助提标扩面。继续实施“银龄安康”工程。加快市社会福利中心建设，提升农村幸福院建设标准。建成投用市残疾人托养中心和创业服务中心。

繁荣发展文体事业。加强城乡精神文明建设，培育传承良好家风校训、企业精神、诚信文化和乡贤文化。拓展公共文化服务，改扩建市图书馆，完成社区综合性文化服务中心改造，提高大舜文化节、社区文化节、茂腔艺术节等举办层次，抓好农村公益电影放映、送歌舞戏曲进社区等文化惠民活动，丰富城乡文化生活。实施齐长城保护工程。广泛开展全民健身运动，启动市体育场建设，组织群体赛事活动30次以上。

积极发展卫生计生事业。深化公立医院综合改革，鼓励医师多点执业。加快市人民医院康复医院、中医院门诊医技综合楼建设。完善基层医疗卫生机构设置，优化乡村医生队伍建设，规范分级诊疗流程，更好地满足群众就近就医需求。落实计生家庭奖励扶助政策，做好优生优育工作，提高出生人口素质。

深化社会治理创新。深入实施“七五”普法，提高基层法律服务水平，打造“法治诸城”。优化社区网格化管理服务，抓好社会矛盾排查调处化解，加强和改进信访工作，升级改造“天网工程”，严厉打击违法犯罪行为，争创全国立体化治安防控体系建设示范县、示范镇。严格落实安全生产责任，深化安全生产标准化创建，加强安全教育培训，依法加强社会组织管理，提高本质安全水平。深入开展双拥共建，积极推进国防教育、民兵预备役等工作。

加强政府自身建设

各位代表，新形势、新任务对政府工作提出新的更高要求。我们将始终保持昂扬向上、奋发有为的精神状态，坚持不懈攻坚克难，用心用力创先争优，全面提升履职能力水平，努力建设人民满意信任的政府。

真抓实干，勤政为民。把群众利益作为一切工作的出发点和落脚点，问政于民、问需于民、问计于民，使各项决策更好地服务发展，使发展成果更好地普惠于民。树立科学政绩观，认认真真、扎扎实实，从最基础的工作做起，从最基本的工作抓起，真正留下经得起检验的政绩。把抓落实作为政府工作的生命线，实行重点工作项目化管理，提高工作质量效率，以踏石留印、抓铁有痕的作风推动工作落实。

勇于担当，拼搏进取。进一步倡树担当意识，恪尽职守，敢于负责，遇到问题不推诿，面对矛盾不回避，把心思凝聚到干事业上，把功夫下到抓落实上，把本领用到促发展上。强化创先争优意识，瞄准一流目标，以敢于开拓、敢于碰硬的气魄，敢闯敢试、敢为人先的胆识，奋勇拼搏，攻坚克难，全力以赴破解瓶颈制约、推动转型发展。优化政务服务，提高行政效能。

依法行政，秉公用权。自觉接受人大法律监督、政协民主监督、社会各界和人民群众的广泛监督，坚决执行市人大及其常委会的决议、决定。把依法行政贯穿于政府决策、执行、监督全过程，严格规范权力运行，把权力关进制度的笼子。健全行政执法监督管理机制，提高行政执法水平。扎实推进政务公开，强化政策宣传解读，积极回应社会关切，提高政府公信力。

严守纪律，清正廉洁。认真履行全面从严治党责任，坚持把纪律和规矩挺在前面，严格执行党内政治生活准则等党内法规，自觉落实中央“八项规定”精神和上级有关规定，模范遵守党章党规党纪。强化政府内部层级监督和专门监督，推动公共资金、国有资产资源和领导干部履行经济责任情况审计全覆盖。严格执纪问责，保持对不正之风和腐败行为的高压态势，树立廉洁勤政的良好形象。

各位代表，时代赋予重任，拼搏铸就辉煌。让我们紧密团结在以习近平为核心的党中央周围，在市委的坚强领导下，以更加饱满的热情、更加务实的作风，实干担当、激情创业，加快推进“三区一城”建设，为谱写好“中国梦”的诸城篇章、率先全面建成更高水平小康社会、开启基本实现现代化新征程而努力奋斗！

大事记

2017年诸城市大事记

1月

2-3日，市委书记桑福岭到枳沟、贾悦、石桥子、皇华、桃林镇和南湖生态经济发展区调研，要求各镇（街）园区要拓宽视野，自我加压，迅速形成竞相发展的浓厚氛围。

5日，市委书记桑福岭到部分城建项目规划建设现场调度城市建设工作，强调要扎实做好城市建设管理各项工作，全面提升城市承载力、竞争力和吸引力。市委副书记、市长刘峰梅等一同调度。

5日，市委书记桑福岭到部分重点项目建设现场调度工业项目建设情况，指出必须把项目作为第一抓手，组织实施好项目建设攻坚战，为转型发展注入强大力量。市委副书记、市长刘峰梅等一同调度。

6日，市委书记桑福岭到部分重点项目建设现场调度基础设施、农业、社会事业重点项目建设情况。市委副书记、市长刘峰梅等一同调度。

6日，潍坊军分区司令员万伟锋到诸城调研军民融合式发展工作。

6日，全市计划生育工作会议召开。

6日，复旦大学"院士专家诸城行"对接会在惠发公司举行。中国科学院院士侯保荣、"千人计划"专家教授王旭东等一行9人出席对接会，山东玺图科技有限公司、诸城市惠林精密机械有限公司分别与复旦科技园诸城技术转移中心签署技术服务协议。

8日，竹山文院暨《当代小说》编创基地在竹山揭牌成立。

9日，市委副书记、市长刘峰梅到扶淇河滨河路、南环路人行道等现场调度道路建设工作，指出要高标准规划设计，强化效率意识、精品意识。

10日，潍坊市委常委、组织部部长林红玉到诸城调研。林红玉实地察看了王尽美烈士纪念馆、诸城党组织发展史展览室、诸城党建云中心，对诸城全面加强党建的做法给予充分肯定。

10日，市委副书记、市长刘峰梅主持召开第54次市政府常务会议，研究2017年政府工作报告、国民经济和社会发展计划（草案）报告、财政预算（草案）报告及冬季困难群众生活救助、土地管理等事项。

11日，市委书记桑福岭主持召开市委常委会议，听取《政府工作报告（征求意见稿）》起草情况汇报。

12日，全市2016年度镇（街）园区党（工）委书记抓基层党建述职评议会议召开。潍坊市委常委、副市长孙起生，潍坊市委组织部调研员黄永促到会指导，市委书记桑福岭主持会议并作点评。

12日，诸城市人才发展促进会第一次会员大会召开。

13-14日，中国共产党诸城市第十四次代表大会召开。市领导桑福岭、刘峰梅、孙吉海、李宁、王玉邦、孙利宝、李庆华、刘作勋、王志强、何金波、赵治国、李永光、赵莉、薛宗刚出席会议并在主席台前排就座。13日上午8时，大会隆重开幕。刘峰梅主持会议，桑福岭向大会作题为《实干担当激情创业深入推进“三区一城”建设 努力开创诸城转型发展新局面》的报告。14日上午大会闭幕。

会议选举出中共诸城市第十四届委员会委员48名和候补委员9名、中共诸城市纪律检查委员会委员29名、出席中国共产党潍坊市第十二次代表大会代表54名；通过了《中国共产党诸城市第十四次代表大会关于十三届市委工作报告的决议》《中国共产党诸城市第十四次代表大会关于十三届市纪委工作报告的决议》《全市党费收缴使用和管理情况报告的决议》。

14日，中国共产党诸城市第十四届委员会第一次全体会议召开。桑福岭主持会议并讲话。会议选举桑福岭、刘峰梅、孙吉海、李庆华、王志强、何金波、赵治国、李永光、赵莉、王爱民为中共诸城市第十四届委员会常委，桑福岭为中共诸城市委书记，刘峰梅、孙吉海为中共诸城市委副书记。

14日，市委书记桑福岭到部分镇（街）园区环卫保洁现场调度城乡环卫一体化工作，指出要提升境界水平，深化“美丽乡村”建设，深入开展乡村文明活动。市委副书记、市长刘峰梅等一同调度。

16日，市委常委班子民主生活会召开。潍坊市委常委、副市长孙起生到会指导，市委书记桑福岭主持会议并作总结讲话。市委副书记、市长刘峰梅，市委副书记孙吉海及市委常委班子其他成员参加民主生活会，市人大常委会党组书记、第一副主任李宁，市政协主席王玉邦列席会议。

16日，市委书记桑福岭主持召开市委常委会议，听取市十八届人大一次会议及市政协十届一次会议筹备情况、全市2017年春节期间系列文化活动方案汇报，研究市委常委会对照检查材料等事项。

16日，市十七届人大常委会召开第三十三次会议，听取审议代表资格审查报告和市十八届人大一次会议筹备情况汇报；通过代表资格审查报告，市十八届人大一次会议主席团、常务主席、秘书长、副秘书长名单（草案），市十八届人大一次会议议案审查委员会、计划预算审查委员会组成人员名单（草案）；议定市人大常委会在市十八届人大一次会议上的工作报告和人事任免事项。

16日，市政协召开九届二十九次常委会议，传达学习市第十四次党代会会议精神；听取市政府关于市政协九届五次会议以来提案办理情况及市政协十届一次会议筹备工作情况汇报；审议通过召开市政协十届一次会议的决定、会议议程、会议日程、常委会工作报告（讨论稿）、提案工作报告（讨论稿）、十届一次会议主席团和秘书长建议名单等；听取审议市委统战部负责同志对十届市政协委员酝酿名单的情况说明。

16日，潍坊市委常委、副市长孙起生到诸城走访慰问劳动模范、老党员、专家人才、困难职工和敬老院老人，并为他们送去了慰问品和慰问金。

17-23日，市领导桑福岭、刘峰梅、孙吉海、王玉邦、孙利宝等分别走访慰问部分离退休老干部、新中国成立前老党员、生活困难党员、全国劳动模范、重点优抚对象和困难职工群众，并为他们送去了慰问品和慰问金。

17日，潍坊市委常委、副市长孙起生率检查组到诸城检查全面从严治党主体责任落实情况。市委书记桑福岭汇报了有关情况，市委副书记、市长刘峰梅主持汇报会。

18-20日，政协第十届诸城市委员会第一次会议在市府礼堂召开。市领导桑福岭、刘峰梅、王玉邦、孙吉海、孙利宝、张海轶、吴建智、臧晋运、蒋德华、韩培武、宗素霞、袁柳天出席会议并在主席台前排就座。18日上午8时30分，市政协副主席韩培武宣布大会开幕。市委书记桑福岭在会上讲话，市政协主席王玉邦向大会作政协常委会工作报告，市政协副主席蒋德华作提案工作报告。20日下午大会闭幕。

会议选举孙利宝为十届市政协主席，张海轶、吴建智、臧晋运、韩培武、宗素霞、袁柳天为十届市政协副主席，张健为十届市政协秘书长；通过了提案审查情况的报告和大会决议。

19-22日，诸城市第十八届人民代表大会第一次会议在市府礼堂召开。市领导桑福岭、刘峰梅、李宁、孙吉海、王玉邦、张福秀、王洪伟、刘作勋、郑晓瑛、于明堂、颜廷忠、杨景良、王金友、葛淑彬出席会议并在主席台前排就座。19日上午，市委书记桑福岭主持会议并宣布大会开幕，市委副书记、市长刘峰梅向大会作政府工作报告，市人大常委会党组书记、第一副主任李宁向大会作人大常委会工作报告。22日上午大会闭幕。

会议表决通过了市十八届人民代表大会各专门委员会组成人员人选名单、关于政府工作报告的决议、关于诸城市2016年国民经济和社会发展计划执行情况与2017年国民经济和社会发展计划的决议、关于诸城市2016年财政预算执行情况与2017年财政预算的决议、关于诸城市人大常委会工作报告的决议、关于诸城市人民法院工作报告的决议、关于诸城市人民检察院工作报告的决议；选举王玉邦为诸城市第十八届人大常委会主任，刘作勋、郑晓瑛、于明堂、颜廷忠、葛淑彬为十八届人大常委会副主任，刘峰梅为诸城市人民政府市长，李庆华、王大伟、单东升、杨连富、王大鹏为诸城市人民政府副市长，韩旭东为诸城市人民法院院长，王彦青为诸城市人民检察院检察长。

19日，全市企业家座谈会召开。市委书记桑福岭出席会议并讲话，市委副书记、市长刘峰梅主持会议并就会议精神的贯彻落实讲了意见。

19日，市委常委、宣传部部长赵莉走访慰问中国好人、全省道德模范、山东省“五四”青年奖章获得者、中国书协会员刘晓清。

21日，市领导孙吉海、薛宗刚等先后到驻诸城部队、人武部、预备役高炮团、武警中队、消防大队和军休所走访慰问，对部队官兵、预备役人员和老干部致以新春的祝福。

22日，市委书记桑福岭主持召开市委常委（扩大）会议，研究贯彻落实市第十四次党代会、市人大十八届一次会议和市政协十届一次会议精神及城乡环境综合整治、春节期间安全生产等事项。

22日，市政协党组召开2016年度民主生活会。

23日，市政府党组召开2016年度民主生活会。

23日，全市城乡环境综合整治工作现场推进会议召开。市委副书记孙吉海出席会议并讲话，副市长杨连富、王大鹏分别就相关工作进行安排部署。

23日，市十八届人大常委会召开第一次主任会议，传达学习贯彻市委常委扩大会议精神，部署人大工作。

24日，安丘市委书记李新阁率考察团到诸城参观考察产业转型升级、重点项目建设等工作。

24日，市领导桑福岭、王爱民、薛宗刚等到潍坊军分区和驻潍部队走访慰问部队官兵。

24日，市人大常委会党组召开专题民主生活会。

25日，市领导桑福岭、刘峰梅分别到市广播电视台、公安局、电力调度中心、人民医院急救中心、康源供水公司二水厂、新奥燃气公司门站、金安热电公司、百盛大华超市走访慰问春节期间坚守工作岗位的一线干部职工，并向他们致以新春祝福和节日问候。

25日，全市重点项目建设调度会召开。市委书记桑福岭出席会议并讲话，市委副书记、市长刘峰梅主持会议并就会议精神的贯彻落实讲了意见。

25日，市委书记桑福岭到沧湾公园、潍河公园、密州路、利群商厦、鑫辉华庭小区调度城市夜景亮化工作。市领导刘峰梅、孙吉海、王玉邦等一同调度。

25日，市委书记桑福岭专程看望已故龙都卫生院原党支部书记、院长王金鉴的家属。

是月，诸城荣获全国县级防震减灾业务工作考核先进单位称号。

是月，诸城被确定为全省创建劳动关系和谐城市试点单位，是全省唯一试点县级市。

是月，诸城被确定为首批山东省生态循环农业示范县。

是月，平均气温0.2℃，较常年偏高2.1℃，最高气温12.3℃，较历史同期极值偏低4.6℃，最低气温-9.6℃，较历史同期极值偏高10.1℃；月降水量42.4毫米，较常年偏多31.6毫米，较历史同期最多值偏少10.0毫米，最少值偏多42.4毫米；月日照总时数150.4小时，较常年偏少17.6小时。月有效降水主要集中在7-8日、28-29日。其中29-31日，受降雨雪影响，造成道路积雪结冰，给交通带来不便。月气候特点是气温偏高，降水偏多，对农作物生长有利；日照偏少，对农作物生长不利。

2月

2日，市委书记桑福岭主持召开市委常委（扩大）会议，研究市委常委会2017年工作要点、健全完善市级领导班子成员及相关领导工作联系点和包靠责任制、重点项目建设和招商引资、安全生产、对重点工作实行问责观察、整治为官不为以及贯彻落实潍坊市纪委十次全会精神等事项。

2日，经市委研究决定，周华伟任市发改局局长；杨乐友任市监察局局长；孟庆春任市司法局局长；李跃志任市交通运输局局长；赵永福任市文广新局局长；王桂华任市场监督管理局局长，兼任市食品药品监督管理局局长、食安办主任；郭培军任市民族宗教事务局局长，不再担任市委民族宗教事务办公室主任职务。

3日，全市项目建设暨招商引资工作会议召开。市委书记桑福岭出席会议并讲话，市委副书记、市长刘峰梅主持会议并就会议精神的贯彻落实讲了意见。

4日，得利斯集团与百联集团战略合作签约仪式举行。商务部驻沪特派员向欣，诸城市领导桑福岭、刘峰梅，百联集团党委书记、董事长、总裁叶永明，得利斯集团董事长郑和平等出席签约仪式。向欣、桑福岭致辞。

4日，欢送出席省十二届人大六次会议的省人大代表王金友、郑和平、张秀玲、吕映红和出席省政协十一届五次会议的省政协委员周勇、郑世金仪式举行。

6日，市委副书记、市长刘峰梅主持召开会议，传达贯彻潍坊市经济工作会议精神，对相关重点工作进行调度安排。

7日，市人大常委会主任王玉邦到辛兴镇调研包靠企业发展情况。

8日，市委副书记、市长刘峰梅到齐舜农业、佳博天益、得利斯沙浯养殖场、大森林特种动物养殖专业合作社现场调度种养结合示范项目建设，指出要突出重点示范项目建设，抓好新技术推广应用，拓展项目融资渠道。

8日，市委副书记、市长刘峰梅调度恐龙小镇组团规划建设工作，强调要加快规划进度，加大招商力度，深入挖掘恐龙文化资源。

10日，市十八届人大常委会召开第三次主任会议，研究《关于设立代表资格审查委员会的决定（草案）》《关于开展人大代表“实干担当、激情创业”主题活动的实施方案（草案）》《市人大常委会2017年工作计划（草案）》和市人大常委会各项工作规则；议定市十八届人大常委会第一次会议建议议题。

12日，中共诸城市纪委召开十四届二次全体会议，深入学习贯彻中央纪委和省、潍坊市纪委全会精神，总结2016年工作，安排部署2017年党风廉政建设和反腐败工作任务。会上，市委书记桑福岭讲话，市委常委、市纪委书记何金波代表市纪委常委会作题为《用担当诠释忠诚靠实干续写辉煌在新起点上努力开创全面从严治党新局面》的工作报告。

12日，全市国土规划调整修编工作汇报会召开。市委书记桑福岭出席会议并讲话，市领导刘峰梅等参加会议。

13日，市委书记桑福岭到部分项目现场调度城建、社会事业、工业项目建设工作。市领导刘峰梅等一同调度。

13日，全市社区“两委”成员培训班开班仪式在市委党校举行。市委副书记孙吉海出席并讲话。

13日，市十八届人大常委会召开第一次会议。会议表决通过了市人大常委会关于设立代表资格审查委员会的决定，市人大常委会组成人员守则、议事规则、人事任免办法、对决议决定和审议意见落实情况实行票决的办法、询问办法、质询办法，关于规范专题调研、集中视察、执法检查和工作评议的意见，关于开展人大代表“实干担当、激情创业”主题活动的实施方案和2017年工作计划；通过了市政府提报的人事任免事项。

15日，市政府组织收看全省排查整治“地条钢”和违法违规新增钢铁产能工作电视会议。会议结束后，市委常委、常务副市长李庆华就贯彻落实会议精神，全面抓好“地条钢”和违法违规新增钢铁产能排查整治工作作了部署。

16日，市政府组织收看全省环境保护工作电视会议。副市长王大鹏参加收看。

20日，市委举办“上进讲堂”学习活动，邀请井冈山干部学院教授陈胜华作革命传统教育专题报告。市领导桑福岭、王玉邦等参加学习活动，市委副书记孙吉海主持报告会。

20日，市政府组织收看第34届潍坊国际风筝会动员视频会议。副市长王大伟参加收看。

20日，市政府组织收看全省森林防火电视会议。副市长王大鹏参加收看。

21日，全市社区党组织书记培训班开班。市委书记桑福岭作动员讲话并讲党课，市委常委、组织部长李永光主持。

21日，招远市委书记贺业增率党政考察团到诸城参观考察新型城镇化建设、农村社区建设、大项目建设等工作。

22日，市委书记桑福岭主持召开市委常委（扩大）会议，研究2016年度镇（街）园区科学发展综合考核、农村新型示范社区超越计划推进以及贯彻落实潍坊市第十二次党代会精神、潍坊市宣传文化工作会议精神等事项。

22日，市委书记桑福岭调度生态文明建设工作，指出要加快形成绿色生产方式和生活方式，努力擦亮诸城的“生态名片”。市委副书记、市长刘峰梅等一同调度。

23日，潍坊市验收组到诸城验收省级生态文明乡村示范村备选村。市委副书记孙吉海陪同验收。

23日，市政府组织收看全省深化道路交通“平安行·你我他”行动和消防工作电视会议。副市长单东升参加收看。

24日，市政府组织收看全国全面深化供销合作社综合改革工作电视会议。副市长杨连富参加收看。

25日，市委副书记孙吉海率考察团赴安丘、寿光、临朐等县市考察学习现代农业发展工作。副市长杨连富一同考察。

27日，中国光大银行诸城支行正式开业。

28日，市委、市政府召开卧龙湖水库工程可行性研究报告成果汇报会。市委书记桑福岭出席会议并讲话，市委副书记、市长刘峰梅就有关问题讲了意见。

28日，市政府组织召开H7N9和重大动物疫病防控工作会议。副市长杨连富出席会议并对全市春季动物防疫工作进行了具体部署。

是月，平均气温2.5℃，较常年偏高1.7℃，最高气温16.3℃，较历史同期极值偏低6.6℃，最低气温-6.9℃，较历史同期极值偏高11.7℃；月降水量12.7毫米，较常年偏少3.1毫米，较历史同期最多值偏少58.6毫米，最少值偏多12.7毫米；月日照总时数187.4小时，较常年偏多19.1小时。月有效降水主要集中在8日、21-22日。21-24日因降雪影响，造成道路积雪结冰，给交通带来不便。月气候特点是气温偏高，日照偏多，对农作物生长有利；降水偏少，对农作物生长不利。

3月

1日，市政协召开十届一次主席会议，传达学习政协第十三届潍坊市委员会第一次会议精神；听取市政协各专委会工作汇报；审议《政协诸城市委员会2017年工作要点》及加强十届市政协自身建设、委员服务社区及履职量化考核等有关文件。

2日，2017年山东农机行业工作年会在诸城召开。中国农业机械化协会会长刘宪与诸城市委副书记、市长刘峰梅致辞。

2日，市政协召开十届一次常委会议，传达学习政协第十三届潍坊市委员会第一次会议精神；审议通过《关于加强常委会自身建设的意见》《常委会工作规则》《组织委员视察制度》《委员履职量化考核办法》《关于实施主席、副主席（党组成员）和专职常委联系委员企业制度的意见》《关于开展政协委员服务社区活动的意见》《深入开展“‘三区一城’建设有我有作为”主题实践活动的实施方案》；通过了有关人事决定和市政协2017年工作要点；

3日，市委、市政府召开全市三级干部会议，动员全市上下实干担当，激情创业，全力以赴做好全年各项工作，为深入推进“三区一城”建设开好局、起好步。市委书记桑福岭出席会议并讲话，市委副书记、市长刘峰梅主持会议，市委副书记孙吉海宣读了市委、市政府《关于表彰2016年度先进单位、先进个人的通报》。

3日，市委书记桑福岭现场调度机器人小镇规划建设工作。市领导刘峰梅等一同调度。

3日，市妇联召开十三届二次执委（扩大）会议。

4日，市委中心组理论学习辅导报告会举行。省农业专家顾问团农经分团副团长刘同理应邀作《推进农业供给侧结构性改革》辅导报告。

5日，落地林家村镇的布雷赛特、中瑞福沃火花塞、青岛顺程等5个项目集中开工。

6日，省检察院党组副书记、副检察长吕盛昌到诸城调研。

6日，市委副书记、市长刘峰梅到高新园调研项目建设工作，指出要全面加快项目建设进度，加大招商引资力度，强化项目管理服务。

6日，诸城市第二届“最美家庭”表彰暨传承良好家风事迹报告会举行。

7日，全市女人大代表庆三八“实干担当、激情创业”座谈会召开。

7日，市委副书记、市长刘峰梅主持召开市政府常务会议，研究招商引资、现代农业发展、外经贸、专利、城市违法建设治理、自然灾害救助、应急、妇女儿童发展、体育产业发展等事项。

8日，全市特色艺术小镇项目策划汇报会举行。市委书记桑福岭出席会议并讲话，市领导刘峰梅等参加会议。

8-9日，全市项目建设现场调度会议召开。市委书记桑福岭出席会议并讲话，刘峰梅等市级领导班子成员参加会议。

10日，潍坊市委副书记、市长李宽端到诸城调研企业和项目建设工作。

10日，桑福岭、刘峰梅、孙吉海、王玉邦等市级领导班子成员到皇华镇植树现场参加义务植树活动。

10日，大型反腐茂腔现代戏《失却的银婚》举行首场演出。桑福岭、刘峰梅、孙吉海、王玉邦等市级领导班子成员参加观看。

13日，全市人大代表"实干担当激情创业"主题活动动员大会召开。

13日，杜邦中国集团有限公司与山东美晨科技股份有限公司"最佳合作伙伴"授牌仪式在美晨公司举行。美晨公司成为杜邦中国集团在中国地区唯一的"最佳合作伙伴"。

13-14日，市人大常委会举办第十八届人大代表初任培训班。

14日，市委、市政府举办领导干部能力素质提升专题讲座，邀请北京大学历史系教授、博士生导师岳庆平作辅导报告。

16日，出席十二届全国人大五次会议的全国人大代表王桂波归来，市领导桑福岭、刘峰梅、王玉邦等出席欢迎仪式。

17日，市委书记桑福岭率考察团赴青岛参观考察董家口港、软控股份有限公司和青特集团。市领导刘峰梅等一同考察。

17日，诸城市国家税务局办税服务厅被共青团中央、国家税务总局等22个部门联合命名为"全国青年文明号"。

18-19日，全市城乡环境综合整治现场调度会召开。

18日，生防菌制剂与生物防控产业技术创新战略联盟暨山东省林科院泰诺微生物研究所成立揭牌仪式举行。

20日，市委召开学习贯彻潍坊市第十二次党代会精神宣讲报告会，邀请潍坊市委宣讲团成员、潍坊市质监局副局长王希臣作宣讲报告。

20日，山东省中华文化传承基地揭牌仪式在诸城恐龙国家地质公园举行。省政府侨务办公室主任刘方会出席揭牌仪式并讲话，诸城市委副书记、市长刘峰梅致辞。

21日，市委书记桑福岭到部分重点项目建设现场调度重点项目建设，指出要强化工程质量安全监管，深入开展招商引资，健全项目推进责任体系。

21日，市政府组织收看国务院第五次廉政工作电视会议。市领导刘峰梅等参加收看。

21日，全市安全生产工作会议召开。市委副书记、市长刘峰梅出席会议并讲话，市委常委、常务副市长李庆华主持会议并通报了全市安全生产情况。会上，市政府与镇（街）园区、部门单位负责同志签订了2017年度安全生产目标责任书。

23日，市政府组织收看2017年全国禁毒工作和全省安全生产电视会议。副市长王大伟参加收看。

24日，市人大常委会主任王玉邦主持召开南湖西组团指挥部调度会议，对南湖西组团项目建设存在的问题及下步工作进行现场调度和部署。

24日，市政府组织收看全国危险化学品安全综合治理电视会议。副市长单东升参加收看。

25日，市委书记桑福岭主持召开市委常委（扩大）会议，研究推进美丽乡村标准化建设、全面推进现代农业"五化"发展和鼓励农业产业结构调整扶持、支持人民法院基本解决执行难问题、招商引资和全面对接青岛、迎接国家卫生城市复审、科学发展现场观摩点评及潍坊市组织部长会议精神的贯彻落实等事项。

25日，全市“文明出行·青年在行动”活动启动仪式举行。市委副书记孙吉海出席仪式并讲话。

25日，省纪委检查组到诸城检查执纪审查安全工作。

28日，市委、市政府组织收看2017年全国医改工作电视会议。市领导桑福岭、刘峰梅等参加收看。

28日，市人大常委会组织部分人大代表到福田M4、伊甸园婚庆服装高端定制、赛石园林文旅生态小镇、高强高端紧固件、美晨科技产业园等项目建设现场对工业服务业重点项目开工建设情况进行视察。

28日，大型反腐茂腔现代戏《失却的银婚》在市府礼堂进行专场汇报演出。

29日，潍坊市政协党组成员、总工会主席吴建民率调研组到诸城调研企业文化建设工作。

29日，市委、市政府召开农村工作会议，动员全市上下实干担当、激情创业，再创农业农村发展新优势。市委书记桑福岭出席会议并讲话，市委副书记、市长刘峰梅主持会议并就会议精神的贯彻落实讲了意见。

30日，市委、市政府召开迎接国家卫生城市复审工作会议，全面部署复审迎查工作，坚决打赢国家卫生城市保卫战。市委书记桑福岭出席会议并讲话，市委副书记、市长刘峰梅主持会议并就会议精神的贯彻落实讲了意见。

31日，市政府组织收看省政府安委会全体成员安全生产专题报告电视会议。市领导刘峰梅等参加收看。

31日，全市首家行业工会联合会—诸城市外经贸企业工会联合会成立。

是月，新郎希努尔集团服装制版师马耀霞被全国总工会授予“全国五一巾帼标兵”荣誉称号。

是月，已故龙都卫生院原党支部书记、院长王金鉴被追授为全国“最美医生”荣誉称号。

是月，平均气温7.3℃，较常年偏高1.3℃，最高气温18.9℃，较历史同期极值偏低10.6℃，最低气温-3.6℃，较历史同期极值偏高7.6℃；月降水量6.4毫米，较常年偏少15.0毫米，较历史同期最多值偏少72.4毫米，最少值偏多6.1毫米；月日照总时数212.4小时，较常年偏多5.8小时。月有效降水主要集中在1日、26日、28日。月气候特点是气温偏高，日照偏多，对农作物生长有利；降水偏少，对农作物生长不利。

4月

1日，山东飞龙通用飞机制造项目建设方案汇报会召开。市委书记桑福岭出席会议并讲话，市领导刘峰梅等出席会议。

1日，市委副书记、市长刘峰梅现场调度福田汽车及零部件产业园、迈赫机器人特色小镇建设工作。

4日，市委书记桑福岭到部分社会事业项目规划建设现场调度社会事业项目建设工作，指出要加大投入，统筹资源，全力推进社会事业项目建设，让群众共享改革发展成果。

4日，市委书记桑福岭到部分项目规划建设现场调度交通公路城建等基础设施项目建设工作，了解具体推进情况。

5日，全市2017年“党风政风监督热线”在市广播电视台举行开播仪式。

6-7日，全市第一季度镇（街）园区科学发展现场观摩点评会议召开。市委书记桑福岭结合现场观摩情况作总结讲话。刘峰梅、孙吉海、王玉邦、孙利宝等市级领导班子成员参加观摩交流。

6-7日，广州励丰文化科技公司考察团到诸城考察文化旅游产业发展情况。在市领导桑福岭、刘峰梅等陪同下，考察团参观了常山民俗博物馆、恐龙国家地质公园、超然台，对诸城深厚的文化底蕴、丰富的旅游资源表示赞赏。

7日，恒丰银行诸城支行正式开业。这是恒丰银行自2013年入驻潍坊以来设立的第三家异地支行。

8日，市委副书记、市长刘峰梅到潍河堤坝顶路建设和环湖公园规划现场调度部分市政工程建设。

9日，青特集团高端轻卡车桥项目开工仪式举行。市领导刘峰梅、孙吉海等出席仪式并为项目奠基。市委常委、常务副市长李庆华在仪式上致辞。

10日，全市第一季度农业农村工作现场观摩会议召开。

12-13日，全省农村产业融合发展规划编制暨现场观摩会在诸城召开。国家发改委农经司副巡视员许正斌，省发改委副主任赵东、副巡视员郭登宇，潍坊市委常委、常务副市长邹庆忠等出席会议。与会人员观摩了佳士博公司、诸城裘皮创业园、华山农村科技万亩榛子示范基地、常山农村产业融合试验示范区、国家级农林科技孵化器，观看了诸城农村产业融合发展工作专题片，对诸城以开展农村产业融合发展试点为契机，推进现代农业品牌化引领、园区化布局、标准化生产、社会化服务、融合化发展，着力培育多元化、创新型、全要素的农业“新六产”，促进农业增效、农民增收、农村增活力的做法给予高度评价。

13日，市政协组织部分潍坊市和诸城市两级政协委员到舜昌路潍河大桥维修工程、潍河滨河路网工程等项目建设现场，对全市城乡道路建设情况进行视察。

13日，全市城市亮化规划方案汇报会召开。

13日，市人大常委会召开住诸城的潍坊市人大代表小组第一召集人和联络员座谈会，专题研究部署代表小组规范化建设问题。

13日，市政府组织收看省政府第五次廉政工作电视会议。市委常委、常务副市长李庆华参加收看。

14日，市委副书记、市长刘峰梅到信得科技、迈赫机器人公司调研畜牧产业转型升级、机器人小镇建设情况。

15-16日，山东省女企业家协会第五次会员代表大会暨创业创新主题年会在诸城召开。省妇联主席邢善萍，潍坊市委副书记张小梅，潍坊市委常委、统战部长王兆辉等参加有关活动。会上，邢善萍讲话，张小梅致辞，副市长王大伟介绍了诸城经济社会发展情况。

17日，市委书记桑福岭深入片区拆迁和项目建设现场调度十大组团开发建设工作。市领导刘峰梅、孙利宝等一同调度。

17日，斯太尔动力公司董事长刘晓疆一行到诸城参观考察。刘晓疆对诸城的产业基础和营商环境给予高度评价，并期待与福田汽车公司开展更深层次合作。

18日，市委、市政府组织收看潍坊市开展“作风建设年”活动动员大会。市委书记桑福岭，市委副书记、市长刘峰梅在潍坊主会场参加会议，并代表诸城领取2016年度科学发展综合考核优秀等次奖。孙吉海、王玉邦、孙利宝等市级领导班子成员在诸城分会场参加收看。

18日，市委副书记、市长刘峰梅主持召开市委常委（扩大）会议，传达学习潍坊市“作风建设年”活动动员会议精神。

19日，潍坊市第一届企业文化论坛在诸城举行。潍坊市政协党组成员、总工会主席吴建民作专题报告，市委书记桑福岭致辞，市委副书记、市长刘峰梅主持报告会，得利斯食品公司、奥扬新能源科技公司、美晨科技公司、佳士博食品公司负责人发言。

19日，市委副书记、市长刘峰梅到密州街道、开发区、龙都街道、南湖区棚改项目现场调度棚户区改造工作。

20日，市委书记桑福岭主持召开市委常委（扩大）会议，研究市委和市政府领导班子成员党风廉政建设及其责任制落实主体责任、镇（街）园区部门单位党风廉政建设、开展“作风建设年”活动、党委（党组）中心组2017年理论学习、深化广播电视事业体制机制改革、人才工作以及潍坊市农村工作暨扶贫开发工作会议、潍坊市委政法工作会议、潍坊市加强农村基层组织建设着力整治“村霸”问题工作会议精神的贯彻落实意见。

20日，全市国土资源工作会议召开。市委副书记、市长刘峰梅出席会议并讲话。

20日，潍坊市扶贫办主任鞠宝祥一行5人到诸城调研扶贫开发工作，检查项目建设情况。

20日，市十八届人大常委会召开第五次主任会议。

21日，“上海理工大学与义和车桥公司汽车先进底盘系统开发联合研究所”和“上海理工大学研究生实践基地”揭牌仪式举行。市委书记桑福岭致辞并揭牌。

21日，诸城乡土读本《诸城》发行座谈会举行。

21日，全市企业诚信联盟成立大会暨“信用诸城”官方网站开通仪式举行。

22日，市委书记桑福岭到部分老旧小区、城市道路、农贸市场、便民服务点调度国家卫生城市复审迎查工作。

23日，肥城市委书记常绪扩率党政考察团到诸城参观考察企业上市挂牌工作。

24日，市委召开全市开展“作风建设年”活动动员大会，动员全市上下聚焦突出问题，从严从实抓作风，持之以恒转作风，着力增强各级党组织和广大党员干部的凝聚力、战斗力，以更加振奋的精神、更加高昂的斗志、更加务实的作风，进一步形成实干担当、激情创业的浓厚氛围，为深入推进“三区一城”建设汇聚正能量、做出新贡献。市委书记桑福岭与镇（街）园区、市直部门党（工）委书记代表签订了2017年度抓基层党建工作目标责任书，并就开展“作风建设年”活动作动员讲话。市委副书记、市长刘峰梅主持会议，孙吉海、王玉邦等市级领导班子成员出席会议。

25日，东营市河口区委副书记、区长田兵兵率考察团到诸城考察农业产业化工作。

25日，市委副书记孙吉海率考察团赴北京市房山区考察学习“新六产”培育和美丽乡村标准化建设工作。

26日，市十八届人大常委会召开第二次会议。

27日，全市庆祝“五一国际劳动节”暨诸城市劳动模范命名表彰大会召开。市委书记桑福岭讲话，市委副书记、市长刘峰梅主持会议，市委常委、宣传部部长、市总工会主席赵莉宣读了《中共诸城市委、诸城市人民政府关于命名表彰诸城市劳动模范和先进工作者的决定》。

27日，潍坊市政协原主席迟昭厚率潍坊市政协离退休老干部到诸城参观考察经济社会发展情况。

28日，市委书记桑福岭到南湖生态经济发展区、龙都街道、枳沟镇部分社区调研社区化发展工作，指出要做实社区党建，做优社区服务，做强社区经济，做精社区建设。

28日，全市纪念“五四运动”98周年暨“从严治团”工作会议召开。市委副书记孙吉海出席会议并讲话。

29日，市委书记桑福岭到永辉生态农场、惠源农庄、竹山生态谷与果茶旅游示范园、龙门口生态旅游度假区、浦兰生态园、马耳山景区等乡村旅游景点调研乡村旅游工作，对下步乡村旅游工作提出了明确要求。市领导刘峰梅等一同调研。

是月，平均气温16.0℃，较常年偏高2.9℃，最高气温32.4℃，较历史同期极值偏低

2.2℃，最低气温2.9℃，较历史同期极值偏高5.6℃；月降水量15.6毫米，较常年偏少17.6毫米，较历史同期最多值偏少102.6毫米，最少值偏多10.9毫米；月日照总时数263.1小时，较常年偏多31.3小时。月有效降水主要集中在5日、10-11日、14日、17日、20-21日、25-26日。月气候特点是气温偏高，日照偏多，对农作物生长有利；降水偏少，对农作物生长不利。

5月

3日，市委书记桑福岭到部分市政、交通、公路、水利等基础设施项目建设现场调度基础设施项目建设工作。

3-4日，导演、战友文工团副团长吴甲丁一行3人到诸城大舜苑、潍河公园、博物馆、恐龙公园、常山文博苑调研文化旅游事业发展情况，并出席诸城文化旅游产业发展座谈会。市委副书记、市长刘峰梅出席座谈会并讲话，市领导赵莉等参加会议。

4日，市政府组织收看全省金融稳健发展电视会议。市领导李庆华、韩培武参加收看。

6日，全市政法工作会议召开。市委书记桑福岭出席会议并讲话，副市长单东升宣读了潍坊市关于表彰全国“两会”维稳安保工作先进集体和先进个人的通报。舜王街道、市公安局、市民政局作了交流发言。

6日，杭州赛石园林集团董事长郭柏峰一行到诸城参观考察文化旅游产业发展情况。在市领导桑福岭、刘峰梅等陪同下，考察团参观了三河湿地、暴龙馆、恐龙国家地质公园，对诸城文化旅游产业发展取得的成绩表示赞赏。

9日，全省原产地签证服务“县县通”工程启动仪式在诸城举行。山东省检验检疫局副局长石勇、商务厅副厅长吕伟，潍坊市政府党组成员马跃启等出席启动仪式。诸城成为全国第二家启动原产地签证服务“县县通”工程县市。

10日，潍坊市人大常委会副主任范福生率视察组到诸城贾悦工业园、泰盛化工、福田M4项目现场视察化工产业发展情况。

11日，市委、市政府组织收看全省卫生与健康视频会议。市领导桑福岭、何金波、王爱民等参加收看。

11日，市委书记桑福岭到密州街道项目现场、企业车间和农村社区调研进一步开展好“作风建设年”活动情况。

11日，住诸城潍坊市人大一组和二组代表组成联合视察组到中央商务区、九龙口巷、陶家岭便民服务点等10处现场，对国家卫生城市复审迎检工作进行视察，就如何做好复审迎检工作提出针对性的意见和建议。

11日，市政协组织部分委员到大学生电商创业服务基地、龙城创业学院、人社局服务大厅视察评议人力资源和社会保障工作。

12日，市委书记桑福岭到相州镇在建项目现场、企业车间和农村社区调研加快镇域经济社会转型发展情况。

12日，诸城晨德志工公益发展中心揭牌暨“环卫工人关爱行动”启动仪式在密州宾馆举行。潍坊市总工会副主席于守君出席仪式并讲话。

13日，市委书记桑福岭主持召开市委常委扩大会议，传达学习习近平同志在第十八届中央纪律检查委员会第七次全体会议上的讲话精神、潍坊市推进“两学一做”学习教育常态化制度化工作座谈会议精神；研究进一步加强和改进离退休干部工作、开展“作风建设年”活动、公开承诺“担当作为创争一流”任务目标和实施寻标对标提标行动工作。

13-14日，省委农工办原副主任、省政府农业专家顾问团农经分团副团长刘同理到诸城调研农村产业融合工作。

14日，全市2017“尽美杯”第三届环常山路跑赛举行。市委副书记孙吉海出席开幕式并致辞。

14日，桃林镇举行首届春茶、樱桃采摘节。

15日，全市迎接国家卫生城市复审工作调度会议召开。市委书记桑福岭出席会议并讲话，要求确保顺利通过国家卫生城市复审验收。

16日，市委副书记、市长刘峰梅到龙城市场、金都小区、九龙商贸城、岔道口便民服务点、潍徐街洗车城等场所现场调度国家卫生城市复审迎查工作。

17日，“2017诸城对接服务青岛合作恳谈会”在青岛府新大厦举行。市委书记桑福岭出席会议并致辞。

17日，市政府组织收看全省全面实行河长制工作动员部署电视会议。市领导刘峰梅等参加收看。

18日，市委、市政府召开恐龙谷项目概念性方案汇报会，听取项目设计方有关情况介绍，对规划涉及的具体问题进行交流会商。市委书记桑福岭出席会议并讲话，市委副书记、市长刘峰梅就有关问题讲了意见。

18、20、24日，市委书记桑福岭先后三次主持召开会议，专题调度重点项目建设工作，要求全力以赴推动项目建设实现新突破。

18日，市政府组织收看潍坊市生态环境综合整治动员大会。市领导李庆华等参加收看。

19日，潍坊市委副书记、市长李宽端到诸城检查指导开展“作风建设年”活动，要求诸城以更大力度、更实举措、更严要求加强作风建设。在市领导桑福岭、刘峰梅等陪同下，李宽端实地察看了大源社区生态农业示范园和社区综合服务中心，对诸城扎实开展“作风建设年”活动取得的成效给予充分肯定。

19日，潍坊市人大常委会副主任张新强率调研组到诸城调研农产品质量安全工作。

19日，俄罗斯托木斯克州林业局副局长杨柯等一行5人到诸城松源木业有限公司学习考察。

20日，市委、市政府召开全市推进“两学一做”学习教育常态化、制度化工作座谈会，深入学习贯彻习近平总书记关于推进“两学一做”学习教育常态化、制度化的重要批示，全面落实中央、省和潍坊市委部署要求，对诸城推进“两学一做”学习教育常态化、制度化作出安排部署。市委书记桑福岭出席会议并讲话，市委副书记、市长刘峰梅主持会议并就会议精神的贯彻落实讲了意见。

22日，市委副书记、市长刘峰梅率党政考察团赴新泰市考察学习国家卫生城市复审迎评和农村产业融合发展工作。

23-24日，全省林木种苗和花卉产业转型升级工作推进会在诸城召开。省林业厅副厅长亓文辉、潍坊市副市长马清民出席会议。

23日，全市放心早餐工程启动仪式在中百大厦广场举行。副市长王大伟出席仪式并讲话。至此，全市城区主干道及居民小区附近共设立60个网点，方便居民就餐。

24日，潍坊市副市长马清民到诸城调研农业农村和文化旅游等工作。

25日，美国康宁翰建筑设计集团董事长詹姆斯·席德尔一行到诸城考察暴龙馆、恐龙国家地质公园，研究探讨恐龙主题公园的规划及艺术化提升情况。

26日，市委书记桑福岭主持召开市委常委（扩大）会议，贯彻落实全省农村集体产权制度改革领导小组第一次（扩大）会议精神、潍坊市生态环境综合整治动员大会精神及潍坊市委副书记、市长李宽端到诸城调研讲话精神，研究市委常委会开展“作风建设年”活动、诸城市寻标对标提标达标工作、推进“两学一做”学习教育常态化制度化重点工作，听取2016年度潍坊科学发展综合考核结果和诸城市直部门单位考核结果情况汇报。

26日，市委副书记、市长刘峰梅到林家村

镇竹山文旅小镇调研项目规划建设工作。

26日，市委、市政府组织部分农业龙头企业和合作社参加青岛市2017年春季“农超对接”暨优质农产品推介会。

26日，市十八届人大常委会召开第六次主任会议。

27日，潍坊市委常委、市纪委书记李在武到诸城调研党风廉政建设和经济社会发展情况。

27日，相石路拓宽改造工程方案汇报会召开。市领导桑福岭、刘峰梅等出席会议。相石路拓宽改造工程东起国道206，西至央赣路，全长17.8公里，为主路宽16米的二级公路。

27日，全市庆“六一”少儿创意美术作品展开展仪式在超然台举行。

27日，潍坊市科协主席王志亮率调研组到诸城调研提升全民科学素质工作，并为诸城市科普志愿者协会揭牌。

28日，市委书记桑福岭到部分老旧小区、农贸市场、便民服务点调度国家卫生城市复审迎查工作，要求全力以赴打赢国家卫生城市复审攻坚战。

30日，市委书记桑福岭到南湖生态经济发展区和龙都街道调研项目规划建设和社区服务中心建设情况。

31日，市委书记桑福岭到文化路小学、实验幼儿园、东鲁学校走访慰问，与少年儿童们共同庆祝“六一”国际儿童节。

31日，市委副书记、市长刘峰梅到实验小学、明诚学校和纺织幼儿园枫香湖畔分园走访慰问师生，给孩子们送上节日祝福并参加庆祝活动。

31日，市政府组织收看全省安全生产紧急电视会议。电视会议结束后，市委副书记、市长刘峰梅主持召开诸城市安全生产工作会议，市委常委、常务副市长李庆华就贯彻落实全省会议精神，做好当前安全生产工作做了具体安排。

是月，诸城荣获“全省小型水库管理标准化市”称号，是全省首批潍坊市唯一获此殊荣的县市。

是月，诸城被确定为潍坊市第一批社会科学普及示范市，同时辛兴镇、密州街道被确定为潍坊市第一批社会科学普及示范乡镇（街道），密州街道高疃社区被确定为潍坊市第一批社会科学普及示范社区。

是月，平均气温21.2℃，较常年偏高2.4℃，最高气温36.2℃，较历史同期极值偏低0.1℃，最低气温9.5℃，较历史同期极值偏高10.1℃；月降水量28.3毫米，较常年偏少29.7毫米，较历史同期最多值偏少112.9毫米，最少值偏多23.1毫米；月日照总时数274.9小时，较常年偏多21.4小时。月有效降水主要集中在4-5日、9-11日、23日。月气候特点是气温偏高，日照偏多，对农作物生长有利；降水偏少，对农作物生长不利。

6月

1日，市委副书记、市长刘峰梅到三河湿地、恐龙小镇、湖东南片区等重点项目规划建设现场调度重点项目建设，指出要强化规划引领，提高建设质量效率，优化项目建设环境。

1日，市委副书记、市长刘峰梅到新东环路部分施工、清障现场调度影响工程进展的基坑处理、管网迁移、拆迁清障等问题。

1日，昌邑市人大常委会主任李中福一行到诸城考察学习。

1-2日，全省推进企业工会与行政沟通协商机制建设观摩培训会议在诸城召开。全国总工会基层工作部副部长李忠运，山东省总工会党组书记、常务副主席刘赞杰，山东省总工会副主席王星海，潍坊市委副书记张小梅，潍坊市政协党组成员、市总工会主席吴建民出席会议。会上，李忠运、刘赞杰分别讲话，张小梅致辞。

2日，潍坊市委副书记张小梅到诸城调研现代农业发展工作。张小梅实地察看了国家级农林科技孵化器、常山万亩果品生态产业园、华山农林万亩榛子示范基地、外贸集团公司、佳士博食品公司、昌城镇为民服务中心、得利斯集团公司等，对诸城现代农业发展工作给予充分肯定。

3日，市委、市政府组织收看省环境保护督查组第一组督查潍坊市情况反馈视频会议。桑福岭、刘峰梅等市级领导班子成员参加收看。

3日，三里庄水库、青墩水库征用水源地保护区划分方案汇报会召开。市委书记桑福岭出席会议并讲话。

5–7日，省委政研室农村处处长郭延民率调研组到诸城调研农业“新六产”发展情况。

6日，全市生态环境综合整治暨迎接国家卫生城市复审工作会议召开。市委书记桑福岭出席并讲话，市委副书记、市长刘峰梅主持会议并就抓好会议精神的贯彻落实讲了意见，市委副书记孙吉海就区域社区网格包靠责任制讲了意见。副市长单东升、杨连富、王大鹏分别安排了分管领域工作。

6日，诸城与青岛农业大学签订产学研战略合作协议。市委副书记孙吉海出席活动并致辞。

7日，潍坊市委副秘书长、农工办主任刘衍信率调研组到诸城调研村级集体经济发展等情况。

7日，市人大常委会主任王玉邦到市检察院侦查指挥中心、综合技术鉴定中心、办案工作区等现场调研。

8日，得利斯集团有限公司与祥泰实业有限公司战略合作签约仪式举行。市委书记桑福岭出席仪式并致辞。

8日，诸城金查理小镇项目设计方案论证会召开。市委书记桑福岭出席会议并讲话，要求提升设计水平，突出文化引领，坚持绿色发展，创新运营模式。

9日，市委、市政府组织收看全省开展排查安全隐患防范四类风险专项行动电视会议。电视会议结束后，市委书记桑福岭就会议精神的贯彻落实讲了意见。

9–10日，诸城市国家卫生城市复审迎检现场调度会议召开。全国爱卫会专家委员会委员、全国爱卫会国家卫生城市技术评估和暗访专家库成员、济南市病媒生物防治所所长辛正出席会议并对诸城复审迎检工作进行点评。市委书记桑福岭出席会议并讲话，要求确保复审迎检万无一失、一役通过。市委副书记、市长刘峰梅主持会议，并就会议精神的贯彻落实讲了意见。

11日，山东省科协创新驱动助力工程示范区（诸城市）启动仪式暨泰山科技论坛在诸城举行。省科协副主席纪洪波、潍坊市政协副主席李传恒出席仪式，诸城市委副书记孙吉海致辞。

13日，市委组织收看中国共产党山东省第十一次代表大会开幕式。市委副书记孙吉海等参加收看。

13日，山东惠发食品股份有限公司在上海证券所成功上市。潍坊市副市长马清民，诸城市委副书记、市长刘峰梅及惠发食品公司董事长惠增玉一起敲响开市铜锣。惠发食品公司是诸城第七家上市公司，也是全省第一家上市的速冻火锅料食品企业。此次发行3000万股，共募集资金1.8亿元，主要用于8万吨速冻食品加工项目、营销网络项目和高端立体库项目。

13日，省委农工办调研处处长刘振杰率调研组到诸城调研乡村治理和农村社会发展有关情况。

14日，省林业厅副厅长马福义率调研组到诸城调研特色经济林产业转型升级工作。

14日，市政府与上海高校产学研合作交流会举行。市委常委、常务副市长李庆华出席会议，并为上海理工大学诸城先进制造技术研究院揭牌。

14-15日，市委副书记、市长刘峰梅深入30个社区网格及农贸市场、火车站、汽车站等地现场调度国家卫生城复审迎查工作，并分段召开专题会议。

16日，市委副书记、市长刘峰梅到城区部分老旧小区、村居小巷、公园广场、集贸市场调度国家卫生城市复审迎查工作。

16日，全市国家卫生城市复审项目示范点现场观摩调度会议召开。与会人员实地察看了部分“五小”场所、建筑工地、医疗机构、老旧小区等，市委副书记孙吉海结合观摩情况指出了存在问题，并提出了工作要求。

18日，市委副书记、市长刘峰梅深入府东小区、北三里庄、邱家庄子、沙戈庄等网格调度国家卫生城市迎审工作，并召开专题会议，要求宣传工作要到位，基础工作要扎实，重点工作要突出。

19日，南湖公园规划方案汇报会召开。市委书记桑福岭出席会议并讲话。

19-20日，市委书记桑福岭深入各个社区网格调度国家卫生城市复审工作。市领导刘峰梅等一同调度。

20日，市委、市政府召开诸城植物园和恐龙小镇项目规划方案汇报会，听取大源集团植物园和龙都街道恐龙小镇部分重点项目规划方案汇报。市委书记桑福岭出席会议并讲话，市委副书记、市长刘峰梅就进一步完善提升规划方案讲了意见。

20日，市政府组织收看全省加强环保工作电视会议。电视会议结束后，市委副书记、市长刘峰梅就做好当前环保工作讲了意见。

21日，市委书记桑福岭主持召开市委常委（扩大）会议，传达中国共产党山东省第十一次代表大会精神并研究贯彻落实意见，听取全市开展“作风建设年”活动情况并研究下步推进措施，研究开展排查安全隐患防范四类风险专项行动、全面实行河长制、市委党的建设领导小组2017年工作、“门前五包”管理等事项。

22日，市委、市政府组织收看全省化工产业安全生产转型升级专项行动动员部署电视会议。电视会议结束后，市委书记桑福岭对全市化工产业安全生产转型升级工作进行部署。

22日，市委召开领导干部会议。市委书记桑福岭主持会议并讲话，市委副书记、市长刘峰梅传达省第十一次党代会精神，市委副书记孙吉海通报国家卫生城市复审工作相关情况。

23日，市委、市政府组织对迎接国家卫生城市复审第一阶段工作进行观摩点评。其间，采用随机抽查的方式，先后对全市30个社区网格进行检查验收，查找存在问题，现场调度整改并评议打分。

26日，全市城乡环境综合整治工作现场调度会议召开。市委副书记孙吉海出席会议并讲话，副市长杨连富、王大鹏分别就各自分管工作进行部署。

26日，市人大常委会主任王玉邦到密州街道城北社区现场调度国家卫生城市复审迎查工作。

27日，中央、省和青岛市媒体诸城行暨诸城手机台上线启动仪式举行。市委副书记孙吉海出席仪式并致辞。

27日，市委副书记孙吉海到老技工学校施工现场调度建设征迁工作，指出要对部分影响市容市貌、存有安全隐患的老旧楼房进行拆除。

27日，市委副书记孙吉海到开发区现场调度迎接国家卫生城市复审工作。

27日，市十八届人大常委会召开第七次主任会议。

27-28日，市委书记桑福岭参加全国畜禽养殖废弃物资源化利用会议并作典型发言。

28日，全市种植结构调整及重点项目（园区）现场调度会议召开。市委副书记孙吉海出席会议并讲话，副市长杨连富主持会议并就做好下步工作讲了意见。

28日，市十八届人大常委会召开第三次会议，听取并审议市政府有关工作报告，对市公安局等13个部门单位进行工作评议，聘请于彦昌等9人为预算审查监督咨询专家组成员。

28日，市政协主席孙利宝到密州街道繁华社区现场调度迎接国家卫生城市复审工作。

29日，桑福岭、孙吉海、王玉邦、孙利宝等市级领导班子成员分别到密州街道、舜王街道、辛兴镇、昌城镇走访慰问老党员和困难党员，并送去了慰问品和慰问金。

29日，市委书记桑福岭到南湖生态经济发展区调研项目规划建设工作。

29–30日，市委副书记孙吉海深入背街小巷、便民市场、老旧小区等整治现场调度迎接国家卫生城市复审工作。

30日，“龙城巨变”——诸城市改革发展30年图片展在市群众文化活动中心广场举行开展仪式。

30日，潍坊市委书记、市人大常委会主任刘曙光到诸城调研。在潍坊市委常委、秘书长刘建国陪同下，刘曙光实地察看了大源·枫香小镇、土墙社区、东鲁学校和福田奥铃、青特车桥、美晨科技、天雁服饰公司，并到王尽美烈士纪念馆敬献花篮，观看了王尽美烈士生平事迹展览。

30日，诸城市政府与雪松文旅集团举行诸城恐龙涧项目投资合作框架协议签约仪式。雪松控股集团董事、雪松文旅集团总裁鲍将军及诸城市委副书记、市长刘峰梅致辞，鲍将军介绍了项目筹划情况。

30日，全市庆“七一”暨“国网情·颂党恩”主题朗读活动举行。潍坊供电公司党委书记于金涛及诸城领导孙吉海等出席活动，并为供电公司“尽读书”职工书屋揭牌。

30日，临清市委书记何宪卓率考察团一行15人到诸城考察学习城市规划建设、工业转型升级、改革创新工作。

30日，市政协召开十届二次常委会议，审议通过《关于在“三区一城”建设中提升文化品位的建议案》。

是月，平均气温23.6℃，较常年偏高0.7℃，最高气温36.4℃，较历史同期极值偏低3.2℃，最低气温13.7℃，较历史同期极值偏高6.5℃；月降水量35.8毫米，较常年偏少39.5毫米，较历史同期最多值偏少172.6毫米，最少值偏多21.3毫米；月日照总时数234.1小时，较常年偏多10.0小时。月有效降水主要集中在5–7日、22–24日。月气候特点是气温偏高，日照偏多，对农作物生长有利；降水偏少，对农作物生长不利。

7月

1日，三河湿地规划方案汇报会召开。市委书记桑福岭出席会议并讲话，市委副书记、市长刘峰梅对三河湿地规划方案的完善提升讲了意见。

1日，环湖公园规划汇报会召开。市委书记桑福岭出席会议并讲话。市领导刘峰梅等参加会议。

1日，市委副书记、市长刘峰梅到黄家巷、龙城市场违建拆除现场调度国家卫生城迎审工作。

2–5日，市委书记桑福岭率党政考察团赴浙江萧山区、桐庐县、安吉县，江苏常熟市、张家港市进行寻标对标考察，重点学习五个县市区在新旧动能转换、工业转型升级、城市建设、生态文明建设、美丽乡村建设等方面的先进理念和经验做法。市领导刘峰梅、王玉邦、孙利宝等参加考察学习。

4日，临朐县委副书记田元军率考察团到诸城参观学习农业结构调整、现代农业发展等工作。

6-7日，全市第二季度镇（街）园区科学发展现场观摩点评会议召开。市委书记桑福岭结合现场观摩情况作总结讲话。刘峰梅、孙吉海、王玉邦等市级领导班子成员参加观摩交流。

8日，市委书记桑福岭到龙城市场、市场街、西关大街、九龙商贸城、南关路现场调度国家卫生城市迎审工作。市领导刘峰梅、孙吉海、孙利宝等一同调度。

10日，市委书记桑福岭到部分市政道路建设项目现场调度市政道路建设情况。市领导刘峰梅等一同调度。

10日，市人大常委会主任王玉邦到密州街道城北社区现场调度国家卫生城市迎审工作。

12日，市政府与环嘉集团举行项目合作签约仪式。市委副书记、市长刘峰梅出席签约仪式并讲话。

13日，竹山生态谷旅游总体规划成果汇报会召开。市委书记桑福岭出席会议并讲话，市领导刘峰梅等出席会议。

13日，山东省计划生育协会调研组到诸城调研健康扶贫和计生协会工作。

14日，市委副书记、市长刘峰梅主持召开会议，专题调度全市上半年经济运行工作。

15日，市委、市政府召开“作风建设年”活动推进会议，交流前期“作风建设年”活动开展情况，安排部署下步工作任务。市委书记桑福岭出席会议并讲话，市委副书记、市长刘峰梅传达了潍坊市开展“作风建设年”活动现场推进会议精神，并部署全市“十大组团”开发工作任务。

16日，2017潍坊市首届自行车城市联赛诸城站暨诸城市全民健身运动会自行车骑游大赛在常山举行。副市长单东升出席开幕式并致辞。

18日，全市河长制工作暨“清河行动”动员会议召开。市委副书记孙吉海出席会议并讲话，副市长杨连富主持会议并就下步工作讲了意见。

18日，市委、市政府召开迎接国家卫生城市复审工作会议，现场解决市场街、龙城市场、九龙商贸城、明诚市场和部分城中村发现的问题。市委副书记孙吉海出席会议并讲话，副市长王大伟、单东升分别就相关工作进行了安排部署。

18日，潍坊市人大常委会副主任张新强率调研组到诸城调研食品安全工作。

18日，潍坊市政协副主席李传恒率调研组到诸城密州春洞藏基地就“培育潍坊白酒骨干企业和知名品牌”进行专题调研。

19日，市委副书记孙吉海到贾悦镇刘家夏庄渠河桥、石桥子镇刘家清河渠河桥、渠河相州镇城阳段等河段现场调度渠河“清河行动”，并召开座谈会研究部署下步推进措施。

20日，市委副书记、市长刘峰梅深入部分集贸市场、老旧小区和村居小巷调度国家卫生城市迎审工作。

20日，市政府组织收看全国安全生产电视会议。电视会议结束后，市委副书记、市长刘峰梅就贯彻落实会议精神，做好安全生产工作进行了部署。

20日，全省花生生产全程机械化技术培训班在诸城举办。

20日，卧龙湖水库工程开工建设。

21-23日，国家“千人计划”专家诸城行活动举行。18位国内外高层次人才齐聚诸城，与80家企业开展交流对接洽谈，共达成合作意向22项。潍坊市委组织部副部长陈延爱及诸城市委书记桑福岭参加活动并致辞。

21-22日，全市迎接国家卫生城市复审工作调度会召开议。市委书记桑福岭出席会议并讲话，市委副书记、市长刘峰梅主持会议，并就会议精神的贯彻落实讲了意见。市委副书记孙吉海对《诸城市迎接国家卫生城市复审集中行动实施方案》作了解释。

22日，市委、市政府组织收看全省环境保护突出问题综合整治攻坚动员大会。市领导桑福岭、刘峰梅等参加收看。

23日，市委、市政府组织收看全省国有企业改革发展工作电视会议。市领导桑福岭、刘峰梅等参加收看。

24日，山东华山农林科技有限公司与青岛农业大学生命科学学院合作研究开发榛子林下种植珍稀食用菌项目签约暨教学科研基地挂牌仪式在华山农林平欧榛子示范基地举行。省林业厅厅长刘均刚及诸城市委副书记、市长刘峰梅出席仪式并为教学科研基地揭牌。

24-25日，全省特色经济林转型升级及产品质量监管推进会在诸城召开。省林业厅厅长刘均刚出席会议并讲话，市委副书记、市长刘峰梅在会上作典型发言。

25日，全市禁养区畜禽养殖业户关停搬迁工作调度召开会。市委副书记、市长刘峰梅出席会议并讲话，指出要搞好调查摸底，开展集中整治，强化执法督导，深入发动群众。

26日，市委副书记、市长刘峰梅率党政考察团赴青岛西海岸新区、即墨市进行寻标对标考察学习。

27日，市委副书记孙吉海到市场街、龙城市场、西关大街现场调度迎接国家卫生城市复审工作。

28日，市领导刘峰梅、薛宗刚、李耀武、臧晋运到驻潍坊部队走访慰问广大部队官兵。

28日，市领导孙吉海、郑晓瑛、王金友、刘天军、吴建智、宗素霞先后到潍坊预备役高炮团、市武警中队、消防大队和军休所走访慰问部队官兵和老干部。

29日，全市迎接国家卫生城市复审工作调度会议召开。市委副书记孙吉海出席会议并讲话，副市长单东升、王大鹏分别就相关工作进行了安排部署。

30日，2017诸城对接北京科技创新·产业合作恳谈会在北京举行。市委书记桑福岭出席会议并致辞，市领导刘峰梅等出席会议，市委常委、组织部部长李永光为“诸城北京市人才工作站”授牌，副市长王大伟介绍了诸城经济社会发展基本情况，推介了重点园区和项目。与会人员观看了《大道诸城》专题片。福田汽车及零部件产业园、现代生物农业产业技术研究院山东分院、阀门制造产学研基地等24个项目集中签约，总投资额266.1亿元。

30日，市委、市政府组织收看潍坊市“四个城市”建设动员大会。市领导刘峰梅、孙吉海、王玉邦等参加收看。

31日，潍坊市委常委、组织部部长林红玉率团到诸城参观考察组织工作。

31日，市领导桑福岭、王玉邦、王爱民、李耀武、宗素霞到驻诸城部队走访慰问部队官兵。

31日，潍坊市委市县第五联合巡察组巡察诸城市皇华镇工作动员会召开。

31日，市十八届人大常委会召开第八次主任会议，听取市公安局等第一批被评议的13个部门单位工作评议意见落实情况汇报、公共文化服务体系建设、公共卫生事业发展、农田水利基本建设审议意见办理情况的报告；研究了开展“两进三诺”代表履职活动的意见。

是月，平均气温28.0℃，较常年偏高2.3℃，最高气温36.3℃，较历史同期极值偏低4.0℃，最低气温20.5℃，较历史同期极值偏高6.0℃；月降水量175.8毫米，较常年偏多13.6毫米，较历史同期最多值偏少150.0毫米，最少值偏多143.5毫米；月日照总时数171.1小时，较常年偏少25.0小时。月有效降水主要集中在2日、6-7日、14-16日、18-19日、24日、27-28日、31日。月气候特点是气温偏高，降水偏多，对农作物生长有利；日照偏少，对农作物生长不利。

8月

1日，市委组织收看庆祝中国人民解放军建军90周年大会，聆听习近平总书记重要讲话。桑福岭等市领导参加收看。

1日，中国邮政储蓄银行三农金融事业部诸城营业部挂牌仪式举行。副市长王大伟出席仪式并讲话。

2-3日，市委副书记孙吉海到部分住宅小区、施工现场、农贸市场和便民点调度国家卫生城市迎审工作。

4日，市委书记桑福岭到部分网格现场调度迎接国家卫生城市复审工作，指出要强化问题导向，严格监督考核，加强组织领导，健全网格化包靠机制。

4日，市政府组织收看全省深化放管服改革进一步优化政务环境工作电视会议。电视会议结束后，市委副书记、市长刘峰梅就深入贯彻落实会议精神，加快推进诸城放管服改革工作提出了明确要求。

5日，市委理论学习中心组举行集体学习研讨会，深入学习领会7月26日习近平总书记在省部级主要领导干部专题研讨班上的重要讲话精神。市委书记桑福岭出席会议并讲话，市委副书记、市长刘峰梅主持会议并就贯彻落实会议精神讲了意见。

7日，艺术小镇总体规划汇报会举行。市委书记桑福岭出席会议并讲话，市委副书记、市长刘峰梅对规划方案的完善提升讲了意见。

7日，市委书记桑福岭到经济开发区部分项目规划建设现场和社区服务中心调研，指出要打造产业转型示范区、产城融合实验区、改革开放引领区、社会和谐首善区。

7日，市委副书记、市长刘峰梅主持召开第2次市政府常务会议，研究《政府工作规则》和《诸城市法治政府建设实施纲要（2016-2020）》、安全生产、环境保护、“产业强市”和“品质城市”建设、金融、就业、“放管服”、政府工作部门和直属事业单位寻标对标提标达标、发展休闲农庄、医疗卫生服务体系规划等工作。

8日，省粮食局党组书记、局长杨丽丽到诸城兴贸玉米开发有限公司、东晓生物科技有限公司、佳士博食品有限公司调研粮食产业化工作。

8日，潍坊军分区司令员万伟锋到诸城调研指导征兵工作。

8日晚，大型反腐茂腔现代戏《失却的银婚》在潍坊大剧院进行汇报演出。省纪委宣传部部长李兴利，潍坊市委副书记张小梅，潍坊市政协副主席赵崇发与潍坊市直部门、单位领导干部1000余人一同观看。

9日，市委书记桑福岭到部分工业重点项目规划建设现场调度工业重点项目建设工作，指出要全力加快项目建设进度，将安全生产和质量管理贯穿项目建设始终，加大项目储备力度。

10日，山东省政协副主席许立全率调研组到诸城专题调研军民融合发展工作。潍坊市政协主席苏立科等陪同。

10日，市委、市政府组织收看中央第三环境保护督察组督察山东省工作动员会。会议结束后，市委书记桑福岭就贯彻落实会议精神讲了意见。

10日，潍坊市委市县第五联合巡察组巡察诸城市百尺河镇工作动员会召开。

11日，潍坊市“一村（社区）一法律顾问”暨农村新型社区人民调解组织建设工作推进会议在诸城召开。潍坊市副市长吴磊出席会议并讲话。

12日，市委书记桑福岭到部分社会事业项目规划建设现场调度社会事业项目建设工作，指出要加快项目建设进度，突出问题导向，加强施工现场监督管理，切实改进作风。

12日，市委副书记、市长刘峰梅主持召开潍河河长工作会议，实地察看了枳沟段、舜王段、昌城段、相州段，对下步工作进行了安排部署。

12日，市领导孙吉海、李永光率考察团赴临朐县牛寨村、淌水崖水库党性教育基地、嵩山生态区加强村级治理和发展集体经济工作现场考察学习。

15日，市委书记桑福岭主持召开市委常委（扩大）会议，传达学习《中共中央关于修改〈中国共产党巡视工作条例〉的决定》和《中共中央办公厅关于认真学习贯彻新修改的〈中国共产党巡视工作条例〉的通知》，传达省和潍坊市环保工作会议精神并研究贯彻落实意见，听取巡察工作开展情况汇报，传达上级机要保密会议精神并研究贯彻落实意见。

15日，第十九届福田奖学金颁奖大会召开。市委副书记孙吉海出席会议并讲话，副市长单东升主持会议。会上，奖励优秀学生535人，优秀教师131人，发放奖金48万元。

16日，全市农村集体产权制度改革工作领导小组第一次（扩大）会议召开。市委书记桑福岭出席会议并讲话，市委副书记、市长刘峰梅主持会议，并就贯彻落实会议精神讲了意见，副市长杨连富传达了全省农村集体产权制度改革工作领导小组第一次（扩大）会议精神。

16日，市委副书记孙吉海到市场街、龙城市场、新天地龙城广场调度迎接国家卫生城市复审工作。

17日，青岛保税港区诸城功能区保税物流中心正式封关运营。潍坊海关关长张越，潍坊出入境检验检疫局局长孙明钊及诸城领导桑福岭、刘峰梅等出席封关运营仪式。该中心自2012年起开始建设，2014年10月经海关总署、财政部、税务总局、国家外汇局等四部委联合批准设立，2016年12月通过正式验收，为全国第三十三家、山东省第五家获批通过的保税物流中心。

17日，诸城机器人小镇迈赫机器人智能化产品升级扩建项目启动仪式举行。

17日，石桥子镇刘家庄抗战纪念馆开工建设。

18日，全省政法信息调研宣传工作会议在诸城召开。省委政法委常务副书记李占国出席会议并就全省政法信息调研宣传工作讲了意见，省委政法委副书记梁战光，省委政法委副巡视员张海涛，潍坊市委常委、政法委书记、滨海区党工委书记孙起生出席会议。会议印发了诸城《多媒融合多线联动推进政法宣传工作深入开展》的典型材料。

18日，市政协组织部分政协委员到正泰希尔诸城厂区和黄岛厂区视察推进诸城汽车全产业链发展工作。

18日，潍坊市供销社党委书记、理事会主任贺建率调研组到诸城相州为农服务中心、舜王为农服务中心、昌城供销社、南湖为农服务中心调研。

19日，潍坊市委调研组到诸城就“作风建设年”活动开展情况进行调研。

19日10时至13时，相州镇出现短时强降水，降水量为164.0毫米。据统计，受灾人口3671人，紧急转移人口34人，分散安置人口37人，农作物受灾面积922.53公顷，成灾843.83公顷，绝收78.7公顷，死亡牲畜317只，倒塌房屋40间，损坏房屋153间，造成直接经济损失1886.52万元。

20日，全市城市亮化规划方案汇报会召开。市委书记桑福岭出席会议并讲话，市委副书记、市长刘峰梅对城市亮化规划方案的完善提升讲了意见。

20日，市委书记桑福岭到部分工程施工现场调度道路工程建设情况，指出要加快工程进度，坚持问题导向，层层压实责任，加强宣传引导。

22日，潍坊市人大常委会副主任范福生率调研组到诸城市政务服务中心专题调研诚信环境建设情况。

22日，诸城市人民政府办公室印发《诸城市贫困重性精神病人住院医疗救助工作实施方案》的通知（诸政办发〔2017〕11号）。通知要求，符合条件的贫困重性精神病人住院医疗救助率100%，住院规范化治疗率100%，经住院治疗病情稳定率90%以上，出院后社区规范化管理率90%以上。通知对救助范围与对象、组织实施、救助资金、医疗救助费用的列支及拨付、保障措施等方面都作了详细规定。

22日，美晨科技公司荣获“中国创业板上市公司最具成长力十强”称号。

23日，省国土资源厅厅长李琥一行4人到诸城调研国土资源节约集约利用工作。在潍坊市副市长田民利陪同下，李琥参观了迈赫机器人股份有限公司零增地新旧动能转换项目、北汽福田诸城厂区零增地技改项目、超然教育集团龙源学校零增地破解教育大班额项目，并对诸城推行“零增地”发展模式，助推产业转型升级的做法给予充分肯定。

23日，全市2017年“助力扶贫·希望工程圆梦行动”受助学生分享交流活动举行。市委副书记孙吉海参加活动并讲话。

23日，市十八届人大常委会召开第九次主任会议，听取市审计局关于2016年度市本级预算执行和其他财政收支情况的审计工作汇报、市人大常委会关于诸城市2016年市级财政决算的审查报告、检查《中华人民共和国农产品质量安全法》贯彻实施情况的报告和《关于开展公益诉讼、加强行政检察监督工作的决定（草案）》。

24日，河南省商丘市委副书记苏长青率党政考察团到诸城参观考察农业新产业、新业态发展情况。

26日，市委书记桑福岭主持召开市委常委（扩大）会议，研究开展重点项目建设“百日会战”实施意见、“四个城市”建设五年规划及三年行动计划等。

26日，市委书记桑福岭到教育小镇部分工程施工现场调度教育小镇建设工作。市领导刘峰梅等一同调度。

29日，市政府组织收看全省三年禁毒人民战争推进视频会议。副市长、公安局长单东升参加收看。

30日，临朐县委副书记、县长刘裕斌率考察团到诸城考察创建国家卫生城市工作。

30日，市十八届人大常委会召开第四次会议，听取审议市政府有关工作报告；对市发改局等第二批13个部门单位进行工作评议；表决通过《关于批准诸城市2016年市级财政决算的决定》和《关于开展公益诉讼、加强行政检察监督工作的决定》；决定任命刘天军为市政府副市长（挂职）。

31日，全市经济运行分析暨项目建设“百日会战”动员大会召开。市委书记桑福岭主持会议并讲话，市委副书记、市长刘峰梅总结分析全市经济运行情况，对有关工作进行了安排部署。会上，17个镇（街）园区和11个部门单位作了交流发言。

31日，市委书记桑福岭调度重点道路建设工作，听取平日线皇华至潍坊青岛界段、威汕线和胶海线诸城绕城段改建工程路线情况汇报。市领导刘峰梅等一同调度。

是月，桃林茶文化博物馆建成并免费向公众开放。

是月，平均气温25.9℃，较常年偏高0.9℃，最高气温35.1℃，较历史同期极值偏低0.8℃，最低气温15.7℃，较历史同期极值偏高3.8℃；月降水量201.0毫米，较常年偏多16.2毫米，较历史同期最多值偏少519.1毫米，最少值偏多167.4毫米；月日照总时数177.6小时，较常年偏少27.4小时。月有效降水主要集中在1-4日、7-10日、12-15日、17-20日、24日、28日、30日。月气候特点是气温偏高，降水偏多，对农作物生长有利；光照偏少，对农作物生长不利。

9月

1日，潍坊市科学发展研究院副院长王冰林率“四个城市”建设调研组到诸城调研。调研组实地察看了尽美红色文化旅游小镇、农林科技孵化器、华山农林万亩榛子示范基地、超然首新空间、北汽福田诸城汽车厂M4智能化工厂、佳士博公司、昌城社区，对诸城推进“四个城市”建设的做法和成效给予肯定。

2日，市委、市政府组织收看省委、省政府重点工作推进情况视频会议。市领导桑福岭、刘峰梅、孙吉海、孙利宝等参加收看。

4日，市委、市政府召开社区网格迎接国家卫生城市复审工作现场观摩评议会议。市委书记桑福岭出席会议并讲话，市委副书记、市长刘峰梅主持会议，并就抓好会议精神贯彻落实讲了意见。

5日，潍坊市人大常委会党组副书记、副主任孙明亮率调研组到诸城就经济发展法制环境问题开展专题调研。

5日，市委副书记、市长刘峰梅到桑莎和昊宝公司现场调度重点项目建设工作。

5日，潍坊市政协副主席赵崇发率调研组到诸城调研企业执行《中华人民共和国劳动法》、缴纳“五险一金”等社会保障情况。

6日，全市科学发展综合考核工作专题会议召开。市委书记桑福岭主持会议并讲话。刘峰梅、孙吉海、王玉邦、孙利宝等市级领导班子成员出席会议。

6日，市委书记桑福岭到密州街道重点项目施工现场调研重点项目建设“百日会战”情况，强调要全面提速，全心服务，全程包靠，全力推进，迅速掀起重点项目建设“百日会战”新高潮。

6日，市委书记桑福岭到迈赫机器人自动化公司现场调度重点项目建设“百日会战”工作。市委副书记、市长刘峰梅一同调度。

6日，百尺河镇国防教育书屋创办人，73岁的刘光伟老人参加山东省委宣传部组织的“中国梦·党在心中”演讲比赛荣获三等奖，并被省委讲师团聘为“百姓宣讲员”。

7-8日，在第33个教师节来临之际，市领导桑福岭、刘峰梅、孙吉海、王玉邦、孙利宝等分别到府前街小学、第一中学和诸城一中、繁华中学、龙城中学、第一小学、实验中学等走访慰问广大教职员工，送去了节日的问候。

8日，得利斯100万头肉牛加工及贸易物流项目开工典礼仪式举行。该项目占地90亩、建筑面积3.5万平方米，年产鲜冷分割牛肉3万吨、调理牛肉产品3万吨、熟肉产品2万吨，提供3000多个就业岗位，创造10亿元社会效益。

8日，市委副书记孙吉海到南湖生态发展区野生动物园、金查理小镇、万兴生态园等重点项目施工现场调度重点项目建设“百日会战”工作。

8日，全市统一战线暨民族宗教工作会议召开。市委副书记孙吉海出席会议并讲话。

8-9日，市委书记桑福岭率党政考察团赴济南市长清区、泰安市宁阳县进行考察学习。市领导刘峰梅等参加考察学习。

9日，第二届美晨龙城园丁奖颁奖大会召开。市委副书记孙吉海在会上讲话，并为获奖的优秀教师颁奖。

12日，枣庄市台儿庄区委书记王广金率党政考察团到诸城考察农村集体产权制度改革和新农村建设工作。

13日，省供销社党组副书记、监事会主任史进率调研组到诸城调研供销社综合改革情况。在潍坊市供销社党委书记、理事会主任贺建陪同下，调研组实地察看了相州为农服务中心、南湖为农服务中心和万亩榛业示范基地，并对诸城供销社综合改革工作给予充分肯定。

13日，潍坊市人大常委会副主任、城建环资委主任委员毛秀凤率调研组到诸城潍日高速和新东环等施工现场调研重大交通基础设施建设管理情况。

14日，市委书记桑福岭到龙都街道部分重点项目施工现场调度重点项目建设工作，强调要拼上靠上盯上豁上，全力以赴加快项目建设进度。市领导刘峰梅、孙利宝等一同调度。

15日，南湖西组团片区规划方案汇报会召开。市委书记桑福岭出席会议并讲话，市委副书记、市长刘峰梅对规划方案的完善提升讲了意见。

15日，市委副书记孙吉海到密州街道老技校片区、南关路片区等重点棚户区改造现场调度重点项目建设“百日会战”工作。

16日，市委书记桑福岭到南湖生态经济发展区调研重点项目建设情况，强调要实干担当、激情创业，掀起项目建设新高潮。

16日，马耳山艾东小学建校暨“艾东公益”开展10周年纪念活动举行。市委副书记孙吉海出席活动并讲话。

17日，台湾基隆市民意代表秦钲率中正中学30多名师生到诸城实验初中共同举行以“融合校园文化共叙两岸亲情”为主题的诸城台湾校园文化交流活动。潍坊市台办主任刘金凤及诸城市委副书记孙吉海参加活动并致辞。

17日，2017“妙力源杯”诸城马拉松接力赛开赛仪式在常山广场举行。该赛事共有30个团队210名马拉松运动爱好者参加，每支队伍包括4名男队员和3名女队员，每名运动员环常山一圈跑6公里赛程，总距离为42公里。

18日，市委书记桑福岭到诸城市在京流动党员党总支调研，并深入到得利斯集团北京基地生产车间，实地察看了流动党员工作岗位和活动场所。

19日，市委书记桑福岭到经济开发区调研项目建设“百日会战”工作。

19日，中国证券监督管理委员会主板发行审核委员会2017年第146次发审委会议召开，山东大业股份有限公司（首发）获通过。这是年内继惠发股份之后诸城第二家通过发审委审核的准备主板上市企业。

19-20日，全国社会治安综合治理表彰大会在北京召开。会上，诸城被授予“2013-2016年度全国平安建设先进县（市、区、旗）”荣誉称号，这是诸城2013年5月荣获“2009-2012年度全国平安建设先进县（市、区、旗）”之后再次蝉联，是潍坊市唯一获此殊荣的县市区。据了解，全国平安建设先进县（市、区、旗）每4年评选一次，连续3次获此荣誉的，将有资格夺得全国社会治安综合治理的最高奖项“长安杯”。

20日，市委副书记、市长刘峰梅到潍河枳沟段、开发区段调度河长制落实情况。

20日，2017青岛·诸城农商对接洽谈暨优质农产品推介会召开。青岛市蔬菜副食品办公室主任姚新参加活动，诸城市委副书记孙吉海致辞。

21日，市委副书记孙吉海到南湖生态经济发展区金查理小镇、万兴苹果乐园、东方园艺、永辉农场等项目规划建设现场调度项目建设“百日会战”工作。

21日，临清市政协主席秦荣菊率考察团到诸城考察学习文化旅游及高标准打造委员活动场所情况。

22日，市委、市政府组织收看省委、省政府重点工作推进情况视频会议。市领导孙吉海、王玉邦、李庆华等参加收看。

22日，市人大常委会主任王玉邦率执法检查组对全市贯彻实施《中华人民共和国城市房地产管理法》情况进行执法检查。

23日，副省长、潍河省级河长任爱荣到诸城调研潍河河长制工作。在潍坊市副市长马清民陪同下，任爱荣实地察看了潍河公园和栗园橡胶坝清河行动现场，对诸城河长制工作给予充分肯定。

25日，市委书记桑福岭到高新技术产业园调度重点项目建设情况，强调要扎实开展“百日会战”，推动项目建设再加力、再冲刺、再突破。市领导刘峰梅一同调度。

25日，全市城市规划展览馆布展规划方案汇报会召开。市委书记桑福岭出席会议并讲话，市委副书记、市长刘峰梅对规划方案的完善提升讲了意见。

26日，复旦张江科技创新空间启动暨科研成果推介会在诸城召开。复旦张江研究院院长胡建华出席会议，诸城市委副书记、市长刘峰梅致辞。

26日，市委组织收看全省开放型经济发展大会。桑福岭、孙吉海、王玉邦、孙利宝等市级领导班子成员参加收看。

27日，全市党的十九大安保维稳工作会议召开，深入学习贯彻习近平总书记重要讲话精神，全面落实中央和省、潍坊市委部署要求，分析当前安全稳定形势，对全市党的十九大安保维稳工作进行安排部署。市委书记桑福岭出席会议并讲话，市委副书记、市长刘峰梅主持会议，并就会议精神的贯彻落实讲了意见。

27日，全省茶叶生产全程机械化技术培训班在诸城举办。

27日晚，2017中国（诸城）大舜文化节在诸城市群众文化活动中心广场开幕。市领导桑福岭、刘峰梅、王玉邦、孙利宝等出席开幕式。市委副书记孙吉海致辞，市委常委、宣传部长赵莉主持开幕式。

28日，市委书记桑福岭到南湖生态经济发展区就重点项目建设工作进行现场调度。市领导刘峰梅等一同调度。

28日，市委副书记、市长刘峰梅到潍坊市政务服务热线受理中心接听市民来电。在近两个小时的时间里，先后接听市民来电13个，答复不动产登记、美国白蛾防治、校车管理、物业管理、宅基地申请等问题16个。

28日，“明德·和融”2017诸城籍书画名家邀请展暨“青春笔墨·时代气象”十六博士书画作品展开幕式在市博物馆举行。市委副书记孙吉海出席开幕式并致辞，市委常委、宣传部部长赵莉主持开幕式。市领导王玉邦、孙利宝等出席仪式。

28日，市十八届人大常委会召开第十次主任会议。会议听取了市农业局关于农产品质量安全执法检查报告办理情况的汇报；议定了市人大常委会有关工作机构关于检查房地产管理法贯彻实施情况的报告和开展第三批部门单位工作评议的公告。

28日，由迈赫机器人自动化公司组织牵头的潍坊市智能机器人创新中心成立。

29日，市委书记桑福岭调度城市夜景亮化工作，实地察看了部分河流、公园、城市干道和高层楼宇亮化效果。市领导刘峰梅、孙吉海等一同调度，并分别就下步城市亮化工作讲了意见。

29日，市委副书记、市长刘峰梅到龙都街道、高新园、经济开发区和舜王街道现场调度重点项目建设“百日会战”工作。

30日，潍坊市委常委、常务副市长邹庆忠到诸城调研金融工作。

30日，市委、市政府在烈士陵园举行公祭活动。桑福岭、刘峰梅、孙吉海、孙利宝等市级领导班子成员参加了公祭活动。市委副书记、市长刘峰梅主持公祭仪式。

30日，龙城青年商会公益助学暨府前街小

学北校区揭牌仪式举行。市委副书记孙吉海出席仪式并讲话。

是月，诸城市恐龙文化研究中心命名了一个蜥脚类恐龙新属种——“臧家庄诸城巨龙”，它体长超过15米，体重约40吨，时为亚洲白垩纪地层中发现的最大、最重的蜥脚类恐龙。

是月，平均气温22.3℃，较常年偏高1.4℃，最高气温33.0℃，较历史同期极值偏低4.7℃，最低气温12.7℃，较历史同期极值偏高6.2℃；月降水量65.7毫米，较常年偏少4.3毫米，较历史同期最多值偏少176.3毫米，最少值偏多57.2毫米；月日照总时数202.1小时，较常年偏多1.1小时。月有效降水主要集中在：5-6日、10日、26-27日。月气候特点是气温偏高，光照偏多，对农作物生长有利；降水略偏少，对农作物生长不利。

10月

2日，市委书记桑福岭到平日路绕城段改建工程施工现场调度重点道路建设工作，指出要加快项目建设进度，突出问题导向，严格质量标准。

3日，市委书记桑福岭现场调度重点城建项目建设工作，慰问国庆、中秋假期坚守岗位的干部职工和一线施工人员。市领导刘峰梅等一同调度。

8日，市委书记桑福岭到市公安局调度党的十九大安保维稳工作。市领导孙吉海、单东升一同调度。

8日，市委书记桑福岭到部分项目建设现场调度重点项目建设工作。市领导刘峰梅等一同调度。

9日，市委书记桑福岭到百盛商场、实验小学、龙都街道西冯社区、明德幼儿园、公安局刑警办案中心、汽车站、相州镇郭家屯公安检查站、密州街道黄疃社区检查调度十九大安保维稳工作。

10-11日，市委、市政府组织召开第三季度镇（街）园区科学发展现场观摩点评会议。市委书记桑福岭结合现场观摩情况讲了意见。刘峰梅、孙吉海、王玉邦、孙利宝等市级领导班子成员参加观摩交流。

12日，市政协“喜迎十九大共筑中国梦”书画展开展。市领导桑福岭、刘峰梅、王玉邦等出席开幕式并观看书画展。市委副书记孙吉海致辞，市政协主席孙利宝主持开幕式。

13日，市委副书记、市长刘峰梅主持召开第三次市政府常务会议，研究招商、河长制、国土资源管理和基本农田保护、突发事件应急救援、综合行政执法、禁毒、基层动物防疫体系建设等工作。

13日，济南海关副关长、缉私局局长房德明率调研组到诸城调研保税物流中心及外贸发展情况。在潍坊海关关长张越、缉私局局长陈洪轩陪同下，调研组实地考察了青岛保税港区诸城功能区、潍坊海关驻诸城办事处，对诸城在推进经济社会转型跨越发展过程中取得的成绩给予高度评价。

13日，市委副书记、市长刘峰梅到科技创新园规划现场调度科技创新园规划建设工作，对园区设计、拆迁倒地、建设施工等工作进行了安排部署。

13日，市委、市政府组织收看潍坊市创建创业型示范城市动员大会。市领导孙吉海、王爱民等参加收看。

16日，市委副书记、市长刘峰梅到碧桂园、创益制衣、昌泰烟花爆竹公司、中石化六站等单位调度安全生产工作。

17日，市委书记桑福岭到迈赫机器人小镇、希努尔工业化社区、桑莎智能工业化社区、金查理小镇、南湖人民公园调度重点项目建设工作。市领导刘峰梅等一同调度。

17日，“庆祝老年节欢庆十九大”全市书画精品展暨百寿联展开展仪式在超然台举行。市领导孙吉海等出席仪式。

18日，市委组织收看中国共产党第十九次全国代表大会开幕盛况。桑福岭、刘峰梅、孙吉海、王玉邦等市级领导班子成员参加收看。

20日，市十八届人大常委会召开第十一次主任会议，听取第二批被评议部门单位负责同志作的工作评议意见落实情况汇报，议定市人大常委会有关工作机构关于检查旅游法贯彻实施情况的报告。

23日，市委书记桑福岭到部分重点项目建设现场调度重点项目建设工作。市领导刘峰梅一同调度。

24日，市人大常委会组织部分省、潍坊市及诸城市人大代表到龙源学校、新繁华中学、东坡学校、京师国际学校、高新园学校、百尺河教育区、昌城教育区等现场对全市教育均衡发展情况进行视察。

25日，市委书记桑福岭主持召开市委常委（扩大）会议，研究综合行政执法体制改革、鼓励国家“千人计划”专家等高层次人才来诸城创业、建立耕地和永久基本农田保护“田长制”、潍河河长制工作提升、服务企业用工、对接北京非首都功能疏解项目和招商发展激励等事宜，听取王尽美党性教育基地建设情况汇报。

25日，桑福岭、刘峰梅、孙吉海、王玉邦、孙利宝等市级领导班子成员参加“慈心一日捐”活动，带头捐款，奉献爱心。

25日，潍坊市农业局局长王汉成到诸城督查农村集体产权制度改革、秸秆综合利用和农村“新六产”发展工作。

25日，寿光市政协考察团到诸城考察学习经济社会事业发展情况。

26日，市委书记桑福岭主持召开市委常委会议，传达党的十九大精神，研究学习宣传贯彻落实意见。

26日，市委组织收看省和潍坊市领导干部会议。会议结束后，市委书记桑福岭就学习党的十九大精神讲了意见。刘峰梅、孙吉海、王玉邦、孙利宝等市级领导班子成员参加收看。

26日，潍坊市委组织部督导组到诸城枳沟镇北杏社区农业园区、北杏村史馆、知青记忆馆、王尽美故居、农林科技孵化器对“两学一做”学习教育常态化、制度化工作情况进行督导。

26日，市十八届人大常委会召开第五次会议。会议听取审议了市人大常委会执法检查组有关执法检查报告和市政府有关工作报告；对市民政局等第三批14个部门单位进行了工作评议。

26－27日，在老人节来临之际，桑福岭、刘峰梅、孙吉海、王玉邦、孙利宝等市级领导班子成员分别到密州街道、开发区、舜王街道、辛兴镇、昌城镇等走访慰问百岁老人，给他们送去节日的问候和祝福。

27日，濯缨沧湾——2017·诸城老年书画重阳雅集活动在沧湾公园举行。市领导桑福岭、李永光等参加活动。

27日晚，山东省（诸城）首届茂腔文化艺术节在诸城拉开帷幕。山东省戏剧家协会主席张积强及诸城领导桑福岭、孙吉海、王玉邦等出席开幕式，市委副书记、市长刘峰梅致辞。

28日，诸城辅盛骨科医院智慧医疗项目建设启动仪式暨发展研讨会举行。市委副书记孙吉海与出席活动的有关专家共同启动诸城辅盛骨科医院智慧医疗项目，副市长刘天军在仪式上致辞。

28日，市政协召开十届三次常委会议。

30日，百尺河镇小仁和村农民刘光伟荣获“全国百姓学习之星”光荣称号。

30－31日，潍坊市委副秘书长、农工办主任刘衍信率督导组到诸城相州镇沙河套村、密州街道大高疃村、林家村镇冶家店子村、桃林镇李子园村检查督导省级美丽乡村示范村建设工作。

31日，农业部国际合作司副司长赵维宁率调研组到诸城东晓生物科技有限公司、得利斯集团、相州镇西城阳社区调研农业发展情况。

31日，省农业厅副巡视员于永德率调研组到诸城农林科技孵化器、永辉农场、东方田园综合体、皇华万亩榛子园、裘皮产业园、果润食品、佳博天益、得利斯等地专题调研农业“新六产”发展情况。

31日，市人大常委会主任王玉邦主持召开南湖西组团指挥部调度会议，研究南湖西组团项目建设相关具体政策问题。

是月，平均气温14.7℃，较常年偏低0.3℃，最高气温26.1℃，较历史同期极值偏低8.0℃，最低气温3.1℃，较历史同期极值偏高6.4℃；月降水量33.4毫米，较常年偏少3.9毫米，较历史同期最多值偏少55.4毫米，最少值偏多31.5毫米；月日照总时数133.3小时，较常年偏少68.7小时。月有效降水主要集中在：1日、3日、6日、10–11日、18日。月气候特点是气温偏低，降水、日照偏少，对农作物生长不利。

11月

1日，市委书记桑福岭到部分重点项目建设现场调度重点项目建设工作，就加快推进项目建设提出了明确要求。市领导刘峰梅等一同调度。

1日，潍坊市纪委副书记、监察局局长王玉到诸城调研党风廉政建设工作。

1日，市政府组织收看全省推进政务信息系统整合共享工作电视会议。副市长杨连富参加收看。

1日，市体育局荣获“全国群众体育先进单位”称号。该称号是全国体育行业最高荣誉。

1日晚，山东省（诸城）首届茂腔文化艺术节在诸城市政府礼堂举行闭幕式暨颁奖晚会。山东省戏剧家协会常务副主席柴心记及诸城领导孙吉海等出席闭幕式并为评选出的优秀剧目和优秀演员颁奖。

2日，市委书记桑福岭主持召开重点项目建设调度会议，指出要始终把项目建设摆在突出位置，真正做到围着项目转、盯着项目干，以“钉钉子”的精神一项一项推进、一个一个解决，以重点项目建设的扎实推进为全市转型发展提供坚实支撑。市领导刘峰梅、孙吉海、王玉邦、孙利宝等参加会议。

2日，四川省眉山市政协主席王影聪一行到诸城超然台、恐龙国家地质公园、常山文博苑参观考察文化旅游产业。

2日，十四届诸城市委第二轮巡察工作动员会在密州宾馆小礼堂召开，标志着市委第二轮巡察工作正式启动。

5日，潍坊市委书记刘曙光，市委副书记、市长李宽端率参加潍坊市重点项目观摩点评与会人员到诸城南湖生态城东组团、美晨科技产业园、十里片区棚改组团项目现场观摩。

6日，市委组织收看中央宣讲团党的十九大精神报告会。市级领导班子成员参加收看。

6日，坊子区委副书记宋伟伟率考察团到诸城考察学习“四个城市”建设工作。

7日，市委、市政府组织党政考察团赴安丘、潍坊市高新区、滨海区、峡山区、高密等市区参观考察，重点学习各地在推进重点项目建设方面的先进经验。市领导孙吉海、王爱民、刘作勋、王大鹏参加考察。

7日，市政府组织收看全国小微企业金融服务电视会议。市委常委、常务副市长李庆华参加收看。

8日，市委举行党的十九大精神辅导报告会，邀请省委党校马克思主义学院院长林学启教授作辅导报告。市委副书记、市长刘峰梅主持报告会，并就学习宣传贯彻党的十九大精神讲了意见。

8日，市政府组织收看全省冬春农田水利基本建设、河长制和造林绿化工作电视会议。副市长杨连富参加收看。

9日，市委组织收看省委宣讲团党的十九大精神报告会。市委副书记孙吉海等参加收看。

9日，市委副书记孙吉海到密州街道、南湖生态经济发展区现场调度重点项目建设“百日会战”工作。

10日，全市2017年“中国体育彩票杯”中老年健身展演活动举行。市领导刘峰梅、孙吉海等出席活动，副市长王大伟致辞。

10日，安丘市委副书记贾勤清率考察团到诸城考察学习“四个城市”建设工作。

11日，全市城乡环境综合整治现场检查观摩会议召开。市委副书记孙吉海出席会议并讲话，副市长杨连富、王大鹏出席会议并分别就相关工作进行了安排部署。

13日，山东大业股份有限公司在上海证券交易所举行上市仪式。潍坊市领导邹庆忠、吴建民及诸城市领导桑福岭、王玉邦、孙利宝等出席仪式。邹庆忠、桑福岭和山东大业股份有限公司负责人窦勇共同敲响上市锣。据悉，大业股份本次共公开发行新股5200万股，预计募资总额6.7亿元。

14日，教育小镇规划设计汇报会召开。市委书记桑福岭出席会议并讲话。

14日，市委书记桑福岭到部分项目建设现场调度重点项目建设工作。

14日，坊子区人大常委会主任潘振东率考察团到诸城考察学习。

15日，省人大常委会副主任张新起率视察组到诸城视察文化、卫生事业发展情况。在潍坊市领导邹庆忠等陪同下，视察组实地视察了昌城镇综合文化服务中心、市人民医院和博物馆、名人馆，对诸城围绕加快“文化名市”建设，推进文化繁荣兴盛，大力发展卫生事业，全面提升人民群众获得感满意度的做法给予高度评价。

16日，市委书记桑福岭主持召开市委常委会议，专题研究《中共诸城市委关于深入学习宣传贯彻党的十九大精神的决议》。

16日，市委召开学习贯彻党的十九大精神宣讲团成立暨宣讲工作动员会。市委副书记孙吉海出席会议并讲话，市委常委、宣传部部长赵莉主持会议，并就会议精神的贯彻落实讲了意见。

16-17日，寒亭、青州、昌乐、昌邑、寿光、高密、潍城等县市区考察团先后到诸城考察学习“项目建设年”活动、“四个城市”建设、新旧动能转换等工作。

17日，中共诸城市委十四届三次全体会议举行。全会认真学习贯彻党的十九大和十九届一中全会精神，传达学习10月27日中共中央政治局会议精神和习近平同志在中共中央政治局第一次集体学习时的重要讲话精神，学习讨论省委十一届二次全会精神和潍坊市委十二届四次全会精神，审议通过了《中共诸城市委关于深入学习宣传贯彻党的十九大精神的决议》。

18日，市委、市政府组织考察团分赴潍坊市各县市区考察学习“四个城市”建设等项工作。市领导孙吉海、赵治国分别带队考察。

20日，全市领导干部党的十九大精神第一期专题学习班在市委党校开班。市委书记桑福岭作辅导报告。

21日，市委、市政府召开科学发展综合考核工作调度会议。市委书记桑福岭出席会议并讲话，市委副书记、市长刘峰梅主持会议，并就有关问题讲了意见。

21日，南湖区规划论证汇报会议召开。会

议听取了淮海融泰控股设计团队的规划情况汇报。市委书记桑福岭出席会议并讲话，市委副书记、市长刘峰梅针对南湖区产业规划及重点项目策划方案的完善提升讲了意见。

22日，市委、市政府召开“百日会战”重点项目现场调度会议。市委书记桑福岭出席会议并讲话，市委副书记、市长刘峰梅主持会议，并就有关问题讲了意见。

22日，全市领导干部党的十九大精神第二期专题学习班在市委党校开班。市委副书记、市长刘峰梅作开班讲话。

23日，全市城市总体规划纲要成果汇报会议召开。市委书记桑福岭出席会议并讲话，市委副书记、市长刘峰梅对规划方案的完善提升讲了意见。

23日，青岛保税港区诸城功能区企业自由港·工业院落签约恳谈会举行。其间，完成招商引资12家企业进驻，涉及先进制造业、食品加工业、新能源、仪表仪器、医疗器械等领域，入驻企业计划投资总额3亿元，年产值2亿元，年利税2000万元。

24日，潍坊市委第五巡察督导组召开诸城推进“四个城市”建设和开展“作风建设年”活动巡察督导情况反馈会。市委书记桑福岭主持会议并代表市委班子作表态发言。潍坊市委第五巡察督导组组长唐伟代表巡察督导组向诸城反馈巡察督导情况，对诸城推进“四个城市”建设和开展“作风建设年”活动给予充分肯定。

24日，全市领导干部党的十九大精神第三期专题学习班在市委党校开班。市委副书记孙吉海作开班讲话。

27日，市委、市政府组织收看全省重点工作推进落实情况视频会议。桑福岭、刘峰梅、孙吉海、王玉邦等市级领导班子成员参加收看。

27－28日，全省地税系统全面从严治党暨纪律行动“深入推进年”现场会在诸城召开。

28日，市委书记桑福岭现场调度新材料产业园规划建设工作，指出要将园区打造成为产业集约发展的先行区、新旧动能转换的引领区。市领导刘峰梅等一同调度。

28日，市委副书记、市长刘峰梅到清华园看望新当选的诸城籍中国科学院院士王小云教授，向她表示祝贺。

29日，市委、市政府举行学习十九大精神建设现代化经济体系和实施乡村振兴战略报告会，邀请中央政策研究室经济局局长冯海发作辅导报告。市委副书记孙吉海主持报告会并讲话。

29日，市十八届人大常委会召开第十三次主任会议，听取市政府关于国家新型城镇化试点工作审议意见、房地产管理法和旅游法执法检查报告的办理情况汇报；议定市人大常委会有关工作机构关于人大代表“实干担当、激情创业”主题活动部分典型集中宣传方案、组织住诸城人大代表会前集中视察安排意见、组织市人大代表会前集中视察及年底述职评诺活动等事宜。

30日，潍坊市委党的十九大精神宣讲团成员、市经信委主任马中平到诸城作宣讲报告。市级领导班子成员参加报告会，市委副书记、市长刘峰梅主持报告会。

30日，贵州省关岭自治县考察组到诸城考察学习恐龙地质公园建设、运营管理等工作。

是月，平均气温7.8℃，较常年偏高0.6℃，最高气温23.0℃，较历史同期极值偏低3.9℃，最低气温－3.7℃，较历史同期极值偏高8.3℃；月降水量0.3毫米，较常年偏少21.7毫米，较历史同期最多值偏少117.0毫米，最少值偏多0.3毫米；月日照总时数193.3小时，较常年偏多22.2小时月有效降水主要集中在：10日。月气候特点是气温偏高、日照偏多，对农作物生长有利；降水偏少，对农作物生长不利。

12月

1日，潍坊市委副书记、市长李宽端到诸城龙都街道宣讲党的十九大精神。市委书记桑福岭主持报告会，市领导刘峰梅等参加报告会。

1日，潍坊市委副书记、市长李宽端到诸城调研工作。李宽端实地察看了龙都街道土墙社区、枳沟镇枳沟一村、山东泰田农业科技开发公司循环农业项目、山东牧族生态农业科技有限公司标准化蛋鸡养殖加工项目，强调要深入贯彻落实党的十九大精神，全面提升农业农村工作水平。

1日，潍坊市离退休干部考察团到诸城参观考察机器人小镇、美晨科技产业园、南湖生态城东组团等项目建设情况。

2-3日，市委副书记孙吉海率考察团赴东营市垦利区、临沂市兰陵县、蒙阴县、沂南县和沂水县考察学习现代农业发展工作。

4日，市委、市政府召开三河湿地、南湖公园和潍河拦河闸等重点项目规划工作会议。市委书记桑福岭出席会议并讲话，市委副书记、市长刘峰梅就项目规划方案的完善提升讲了意见。

5日，市委、市政府召开新材料产业园规划论证会。市委书记桑福岭出席会议并讲话，市委副书记、市长刘峰梅对产业园规划建设工作讲了意见。

5日，庆祝诸城市关心下一代工作委员会成立25周年摄影图片展在超然台开展。潍坊市关工委常务副主任刘德成出席开展仪式。

5日，市委召开2018年度全市重点党报党刊发行工作会议。市委副书记孙吉海出席会议并讲话。

5日，接中共潍坊市委组织部干部任免通知（潍组任字〔2017〕75号），提名宋明华任诸城经济开发区管委会主任（试用期一年）。

7日，市委书记桑福岭主持召开市委常委会议，研究潍坊市委第五巡察督导组反馈意见的整改，诸城市群团改革方案及总工会、共青团、妇联、科协系统改革，潍坊市村和城市社区“两委”换届选举工作动员部署会议精神的贯彻落实等事项。

7日，市委、市政府组织部分离退休老干部考到南湖生态城东组团、美晨科技产业园、十里片区棚改组团等重点项目建设现场参观全市经济社会发展情况。市领导桑福岭、刘峰梅、王玉邦、孙利宝等陪同考察。

7日，市委副书记、市长刘峰梅到贾悦镇调度新材料产业园规划建设工作。

8日，全市社区（居）“两委”换届选举工作动员部署会议召开。市委书记桑福岭出席会议并讲话，市委副书记孙吉海主持会议，并就会议精神的贯彻落实讲了意见。市领导刘峰梅、王玉邦、孙利宝等出席会议。市公安局、民政局在会上作了表态发言。

8日，市委、市政府召开社区（居）“两委”换届选举工作汇报会。市委书记桑福岭出席会议并讲话。

9日，市委书记桑福岭到部分企业重点项目规划建设现场调度企业发展和项目建设工作。市领导刘峰梅等一同调度。

9日，市委副书记、市长刘峰梅到龙都街道督导社区（居）“两委”换届选举工作，并出席动员部署会议。

10日，市委副书记孙吉海到舜王街道督导社区（居）“两委”换届选举工作。

11日，市委书记桑福岭率考察团赴峡山区考察学习金融创新工作。市领导刘峰梅等参加考察。

12日，十四届诸城市委巡察工作会议召开。市委书记桑福岭出席会议并对巡察工作进行动员部署。与会人员集体观看了《巡视利剑》专题片。

12日，潍坊市县联合巡察组对诸城市皇华镇、百尺河镇巡察情况进行反馈。联合巡察组副组长刘泽峰传达了潍坊市委书记刘曙光关于巡察工作的讲话精神，通报了对皇华镇、百尺河镇的巡察情况，并代表潍坊市委巡察工作领导小组就抓好整改工作讲了意见。

12日，市委、市政府召开全市重点工作调度会议，听取全市工业园区规划建设、土地资源集约利用、水资源开发利用等重点工作情况汇报。市委书记桑福岭出席会议并讲话，市领导刘峰梅出席会议。

12日，国土资源部人力资源开发中心创建指导处处长杨洪涛率调研组到诸城专题调研城乡建设用地增减挂钩驱动的土地集约节约利用模式创新和学习贯彻十九大精神推动创建活动情况。

12日，市人大常委会组织住诸城的全国和部分潍坊市、诸城市人大代表，对全市经济社会发展情况进行人代会前集中视察。

12日，潍坊市政协副主席刘树亮到诸城调研潍坊市政协委员履职情况。

13日，诸城与申万宏源证券公司战略合作签约仪式举行。申万宏源证券公司山东分公司总经理秦开宇和诸城市委常委、常务副市长李庆华出席仪式并代表双方签约。

14日，全市党的十九大安保维稳工作总结会议召开。市委书记桑福岭出席会议并讲话。

14日，市政协组织部分政协委员到新奥燃气、中纺金维、北汽福田等企业生产现场及兰凤家园二期建设工地和市安全培训中心视察安全生产情况。

15日，市十八届人大常委会召开第十四次主任会议，听取第三批被评议部门单位负责同志作的工作评议意见落实情况汇报，审议市人大常委会有关工作机构关于检查促进科技成果转化法、道路交通安全法贯彻实施情况的报告和民事行政检察工作调研报告。

15-16日，市委书记桑福岭主持召开镇（街）园区党（工）委书记座谈会，研究谋划2018年重点工作。市领导刘峰梅参加会议。

15-16日，市委、市政府召开全市农业现场观摩会议，深入贯彻落实市委、市政府关于加快“三调两提”、推动现代农业“五化”发展的部署要求，交流分析当前工作情况，研究部署下步工作任务。

18日，市委书记桑福岭主持召开市委常委（扩大）会议，传达学习习近平总书记关于进一步纠正“四风”、加强作风建设重要指示精神，听取市十八届人大二次会议、市政协十届二次会议筹备情况汇报。

18日，常山永辉生态农场规划方案汇报会召开。市委书记桑福岭出席会议并讲话，市委副书记、市长刘峰梅就完善提升规划方案讲了意见。

18日，蔡家沟艺术试验场筹建方案汇报会召开。市委书记桑福岭出席会议并讲话，市领导刘峰梅等参加会议。

19日，市委书记桑福岭到超然台观看市关心下一代工作委员会成立25周年摄影图片展。

19日，教育小镇规划设计汇报会召开。市委书记桑福岭出席会议并讲话，市委副书记、市长刘峰梅就规划方案的完善提升讲了意见。

19日，省计生协会副会长李养珍率检查组到诸城就青春健康教育基地建设工作进行专题检查评估。

19日，接中共潍坊市委组织部任免通知（潍组任字〔2017〕89号），提名山东大学控制科学与工程学院学术委员会主任、机器人研究中心主任李贻斌挂职任诸城市科技人才副市长，挂职时间1年。

22日，潍坊市委副书记张小梅到诸城牧族生态农业公司、泰田农业公司、北杏设施农业示范园区、尽美红色文化旅游小镇、卧龙湖水库、恐龙花海调研农业农村工作。

22日，市委、市政府组织收看潍坊市安全生产工作视频会议。视频会议结束后，市委书记桑福岭对进一步抓好全市安全生产工作作了部署。

22日，市十八届人大常委会召开第七次会议，听取审议市人大常委会执法检查组有关执法检查报告和市政府有关工作报告；表决通过《关于批准诸城市2017年财政预算调整的决定》和《关于召开诸城市第十八届人民代表大会第二次会议的决定》。

23、27日，市委、市政府先后两次召开部分市直部门单位负责人座谈会，研究谋划2018年重点工作。市委书记桑福岭出席会议并讲话，市委副书记、市长刘峰梅主持会议，并就会议精神的贯彻落实讲了意见。

23日，市委副书记、市长刘峰梅主持召开市政府安全生产工作专题调度会。市委常委、常务副市长李庆华具体安排了安全生产检查工作。

25日，市委召开全市工作务虚会，系统总结2017年工作，深度谋划2018年任务。市委书记桑福岭出席会议并作总结讲话，市委副书记、市长刘峰梅主持会议，并围绕转变发展方式、壮大农业“新六产”、全面对接青岛、注重开放发展、深入调查研究等作了具体部署。

26日，市委、市政府组织收看中央第三环保督察组向山东省进行督察反馈电视会议。桑福岭、孙吉海、孙利宝等市级领导班子成员参加收看。

26日，市委书记桑福岭到部分城建市政道路现场调研城建市政道路建设工作。

26日，市政府召开推进企业“新三板”挂牌座谈会，邀请申万宏源证券有限公司注册会计师、律师刘瑜专题讲解“新三板”挂牌相关事宜。市委常委、常务副市长李庆华出席会议并讲话。

26-27日，国家级数字档案馆专家测评组到诸城对数字档案馆系统进行测试，诸城市档案馆顺利通过了“国家级数字档案馆测试”。市委常委、办公室主任王爱民出席测评活动并致辞。

27日，市委书记桑福岭到桑莎针织面料生态园、生物医药产业园规划建设选址现场调度园区规划建设工作。市领导刘峰梅等一同调度。

28日，“文化名市·大美诸城——中国书画名家作品交流展”在仰苏堂开展。

28日，“逸兴晚霞飞——匡仁里书画作品展”在市博物馆开展。

29日，市委、市政府召开金融工作座谈会。市委书记桑福岭出席会议并讲话，强调要坚持服务实体经济的本质要求，突出重点，强化措施，着力做好金融稳健发展工作。市委副书记、市长刘峰梅主持会议。

30日，市级领导班子成员向市纪委全委会述责述廉会议召开。潍坊市纪委第六纪检监察室主任丁伟到会指导。

31日，福田汽车集团山东超级卡车基地战略发展研讨会在诸城召开。福田汽车集团党委书记、总经理巩月琼通报了福田汽车集团总体发展战略，市委书记桑福岭通报了诸城经济社会发展情况。

是月，诸城获评“中国质量魅力城市”，是山东省唯一获此殊荣的县级市。

是月，诸城被确定为“全国休闲农业和乡村旅游示范县”，是潍坊市唯一入选县市，山东省仅3地入选。

是月，诸城被确定为“全国主要农作物生产全程机械化示范县”，在山东省入选的13个县市区中位居首位。

是月，诸城被确定为“国家知识产权强县工程示范县（市）”。

是月，诸城被山东省委、省政府授予“全

省社会治安综合治理先进市”。

是月，相石路石桥子段拓宽改造工程开工建设。

是月，平均气温1.4℃，较常年偏高0.9℃，最高气温13.1℃，较历史同期极值偏低6.6℃，最低气温-7.7℃，较历史同期极值偏高12.5℃；月降水量0.2毫米，较常年偏少10.5毫米，较历史同期最多值偏少30.9毫米，最少值偏多0.2毫米；月日照总时数168.1小时，较常年偏多3.9小时。月有效降水主要集中在：14日。月气候特点是：气温偏高、日照偏多，对农作物生长有利；降水偏少、对农作物生长不利。

全市概况

自然环境

【位置 面积】 诸城位于山东半岛东南部，泰沂山脉与胶潍平原交界处，地理坐标为北纬35°42′23″至36°21′05″，东经119°0′19″至119°43′56″。东与青岛黄岛区毗连，南与五莲接壤，西与莒县、沂水为邻，北与安丘、高密交界。

2017年，诸城总面积2151.4平方公里。其中，密州街道位于诸城市城区东部，总面积105平方公里；龙都街道位于诸城市城区西部，面积88.65平方公里；舜王街道位于诸城市城区北部，面积178平方公里；枳沟镇位于诸城市西南部，面积85.2平方公里；贾悦镇位于诸城市西部，面积288平方公里；石桥子镇位于诸城市西北部，面积169平方公里；相州镇位于诸城市北部，面积120平方公里；昌城镇位于诸城市东北部，面积118.4平方公里；百尺河镇位于诸城市东北部，面积126平方公里；辛兴镇位于诸城市东部，面积73平方公里；林家村镇位于诸城市东南部，面积325平方公里；桃林镇位于诸城市南部，面积142平方公里；皇华镇位于诸城市南部，面积192平方公里；诸城经济开发区位于诸城市城区北部，面积56平方公里；高新技术产业园位于诸城市城区东部，面积40平方公里；南湖生态经济发展区位于诸城市城区南部，面积62.5平方公里。

【地质 地貌】 地质。诸城位于鲁东断块诸城盆地，该盆地系中生代时期的断陷盆地，有中生代莱阳组、青山组和王氏组底层构成，该套地层岩性主要为砂岩、页岩、砾岩等，青山组地层含火山碎屑岩，总厚达数千米。新生代以来，该盆地处于隆起剥蚀状态，在地貌上表现为低山丘陵地形。无第三系堆积，局部有很薄的第四系松散堆积物，厚度小于20米。境内岩浆岩分布比较广泛，太古—元古代岩浆活动不十分发育，侵入岩体一般较小。中生代岩浆活动较强烈，形成大面积火山岩及多种侵入岩。境内发育的中生代侵入岩，集中分布在郝戈庄断裂以南的桃林—报屋顶背斜和桃林—高阁庄破火山口内及其附近。境内中生代侵入岩只发育燕山晚期侵入岩，根据活动的先后，与邻区对比可分早期艾山阶段侵入岩和晚期崂山阶段侵入岩。

城市新貌 （供图 报社）

地貌。诸城市位于山东半岛泰沂山脉与胶潍平原交界处，地势南高北低，自南而东为起伏较大的山岭地带，间有若干谷状盆地，西部、中部及北部，系大片波状平原，属胶莱冲积平原南部的潍河平原，其边缘有低缓山丘分布。

山区集中在市境南部和东南部

的皇华镇、桃林镇以及林家村镇的南部，地表多为棕壤土类，总面积657.082平方公里，占全市总面积的30.10%。丘陵主要分布在皇华镇、桃林镇、林家村镇的低山周围，龙都街道、密州街道、枳沟镇的南部以及市境东北、西北两部的平原间及其边沿。丘陵面积493.358平方公里，占全市总面积的22.60%。市境西部及中部向北，潍、渠两河及其支流沿岸为波状平原，另有丘陵间平原，低山间谷状盆地和带状河谷小平原，主要分布在相州、昌城、百尺河、辛兴、贾悦、石桥子6个镇，密州、舜王、龙都和枳沟等镇（街道）的大部亦为平原地带。

境内海拔百米以上山头60余座，大都集中在市境东南部，属泰沂山余脉之马耳山脉，故多呈东西走向。山体多为花岗岩、片麻岩。

【河流】 诸城市河流众多，分为潍河水系、吉利河水系、胶莱河水系。发源于市境内的百尺河、芦河、扶淇河、太古庄河、尚沟河、非得河、荆河和发源于临朐县的渠河，以及发源于五莲、莒县的闸河呈叶脉状汇集于潍河，形成全市以北流水为主的潍河水系，全市有87%的面积属于潍河流域。其次是市境东南部南流水的吉利河水系；另外，东北部北流水的五龙河、胶河，属胶莱河水系。全市较大的河流有36条，分别为潍河、哨子河（汉王河）、店子河、枳沟河、太古庄河、马兰河、涓河、尚沟河、扶淇河、铁沟河、益民河、芦河、百尺河、非得河、渠河、贾悦河、韩庄河（天井河）、旭光河、扶河、展村河（塌山河）、淇河、栗行河、桃园河、岳水河、九龙河、羊角沟、韩信沟、闸河、荆河、拐庄河（水墩河）、倒漾河、朱龙河（刘庄河）、五龙河、吉利河（纪里河）、桃林河（友谊河）、潘池河。

潍河水系。为诸城境内最大水系，除渠河外，主、支流呈叶脉状分布。该水系在境内河床比降大，水流湍急，河谷深邃，侵蚀力强，水土流失严重，河道又多弯曲，宽窄不一。该水系支流众多，纵贯市境西南、中部、北部而后出境。潍河水系有一级支流21条：哨子河（汉王河）、水清河、店子河、枳沟河、王村河、黄山沟、太古庄河、马兰河、涓河、尚沟河、利民河、扶淇河、墨水河、吕兑河、铁沟河、泮家沟、益民河、芦河、百尺河、非得河、渠河，其中较大的有渠河、百尺河、芦河、扶淇河、太古庄河、非得河、涓河、尚沟河、铁沟河、哨子河；二级支流25条：管河、贾悦河、韩庄河（天井河）、小王疃河、院西河、旭光河、倒漾河、扶河、箕河、花园河、展村河（塌山河）、淇河、瓦店河、栗行河、桃园河（红寨河、大宝河）、齐沟河、岳水河、九龙河、羊角沟、韩信沟、杀牛沟、长阡沟、小荆河、闸河、判河，其中较大的有荆河、闸河、贾悦河；三级支流9条：拐庄河（水墩河）、孟疃河、马庄河、龙石河、魏家庄河、朱龙河（刘庄河）、王院河、尚峪河、六谷河；四级支流1条：开河。

吉利河水系。由市境东南部的吉利河、友

潍河与扶淇河交汇处　（供图　报社）

谊河、曹家沟河、潘池河等组成的吉利河水系，为南流水，以吉利河为主流。吉利河又名纪里河，源出林家村镇千秋岭，于林家村镇东红村出境。境内全长10公里，流域面积201.7平方公里。该水系有一级支流6条：近枝子河、石河头河、鹤现河、曹家沟河、友谊河（桃林河）、潘池河，其中较大的有友谊河、潘池河；有二级支流2条：剪子河（马家河）、李家沟河；三级河流1条：初家沟河。

胶莱河水系。由东北部的胶河、五龙河等组成，为北流水，流域面积58.5平方公里。胶河古记为胶水，源自林家村镇鲁山东北麓，出境入胶南市，为诸城、胶南、胶州三市交界河，境内全长3.8公里，流域面积18.5平方公里。五龙河发源于百尺河镇九龙埠（山），在该镇岳沟村西北出境入胶莱河，境内全长8公里，流域面积40平方公里。

【气候】 诸城市地处鲁中山区东南部，属暖温带大陆性季风区半湿润气候，冬季寒冷干燥，春季干旱风大，夏季炎热多雨，秋季秋高气爽，四季分明。

气温最冷月1月，月平均气温-1.9℃，最热月7月，月平均气温25.7℃。降水年际变化大，年内分配不均，旱涝灾害时有发生。年日照总量2391.7小时，占可照时数54%。年平均风速3.3米/秒。年蒸发量1615.9毫米。年平均无霜期209天。最大冻土深度45厘米，出现在1980年2月。年平均雷暴日数25天。

主要气象灾害有大风、冰雹、暴雨、雷暴、台风、干热风、霜冻等。大风灾害主要发生在冬春季和夏季；冰雹灾害主要出现在4月下旬到6月，9月；年平均雷暴日数为26.1天；干热风主要出现5-6月中旬，正是小麦抽穗到成熟期，容易造成小麦减产。

自　然　资　源

【土地资源】 诸城位于山东半岛泰沂山脉与胶潍平原交界处，地势南高北低，自南而东为起伏较大的山岭地带，间有若干谷状盆地，西部、中部及北部，系大片波状平原，属胶莱冲积平原南部的潍河平原，其边缘有低缓山丘分布。洼地、水面分布于境内各地。全市土地总面积2151.4平方公里，山区、平原和丘陵各占1/3。其中农用地179341.2公顷，建设用地24653.3公顷，未利用地11141.3公顷。

【矿产资源】 诸城发现的主要矿种有明矾石、沸石、钾长石、金红石、重晶石、陶瓷土、膨润土、黄铁矿、砖瓦用黏土、页岩、河砂、建筑石材等17种。其中，金红石、石榴子石、云母三矿种，为诸城特色矿种，沸石、膨润土、重晶石、陶瓷土矿种，在全省矿产资源中占有重要地位。17矿种中，除黑色金属金红石外，其余皆为非金属矿产。经地质部门正式勘探并提交储量的有沸石岩、明矾石、金红石、河砂、瓷土、膨润土、重晶石、黄铁矿。

矿产分布集中程度较高，南部地区主要分布明矾石、钾长石、金红石、云母等矿产。中部蕴藏建材及其他非金属矿产，如陶瓷土、膨润土、建筑用凝灰岩等。北部矿产较少，以河砂为主，金属矿产稀少。大量开采的重点矿种是河砂和建筑石材，河砂主要分布在中部和北部的潍河、涓河、渠河内，建筑石材主要分布在南部山区。

【水资源】 根据《山东省水功能区划》，诸城市位于山东省水功能一级区划中的潍河潍坊开发利用区。境内多年平均降雨量718.1毫米，多年平均水资源总量5.61亿立方米，多年平均水资源可利用量4.67亿立方米。诸城市水资源主要依靠降水，时空分布不均匀、年际变化大，人均占有水资源量仅530立方米，不及全国人均水资源量的1/4，低于国际公认的人均1000立方米的缺水警戒线，从近年的降水情况看，诸城市水资源量仍有继续减少趋势。

地表水资源。诸城市多年平均地表水资源量4.59亿立方米，偏丰年为6.56亿立方米，平水年为4.09亿立方米，偏枯年为2.62亿立方米。天然入境客水（指潍河客水和涓河客水）多年平均量为1.31亿立方米，偏丰年为1.87亿立方米，平水年为1.16亿立方米，偏枯年为0.75亿立方米。

地下水资源。诸城市地下水资源相对较少，多年平均地下水资源量为1.31亿立方米，偏丰年为1.58亿立方米，平水年为1.25亿立方米，偏枯年为1.05亿立方米。境内含水层均属浅层地下水，就其埋藏条件、空隙条件、空隙性质分为3种：

沙砾石空隙含水层。主要分布在潍河、渠河沿岸的市区和昌城、相州、贾悦、石桥子、辛兴、百尺河6个镇，面积327平方公里。含水沙层一般在5米左右，其透水、富水性能良好，地下水蓄量大，为市境内主要含水层，适宜打机井灌溉。

基岩风化裂隙潜水含水层。主要分布在境内西部、中部基岩出露区及第四系覆盖厚度不大的基岩区，现属贾悦、石桥子、辛兴、舜王等镇街，面积250平方公里。受岩性及构造控制，区内大部分地段含水、透水性能较好，埋藏水量较大。贾悦镇南部裂隙发育较好的红板岩，辛兴镇西北部玄武岩地段，含水较丰富，适宜打钻孔或大口井，采用机械提水灌溉。

土夹钙质结核空隙潜水层。除上述地带，境内其他地区均属此种含水层。大部地区结核间由黏土、亚黏土充填，空隙小，其透水、富水性差，不能满足灌溉用水，仅能用做人、畜饮水之水源。

水资源总量。多年平均水资源总量5.61亿立方米，即地表水资源量4.59亿立方米加上地下水资源量1.31亿立方米，减去重复计算量0.29亿立方米。1.31亿立方米客水量（潍河客水与涓河客水）不计入水资源总量。

【水生生物资源】 水生生物是鱼类赖以生存的食粮。据1983年水产区划资料，通过对三里庄、共青团水库浮游生物和底栖动物的定性、定量分析，证明全市水生生物资源丰富，种类繁多。浮游动物包括原生动物、轮虫、枝角类、桡足类和无节幼体。原生动物有旋回侠盗虫、中华似铃壳虫、迈式钟形虫等；轮虫有三棱轮虫、晶裹轮虫、矩形龟甲轮虫、叶轮虫等；桡足类有近邻剑溞、长江新镖溞等。浮游植物有金藻、黄藻、甲藻、硅藻、绿藻、裸藻、蓝藻七大门类，其中，蓝藻对鱼类有危害。绿藻类中多数不能为鱼类直接消化，但作为间接食物，却是浮游动物的主要饵料。底栖动物有摇蚊幼虫、黄蚬、椎实螺、湖螺等。

【动植物资源】 *动物资源*。全市有各种脊椎动物264种。其中：鱼类67种、两栖类8种、爬行类11种、鸟类161种、兽类17种。脊椎动物中有国家一级保护动物1种，二级保护动物18种，山东省重点保护动物43种。

植物资源。全市有植物种类约368种，其中藻类植物7门、8纲、16目、30科、46属，56种；维管植物81科、223属、312种。维管植物中水生维管植物21科、26属、78种，陆生维管植物60科、197属、234种。

【风能资源】 诸城市东、北、南三面近海，风能资源较为丰富，属风能季节利用区，冬春季风占全年风能的70%，年平均风速为3.2米/秒，全年风速3米／秒的时数为3700小时左右，年平均风功率密度约为110瓦／平方米，常年主导风向为南风。2017年，在皇华镇东南部、林家村等南部乡镇的山区安装风电设备，建立风力发电场。

政区　人口　民族

【行政区划】 2017年，诸城市辖10个镇、3个街道、1个省级开发区，2个园区。全市共有235个社区，其中农村社区208个。密州街道辖19个社区，龙都街道辖20个社区，舜王街道辖18个社区，枳沟镇辖9个社区，贾悦镇辖27个社区，石桥子镇辖18个社区，相州镇辖12个社区，昌城镇辖15个农村社区，百尺河镇辖13个社区，辛兴镇辖11个社区，林家村镇辖27个社区，桃林镇辖11个农村社区，皇华镇位辖14个社区，诸城经济开发区辖6个社区，高新技术产业园辖6个社区，南湖生态经济发展区辖9个社区。

【人口】 截至2017年12月31日，全市总户数320112户，总人口1114195人，总人口比2016年的1110058人增加4137人，增长率为3.73‰。总人口中男性561372人，占总人口的50.38%，女性552823人，占总人口的49.62%，总人口中0-17岁的209477人，占总人口的18.80%（2016年200403人，占总人口的18.05%）；18-34岁的230309人，占总人口的20.67%，（2016年231672人，占总人口的20.87%）；35-59岁的432154人，占总人口的38.79%（2016年439571人，占总人口的39.60%）；60岁以上的242255人，占总人口的21.74%（2016年238412人，占总人口的21.48%）。

2017年城镇人口613384人，占总人口数55.05%，比2016年的596631人增加16753人，增长率2.81%。

【民族】 2017年，全市共有民族30个，汉族占人口的绝对多数；常住少数民族29个，其中常住人口共1195人，流动人口872人。

国民经济和社会发展

【概况】 2017年，全市上下认真贯彻落实诸城市委、市政府各项决策部署，坚持稳中求进的工作总基调，深化供给侧结构性改革，围绕新旧动能转换、结构优化升级开展工作，积极推进“四个城市”和“三区一城”建设，质量效益不断提升，产业结构不断优化，全市经济总体平稳运行，社会事业全面发展。

【综合】 经济持续健康发展。据初步核算，2017年，全市实现地区生产总值824.69亿元，按可比价格计算，同比增长6.5%。其中，第一产业完成增加值66.01亿元，增长3.9%；第二产业完成增加值403.71亿元，增长5.4%；第三产业完成增加值354.97亿元，增长8.6%。一、二、三产业对经济增长的贡献率分别为4.66%、43.04%和52.3%，分别拉动GDP增长0.30、2.82、3.42个百分点。国地两税占二三产业增加值比重为9.50%，比上年同期下降1.03个百分点。人均地区生产总值74411元，比上年增加2583元。产业结构进一步调整，三次产业比例由上年的8.09：50.81：41.10调整为8.00：48.95：43.04。

财政收支保持平衡。2017年，全市财政总收入93.0亿元，同比增长3.4%，其中一般公共预算收入71.2亿元，增长3.5%。一般公共预算支出74.7亿元，下降2.3%。全市完成国地两税收入72.1亿元，增长11.4%，其中国税完成税收收入38.0亿元，增长28.2%，地税收入34.1亿元，下降2.7%。

金融运行呈良好发展态势。年末全市金融机构人民币各项存款余额667.8亿元，比年初增加38.0亿元；住户存款余额达436.3亿元，比年初增加37.4亿元；全市金融机构人民币各项贷款余额538.8亿元，比年初增加34.5亿元。

非公有（民营）经济发展稳中有升。全市非公有（民营）经济单位数113373户，比上年增长16%。非公有（民营）经济注册资金639.19亿元，增长26.5%；纳税额50.96亿元，占国地两税的70.7%。

【农业】 2017年，全市农林牧渔及其服务业完成增加值69.0亿元，按可比价计算增长4.3%。

粮食总产稳步增长。据全面统计，全市粮食作物播种面积200.7万亩，比上年增长0.9%。全年粮食总产量90.8万吨，比上年增加5.0万吨，增长5.8%。其中小麦总产量40.1万吨，比上年增加5.8万吨，增长16.9%，秋粮总产量50.8万吨，比上年减少0.8万吨，下降1.5%。油料作物总产量5.4万吨，比上年减少0.1万吨，下降2.2%。棉花总产量852.2吨，比上年减少94.1吨，下降9.9%。

畜牧业生产稳定发展。据全面统计，全市大牲畜存栏9.0万头，比上年下降7.0%；猪存栏110.7万头，增长8.3%；生猪出栏225.7万头，下降0.9%；肉类总产量30.7万吨，下降2.4%。

主要农产品产量如下：

指　标	单位	绝对值	比上年增长%
粮食	万吨	90.8	5.8
夏粮	万吨	40.1	16.9
秋粮	万吨	50.8	-1.5
油料	万吨	5.4	-2.2
蔬菜	万吨	115.8	6.4
瓜类	万吨	8.8	-9.3
生猪出栏	万头	225.7	-0.9
家禽出栏	万只	6663.4	-4.7
肉蛋奶总产量	万吨	37.5	-1.4
肉类总产量	万吨	30.7	-2.4
禽蛋产量	万吨	6.3	3.0
牛羊奶产量	万吨	0.5	9.5

林业生态建设取得明显成效。全年完成营造林面积1601公顷，其中人工造林面积415公顷，退化林修复面积377公顷，森林抚育面积1160公顷；育苗面积5690公顷，四旁（零星）植树200万株；城市建成区绿化覆盖率达到44.6%。

渔业生产持续发展。淡水养殖面积达到3659公顷，水产品产量4899吨，比上年下降5.0%。

农业生产装备和生产条件进一步改善。年末农业机械总动力达130.3万千瓦（不包括农用运输车）。联合收获机达到4788台，其中玉米联合收获机达2169台。机耕面积89.7千公顷，机播面积175.5千公顷，机收面积154.7千公顷。全年化肥施用量（折纯量）7.0万吨。

【工业】 2017年，全市490家规模以上工业企业累计实现工业总产值1897.8亿元，主营业务收入1924.3亿元，利税162.8亿元，利润108.5亿元，比上年分别增长5.8%、5.1%、2.2%和-0.6%。全市主营业务收入过百亿元的企业有3家，过10亿元的企业有30家，过亿元的企业有290家。全市工业产销率达到99.5%。

规模以上工业企业主要产品产量如下：

产　品	单位	绝对值	比上年增长%
饲料	万吨	52.6	-0.1
精制食用植物油	万吨	16.8	0.9
鲜、冷藏肉	万吨	64.0	7.2
熟肉制品	万吨	11.1	24.2
纱	万吨	2.3	-25.9
服装	万件	8680	-34.1
家具	万件	7.9	0.9
纸制品	万吨	2.2	-3.6
烧碱（折100%）	万吨	4.6	20.6
涂料	万吨	11.5	-0.6
橡胶轮胎外胎	万条	659.6	-2.0
水泥	万吨	116.1	-18.4
汽车	万辆	33.5	10.8
电动机	万千瓦	282.1	5.3
电力电缆	千米	8501	30.6
绝缘制品	万吨	1.0	0.2

主营业务收入627.4亿元、利税44.1亿元、利润26.9亿元，比上年分别增长10.7%、-14.8%和-19.8%；食品加工产业完成主营业务收入520.5亿元、利税35.5亿元、利润24.4亿元，分别增长-0.2%、3.2%和4.3%；服装纺织产业完成主营业务收入197.2亿元、利税21.1亿元、利润15.3亿元，分别增长-4.5%、3.7%和7.3%；装备制造产业完成主营业务收入250.7亿元、利税26.4亿元、利润18.4亿元，分别增长7.9%、15.8%和15.4%；新兴产业完成主营业务收入184.9亿元、利税16.8亿元、利润11.5亿元，分别增长1%、12.7%和10.9%。

【房地产和建筑业】 房地产市场运行良好。全市实现商品房销售面积120.3万平方米，增长15.1%；实现销售额60.7亿元，增长18.5%。

建筑业发展平稳。建筑业完成增加值63.1亿元，增长0.7%。全市资质三级及以上建筑企业71家，完成建筑业总产值135.8亿元，增长10.2%。

【运输、邮政业】 交通基础建设力度加大。潍日高速公路进入全面施工阶段，完成投资8亿元，完成填筑土石方520万方，桩基和“三线”工作全部完成。潍河堤顶路续建工程于8月中旬全面竣工，实现了与峡山区和高密市的连接贯通。新建改建农村公路198公里，重点推进相石路拓宽改造、农村公路安全生命防护工程等5个重点项目。完成310公里农村公路小修保养。改造延伸公交线路7条，将公交网络延伸至各镇街的工业园和大型企业驻地。新增纯电动公交车142部。

邮政业快速发展。全市完成邮政业务总量6718.4万元，增长23.8%。其中函件业务10.4万件，包裹44.3万件。

【国内贸易和市场物价】 消费品市场平稳。2017年，全市实现社会消费品零售总额277.6亿元，比上年增长8.0%。其中，限额以上消费品零售额70.9亿元，下降2.6%。按行业分，批发业完成37.3亿元，零售业完成210.4亿元，住宿业完成1.3亿元，餐饮业完成28.6亿元。

市场物价有所上涨。全市居民消费价格总指数为101.7%，商品零售价格总指数为100.6%，农业生产资料价格指数为98.7%。从构成居民消费价格指数的八大类商品看，呈七升一降态势。食品类中，粮食、鲜菜、畜肉、水产品、蛋和鲜果六类的价格指数分别为106.6%、94.3%、89.3%、96.3%、97.6%和106.9%。

居民消费价格指数分商品类别如下：

指　　标	上年为100
1. 食品烟酒	98.7
2. 衣着	100.1
3. 居住	106.0
4. 生活用品及服务	102.0
5. 交通和通信	101.1
6. 教育文化和娱乐	103.3
7. 医疗保健	101.6
8. 其他用品和服务	101.4

【外经、外贸、旅游】 外经外贸形势较好。全市共完成进出口总额103.8亿元，比上年增长8.5%，其中出口94.5亿元，增长8.3%。全市实际到账外资8.6亿元，增长25.6%。

招商工作平稳发展。全市共有195个招商引资项目开工或续建，到位市外资金123.7亿元。其中潍坊市认定市外投资过5000万元招商项目49个，到位市外资金75.8亿元。全市引进院所28个，引进潍坊市级以上高层次人才15名。

旅游业较快发展。以“中国龙城”为品牌，加快重点项目建设，全力打造“恐龙大世界旅游项目”。竹山生态谷、龙门口生态旅游度假区、永辉生态农场等一批乡村旅游项目初见成效，创成“全国休闲农业与乡村旅游示范县”，龙门口生态旅游度假区、樱谷庄园等项目入选潍坊市乡村旅游标杆示范项目。开展中央电视台广告、新媒体营销等多种形式的宣传营销活动，提高诸城旅游知名度。制定出台《诸城市关于鼓励发展休闲农庄的意见》，加大人才培训力度，完善旅游标识牌、停车场、旅游厕所等基础设施建设，全面优化旅游发展环境。被评为全国休闲农业与乡村旅游示范县。

【城市建设与环境保护】 城市建设步伐加快。全市城市建成区面积51.3平方公里，新增绿地面积27.4万平方米，改造提升绿化面积65万平方米。排查并拆除违法建设8174处，拆除违法建筑面积47.4万余平方米。2017年全市城市道路建设项目共有25个，新修或改建城市道路总里程达到73公里，城市道路网络进一步优化，道路通行能力得到极大改善。加快推进供热设施改造，全市集中供热面积达983万平方米。城镇化率达到60.4%，比上年提高0.8个百分点。开展城市夜景亮化，实施亮化项目197个，更换、调亮路灯4280多盏。

环境保护取得显著成效。严格落实“水十条”，开展整治突出水环境问题“细排查、严整治”专项行动。对所有污水进入污水管网及污水处理厂的126家涉水企业进行监督检查。集中抓好扬尘污染源管控、散煤污染治理、餐饮油烟、露天烧烤、工业深度污染治理、垃圾和秸秆落叶焚烧等大气污染防控工作。自3月启动“小散乱污”企业整治和10吨及以下燃煤锅炉“清零”行动，至6月下旬，全市160余家企业的锅炉改造提升或关停淘汰，以环保执法的震慑力，倒逼企业转型升级，淘汰率100%，实现“清零”目标。先后完成热电和印染企业超低排放改造工程，完成投资7250万元。2017年全市境内潍河、百尺河、芦河等河流水质达标率稳定保持在100%。

【教育、卫生计生、文化和体育】 教育事业稳步发展。年末全市共有各类学校385所，其中：小学106所；普通高中5所；普通初中31所；中等职业教育学校2所；高等职业学校1所；特殊教育学校1所；幼儿园239所。全市小学招生9449人，毕业15022人，在校学生69808人，学龄儿童入学率和小学在校学生巩固率均达

100%；普通高中招生6426人，毕业6989人，在校学生20458人；普通初中招生14971人，毕业10551人，在校学生38368人；中等职业教育学校招生2614人，毕业2135人，在校学生6685人；高等职业学校招生3172人，毕业2207人，在校学生9467人；特殊教育学校招生6人，毕业12人，在校学生154人；在幼儿园受教育的幼儿27716人。

卫生计生事业健康发展。深入推介齐鲁时代楷模王金鉴先进事迹，弘扬社会正能量，王金鉴被中央电视台评为“全国最美医生”，被省委宣传部评选为2016山东好人十大年度人物。压实网格包靠责任制，全力推进国家卫生城市复审工作，全市改造主次干道、人行道7.9万平方米，整治硬化背街小巷80条、20万平方米，改造老旧小区126个，拆除违法建设47万平方米，以全省复审城市最高分数顺利通过国家卫生城市复审。继续优化生育全程服务，落实母婴安全保障措施，深入推进妇幼健康示范工程，打造妇幼健康一条龙服务品牌，被国家卫计委评为国家级妇幼健康优质服务示范市。统筹医疗、养老资源，积极开展医疗机构内设养老机构、医疗机构与养老机构联合体模式、养老机构内设医疗机构、居家医养结合医养结合试点，被省卫计委评为省级医养结合示范市。探索实行“两到位”“三创新”“四规范”的“2+3+4”家庭医生签约模式，有序推进家庭医生签约服务开展，2017年为9.51万名65岁及以上老年人开展免费健康查体。通过抓出生人口动态监测、抓妇幼健康保障、抓公共服务能力建设和深化生育服务制度改革等，全面两孩政策执行效果良好。

文化广电新闻出版事业长足发展。市图书馆改扩建和内部改造提升，顺利通过国家一级馆的验收；对博物馆、名人馆、文化馆、超然台等免费场馆的基础设施和消防安全工作进行升级改造；对镇街综合文化站和社区综合文化服务中心实施“1337”提升工程。围绕加强党性教育、推进廉政文化建设、迎接党的十九大召开等，组织排演《失却的银婚》《王尽美》《星火》等一批文艺精品，在机关干部和群众中进行展演、巡演。坚持“重心下移、群众参与”的工作原则，举办山东省（诸城）首届茂腔文化艺术节、第16届“龙城舜韵”文明之夏广场文艺演出、庆“七一”暨诸城市改革发展30年等丰富多彩的活动。获得第五批山东省民间文化艺术之乡（古琴）的荣誉称号。做好齐长城、王尽美故居等文物修缮保护工作。

体育事业取得较大成绩。共有860名运动员参加潍坊市以上各级各类比赛，共获奖牌445枚，其中金牌252枚。一年中共向潍坊市级以上运动队输送运动员65名。先后组织举办全市规模的大型群众体育活动38次，中小型群体活动1000多次。

【科技、专利和人才】 科技创新能力明显增强。引进中国科学院青岛海洋研究所、南开大学、中国林科院、中国农业大学等11家高校院所及分支机构；2017年，研发经费占生产总值的比重达到3.5%。新增高新技术企业17家，新增省科技型中小微入库企业69家；新增各级各类研发平台34家，获批省级工程技术研究中心1家，院士工作站3家，潍坊市级工程技术研究中心2家，潍坊市级企业重点实验室3家。牵头构建产业技术创新战略联盟3家；推荐申报科技项目27项；获得国家科技进步奖1项，山东省科技进步奖3项。得利斯荣获国家科技进步二等奖。

专利工作成绩突出。全市完成专利申请量2303件，其中发明专利申请765件；全市专利授权904件，其中发明专利授权73件。美晨科技荣获国家知识产权示范企业、中国专利优秀奖。被评为国家知识产权强县工程示范县市。

人才队伍日益壮大。在青岛、北京新设立2处国内人才工作站，2017年底，诸城海内外人才工作站达到7家。成立山东省首家县级市人才发展促进会。全年发布人才需求信息1955条，引进急需紧缺人才410人。在高端人才项目申报上实现新突破，诸城奥铃汽车厂的泮月华技能大师工作室被评为国家级技能大师工作室。高标准举办中国·诸城创新创业大赛，征集参赛项目110个，确定出创新类、创业类获奖项目38个。扩大企业高技能人才评价试点范围，积极参与和承办全国、全省职业院校技能大赛，促进高技能人才成长，年内新增高技能人才1079人。截至2017年底，全市专业技术人员数7.95万人，其中中级以上技术职称2.6万人。

【人口、居民生活和社会保障】 人口较快增长。全市常住人口110.9万人，户籍人口111.4万人。全市出生17115人，合法生育率为97.2%。人口出生率和自然增长率分别为15.31‰和9.85‰。

居民生活水平进一步改善。据抽样调查，全市居民人均可支配收入29186元，增长8.7%。其中，城镇居民人均可支配收入36998元，增长8.1%；农村居民人均可支配收入18670元，增长8.5%。

就业工作稳中有进。全市城镇新增就业11770人，其中：下岗失业人员再就业3126人，困难群体再就业333人。全市累计新增农村劳动力转移11800人，其中农村劳动力转移输出2233人。城镇登记失业人员5082人，城镇登记失业率为1.54%。

社会保障体系更加完善。严格执行企业职工养老保险费率调整政策，为企业减少开支8400万元左右。开办社保“微信服务大厅”，实现居民医保缴费“足不出户”。以小微企业、灵活就业人员以及在城乡稳定就业和居住的人员为重点，强化社保稽核、属地负责等手段，持续扩大社会保险覆盖范围，实现应保尽保。截至2017年底，全市企业基本养老保险参保人数12.1万人，机关事业养老保险参保人数1.9万人，城乡居民社会养老保险参保人数60.2万人，城镇职工基本医疗保险参保人数17.4万人，城乡居民医疗保险参保人数达到81.0万人。

社会福利工作加快推进。社会救助兜底保障成效显著。全年共临时救助困难群众3181人次，发放救助金325.8万元，其中“救急难”78人次，发放救助金15.7万元。启用与人社部门联网的“一站式”医疗救助系统，共救助6757人次，发放救助金572.1万元。发放冬春救灾款127.7万元，受益群众4141户，10491人；市政府拨付资金119.2万元，统计上报2732户、6385人，积极开展冬季困难群众救助。做好贫困大学生救助工作，共救助贫困大学生391名，发放救助金108.8万元。为147名孤儿发放孤儿基本生活费96.1万元。深入开展“阳光低保”活动，全年新增691户1323人，停保962户4350人，全市共有城乡低保对象10502户19062人，发放低保金5079.3万元。符合残疾人“两项补贴”申领条件的困难残疾人3395人、重度残疾人7007人，发放两项补贴资金975.6万元。推进养老服务体系建设，城市社区老年人日间照料中心实现全覆盖，提升改造城市社区老年人日间照料中心3处，建设农村幸福院26处。落实义务兵家庭优待金1108人，2112.2万元。

注：（1）公报所列地区生产总值（GDP）、增加值等价值指标按当年价格计算，增长速度按可比价格计算。

（2）公报所列数字为年快报数或初步统计数字，正式数字以《2018年诸城统计年鉴》为准。

精神文明建设

【社会主义核心价值观】 宣传教育。开展社会主义核心价值观宣传教育，进一步扩大宣传的广度和深度。将社会主义核心价值观宣传融入全市精神文明建设全过程，与文明城市、文明单位、文明村镇、文明社区、文明校园创建活动有机结合，作为创建重要内容，切实加大宣传力度，丰富宣传形式，不断扩大宣传覆盖面。依托潍河公园，建设1处社会主义核心价值观主题公园，推动社会主义核心价值观深入发展。协调教育部门，面向广大未成年人群体，组织开展社会主义核心价值观组歌传唱活动，促进核心价值观深入人心。在市区LED电子显示屏上广泛刊播社会主义核心价值观公益广告。利用市区公交站牌、出租车招停牌，设置200多处“图说我们的价值观”公益广告。在市区主干道两侧、大型绿地、部分公园设置589处“遵德守礼”提示牌；十九大后，在市区重要交通路口又设置7处党的十九大精神宣传牌，做到社会主义核心价值观与十九大精神的有机结合。

思想道德建设。深入推进公民思想道德建设，进一步提高全民思想道德水平。加强善行义举四德榜建设管理。在实现善行义举四德榜城乡社区全覆盖基础上，推动四德榜建设由社区向机关、企业、学校拓展延伸，全市共建榜400多个，上榜70多万人。2017年，2人获评潍坊市善行义举四德榜“榜上有名”先模人物，择优向上级推荐81个优榜。常态化开展“诸城好人”评选活动。从“诸城好人”中择优推荐参评潍坊好人、山东好人和中国好人，对评选出的各级好人，通过“文明诸城”微信公众号和诸城信息港好人专题进行宣传，在全市营造学习、关爱、崇尚、争当道德典型的浓厚氛围。2017年，1人获评全省第六届道德模范，4人进入山东好人榜，16人进入潍坊好人榜，113人进入诸城好人榜。深入推进志愿服务活动。广泛发动文明单位、中小学生、志愿服务团体持续开展义务植树、敬老爱老、扶贫帮困、环境保护、文明劝导等活动，助力社风文明。注重挖掘志愿服务活动中涌现出的先进典型，1人获评全省“最美志愿者”，1个社区获评全省“最美志愿服务社区”，3人获评潍坊市“最美志愿者”、1个项目获评潍坊市“最佳志愿服务项目”、1个组织获评潍坊市“最佳志愿服务组织”、1个社区获评潍坊市“最美志愿服务社区”。壮大网络文明传播志愿者队伍，依托“文明诸城”微信公众号、诸城网络文明传播志愿者QQ群等网络阵地，发布传播任务，开展网络文明传播活动。2017年底，“文明诸城”关注量经突破1万人，诸城在潍坊市网络文明传播志愿者培训会上作题为《诸城市

《长征组歌》少年版全国大型爱国主义思想教育系列活动

（供图　宣传部）

"四措并举"扎实做好网络文明传播工作》的典型发言。

【文明创建】 深化文明城市创建。组织召开文明城市创建工作调度会，进一步明确各镇（街、园区）、市直有关部门单位责任分工。对照创建情况问题通报和文明城市实地考察站点标准条件，有针对性地分行业调度银行系统、交通部门、住建部门、移动公司和联通公司。在市区LED电子显示屏、公交站牌、出租车招停牌、主干道两侧、绿地、公园、建筑围挡广泛设置文明城市创建、讲文明树新风、志愿服务、关爱未成年人等方面的公益广告，为文明城市创建营造氛围。

开展文明单位（村镇、社区、校园）创建。用好省、潍坊市精神文明建设动态管理系统，督促各级文明单位积极参与文明城市创建、"四德工程"建设，开展志愿服务活动，主动承担社会责任，及时宣传各自单位文明创建活动的亮点工作和经验做法。对省级文明单位、潍坊市级文明单位进行复查，对新申报诸城市级文明单位、文明社区的单位和社区进行检查验收，根据复查和检查成绩，择优推荐省级文明单位、省级文明村镇、省级文明社区、潍坊市级文明单位、潍坊市级文明村镇、潍坊市级文明社区、潍坊市级文明校园名单。2017年，新增省级文明单位1个，省级文明村镇3个，省级文明社区1个，市级文明单位5个，市级文明村镇5个，市级文明社区2个，市级文明校园2个。南湖区郝家村获评第五届全国文明村镇。

开展文明行业创建。联合房管部门印发《关于在全市开展文明和谐物业企业、文明和谐物业小区、文明物业服务标兵评选活动的通知》，在物业行业开展评先树优活动。共评选出10家"文明和谐物业企业"、10个"文明和谐物业小区"、20名"文明物业服务标兵"。

开展乡村文明行动。组织召开城乡环卫一体化和移风易俗工作调度会，对城乡环卫一体化和移风易俗工作群众反映不满意村庄进行督查整改，发放乡村文明行动和移风易俗宣传画10万余份。2017年下半年，在省城乡环卫一体化和移风易俗工作暗访和群众满意度电话测评中，分列全省129个县市区第三十七名和第六十二名，较上半年有大幅提升。

开展文明出行专项行动。市文明办与团市委、工商联、交警大队、龙城青年商会、青年企业家协会联合开展"文明出行·青年在行动"启动仪式，向全市发出文明出行倡议。开展文明交通进校园活动，在密州路小学举办"小手拉大手　交通文明行"学生交通安全主题宣传教育活动，在相州镇等多所乡镇学校进行交通安全普及教育活动。开展文明出行进企业活动，在美团外卖公司开展文明出行教育活动，为美团外卖的120辆外卖车辆张贴文明出行公益车贴。联合交警部门在市区主要交通路口护栏上设置30处文明出行公益宣传牌，同时加强对不文明出行行为处罚力度。联合交通、交警部门，组织龙城慈善义工协会，为全市500余辆公交车、出租车和私家车张贴文明出行公益车贴，发放文明出行宣传彩页5000余份。开展礼让斑马线活动，持续整治交通秩序，提升市民文明交通意识。

组　织　机　构

【市级领导班子】

中国共产党诸城市委员会

书　　记　桑福岭

副书记　刘峰梅（女）　孙吉海

其他常委　孙利宝（1月止）　李庆华

刘作勋（1月止）　王志强

何金波　赵治国　李永光

赵　莉（女）

薛宗刚（1月离职，12月任职）

王爱民（1月起）

诸城市人民代表大会常务委员会

主　　任　王玉邦（1月起）

党组书记、第一副主任　李　宁（1月止）

党组副书记　张福秀（女）　王洪伟

副主任　刘作勋（1月起）

郑晓瑛（女）（兼）

于明堂　颜廷忠

杨景良（1月止）

葛淑彬（1月起）

诸城市人民政府

市　长　刘峰梅（女）

副市长　李庆华　王大伟（1月起）

单东升（1月起）

杨连富（1月起）

王大鹏（1月起）

刘天军（女，8月起，挂职）

李贻斌（12起，挂职）

孔晓明（1月止）

赵玉德（1月止）

曹　春（1月止）

王爱民（1月止）

中国人民政治协商会议诸城市委员会

主　席　王玉邦（1月止）

孙利宝（1月起）

副主席　张海轶　吴建智　臧晋运

蒋德华（1月止）　韩培武

宗素霞（女）　袁柳天（1月起）

诸城市纪律检查委员会

书　记　何金波

副书记　杨乐友

【市委工作机构】

市委办公室

主　任　赵治国（1月止）

王爱民（1月起）

组织部

部　　长　李永光

常务副部长　宋明华

宣传部

部　　长　赵　莉（女）

常务副部长　于福臣

统战部

部　　长　李永光（1月止）

赵治国（1月起）

常务副部长　訾言志

政法委员会

书　　记　王志强

常务副书记　刘加清

机构编制委员会办公室

主　任　徐卫华

台湾工作办公室

主　任　孙志山

市委防范和处理邪教工作领导小组办公室

主　任　岳言玺

市直机关工作委员会

书　记　徐　森

市委巡查工作领导小组办公室
主　任　蒋加平
农村工作领导小组办公室
主　任　于文亮
诸城市委政策研究室
主　任
信访局
局　长　孙业君
老干部局
局　长　刁立武

【市政府工作机构】

诸城市人民政府办公室
主　任　孙鲁安
发展和改革局
局　长　曲春生（2月止）
周华伟（2月起）
经济和信息化局
局　长　冷　强
教育局
局　长　李熙良
科学技术局
局　长　王增军
公安局
局　长　单东升
监察局
局　长　杨乐友
民政局
局　长　韩瑞玉
司法局
局　长　王金忠（2月止）
孟庆春（2月起）
财政局
局　长　韩培武
人力资源和社会保障局
局　长　臧　波
国土资源局
局　长　赵　凤（女）
住房和城乡建设局
局　长　管延贵
交通运输局
局　长　吴　森（2月止）
李跃志（2月起）
水利水产局
局　长　张焕新
农业局
局　长　李臣波
商务局
局　长　李学勇
文化广电新闻出版局
局　长　王聚培（2月止）
赵永福（2月起）
卫生和计划生育局
局　长　胡善清
审计局
局　长　齐光慧
环境保护局
局　长　刘金明
统计局
书　记　王志伟
局　长　袁柳天
安全生产监督管理局
局　长　陈会兵
市场监督管理局
局　长　王桂华
金融工作办公室
主　任　张保举

【市委直属事业单位】

市委党校
校　长　桑福岭

【市政府直属事业单位】

潍坊市工程技师学院
　　院　长　高崇臻
常山生态林场管理委员会
　　主　任　曲振河
潍河生态林场管理委员会
　　书　记　张振华
　　主　任　徐建国
恐龙文化研究中心
　　主　任　王克柏
　　书　记　王雪涛
林业局
　　局　长　訾青武
体育局
　　局　长　李　栋
畜牧兽医管理局
　　局　长　胡希俊
知识产权局
　　书　记　郭岩璐
　　局　长　张海轶
旅游局
　　局　长　孙加军
外事侨务局
　　局　长　王贞军
老龄工作委员会办公室
　　主　任　张　辉
供销合作社联合社
　　主　任　孙培玲（女）
地震局
　　局　长　脱炳春
为民服务中心
　　主　任　齐延青（女）
招商局
　　局　长　王福泉
规划局
　　局　长　郑泽军
市级机关事务管理局
　　局　长　赵锡利
政府采购和招标投标管理办公室
　　主　任　徐景超
社区化发展办公室
　　主　任　冯玉建
检验检测中心
　　主　任　袁　丁

【市政府派出机构】

诸城经济开发区
　　党工委书记
　　管委会主任　刘华坡（10月止）
　　　　　　　　宋明华（10月起）
恐龙文化省级旅游度假园区
　　主　任　徐兆辉
政务服务中心管理办公室
　　主　任　齐延青（女）

【武装部　法院　检察院】

诸城市人民武装部
　　政　委　薛宗刚
　　部　长　范德祥
诸城市人民法院
　　院　长　王学功（1月止）
　　　　　　韩旭东（1月起）
诸城市人民检察院
　　检察长　王重国（1月止）
　　　　　　王彦青（1月起）

【工商联及群众团体】

工商业联合会
　　主　席　吴建智
总工会
　　主　席　赵　莉（女）
共青团诸城市委员会
　　书　记　王明科

妇女联合会

主　席　许　莉（女）

文学艺术界联合会

主　席　张崇明

科学技术协会

主　席　郑向前

社会科学联合会

主　席　张崇明

残疾人联合会

理事长　马志成

【省、市驻诸城单位】

国家税务局

局　长　肖　捷

地方税务局

局　长　陈　浩

海关办事处

主　任　张维敏

供电公司

总经理　韩会军

盐务局

局　长　祝培斋

气象局

局　长　张晓辉

烟草公司

总经理　滕富春

公路局

局　长　董志杰（6月止）

王金双（6月起）

邮政局

局　长　黄绪华

移动公司

总经理　战金波

联通公司

总经理　蒋世杰

中国银监会潍坊分局诸城办事处

主　任　郑凤楼

中国人民银行诸城市支行

行　长　陈关庆

工商银行诸城分行

行　长　王海军

农业银行诸城分行

行　长　孙建伟（10月止）

张雁冰（10月起）

中国银行诸城分行

行　长　李军昌

建设银行诸城分行

行　长　张　鑫

农业发展银行诸城分行

行　长　许永明

农村商业银行诸城分行

行　长　王学伟

邮政储蓄银行诸城分行

行　长　吉永平

潍坊银行诸城分行

行　长　王方和

中国人寿保险公司诸城市支公司

总经理　杨星辰（4月止）

闫志勇（4月起）

中国太平洋人寿保险公司诸城市支公司

总经理　王学芳

【镇　街道　园区】

密州街道

党工委书记　李　磊

办事处主任　孙海森

龙都街道

党工委书记　冯士磊

办事处主任　徐开荣

舜王街道

党工委书记　秦嗣炜

办事处主任　李　刚

枳沟镇

党委书记　王学斌

镇　　长　耿　凯

贾悦镇

党委书记　管延升

镇　　长　武志平

石桥子镇

党委书记　张晓升

镇　　长　隋天宁

相州镇

党委书记　邱世峰

镇　　长　王　刚

昌城镇

党委书记　李　向

镇　　长　孙希海

百尺河镇

党委书记　张　伟

镇　　长　王先信

辛兴镇

党委书记　王雪玲（女）

镇　　长　马　良

林家村镇

党委书记　林　飞

镇　　长　代　辉（女）

桃林镇

党委书记　方有海

镇　　长　王洪阳

皇华镇

党委书记　范昕昕（女）

镇　　长　张　雷

诸城高新技术产业园

党工委书记、管委会主任　韩明光

南湖生态经济发展区

党工委书记、管委会主任　张茂盛

中国共产党诸城市委员会

组　织　概　况

2017年，诸城市共有266个党（工）委，130个基层党总支、2812个基层党支部，69252名党员，其中新发展党员650名。

党　的　建　设

【概况】 2017年，诸城市委认真贯彻落实党的十八大、十八届历次全会和党的十九大精神，严格履行管党治党主体责任，坚定推进全面从严治党，为全市改革发展提供坚强组织保障。

【完成社区（居）“两委”换届工作】 各级高度重视、严密组织，依法依规、严格程序，压实责任、正风肃纪，确保了整个换届风清气正、平稳有序，在潍坊各县市区中率先完成社区（居）“两委”换届工作。全市共选举产生社区“两委”成员2117人，比上届减少16人；社区“两委”班子成员交叉任职和书记、主任“一人兼”比例分别达83.36%、85.21%，比上届分别提高11.95、9.34个百分点。

【推进基层党建全面过硬】 实施农村新型示范社区超越计划，镇（街、园区）70%以上干部派驻党群服务中心（站）开展服务；研发建成“4+2”党建信息化平台，18项党建基础业务实现网上督查。依托245个城乡联建党组织，完成联建项目1626个，解决各类难题5380多个，选派25名“两新”组织党组织第一书记，培育党建示范点22个。

【打造高素质干部队伍】 推进“两学一做”学习教育常态化、制度化，实施党员全员进党校培训计划。制定出台干部日常跟线考察调研制度的意见，全方位掌握干部综合情况。坚持正向激励与反面惩戒相结合，关心爱护敢于担当、干事创业者，从严惩戒为官不为、懒政怠政者。

【深化干部作风建设】 深入开展“作风建设年”活动，突出“一个主题”、坚持“三个要求”、弘扬“四种精神”、强化“六种意识”、健全“七项机制”，促进作风建设常态化、长效化。深入实施寻标对标提标达标行动，全市整体对标学习即墨、常熟基础上，分行业分领域全国选标、多点对标，扎实开展对标学访活动。开展“万人下基层”活动，市直部门（单位）科级干部和一般干部“1+1”模式结成对子，编入799个党群服务站，服务群众、解决困难。创新实行“三查四评”责任制，增强对党员干部的刚性约束。

【注重民主法治建设】 支持诸城市人大及其常委会依法履行职责，支持政协不断丰富完善协商内容和机制。全面做好统战工作，维护民族宗教领域和谐稳定。制定《诸城市群团改革方案》，积极推进群团改革。深入推进依法治市，加强法治政府建设，支持法院、检察院依法独立行使职权。严格落实党管武装各项制度，推进军民深度融合发展。

主 要 工 作

【概况】 2017年，诸城市委认真贯彻落实中央和省市决策部署，牢牢把握走在前列的目标定位，以“四个城市”建设为统领，团结带领全市广大党员干部群众，全力加快新旧动能转换，深入推进“三区一城”建设，开创了全市转型发展新局面。实现地区生产总值824.69亿元，完成财政总收入93亿元，一般公共预算收入71.2亿元。

【突出产业转型升级】 坚持汽车产业全链化发展、食品产业品牌化提升、服装纺织高端化转型、装备制造智能化创造、新兴产业多元化培育，加快迈向产业价值链中高端。全市490家规模以上工业企业完成主营业务收入1924.3亿元、利税162.8亿元，实施137个技改项目，新增4家省级以上两化融合贯标试点企业。被评为中国质量魅力城市，荣获国家知识产权强县工程示范县。突出品牌化引领、园区化布局、标准化生产、社会化服务、融合化发展，加快推进“三调两提”，促进农业“接二连三”，发展壮大“新六产”。新流转土地12.1万亩，开工建设500亩以上现代农业园区97个，新增“三品一标”认证39个。荣获“全国休闲农业与乡村旅游示范县”。优化提升金融服务、电子商务、商贸物流、文化旅游、房地产业5个主导产业，加快培育总部经济、科技咨询服务、健康养老3个新兴产业，不断提高现代服务业贡献度、集聚度和发展层次。实现社会消费品零售总额277.6亿元，增长8.0%。启动11个文旅项目规划建设；银行业金融机构达到19家；限额以上商贸企业发展到233家，电子商务线上交易额突破300亿元；骨干物流企业发展到80家。完成房地产开发投资37.9亿元，同比增长15.9%。

【突出重点项目带动】 深入开展“项目建设攻坚年”和“重点项目百日会战”，谋划实施各类项目411个，总投资1153亿元，其中过亿元项目192个。实施新旧动能转换重大工程，梳理确定福田商用车优化升级、佳士博品牌餐饮供应链等34个新旧动能转换重大项目。组建全市“四个城市”建设项目储备库，入库项目225个，总投资603亿元。全力抓好项目招引，洽谈引进项目195个，总投资748.9亿元，利用市外资金403.6亿元。

【突出城市品质提升】 提升城区人居品质，实施十大组团开发建设、30个重点棚户区改造项目，开工安置楼107万平方米。以迎接国家卫生城市复审为抓手，整治硬化背街小巷80条、20万平方米，拆除违法建设47.4万平方米，顺利通过国家卫生城市复审。完善城乡路网体系，建设城区道路25条、73公里，启动城区四环路整体外移，实施206国道和薛馆路大中修工程。深化城乡生态文明创建，完成成片造林3.9万亩，766个村庄达到美丽乡村B类及以上标准，取缔“散乱污企业”和10吨以下燃煤锅炉305家，关闭搬迁禁养区养殖场（户）1064个。

【突出文化引领作用】 健全完善社会保障体系，新增城镇职工参保人员9110人，户籍人员参保率达98%以上。坚持教育优先发展，实施

48个学校建设项目，新招聘教师620人。健全城乡三级医疗卫生服务体系，所有镇街卫生院和农村社区卫生室均达到省规范化标准，创建为国家妇幼健康优质服务示范市。加快文化名市建设，蝉联第五届省级文明城市，成功取得全国文明城市县级城市提名资格。深化社会治理创新，被授予“全省社会治安综合治理先进市”“2013-2016年度全国平安建设先进市”。

创新与经验

【深化重点领域改革】 深入推进国家级新型城镇化试点、国家农村产业融合发展试点、全国种养结合大县整县推进试点等15项省级以上改革试点任务，“零增地”发展模式被国土资源部列入节约集约“四个创新”示范点，新型城镇化改革试点被省委改革办作为典型案例上报中央改革办。深化供给侧结构性改革，降低企业电力成本1.24亿元。深化“放管服”改革，确定“零跑腿”事项21项，“只跑一次”事项279项，审批效率提速42.6%以上。加大简政放权力度，对市级行政权力事项进行3次调整，共计472项。

【提升对外开放水平】 全面扩大对外贸易，全市出口市场发展到160多个，完成进出口总额103.8亿元，增长8.5%，其中出口94.47亿元，增长8.3%。全市进出口额过千万美元的企业达到21家，应用跨境电商平台获取外贸出口订单企业达到192家。在全省率先启动原产地签证服务“县县通”工程，创建外贸转型升级示范基地12个，被评为国家外贸转型升级专业型示范基地，引进外资过亿美元。

【强化创新驱动能力】 新建国家技能大师工作室1家、院士（专家）工作站4家、产业技术创新联盟3家，农林科技孵化器获批国家级“星创天地”。深化产学研合作，引进科研院所分支机构11家，10家企业在国外设立研发中心，新增省科技型中小微入库企业69家，全社会研发经费支出达到27.8亿元。组织开展复旦大学院士专家诸城行、“千人计划”专家诸城行等招才引智活动30多次，170多家科技型企业与140多名专家、教授对接洽谈。

【创新要素保障机制】 组织19家银行与74家企业进行对接，贷款余额较年初增加34.7亿元；加快企业改制上市挂牌步伐，完成规模企业规范化公司制改制388家，惠发股份和大业股份在主板上市，全市上市企业达到8家。坚持“上争下控、外增内挖”，调整土地利用总体规划2.4万亩，实施增减挂钩项目47个、节余面积1020亩，实施占补平衡新增耕地2600亩，盘活闲置低效用地1400亩，上报建设用地17个批次、1.04万亩。

重要会议

【中国共产党诸城市第十四次代表大会】 1月13-14日，中国共产党诸城市第十四次代表大会召开。市领导桑福岭、刘峰梅、孙吉海、李宁、王玉邦、孙利宝、李庆华、刘作勋、王志强、何金波、赵治国、李永光、赵莉、薛宗刚等出席会议。刘峰梅主持会议，桑福岭向大会作题为《实干担当、激情创业、深入推进“三区一城”建设，努力开创诸城转型发展新局面》

的报告。14日上午大会闭幕。会议选举出中共诸城市第十四届委员会委员48名和候补委员9名、中共诸城市纪律检查委员会委员29名、出席中国共产党潍坊市第十二次代表大会代表54名；通过了《中国共产党诸城市第十四次代表大会关于十三届市委工作报告的决议》《中国共产党诸城市第十四次代表大会关于十三届市纪委工作报告的决议》《全市党费收缴使用和管理情况报告决议》。

【中国共产党诸城市第十四届委员会第一次全体会议】 1月14日，中国共产党诸城市第十四届委员会第一次全体会议召开。桑福岭主持会议并讲话。会议讨论通过了中国共产党诸城市第十四届委员会第一次全体会议选举办法；表决通过了监票人名单；选举桑福岭、刘峰梅、孙吉海、李庆华、王志强、何金波、赵治国、李永光、赵莉、王爱民为中共诸城市第十四届委员会常委，桑福岭为中共诸城市委书记，刘峰梅、孙吉海为中共诸城市委副书记。

【全市三级干部会议】 3月3日，召开全市三级干部会议，动员全市上下以更加坚定的信心、更加高昂的斗志、更加务实的作风，实干担当，激情创业，全力以赴做好今年各项工作，为深入推进“三区一城”建设开好局、起好步。市委书记桑福岭出席会议并讲话，市委副书记、市长刘峰梅主持会议，市委副书记孙吉海宣读市委、市政府《关于表彰2016年度先进单位、先进个人的通报》，市人大常委会主任王玉邦、市政协主席孙利宝等市级班子领导出席会议。

【全市开展“作风建设年”活动动员大会】 4月24日，全市开展“作风建设年”活动动员大会召开，引导全市上下聚集突出问题，从严从实抓作风，持之以恒转作风，着力增强各级党组织和广大党员干部的凝聚力、战斗力，以更加振奋的精神、更加高昂的斗志、更加务实的作风，进一步形成实干担当、激情创业的浓厚氛围，为深入推进“三区一城”建设汇聚正能量、做出新贡献。市委书记桑福岭与镇（街、园区）、市直部门党（工）委书记代表签订了《2017年度抓基层党建工作目标责任书》，并就开展“作风建设年”活动作动员讲话。市委副书记、市长刘峰梅主持会议，孙吉海、王玉邦等市级领导班子成员出席会议。

【全市生态环境综合整治暨迎接国家卫生城市复审工作会议】 6月6日，全市生态环境综合整治暨迎接国家卫生城市复审工作会议召开，引导全市上下以更强决心、更大力度、更实举措，坚决打赢全市生态环境综合整治大会战和迎接国家卫生城市复审工作攻坚战。桑福岭、刘峰梅、孙吉海、王玉邦等市级班子领导出席会议。

【全市领导干部会议】 6月22日，全市领导干部会议召开，主要是传达学习省第十一次党代会精神，对抓好学习宣传贯彻做出安排部署，动员全市上下进一步统一思想、振奋精神，实干担当、激情创业，更加务实高效地推进“三区一城”建设，为开创经济文化强省建设新局面做出应有的贡献。市委书记桑福岭主持会议并讲话，市委副书记、市长刘峰梅传达省第十一次党代会精神，市委副书记孙吉海通报当前国家卫生城市复审工作相关情况，市人大常委会主任王玉邦等市级班子领导出席会议。

【“作风建设年”活动推进会议】 7月15日，诸城召开“作风建设年”活动推进会议，深入学习贯彻潍坊市“作风建设年”活动现场推进会议精神，总结交流前期“作风建设年”活动开展情况，安排部署下步工作任务，动员全市上下进一步实干担当、激情创业，不断开创全市转型发展新局面。桑福岭、刘峰梅、孙吉海、王玉邦、孙利宝等市级领导班子成员出席会议。

【全市经济运行分析暨项目建设“百日会战”动员大会】 8月31日，全市经济运行分析暨项目建设“百日会战”动员大会召开。主要是总结今年以来经济运行情况，安排部署下步经济工作任务，动员全市上下进一步实干担当、激情创业，凝心聚力打好项目建设“百日会战”，确保全面完成年度目标任务。桑福岭、刘峰梅、孙吉海、王玉邦、孙利宝等市级班子领导出席会议。

【全市工作务虚会】 12月25日，诸城市委召开全市工作务虚会，深入学习贯彻党的十九大精神，认真落实中央和省市部署要求，紧紧围绕市第十四次党代会确立的目标任务、战略重点，深入研讨、广泛交流，系统总结2017年工作，深度谋划2018年任务，进一步统一思想，集思广益，理好思路、定好重点、策划好项目，推动各项工作实现良好开局，确保在新起点上实现更高质量新发展。桑福岭、刘峰梅、孙吉海等市级班子领导出席会议。

重 大 决 策

3月25日，诸城市委、市政府印发《关于全面推进现代农业“五化”发展的意见》（诸发〔2017〕5号）。该意见指出，要坚持品牌化引领，全面提升农产品核心竞争力，制定品牌规划，注重品牌创意，加大品牌推介，强力对接青岛；要坚持园区化布局，夯实现代农业发展基础，建设现代农业园区，加大结构调整力度，鼓励工商资本下乡，加大基础设施投入。要坚持标准化生产，全力打造绿色优质农产品，加快农业标准体系建设，强化农产品质量安全监管，大力发展绿色生态农业。要坚持社会化服务，着力提升为农服务水平，培育新型服务主体，鼓励和支持各类服务主体开展多种形式的社会化服务，提升科技服务功能，引进转化一批先进科技成果，创新金融服务模式。要坚持融合化发展，助推农业产业化升级，做强做优农业龙头企业，提升壮大农民合作社和家庭农场，拓展开发农业多种功能，加快建设融合服务平台。要加强组织领导，凝聚农业振兴强大合力，强化组织领导，完善扶持政策，搞好典型示范，严格督导考核。

3月20日，诸城市委、市政府印发《关于诸城市2017年招商引资工作的实施意见》（诸发〔2017〕6号）。该意见指出，要发挥企业招商的主体作用，加强招商队伍建设。要坚持引资、引智、引才并重，强化招才引智，突出“高精尖缺”，积极招引国家“千人计划”、省泰山学者、泰山产业领军人才和创新创业团队。要加大项目包装力度，全力推动“以商招商、以外引外”。要积极开展定点招商，注重借用专业招商机构力量并加强国际合作。要建立健全保障机制，明确责任主体，形成招商合力，落实目标任务，层层传导压力，完善评审推进服务机制，提高项目落地效率，创新保障激励机制，激发招商活力。

4月27日，诸城市委印发《关于诸城市全面对接青岛的实施意见》（诸发〔2017〕10号）。该意见指出，要进一步解放思想、更新理念，以先进理念引领对接行动，确保紧跟青岛发展步伐，实现深度对接融和。要立足青岛经济圈产业结构调整大局，找准诸城产业与青岛产业的对接契合点，统一规划、主动跟进，力争在农业、工业、商贸、旅游、教育、文化等方面取得突破。要深化生产要素对接，开展招商引资，深化科技创新合作，加大人才交流力度，强化市场体系建设。要强化融入意识、开放意识、创新意识，以政策为抓手、以改革为动力，以规划为引领、加快政策对接。要加强人文交流对接，坚持上下联动、内外促动，进一步强化两地工作协同，形成常态化、长效化对接机制。

7月20日，诸城市委印发《关于全市党员领导干部述责述廉全覆盖的意见》(诸发〔2017〕15号)。该意见指出，述责述廉是强化党内监督的重要途径，也是推动各级党组织落实全面从严治党主体责任的有效手段，对于落实全面从严治党要求，督促各级领导干部落实政治责任、正确使用权力和廉洁从政，具有十分重要的意义。实现党员领导干部述责述廉全覆盖是强化党内监督的客观要求，是推动全面从严治党主体责任向基层延伸的现实需要。各级党组织要进一步提高思想认识，切实把思想和行动统一到全面从严治党战略布局上来，统一到把纪律挺在前面、实践监督执纪“四种形态”的要求上来，坚持领导带头，坚持问题导向，积极探索创新，把握规律特点，使述责述廉内容更加完善，程序更加规范，步骤更加科学，问题整改和结果运用更加有效，推动述责述廉工作科学化、制度化、长效化。

7月20日，诸城市委印发《关于运用监督执纪“四种形态”加强党内监督的意见》(诸发〔2017〕16号)。该意见指出，要用好第一种形态，让“红红脸、出出汗”成为常态，综合运用第二、三、四种形态，切实体现“惩前毖后、治病救人”，建立送达制度、报告制度、分级负责制度和主体责任履职提示制度四项制度，保障监督执纪“四种形态”科学运用。要健全保障措施，加强组织领导，强化责任担当，严肃责任追究，确保“四种形态”刚性执行。

8月15日，诸城市委印发《关于建立市委巡察制度的实施意见》(诸发〔2017〕18号)。该意见指出，要认真贯彻中央、省委和潍坊市委关于巡视巡察工作部署要求，以建立市委巡察制度为契机，深入落实全面从严治党政治责任，严肃党内政治生活，净化党内政治生态，健全和完善党内监督体系，加强对基层党组织和党员干部的监督。

8月30日，诸城市委、市政府印发《关于开展重点项目建设“百日会战”的实施意见》(诸发〔2017〕22号)。该意见指出，要健全完善工作推进机制，推进签约项目快开工、开工项目快建设、竣工项目快投产、投产项目快达效。要严格落实重点项目建设目标责任制，明确“百日会战”项目投资、形象进度、建设规模和责任人员，压实工作责任。要组织好重点项目建设“百日会战”的宣传报道工作，加强宣传引导。要严格督查问责，对非因客观原因，项目不赶时间进度，造成工作不赶时间节点进度、未按期完成阶段性任务目标，追究项目责任单位主要负责人责任。

重 要 活 动

潍坊市委副书记、市长李宽端到诸城调研企业和项目建设工作。3月10日，潍坊市委副书记、市长李宽端到诸城调研企业和项目建设工作。诸城市领导桑福岭、刘峰梅、孙吉海等陪同。

山东省中华文化传承基地揭牌仪式在恐龙国家地质公园举行。3月20日，山东省中华文化传承基地揭牌仪式在恐龙国家地质公园举行。山东省政府侨务办公室主任刘方会出席揭牌仪式并讲话，诸城市委副书记、市长刘峰梅致辞。

全省农村产业融合发展规划编制会暨现场观摩会在诸城召开。4月12-13日，全省农村产业融合发展规划编制会暨现场观摩会在诸城召开。国家发改委农经司副巡视员许正斌，省发改委副主任赵东、副巡视员郭登宇，潍坊市委常委、常务副市长邹庆忠及诸城市领导桑福岭、刘峰梅、孙吉海等参加会议。与会人员观摩了佳士博公司、诸城裘皮创业园、华山农村科技万亩榛子示范基地、常山农村产业融合试验示范区、国家级农林科技孵化器等处，观看了诸城农村产业融合发展工作专题片，并对诸城以开展农村产业融合发展试点为契机，推进现代农业品牌化引领、园区化布局、标准化生产、社会化服务、融合化发展，着力培育多元化、创新型、全要素的农业“新六产”，促进农业增效、农民增收、农村增活力的做法给予高度评价。

山东省女企业家协会第五次会员代表大会暨创业创新主题年会在诸城召开。4月15-16日，山东省女企业家协会第五次会员代表大会暨创业创新主题年会在诸城召开。省妇联主席邢善萍，潍坊市委副书记张小梅，潍坊市委常委、统战部长王兆辉及诸城市领导桑福岭、刘峰梅、孙吉海等参加有关活动。会上，邢善萍讲话，张小梅致辞，诸城市副市长王大伟介绍诸城经济社会发展情况。

潍坊市委副书记、市长李宽端到诸城指导工作。5月19日，潍坊市委副书记、市长李宽端到诸城指导开展“作风建设年”活动，要求诸城以更大力度、更实举措、更严要求加强作风建设。在诸城市领导桑福岭、刘峰梅、孙吉海、李庆华等陪同下，李宽端实地察看了大源社区生态农业示范园和社区综合服务中心，并对诸城扎实开展“作风建设年”活动取得的成效给予充分肯定。

全省推进企业工会与行政沟通协商机制建设观摩培训会议在诸城召开。6月1-2日，全省推进企业工会与行政沟通协商机制建设观摩培训会议在诸城召开。全国总工会基层工作部副部长李忠运，山东省总工会党组书记、常务副主席刘赞杰，山东省总工会副主席王星海，潍坊市委副书记张小梅，潍坊市政协党组成员、市总工会主席吴建民及诸城市领导桑福岭、刘峰梅、孙吉海、赵莉、王爱民出席会议。会上，李忠运、刘赞杰分别讲话，张小梅致辞。

潍坊市委书记、市人大常委会主任刘曙光到诸城调研。6月30日，潍坊市委书记、市人大常委会主任刘曙光到诸城调研。在潍坊市委常委、秘书长刘建国及诸城市领导桑福岭、刘峰梅、李永光等陪同下，刘曙光实地察看了大源·枫香小镇、土墙社区、东鲁学校和福田奥铃、青特车桥、美晨科技、天雁服饰等地，并到王尽美烈士纪念馆敬献花篮，观看王尽美烈士生平事迹展览。

全省特色经济林转型升级及产品质量监管推进会在诸城召开。7月24-25日，全省特色经济林转型升级及产品质量监管推进会在诸城召开。省林业厅厅长刘均刚出席会议并讲话，市委副书记、市长刘峰梅代表诸城在会上作典型发言，市领导桑福岭、孙吉海、王爱民、杨连富参加有关活动。

大型反腐茂腔现代戏《失却的银婚》在潍坊大剧院进行汇报演出。8月8日晚，大型反腐茂腔现代戏《失却的银婚》在潍坊大剧院进行汇报演出。省纪委宣传部部长李兴利，潍坊市委副书记张小梅，潍坊市政协副主席赵崇发及诸城市领导桑福岭、何金波等与潍坊市直部门、单位领导干部1000余人一同观看。

全省政法信息调研宣传工作会议在诸城召开。8月18日，全省政法信息调研宣传工作会议在诸城召开。省委政法委常务副书记李占国出席会议并就全省政法信息调研宣传工作讲了意见，省委政法委副书记梁战光作具体部署。省委政法委副巡视员张海涛，潍坊市委常委、政法委书记，滨海区党工委书记孙起生及诸城市领导桑福岭、孙吉海、王志强出席会议。会议印发诸城多媒融合多线联动推进政法宣传工作深入开展的经验做法。

副省长、潍河省级河长任爱荣到诸城调研潍河河长制工作。9月23日，副省长、潍河省级河长任爱荣到诸城调研潍河河长制工作。在潍坊市副市长马清民及诸城市领导刘峰梅、杨连富陪同下，任爱荣实地察看了潍河公园和栗园橡胶坝清河行动现场，并对诸城河长制工作给予充分肯定。

潍坊市委书记刘曙光，市委副书记、市长李宽端率参加潍坊市重点项目观摩点评与会人员到诸城现场观摩。11月5日，潍坊市委书记刘曙光，市委副书记、市长李宽端率参加潍坊市重点项目观摩点评与会人员到诸城现场观摩。在诸城市领导桑福岭、刘峰梅、孙吉海、王玉邦、孙利宝等陪同下，与会人员实地观摩了南湖生态城东组团、美晨科技产业园、十里片区棚改组团项目现场，并对诸城干部群众实干担当、激情创业，以重点项目建设为抓手，深入推进“四个城市”和“三区一城”建设的做法和取得的成绩给予充分肯定。

省人大常委会副主任张新起率视察组到诸城视察。11月15日，省人大常委会副主任张新起率视察组到诸城视察文化、卫生事业发展情况。在潍坊市领导邹庆忠、孙明亮、张新强及诸城市领导桑福岭、王玉邦、王爱民、张福秀、单东升陪同下，视察组实地视察了昌城镇综合文化服务中心、市人民医院和博物馆、名人馆，并对诸城围绕加快“文化名市”建设，推进文化繁荣兴盛，大力发展卫生事业，全面提升人民群众获得感满意度的做法给予高度评价。

潍坊市委副书记、市长李宽端到诸城龙都街道宣讲。12月1日，潍坊市委副书记、市长李宽端到诸城龙都街道宣讲党的十九大精神。市委书记桑福岭主持报告会，市领导刘峰梅、王爱民参加报告会。

潍坊市委副书记、市长李宽端到诸城调研。12月1日，潍坊市委副书记、市长李宽端到诸城调研，实地察看了龙都街道土墙社区、枳沟镇枳沟一村、山东泰田农业科技开发公司循环农业项目、山东牧族生态农业科技有限公司标准化蛋鸡养殖加工项目，强调要深入贯彻落实十九大精神，全面提升农业农村工作水平。诸城市领导桑福岭、刘峰梅、孙吉海等陪同。

市委办公室工作

【概况】 2017年，诸城市委办公室认真学习贯彻党的十八大及十八届历次全会和十九大精神，严格落实中央和省市委部署要求，紧紧围绕全市中心工作，实干担当，激情创业，认真践行“三服务”工作宗旨，充分发挥参谋助手作用，积极为深入推进“四个城市”建设贡献力量，各方面工作取得了新的成绩。

【提升综合服务水平】 调研信息工作。狠抓调研信息，立足全局当好参谋助手。紧扣市委中心工作，围绕全市经济社会发展中的热点、难点和重点问题，立足全局，深入基层，多角度、深层次开展调查研究，充分发挥以文辅政作用。进一步拓宽信息交流渠道，积极搞好各类信息的整编上报，为领导科学决策提供快捷真实依据。全年共开展专题调研20余次，起草《诸城市发展农业“新六产”促进新旧动能转换》《诸城市农村社区建设调研报告》等调研报告10余篇；上报各类信息2200余条，上级采用162条；制发《调研信息》12期。

协调服务工作。搞好协调服务，确保政务工作高效有序。高标准办文办会，做到会务工作组织高效、布置周密，文件制发内容精确、形式规范，接待来宾热情周到、标准严格。全年圆满完成党代会、全委会、镇（街、园区）观摩会议等大型会议活动30余次、市委常委会议27次，组织青岛、北京两次大型招商活动，赴江浙“四市一区”开展寻标对标，制发市委各类文件57份、下发红头文件210余个，转办领导批转文件216份，完成各类接待任务460余起。精心组织镇（街、园区）科学发展现场观摩点评，每季度开展一次，采取实名投票的方式，分组评议打分，分别排出名次，公开进行通报。圆满完成潍坊市大观摩的筹备组织工作，实现了“高标准、零失误”的工作目标。

保密工作。加强保密管理，筑牢信息安全防线。深入开展保密专项检查，加强密码通信网络建设，强化商用密码管理，做好密码通信服务保障工作，保证“零差错、零延误、零缺陷”全年共抽查市直机关单位17家，计算机37台，移动存储介质9个，对发现的问题及时进行整改处理，有效防止失泄密事件的发生。注重涉密人员管理，加强涉密人员理想信念以及保密意识、保密常识“两识”教育，开展新《中华人民共和国保密法》知识竞赛，编制印发保密手册300多本，有效提升涉密人员的责任意识和防范能力。

【完成重点工作任务】 深入推进“四个城市”建设。组建“四个城市”建设协调推进办公室，下设综合协调、调研指导、督导考核奖惩、创建活动、执纪巡察、舆论宣传等6个组，从有关职能部门抽调工作人员集中办公，多层次深化服务、全方位加强保障。制定印发诸城市“四个城市”建设五年规划和三年行动计划，对重点任务进行立项分解，逐项明确时间节点和阶段任务，定期开展工作督查和检查抽查，促进“四个城市”建设工作落地生根。突出项目支撑，组建起诸城市“四个城市”建设项目储备库，有225个项目入库，总投资603亿元。紧盯潍坊“四个城市”建设“10·30·100”支撑项目体系，积极推介提报有关支撑项目，有44个项目列入潍坊市项目库。认真组织编写《“四个城市”建设工作简报》，为市委领导了解“四个城市”工作动态、科学决策部署提供一手资料，编制印发工作简报20期。

组织开展重点项目建设“百日会战”。组建市重点项目建设“百日会战”协调推进办公室，下设综合协调、信息宣传、督查考核和执纪巡查四个组，明确工作职责，强化责任落实，充分发挥中枢纽带作用，保障重点项目建设“百日会战”顺利推进。广泛宣传重点项目建设“百日会战”工作动态和成果，及时发现和选树典型，总结推广先进经验做法，对重点项目建设“百日会战”进行全方位报道。编发《“百日会战”工作简报》17期，通过重点项目建设“百日会战”微信公众号发布重点项目建设信息260余条。采取经常性流动巡察暗访形式，深入查访重点项目建设“百日会战”中干部作风方面存在的突出问题，及时掌握问题线索，严肃查处言行不一、敷衍推诿、被动应付以及不作为、慢作为、乱作为等问题。对纳入“百日会战”的154个重点项目，开展专项督查1700余次，上报督查专报12期，下发督查通报12期，对未按期完成阶段性任务目标的44个项目涉及的相关12个镇（街、园区）、38个市直部门单位给予通报批评，对9名责任人给予批评教育、36名责任人给予提醒谈话。

推进全面深化改革。调整充实诸城市委全面深化领导小组和专项小组成员，建立坚强有力的组织领导体系。健全完善改革督察体系和改革考核机制，夯实各专项小组责任，确保各项改革任务落实到位。紧紧围绕诸城承担的15项省级以上改革试点任务，制定完善改革试点工作台账，稳妥推进各项改革试点任务。深化“放管服”改革，实施“容缺受理、并联推进、模拟审批”“一窗受理、最多跑一次”等制度办法，确定“零跑腿”事项21项，“只跑一次”事项279项，审批效率提速60%以上。主动探索创新，积极向上推介典型经验，“零增地”发展模式被国土资源部列入节约集约“四个创新”示范点，新型城镇化改革试点被省委改革办作为典型案例上报中央改革办。

【机关作风建设】 全面加强机关党建。以党建规范化建设为抓手，紧密结合“两学一做”学习教育制度化、常态化和开展“作风建设年”活动，配强党建办工作力量，积极组织开展党建示范点创建活动，努力打造机关党建和业务“双强”品牌。在突出抓好理论业务学习的基础上，围绕学习宣传贯彻党的十九大精神，开展集中学习、研讨交流、党性教育、专题演讲等系列主题活动，不断创新学习模式，提升学习实效。

优化提升服务流程。进一步调整科室设置、优化人员配置、规范和细化科室职能，使职责更加明确，分工更趋合理，做到业务分管全覆盖，科室职责无交叉，相互配合，运转顺畅。编制印发《市委办公室工作规则》，进一步优化工作流程，简化办事程序，加快工作节奏，提升服务效率，全面提升班子队伍整体工作效能。

践行一线工作法。紧扣市委工作大局和阶段性重点工作，定期组织开展专题调研，深入一线摸透问题存在根源，找准解决问题着力点，为市委决策提供有价值的参考建议。以国家卫生城市复审为突破口，安排2名正科级、2名副科级干部具体包靠，积极履行网格包靠责任。组织机关干部积极参加每周六义务劳动，高质量完成创卫迎审工作任务

（沈文辉）

组　织　工　作

【概况】 2017年，全市组织工作在市委的正确领导和上级组织部门的具体指导下，各项工作均取得新进展新成效。

【“两学一做”学习教育】 坚持制度保学。健全完善支部生活日、“三会一课”责任制，严格落实现场缴纳党费、全程纪实等制度。建立集中议事学习日制度，推动学习教育与日常工作深度融合。开展优质党课评选活动，近7万名党员共庆党的生日、同过组织生活，中央、省、市、县四级新闻联播先后播出这一做法。

坚持典型引领。开展向王金鉴学习活动，全市涌现出南湖生态经济发展区党工委、孙海波、魏鹏以及魏本欣、鞠习强等1000多名先进典型。

坚持标准认证。扎实推进党员积分制管理，分领域建立城乡社区、“两新”组织、机关事业单位党员积分事项和标准，年终依据总成绩评先树优，对排名后三位的党员进行谈心谈话。组织党员对照合格党员“十在先”标准进行民主评议，全市共有1217名基本合格党员落实谈话、帮教措施。

坚持活动促做。开展“我是党员我率先”承诺践诺等实践活动，先后有5000余名党员成为技术尖子、业务能手，326名能手成为党员。

坚持作风保障。扎实开展“作风建设年”活动，建立“三查四评”责任制，增强对党员干部的刚性约束，促进了十大组团、创卫迎审、百日会战等重点难点工作顺利推进。积极开展“万人下基层活动”，市直科级干部和一般干部采取“1+1”模式结对子，深入799个党群服务站服务群众、解决难题。成立发展软环境建设

领导小组，组建监督员和联络员队伍，创新审批工作机制和“一窗受理”审批服务运行机制，梳理编制“零跑腿”事项清单21项、“只跑一次腿”事项清单279项。

【干部选拔培养管理】 精准化教育培训干部。按照走出去、请进来、菜单式3条线，分层分类精准施教。到高校举办新型城镇化建设、社会治理创新、现代金融等专题培训班11期，举办“上进讲堂”5期。发挥党校主阵地作用，举办十八届六中全会集中轮训、学习贯彻十九大精神等专题培训班13期，举办全市青年干部培训班、学习迎接党的十九大领导干部示范培训班等主体班次2期。组织市直机关党务政工干部、青年企业家到井冈山、延安接受党性教育。开展“菜单式”培训，印发《诸城市党员干部菜单式培训手册》，按照红色教育、警示教育、社区化发展等7个专题，在市内确定23个培训基地，指导各部门单位自主选择培训“菜单”，开展现场教学。成立专门工作机构，加快推进王尽美党性教育基地和诸城改革发展历程馆建设。

立体化考察了解干部。日常跟线考察干部，确定重点项目、社区建设、干部监督、人才工作、应急处突、信访稳定、安全生产7条考察调研“工作线”，对31名干部跟进考察，纳入后备干部库。实绩跟踪了解干部，每周编辑一期《实绩跟踪》简报，跟踪掌握100多名干部的现实表现。驻点调研考察干部，组织部党建督导室主任每周驻镇（街、园区）工作1天，近距离接触了解干部。

常态化监督管理干部。研发干部监督管理信息系统，组织纪委、法院、检察院、信访、审计等24个部门单位，实时收集上传干部违规违纪、信访举报、经济责任审计、计划生育等方面信息，实现干部监督工作信息化常态化。稳妥推进公务员职务与职级并行制度试点。考选20名年轻副科级领导干部，全部安排到镇街担任党政工作机构副职，丰富一线工作经验。

做好老干部工作。出台《关于进一步加强和改进离退休干部工作的实施意见》，落实离退休干部党建工作经费。推动离退休干部党建工作向社区、社团、老年大学班级拓展，实现离退休干部党建、亲情服务、老年教育和关心下一代工作“四个全覆盖”。强化精准服务，建立完善离退休干部需求台账。组建老干部志愿服务指导中心，开展各类活动500多场次，获潍坊市首届老干部趣味运动会团体总分第一名等各类奖项50多个。

【党员发展】 按照“控制总量、优化结构、提高质量、发挥作用”总要求，严格标准条件和程序，提高发展党员质量，优化党员队伍结构。注重从产业工人、青年农民、高知识群体中和在非公有制经济组织、社会组织中发展党员。严格落实《中国共产党发展党员工作细则》，按照《潍坊市组织员工作规范（试行）》要求，依据《诸城市发展党员工作操作规程（试行）》，配备89名市镇两级专兼职组织员，规范发展党员工作，全年新发展党员670名。2017年底，全市共有党员69252名，其中男性57633名，女性11619名，占16.78%；农民41312名，党政机关和事业单位8726名，企业和民办非企业单位11462名，离退休人员7429名，学生21名，其他302名；初中及以下学历30390名，高中以上文化程度的38862名，占56.12%，其中高中（中专）学历19483名，专科学历9004名，本科学历9701名，研究生学历674名；35岁以下10264名，占14.82%，36－45岁10806名，46–55岁16299名，56–60岁5970名，61岁以上25913名，占37.42%。新中国成立前老党员690名，其中抗日战争期间入党的40名、解放战争期间入党的650名。

【基层组织建设】 2017年，中共中央党校将诸城农村社区党建列为校级重点课题，成立专门课题组进行深度研究。省委常委、组织部部长杨东奇到诸城市检查指导，对诸城开展智慧党建、两新组织“三上”工作法等工作给予高度肯定，先后两次就王尽美党性教育基地规划建设做出重要批示。潍坊市委常委、组织部部长林红玉带领潍坊市组织工作半年总结会议全体人员，到昌城镇昌城社区和超然首新空间观摩指导。诸城市代表潍坊市迎接省委组织部党建督导调研。

农村社区党建。坚持“五化”同步，提升农村社区党建。党建工作信息化，建成市党建信息中心，研发综合信息化平台，实现对基层党组织、党员干部的数字化教育管理，促进了基本制度、基本程序、基础工作落地见效。集体经济实体化，成立82家社区农业发展公司壮大集体经济；土地利用集约化，全年新增耕地占补平衡指标2895亩，实现增减挂钩1000亩目标，被国土资源部列为全国首批13个节约集约用地模式、技术、制度、管理“四个创新”示范点之一；村民管理自治化，在22个自然村试点建立党组织领导下的村民理事会；社区服务扁平化，公开考选社区专职工作人员348名，镇（街、园区）70%以上干部派驻党群服务中心（站）开展服务，选派66名第一书记深入一线抓党建、促脱贫。同时，坚持人员研判、排查问题、化解矛盾、理顺情绪、打霸治痞、健全预案“六到位”原则，做好社区（居）“两委”换届选举工作，完成17个软弱涣散社区党组织整顿，排查“村霸”案件3起，采取强制性教育措施15人，其中3人被依法批捕。

机关党建。坚持“三化”融合，推进机关党建。坚持机关党建一线化，市级领导班子成员人人包靠十大组团、创卫迎审、百日会战等建设现场，解难题、促发展。坚持机关党建项目化，依托245个城乡联建党组织，年初实行联建立项管理，共完成联建项目1626个。坚持机关党建融合化，建立联建双方干部互动交流机制，实行信息互通、问题互商、发展互动。

“两新”组织党建。实施四项措施，规范两新组织党建。坚持支部建在班组上、活动在生产线上、奉献在先锋岗上“三上”工作法，实施党组织抓人才、选派第一书记、示范引领、专项经费补助四项措施。先后组织95名出资人到井冈山、延安接受红色教育，选派25名两新组织党组织第一书记，设立100万元党建专项经费，培育党建示范点22个，其中潍坊市级以上8家。探索“红色薪酬”激励，2017年底，9家试点企业发放“红色薪酬”40余万元，67名党员将组织关系转入企业。“三上”工作法在中组部、省委组织部《组工信息》《中国组织人事报》等媒体刊发。

党员队伍建设。实施精准化管理，提升党员队伍建设质量。实施全员进党校培训计划，用3年时间，将全市党员全部轮训一遍。2017年举办培训班49期，培训普通党员21500人。加强流动党员管理，成立诸城市在京流动党员党总支，下设得利斯、信得威特两个支部，流动党员179人，发放党建经费5万元。做好军队退役人员党建，对排查出的3465名军队退役党员，全部纳入组织管理。组建军队退役人员志愿服务队17支，成立临时党支部17个，定期开展谈心谈话，帮助解决实际困难700余人次。

基层党建工作可视化、在线化、数据化。创新“智慧党建”新模式，实现基层党建工作可视化、在线化、数据化。投资400多万元，研发建成“4+2”党建信息化平台，即视频会议直播、服务在线监督、“四务”公开公示、党员教育培训4个系统和党务运行分析、干部监督考核2个平台。其中，党务运行分析平台被国家版权局授予计算机软件著作权登记。2017年底，全市基层党组织、党员和科级干部全部纳入两大平台进行管理，“三会一课”、党费收缴等18项党建基础业务全部实现网上督查。加快“灯塔-

党建在线”推广应用，各子平台、子系统管理应用工作稳步推进。加大精品课件制作力度，两部作品分获省委组织部“庆‘七一’·迎盛会”主题征稿活动视频类一等奖和优秀奖，连续两年党员电教片评比列潍坊各县市区第一名。

【人才工作】 搭建招才引智平台。举办复旦大学院士专家诸城行、“千人计划”专家诸城行等招才引智活动20余次，在北京、青岛建立人才工作站2家。开工建设一期投资10亿元的“千人计划”科技创业园。选聘科技人才20人，实现市镇选聘科技人才副职全覆盖。新增泰山产业领军人才3人、省“外专双百计划”1人、鸢都产业领军人才11人、龙城英才16人。得利斯公司入选省引进高层次人才重点支持企业。

搭建成果转化平台。深化产学研合作，新引进科研院所分支机构11家。支持企业走出去，希努尔、义和车桥等10家企业在国外设立研发中心。新建国家技能大师工作室1家、院士（专家）工作站4家，省级技术创新平台7家、潍坊市级28家。

搭建创新创业平台。完善提升“超然首新空间”，建设诸城虚拟大学园。金盛元众创空间被认定为潍坊市级众创空间，获政府资金扶持。农林科技孵化器被认定为国家级“星创天地”。

优化人才环境。强化政策激励，牵头或参与制定《〈龙城英才工程实施计划〉补充规定》《鼓励国家“千人计划”专家等高层次人才来诸创业暂行办法》《关于服务企业用工的暂行办法》等激励政策。完善领导干部联系专家人才制度，成立全省首家县级人才发展促进会，进一步优化人才服务环境。

【重要会议】 全市组织工作会议。4月8日，在密州宾馆小礼堂二楼会议室召开，共有300多人参加。会议传达贯彻全国、全省和潍坊市组织部部长会议精神，总结2016年全市组织工作，安排部署2017年工作任务。

全市基层党建工作半年总结会。8月11日，分两阶段召开，共50多人参加。第一阶段，实地观摩枳沟镇、南湖区等基层党建工作现场，学习交流农村社区党建、“两新”组织党建和城乡党组织联建等方面经验做法。第二阶段在密州宾馆小礼堂一楼一会议室召开会议，总结通报基层党建上半年工作情况，部署下半年工作任务。

（孙　刚）

宣　传　工　作

【概况】 2017年，全市宣传思想文化战线在诸城市委、市政府的坚强领导下，深入学习贯彻党的十九大精神和习近平新时代中国特色社会主义思想，认真贯彻落实市委、市政府决策部署，把握正确导向，服务中心大局，突出理论武装、舆论宣传、文明创建、文化建设等重点工作，为推进“四个城市”“三区一城”建设提供良好的精神支撑、智力支持、道德滋养和文化条件。成功取得全国文明城市县级城市提名资格，被表彰为山东省第五届文明文明城市、山东省第三批“四德工程建设示范市”、第三届山东省文化强省建设先进市、第五届全省未成年人思想道德建设先进县（市、区）。

【理论武装工作】 党的十九大精神学习。把学习党的十九大精神作为各级党委（党组）中心组当前学习的主要内容，拟定学习方案，制定学习计划，采取集体学习、报告会、座谈研讨、培训会等多种形式，认真传达学习大会精神，真正把握大会的精神实质和丰富内涵，做到先学一步、学深一层、当好表率。征订《党的十九大文件汇编》《党的十九大辅导报告读本》《党的十九大报告学习辅导百问》等学习资料，免费发放到市委理论学习中心组成员。召开诸城市学习贯彻党的十九大精神宣讲团成立暨宣讲工作动员会议，编印《诸城市学习贯彻党的十九大精神宣讲提纲》，指导、安排、协调全市宣讲工作。成立由市委副书记任团长的36人市委党的十九大精神宣讲团，深入各镇（街、园区）、部门单位、企业、社区、学校开展面对面宣讲。同时，各镇（街、园区）、部门、企业抓好社区、班组宣讲员培训，利用党员活动等阵地，实行集中宣讲和行业宣讲、社区宣讲、学校宣讲以及分散、小型、多样的群众宣讲相结合。《这里有一群草根宣讲员》《让十九大精神融入乡村沃土》等在《潍坊日报》《大众日报》刊发。

学习型党组织建设。坚持党委（党组）理论学习中心组学习与开展“作风建设年”专题教育活动相结合，制定《全市党委（党组）中心组2017年理论学习安排意见》和市委理论学习中心组学习安排计划，举办供给侧改革报告会、学习贯彻习近平总书记“7·26”重要讲话精神等辅导报告会（读书会）15次。积极运用破解问题学习法、“一线学习工作法”、创新检验学习法“三法”融合，针对诸城经济社会发展新形势新任务，坚持问题导向，围绕群众关心的民生、教育、安全生产、法治等领域改革创新需求，组织开展专题调研38次，撰写研究文章或调研报告13篇。

理论惠民工程。加强全市理论人才队伍建设和各级宣教基地、大讲堂建设，百姓宣讲员队伍达到80人，理论宣讲员队伍75人。省级宣教基地1处、潍坊市级宣教基地7处，潍坊市理论大众化示范点25处、学习型党组织示范点21处。组织开展“中国梦·党在心中”百姓宣讲活动，评选推荐4人参加潍坊市比赛，1人获得特别奖，3人获得优秀奖，1人在省宣讲比赛中获奖。不断丰富宣讲内容、创新宣讲形式、扩大宣讲覆盖面，扎实做好理论武装的“大众化”，打通基层宣讲“最后一公里”，诸城市委宣传部被授予潍坊市基层理论宣讲先进单位荣誉称号。

【意识形态责任制】 落实责任制，掌握领导权。严格落实《诸城市委意识形态工作责任制实施细则》，调整意识形态工作联席会议组成人员，制定《诸城市意识形态工作联席会议工作职责》，明确各单位党委（党组）对意识形态工作负总责，实行意识形态领域情况报送、统计、通报、总结制度。诸城市委常委会2次专题研究意识形态工作，并将其作为党委班子成员民主生活会和述职报告重要内容。把意识形态工作列为市委理论学习中心组学习内容，诸城市委常委会每年2次专题研究意识形态工作，市委书记带头履行第一责任人职责，就落实意识形态工作责任制提出明确要

全市党的十九大精神辅导报告会　（供图　宣传部）

求。8月4日，市委召开市委理论学习中心组集体学习研讨会，围绕学习贯彻习近平总书记“7·26”重要讲话精神和把握意识形态工作领导权主动权开展学习研讨并做出安排部署。

守牢主阵地，把握管理权。全面构建“四网一点五加强”意识形态领域网格化工作体系。制定落实《诸城市全面构建“四网一点五加强”意识形态领域网格化工作体系的实施方案》，在全市构建形成镇（街、园区）网格16个、社区（片区）网格241个、自然村网格1356个、基础网格7235个的意识形态信息查控网。并逐级设立管理员，第一时间掌握全市意识形态动态。进一步加强互联网建设和管理，强化涉诸舆情监测研判和处置。拟定《诸城市舆情管理办法》，建立顺畅有效的工作机制。抓好舆情研判，注重源头处置，上报《舆情专报》6期、《网上舆情》9期、《每日舆情信息》310余条，妥善处置热点舆情5000余条。市网信办组建起400多人的网评员队伍，修订完善《全市网络评论员工作管理办法》，建立起日常沟通、任务分配、学习培训、评估激励等机制。持续开展网上舆论环境专项整治，营造和谐有序的网上舆论氛围。强化网吧、艺术品和互联网文化市场监管，深入开展“扫黄打非”和“净网”“清源”专项整治，全市34家单位提交自查报告，对3家网站负责人进行约谈。加强哲学社会科学领域学术活动管理，严格实行“一会一报”制度。按照“谁主办、谁审查、谁负责”的原则，各单位组织举办报告会、研讨会、讲座、论坛时，要做好拟请报告人的背景核查，全面了解其思想倾向和报告主要内容，并事先征得报告人所在单位党组织的同意后报送各自主管部门，经审查通过并报宣传部审批、备案后方可举行。

传播“正能量”，掌握话语权。持续深入学习宣传习近平新时代中国特色社会主义思想和中华传统优秀文化，加强理论人才队伍建设和各级宣教基地、大讲堂建设，定期开展理论学习和理论宣讲活动。市委党校高度重视重大理论问题研究，围绕贯彻落实中央、省委和市委重大决策部署积极参与全省社科理论成果评选。强化新闻宣传，认真开展党的十八大及十八届历次全会精神和党的十九大精神主题宣传，始终牢牢把握主阵地、话语权。加强对“诸城发布”、诸城新闻网等网络媒体的管理，突出马克思主义新闻观教育，积极宣传中央和省市委的重大决策、重要活动，正面做好全市舆情引导工作。

【舆论宣传】 对外宣传实现“四个突破”。发稿数量新突破。共在潍坊级以上主流媒体刊（播）发重点稿件1500余篇，对外讲好诸城故事，传播诸城声音，提升诸城的知名度、美誉度。发稿质量新突破。在《人民日报》、中央电视台、《大众日报》《潍坊日报》等重点媒体刊（播）发重点稿件57篇。《农民日报》一版头条刊发的稿件《产业融合，诸城再出发》，得到省委书记、省人大常委会主任刘家义，省委常委、宣传部部长王清宪，副省长于国安，省领导王军民等领导的批示。《诸城强力撬动“新六产”，农业产业化孵出升级版》得到潍坊市委书记刘曙光批示。宣传形式新突破。编印《中国诸城》《龙城巨变》宣传画册，制作《大道诸城》城市形象宣传片，举办10场新闻发布会。平台搭建新突破。主流媒体手机客户端爱诸城APP暨中国诸城公共发布平台正式上线。爱诸城APP试运行一个月，阅读人数突破50万人次。借力山东网络广播电视台，成功打造诸城手机客户端，收听收看达到70万人次。7月1日，《诸城党员运用手机台收看建党96周年庆祝大会》在中央电视台、山东电视台、潍坊电视台《新闻联播》栏目中播出，当天实现全国电视台四级联播。

对内宣传突出“五个主题”。突出“四个城市”和“三区一城”建设、经济发展、“作风建设年”、民生、社会主义核心价值观等重大主题的宣传，在市内主要媒体开设重点项目建设“百日会战”“迎接国家卫生城市复审”“作风建设永远在路上”“深入对接青岛”等专题专栏，深入镇（街、园区）、部门单位、企业、工业园区进行广泛深入采访报道，全力营造深入推进经济转型跨越发展的浓厚氛围。

新媒体建设实现“三个加强”。加强阵地建设。以“诸城发布”为龙头，全市16个镇（街、园区）、77个部门单位、16个重点企业微博、微信为支撑的诸城新媒体矩阵群初步形成，先后发布新闻和信息500多期、2400多篇，双微粉丝量达到6万多人。加强新媒体的管理。加强网上有害信息管控。坚持全天候24小时值班，及时接收、下发、落实中央和省市网信办管理指令，删除和屏蔽相关有害信息。持续开展专项清理行动，不断净化网络环境对党政机关事业单位网站、重要基础网络设施进行网络安全检查，全市34家单位提交自查报告。对3家网站负责人进行约谈。加强新媒体的引导。加大重点网站宣传力度。组织协调各单位在各大网站登载及转发宣传诸城新闻稿件1000余篇，贴文、微博、微信3500余条。调整充实诸城网军队伍，全市400多名网军纳入即时通信系统平台统一管理，实现了即时、动态管理。修订完善《全市网络评论员工作管理办法》，建立起日常沟通、任务分配、学习培训、评估激励等机制，充分调动网军的工作积极性。在诸城信息港开通了“行风在线”“交警平台”和“网上民声”等舆论监督板块，确保及时有效地疏导公众情绪，化解社会矛盾，做到了舆论引导主动化。

【文化事业产业】 文化工作理念转变。由偏重发展文化事业转向文化事业和文化产业“并重发展”。注重工作体制机制创新，大舜文化节办公室更名为文化产业发展办公室，组建“文化名市”建设办公室，推动成立市文联“文艺家园”。新增事业经费，加大购买民间文艺团体服务力度。组织有关部门、企业到北京、广州、深圳、南京、平遥、承德等地开展考察和招商活动，与深圳丝路视觉科技公司、北京鼎盛文化投资公司等达成初步合作意向。

文化服务方式转变。由被动提供文化服务转向主动开展文化服务。协调人员和经费，帮助镇（街、园区）和企业挖掘研究文化资源，星火剧团到石桥子镇刘家庄采风，创作戏剧《保卫刘家庄》；为南湖生态区、枳沟等镇（街、园区）制作《常山》《尽美红色文化小镇》等宣传画册；组织文艺工作者积极参加评选活动，1部作品获省“泰山文艺奖”，3人入选齐鲁文化之星，17部作品申报潍坊市重点文艺作品扶持项目。

文化产业业态转变。推动传统文化产业由单一性发展转向多业融合发展。挖掘山水、田园、农场等资源，注入文化元素，丰富文化内涵，培育特色文旅项目。常山绿谷、竹山生态谷、金查理超然文化广场等21个项目入选潍坊“文化名市”建设重点支撑项目，列各县市第一。强化项目督查，18个项目经在建或动工。建立文化项目储备库，梳理32个项目入库并重点培育。

文化传承方式转变。推动特有文化资源由文化遗存转向文化产品。深入挖掘阐释“七名”文化资源，编辑整理《尽美诸城文化丛书》（包括文化名粹、文论集粹、文学选粹、文艺精粹、传说撷粹）100余万字，形成初稿；制作《尽美诸城系列画册》（《卢山》《苗山》《竹山》《巴山》《尽美小镇》），部分完成印制。制作文化台历、宣传画等宣传品。推动非遗传播、弘扬，诸城派古琴代表山东省参加由文化部、海南省主办的第二届中国民族器乐民间乐种组织展演。大型茂腔戏《失却的银婚》参加潍坊巡演。支持剪纸、黑陶、斫琴技艺、岔道口小篓八宝咸菜等非遗传承团队和个人，研究开发特色产品，推向市场营销，逐渐走向产业化。

文化活动形式转变。由政府组织为主转向政府、企业、协会、志愿者等多方参与。舜龙艺术团争取专项国家艺术基金，组织大型现代茂腔《失却的银婚》创作演出活动；举办山东省（诸城）首届茂腔文化艺术节。红红火火庆典公司承办大舜文化节开幕式文艺演出，现场观众5000余人，网络互动40多万人次。市宣传部协调摄影家协会举办“龙城巨变”诸城市改革发展30年图片展，展出作品近500幅；协调新华书店举办“书声·琴声·颂诸城”、供电公司举办“国网情·颂党恩”主题朗读系列活动，打造“尽读书”全民阅读品牌。

文化设施实用性转变。围绕落实《公共文化服务保障法》，在提升文化基础设施和改善服务方式上持续加力。完成实施图书馆改扩建工程，市委、市政府投资3000万元，用于图书馆的改建扩建和内部改造提升，扩建后的图书馆总面积达到6000平方米以上，成为市民群众现代化、便利化的文化活动空间。按照“一三五七”思路，初步建成以市图书馆、文化馆为总馆、16个镇（街、园区）图书馆、文化站为分馆、235个社区综合文化服务中心为服务点的图书馆、文化馆总分馆一体化服务体系，盘活全市文化资源，推进公共文化服务均等化、标准化。

（陈志伟　张旭东）

统　战　工　作

【概况】 2017年，全市统战系统认真学习党的十九大精神和习近平新时代中国特色社会主义思想，围绕市委工作中心，发挥统战优势，着力巩固思想政治基础，努力促进社会和谐稳定，深入开展各领域统战工作，为全市经济社会发展做出积极贡献。诸城市委统战部被诸城市委、市政府表彰为争取上级资源贡献奖、2017年度开展作风建设年活动先进单位、重点项目“百日会战”先进单位、迎接国家卫生城市复审工作先进单位。

【党外代表人士队伍建设】 教育培训。围绕凝聚人心、增进共识，把思想教育引领作为团结凝聚党外代表人士的首要着力点，采取办班培训、理论研讨、座谈交流、外出参观等方式，组织系统学习党的理论和路线方针政策，凝聚思想共识。组织引导统战干部和广大统战成员深入学习贯彻十九大精神，凝聚共识，市委统战部与市委组织部联合调训，在市委党校举办1期统战干部理论政策培训班，培训党外代表人士56人，全面提升履职能力。

联谊交友。加强联谊交友，在电商创业园、土墙工业园、旗帜教育培训学校等地建立3处“统战之家”，搭建党外人士联谊交友活动平台。制定《党政领导干部和统战干部联谊交友制度》，每人联络2名党外代表人士。通过联谊交友、谈心交心、情况通报、走访慰问、排忧解难等形式，掌握不同层面党外人士思想、生活、工作等方面情况，帮助解决困难和问题，做到互学到通、互促互进，使他们感受到党的关怀和温暖，以此凝聚思想政治共识、汇聚力量。针对新的社会阶层人士流动性大、思想比较活跃，由于身处体制外，组织开展工作、发挥作用有难度这些问题，筹备成立党外知识分子联谊会和新的社会阶层人士联谊会两个统战社团组织，并根据行业领域设置若干分会，以此为载体平台，围绕凝聚智慧、凝聚力量，开展“凝智慧、聚力量、献良策”活动，畅通议政建言渠道，先后召开议政建言协商会4次，邀请相关部门负责人参加，收集有价值的意见建议20

多项，形成报告及时呈报市委、市政府领导参阅。

安排使用。加强与市人大、政协和组织部门的沟通协调，完善党外人士的培养、选拔和任用机制，加大安排使用力度，引导有序政治参与。市统计局配备党外局长袁柳天，实现政府部门党外正职配备的新突破，市工商联、市知识产权局配备党外正职。在市人大、政协换届中，安排党外人大代表109名，占33.3%，安排党外政协委员164名，占60%，符合上级有关政策规定要求，社会反响良好。

【非公经济领域统战工作】 围绕促进非公有制经济人士健康成长，做到政治上自信、发展上自强、守法上自觉，持续深化理想信念教育实践活动，争做合格中国特色社会主义事业建设者；以龙城青年商会为平台，加强对新生代企业家的教育培训，组织开展学习交流、智慧帮扶，促进共同提高；以企业诚信联盟为载体，开展诚信示范企业创建活动；以开展“感恩回报社会”活动为抓手，引导企业家积极履行社会责任，参与城乡联建、社企共建、捐资助学、扶贫济困等社会公益事业，以多种方式回馈社会。

围绕促进非公有制经济健康发展，利用诸城非公经济人士资源丰沛的优势，重点打造统一战线招商引资联盟，结合工商联基层商会服务联谊平台，以商招商、以情招商，加快培育发展新动能，打造发展新引擎；进一步优化营商环境，发挥市工商联全国“五好”县级工商联统战性、经济性、民间性特点，当好“桥梁纽带”，健全完善非公有制企业联系恳谈制度。开展民营企业大走访大调研活动，对龙城青年商会会员企业进行专题调研走访，73家会员企业基本走访一遍，收集意见建议50多条，帮助解决实际困难30多件，龙城青年商会被表彰为“山东省五好商会”。发挥工商联异地商会作用，积极对接北京非首都功能疏解项目，梳理诸城产业资源优势和对接地产业疏解方向，以产业对接为核心，以项目对接为基础，提高对接实效。

【自身建设】 改变统战部门以往工作模式，按照“静下心学、请进来讲、走出去看、沉下去研、坐下来谋”的思路，着力提高政策把握能力、组织协调能力和解决复杂问题能力。重点进行“三调”：调高标杆，既找综合标杆，更找单一标杆，根据单项工作，分设不同的标杆去追求；调转工作重点，按照市委中心工作，结合诸城实际，把工作的着力点更多地调到为企业服务上；调宽境界，围绕“实干担当、激情创业”这一主旋律，对统战干部提出“换脑子、出路子、想点子、争位子、打板子”的“五子干部”要求，调动每一个机关干部为实现统战部“小机关大作为”的目标而积极献计出力。

（李子兵）

机构编制工作

【概况】 2017年，全市机构编制工作在市委、市政府的正确领导和上级机构编制部门的业务指导下，不断加强和创新机构编制管理，持续推进行政审批制度改革，稳妥推进综合行政执法体制改革，扎实做好事业单位监督管理与改革等各项工作，为“四个城市”建设和“三区一城”建设提供有力的体制机制保障。2017年，诸城市编办被省编办表彰为机构与行政宣传工作先进单位，被潍坊市编办表彰为机构编制工作绩效管理综合评价先进单位；被诸城市委、市政府表彰为先进单位。

【行政审批制度改革】 动态调整行政权力事项。根据上级取消下放行政权力事项通知要求，依据《山东省行政权力清单动态管理办法》，按照“相关部门申请、编制部门审核、法制部门合法性审查、政府审定公布、编制部门调整”程序进行调整。同时根据编制完成的公共服务事项目录，对原行政权力清单中的政务服务事项进行调整，调整后不再保留政务服务事项类别。全年共3次发文对市级行政权力事项进行调整，其中取消128项，承接11项，新增161项，调整149项、整合23项，共计472项。

编制完成市、镇、社区三级公共服务事项目录。组织市直有关部门单位、各镇（街、园区）对市、镇、社区三级公共服务事项进行梳理，形成市、镇、社区三级公共服务事项目录，核定市级公共服务事项663项，镇（街、园区）公共服务事项1628项；社区公共服务事项18433项。清单编制完成后，根据部门提报，将103项原纳入政务服务事项调整为其他行政权力事项，1项行政确认事项调整为公共服务事项。

公布第一批“零跑腿”和“只跑一次”事项清单。根据省和潍坊市要求，组织各部门（单位）参照各自公布的行政权力清单和公共服务事项目录清单，对服务对象到单位办理和做出决定或进行核实的事项进行全面梳理，按照“应列尽列”的原则将事项纳入清单。经核定，公布第一批“零跑腿”事项清单21项，“只跑一次腿”事项清单279项。清单公布后，要求各有关部门严格执行“零跑腿”或“只跑一次”标准要求，切实抓好清单落实。同时，在第一批公布清单的基础上，继续进行行政权力事项和公共服务事项流程再优化，力争使更多政务服务事项办理实现“最多跑一次”。

开展中介服务收费项目阶段性自查。印发《诸城市机构编制委员会办公室关于清理规范行政审批中介服务收费项目进行阶段性“回头看”的通知》，16个审批部门对行政审批中介服务事项再次进行全面清理规范。经自查，诸城市中介服务收费项目已进行规范，未要求申请人委托特定中介机构提供服务，未通过限额管理等方式控制中介机构数量，有关审批部门（单位）所属事业单位、主管的社会组织及举办的企业未开展相关的中介服务。印发《关于调整部分市级行政权力事项和中介服务项目的通知》（诸政字〔2017〕23号），对市级中介服务项目进行调整，调整后保留中介服务项目17项。

【行政管理体制改革】 推进综合行政执法体制改革。根据潍坊市人民政府对诸城市综合行政执法体制改革方案的批复，研究拟订了《诸城市综合行政执法体制改革实施方案》，经市政府常务会议、市委常委会议研究通过，并制订出台《诸城市人民政府关于印发〈诸城市综合行政执法体制改革实施方案〉的通知》（诸政字〔2017〕22号）等相关文件。

理顺镇街安全生产及环境保护监管体制。按照上级要求，印发《关于整合组建镇街安全生产和环境保护监督管理办公室的通知》，整合全市各镇街安全生产监督管理办公室、环境保护办公室职责，组建镇街安全生产和环境保护监督管理办公室，并挂道路交通安全监管办公室牌子，为镇街行政工作机构，由镇街常务副镇长（街办主任）兼任主任。同时将诸城经济开发区安全生产监督管理办公室更名为诸城经济开发区安全生产和环境保护监督管理办公室。

【事业单位改革与监管】 开展事业单位绩效考核。将全市事业单位全部纳入考评范围，实现事业单位绩效考核全覆盖。在总结提炼以往考核工作经验基础上，学习外地经验做法，广泛征求各方意见建议，结合诸城市实际，市委办公室、市政府办公室印发《2017年度诸城市市直事业单位绩效考核实施方案》。注重结果运用，充分与组织、财政、人社等部门进行共享和协调，落实了重奖重罚原则，使考核结果与单位年度考核、干部使用、经费预算、机构编制管理、主管部门科学发展考核挂钩，并重点作为事业单位评先树优的重要依据，绩效考核结果为A的单位，年度考核优秀指标增加5%，单位主要负责人直接定为优秀等次。

事业单位监督管理。创新事业单位监管方式，在教育、文化、卫生领域各事业单位开展事业单位业务范围清单化管理试点工作，将业务范围清单通过诸城机构编制网等媒体向社会公布，接受社会广泛监督。实行事业单位“双随机、一公开”动态监管，及时督促整改发现问题，确保整改措施落实到位。

推进事业单位法人治理结构建设。以市委、市政府文件印发《诸城市公立医院法人治理结构建设实施方案》，明确“决策层”“执行层”“监督层”三层明晰的法人治理结构组织框架。制定印发《诸城市法人治理结构事业单位外部理事（董事）管理办法》《诸城市法人治理结构事业单位外部监事管理办法》《关于核定公立医院领导人员职数的通知》等一系列配套文件，为公立医院法人治理结构建设工作顺利开展提供有力的制度保障。截至7月，诸城市人民医院、妇幼保健院和精神卫生中心3家公立医院均组建理事会、监事会，聘任管理层，并全部按新机制运行。

完成公益三类、生产经营类事业单位改革工作。以市委办公室、市政府办公室文件转发潍坊市《关于深化公益三类事业单位改革的指导意见》，取消诸城市全部5家公益三类事业单位的行政级别，撤销诸城市政府机关印刷所。撤销诸城市国有资产经营总公司和诸城市经济开发投资公司。完成诸城公益三类及生产经营类事业单位改革工作。

完成“僵尸”事业单位清理工作。按照上级部署，组织各主管部门就所属各事业单位机构编制现状、主要工作职责、实际存在问题等进行自查。2017年，撤销“僵尸”事业单位2家，并按要求向潍坊市编办报送了集中清理工作总结，完成“僵尸”事业单位清理工作。

【机构编制管理】 严控机构编制总量。严格机构编制管理程序，切实加强机构编制管理工作，行政编制和事业编制未突破中央和省下达的总额。始终严格按照权限审批机构编制事项，没有出现机构编制违规违纪等行为。强化编制实名制管理。严格根据上级核准数额，安排年度机关事业单位用编进人计划，没有突破潍坊市编委下达数额。

人员控制总量备案管理。印发《关于对公立医院和高校实行人员控制总量备案管理的通知》，按照行业核定标准，确定诸城市人民医院人员控制总量为2770名，妇幼保健院人员控制总量为850名，口腔医院人员控制总量为20名，精神卫生中心人员控制总量为188名；潍坊市工程技师学院人员控制总量为563名。

机构编制信息化建设。做好“机构编制云平台”建设试点工作。在完成各项试点阶段性任务的同时，及时对平台数据进行维护和更新。对各部门（单位）的相关批文，进行数字化处理，及时将扫描件和“三定”信息变更情况录入机构编制云平台，全年共录入“三定”信息百余条。做好机构编制人员经费共用信息管理平台建设试点工作。牵头组织、财政、人社部门对有关信息内容进行核对，完成上级规定的阶段性任务。加强实名制信息管理。严格按照规定的时间节点上报实名制数据和相关材料，实现编制实名制人员出入编业务网上办理。继续严格网上名称管理。中文域名覆盖率和网站标识覆盖率均为100%。

（王高远）

信　访　工　作

【概况】 2017年，全市信访工作按照诸城市委、市政府决策部署，全面压实工作责任，夯实基层基础，抓好源头预防，规范基础业务，畅通信访渠道，推动“事要解决”，有力维护了群众合法权益，实现了信访稳定形势持续好转，群众到潍坊市及以上机关走访起数和人次同比分别下降3.6%和33.1%，为全市“四个城市”和“三区一城”建设营造良好的社会环境，诸城市信访局被潍坊市委、市政府授予党的十九大安保维稳工作先进集体并嘉奖，被诸城市委、市政府授予党的十九大安保维稳工作先进集体并记三等功。

【来信来访及网上投诉】 2017年，诸城市信访局共接待处理群众来访970起6730人次，其中到市访700起6048人次，去潍坊访84起282人次，到省访116起302人次，进京正常访70起98人次；受理承办群众来信292件，其中国家信访局转送群众来信101件，省信访局转送群众来信84件，潍坊信访局转送群众来信80件，诸城群众来信27件；受理承办群众网上诉求2168件。对所有信访事项，诸城市信访局全部进行登记接谈、转送交办、跟踪督办，全部按期办结。

【组织领导责任落实】 诸城市委、市政府把信访维稳工作列入重要议事日程，市委常委会定期听取信访维稳工作汇报，研究推进措施；市联席会议定期召开会议，通报情况，分析形势，研究措施。市委主要领导切实履行第一责任人职责，带头阅批群众来信，包案处理重点信访事项和接待群众来访；分管领导具体靠上，真抓实管；其他市级领导严格落实“一岗双责”，负责分管工作领域内信访问题的协调处理。从政法、综治、维稳、信访等部门抽调人员成立7个督导组，分工包靠16个镇（街、园区）和市直部门单位，督导组与被督导单位实行责任共担。充分发挥考核导向作用，制定年度信访工作考核办法，考核结果纳入镇（街、园区）科学发展综合考核。镇（街、园区）和市直各部门单位将信访工作任务层层细化，分解落实到岗到人，全市形成横到边、纵到底、无缝隙、全覆盖的工作责任体系。

【信访矛盾源头治理】 依托网格化管理服务，建立基层信访信息员、代办员队伍，及时收集各类信访信息、预防化解信访矛盾，筑牢基层信访工作第一道防线。抓好基层干部教育培训，先后8次到市委党校基层干部培训班进行授课，引导基层党员干部树立群众观念，按照法定权限和程序行使权力，依法行政，密切党群干群关系。坚持抓早、抓小、抓苗头，坚持社区每周一次、镇街每半月一次的经常性排查，及时准确收集信访信息，增强工作预见性和针对性。党的十九大、各级“两会”等重点时期，在全市集中组织开展矛盾排查活动，对排查出的问题，认真梳理，逐件按信访人姓名、住址、反映问题等要素建立台账，明确责任单位和包靠人员，努力实现第一时间、第一地点调处。2017年，围绕党的十九大、全国“两会”“一带一路”国际合作高峰论坛和省十一次党代会信访维稳集中排查5次，排查不稳定因素175起，全部落实责任单位和包靠人员，挂牌督办，交办到责任单位限期化解。

【群众信访诉求解决】 高度重视并解决好群众初信初访，制定《诸城市信访事项处置工作规范》，严格落实办信、接处访、网上投诉事项工作程序。实行信访事项首接负责制，明确受理或办理信访事项的首个工作人员为首办责任人，对接待受理的信访事项，全程跟踪督查，直至问题办结，对适宜信访简易程序办理的信访事项，遵循简易务实、灵活高效的原则进行妥善办理。十九大安保维稳、各级“两会”期间，坚持“全天候”接访，工作力量向接访一线倾斜，一律取消双休和节假日，对所有群众来访，随有随接，随接随交，要求责任单位在解决好群众合理诉求的同时，切实做好思想疏导和稳控工作，确保件件有着落，事事有回音，努力将问题解决在首办环节，避免矛盾积累、问题上行，信访事项及时受理率、按期办结率均达到100%，最大限度地实现了将上访人员吸附在当地，矛盾化解在基层。

【信访积案攻坚化解】 在全市开展“信访积案攻坚化解活动”和“万人下基层”化解信访积案和矛盾纠纷暨整治软弱涣散社区活动，对上级交办的信访积案和全市尚未化解的重点信访事项，逐件按信访人姓名、住址或单位、反映主要问题、责任单位等要素汇总登记，建立台账，共筛选信访积案和矛盾纠纷107起，全部落实领导干部包案，其中43起信访积案根据市级领导职责分工及工作联系点，落实市级领导牵头包案，其他64起矛盾纠纷全部由镇街（部门）党政主要领导或分管领导包案，逐案落实具体的化解稳控责任人，分两批以市委、市政府“两办”文件形式交办至涉案单位。市信访维稳督导组定期深入镇（街、园区）督导，市信访局通过约请、分片调度等方式，与责任单位面对面、点对点进行会商研判，帮助研究解决办法，制定化解措施。定期汇总工作进展报诸城市委、市政府有关领导，通过《活动专刊》宣传活动典型、通报有关情况，107起信访积案和矛盾纠纷化解102起，化解率95.3%，其中潍坊市交办的18起信访积案全部化解。进一步规范信访秩序，对借上访为名无理取闹、寻衅滋事，以及合理诉求解决到位仍缠访闹访、非访、违法上访人员，依法严肃处理。

【重点时期信访维稳】 党的十九大、全国“两会”“一带一路”国际合作高峰论坛、省十一次党代会等重大活动期间，进一步强化信息搜集、预警通报、应急响应等各个环节的工作，深入开展信访矛盾排查化解，实行信访信息“一日三报”制度，重要信息随时报告。对排查掌握的重点人员，拉出单子，明确责任，直接推送到市督导组、督查组和责任单位主要负责，压实问题解决和人员稳控措施，努力把上访人员吸附在当地，把信访矛盾化解在基层。抓好领导干部公开接访制度的督导落实，最大限度地减少信访上行。在落实日常“5+2”模式（5名信访干部+2名公安干警）的基础上，进一步加强进京值班力量，从镇（街、园区）及信访、公安、法院、民政、教育等市直有关部门抽调精干人员进京值班，落实车辆、经费等工作保证，及时接待劝返诸城上访人员，未承担进京值班任务的单位全时待岗备勤，全力把牢最后一道防线。值班人员不怕吃苦，连续作战，克服困难，履职尽责，圆满完成任务。党的十九大、全国“两会”“一带一路”国际合作高峰论坛及省十一次党代会期间，全市信访形势平稳可控，未发生被上级登记通报的信访问题及影响较大的信访问题。

【信访研判与调研】 利用信访信息资源丰富、能够体现民意的优势，注重从来信来访中发现带有普遍性、苗头性的问题，加强综合分析研判，提出相应意见和工作建议，增强工作超前性和主动性。每月对群众上访总量、地域分布、诉求构成等进行汇总分析，对群众反映强烈、容易引发大规模群体访的苗头性信息，及时提出工作建议，通报责任单位，汇报有关领导，便于及时决策，正确应对。2017年，共报送《每月上访情况》12期，《信访专报》18期，为领导决策提供参考，其中关于改进房地产领域“两证”办理工作及完善企业退休职工独生子女父母养老补助政策等相关建议引起诸城市委、市政府的重视并责成市直相关职能部门研究落实。及时总结诸城信访工作经验做法，加大对外宣传力度，多角度展示诸城信访工作亮点，多篇稿件被《山东信访》和潍坊市《信访情况》采用刊发，树立诸城良好的对外形象。

（崔志高）

对 台 事 务

【概况】 2017年，全市对台事务工作在诸城市委、市政府的正确领导和上级台办的业务指导下，积极开展“作风建设年”活动，扎实推进“两学一做”学习教育常态化、制度化，严格落实全面从严治党主体责任，认真学习贯彻党的十八、十九大精神和中央对台工作方针政策，圆满完成年度工作目标任务。

【对台经贸工作】 认真筹备参加第23届鲁台会，签约2个涉台项目、洽谈储备涉台项目3个。第23届鲁台经贸洽谈会于2017年9月1–4日在潍坊鲁台会展中心举办，诸城台办在邀请15位台商参会、组织镇街部门企业600多名专业观众、协调组织60余家企业参加两岸8个专题产业合作洽谈活动的同时，协调招商部门签约2个涉台项目、洽谈储备3个涉台项目。2个签约涉台项目：投资2000万美元的“刘罗锅食品深加工项目”，投资4200万美元的“松日自动化食品机械加工项目”。3个洽谈储备涉台项目：台湾安万特农业科技有限公司的智能温室及蔬菜深加工项目，台湾鋕昌事业股份有限公司的可降解高档塑料包装袋项目，台湾忠盟农业生物科技有限公司与诸城市万景源农业科技有限公司的优质果苗繁育营销合作项目。

【诸城（台湾）特色小镇包装策划】 主要是借鉴台湾康养、文旅和农旅特色小镇培育建设的经验和模式，着眼引入台湾元素，帮助完善提升昌城“健康食品小镇”、辛兴“生物科技小镇”、舜王“机器人小镇”、龙都“恐龙小镇”、桃林“北方绿茶小镇”、林家村“竹山康养小镇”等诸城（台湾）特色小镇的建设规划，以吸引项目集聚。全方位服务促进涉台企业发展。按照潍坊台办统一部署，开展“服务大局、服务台胞、服务基层”主题实践活动和“台资项目提升年”活动，不定期走访全市7家台资企业，在资金融通、工伤保险、安全生产、场地租赁、居住证办理、注册审批、市场开拓等方面提供协调和服务，引导台资企业以商引商、提质增效、转型发展。

【对台交流工作】 成功举办首届诸城台湾校园文化交流活动。9月17日，以基隆市议员秦钲为团长的台湾基隆市中正中学交流团一行共34人到诸城参加“诸城台湾校园文化交流活动”。台湾师生参访考察了诸城恐龙国家地质公园，参观了诸城实验初中校园文化，与实验初中学生进行乒乓球和烹饪技能互动及联谊交流，在政府礼堂举行了才艺展示表演。基隆中正中学表演的《铃转乾坤》《陀螺千千转》《绳采飞扬》3个节目赢得阵阵喝彩。潍坊市台办主任刘金凤、市委副书记孙吉海出席活动并致辞，市政协副主席袁柳天参加活动。该交流活动被省台办评选表彰为“2017年度全省优秀对台交流项目”。

参加第23届鲁台会的两个台湾参访团到诸城参访。9月1-2日、9月5日，第23届鲁台会筹委会统一安排的台湾绿色产业联盟及台北市农经协会参访团和台湾发展研究院青年参访团，共计42人到诸城参访。其中农业参访团与诸城16家涉农企业负责人进行座谈，在果树种苗繁育营销和太阳能发电等方面达成了初步合作意向。台北市松山区基层里长参访团到诸城参访。9月13日，省和潍坊市台办统一安排的以台北市议员秦慧珠为团长的台北市松山区基层里长参访团20人到诸城参访。参访团集中参观考察了诸城恐龙国家地质公园，对恐龙文创和恐龙赴台展览提出合作意向。诸城市委副书记孙吉海、副市长王大伟、市政协副主席张海轶出席活动。

【服务台胞台属工作】 按照潍坊台办部署，开展诸城市55户涉台婚姻情况调查，建立起全市首套涉台婚姻情况档案。响应中央关于吸引台湾青年大陆就业创业的号召，协调引导诸城台资企业佳博耀集公司签订以月薪4000-5000元接收两名台湾青年实习就业的意向书。认真协调解决台胞台属的两岸寻亲、子女入学、遗产继承、骨灰迁移等临时求助等问题13起。办理赴台初审手续16人次。接待台湾客商共10批123人次。

【履行公共责任】 扎实开展城乡党组织联建、“万人下基层”联系走访和扶贫工作。市台办3名干部深入联建的贾悦镇河西社区走访慰问新中国成立前老党员，同时分别走访了该社区井一、井二村的党群服务站，入户走访村民各10户。根据市扶贫办安排，分别走访慰问了包靠的贾悦镇和舜王街道的9家贫困户，在送去慰问的同时，还就几户临时困难救助和低保政策落实问题与所在镇街社区进行联系沟通。积极参与创卫迎审网格包靠工作。严格对照创卫标准，集中督查包靠南湖区孔戈庄社区南三居全面开展创卫整改；周六认真组织参加创卫义务劳动，从无缺席。台办被表彰为“2017年度迎接国家卫生城市复审工作先进单位”。

（孙志山　王炳荣）

市直机关党建工作

【概况】 2017年，诸城市机关党工委积极发挥综合协调、牵头抓总、督查指导、宣传引导作用，以引导机关党组织和党员干部“实干担当、激情创业”为主线，以作风建设年活动开展为契机，不断推进“两学一做”学习教育制度化、常态化，组织基础进一步夯实，队伍建设进一步强化，机关党建工作整体水平不断提升。

【思想政治建设】 推进“两学一做”学习教育常态化、制度化。在深入开展“两学一做”学习教育的过程中，健全完善科学发展的长效机制，形成“组织生活常态化、党务工作标准化、党建服务信息化、党建阵地一线化”的四化体系，充分发挥机关党组织引领示范作用，提升机关党建工作科学化、制度化水平，并加大检查督导力度，带动全市基层党组织全面提升、全面过硬。

机关党员队伍建设。坚持“走出去”“请进来”“菜单式”培训模式，先后分2批组织100余名市直机关党务政工干部到井冈山进行党性修养专题培训，到诸城市委党校进行业务培训，到红色教育基地和警示教育基地参观等，进一步加强对党员的教育管理，增强服务水平，提升履职能力。

展示机关干事创业的成果。在市委院内设立宣传栏，两月一次更换，及时展示市直机关

党员进党校全员培训班　　　　（供图　市机关党工委）

推进"三区一城"建设成果，为全市机关干部"实干担当、激情创业"营造良好氛围。

党风廉政建设。对党风廉政建设各项制度贯彻落实情况进行检查督导，积极配合开展作风整治工作，着力解决群众反映强烈的突出问题；配合做好查处党员干部违法乱纪、破坏经济发展环境的问题，努力营造风清气正的良好机关环境。整合文化资源，营造崇廉氛围，邀请纪委上廉政党课2次，增强机关党员干部反腐倡廉教育意识。

新党员发展工作。严格按照市里分配的计划结构、比例，确定系统各基层党组织党员名额；把好党员发展入口关，严抓了对入党积极分子和党员发展对象的培养教育，为党员发展筑牢思想基础。进一步规范了审批预备党员、党员转正等程序，做到手续齐全、无延时或漏报、无滞留不报等问题，并及时跟进了预备党员的教育培训。全年共发展机关预备党员30名。

【机关党建规范】 实施以"自身强、帮带强、双提升"为主要内容的机关党建提升计划和机关党建示范点创建活动。将机关党建阵地前移、重心下沉，突出"服务中心、建设队伍"两大任务，坚持"机关围着基层转，上级带着基层干"，转变机关作风，改进服务方式，提高服务效率，推动全市经济社会转型发展，实现机关与基层、城乡党建工作的互促共进、共同提升。选取了8个市直部门，打造成机关党建工作示范点，以点带面，推动机关党建工作全面提升，机关党支部建设和示范带动作用明显增强。

完成市直机关党组织换届选举。严格按照组织程序，全面完成市直各机关党委、总支、支部的换届选举工作，选好配强机关党组织领导班子，并适时跟进党务政工干部培训，增强党务干部履职能力。

加强市委常委所在支部建设。市直机关党工委与市委组织部联合起草下发了《关于进一步加强市委常委所在支部建设的通知》，对示范支部建设提出"建强党支部班子、严格落实支部生活日工作规范、坚持党建阵地一线化、组织开展主题活动、坚持市委常委带头"五个方面的要求。

开展机关党建规范化建设年活动。认真落实"支部建在科室上、活动在服务线上、奉献在先锋岗上"的要求，推进组织生活规范化开展，将"两学一做"学习教育纳入"三会一课"学习内容并形成制度化、常态化的长效机制，提升机关党建工作制度化、科学化水平，树立市直机关良好形象。

深化机关党务工作目标管理。围绕2017年全市党建工作任务目标，结合部门工作实际，逐一列出党组织和党组织书记抓基层党建工作任务清单、责任清单，实行备案管理，与年终检查考核紧密结合。

【机关党建活动】 开展作风建设年活动。突出"实干担当、激情创业"的主题，以正在开展的"自身强、帮带强、双提升"机关党建品牌活动为抓手，全面组织动员，加强机关干部的思想作风、工作作风、领导作风和生活作风建设，建立健全领导干部作风建设的领导机制和工作机制，提升整体素质，狠抓制度建设，创新突破、开拓进取，以扎实的作风保障各项工作取得新进展。

对标一流、比学赶超。结合“作风建设年”活动，牢牢把握先进性、可比性、针对性、实效性原则，积极寻标对标提标达标。市内对标寿光市委市直机关工委，省内对标淄博市张店区委区直机关工委，学习借鉴先进经验做法，创新工作方法，增强自身能力，使部门工作走在全市前列。

深入开展“万人下基层”活动。积极响应市委号召，组织党员干部深入基层、深入群众，每月在基层时间不少于1天，走访不少于10户，主动排查化解矛盾纠纷，对软弱涣散党组织进行梳理帮助，排查信访积案，干部作风进一步转变，服务群众能力明显增强，群众满意度不断提升。

开展“喜迎十九大”主题活动。以“喜迎十九大”为主题，组织了市直机关庆“五一”登山比赛、“迎盛世·抒华章”东晓生物杯职工书画展等活动。

开展健康向上的文体活动。围绕庆祝建党96周年，开展“七一”党员宣誓、“瑞博电机杯”羽毛球比赛、“阳光海棠湾”杯羽毛球比赛、第九届青少年才艺大赛等活动，丰富市直机关精神文化生活，激发干部职工爱党、爱国、爱诸城的高尚情操，营造实干担当、激情创业的良好氛围。

（张庆宁）

党 校 工 作

【概况】 2017年，中共诸城市委党校工作在诸城市委坚强领导和上级党校有力指导下，认真学习贯彻落实习近平新时代中国特色社会主义思想和中央、省委、市委《关于加强和改进新形势下党校工作的实施意见》，积极适应新时代经济社会发展新目标新战略和干部教育培训新形势新任务的要求，坚持党校姓党、从严治校原则，充分发挥干部教育培训主渠道作用，圆满完成年初确定的各项目标任务，党校新时代、新作为新地位更加凸显。

【干训教育】 按照诸城市委“突出重点、分类施教、全员培训”要求，扎实抓好各级各类党员干部教育培训。在2016年初步形成“三全”培训格局基础上，2017年“全员、全年、全覆盖”特点更加深入，更加突出。全年培训规模之大前所未有，共举办各类班次20个、77期，培训各级各类党员干部24840人，是往年常态培训人数的5倍多。

常态化党员干部培训抓全。全年举办长期班3个，学制1个月，培训196人，包括青年干部培训班1期58人，科级干部进修班1期90人，科级干部学习迎接党的十九大精神培训班1期48人；科级干部轮训班3个，共20期，培训2957人，包括全市科级干部学习贯彻党的十八届六中全会精神专题轮训班4期730人、全市领导干部学习贯彻党的十九大精神专题轮训班3期1480人、全市科级干部赴高等院校素质提升班12期，全年其他时间穿插安排其他班次。党校按照班次学制规范要求，做到应设尽设，突出重点培训，充分发挥基层党校的地位作用。

党员进党校全员培训抓实。2017年共举办全市党员进党校全员培训班（含社区党组织及社区“两委”成员培训班）47期，培训城乡党员20721人，超额完成培训目标，实现党员培训全覆盖。

新时代新思想培训抓早抓牢。在党的十九大召开期间举办全市学习迎接党的十九大领导干部示范培训班，开幕当天，组织学员集体收看了大会实况，授课老师将十九大精神即时融入课堂讲授。十九大闭幕仅两天，在随后开班的“党员进党校”全员培训班上即讲授党的十九大精神专题课，让党员干部在第一时间接受大会精神的洗礼。13名骨干教师深入各镇（街、园区）、部门单位、企业、社区、学校开展面对面宣讲，共宣讲55场，累计受教育群众1万余人次。

【培训创新】 所有培训班次在强化党性教育的基础上，采取多种形式强化党性锻炼，实现通过培训使学员党性明显增强的目标。如进行军训，拓展训练，接受革命传统教育、政德教育、警示教育、赴先进地区现场教学、开展班级党性锻炼活动等。先后与沂蒙红嫂纪念馆、孟良崮纪念馆、井冈山教育基地等建立合作关系，凡到党校培训必须进行现场教学。还与空军诸城场站建立联系，每期培训班都要进行军训。坚持对培训成效的追踪调研，最终促成培训参训干部党员思想水平和干事创业能力的真正提高。领导干部上讲台实现制度化、常态化。除诸城市委文件明确规定外，市委党建工作领导小组专门就领导班子成员上讲台做出具体规定，诸城市委领导班子成员和部门单位主要负责人到党校讲课经形成制度安排。诸城市委书记桑福岭在社区两委成员培训班第一期和全市科级干部学习宣传贯彻党的十九大精神培训班第一期分别讲党课，年内2次到党校调研指导工作，对党校队伍建设、培训工作、科研工作提出一系列新要求。诸城市委组织部部长4次到培训班讲党课，9次到党校调研指导工作。市委其他领导成员全部到党校上党课1次以上。全年举办的培训班次，都有诸城市委常委讲党课的相关安排。

【科研工作】 科研工作探索创新了一些好的形式和路子。进一步明确科研方向，科研工作以提高教学水平和为党委、政府发挥思想库作用为主攻方向。开展两个调研月活动，形成调研报告和理论文章40余篇，极大丰富了教师对实践的认知，提高教学水平服务培训工作；开展对市委中心工作和热点难点问题的对策性研究，努力发挥思想库作用，1篇文章获得省老龄工作理论研讨二等奖，部分获领导签批或在省市刊物发表，如调研报告《关于建设诸城市政德教育体系的建议》提报组织部门后，组织部门对党校工作给予充分肯定；充分利用党校和社科联课题申报渠道提升党校培训工作的质量水平，全年获得立项课题11项，2篇科研文章分获2017年度潍坊党校系统科研成果评奖二、三等奖。部门联合攻关常态化，市党校同宣传部、党史办、老龄办、政法委等部门联合调研，形成20余篇调研文章，部分获奖或入选专辑，对创新部门工作发挥了推进作用。

【体制建设】 诸城干部培训坚持目标引领形式、管理服从效果的原则，积极构建灵活有效、形式多样的工作机制。

统筹教育资源构建开放式干部教育培训机制。通过请进来和走出去等形式，充分利用上级党校和高等院校高端培训资源，提升党员干部素质。先后组织科级干部、企业家到复旦大学、清华大学等高校举办供给侧改革、新型城镇化建设、党建、社会治理创新等相关方面培训班12期，培训科级干部、企业家565人。组织两场全市领导干部学习党的十九大精神报告会。

统筹党性教育资源构建触动灵魂的党性教育机制。以王尽美党性教育基地的筹建为统领，构建党性教育、革命传统教育和创新创业教育三大板块现场教学体系。组织教师积极参与面向王尽美诞辰120周年纪念大会和理论研讨会的征文活动，提供理论文章9篇。

深化基层党校体系建设构建市乡党校协调联动机制。深入构建市、乡（市直）、社区三级党员干部教育培训常态化“三联”新格局，实现基层党校资源联建共享，有效实现了对农村社区三委（社区党组织、村民委员会、监委会）成员、一般干部、普通党员三支队伍的常态化培训，真正实现了对农村党员干部教育培训的全覆盖。

【队伍建设】 工作中进一步修订和完善党校的管理制度，以作风建设年活动为契机，加强机关作风建设和队伍建设。通过完善各项制度，实施精细化管理，着力营造想干事、敢干事的氛围。制定完善诸城市委党校年度考核制度、教师教学工作量考核配套办法、班主任工作考核配套办法、科研工作考核配套办法、诸城市委党校机关考勤制度等9项制度，实行量化管理考核，将工作实绩同评先树优、职称评聘等结合，调动了干部职工积极性。利用各种机会让教师走出去，积极输送他们参与第一书记工作，创造丰富的学习锻炼机会。坚持抓好“两学一做”和机关集体学习，贯彻落实市纪委“一岗双责”和党风廉政建设责任制，积极联系单位和教职工包靠的精准扶贫工作，认真做好潍坊市委对贯彻落实党委办党校管党校建党校主体责任及诸城对部门的考核工作，做好党费收缴、公务员及党员年报等党建工作，严格认真执行财务管理制度，做好财务管理工作，为各项培训班次和会议提供坚强有力的后勤保障。

（李　敏）

老 干 部 工 作

【概况】 2017年，诸城市委老干部工作以习近平新时代中国特色社会主义思想为指引，深入学习贯彻党的十九大精神，出台落实诸城《关于进一步加强和改进离退休干部工作的实施意见》，着力抓好离退休干部党建提升、深化亲情服务、文化养老和作用发挥等重点，力促全市老干部工作取得新成效。

【离退休干部工作制度保障】 深入学习领会上级文件精神，结合诸城实际提出落实措施，及时向诸城市委主要领导汇报，并于5月13日提交市委常委扩大会议研究通过了诸城的《关于进一步加强和改进离退休干部工作的实施意见》，以诸办发〔2017〕18号文件下发。市委书记桑福岭指出，老干部的今天就是我们的明天，各级领导干部都要关心、重视、支持老干部工作，各有关部门要整合资源、齐抓共管，形成工作合力，确保各项政策措施落到实处。加强与相关部门单位的联系沟通，制定相关规范性配套文件；进一步规范组织离退休干部开展活动，切实做好老干部健康查体、福利待遇、党建工作经费和党支部书记补助等待遇落实。制定下发《关于在全市离退休干部党员中推行“政治生日”制度的通知》《关于开展创建“五好”离退休干部党支部、争当“五好”离退休干部党员活动的通知》，召开市直机关离退休干部党建工作推进会，在全市开展创建“五好”离退休干部党支部、争当“五好”离退休干部党员活动，推行“政治生日”制度。

【离退休干部党支部建设和思想政治建设】 部署开展“两学一做”和“作风建设年”活动，

制定下发《镇（街、园区）离退休干部党建考核细则》《市直部门、单位离退休干部党建考核细则》《社区离退休干部党建工作基本规范》，深入学习领会十九大、习近平总书记系列重要讲话和省市党代会精神。创新党组织设置方式和党员活动学习方式。老年大学按专业班级组建临时党支部和班委会，组织各班级临时党支部书记到王尽美纪念馆和东鲁学校中共党代会资料收藏展进行党性教育，过“政治生日”。开展“开学第一课”——“党在我心中”宣讲活动、“乐享读书，筑梦龙城”活动，确保了老政治坚定、思想常新。对市直离退休党支部进行集中换届，健全完善“三会一课”制度，指导2家老干部社团新成立起党支部；强化社区离退休干部党建工作，打造起3处精品示范点，开展老干部党员进社区、亮身份、办实事活动，带动提升社区离退休干部党建整体上水平。为每个市直离退休干部党支部年拨付工作经费3000元，给每位市直离退休干部党支部书记月发放工作补贴300元，并列入财政预算。多种方式强化教育培训。把离退休干部党支部书记培训纳入全市干教培训主体班次。采取授课辅导、专题研讨、现场教学、党性教育等方式，举办为期3天的全市离退休干部党支部书记暨老干部工作人员培训班；市老干局与市关工委联合举办“五老”志愿者培训班；开启离退休干部党组织“菜单式”教育培训新模式，按照红色教育、警示教育、离退休干部党建、关心下一代等4个专题，确定15个现场教学点，各离退休干部党支部在开展党性教育和“政治生日”活动时，组织离退休干部党员自主开展现场教学，教育培训更生动、直观、有效果。

【离退休干部亲情服务】 抓好政治待遇落实。坚持向离退休干部情况通报、参观考察、在职领导干部联系离退休干部等制度。春节期间，诸城市级领导带头、各级各单位普遍走访慰问老干部；“七一”前夕，各单位纷纷组织老干部老党员座谈会、报告会、重温入党誓词等，共同庆祝建党96周年。12月7日市级班子领导参加全市老干部座谈会，并陪同参观全市经济社会发展情况，送上党委、政府的关心厚爱。

认真落实生活待遇。规范完善“三个机制”，离休干部医药费按10%的比例递增，2017年达到22900元。为离退休干部每年发放不超过1000元的福利，过生日发放不超过300元的蛋糕券，列入财政预算并付诸实施。做好军队离休干部房改及遗属补助增补发放工作，对10名易地安置离休干部进行走访慰问。安排专项资金6万元，为全市2000名80岁以上离退休干部每人赠送30元的银龄安康保险。

改进深化亲情服务。开展全市老干部诉求大走访活动，逐人逐户摸底登记，建起全市8000余名老干部诉求信息台账，实现处结率100%、老干部满意率100%。推进老干部“四就近”服务管理工作重点向城市社区转移，实现老干部工作与社区工作的互利双赢。与12349养老服务热线深度合作，组织志愿者队伍开展结对帮扶，及时提供家政、购物、陪聊、送学上门等个性化服务，老干部的幸福感和满意度明显提高；健全完善特困帮扶机制和关爱长效机制，先后帮扶困难老干部及遗属30余人次，发放慰问金3万余元。

【离退休干部文化养老建设】 老干部学习活动阵地建设不断深化。诸城市老年大学通过潍坊市老年大学协会规范校验收，积极申报山东省规范化示范老年大学和山东老年大学远程教育教学点。重新设计装修了市离退休干部党支部学习中心，设立“政治生日”活动室。整合市老年大学和企业养老地产项目推进市区老年大学分校建设，2200平方米的老年大学大源分校和2万多平方米的红星家园老年活动中心项目正在建设；借助市教育局和社区学院资源优势，扎实推进社区老年教育工作，市、镇街、社区三级老年教育网络进入全面覆盖、规范发展的新阶段。发挥老年大学文化养老主阵地作用，先后组织庆新春和文明之夏广场文艺专场演出；举办全市老年书画精神迎春展、庆“七一”全市老干部暨老年大学毕业学员书画剪纸展、“双台澄怀”诸城市·青岛西海岸新区老年书画交流展、“共祝十九大同度重阳节”濯缨沧湾——2017·诸城老年书画重阳雅集活动，先后到龙都街道七吉社区开展送春联进社区活动，与高密市开展老干部乒乓球联谊赛，组织“军休杯”全市门球比赛、“庆国庆迎十九大”全市老年人台球比赛，组建诸城市高智尔球队，并加入潍坊市高智尔球协会，举办高智尔球培训班。参加诸城市春节晚会、庆祝建党96周年文艺演出；腰鼓、舞蹈、太极拳等三支队伍参加全市中老年健身展演；组队参加潍坊市首届老干部趣味运动会，获得团体总分第一名；参加潍坊市首届老干部艺术节三个版块的活动，诸城的京剧和舞蹈2个文艺节目分别获得一等奖和二等奖，有4人分获摄影展览一、二、三等奖，有20幅作品参加书法绘画展览。

【离退休干部正能量作用发挥】 召开家风教育工作会议、全市青少年普法教育暨网吧义务监督工作会议，部署开展“畅谈发展变化，喜迎十九大召开”“走诸城、看变化、促发展”“弘扬好家风、传递正能量”“老少牵手、筑梦同行”“夸夸我家这五年”“弘扬四种精神”主题征文等系列活动。参加山东省“本色家园”离退休干部党建品牌标志、主题歌、主题用语征集活动。在老干部局建立老干部志愿服务协调指导中心，全市建起老干部志愿服务队伍40余支，志愿者1600余人，扎实开展志愿服务活动。开展法律进校园、“开学第一课”——党史报告进校园、“喜迎十九大永远跟党走”诸城市青少年党史教育活动、“作风建设年”党史展板巡展、“聚焦关爱、点亮梦想”庆祝市关工委成立25周年摄影图片展，编印两史教育读本《铭记》并赠阅各学校和社区、送书画进社区、教师书法点评会、全国爱眼日讲座并发放爱眼知识光盘、老年健身培训进社区、助老维权关爱宣讲行动等，深受社会各界欢迎，涌现出邹金祥、王治文、王坤先等一大批先进代表。

（李　彤）

关心下一代工作

【概况】 2017年，全市关心下一代工作在诸城市委的领导和上级关工委的指导下，以迎接党的十九大、学习贯彻党的十九大精神为主线，深入学习贯彻习近平总书记对关心下一代工作的重要指示，主动作为，扎实工作，充分发挥自身职能和“五老”作用，汇聚社会关爱力量，为广大青少年作好服务，推动诸城关心下一代工作再上新台阶。市关工委被中国关工委所属的《中国火炬》评为宣传工作先进单位，8个单位和14名个人分别被山东省关工委、潍坊市关工委评为关心下一代工作先进集体和先进个人。

【基础建设】 以组织建设和队伍建设为重点，夯实工作基础，确保关心下一代工作有序开展。

领导重视支持。3月，潍坊市关工委工作会议后，向诸城市委分管领导做好汇报，召开全市会议进行传达学习。4月，诸城市委召开常委会，专门听取全市关心下一代工作汇报。会上，传达了中央领导重要指示精神和潍坊关工委会议精神，汇报近年关心下一代工作情况，市委书记桑福岭对全市关心下一代工作给予充分肯定，要求各级党委、政府要高度重视关心下一代工作，有关部门要为市关工委解决经费、人员问题。市委领导的重视和支持，为推动全市关心下一代工作的开展提供坚实保障。

建立健全基层组织。抓好镇（街、园区）关工委班子建设。市关工委分组对全市16个镇（街、园区）关工委工作进行检查，对基层关工委班子建设提出明确要求。根据要求，各镇（街、园区）关工委配齐配强领导班子，主任均由党务副书记担任，专职副主任由一名科级干部担任，办公室主任由团委书记担任。抓好各大系统关工委班子建设。在市委领导支持下，对全市原有的7个系统关工委进行调整，按照潍坊市关工委要求，调整组建政法、机关、经信、教育4大系统关工委，先后召开两次会议，研究确定组成人员，与组织部联合，对各镇（街、园区）和市直系统关工委组成人员进行发文公布，明确相关人员职责，为做好关心下一代工作打下了组织基础。

充实壮大“五老”队伍。在4月召开的诸城市关心下一代工作会议上，对各基层“五老”骨干数量做出明确要求：各镇街不少于10人，各园区不少于5人，各学校不少于2人。会后，各基层关工委积极发动，将有热心、有专长的老作为骨干力量纳入“五老”队伍，同时为“五老”志愿者颁发证件。截至年底，全市“五老”骨干数量达300余人，队伍建设达到目标要求，为开展关心下一代工作提供坚实力量。

做好培训提高工作。抓好骨干培训。2017年，召开全市青少年法治教育及五老网吧义务监督工作会议和全市家风教育工作会议，召开全市汇聚关爱工作座谈会等3次大型交流会议、15次小型座谈会，通过以会代训的方式分层次、分类别的对镇（街、园区）关工委和“五老”骨干进行培训，传达学习上级领导批示和潍坊会议精神，专题研究青少年教育，着重解决会干事的问题，提高基层工作水平。抓好面上培训，以镇（街、园区）为单位加强对基层“五老”的培训，提高工作能力。例如贾悦镇关工委统一印制《爱心飞扬》手册100余册，该手册集聘书、分组情况、工作制度、有关文件于一体，颁发给“五老”人员，增强他们投身关心下一代工作的光荣感和责任感。全市多种形式培训“五老”骨干1400余人次。

【优化关爱工作】 2017年，以主题教育为重点，建设好、发挥好“四点半学校”作用，为广大青少年办好事实事，不断优化关爱工作。

开展党史国史教育。发挥学校教育主阵地作用。将自编的《铭记——党史国史青少年读本》，印刷5000册，赠送全市学校，供青少年阅读，书中收录了诸城在抗日战争期间发生的18个重大事件和14个英雄人物事迹，不但填补了当前学校通用教材上的空白，而且以其贴近性颇受青少年的欢迎，得到学校教师和家长的好评。将中共诸城地方史作为青少年“两史”教育的重要内容，以诸城地方党组织在“党的创立和大革命时期、土地革命战争时期、抗日战争时期、全国解放战争时期”4个时期的重要事件、党史人物为主要内容，制作中共诸城党史展板，共20个版面，对青少年进行直观的党史教育，在24所市直学校展出，有10万余人次观看学习。“七一”期间，为庆祝中国共产党成立96周年暨香港回归20周年，与教育局联合，在明德学校举办“学党史、知党恩、圆梦中华”活动，组织学生听报告，参观党史展板，全市各镇街、各学校关工委负责以及明德学校师生2000余人参加活动。发挥“四点半学校”平台作用。组织12名“五老”关爱团成员，到28处“四点半学校”开展党史国史宣讲活动50余场次，8000余名青少年接受教育。例如百尺河镇关工委先后组织1000余名青少年到小仁河社区“国防教育书屋”接受“两史”教育，书屋创办人、复员军人、“五老”志愿者刘光伟为大家宣讲了小仁和村参加抗日战争、解放战争的100多位军人及牺牲的18位烈士的事迹，并联系当前的国际形势阐述加强国防的重要性，使青少年受到“两史”教育。发挥各类教育基地作用。清明节期间，各学校组织学生祭扫烈士墓，瞻仰英烈故居，开展悼念英烈活动，对青少年进行革命传统教育，增强他们的爱党爱国情感。在学校普遍开展活动的基础上，市关工委与教育局联合，组织文化路小学等3所学校的2000余名师生，到王尽美烈士纪念馆，举行“继承革命传统，弘扬尽美精神”活动，教育青少年牢记我党历史，珍惜今天幸福生活。自10月开始，市关工委与教育局联合组织两所学校的1000余名学生参观了中共诸城党组织发展史展览室，通过参观学习，使广大青少年对诸城地方党组织为了人民解放，不怕牺牲、英勇奋斗的革命历史有了更加深入细致的了解。

开展以家风教育为重点的优秀传统文化教育。家风教育是社会主义核心价值观建设和思想道德建设的重要抓手，关系到青少年的健康成长，一直是市关工委关注的重点工作。2017年，关工委多次召开会议，学习习近平总书记有关家庭教育的论述和各级关工委要求，研究家训家教家风方面的知识，分析当前家风教育存在的问题，进一步提高对这项工作的认识。5月，举办好家风好家教座谈会，市关工委、教育局负责以及学校代表、“五老”代表共20余人参加会议。会上，3所学校和10名“五老”代表作交流发言，为开展好家风家教工作献言献策，共同谋划。在市关工委倡导下，各镇街分别开展极具特色的家风家教活动，贾悦镇关工委开展“家风家训社区大讲堂”活动，组织青少年“晒家风、晾家训”，在全镇27个社区，传唱“劝民歌”，撰写“家训词”，印制1万余份在全镇社区、学校发放，教育青少年传承优秀家风文化，培育道德正能量，该镇做法被中国社区教育教育平台·享学网列入全国社区教育重点项目在全国推广。“六一”期间，市关工委联合多部门在超然台举办“童画好家风——第四届少儿创意美术大赛”，全市5000多名少年儿童参与，报送作品5190件，通过比赛，促进少年儿童的美育、德育发展，在培育良好家风中引领少年儿童健康成长。为进一步了解全市的家教情况，开展好这项工作，9月，在全市6所中小学校开展一次“家风教育调查问卷”活动，由学生和家长共同答卷。这次书面调查历时半个月，收回调查问卷2560份。11月，在面上开展和调研基础上，召开全市家风教育工作会议，会议总结前段全市家风教育的情况，交流了工作经验，决定从四季度至2018年，在全市开展一次“传承好家训，建设好家风”家风教育系列活动。在潍坊市关工委工作会议上，诸城的家风教育工作得到潍坊市关工委的表扬和肯定。

参与社会治理创新。2017年，开展第三届“关爱明天，普法先行”青少年法治教育活动。9月，召开全市青少年法治教育暨“五老”网吧义务监督工作会议，总结、交流近年全市青少年法治教育和“五老”网吧义务监督工作情况，会上9个单位、个人作交流发言，通过会议，推动全市面上普法工作。11月，举行“关爱明天，普法先行”——诸城市青少年法治安全教育巡回展启动仪式，巡展共展出19个版面，分别介绍了《中华人民共和国宪法》等4部法律以及用电、交通、消防等安全知识，通过巡展，帮助广大青少年学习、掌握相关法律、安全知识，为个人的健康成长打下法治安全基础。市关工委还充分发挥法律知识宣讲团作用，积极组织政法系统退休老，大力开展普法进校园、进社区活动，组织10名成员到30余个学校、社区开展普法宣讲40余次，大力倡导青少年参与无犯罪学校创建活动，2万余名青少年接受教育。暑假期间，该团还组织20多名老开展一次大规模的网吧监督工作，到全市16处网吧进行巡查，防止未成年人

上网，为青少年健康成长筑牢防火墙。

建设好“四点半学校”（希望乐园）。“四点半学校”很受广大青少年和家长欢迎，是开展青少年关爱教育的重要基地。上半年，对4处新建“四点半学校”进行挂牌，全市“四点半学校”数量达到42处。在工作中，要求把“四点半学校”建设作为一项惠及青少年特别是留守儿童的民心工程、德政工程来抓好，按照统一部署，市教育局、关工委加强“四点半学校”建设，各学校分别建立健全“四点半学校”与学校、家庭的衔接制度，学生管理制度，管理人员和辅导员任职制度，安全管理制度及安全应急预案等，确保“四点半学校”规范安全有序运作。昌城镇昌城社区“四点半学校”总面积15000米，聘请了5位“五老”担任教师，配备有阅览室、电子阅览室、图书室、文体活动室、健身房、心理咨询室、科普室等，硬件条件堪称一流，非常受学生和家长欢迎。为提升“四点半学校”的建设和管理水平，开展以“设施配套好、管理服务好、建章立制好、活动开展好、关爱效果好”为目标的五好创建活动，经过努力，昌城镇昌城社区“四点半学校”、林家村分院“四点半学校”、东鲁学校职工子弟“四点半学校”、明诚学校“希望乐园”、实验小学职工子弟“四点半学校”被评为“潍坊市五好四点半学校”。

为青少年办好实事，解难事。全年投资700万元，新建学校厨房4处，新增就餐人数3200人，全市累计建成41处，就餐人数22188人。把困境儿童作为重点关爱对象，“下基层访千家”，摸底留守、孤残、困难儿童情况，进行走访、抚慰、资助，全市受助学生2746人，金额710万元。市关工委领导向林家村镇石门小学6名家庭困难留守儿童捐献助学金3000元，以及书包、学习用品、书籍等。与万博医疗合作，向全市贫困学子和留守儿童捐赠了价值36.8万元的1000副眼镜，关爱他们的视力健康。此外，义和车桥有限公司、美晨股份有限公司等爱心企业、市青少年宫、爱心协会等组织、个人大力资助品学兼优的贫困学子，为帮助青少年健康成长做出贡献。

【推动关爱工作发展】 工作中，充分发挥“五老”关爱团主导力量，注重汇聚社会组织力量，形成教育合力，不断推动全市关心下一代工作向前发展。

发挥“五老”关爱团力量。以8个市关工委“五老”关爱团为工作平台，调整选聘29名老担任副团长，市关工委为他们出题目、谋思路，开展有针对性的青少年教育活动。如才艺特长指导团，开展两次“全市教师毛笔书法作品点评会”，全市240余名教师参加，活动邀请中国书法家协会会员、“五老”志愿者朱自修等老书法家为学校教师传授书法经验，讲解书法知识。各基层关工委也结合实际搭建平台，充分发挥“五老”作用。龙都街道关工委建成青年创业导师团、法律知识宣讲团、思想道德宣讲团等6个“五老”关爱团，明确各团职责和任务目标，利用社区学校、教学分院等载体对“五老”骨干进行业务培训。至2017年底，共开展活动30次，2000多名学生接受教育。林家村镇依托社区学院“四点半学校”、中心学校关工委成立法律宣讲、才艺指导、两史教育等3个“五老关爱团”，制定规程，每季度开展一次丰富多彩的关爱活动，该镇法律知识宣讲团组织学生参加法制教育活动15次，受教育学生4800人次。

工作中，涌现出许多“五老”好典型。例如市委党史办原主任、“五老”志愿者王治文，在中共诸城党史展板制作和《铭记——党史国史青少年读本》的编辑工作中，将珍藏多年的党史照片、书籍无偿赠予关工委使用，并为展板制作和书籍印刷提出许多宝贵意见。如原市公安局指导员、“五老”志愿者王坤先，组织5名热心从事关心下一代工作的老干部组成法治教育小组，担任实验小学、府前街小学等担任校外法治辅导员，为学校法治教育、网吧监管和校园安全做出大量工作。多次走进看守所，与20多名失足青少年交流谈心，鼓励他们好好改造，争取早日融入社会。山东省书法家协会会员、“五老”志愿者李志诚，在家中开展公益书法授课活动，免费教授青少年学习书法，5年里，跟李志诚学习书法的孩子达130人，35名学生的书法作品在各种书法作品比赛中获奖。中国摄影家协会会员、“五老”志愿者窦相富组织16名摄影爱好者，常年为5个贫困学生捐资助学，他参与诸城市义工协会街头募捐活动，为诸城一中1名患有白血病的女生筹集善款6万多元。密州街道“五老”志愿者尹萍到老年大学学习国画，小有所成后，在家里办了学习点，教授学生作画，辅导学生作业，连续三年被评为密州街道十佳学习点，《潍坊日报》称她“心系农村娃、最美夕阳红”。

*汇聚关爱，凝聚社会各界力量。*市各类社会组织比较多，会员分布在社会各个行业和阶层，与青少年和家庭有密切的关系和接触。自2015年开始，市关工委开展“汇聚社会组织关心爱护下一代”工作，凝聚社会力量，共同做好关爱青少年工作。为进一步推动这项工作开展，7月召开全市汇聚关爱工作座谈会，全市34个与青少年相关的社会组织参加，老年书画研究会等8个社会组织作重点发言，青少年心理协会等15个社会组织进行交流发言，为社会组织更好地开展关爱青少年工作起到促进作用。与市文学研究会合作，连续第五年举办全市中小学生征文活动，从中选出具有代表性的优秀作文结集成册，免费赠送全市学校供青少年阅读。通过每年的征文活动，深化了市关工委主题教育活动的开展，为青少年搭建了健康成长、展示自我的平台。在市关工委的组织下，许多社会组织重视关注青少年成长。例如爱心协会成立以来，一直关注对青少年的济困助学工作，每年用于这方面的资金都在20万元左右。日出东方慈善义工团的曹芍芬，带领团队成员，多年致力于帮助残疾儿童成长，义务教授40余名残疾儿童学习舞蹈、乐器等，培养他们自立自强的信念，增强他们生活的信心，在6月召开的山东省第九届残疾人文艺汇演中，曹芍芬指导的聋哑人舞蹈队获得一等奖的优异成绩。青少年宫连续多年举办“流动少年宫”项目，上半年到贾悦小学等5所偏远农村学校开展文艺汇演，12月组建市青少年宫密州分宫，为农村孩子提供免费的才艺指导，帮助农村孩子尤其是留守儿童贴近艺术，培养特长。剪纸艺术协会主席刘桂英先后在多处学校建立剪纸艺术培训基地，手把手、心贴心地传承剪纸艺术，“六一”期间，举办全市首届小学生剪纸艺术大赛，220多名小学生的作品参加展览，许多人都为小学生们的剪纸技艺点赞。诸城市尚德民俗博物馆收藏有老旧的生产、生活用具、文档资料、家用电器以及胶片电影器材等逾万件，直观地展示了诸城的发展历史与传统文化，该馆还经常用老式胶片放映机播放经典动画以及红色电影，2017年接待青少年参观者2000人次。老年书画研究会、摄影家协会、书法美术协会、青少年教育发展研究中心、足球协会等也结合各自实际，开展丰富多彩的关爱青少年活动，深受社会各界好评。

【扩大关爱工作影响】 在做好日常宣传的同时，利用2017年是潍坊市关工委和诸城市关工委成立25周年这一契机，积极组织和参与纪念活动，不断提升全社会关心下一代工作影响力。

*参加潍坊市组织的纪念活动。*积极参与潍坊市关工委组织的理论研讨征文活动和纪念潍坊市关工委成立25周年摄影图片展活动，上报3篇理论研讨文章和30多幅照片。其中2篇文章和8幅照片获奖，展现诸城多年关心下一代工作所取得的成就。

与市委老干局联合举办庆祝诸城市关工委成立25周年摄影图片展。摄影展共展出摄影图片90余张，图片主题鲜明，内容丰富，从不同的表现角度，反映了各级领导对青少年健康成长的亲切关怀，记录各级关工委的工作成就，展现了“五老”志愿者的精神风采，展示了城青少年的健康成长，再现社会各界的关心支持。摄影展览先后在超然台、市政府广场、4处乡镇展出。

做好日常工作宣传。壮大通讯员队伍。在全市各级关工委建立起一支30余人的专兼职通讯员队伍，加强对关爱工作的宣传报道。加强与本地媒体合作。加强与电视台、潍坊日报社诸城分社、诸城信息港等媒体的合作，对全市关心下一代工作进行重点宣传，在全市营造关心支持关爱工作的良好氛围。全市青少年法治教育及五老网吧义务监督工作会议召开后，在《潍坊日报·今日诸城》上以配编者按的形式，刊发会议典型系列报道，对检察院、密州小学等6个单位进行宣传报道。王坤先等多名“五老”事迹也被《潍坊日报·今日诸城》报道。全年发表新闻、图片40余篇幅。积极向上级关工委报送文章、信息。全年共刊发文章、图片100余篇，其中《你不能上学，我来教》《剪出一片天》分别在《中国火炬》2017年第2期、第4期发表。办好关工委网站。加强“诸城市关心下一代工作委员会”网站的日常管理，增加栏目，更新内容，为各级关工委提供宣传平台，刊载各类信息、图片200余篇幅，全年访问量1万余人次。

（钟兆鹏）

督 查 工 作

【概况】 2017年，诸城市委、市政府督查工作认真贯彻落实市委、市政府决策部署，以开展“作风建设年”和“两学一做”教育活动为契机，以“四个城市”建设为统领，围绕实施“三区一城”战略，进一步突出督查重点，创新督查机制，转变工作作风，有效地推动市委、市政府决策部署的贯彻落实。全年共开展各类督查活动260余次，迎接上级督查67次。编制《督查专报》137期、《督查通报》89期，下发《督查通知》32期。

【决策督查和政务督查】 对年度重点工作进行督查。对《中共诸城市委常委会2017年工作要点》、第十八届人民代表大会第一次会议通过的《政府工作报告》以及全市三级干部会议上确定的105项重点工作实行台账式督查，明确责任主体、工作措施和完成时限，每季度督查汇总任务目标完成情况。对桑莎设点招工、国土绿化、周六义务劳动、畜禽养殖污染防治、城乡环卫一体化运行、重点企业税收、对接青岛等30余项工作进行重点专项督查。

对重点项目建设工作进行督查。将项目建设作为全年督查工作重点，对重点项目建设“百日会战”进行集中督查，从9月到12月底，对全市154个重点项目（涉及工业、服务业、农业、棚户区改造、城市建设、交通公路、社会公益事业），在项目建设进度、各类审批手续办理、项目推进难题及建设管理规范等方面，实行每周一督查，每半月一检查，每月一评比，年终一考核，考核结果计入各责任单位和包靠单位科学发展综合考核机制。对未完成阶段性任务目标的，由市纪委对相关责任单位视情况进行通报。共开展专项督查活动1700余次，上报督查专报12期，下发督查通报12期，获得市委主要领导批示34次。同时，开通“百日会战”微信公众号，发布领导调度、工作动态、督查通报、通报批评等各类信息104项。

对重要会议确定事项进行督查。对诸城市委常委会、市政府常务会等专题会议确定事项落实情况进行定期督查。对全市三级干部会议、全市安全生产工作会议、全市农村工作会议、8月14日市委书记桑福岭在南湖区座谈会确定事项实行立项分解，定期督办。

对代表议案和政协提案进行督查。重点督办“两会”人大代表建议10件、政协委员提案10件，逐一明确案由和承办单位，每月一督查。

做好领导批示及上级各类督查事项落实工作。根据领导批示要求，先后对各镇（街、园区）、市直单位收听收看潍坊及诸城“作风建设年活动动员大会”、省第十一次党代会及会场纪律情况、中秋国庆期间值班执勤情况、党的十九大开幕式收听收看情况及十九大期间值班备勤情况进行现场督查。同时认真承办潍坊市委督查室、市政府督查室下发的督查通知、领导批示及现场督查事项，共承办上级各类督查事项67次。

组织并做好全市科学发展观摩点评工作。3月，制定并印发《诸城市科学发展现场观摩点评实施办法》，每季度组织对镇（街、园区）科学发展情况进行观摩点评，成功组织全市四个季度科学发展观摩点评活动，促进市委、市政府各项决策部署顺利实施。

【专项督查】 重点事项专项督查。2017年，对农业结构调整、棚户区改造、安全生产、桑莎公司设点及招工情况、平日路绕城改建、城乡环境综合整治、国土绿化及城区提质增绿、全市农业农村工作目标责任制、土地卫片执法检查违法用地整改、重点基础设施建设工程、全面对接青岛工作、对接青岛服务恳谈会签约项目、社会事业项目、重点城建道路、创卫迎审、新一中国际学校二期拆迁倒地、畜禽养殖污染整治工作、深化“放管服”改革进一步加强服务型政府建设的任务、四个城市建设“10.30.100”支撑项目、对接北京非首都功能疏解项目、散煤治理、一日信访来访等23项工作进行专项督查。

迎接国家卫生城市复审工作督查。6月13日，印发《中共诸城市委办公室诸城市人民政府办公室关于对迎接国家卫生城市复审工作严格督查问责的通知》，市督查局、市纪委、市委组织部、迎审办对各责任单位创卫迎审存在问题整改情况进行督查，共开展督查活动12次，上报督查专报11期。同时做好对全市机关事业单位每周六参加义务劳动情况督查工作，共上报督查专报6期。市督查局协助市委办公室网格创卫迎审工作，安排一名副科级干部靠上督导，及时督促责任单位发现并解决问题。市督查局机关全体人员积极参加每周六义务劳动，先后对南关路家属院垃圾及小广告、陶家岭小菜园及垃圾等进行清理，促进了创卫迎审工作常态化、制度化。

【网络督查】 继续发挥网络督查平台的载体功能，促进督查工作的规范化、可追溯化。全面发挥网络督查平台作用，对重点项目、年度重点工作、会议督查、专项督查、人大代表建议政协提案等督查事项全部纳入平台统一发布，建立台账，各责任单位定期报送工作进展情况，通过平台对重点督查事项“晒进度”，充分调动责任单位积极性。同时，对各镇（街、园区）、市直各部门单位点击察看督查事项情况随时记录，实现了从立项、分解、分派、反馈、办结、审核、归档、评分、考核、统计汇总等全方位动态监控和管理。

【督查调研】 2017年，诸城市委、市政府督查局共开展各类督查调研活动10余次，形成督查调研报告6篇。

（张志媛）

档　案　工　作

【概况】 2017年，诸城市档案工作在诸城市委、市政府的坚强领导和上级业务部门的大力支持下，以党的建设为统领，以走在前列为目标，创新工作思路，强化工作落实，加强作风建设，寻标对标，进位争先，圆满完成全年工作任务。顺利通过"国家级数字档案馆测试"，市档案局被省档案局表彰为档案宣传工作先进集体、档案统计工作先进单位。为保证档案工作的发展，年初，诸城市编委会研究决定，诸城档案馆增加5个编制，编制总数达到22人。

【档案馆业务建设】 档案接收与征集。接收档案214卷、图书资料461册、报纸190册、实物档案4件，征集中央电视台与《中国影像》杂志社联合拍摄的诸城影视资料原数据档案437GB。与摄影家协会合作完成城市记忆工程，将诸城主城区的道路、标志性建筑、背街小巷、古建筑、公益性单位等，全部进行拍摄，共形成城区照片1298张，城区面貌被永久记录在案，极大地丰富了档案馆藏。

档案安全。按照档案馆消防安全应急预案和库房安全管理制度，定期检查库房安全，每周五下午进行安全大检查，关电闸查门锁，发现安全隐患，及时排除，确保档案库房安全。利用库房中心控制系统对库房温湿度进行恒温恒湿调控，24小时防火防盗监控，确保档案资料保管条件适宜，档案实体安全。

档案利用。为部队转业士兵重新登记、全市改革发展馆、原行政村主职干部退职、军人复退补助、干部工资调整等方面的利用者积极提供查档服务，全年共接待利用者3100余人次，提供利用档案资料7500余卷（册）。

档案数字化。实现全部馆藏档案数字化（短期除外），共加工档案96779卷（其中馆藏84157卷、室藏12622卷），建成1585986条目录数据库、10856971页全文数据库、36027张照片数据库、11160分钟的多媒体数据库，全市入馆单位档案室2007–2014年度文书档案也全部完成数字化。数字化率和数字化进度列潍坊市首位。数字档案馆于2012年初步建成并投入使用，2017年6月，申报国家级数字档案馆先进单位测试，在潍坊市属首批申报。12月27日，顺利通过"国家级数字档案馆测试"。

【机关企事业档案】 文书立卷。开展全市2016年度文件材料立卷工作。年初，诸城市委办公室、市政府办公室印发开展文书立卷的通知。按照通知要求，市档案局层层召开立卷工作动员会，并组成6个工作组，对全市330多个机关企事业单位、16个镇（街、园区）的文书立卷工作进行立卷组织与指导。据统计，全市机关企事业单位、镇（街、园区）共立文书档案4667卷。

科学化管理测评。年初，市档案局召集市直部门和镇（街、园区）102个单位召开调度会，进行动员部署。业务指导人员重点包靠公安局、供电公司、水利局，争取进行示范和先进单位测评。年中，对参加测评的单位召开进度推进会，对测评准备工作进行详细讲解和指导。12月6日，公安局、供电公司获得省档案工作科学化发展示范单位，水利局获得省档案工作科学化发展先进单位，36个单位获得省档案工作科学化发展合格单位。

精准扶贫档案建档。按照安丘精准扶贫档案管理工作现场推进会议的要求，结合诸城实际，研究制定《诸城市精准扶贫档案管理实施细则》。市档案局与市扶贫办对桃林镇的精准扶贫材料进行摸底了解，搞好建档试点，并以点带面，在全市各镇（街、园区）进行推广。

业务指导。市档案局多次到供电公司、公安局、水利局、人社局、扶贫办、基泰汽修公司、纪委等单位进行档案业务指导，提升面上档案业务管理水平。拟制并下发《关于做好社区（居）两委换届选举文件材料归档工作的通知》，规范了社区（居）两委换届选举文件材料的收集范围和从档人员相关责任。

档案培训。积极参加上级业务部门组织的培训，全年先后安排4人外出参训。举办档案业务培训班，采取以会代训的形式，对市直部门和镇（街、园区）共102个单位的文档人员进行培训，利用一天时间，重点培训档案知识的实际应用，提高全市文档人员的档案业务素质。

【档案法治建设】 组织档案质量和安全检查，并对有关单位存在的突出问题下发了监督检查通知书，责成限期改正。加强档案执法队伍建设，按要求组织行政执法人员参加法律知识考试，3人获得执法资格证。完善档案责任清单和权力清单，并在审改办网站公布。按照档案局“三定”规定和权责清单，编制了档案部门政务信息资源目录和档案工作公共服务事项目录，确立了5项内容，制定档案工作服务指南。做好档案行政执法“双随机、一抽查”工作，将“一单、两库、一细则”在档案局网站上公布，并随时在网站上公布抽查结果。做好“零跑腿”和“只跑一次”事项清单、信用建设工作，每月按规定报送相关信息。

【档案宣传与学术研究】 在各级媒体发表档案宣传稿件30余篇，在省级以上刊物发表理论文章7篇，分别刊登在《档案学研究》《中国档案报》《山东档案》《云南档案》《上海档案》。《社会认同视野下乡村档案文化建设主体构成探析》一文获评第六届中国档案职业发展论坛一等奖，《法国档案行政管理机构的演变及其特点和影响分析》一文获得潍坊市社会科学优秀成果奖三等奖。高度重视档案报刊征订工作，确保订阅经费到位。经过周密安排，率先在全潍坊市完成18份《中国档案》、22份《中国档案报》、105份《山东档案》的征订任务。

【档案编研】 为纪念诸城撤县设市30周年，充分展示撤县设市以到诸城经济社会发展所取得的辉煌成果和社会和谐、人民幸福的崭新面貌，激发市民热爱家乡、建设诸城的热情，启动《龙城壮歌——诸城撤县设市三十周年档案史料选萃》一书的编写工作。2017年10月，该书交付中国石油大学出版社审核出版。该书共分六部分：撤县设市纪元篇、经济发展壮大篇、城市建设观察篇、社会事业繁荣篇、改革创新实践篇、政通人和奋进篇，以最真实最原始的档案为凭据，通过图片的方式，将全市转型跨越进程中的每一个精彩瞬间载入史册。另外，每月定期编写《诸城大事记》，为领导决策及时提供信息服务。

【党的建设】 党风廉政建设主体责任。根据两个主体责任书的要求，履职尽责，严格按照市委组织部的要求做好党建工作，坚持“三会一课”制度，领导干部带头讲党课。年初，结合工作实际，坚持每周五下午学习制度，根据工作变动情况调整学习内容。全年组织理论学习达34次，保证学习效果，激发工作干劲，不断提升“四个意识”，转变工作作风，保证各项工作任务的顺利有序完成。

开展各类活动。积极参加市委组织的全员进党校、领导干部教育培训、“灯塔在线”和网上学习教育活动，以及中层以上干部的党风廉政知识考试。组织全体干部到党性教育点学习和重温入党誓词，分两批赴井冈山开展党性教育主题活动，让全体干部不忘初心，砥砺前行。

增强政治素养。认真开展作风建设年活动，寻标对标，进位争先，激情创业，实干担当，确保全年工作任务的顺利完成。扎实开展“两学一做”学习教育活动，做好学习笔记，撰写心得体会，使学习教育活动常态化、制度化。

（高兰香）

诸城市人民代表大会

综　述

2017年，诸城市人大常委会在市委的正确领导下，全面贯彻党的十八大、十八届历次中央全会、十九大精神和习近平新时代中国特色社会主义思想，按照“服务全市大局、依法行使职权、凝聚发展合力、建设‘三区一城’”的总体工作思路，不忘初心、砥砺前行，实干担当、锐意进取，为促进全市经济发展、社会和谐、民生改善、法治进步做出应有贡献。

依法支持和推动经济高质量发展

诸城市人大常委会紧紧围绕深化供给侧结构性改革、加快新旧动能转换，立足人大职能，全力支持，强力推动。

【助推重点项目建设】 全面落实市委“项目建设攻坚年”部署，将项目建设作为加快新旧动能转换、建设产业强市的主要抓手。在充分调研、广泛论证的基础上，依法做出批准土地利用总体规划调整的决定，为项目建设提供要素保障。围绕全市重点项目建设，开展全年度全方位持续监督，年初视察工业服务业重点项目开工情况，年中专题调研重点项目推进情况，年底就重点项目落实情况进行专题询问，并组织四级人大代表开展集中视察，助力政府优化政务服务水平、健全项目推进机制、加快项目落地投产达效，用项目建设推动以“四新”促进“四化”，实现“四提”，培育诸城经济发展新优势。

【推动“三招三引”】 诸城市人大常委会听取招商引资及诚信体系建设情况报告，支持市政府深化“放管服”改革，全面推进社会信用体系建设，创新管理服务模式，努力营造一流的营商环境。以开展促进科技成果转化法执法检查为切入点，助推市政府持续加大招才引智、招院引所力度，不断深化产学研合作，统筹推进以科技创新为引领的全面创新，推动传统产业优化升级，建设创新创业引领区。

【推进农村产业融合】 诸城市人大常委会听取审议市政府关于农田水利基础设施建设情况的报告，支持政府优化农业发展设施条件，夯实产业融合发展基础。专题调研畜牧业生态化建设情况，助力政府实现畜牧业标准质量和养殖效益“两提升”。开展农产品质量安全法执法检查，督促政府构筑农产品质量安全责任体系。视察现代农业发展情况，支持政府实施现代农业“五化”发展战略，加快推进“三调两提”，打造特色突出、优势明显、链式发展的现代农业“新六产”体系。

【计划预算监督】 成立预算审查监督咨询专家组，提高人大预算审查监督专业化程度，增强人大预算监督效果。听取审议国民经济和社会发展计划执行、财政预算执行和财政决算、预算调整及审计工作报告，依法做出决议决定，充分发挥计划财政在经济社会改革发展中的宏观调控能力。围绕重大项目建设贷款融资情况进行审查批复，督促政府建立防范政府性债务风险机制，确保国有资产安全有效运行。审查政府预算执行、调研预算编制工作，增强预算透明度和人大审批的严肃性。

推进民主法治建设进程

市人大常委会按照全面依法治国新要求，以加强法律监督为重点，监督和支持“一府两院”依法行政、公正司法。

【普法宣传】 强化对普法工作的领导和监督检查，督促有关部门认真实施“七五”普法和“六五”依法治市规划，落实“谁执法谁普法”责任制，发挥司法行政系统专业人员优势，突出重点，开展形式多样的宣传教育活动，不断提高全民法治素养。严格执行对人大任命的国家机关工作人员任前法律知识考试和任后宪法宣誓等制度，激励和教育国家工作人员树立宪法意识，恪守宪法原则，弘扬宪法精神，履行宪法使命，影响带动全社会尊法学法守法用法。

【司法监督】 把强化执法检查摆在突出位置，先后采取市镇同步的方式对《中华人民共和国道路交通安全法》等5部法律开展执法检查，主动向潍坊市人大常委会报送备案规范性文件8件，依法审查市政府报送备案的规范性文件4件，积极配合省、潍坊市人大开展执法检查和立法调研活动，维护法治的统一、尊严、权威。依法做出关于开展公益诉讼、加强行政检察监督工作的决定，专题听取检察院民事行政检察工作情况的报告，集中视察法院执行工作，依法对员额法官、检察官进行备案，有力推动了“两院”工作顺利开展。

【加大评议力度】 为避免“一评了之”的形式主义，市人大常委会本着加强沟通、促进工作、注重实效的原则，创新专项工作评议方式，制定工作评议办法和评议方案，分3批对40个政府部门单位开展加强作风建设、提升工作效能、优化发展软环境工作评议。评议中，被评议部门单位主要负责人逐一报告工作，并回答代表询问；与会代表无记名投票打分，结果当场宣布，并向市委报告、向市政府及其上级主管部门通报、向社会公开；整改落实情况在常委会会议上进行满意度票决。通过评议，参评部门单位工作作风明显转变，依法行政水平明显提升，政府部门单位和人大代表有效沟通，群众满意度明显提高。

促进民生保障和改善

市人大常委会着力督促解决一些人民群众最直接、最关心、最现实的利益问题，增强人民群众获得感、幸福感。

【促进生态宜居城市建设】 建设生态宜居示范区是品质城市的重要组成部分，关系广大人民群众切身利益。市人大常委会围绕生态宜居城市建设的关键环节，采取市镇联动的方式开展新型城镇化建设专题调研，专程赴合肥、苏州、无锡等地学习借鉴滨湖城市规划、开发和建设方面的先进经验与做法，提出的意见建议为市委决策提供重要参考。听取审议市政府关于国家新型城镇化试点情况的报告、就房地产管理法开展执法检查、对水源地保护工作进行视察，配合潍坊市人大调研食品安全工作等，为诸城生态宜居示范区建设贡献智慧、凝聚力量。

【促进国家卫生城市复审】 积极落实市委关于国家卫生城市复审迎查工作部署，向各级人大代表发出公开信，把迎审工作融入“实干担当、激情创业”代表主题活动，号召和引导各级人大代表积极参与、支持复审迎查工作，努力营造社会普遍关注、人人积极参与的良好氛围。专题调研公共卫生事业发展情况，听取政府相关报告，针对复审迎查工作提出审议意见，并督促抓好落实。组织代表对国家卫生城市复审迎查工作进行视察，形成的报告得到市委主要领导批示，强力助推了复审迎查工作深入开展。

【促进公共文化发展】 满足人民群众美好生活的新期待，必须提供丰富的精神食粮。市人大常委会专题听取市政府公共文化服务体系建设情况报告，开展市镇人大同步调研，组织视察教育均衡发展，提出有针对性的意见建议，助力政府构建覆盖城乡的公共文化服务设施网络，推行“圈网融合”服务模式，打造“尽美诸城”文化名市建设主体品牌，推进文化惠民利民、育人化人。开展旅游法执法检查，调研旅游业发展情况，助推文化资源开发，实现诸城文化与旅游业深度融合，打造具有诸城特色的文旅品牌，不断扩大诸城的知名度、美誉度和影响力。

【促进社会和谐稳定】 深入调研社会治安防控体系建设工作，提出深化警务改革、整合防控资源、加快信息化建设等意见建议，支持“一府两院”依法打击和惩治违法犯罪活动，进一步提升群众安全感和满意度。认真接待群众来信来访，强化案件督办，稳妥处理群众反映问题，全年共受理督办人民群众来信来访155件次，有效维护了当事人的合法权益。扎实做好安保维稳、化解信访积案和矛盾纠纷工作，深入开展排查安全隐患防范四类风险专项行动，促进了社会平安和谐。

人大代表作用发挥

市人大常委会充分尊重代表主体地位，积极为代表依法履职搭建平台、提供服务。

【强化履职保障】 在潍坊市各县市区中率先举办人大代表初任培训班，有针对性地抓好代表小组学习，提高广大代表依法履职的能力和水平。加强常委会与代表的联系，坚持重要会议邀请代表列席、重要活动吸收代表参加、重要工作征询代表意见，为代表知情知政、执行职务、发挥作用创造条件。全年邀请代表列席常委会会议450人次，参加调查视察、执法检查活动260人次。加强代表小组规范化建设，驻诸城各代表小组设施标准、制度健全、功能完善、活动经常，得到上级人大的充分肯定。加强代表履职信息化建设，“诸城人大”网站改版扩容，“人大代表信息管理系统”建成开通，“人大代表民情通”手机APP在相州镇试点顺利推进。

【创新活动载体】 认真贯彻落实诸城第十四次党代会精神，扎实开展“实干担当、激情创业”代表主题活动，制定实施方案，召开动员大会，组织代表立足本职、发挥优势，争做“两学一做”的先锋、践行法治的表率、转型发展的标杆、为民服务的模范，凝聚全市深入推进“三区一城”建设的强大合力。活动中，采取印发简报、座谈交流、分片观摩等方式，跟上分类指导和检查推进；在电视台、《今日诸城》开辟专栏，集中宣传部分代表的先进事迹，增强活动实效和影响力。在上届代表活动进社区的基础上，探索开展“两进三诺”代表履职活动，组织人大代表进社区、小组活动进社区，进一步畅通社情民意反映和表达渠道。活动坚持年初计划定诺、年中交流践诺、年底述职评诺，着力激发代表履职热情，增强代表履职能动性。广大代表争当“宣传员”“联络员”“调解员”“服务员”，在宣传政策、凝聚人心、维护稳定、促进和谐中发挥了重要作用。

【狠抓建议督办】 市人大常委会把督办代表建议作为尊重代表民主权利、支持人民当家做主的重要举措来抓，坚持台账式管理、滚动式督办、面对面答复，严格把好答复关、进度关、满意关三个“关口”。针对建议办理落实代表满意度不高、建议答复环节存在的承办部门与代表联系沟通不到位、建议答复形式不规范等问题，主任会议进行专题研究，市人大常委会会议先后两次听取市政府关于代表建议办理落实情况的报告。经过市政府及各承办部门的积极努力，市十八届人大一次会议以来代表提出的132件建议，全部办结完毕并答复代表，代表满意率明显提高。

自身建设

市人大常委会深入落实市委“作风建设年”活动部署，加强理论武装、改进工作作风，不断提升履职能力。

【坚持和依靠党的领导】 把坚持党的领导作为人大工作的根本政治原则，牢固树立“四个意识”，自觉在思想上政治上行动上同以习近平为核心的党中央保持高度一致，始终保持人大工作正确的政治方向。全年围绕全市重点工作，听取审议专项报告55项，做出决议决定8项，依法任免地方国家机关工作人员29人次，确保将市委的重大决策部署转化为全市人民的自觉行动，使人大工作始终与全市大局同频共振、协同推进。

【制度建设】 坚持把制定、修改和完善各项工作制度作为促进人大工作的重要载体。主动适应新形势、新要求，修订和完善了市人大常委会组成人员守则、议事规则、人事任免办法、询问办法、质询办法、代表履职守则等10多项规章制度。同时，切实增强制度执行力，强化监督检查，及时通报违规现象，进一步规范了履职行为，增强人大工作实效。

【发挥专委会作用】 2017年，市人大常委会充分发挥人大专门委员会在具体组织实施执法检查，开展视察、专题调研及跟踪监督常委会决议决定落实、审议和评议意见办理等方面的作用，探索实行人大各专门委员会向常委会述职的做法。各专门委员会充分发挥专业优势，牵头组织开展执法检查、视察、调研、工作评议和专题询问等活动24次。专门委员会扎实有效的工作，为提高主任会议、常委会会议质量做出积极贡献。

【作风建设】 积极开展寻标对标提标工作，深入学习研究龙口、寿光等地人大的创新工作思路和做法，全面提升常委会及机关的目标定位、工作标准，提高机关参谋助手和服务保障水平。坚持用心用力做好老干部服务保障工作，传承和发扬老领导们的优良传统。加强对镇街、开发区人大的联系指导，邀请镇人大代表列席常委会会议、参与工作评议、联动进行视察和执法检查等，提升镇街人大工作水平。

其他重要工作

【举办人大代表初任培训班】 3月13–14日，市人大常委会举办第十八届人大代表初任培训班。诸城市领导王玉邦、张福秀、刘作勋、郑晓瑛、颜廷忠、杨景良、王金友、葛淑彬出席。在培训班上，省人大常委会立法咨询员、山东政法学院教授刘和海围绕宪法、代表法和人大代表如何履职等内容作辅导报告；潍坊市人大常委会副秘书长、人事代表工作室主任毛洪涛围绕地方组织法和人大专门委员会如何履职等内容进行详细讲解。通过这次培训，使广大代表增强坚持人民代表大会制度的行动自觉，为运用法治思维和法治方式履行职责、参政议政奠定基础。

【召开人大代表“实干担当、激情创业”主题活动动员大会】 3月13日，市人大常委会召开人大代表“实干担当、激情创业”主题活动动员大会。诸城市领导孙吉海、王玉邦、王洪伟、刘作勋、郑晓瑛、颜廷忠、杨景良、王金友、葛淑彬出席会议，驻诸城的部分省、潍坊市人大代表，全体诸城市人大代表和部分镇人大代表参加会议。会上，市人大常委会副主任刘作勋宣读了市人大常委会关于开展人大代表“实干担当、激情创业”主题活动的实施方案。王金玲、马煜平、惠伟、郑德山、徐公波、刘正光等6位代表，结合各自工作实际，从不同侧面围绕如何参与“实干担当、激情创业”主题活动做了表态发言。

上级视察调研

【潍坊人大常委会视察组到诸城视察】 5月10日，潍坊市人大常委会副主任范福生带领视察组，到诸城就化工产业发展情况进行视察，诸城市领导王玉邦、李庆华、刘作勋陪同。视察组一行先后到贾悦化工园、泰盛化工、福田M4项目现场进行实地视察，并召开座谈会，听取全市有关工作情况汇报，征求对化工产业发展方面的意见建议。

【潍坊人大常委会调研组到诸城调研旅游业发展情况】 5月11日上午，潍坊人大调研组到诸城对旅游业发展情况进行调研，诸城市领导颜廷忠、王大伟陪同。调研组实地察看了迈赫机器人大世界、永辉生态农场和龙门口生态旅游度假区等现场，并听取有关情况介绍，对诸城旅游业发展工作给予高度评价。

驻诸潍坊市人大代表一组和二组组成联合视察组，对诸城国家卫生城市复审迎检工作进行视察　　（供图　市人大办公室）

【驻诸城潍坊人大代表小组对全市国家卫生城市复审迎检工作进行视察】 5月11日，驻诸潍坊市人大代表一组和二组组成联合视察组，对全市国家卫生城市复审迎检工作进行视察。诸城市人大常委会主任王玉邦、副主任刘作勋参加视察，副市长刍东升及有关部门负责人陪同视察。视察组实地察看了中央商务区、九龙口巷、陶家岭便民服务点等10处现场，听取有关情况介绍和市政府工作汇报。代表们踊跃讨论发言，就如何做好复审迎检工作积极建言献策，提出针对性的意见和建议。

【潍坊人大常委会调研组到诸城对农产品质量安全情况进行调研】 5月19日，潍坊市人大常委会副主任张新强带领调研组，到诸城对全市农产品质量安全工作进行调研，诸城市领导孙吉海、张福秀、葛淑彬、王大鹏陪同。调研组实地察看了舜丰农业示范园、中康农业开发公司、市检验检测中心和外贸公司的产品展销中心，并召开座谈会，听取诸城相关情况汇报，征求了农产品质量安全方面的意见建议。

【潍坊人大常委会调研组到诸城调研食品安全工作】 7月18日上午，潍坊市人大常委会副主任张新强带领调研组到诸城调研食品安全工作，诸城市领导王玉邦、郑晓瑛、王大伟陪同。调研组一行先后到信得科技、惠发食品、市检验检测中心进行实地调研，详细了解诸城食品安全工作情况，听取全市食品安全工作汇报，与有关部门和部分潍坊市人大代表、企业负责人进行座谈。

【潍坊人大常委会调研组到诸城调研】 8月22日，潍坊人大常委会副主任范福生带领调研组到诸城对诚信环境开展专题调研，诸城市领导孙吉海、王玉邦、李庆华、颜廷忠陪同。调研组一行实地察看了政务服务中心，并召开座谈会，听取诸城信用体系建设情况汇报，征求了相关部门和企业对诚信环境建设的意见建议。

【潍坊人大常委会调研组到诸城调研】 9月5日，潍坊市人大常委会党组副书记、副主任孙明亮带领调研组，到诸城就经济发展法制环境问题开展专题调研。诸城市领导桑福岭、王玉邦、葛淑彬、王彦青陪同调研。调研组一行先后到佳士博食品公司、美晨科技产业园、超然首新空间、福田汽车M4项目实地参观调研，并召开座谈会，听取有关情况汇报，对诸城围绕经济发展优化法制环境的做法给予充分肯定。

【潍坊人大常委会调研组到诸城调研】 9月13日上午，潍坊市人大常委会副主任、城建环资委主任委员毛秀凤带领调研组，到诸城对重大交通基础设施建设管理情况进行调研，诸城市领导王玉邦、于明堂、杨连富及有关部门负责陪同调研。调研组实地察看了潍日高速和新东环等施工现场，听取有关情况介绍，并进行座谈，听取市政府关于诸城重大交通基础设施建设情况汇报和相关部门负责的意见建议。

【省人大常委会视察组到诸城视察】 11月15日，省人大常委会副主任张新起带领视察组一行，到诸城视察文化、卫生事业发展情况。潍坊市领导邹庆忠、孙明亮、张新强，诸城市领导桑福岭、王玉邦、王爱民、张福秀、单东升陪同。视察组先后到昌城镇综合文化服务中心、市人民医院和博物馆、名人馆进行实地视察，听取有关情况汇报，对诸城围绕加快“文化名市”建设，推进文化繁荣兴盛，大力发展卫生事业，全面提升人民群众获得感满意度的做法给予高度评价。

视察　检查

市人大常委会组织人大代表对工业服务业重点项目开工建设情况进行视察。3月28日，诸城市人大常委会组织部分人大代表对工业服务业重点项目开工建设情况进行视察。市领导孙吉海、王玉邦、王大伟参加视察。视察组实地察看了福田M4、伊甸缘婚庆服装高端定制、赛石园林文旅生态小镇、高强高端紧固件、美晨科技产业园等项目建设现场，听取有关情况介绍。

市人大常委会对全市贯彻实施《中华人民共和国城市房地产管理法》情况进行执法检查。9月22日上午，诸城市人大常委会主任王玉邦带领执法检查组对全市贯彻实施《城市房地产管理法》情况进行执法检查，市人大常委会副主任于明堂、市政府副市长王大鹏参加检查，有关部门和企业负责陪同检查。执法检查组实地察看了红星家园、大源枫香小镇、枫香湖畔、正大繁华新城和碧桂园等项目现场，并进行座谈，听取市政府关于贯彻实施《房地产管理法》有关情况的汇报，有关部门和企业围绕自身职能和工作汇报了贯彻实施过程中存在的问题和意见建议，执法检查组成员分别围绕法律宣传、项目规划、建筑质量、销售监管和物业管理等有关问题提出意见建议。

市人大常委会视察教育均衡发展情况。10月24日，诸城市人大常委会组织部分省、潍坊及市人大代表，对全市教育均衡发展情况进行视察。市人大常委会领导王玉邦、张福秀参加视察，副市长单东升、有关部门负责陪同视察。视察组实地察看了龙源学校、新繁华中学、东坡学校、京师国际学校、高新园学校、百尺河教育区、昌城教育区等现场，详细了解诸城教育均衡发展情况，并召开座谈会，听取市政府工作汇报。

市人大常委会视察水源地保护情况。12月6日上午，诸城市人大常委会组织部分潍坊市人大代表、常委会组成人员和人大城环委委员，对全市水源地保护情况进行视察。市人大常委会主任王玉邦、市人大常委会副主任于明堂参加视察，市政府副市长杨连富、有关街道、园区和部门负责陪同视察。视察组实地察看了花园河治理、三里庄水库围网、扶淇河生态治理、卧龙湖水库和西见屯拦河闸等工程项目现场，听取有关情况介绍和市政府工作汇报。参加视察的委员和代表们结合视察和平时了解的情况进行认真审议，并就下步工作积极建言献策，提出有针对性的意见建议。

市人大常委会组织代表进行会前集中视察。12月12日，诸城市人大常委会组织驻诸城市的全国和部分潍坊、诸城市人大代表，对全市经济社会发展情况进行人代会前集中视察，为代表出席各级人代会审议各项议案和报告做准备。市领导刘峰梅、王玉邦、张福秀、刘作勋、郑晓瑛、于明堂、颜廷忠、杨景良、杨连富参加视察。此次视察采取看、听、议相结合的方式，围绕全市工业服务业项目建设、棚户区改造、现代农业园区建设、教育事业发展、道路交通建设等重点领域，实地察看了南湖生态城东组团、美晨科技产业园项目、北汽福田超级卡车工厂等现场；召开座谈会，听取市政府关于全市经济社会发展情况的汇报；代表们结合视察和平时调查了解的情况，踊跃审议发言，提出一些建设性的意见和建议。

重要会议

【第十八届人民代表大会第一次会议】 2017年1月19-22日在市政府大礼堂召开，与会代表327人。会议听取审议了诸城市人民政府工作报告；审议了诸城市人民政府关于诸城市2016年国民经济和社会发展计划执行情况与2017年国民经济和社会发展计划（草案）的报告，审查批准了诸城市2016年国民经济和社会发展计划执行情况的报告与2017年国民经济和社会发展计划；审议了诸城市人民政府关于诸城市2016年财政预算执行情况与2017年财政预算（草案）的报告，审查批准了诸城市2016年财政预算执行情况的报告与2017年财政预算；听取审议了诸城市人民代表大会常务委员会工作报告；听取审议了诸城市人民法院工作报告；听取审议了诸城市人民检察院工作报告；会议选举王玉邦为诸城市人大常委会主任，刘作勋、郑晓瑛、于明堂、颜廷忠、葛淑彬为市人大常委会副主任，于世亮等39名为市人大常委会委员；会议选举刘峰梅为诸城市人民政府市长，李庆华、王大伟、单东升、杨连富、王大鹏为诸城市人民政府副市长；会议选举韩旭东为诸城市人民法院院长，王彦青为诸城市人民检察院检察长。根据《中华人民共和国地方各级人民代表大会和地方各级人民政府组织法》的规定，须经潍坊市人民检察院检察长提请潍坊市人民代表大会常务委员会批准后生效；会议选举产生了61名潍坊市第十七届人民代表大会代表；会议表决通过了诸城市第十八届人民代表大会内务司法委员会、财政经济委员会、教育科学文化卫生委员会、城乡建设与环境资源保护委员会、农业与农村委员会主任委员、副主任委员、委员。

【市十八届人大常委会第一次会议】 2月13日，市人大常委会召开市十八届人大常委会第一次会议。市领导王玉邦、张福秀、刘作勋、郑晓瑛、于明堂、颜廷忠、杨景良、王金友、葛淑彬出席会议，李庆华、韩旭东、王彦青、韩培武、袁柳天列席会议。张福秀主持会议。会议以举手方式表决通过了诸城市人大常委会关于设立代表资格审查委员会的决定，诸城市人大常委会组成人员守则、议事规则、人事任免办法、对决议决定和审议意见落实情况实行票决的办法、询问办法、质询办法，关于规范专题调研、集中视察、执法检查和工作评议的意见、关于开展人大代表“实干担当、激情创业”主题活动的实施方案和2017年工作计划。以无记名投票方式通过了李庆华代表市政府提报的人事任免事项。王玉邦为新任命人员颁发任命书。根据全国和省市人大常委会有关宪法宣誓的要求，举行了宪法宣誓仪式，刘作勋监誓，新任命人员集体向宪法进行宣誓。

【市十八届人大常委会第二次会议】 4月26日，

市十八届人大常委会第二次会议在密州宾馆召开。市人大常委会主任王玉邦出席会议并讲话，市人大常委会党组副书记王洪伟主持会议。受主任会议委托，市人大常委会党组副书记张福秀传达了潍坊市和诸城开展“作风建设年”活动动员大会精神。会议听取市国土资源局、市畜牧兽医管理局主要负责受市政府委托作的土地利用总体规划调整完善工作和畜牧业生态化建设情况的报告。市人大常委会副主任于明堂宣读了《诸城市人大常委会关于批准〈诸城市土地利用总体规划（2006-2020年）调整完善方案〉的决定（草案）》。市法院院长韩旭东、市检察院检察长王彦青分别向会议作关于员额法官、检察官履行法律程序的报告。受主任会议委托，市人大常委会人事代表委负责，就诸城市人民代表大会代表履职守则草案和诸城市人民代表大会常务委员会工作评议办法草案作说明。市人大常委会领导刘作勋、郑晓瑛、颜廷忠、杨景良、王金友出席会议。

【市十八届人大常委会第三次会议】 6月28日，市十八届人大常委会召开第三次会议市人大常委会主任王玉邦出席会议并讲话，市人大常委会副主任刘作勋主持会议。受主任会议委托，市人大常委会党组副书记王洪伟传达了省第十一次党代会精神。按照市人大常委会工作评议办法和评议方案的部署，会议对市公安局等13个部门单位进行工作评议。受市政府委托，市文广新局、卫计局、水利局、市政府法治局主要负责分别作关于公共文化服务体系建设、公共卫生事业发展、农田水利基本建设和代表建议办理情况的报告。会议以无记名投票方式表决通过了市检察院检察长王彦青提报的人事任免事项。会议以举手方式表决通过了诸城市十八届人大常委会预算审查监督咨询专家组成员名单。王玉邦为预算审查监督咨询专家组成员颁发聘书。会议对市政府关于畜牧业生态化建设审议意见办理情况的报告进行票决。市人大常委会领导郑晓瑛、于明堂、杨景良、王金友、葛淑彬出席会议。

【市十八届人大常委会第四次会议】 8月30日，市十八届人大常委会召开第四次会议。市人大常委会主任王玉邦出席会议并讲话，市人大常委会党组副书记张福秀主持会议。会议对市发改局等第二批13个部门单位进行工作评议。会议听取2017年上半年国民经济和社会发展计划执行情况的报告、2017年上半年财政预算执行及2016年财政决算情况的报告、2016年市本级预算执行和其他财政收支情况的审计工作报告。市检察院检察长王彦青作关于开展公益诉讼、加强行政检察监督工作情况的报告。市人大常委会执法检查组作关于检查农产品质量安全法实施情况的报告。会议表决通过了市政府常务副市长李庆华代表市政府提报的人事任免事项。王玉邦为被任命人员颁发任命书。根据全国和省市人大常委会有关宪法宣誓的要求，举行了宪法宣誓仪式，市人大常委会副主任刘作勋监誓，刘天军向宪法进行宣誓。市人大常委会党组成员杨景良宣读了《关于批准诸城市2016年市级财政决算的决定（草案）》、市人大常委会副主任葛淑彬宣读了《关于开展公益诉讼、加强行政检察监督工作的决定（草案）》。会议以无记名投票方式对在市十八届人大常委会第三次会议上被评议的市公安局等13个部门单位工作评议意见落实情况的报告和市政府关于公共文化服务体系建设、公共卫生事业发展、农田水利基本建设审议意见办理情况的报告进行票决。市人大常委会领导郑晓瑛、于明堂、颜廷忠、王金友出席会议。

【市十八届人大常委会第五次会议】 10月26日，市十八届人大常委会召开第五次会议。市人大常委会主任王玉邦出席会议并讲话，市人大常委会副主任刘作勋主持会议。会议对市民政局等第三批14个部门单位进行工作评议。市住建局负责作关于国家新型城镇化试点工作情况的报告，市人大常委会执法检查组作关于检查《中华人民共和国房地产管理法》贯彻实施情况的报告，和关于检查《中华人民共和国旅游法》贯彻实施情况的报告。会议以无记名投票方式，对在市十八届人大常委会第四次会议上被评议的部门单位工作评议意见落实情况的报告和关于农产品质量安全法执法检查报告办理情况的报告进行票决。市人大常委会领导张福秀、郑晓瑛、于明堂、颜廷忠、杨景良、王金友、葛淑彬出席会议。

【市十八届人大常委会第六次会议】 11月1日，市十八届人大常委会召开第六次会议。市人大常委会领导王玉邦、张福秀、王洪伟、刘作勋、郑晓瑛、于明堂、颜廷忠、杨景良、王金友、葛淑彬参加会议。会议表决通过了《关于接受李朝阳辞去潍坊市第十七届人大代表职务的决定》，并报潍坊市人大常委会备案、公告。

【市十八届人大常委会第七次会议】 12月22日，市十八届人大常委会召开第七次会议。市人大常委会领导王玉邦、张福秀、王洪伟、刘作勋、郑晓瑛、于明堂、颜廷忠、杨景良、葛淑彬参加会议，王洪伟主持会议，市政府副市长王大鹏、市法院院长韩旭东、市检察院检察长王彦青列席会议。会议对工业服务业重点项目落实、招商引资及诚信体系建设情况进行专题询问。市财政局负责作关于诸城市2017年财政预算调整情况的报告，市政府法治局局长葛瑞祥作关于代表建议落实情况的报告。市检察院检察长王彦青作关于民事行政检察工作情况的报告。市人大常委会办执法检查组分别作关于检查道路交通安全法贯彻实施情况的报告和关于检查促进科技成果转化法贯彻实施情况的报告。会议还听取关于市十八届人大二次会议筹备情况的汇报。市人大常委会党组成员杨景良宣读了《诸城市人大常委会关于批准诸城市2017年财政预算调整的决定（草案）》，市人大常委会副主任葛淑彬宣读了《诸城市人大常委会关于召开诸城市第十八届人民代表大会第二次会议的决定（草案）》。会议以举手表决的方式通过了市人大常委会副主任刘作勋宣读的《诸城市人大常委会关于接受刘华坡辞去代表职务的决定（草案）》。会议以无记名投票方式，补选张磊为潍坊市人大代表，按程序报潍坊市人大常委会代表资格审查委员会审查确认。会议还对在市十八届人大常委会第五次会议上被评议部门单位工作评议意见落实情况的报告、关于国家新型城镇化试点工作审议意见和房地产管理法、旅游法执法检查报告办理情况的报告进行票决。

（车志锋）

诸城市人民政府

组 织 机 构

2017年，诸城市设置政府工作部门24个：政府办公室、发展和改革局、经济和信息化局、教育局、科学技术局、公安局、监察局、民政局、司法局、财政局、人力资源和社会保障局、国土资源局、住房和城乡建设局、交通运输局、水利水产局、农业局、商务局、文化广电新闻出版局、卫生和计划生育局、审计局、环境保护局、民族宗教事务局、统计局、安全生产监督管理局、市场监督管理局、金融工作办公室。其中，监察局与中共诸城市纪律检查委员会机关合署办公，民族宗教事务局与中共诸城市委统一战线工作部合署办公，不计入政府机构个数。

重 大 决 策

【经济发展】 3月7日，印发《诸城市人民政府办公室关于印发〈诸城市专利奖励暂行办法实施细则〉的通知》（诸政办发〔2017〕3号），从评审组织、申报与推荐、评审标准、评审程序、监督及异议处理等方面进行规范，确保专利奖评选工作公开、公正，进一步提升全市知识产权创造、运用、保护和管理能力。

4月5日，印发《诸城市人民政府关于推进诸城市农村一、二、三产业融合发展的实施意见》（诸政发〔2017〕3号），立足农业产业化、农村社区化、工业园区化的优势，通过产业联动、要素集聚、技术渗透、体制创新，促进农业产前、产中、产后以及休闲服务各环节的有机结合，让农民参与二、三产业、分享增值收益，实现农民增收、农业增效、农村发展。

4月25日，印发《诸城市人民政府办公室关于印发〈诸城市关于全面提升畜牧业标准质量和养殖效益的意见〉的通知》（诸政办发〔2017〕4号），提出发展畜牧业的总体思路、主要目标、重点任务以及推进路径，加快推动畜牧业标准质量和养殖效益“两提升”，实现畜牧产业由大到强转变，率先建成全省现代畜牧业示范区先行区。

【改革开放】 5月31日，印发《诸城市人民政府关于公布诸城市城镇土地级别调整与基准地价更新成果的通知》（诸政发〔2017〕2号），表明诸城新一轮城区土地级别调整与基准地价更新工作完成，公布的城镇土地级别和基准地价是政府全面管理土地资产及引导土地交易市场的基础依据，在城镇进行的土地评估业务必须依靠此标准执行。

8月2日，印发《诸城市人民政府办公室关于印发〈诸城市农业水价综合改革2017－2024年实施方案〉的通知》（诸政办发〔2017〕10号），指出区域农田灌溉现状与存在问题，提出改革的总体要求，制定改革实施方案，并给出农业水价综合改革路线图，确保农业水价综合改革有序推进。

【社会管理】 5月19日，印发《诸城市人民政府办公室关于印发〈诸城市粮食安全应急预案〉的通知》（诸政办发〔2017〕6号），成立诸城市粮食安全应急工作指挥部，确定各部门职责，明确粮食安全应急工作的预警监测、应急响应、应急保障、后期处置等工作事项。

6月16日，印发《诸城市人民政府办公室关于印发诸城市地方史志事业发展规划纲要（2017－2020年）的通知》（诸政办发〔2017〕7号），明确史志事业发展的指导思想与基本原则、总体目标与主要任务、保障措施，依法推进全市史志事业科学发展，为加快经济文化强市建设提供精神动力、决策参考、信息服务和智力支持。

7月19日，印发《诸城市人民政府办公室关于印发〈诸城市地震应急预案〉等15个市级专项应急预案的通知》（诸政办发〔2017〕8号），制定地震、气象灾害、重特大森林火灾、突发环境事件等15个应急预案，每个预案都明确组织指挥体系、应急准备、预警机制等事项，确保在遇到灾害或者突发事件时最大限度减轻或避免造成的人员伤亡和财产损失。

8月22日，印发《诸城市人民政府办公室关于印发〈诸城市贫困重性精神病人住院医疗救助工作实施方案〉的通知》（诸政办发〔2017〕11号），明确救助范围及对象，市财政部门每年安排专项医疗救助预算资金，专款专用、严格审核报销手续，确保贫困重性精神病人得到规范化救治。

8月28日，印发《诸城市人民政府办公室关于认真落实企业退休职工中独生子女父母养老补助有关规定的通知》（诸政办发〔2017〕12号），明确发放对象范围、经费落实渠道、发放对象资格确认及发放办法等，切实维护好企业职工合法权益，确保社会和谐稳定。

【自身建设】 8月14日，印发《诸城市人民政府关于印发〈诸城市人民政府工作规则〉的通知》（诸政发〔2017〕5号），阐明了市政府组成人员及其职责，就全面正确履行政府职能、坚持依法行政、实行科学民主决策、推进政务信息和政务公开工作、健全监督制度、强化督查落实、完善会议制度、规范公文处理、严肃工作纪律、加强廉政和作风建设等方面进行规范。

12月30日，印发《诸城市人民政府办公室关于进一步做好全市政府信息依申请公开工作的通知》（诸政办发〔2017〕35号），明确责任主体和工作原则，就工作程序、完善信息公开保密审查机制、加强监督保障等方面做了规范，不断提高依申请公开服务水平和办理能力。

政府主要工作

【概况】 2017年，市政府全面贯彻落实党的十九大和省、市党代会精神，实干担当，激情创业，全面推进“四个城市”和“三区一城”建设，开创经济社会发展新局面。

【经济发展提质增效】 工业加快转型升级。全年规模以上工业企业完成主营业务收入1924.3亿元、利税162.8亿元。完成工业用电量23.5亿千瓦时，同比增长11.2%。实施技改项目137个，完成投资171亿元。新增国家级、省级两化融合贯标试点企业各2家。优化产业布局，启动汽车及零部件产业园、新材料产业园、“千人计划”科创园规划建设。加强骨干企业培育，北汽福田诸城汽车厂、诸城外贸入围2017年省制造业百强，得利斯、诸城外贸进入省民营企业百强。5家企业认定为省首批中小企业“隐形冠军”。省科技型中小微入库企业达到109家，高新技术企业达到37家。

现代服务业繁荣发展。实现社会消费品零售总额278亿元，增长8%。引进企事业总部（分支机构）47个。电子商务线上销售额突破300亿元。骨干物流企业发展到80家。启动恐龙大世界、南湖市民公园、金查理小镇等11个文旅项目，实施乡村旅游重点项目20个。被评为全国休闲农业与乡村旅游示范县、省服务业综合改革试点县。

农业现代化水平不断提升。新增流转土地面积15.1万亩，种植高效作物11.4万亩。新创省知名农产品品牌3个，认证“三品一标”39个。积极推进农村产业融合发展，开工500亩以上现代农业园区97个、“新六产”项目44个。昌城健康食品小镇融合发展示范园被确定为首批国家级农村产业融合发展示范园。推进农村产业融合发展的做法得到省委主要领导的批示肯定，承办全省农村产业融合发展规划编制暨现场观摩会，被评为国家农村产业融合发展示范县。提高为农服务水平，新增省农科驿站9家，农林孵化器获批国家级“星创天地”。主要农作物综合机械化水平达到95%，被评为全国主要农作物生产全程机械化示范县。创新农业废弃物综合利用模式，改造提升养殖场65家，建设种养结合基地62处，被确定为全国畜牧养殖大县种养结合整县推进试点、全国首批畜牧业绿色发展示范县。

项目建设成果丰硕。深入开展“项目建设攻坚年”和重点项目“百日会战”，实施过千万元项目411个，其中过亿元项目192个，新开工、竣工和过亿元项目分别比上年多30个、56个和54个。有44个项目列入潍坊四个城市“10·30·100”支撑项目。

【创新创业活力迸发】 科技创新能力不断增强。全社会研发经费支出达到27.8亿元，同比增长16.5%。引进科研院所分支机构11家，新增院士（专家）工作站4家、国家级技能大师工作室1家，获批省级工程技术研究中心1家、企业技术中心5家。成立全省首家县级市人才发展促进会，1人入选“山东省外专双百计划”、3人获评“泰山产业领军人才”、11人入选鸢都产业领军人才。完成专利申请1941件、专利授权783件，9家企业通过国家知识产权贯标认证。得利斯荣获国家科技进步二等奖，美晨科技获评国家知识产权示范企业、中国专利优秀奖。被评为国家知识产权强县工程示范县市。

质量品牌建设扎实推进。牵头组建产业技术创新战略联盟3家，参与制修订国家标准2项、行业标准1项。新注册商标620件，新创驰名商标1件，新申报山东名牌12件、马德里国际商标5件。荣获中国质量魅力城市称号。创建“食安山东”品牌90个，顺利通过省食品安全先进市创建验收。

重点领域改革加快突破。实施国家新型城镇化、省农村集体产权制度改革等省级以上改革试点15项。在全省率先实施“田长制”。盘活闲置低效用地1400亩，“零增地”发展模式得到国土资源部和省政府主要领导批示肯定，被列为全国国土资源节约集约“四个创新”示范点。加强行政效能建设，公布“零跑腿”事项21项，“只跑一次”事项279项，取消行政审批事项6项，行政审批效率提高42.6%。深化商事制度改革，新增市场主体19000多家，其中企业3700多家。

启用市公共信用信息平台。对外开放全面扩大。招商引资洽谈引进项目195个，利用市外资金403.6亿元。在全省率先启动原产地签证服务“县县通”工程。诸城保税物流中心封关运营。外贸转型升级示范区（基地）发展到12个。进出口总额突破100亿元，引进外资超过1

亿美元。被评为国家外贸转型升级专业型示范基地。

【财税金融支撑有力】 财政保障能力不断增强。实现财政总收入93亿元，一般公共预算收入71.2亿元，（按同口径计算）增长3.5%。发行企业债15亿元，争取地方政府置换债券62.9亿元。全面降低企业成本。兑付产业发展引导基金5.5亿元，减免中小企业税费6.4亿元，办理出口退免税9.3亿元。

金融市场更加活跃。惠发食品、大业股份在上交所上市，诸城成为全省唯一一年内两家企业主板上市的县市。新增区域性股权交易市场挂牌企业22家，规范化公司制改制企业达到388家。引进商业银行2家，贷款余额较年初增加40多亿元，增量居潍坊县市第一位。金融风险有效防控。为中小企业提供过桥资金155笔、27.6亿元，为146家企业提供贷款担保8.5亿元，化解银行不良债权12.8亿元。

【城乡区域协调发展】 城市改造取得新进展。以开展国家新型城镇化综合试点为契机，实施十大组团开发，建设30个棚户区项目，完成拆迁6189户，腾空土地8325亩，开工安置楼107万平方米，超额完成年度棚户区改造任务。

城市管理再上新层次。健全网格化精细化管理机制，整治硬化背街小巷80条、20万平方米，拆除违法建设47.4万平方米，改造老旧小区126个，实施城市夜景亮化项目197个，许多“老大难”问题得到彻底治理，顺利通过国家卫生城市复审。

美丽乡村建设展现新形象。城乡环卫保洁实现一家公司一个标准全域覆盖。完成农村改厕1.2万多套。732个村庄达到美丽乡村B类以上标准。改造提升农村社区服务中心30个。昌城健康食品小镇入选第一批省级特色小镇创建名单。

基础设施得到新提升。改建平日路绕城段27.1公里，实施206国道、薛馆路大中修，新修改造城市道路25条、73公里，贯通潍河滨河路网，新建改建农村公路198公里。开工卧龙湖水库、西见屯拦河闸等8个水源工程，被评为省小型水库管理标准化县、农村饮水安全示范县。铺设供热排水管道83公里，新接“汽改水”小区43.8万平方米。城乡电网农村户均容量比年初提升28.8%。

【生态环境更加优化】 建立落实“河长制”，境内水质达标率100%。实施“增绿提质”工程。绿化城区裸露土地10万多平方米，完成成片造林3.9万亩，林木覆盖率、城市建成区绿化覆盖率分别达到39.8%和44.6%。大源农业生态园被评为国家水土保持科技示范园区。全省林木种苗产业转型升级工作现场会、特色经济林转型发展现场会在诸城召开。通过国家园林城市复审。加大环境治理力度，散煤治理和化工企业转型升级取得阶段性成果，取缔“散乱污”企业和10吨以下燃煤锅炉305个，关闭搬迁禁养区养殖场（户）1064家。全市“蓝繁”天数达到300天。

【民本民生持续改善】 社保体系不断完善。城镇登记失业率控制在1.54%以内，城镇职工户籍人员参保率达到98%以上。发放各类救助资金7700多万元，受益群众3.5万人次。建设农村幸福院94处，改造城市日间照料中心27处。省定贫困户和贫困村全部脱贫。

教育事业均衡发展。完成教育建设项目21个，新开工27个，建筑面积99.6万平方米，新招聘教师620名，“大班额”问题得到缓解。高考本科过线5275人，文理重本过线1919人，比上年增加71人。顺利通过国家三类城市语言文字工作评估、责任督学挂牌督导创新县验收。承办全国职业院校中职组“现代模具制造技术”大赛。

文体事业更加繁荣。实施图书馆改扩建工程，建成国家级数字档案馆，举办山东省（诸城）首届茂腔文化艺术节，排演《失却的银婚》《星火》等一批文艺精品。举办群众性体育赛事活动30多场次，被评为2013-2016年度全国群众体育先进单位。蝉联第五届省级文明城市、全省四德工程建设示范市，获得全国文明城市评审提名资格。

卫生计生服务能力不断提升。开工建设中医医院门诊医技综合楼、人民医院康复医养中心。公立医院法人治理结构不断完善。创建为国家妇幼健康优质服务示范市和省医养结合示范市、健康促进试点市、健康城市试点市。

社会治理创新持续深化。新增安全生产标准化企业150家，事故起数、死亡人数保持双下降。实施“雪亮工程”“平安建设进万家”工程，可防性案件同比下降10.7%。荣获全国平安建设先进市、全国法治县创建活动先进单位、全省社会治安综合治理先进市等称号。被评为全国县级防震减灾工作综合考核先进单位。

政府重要活动

【山东省中华文化传承基地揭牌仪式】 3月20日，在市恐龙地质文化研究中心举行“山东省中华文化传承基地”揭牌仪式，市委副书记、市长刘峰梅出席仪式并致辞。恐龙国家地质公园设为山东省中华文化传承基地，将进一步推动“诸城恐龙”走出山东、走向世界，为海外华侨华人更好地了解和学习齐鲁文化提供新的窗口和平台。

【全省林木种苗和花卉产业转型升级工作推进会】 5月24日，在密州宾馆举行全省林木种苗和花卉产业转型升级工作推进会，市委副书记、市长刘峰梅出席会议并致辞。全省林木种苗和花卉产业转型升级工作推进会的召开，将有力推进诸城农业供给侧结构性改革，加快种苗和花卉产业转型升级步伐，实现更高层次的新发展。

【山东惠发食品股份有限公司上市】 6月13日，在上海证券交易所山东惠发食品股份有限公司股票成功发行上市，市委副书记、市长刘峰梅出席并致辞。惠发食品的成功上市，将进一步推进诸城实业与金融资本的融合，促进产业向中高端迈进，向产业链和价值链高端延伸，实现更高质量发展。

【诸城恐龙涧项目投资合作框架协议签约仪式】 6月30日，在密州宾馆举行诸城恐龙涧项目投资合作框架协议签约仪式，市委副书记、市长刘峰梅出席仪式并致辞。诸城恐龙涧项目投资合作框架协议签订，是诸城市发展恐龙旅游的又一重大成果，对加快旅游产业转型升级、特色城镇建设、新旧动能转换具有重要意义。

【潍坊市“一村（社区）一法律顾问”暨新型社区人民调解组织建设工作推进会】 8月11日，在密州宾馆召开潍坊市“一村（社区）一法律顾问”暨新型社区人民调解组织建设工作推进会，市委副书记、市长刘峰梅出席会议并致辞。在当前开展群众工作的新形势新要求下，诸城市把人民调解工作作为社会稳定的“前沿工程”，不断创新完善社区治理体系，形成上下联动、运转协调的社区人民调解网络体系，有力地提升基层社会治理体系和治理能力现代化水平。

【诸城市复旦张江科技创新空间启动暨科研成果推介会】 9月26日，在密州宾馆举行诸城市复旦张江科技创新空间启动暨科研成果推介会，市委副书记、市长刘峰梅出席会议并致辞。复旦张江科技创新空间成立，将有助于诸城市进一步建立完善科技创新创业孵化体系，为广大企业科技研发、转型发展提供更加优质的平台支撑。

【山东省（诸城）首届茂腔文化艺术节】 10月27日，在密州宾馆大礼堂举行山东省（诸城）首届茂腔文化艺术节，市委副书记、市长刘峰梅出席并致辞。山东省（诸城）首届茂腔文化艺术节的隆重举行，对提升诸城戏曲整体发展水平、弘扬传承优秀传统文化、加快“文化名市”建设，将产生积极而深远的影响。

市政府办公室工作

【概况】 2017年，市政府办公室在诸城市委、市政府的坚强领导下，紧紧围绕全市中心大局，创新思路、转变作风、强化服务、认真履职，各项工作再上新台阶。

【调查研究】 深入调查研究，紧紧围绕市委、市政府中心工作、社会关注的热点工作，整合调研力量，拓展调研方式，做到谋事早、选题准、思路新，形成一批较高质量的调研报告，提高为领导决策服务的实效性和创新力。先后撰写企业用工、农村电子商务发展、全域旅游等调研材料近20篇。

【文稿起草】 注重把握领导的新思路、新观点，及时跟进领导关注的新情况、新问题，不断提高文稿的针对性、指导性和前瞻性，转化为市委、市政府决策部署。先后起草《政府工作报告》、经济工作会讲话等重要讲话材料近20篇，各类汇报、典型发言30多篇，其他综合材料40多篇，致辞20多篇，会议纪要10多篇、新闻稿件100多篇。

【决策参考】 加强信息调研，挖掘各领域亮点做法和成功经验，及时反映经济社会发展中出现的新成效、新情况、新问题。全年共编发、上报各类信息4600余篇，被省、潍坊市采用560余篇，其中，“零增地”发展模式、企业工会与行政沟通协商机制被省政府领导批示推广。

【对上交流】 依托省政府决策服务调研基地，加大对外宣传力度，积极推介诸城先进做法和典型经验，《放活民间投资　培育经济发展新动能》《加快培育总部经济　集聚转型发展新动能》《加快新旧动能转换　谱写工业转型新篇章》等多篇文章在省、潍坊市相关刊物发表。

政府政务公开

【健全工作机制】 印发《关于调整政务公开领导小组的通知》，明确主要职责、工作规则、工作要求等事项，进一步完善了组织协调机制。印发《诸城市2017年政务公开工作要点实施方案》，对全市政务公开重点工作进行责任分工，全面推进决策、执行、管理、服务、结果公开，进一步提升政府执行力与公信力。印发《诸城市政府信息主动公开基本目录》《关于进一步做好全市政府信息依申请公开工作的通知》《关于建立政府信息公开属性源头认定制度的通知》《关于做好政府政策性文件解读工作的通知》《关于建立政务公开工作定期通报制度的通知》，进一步健全完善政务公开配套制度。制定政务公开工作培训计划，分级分层开展业务培训，全年培训工作人员860人次，极大地提高各级各部门政务公开工作业务水平。

【拓宽公开渠道】 积极运营维护政府网站、政务微博微信平台和客户端，深化完善新闻发布工作制度化和常态化机制，就失信联合惩戒、专利奖励暂行办法、教育招生、医疗卫生服务体系规划、自然灾害应急预案等重要政策措施，召开新闻发布会32场，切实增强政策的影响力。定期出版政府公报，在政务服务中心、图书馆、档案馆等设立公众查询点，共接待政府信息公开查阅者3200余人次。建立舆情监测机制及时收集重要政务舆情，回应群众关切问题2100余个。

【行政权力运行公开】 市政府召开的常务会议议题，除依法应当保密的外，决策前向社会公布决策草案和依据，广泛听取公众意见；决策后，及时公开相关文件和议定事项，同时公布决策制定时意见收集和采纳情况，促进决策阳光透明。推动重大决策执行过程公开，向社会及时公布对重要改革任务、重大政策措施、重点工程项目等决策部署，接受公众监督，促进决策落实。2017年，全市各级各部门共公开行政权力运行信息780余条。

【推进重点领域信息公开】 加强财政政策、金融政策、就业创业政策、统计信息、审计信息公开，推进减税、降费、降低要素成本、重大建设项目和公共资源配置信息公开，以政务公开助力稳增长。深化行政许可事项目录、权责清单、公共服务事项目录公开，推进“双随机、一公开”监管，实行“阳光执法”；推进国资国企信息公开、农业供给侧结构性改革信息公开和财税体制改革信息公开，以政务公开助力促改革。加大扶贫脱贫和社会救助信息、环境保护信息、教育卫生领域信息和食品药品安全领域信息公开力度，以政务公开助力惠民生。围绕防范金融风险、促进房地产市场平稳健康发展、防范遏制重特大生产安全事故推进公开，以政务公开助力防风险。全市通过政府门户网站、新闻媒体、政务微博微信等载体公开上述各类信息共23000余条。

（王海涛）

法制工作

【概况】 2017年，诸城市政府法治工作紧紧围绕市委、市政府中心工作，不断健全依法决策机制，提高规范性文件质量，加强法制宣传和执法业务培训，强化行政执法监督检查，全力做好行政复议和行政应诉工作，不断提高依法行政工作水平，推进法治政府建设进程。

【依法行政】 印发《诸城市法治政府建设实施纲要（2016-2020年）》（诸发〔2017〕17号），确定法治政府建设的总体要求、主要任务和工作措施，将工作任务层层分解到责任单位，落实到具体岗位、具体人员。制定《诸城市2017年法治政府建设重点工作计划》，对所有事项实行台账式管理，对圆满完成的工作事项逐项销号。

【法治培训宣传】 市财政列支30万元作为执法人员专项培训经费，先后分别组织60余名业务骨干赴峡山参加政府合同审查专题培训班、组织执法部门及镇街分管领导和执法人员近百名赴潍坊参加政府法治业务及新时代依法行政专题培训，委托潍坊政和法制服务中心对200多名申领执法证件的人员进行公共法律知识培训。成立60余人的政府法治信息宣传员队伍，建立起“上下沟通、左右互联”的全市政府法治信息宣传网络体系。积极开展法治政府征文活动，参与法治政府建设演讲比赛，注重发挥政府法治信息的宣传交流推广作用，进一步扩大社会影响，营造法治政府建设的良好氛围。2017年，共向上级法治机关报送政府法治信息300余篇，法治信息报送数量和质量继续位居潍坊市前列。

【健全完善政府法律顾问制度】 印发《诸城市政府法律顾问管理办法》，加强法律顾问队伍规范管理。落实经费保障，将政府法律顾问经费纳入财政预算，每年拨付10万元经费对政府法律顾问报酬进行保障。充分发挥法律顾问职能作用，加强重大法律事务审查工作。2017年，政府法律顾问先后参与审查、论证重大行政决策2项，规范性文件16件，政府合同13件，协助处理其他重大涉法事务36件。

【规范性文件和政府合同管理】 严格落实规范性文件“三统一”制度，进一步健全规范性文件合法性审查、备案及清理制度，所有规范性文件及政府合同未经法制机构合法性审查不予公布或签订，规范性文件公布后及时报送市人大常委会和潍坊市政府备案，适时清理规范性文件。2017年共审查部门报送的文件22件，报送市人大常委会和潍坊市政府备案7件，清理市政府规范性文件163件，审查修订政府合同17件。

【规范行政执法行为】 开展行政执法主体资格清理和审核公告工作。共确认75个单位具有行政执法主体资格，其中法定行政机关26个，法律法规授权的单位41个，依法受行政机关委托的单位8个，面向社会公告。严格落实行政执法人员资格管理和持证上岗制度，结合行政执法证件申领和年审，科学制定行政执法人员培训方案，分批次对全市申领、审验行政执法资格证的人员进行法律知识培训和执法资格考试，严格把好新进执法人员资格准入关。

【行政执法监督】 体制改革。全面推进行政执法监督体制改革，设立执法监督局，设局长1名，明确行政编制3名。推行三项制度。印发

《推行“三项制度”实施方案》并按要求全部落实。开展案卷评查活动。组织专业人员对全市行政执法部门上报的案卷进行集中评查，针对存在的问题，以整改意见函的形式反馈各部门，从而进一步提高部门的执法水平。

办理人大代表建议和政协委员提案。对收到的132件人大代表建议、206件政协委员提案根据部门职责落实到42个承办单位。严格落实承办部门责任，明确办理时限和要求，加强与代表、委员们的沟通联系，认真扎实地做好建议和提案办理工作，按期办结率达100%。

探索与检察机关的协作配合机制。由市政府法治局与市检察院联合制定《关于建立行政执法监督协作机制的实施意见（试行）》，建立信息沟通共享、案件移交移送和联席会议三项制度，落实工作联动机制，实现行政执法与刑事司法相衔接。加强行政复议监督。从案件受理、审理、评析三个方面入手，畅通受理渠道，实行灵便的受理方式，实行快审快结机制，灵活适用听证程序，用好调解、和解手段，提高复议裁决案件审理质量。共审理行政复议案件57件，按期审结率100%。接受司法监督。

推行行政首长出庭应诉制度。坚持市政府法治局与法院行政庭联席会议制度，建立和落实了三告知、统计分析报告、庭审观摩、案例分析评估及败诉报告五项制度，严格依法履行人民法院生效裁判。

（耿跃志）

智慧城市工作

【概况】 2017年，市智慧办以诸城智慧城市建设工作为引领，立足本职，服务大局，扎实工作，圆满完成年度工作目标任务，有序推动了地方智慧城市建设。

【国家智慧城市试点项目建设】 作为全国第三批智慧城市试点，借鉴其他地区建设的经验，拟采用PPP模式，对智慧公安项目进行建设，制定完成PPP项目建设的可研报告、财政物有所值和可承受能力评估。

【政府网站建设】 根据省政府《关于做好2017年政府网站信息内容建设工作的通知》《潍坊市关于做好2017年政府网站建设与管理工作的通知》的要求，对全市政府网站进行整合和集中管理，整合并入国土局、民政局、教育局、人社局等部门网站，各部门、镇（街、园区）不单独设立网站，统一利用政府门户网站开设子站或栏目。同时加强网站内容的更新维护和安全防范措施，定期对网站进行全面“体检”，整改网站存在的问题，确保国务院办公厅对全国政府网站进行的抽查和监测中无问题。

【政务资源信息系统共享整合】 根据《山东省人民政府办公厅关于印发山东省政务信息系统整合共享实施方案的通知》和潍坊“12345”目标任务的要求，制定资源信息系统共享整合工作方案。统筹全市电子政务云，实行一体化管理，提升公共云服务质量，同时加快行政服务云建设和各部门业务系统迁移整合。数据资源体系建设方面，规范政务信息资源目录，实现政务信息资源共享交换和统筹管理，推进公共数据开放、完善数据资源政策和标准。业务协同体系加快建设，形成全市统一业务协同平台和全市一体化移动办公服务平台。2017年底，有51个部门完成信息系统共享整合，并入到政务服务云，国土、教育、民政、人社等部门建设了子网络，信息系统共梳理信息资源目录1169条，其中可共享1101条，可开放623条。

【智慧社区建设】 引入市场化资源，推广建设UUE家园智慧社区建设，整合商务、行业、生活等资源，使社区居民一部手机实现出行、消费、缴费、医疗、家政等服务。2017年底，诸城市UUE家园智慧社区项目接入“潍V”平台，在全市79个小区、11个社区进行试点应用。

【不动产一窗受理平台建设】 根据省政府《关于全面推行政务服务大厅“一窗受理”的指导意见》，将房产交易、契税缴纳、不动产登记3个窗口进行整合，搭建形成统一窗口受理、后台并联审核、窗口统一出件的工作平台，实现统一受理，统一发证，不动产一窗受理。

【完成潍坊考核任务】 根据潍坊市智慧城市建设总体布局，在智慧政务、智慧民生、智慧潍坊基础设施建设等方面开展建设。继续推广使用网上协同办公平台、建设省市统一的网上政务厅，完成智慧幼儿园、智慧医院、智慧小区、智慧景区等试点项目的建设，无线城市网络覆盖率和重点信息化业务系统向市云计算机中心迁移率显著提高，在年底考评中名列潍坊市前茅。

（吕日龙）

市长公开电话

【概况】 诸城市市长公开电话受理中心是代表市政府受理群众来电诉求工作的专门机构，受市长委托，负责市长公开电话的日常工作，主要职责是负责潍坊市政务服务热线（原市长公开电话）转办事项及直接拨打诸城市市长公开电话诉求事项的受理、办理、督办、反馈、分析等工作。2017年，诸城市市长公开电话中心创新工作方式方法，努力提高群众诉求事项办理的效率和质量，不断提升群众满意度，受到各级领导的肯定和好评，连续七年被评为先进单位。

【深入推进热线整合】 根据潍坊市政务服务热线工作会议要求，自9月1日起，诸城市撤销自设的“6112622”热线服务号码，并通过电视、报纸、网站等渠道发布公告，引导群众通过“12345”热线服务号码反映需求诉求。自设热线号码撤销后，市长公开电话受理中心把工作重点转移到办理、督办、回访等环节上，用更多的精力、更大的力量做好热线受理事项督查督办工作，不断提高一次办结率，提升群众满意度。

【群众诉求事项受理】 市长公开电话受理中心以群众满意为目标，不断完善工作机制，全面提高工作标准，努力提升服务质量。2017年，诸城市市长公开电话受理中心共受理群众各类诉求事项36970件次，责任主体单位一次办结率96.8%，办理结果向来电人反馈率100%，合理诉求满意率达97.2%。

【受理事项分析研判】 市长公开电话受理中心健全分析研判制度，强化数据分析应用，服务科学发展、和谐发展，及时对受理的群众诉求事项进行分类汇总，从中找出规律性、苗头性、倾向性等敏感问题，通过日专报、月分析、季通报等形式呈报市领导，更好地为党委、政府科学决策提供参考。全年共上报日专报295期、月分析12期、季通报4期。2017年1月23日，市委副书记、市长刘峰梅在《2016年度市长公开电话工作情况汇报》上做出批示：市长公开电话是畅通直接服务群众的桥梁，请市长公开电话受理中心、各有关部门单位、各镇（街、园区）高度重视，进一步提高工作人员素质，强化事项办理措施，健全工作机制，切实把群众的事办好。

【重点事项协调督办】 市长公开电话受理中心采用平台转办、飞信催办、定期督查、重点督办、联合督办等方式，对受理的事项、办理的过程和办理的结果及时进行督办、督查，发现问题，及时督促整改。特别是对受理的重大问题或涉及多个部门单位的问题，及时组织相关单位召开调度会，根据工作职能分工确定牵头单位和配合单位，并跟踪督办、协调处理，确保群众满意。2017年，共对城区违章建设、农村环境卫生等53件群众投诉热点难点问题进行重点督查。

9月28日，市委副书记、市长刘峰梅到潍坊市政务服务热线受理中心接听了群众来电，并现场召开调度会，对群众诉求事项的落实工作进行安排部署。8月18日，潍坊市召开全市政务服务热线工作会议，市委常委、常务副市长李庆华作题为《坚持“三化并举”，努力打造群众满意的政务服务热线》的典型发言。

（贾友湘）

政府职能转变

【简政放权】 衔接落实好上级取消下放事项。2017年共3次发文对市级行政权力事项进行调整，其中取消128项，承接11项，新增161项，调整149项，整合23项，共计472项。

清理规范行政审批中介服务收费项目。组织16个审批部门对行政审批中介服务事项再次进行全面清理规范。调整中介服务项目4项，调整后保留中介服务项目17项。

编制完成“零跑腿”和“只跑一次”事项清单。经审核确定，诸城市第一批公布“零跑腿”事项清单21项，“只跑一次腿”事项清单279项。公布社区（村）证明材料。至2017年底，社区（村）开具的证明材料目录21项通过政府门户网站和市编办部门网站向社会公布。

【事中事后监管】 深化“双随机一公开”监管。梳理形成《诸城市“双随机、一公开”监管随机抽查事项清单》，并在政府门户网站对39个部门（单位）的226项随机抽查事项进行公布。全市39个实行“双随机”抽查的部门（单位）全部制定“一单、两库、一细则”。除涉及商业秘密和个人隐私的事项外，全市39个部门（单位）的所有抽查结果和事项均在政府门户网站或部门网站向社会公示。

推进信用监管体系建设。建设完成诸城市公共信用信息平台系统。2017年底，诸城市公共信用平台共归集各类信用数据230万条，其中信用数据达120万条。“信用诸城”网站公示行政许可信息54326条，行政处罚信息6116条。制定出台《关于建立完善失信联合惩戒制度加快推进诚信诸城建设的实施意见》，对法院执行、市场监管等9个领域37类严重失信行为进行联合惩戒限制，共通过信用诸城发布各类红名单1335个，黑名单3769个。

深化纳税信用管理。进一步推进税收信用体系建设，营造依法诚信纳税的良好税收环境，评价出纳税信用A级纳税人212户。

【优化政务服务】 开发应用二手房网上交易系统。省内首家采用“二手房交易地税房管联办系统”，使二手房交易时间从40分钟降低到8分钟，大大减少了纳税人的等待时间和填表负担，服务效率进一步提高。积极推行网上购票。在全省率先试点应用了增值税发票网上购票系统，网上购票业务推行以来，有6800户纳税人申请开通网上购票业务，通过该系统领取发票5700笔61万余份；办税服务厅前台发票发售速度提升4-5倍，人流量和业务量下降50%以上。

推进无纸化办税。利用数字证书、电子签章等现代信息技术，纳税人从互联网进行申请、备案、申报、税款缴纳等涉税事项的办理，各环节都实现了电子签章，确保了电子数据的法律效力。2017年底，有43类业务297种表证单书完全实现了网上报送。

推进省政务服务平台的推广和应用。将诸城所有部门的248项行政许可事项及纳入市政务服务中心的289项政务服务事项全部纳入省政务服务平台办理。同时将平台向镇街、社区延伸，制定出台《诸城市政务服务平台向镇（街、园区）和社区延伸工作实施方案》，组织梳理出的20050项镇（街、园区）、社区公共服务事项，全部录入省政务服务平台。截至2017年底，各镇（街、园区）、社区通过省政务服务平台办理各类公共服务事项9300余件。

全面推行“互联网+政务服务”。确定55项“零跑腿”事项作为全程网办事项并向社会公开。制作《山东政务服务网诸城市网上政务大厅使用指南》，广泛向群众发放。截至2017年底，受理网上申报事项6076件。探索实行“一窗受理”服务新模式。制定《诸城市一窗受理、最多跑一次实施方案》。在不动产登记领域率先实施“一窗受理”，凡涉及不动产交易、纳税、登记等多部门办理的业务全部实行“一窗受理、集成服务”。全面推进审批流程再造。继续实施建设项目预登记、模拟审批、“模块化”审批、代办协办等审批服务新模式。2017年，预登记服务中心共收件881件，有效遏制了办事窗口一次性告知不全、两地办理等问题；办理模拟审批13件，模块化审批50件，节约时间成本298个工作日；代办协办市重点投资项目事项53件，节约时间成本411个工作日，审批提速约31.7%。

着力优化公共资源交易服务。组建潍坊市公共资源交易中心诸城分中心，截至2017年底，共组织实施政府采购314项，财政预算评审值（预算投资）23.93亿元，总采购金额22.39亿元，节省资金1.54亿元。

（卢有明）

史 志 工 作

【概况】 2017年，全市地方志工作紧紧围绕省市地方史志事业发展规划纲要和诸城市委、市政府的工作大局，认真学习贯彻党的十九大精神，结合开展“作风建设年”活动，坚持以“资政、存史、育人”为根本任务，贴近中心，服务现实，开拓创新，注重实效，充分发挥职能作用，不断拓展史志工作领域，各项工作取得新进展。4月，史志办编纂的综合年鉴《诸城年鉴（2016）》在山东省优秀史志成果评选活动中被评为优秀年鉴；史志办参与指导的《得利斯集团公司志》在山东省优秀史志成果评选活动中被评为优秀基层（专门）志，受到山东省政府办公厅的表彰奖励。8月，《诸城年鉴（2016）》在第四届全国地方志优秀成果（年鉴类）质量评审中，被评为三等年鉴，潍坊市仅此1家。

【制订出台《诸城市地方史志事业发展规划（2017-2020年）》】 按照国家、省、潍坊市对史志工作提出的新任务、新要求，紧密结合诸城实际，制订出台《诸城市地方史志事业发展规划（2017-2020年）》，从指导思想、基本原则、总体目标、主要任务、保障措施等方面，对全市史志事业科学发展做出总体规划和部署。规划纲要明确总体目标，并从加强组织领导、加强依法治志、加强队伍建设、加强舆论引导、加强督促检查等方面明确保障措施。

【《诸城年鉴（2017卷）》编纂】 在综合年鉴《诸城年鉴（2016卷）》正式创刊并公开出版发行的基础上，年初启动了《诸城年鉴（2017卷）》的编纂工作。面对工作面广量大、人手不足的实际，落实工作责任制，根据工作实际将撰稿任务分配到每个工作人员身上，实行统分结合的工作机制，明确工作标准要求、限定完成时间，有效提高工作效率。制定下发编纂方案，明确部门单位的任务分工，4月底完成资料收集工作，此后编辑人员精心进行三轮修改和审读。11月，《诸城年鉴（2017卷）》由中国文史出版社出版发行。

【地情网站升级改版】 按照省、潍坊市史志办的要求，2016年对市情网站进行全新的升级改版。坚持高标准规划，高标准设计，聘请专业电子科技公司对主页面进行设计，力争做到板块划分科学、栏目安排合理、页面装饰得体、风格色彩鲜明，以求达到更好的效果。围绕市委、市政府发展战略，重点宣传大舜文化、恐龙文化、名人文化等深厚的人文底蕴，大力推介汽车制造、纺织服装、食品加工、装备制造等优势产业，展示福田汽车、希努尔服饰、得利斯低温肉制品等一批全国知名品牌。2017年底，诸城市地情网站升级改版工作完成，并开通试运行。

【方志馆建设】 按照省、潍坊市要求，把方志馆建设作为史志工作的一项重要内容来抓。不断完善管理制度，提升服务质量。为社会各界读志用志提供更为方便和快捷的服务。年内，接待前来查询资料的单位和个人70多人次。

【整理出版旧志工作】 按照上级要求，继续推进旧志整理出版工程。对清康熙《诸城县志》、清道光《诸城县志》、清光绪《诸城县志》等旧志，进行标点、整理、出版。至2017年底，整理、校点工作近尾声。

【完成上级下达的各项任务】 先后承担了《山东年鉴（2017）》《山东省志人物志》《山东地方史志年鉴（2017）》《山东抗日根据地志》《山东解放区志》《潍坊市志》《潍坊年鉴（2017）》等志鉴相关内容的供稿任务。

（孙艳华）

应急管理

【应急值守和信息上报工作】 严格落实24小时带班、值班制度，配足配强值班力量，提高值班人员素质。制定出台《关于进一步做好突发事件报告、舆情控制和处置工作的通知》（诸办字〔2017〕61号），明确提出镇（街、园区）、市直部门单位是情况报告的责任主体，凡是发生在该地区、该部门或该系统的突发事件，在及时果断做好处置工作的同时，必须在事件发生2小时内上报，紧急情况下，可先通过电话口头报告，再书面报告。特别是党的十九大胜利召开期间，认真落实“日报告”“零报告”制度，及时将有关情况上报潍坊市。

【修订完善市级专项应急预案】 下发《关于印发诸城市地震应急预案等15个市级专项应急预案的通知》（诸政办发〔2017〕8号），在此基础上，编制完成《诸城市突发事件应急预案汇编》，将1个总体预案和28个专项预案收集在一起印制成册。注重预案修订与应急演练相结合，5月在鑫城购物广场和百盛商场举办“齐鲁百店消防安全大演练”活动；6月结合安全生产月宣传活动，市安监、公安、消防、经信、镇街等组织356家企业、10500多人进行安全生产应急演练；7月市水利、气象和相关镇街组织了防汛应急演练；10月市交通、卫计、消防等组织了道路交通事故处置应急演练。应急演练的举办，既实践和丰富了应急预案，又强化了部门之间的协调配合。

【应急救援工作】 为提高应急救援反应速度和协调水平，确保迅速有效地处理各类突发事件，制定出台《诸城市人民政府办公室关于进一步加强突发事件应急救援工作的通知》（诸政办字〔2017〕55号），进一步明确工作重点。注重完善救援队伍，充实救援力量，围绕防汛抗旱、森林消防、气象灾害、畜牧防疫、建筑安全、环境保护、交通运输、卫生及食品安全等领域组建专业应急队伍；以专家、学者、业务骨干为主组建应急管理专家队伍；发挥好群众团体、红十字会等民间组织、基层自治组织和公民在灾害防御、紧急救援、医疗救助、卫生防疫等方面的作用，努力形成政府负责、社会协同、公众参与、全社会群力群防的良好局面。

【多种形式宣传应急知识】 组织开展安全宣传月、“119”消防宣传月、“5·12防灾减灾日”等活动，加大应急知识宣传力度。9月23日，邀请国家行政学院教授到诸城作“政府应急管理的策略与方法”专题辅导报告会，市级领导班子成员，各镇（街、园区）、市直部门主要负责共计200多人参加培训报告会。10月30日，利用市委党校科级干部培训班作《突发事件应急管理》课题培训，进一步提高广大干部群众的预防能力和应急意识。

（王爱军）

外事侨务工作

【概况】 2017年，诸城市外事侨务工作以党的十八大、十九大和习近平总书记系列讲话精神为指导，深化改革不动摇，勇于担当求实效，各项工作再上新水平。诸城市外侨局被山东省人力资源和社会保障厅、山东省人民政府侨务办公室、山东省公务员局联合表彰为全省侨办系统先进集体，被山东省人民政府侨务办公室评为全省为侨公共服务示范单位；省侨办主要领导到诸城调研并举行“山东中华文化传承基地”挂牌仪式，对诸城外事侨务工作和全市创新发展的显著成就给予高度评价。

【外事工作】 本着“外事绝对无小事、外事能够成大事”的原则，高质量、高水平、高效能做好外事管理服务工作，切实加大“请进来、走出去”力度，创新推进全市对外经济技术合作交流。

出国服务。认真执行上级关于党政干部因公出国管理有关规定，根据全市开放发展的现实需要，科学拟订年度因公出国计划，从前期筹备、审核报批以及办理证照和签证、行程安排、项目对接、洽谈签约等方面提供一条龙服务，有效地提高出访活动成效；帮助9家企业、23人次申办APEC商务旅行卡，全力助推企业“走出去”，为企业吸纳境外资源、开拓国际市场提供优质服务。

涉外管理。积极争取外国政要和经济界知名人士到诸城访问考察，办理邀请外国人来华签证通知43批64人次。美国康宁翰建筑设计集团董事长詹姆斯·席德尔一行，在省外办领导陪同下到诸城考察访问，洽谈诸城恐龙主题公园、恐龙特色小镇项目合作事宜，市政府主要领导会见外宾并进行座谈交流，为推动诸城与美国康宁翰建筑设计集团在相关领域深化合作奠定了良好基础。扎实做好境外非政府组织、外国记者和到诸城的外国人管理工作，先后深入希努尔集团公司、桑莎制衣集团、外贸集团公司、东晓生物科技公司、义和车桥公司、惠发食品公司、天雁服饰公司、鼎泰盛公司、佳士博食品公司、建华阀门公司、华欣铸造公司、奥扬科技公司、顺达木业公司等与外国人员联系较多的企业进行调查摸底，详细了解情况，实行跟踪管理，确保涉外安全维稳工作扎实有效。完善涉外突发事件应急预案，协助相关部门、镇街做好重大涉外事件处理处置工作。全面提高涉外礼宾工作水平，成功接待美国、加拿大、德国、法国、英国、意大利、瑞典、日本、韩国、新加坡、泰国、老挝、澳大利亚、阿根廷等涉外涉侨重要来宾280人次，为全市吸纳境外资源、开拓国际市场、争取国际支持增添正能量。

对外友协。通过官民并举的办法，选择与诸城有明显互补优势的国外城市，建立相对稳定的交往关系或缔结友好城市。重点推进诸城与韩国横城郡建立友好城市，邀请横城郡郡守及相关人员到诸城进行访问，双方开始保持密切沟通联系；与日本岐阜县、美国圣拉蒙市、意大利圣维托市、泰国罗勇市的友好交往工作积极推进；帮助市广播电视台、人民医院、医学美容中心、潍坊工商职业学院等从国外联系合作对象，探寻合作空间，缔结友好单位，实现诸城对外友协工作的历史性突破。

对上对外联络。加强与业务上级以及各国驻华使领馆、中国驻外使领馆的交流联系，积极推介诸城的产业产品、投资项目、创业环境及人才需求情况，拓展诸城对外开放的广度和深度。日本驻青岛总领事馆首席领事福永护一行3人到诸城进行工作访问，实地考察了诸城恐龙国家地质公园、中日合资企业山东美好食品有限公司，整个访问活动取得圆满成功，为推动下步诸城与日本在各领域交流合作创造了有利条件。

【侨务工作】 着力打好“侨务牌”、唱响“国际歌”，以开放的视野、发展的理念、灵活的策略，深入挖掘、有效集聚和科学利用侨务资源，全面构建服务诸城开放发展的侨力资源网。

挖掘侨务资源。对全市归国华侨、华侨华人及侨资企业进行调查摸底，把相关信息统一收集归档，并实行动态管理，年内新预审认定侨眷2批10人次，提高侨情资源信息化管理水平。日常工作中，主要通过电话、信函、电子邮件、微信短信等方式，与归侨侨眷、华侨华人及海外留学生主动保持联系，进一步凝聚侨心、汇集侨力，为推进全市开放发展争取更多有效资源。

涵养侨务资源。深入宣传侨法及各项侨务政策法规，在全市上下形成依法护侨、为侨服务的共识；深入实施“关爱工程”，建立起由市政府统一领导、侨务部门牵头落实的长效工作机制，并将诸城早期归国华侨的困难生活补助纳入市级财政临时预算，实行定期发放，真正解侨之所困、谋侨之所需、帮侨之所急；积极落实“三侨考生”照顾政策，不断提高为侨服务水；扎实做好社区侨务工作，把为侨服务落实到基层，促进和谐侨界建设，舜王街道鑫城社区被推荐为全国为侨服务示范社区，辛兴镇大杨家庄子社区被推荐为全国社区侨务工作示范点；积极参加山东省“2017海外华商博士投资创业潍坊行”活动，与30多名全国知名侨商、博士洽谈合作、建立联系，涵养培植更多可用的侨智侨力。

开发侨务资源。牢固树立“海外6000万华侨华人都是我们工作对象”的大侨务观念，广泛开展海外侨务工作，重点与美国山东工商总会、加拿大中加华商联合会、瑞典YES国际集团、波兰欧洲商会会长联盟、法国亚欧洲际机构、新加坡环球华商机构、新西兰山东总商会、日本日中韩经贸文化交流联合总会等30多个海外侨团（商会）、近百位海外华侨华人和港澳台同胞保持密切联系，构建起服务诸城开放发展的侨力资源网，不断拓展诸城开放发展的新领域；依托省政府侨务办公室在诸城挂牌设立的“山东海外华侨华人投资创业基地”和“山东省中华文化传承基地”，对外广泛宣传推介，全力引进海外高端创新创业人才及团队到诸城创业发展，2017年与旅美华侨、美国好莱坞集团中国区总代表、好莱坞文化产业发展（上海）有限公司董事长James Wu建立起密切联系，初步达成合作意向，由好莱坞文化产业发展（上海）有限公司负责引进美国好莱坞影视制作团队和环球影城创意运营团队，参与开发以“诸城恐龙”为题材的国际文化旅游产业项目，真正使诸城恐龙知名全球、走向世界，进一步提升诸城的国际知名度和影响力。

【“三招三引”工作】 坚持“跳出外事抓外事、跳出侨务做侨务”，将招商引资、招才引智、招院引所“三招三引”作为全局工作重点不动摇，充分发挥外事与侨务工作的独特优势，实行“三招联动”，配套推进，在服务“四个城市”和“三区一城”建设上积极作为、争做贡献。全年共对接联系国际商会负责人和外商投资者100多人次，成功引进“日本跑不掉的水素水36”中国营销总部经济项目，欧洲现代农牧装备产业园、瑞典高端木屋加工基地、日本高端林果产业示范区、新加坡国际教育和休闲养老度假区、意大利汽车和飞机人工智能制造基地、波兰欧洲食品产业园、中国供销农产品批发市场控股有限公司农产品物流园等10个项目初步达成合作意向，成为全市“三招三引”工作的重要新生力量。

招商引资工作。认真梳理招商引资现有资源和诸城重点产业项目情况，先后联系美国、加拿大、日本、韩国、新加坡、德国、意大利、瑞典、澳大利亚以及中国香港、台湾的商会组织和投资者，培育招商引资优势资源。同时与市属重点园区和龙都、密州、贾悦、石桥子等镇街，以及发改、商务、经信、招商等有关部门，进行积极衔接，筛选招商项目，集中力量强力推介，积极引进利用外资项目。

招才引智工作。建立海外人才资源信息库，对接联系世界500强企业高管、国际商会负责人、海外专家学者；创新做好“诸城海外人才工作站”工作，在建好美国旧金山、美国哥伦布、加拿大多伦多、韩国首尔、日本东京5个人才工作站相关工作的基础上，重点与欧洲商会会长联盟主要负责人进行积极对接，拟在意大利、荷兰、瑞典、瑞士、英国、法国等发达国家的重点城市设立“诸城海外人才工作站”，加快构建覆盖全球、务实高效的海外人才“诸城网”，加快引进带技术、带项目、带资金的创新创业人才。2017年联系海外专家和优秀人才40人，其中21人达成合作意向。

招院引所工作。围绕全市发展重点，委托美国华侨丛淑萍、加拿大籍华人李毓玺、瑞典籍华人李慎之、法国籍华人姚国强、韩国华侨李长作、新加坡籍华人董桂田、澳大利亚籍华人李复新、波兰籍华人张铭飞8位代表，联系对接海外高等院校和科研机构，为全市招院引所提供信息服务；不断拓展招院引所渠道，加强与海外华人机构联系，邀请20多名国外高层次专业人才到诸城实地考察，为全市深入开展招院引所工作架桥铺路。

【风筝扎制与放飞比赛】 诸城市外事侨务局代表诸城参加第34届潍坊国际风筝会比赛活动。按照潍坊市政府办公室通知要求，科学筹划、周密安排，抓好落实，圆满完成风筝扎制和放飞比赛任务，获得团体比赛和创新风筝2个一等奖。

（王贞军）

市政务服务中心管理工作

【概况】 诸城市政务服务中心管理办公室成立于2015年2月，为市政府派出机构，正科级规格，行政编制11人，负责行政审批工作。政务服务中心是一个集民生服务、行政审批、公共资源交易和行政效能监察于一体的信息化综合性公共服务平台。2017年，共办理各类事项6.2万余件，按期办结率100%。

【政务服务平台拓展应用工作】 将诸城市所有部门的492项行政许可事项及纳入中心的280项政务服务事项全部纳入省政务服务平台办理。同时将平台向镇（街、园区）、社区延伸，制定出台《诸城市政务服务平台向镇（街、园区）、社区延伸工作实施方案》，组织开展镇（街、园区）、社区公共服务事项录入和政务服务平台操作使用的培训，组织梳理出的20050项镇（街、园区）、社区公共服务事项，全部录入省政务服务平台。2017年，各镇（街、园区）、社区通过省政务服务平台办理各类公共服务事项2.6万余件。

【投资创业服务工作】 进一步落实供给侧结构性改革的各项政策措施，不断降低制度性交易成本，继续实施建设项目预登记、模拟审批、“模块化”审批、代办协办等审批服务新模式。2017年，预登记服务中心共收件881件，有效遏制了办事窗口一次性告知不全、两地办理等问题；办理模拟审批13件，实现了项目开建“零等待”；办理模块化审批54件，节约时间成本325个工作日；为53件市属重点项目审批开辟绿色通道，全程无偿提供代办协办，节约时间成本411个工作日，审批提速约31.7%。

【“一窗受理”集成式服务工作】 组织人员先后到浙江余杭、萧山等政务中心学习“一窗受理”的先进经验，结合自身实际，制定《“一窗受理、最多跑一次”实施方案》；打破现有窗口布局，将入驻窗口整合划分为投资服务区、不动产联合办理区、商事登记服务区、国地税联合办税区、社会事务服务区等9个服务区；12月11日，不动产登记领域“一窗受理”改革正式运行，凡涉及不动产交易、纳税、登记等多部门办理的业务全部实行“一窗受理、集成服务”，最大限度方便办事群众。

【“互联网+”政务服务工作】 以让企业和群众“零跑腿、最多跑一次”改革为目标，梳理出55项与群众生产生活息息相关的“零跑腿”事项作为全程网办事项并向全社会公开；加大对网上办事的宣传力度，制作《山东政务服务网诸城市网上政务大厅使用指南》，广泛向群众发放，指导群众网上申报；在大厅开辟了两处“网上申报自助服务区”，配备计算机等便民设施，并安排专人引导和协助群众网上申报，解决网上申报过程中遇到的实际问题；同时引入邮政EMS快速服务，在大厅设立邮政EMS服务窗口，为群众提供申报材料、证照批文等“淘宝式”政务服务。截至2017年，受理网上申报事项7160件。

【服务标准化建设工作】 通过实施名牌战略，全面推进政务服务标准化建设。对纳入大厅的所有行政服务事项新制度了一次性告知单，修订了申报事项的示范格式文本，制定完善《关于规范行政审批中介服务的意见》《窗口及工作人员考核办法》等各项管理制度，依靠制度加强管理，规范裁量权；编制了《诸城市投资项目审批服务指南》，举办全市建设项目培训工作会议，指导项目单位快速完成报建；制定出台《诸城市政务服务中心行政许可案卷评审标准》，定期组织对入驻部门窗口业务办理案卷评查，进一步规范窗口行为。

【日常监督管理工作】 深入推进“阳光审批”，切实履行政管办监督管理协调职能，积极协调各进驻部门单位窗口工作，加强对派驻部门主要领导和分管领导到窗口业务现场办公情况督查，建立健全行政审批监督制度，在日常督查监管的基础上，充分运用网上电子监察系统，强化对行政审批事项的网上受理、审核、批准、发证等环节的网络全程监控，及时发现和纠正违规审批行为。每季度依托“12341”民生服务热线进行一次群众满意电话回访，拓展监督渠道，更好地服务社会大众。

【创先争优工作】 将各进驻部门单位在窗口工作情况列入市直部门单位年度创先争优责任书，从服务效率、办件质量、承诺时限、服务质量、群众满意度等方面进行量化考核，设立“政务服务工作先进窗口”“政务服务工作文明服务标兵”等奖项，每月评选“先进窗口”和“服务标兵”，对年度表现突出的派驻部门单位和个人予以通报表彰，组织开展庆“三八”手工艺品大赛、庆“五一”跳绳、庆“十一”书法比赛、庆元旦歌咏比赛等活动，充分调动窗口工作人员的积极性。

【“12341”民生服务热线工作】 投资50余万元，完成对热线软、硬件平台的更新与升级，增加10名话务工作人员，保证热线电话的接通率；狠抓疑难办件，通过现场察看、走访镇（街、园区）、调度相关责任单位等方式，加大对重点领域、重点镇街热点难点问题的调度；强化媒体舆论监督，继续与电视台、电台等联合办好《直通“12341”》《解码青春信息直通车》等栏目，积极帮助企业、群众解决好生产生活中遇到的困难和问题。2017年，“12341”民生服务热线共受理群众需求诉求19.1万件，群众满意度96.8%。2017年“12341”民生服务热线标准化试点项目获得潍坊市标准应用奖荣誉称号。

（王　敏）

机关事务管理工作

【概况】 2017年，机关事务管理工作紧紧围绕全市推进“四个城市”建设和“三区一城”建设工作思路，全面贯彻落实党的十九大精神，坚持节约型机关建设工作主线，以开展“作风建设年”为总抓手，深化改革创新，狠抓责任落实，圆满完成管理服务保障各项目标任务。

【机关后勤服务保障】 机关安全和内部保卫。严格执行安全生产目标责任制和“一岗双责”制度，建立完善安全生产管理台账，定期开展安全生产隐患集中排查整治，及时发现整治隐患问题，确保机关电力、消防、燃气及楼房建筑等基础设施的安全使用。做好机关保卫工作，严格执行各项保卫制度，加强对外来人员和车辆的盘查登记，规范办公区车辆停放秩序，协同信访、公安等部门做好对来访人员和事件的劝导处置，同心协力保障机关大院安全稳定。

基础设施的管理维护。强化后勤维修管理，及时有效地处理好机关办公区水电暖、门窗桌椅等各类应急维修，全年共处理各类维修320余次；对辖区内电力线路、水暖管道每日巡查，定期检查，老化破损的设施设备及时开展维修改造，5月，对机关办公区主干道进行硬化，地下排水管网进行局部改造，解决道路坑洼、排水不畅问题。

机关卫生保洁工作。责成物业严格按照创卫标准做好日常保洁，办公区卫生每日两次集中清扫，垃圾日产日清，每月开展一次环境卫生集中整治，定期开展卫生检查，坚决杜绝卫生死角；集中人力物力，对生活区乱搭乱建、乱堆乱放和小广告、小菜园等突出问题进行全面清理，圆满完成创卫迎审工作任务。

机关绿化美化。指导监督外协单位根据季节变化，及时跟上对市级机关办公区、生活区绿化带的管护，定期修剪、划锄、浇灌，及时修除枯树残枝，确保苗木健康茁壮生长；5月，结合办公区道路硬化，将机关原停车场规划改造为生态草坪停车位，实现停车、增绿“两不误”。

【公共机构节能】 节能宣传。以开展集中宣传和日常宣传相结合，大力宣传节能法律法规和常识，6月，在全市组织开展以“节能有我，绿色共享”为主题的公共机构节能宣传周活动，动员全市公共机构通过多种形式，传播节能理念、普及节能知识、推广节能技术，不断提升干部职工的节约节俭意识，充分发挥公共机构在全民节能中的示范引领作用，推动形成节约节能、绿色低碳的社会风尚。

能耗统计上报。督促各公共机构及时按要求通过国管局网络平台上报能耗数据，加强对数据报送的催办、审查、验收，确保数据的真实性、准确性，2017年度全市145家公共机构能耗数据上报率达100%，在潍坊市名列前茅。

节能监督检查。认真落实“双随机、一公开”制度和《诸城市公共机构节能监督检查考核评价办法》，对在节能降耗工作中存在问题的单位下达整改意见书，督促限时整改落实，通过开展定期检查和随机抽查相结合的方式，不断推进全市公共机构节能目标任务落实。在11月潍坊市公共机构节能监察工作中，诸城公共机构节能工作各项指标全部达标，得到潍坊市公共机构节能办公室的充分肯定。

【机关房产管理】 对办公区危旧办公用房的检修。根据市级机关办公用房安全检测鉴定情况，对市级机关办公用房提出维修整改意见，有关危旧楼房列入维修改造计划。

对生活区老旧建筑的安全监控。完善生活区房屋建筑管理台账，督促物业加强对相关房屋建筑的日常巡查，每月开展一次安全集中排查，破损部位及时维修，确保不出任何安全问题。

市级机关周转房的管理使用。严格落实周转房租赁管理制度，积极主动地协调外调和新调任的市级领导办理腾退、入住等交接手续，按规定做好室内物品的清点、配备和相关费用的收缴，保障市级领导正常的生活需要。

办公用房管理。严格落实中央办公厅、国务院办公厅下发的《党政机关办公用房管理办法》，积极配合纪检监察部门加强对全市党政机关办公用房的监督检查，坚决杜绝违规建设、使用办公用房问题。

【公务用车管理】 公务用车改革。根据全市公务用车改革工作任务分工，做好首批党政机关公务用车改革后续扫尾工作，截至12月底，完成所有涉改车辆拍卖和报废车辆的处置。

公务用车的管理。印发《关于进一步规范公务用车管理的通知》，对公务用车编制、更新配备、使用管理等作了明确规定；实行公务用车标识化管理制度，根据全省统一要求，对保留的公务用车统一喷涂"山东公务"标识，便于社会各界监督；责成各参改单位建立完善公务用车管理台账，严格遵守公车使用管理制度。

公务用车监督检查。严格落实《党政机关公务用车管理办法》，积极配合纪检监察机关加强对全市公车使用情况的监督检查，严厉查处违规配备、使用公车等问题。

（孙夕伟）

中国人民政治协商会议诸城市委员会

概　　况

2017年，诸城市政协在中共诸城市委的领导下，按照定位求高、工作求实、方式求活、形象求好的要求，坚持为发展大局献计出力、为民生幸福履职尽力、为社会和谐凝心聚力，全力推进“四个城市”和“三区一城”建设，为开创全市转型发展新局面做出积极贡献。

服务转型发展

新一届诸城市政协坚持把市委、市政府工作的重点、经济社会发展的难点、人民群众关注的热点作为履职的着力点，在深入推进转型发展中认真履职尽责。

【聚力发展】 诸城市政协全面落实新发展理念，围绕促进全市经济持续健康发展主动作为、积极作为。落实工作联系点和包靠责任制，市政协领导班子成员自觉践行一线工作法，坚持全方位服务，力所能及地帮助解决实际问题，督促工作赶进度、达目标。根据市委“项目建设攻坚年”工作部署，市政协全体领导班子沉到项目“百日会战”一线，了解情况到工地，解决问题到现场，加快推进项目建设。市政协召开十届三次常委会议，专题视察重大项目建设情况，听取工作通报，提出建设性的意见建议。换届之初，建立市政协领导联系委员企业制度，强化对委员领办企业的帮扶力度，两次组织经济界委员到青岛市开展对接招商活动。积极引导骨干委员企业二次创业，使他们把自己的事业与全市的发展融为一体，投身经济转型升级主战场。

【议政建言】 诸城市政协注重调研成果形成与进入决策的结合，科学确定调研题目，集中力量深入调研，切中时弊精准建言。先后围绕重大项目建设、生态休闲农业发展、提升城市文化品位、统筹城乡发展、环保装备产业集群建设等经济社会问题，广泛调查研究，深度议政建言。其中《关于在“三区一城”建设中提升文化品味的建议案》《关于发展生态休闲农业的调研报告》，经政协常委会议协商讨论后，分别上报市委、市政府，书记、市长批阅办理，给予充分肯定，为党政科学决策提供参考。专题视察注意做好结合文章，针对市里下大气力、集中力量推进的重要工作，围绕成长型企业发展、汽车全产业链建设、现代农业发展、城乡道路建设、大气环境治理、非物质文化遗产保护与传承等方面，开展视察活动14次，充分发挥了配合中心促发展、推动工作抓落实的积极作用。

【聚焦重点】 诸城市政协在完成市委布置的阶段性重点工作中，敢于“亮剑”，勇于担当，不负重托。在迎接国家卫生城市复审工作中，市政协印发《〈“迎审”工作走在前列　政协委员责无旁贷〉——致全市政协委员的一封信》，动员广大政协委员以自己的模范作用和生动实践为创卫迎审贡献智慧和力量。认真落实社区网格包靠责任制，全体主席根据责任分工，分别深入社区网格，发扬“钉钉子”精神，沉下身子、亲力亲为，解决问题、攻克难关，协调网格内部门单位为创卫迎审筹集资金90多万元，解决了一些多年来没有解决的老大难问题。市政协机关坚持网格任务具体化、拆违治乱标准化、力量整合最大化、治标治本一体化“四化”工作法，包靠的繁华社区网格内龙城市场违章建筑全部拆除、经营秩序焕然一新，金都小区、老橡胶厂家属院等一批老旧小区得以改造提升、物业管理落实到位，赢得社区百姓的赞赏。在创卫迎审攻坚期，市政协召开十届二次常委会议，专题视察创卫迎审工作，为全市上下以更强决心、更大力度、更实举措，坚决打赢创卫迎审保卫战营造氛围。同时，根据市委工作安排，圆满完成十九大维稳工作包靠任务。

增进民生福祉

新一届市政协坚持以人民为中心，发挥自身优势，协助党委、政府办民生实事好事，使人民群众有更多的获得感、幸福感。

【做好社情民意工作】 广大政协委员充分运用提案履行职能、建言献策，共提出提案211件，经审查立案206件。对于这些提案，市委、市政府高度重视，专门研究部署，抓好督促落实；各承办单位采取多种措施加大办理力度。市政协建立领导督办重点提案制度，对确定的十件重点提案进行重点督促办理，市政协联合市政府召开督办重点提案现场会，以点带面促进全部提案的办理落实。市政协十届一次会议的提案全部办理答复。以省政协社情民意信息系统为依托，建立起覆盖全市政协委员的社情民意信息系统，委员反映社情民意信息的渠道更为便捷畅通。2017年，共上报社情民意信息157篇，被全国政协采用5篇，被省和潍坊市政协采用89篇，报送市委、市政府4篇，为党委、政府准确把握社会舆情、做好群众工作提供参考。2017年，诸城市政协分别列省和潍坊市政协社情民意信息量化考核第一名。

【深化委员服务社区活动】 持续深入推进政协委员服务社区活动，全体政协委员下沉到全市16个镇（街、园区）的208个农村社区，急群众所急，帮群众所盼。市政协委员发挥自身特点，先后到龙都、舜王、辛兴、昌城等镇街社区，开展共建爱心书屋、捐赠办公设备、卫生诊疗服务等活动，拉近了与基层群众的感情，树立政协委员的良好形象。2017年，市政协共组织开展各类委员服务社区活动40多次，累计捐款捐物近百万元。

【推进主题实践活动】 从服务中心、搭建履职平台出发，换届后市政协在广大委员中开展“‘三区一城’建设有我有作为”主题实践活动。各界政协委员立足岗位优势，结合自身实际，积极参与，涌现出一批建功立业奉献社会、建言立论服务中心的委员典型。在服务转型发展中，惠增玉委员创办的山东惠发食品股份有限公司在上海证券交易所上市，郑召伟委员领办的美晨科技股份有限公司新建美晨工业园，一期工程投资3个亿、占地200亩，主体建筑封顶。在创卫迎审工作中，工业、工商联、工会、台侨联等界别小组委员率先行动，多次组织义务劳动，为邱家庄子、沙戈庄、舜安等社区捐款捐物，走访慰问一线值勤民警。郑兆怀委员捐资70多万元为皇华镇群众修建了600米的连村路，张博、刘霞委员等爱心企业向全市敬老院捐赠价值20多万元的生活用品。

团　结　民　主

新一届市政协牢牢把握团结和民主两大主题，以团结民主凝聚社会各界智慧、形成合力、促进发展。

【协商议政】 发挥政协协商民主重要渠道和专门协商机构作用，先后围绕大项目建设、办好环境卫生方面提案、提升人力资源和社会保障工作等主题，开展专题协商2次、提案办理协商4次、对口协商4次，提出意见建议28条，在协商中达成共识、促进工作。

【团结联谊】 为迎接党的十九大召开，团结凝聚社会各界力量，市政协成功举办“喜迎十九大、共筑中国梦”书画展，展出作品近百幅。其中，精选部分毛泽东诗词，诸城19位书画家，集体创作的一幅19米书画长卷《风流人物看今朝》，赢得社会各界广泛赞赏。抓住时间节点，组织开展庆“三八”激情创业、实干担当座谈会、“青年创业、放飞梦想”联谊座谈会、营造“书香家庭”座谈会等联谊活动，激发政协委员参政议政、干事创业的热情。联系走访了诸城籍中国科学院院士王恩多、中国工程院院士伦世仪两位专家，并整理刊发了相关资料文章。

市政协视察评议人力资源和社会保障工作　　（供图　报社）

【文史宣传】 为做好新一届政协文史工作，召开文史工作座谈会，广泛征求意见建议。举办乡土读本《诸城》发行座谈会，使该书走进学校课堂。编辑出版《诸城明清举人贡生传略》一书，呈现了明清两代诸城历史名人的为官做人。在潍坊市级以上新闻媒体发表稿件251篇，充分宣传了诸城“三区一城”建设思路举措，展示了政协工作亮点、履职成效和委员风采。在市电视台开设了“新时代政协委员新风貌”栏目，改版了《诸城政协》内刊，完善了诸城政协门户网站设置，提升诸城政协微信平台的发布与服务功能。2017年，诸城市政协被省政协表彰为宣传工作先进集体，在潍坊市政协宣传工作考核中位列第一名。

自　身　建　设

新一届诸城市政协按照“作风建设年”活动要求，以改革思维、创新理念、务实举措大力推进履职能力建设，为实现政协工作新发展创造有利条件。

【坚定政治方向】 深入学习贯彻党的十九大会议精神，审议通过了《政协诸城市委员会关于学习贯彻中国共产党第十九次全国代表大会精神的决议》，组织全市政协系统迅速掀起学习贯彻十九大会议精神的热潮。市政协常委会议、主席会议和机关干部及时学习传达了省、潍坊和诸城党代会精神，积极推进“两学一做”学习教育常态化、制度化。按照“懂政协、会协商、善议政”的要求，准确把握政协工作性质定位，加强与党政工作的有效衔接，使政协履职尽责同党委、政府工作高度契合。

【规章制度建设】 市政协十届一次常委会议审议通过了《关于加强常务委员会自身建设的意见》《政协委员履职量化考核办法》等14项规章制度，年中又制定出台《住镇（街、园区）市政协委员横向交流视察实施意见》，为新一届市政协全面加强履职能力建设提供制度遵循。实施了政协会议、活动出勤通报制度，进一步严肃政协会议、活动的会风会纪。

【履职能力建设】 针对换届后新进委员较多、委员履职能力亟待提升的实际，市政协创新培训形式，采取小范围、座谈式、互动性培训辅导，分八期对全体政协委员进行履职轮训。组织委员界别组长到西柏坡开展红色教育活动，交流心得，激发干劲。加强对政协委员的教育管理，建立起委员履职考评管理机制，对委员履职情况进行量化考核，引导委员珍惜政治荣誉、充分履行职能。

【机关队伍建设】 结合政协机关实际，深入开展以“五查四整三提升”为主要内容的“作风建设年”活动，将寿光市和青岛市北区政协作为学习标杆，全面提升机关工作标准和水平。以党建为引领，以增强服务能力为着力点，政协机关先后开展警示教育、征文演讲比赛、参观党组织发展史展览室、祭扫革命烈士墓、到井冈山接受党性和理想信念教育等活动。重视老干部工作，关心关怀老干部的学习生活和身心健康，组织了两次参观视察活动，为老干部们知情明政发挥余热提供支持和服务。

重　要　会　议

【市政协十届一次会议】 2017年1月17-20日，市政协召开十届一次会议。十届政协委员出席会议，驻诸城的省和潍坊政协委员列席会议。会议听取市委书记桑福岭的重要讲话；审议通过了王玉邦所作的政协常委会工作报告和蒋德华所作的提案工作报告；列席市人大十八届一次会议，听取、讨论刘峰梅市长所作的《政府工作报告》。

【市政协十届一次常委会议】 3月2日上午，市政协召开十届一次常委会议，市政协主席、党组书记孙利宝，副主席张海铁、吴建智、臧晋运、韩培武、宗素霞、袁柳天出席会议。会议审议通过了关于加强常委会自身建设的意见、常委会工作规则、组织委员视察制度、委员履职量化考核办法等文件，审议通过了关于实施主席、副主席（党组成员）和专职常委联系委员企业制度的意见，关于开展政协委员服务社区活动的意见，深入开展“‘三区一城’建设有我有作为”主题实践活动的实施方案等文件，审议通过有关人事决定和市政协2017年工作要点，传达学习政协第十三届潍坊市委员会第一次会议精神。

【市政协十届二次常委会议】 6月30日上午，市政协召开十届二次常委会议。市领导孙利宝、王大伟、张海铁、臧晋运、宗素霞、袁柳天参加会议。市政协常委们实地视察了大华居、龙城市场、金都北区等国家卫生城市复审工作有关现场，听取市迎审办关于迎接国家卫生城市复审工作情况介绍，围绕全市迎接国家卫生城市复审工作和《关于在“三区一城”建设中提升文化品味的建议案》，踊跃发言，提出增强全民自觉意识、加大宣传力度、建立常态化管理机制和努力打造文化品牌，大力弘扬孝德、红色、名人、恐龙文化等意见建议。会议审议通过了《关于在“三区一城”建设中提升文化品味的建议案》，会议指出，该建议案要进一步修改完善，多方面征求意见建议，为市委、市政府科学决策提供有益参考。会议还审议通过其他事项。

【市政协十届三次常委会议】 10月28日，市政协召开十届三次常委会议，市领导孙利宝、杨连富、张海铁、吴建智、臧晋运、宗素霞、袁柳天参加。市政协副主席宗素霞主持会议。会议传达学习党的十九次全国代表大会精神，听取市政府通报全市项目建设“百日会战”推进情况，听取部分政协委员的讨论发言，审议通过了《政协诸城市委员会关于学习贯彻中国共产党第十九次全国代表大会精神的决议（草案）》和《关于发展生态休闲农业的调研报告》（讨论稿）。与会人员还实地参观视察了繁华高中新校区、北师大教育综合体、美晨科技产业园项目、密州街道北关片区棚改项目等“百日会战”项目现场。

重　要　活　动

【潍坊市政协副主席李士来到诸城调研考察】 5月26日，潍坊市政协副主席李士来带领“品牌文化”专题组一行11人到诸城调研考察，诸城市领导赵治国、张海铁陪同。

【潍坊市政协副主席李传恒带领调研组到诸城专题调研】 7月18日，潍坊市政协副主席李传恒带领调研组到诸城就“培养潍坊白酒骨干企业和知名品牌”进行专题调研。调研组一行到密州春洞藏酒基地进行实地调研，诸城市领导孙利宝、王大鹏、臧晋运陪同调研。

【省政协副主席许立全到诸城专题调研】 8月10日，省政协副主席许立全一行12人，到诸城就“军民融合发展”进行专题调研，潍坊市领导苏立科，诸城市领导桑福岭、孙利宝、王爱民、宗素霞陪同调研。

【潍坊市政协副主席李传恒到诸城进行专题调研】 10月20日，潍坊市政协副主席李传恒带领视察组一行10人到诸城就推动产业强市建设情况进行专题调研，诸城市委常委、常务副市长李庆华，市政协副主席宗素霞陪同。

【潍坊市政协副主席刘树亮到诸城调研】 12月12日，潍坊市政协副主席刘树亮一行7人到诸城调研了解潍坊市政协委员履职情况，诸城市政协主席孙利宝陪同。

（侯建农）

中国共产党诸城市纪律检查委员会

概　况

2017年，诸城市纪律检查工作在诸城市委和潍坊市纪委的坚强领导下，以习近平新时代中国特色社会主义思想为指导，全面贯彻落实党的十九大精神，认真贯彻落实上级决策部署，不忘初心、牢记使命，忠诚履职、勇于担当，党风廉政建设和反腐败各项工作扎实开展，纪检监察工作不断取得新成效。

正　风　反　腐

【纠正“四风”】 结合开展“作风建设年”活动，组建常态化暗访、交叉式暗访、机动式暗访3支队伍，深入排查违反中央“八项规定”精神和作风建设问题，共查处违反中央“八项规定”精神问题14起，处理27人，其中纪律处分8人，对违规违纪行为形成有力震慑。

【整治群众身边的不正之风和腐败问题】 围绕扶贫救济、“三资”管理等重点领域开展专项整治，对发现的侵害群众利益的问题线索，深挖细查、严查严纠，精准识别、精准研判，共查处群众身边的不正之风和腐败问题885起，通报曝光10期109人。

【保持惩治腐败高压态势】 扎实开展“信访不稳定因素排查化解月”活动，排查、化解矛盾纠纷133件；加强与市信访局、“12341”民生热线等单位的沟通联系，及时掌握信访动态；建立工作调度、通报、考核三项机制，压实镇街责任。全年共受理信访举报411件，蝉联“全省无越级集体上访市”荣誉称号。针对镇街纪律审查力量薄弱问题，创新纪律审查模式，把16个镇（街、园区）划分为4个协作区，统筹执纪审查力量。加强反腐败协调，建立纪法衔接机制，实行行政处罚线索月报送制度，实现对违纪违法党员处置的全覆盖。全年共接收司法部门移送问题线索117条，行政执法部门移送问题线索149条。

【坚守纪律审查安全底线】 强化底线思维，严格执行《监督执纪工作规则》和省纪委实施办法，在执纪审查中严格程序、严守纪律。对谈话室软硬件建设进行完善提升，购置15台执法记录仪，防范“走读式”调查安全隐患。健全完善执纪审查安全制度，对纪律审查人员进行安全培训。组织谈话安全和突发事件安全演练，增强纪律审查人员的安全意识和处置突发安全事件的能力。2017年，共立查违纪案件327起，同比增长104%；给予党纪政纪处分326人，同比增长120%，其中副科级以上干部8人。规范运用监督执纪“四种形态”，共处理党员干部3425人，第一至第四种形态分别为3083人、258人、28人、56人。

问 责 追 责

【层层压实责任】 按照“一岗双责”要求，修订完善《市委、市政府领导班子成员党风廉政建设岗位职责》，压实市级党政领导班子责任。诸城市委、市纪委与16个镇（街、园区）、99个市直部门（单位）签订党风廉政建设责任书，督促镇（街、园区）和市直部门（单位）与下级党组织签订责任书，逐级传导压力，以上率下，一级抓一级、层层抓落实。

【督促责任落实】 严格落实主体责任落实情况定期检查和分析通报制度，对全市16个镇（街、园区）和99个市直部门采取半年检查和全年检查相衔接、书面调度与实地检查相结合的方式开展督导检查。开展市纪委常委与下一级党政主要负责人廉政谈话活动，共开展廉政谈话108人次，有力地推动了党风廉政建设责任到位、任务落实。

【严格追究责任】 严格落实《中国共产党问责条例》，做到“问责一个，警醒一片”，共对56名党员干部因履行“两个责任”不力进行问责追责。

强化党内监督

【强化日常监督】 诸城市委出台《关于全市党员领导干部述责述廉全覆盖工作的实施意见》，组织市级领导班子成员、16个镇（街、园区）党政班子成员、99个市直部门（单位）领导班子成员、镇（街、园区）党政主要负责人和市直部门（单位）主要负责人述责述廉，全市参加述责述廉的党员领导干部1593人，实现述责述廉的全覆盖，该做法被《中国纪检监察报》刊发。创新出台《关于运用监督执纪“四种形态”加强党内监督的实施意见》，科学运用监督执纪“四种形态”，让“红红脸、出出汗”成为常态，该做法被《中国纪检监察报》刊发，并被潍坊市纪委通报推广。加强对市委重大决策部署落实情况的监督检查，严格落实《诸城市整治为官不为实施办法（试行）》，围绕作风建设年、环保督察、安保维稳、创卫迎审等重点工作，对286名履责不力的领导干部实施问责。

【派驻监督】 充分发挥派驻监督“探头”作用，重新调整派驻监督部门，在部门设立信息公开栏，实行人员、职责、举报方式“三公开”。牢固树立“有问题发现不了是失职、发现问题不报告是渎职”的理念，主动把脉部门政治生态，严格落实列席会议、监督检查等制度，做到听风就是雨，既见树木，又见森林，共监督部门“三重一大”事项170余项，列席部门会议40余次，约谈80余人次。

【巡察监督】 协助组建市委巡察办和5个巡察组，配备专职巡察干部12名，建立87人的巡察人才库，协调召开市委巡察工作会议，对十四届诸城市委巡察工作进行全面部署，先后开展两轮巡察，共巡察单位37个，发现专项问题127个，其中问题线索98件，移交98件，立案30起，处分党员干部25人。

廉 政 教 育

【开展廉政教育】 推荐展演大型反腐茂腔现代戏《失却的银婚》，在获得国家艺术基金资助项目后，先后演出49场，3.9万余人次观看。在此基础上，8月到潍坊大剧院进行3场汇报演出，在党员干部中引起强烈反响，省纪委利给予充分肯定。2017年，在全省巡演。开通“清廉诸城”微信公众号，共推送内容32期120余条；在电台创办“龙城廉政之声”节目，共播出23期。

【开展送廉政党课上门活动】 通过纪委常委带头讲、派驻组长到部门讲、镇街纪（工）委书记到社区讲的形式，共举办廉政党课330多场，实现廉政党课“全覆盖”。在党员干部培训中开设廉政警示教育课程，把讲廉政课、到看守所、市预防职务犯罪警示教育基地接受警示教育作为干部教育培训“必修课”，纳入党员干部学习教育规划，共在教育、卫生等各类班次授课50余次。

【推进廉政文化建设】 在巩固提升王尽美纪念馆全省反腐倡廉教育基地、市预防职务犯罪警示教育基地的基础上，在刘家庄保卫战纪念馆党性教育基地开设廉政文化馆，打造诸城党风廉政教育的新阵地。加强企业廉洁文化建设，依托北汽福田时代事业部，建设企业廉洁从业警示教育基地，为全市企业干部职工接受警示教育提供重要平台。组织开展正科级党员领导干部德廉知识测试，参加测试266人，成绩合格257人，合格率96.61%。

【对外宣传】 加强对工作的调研分析，注重与委局机关各部室、派驻组以及镇街、部门之间的沟通联系，及时掌握工作动态、总结典型经验，提高稿件质量和采用率。制定信息宣传考核办法，对信息宣传、调研工作每月进行通报，充分调动工作积极性，共向上级报送信息宣传稿件301篇，其中，中央级采用6篇，省级采用47篇。

诸城市预防职务犯罪警示教育基地 （供图　市纪委）

国家监察体制改革试点工作

【成立专门机构】 成立市委书记任组长的改革试点工作小组，研究制定《诸城市深化国家监察体制改革试点工作实施方案》，设立改革试点工作小组办公室，下设综合协调、组织人事、纪法衔接3个工作组，具体负责统筹协调和组织实施。

【紧抓关键环节】 抓住职能划转、人员转隶和组建挂牌等关键环节，研究制定《诸城市监察委员会组建方案》《诸城市检察机关涉改部门人员转隶工作方案》，确定按26%的比例划转编制27个，增设第五至第九纪检监察室。市纪委与市委组织部、市检察院对涉改部门人员逐一进行谈心谈话，确定拟转隶人员14名。

【落实保障设施】 严格落实纪委、监察委员会、巡察机构集中办公要求，实现独门独院办公。2017年，办公场所的规划设计和装修施工有条不紊推进。同时，以诸城市看守所易地建设为契机，积极与公安、财政等部门对接，按上级标准要求，建设与其他功能区物理隔离的留置区。

干部队伍建设

【凝聚思想共识】 按照“重塑辉煌”定位，主动寻标对标，组织全体纪检监察干部开展“强素质、转作风、当先锋”大讨论。制定《市纪委常委会加强自身建设的意见》，落实领导班子工作补位等制度，做到一级带着一级干，一级做给一级看。积极开展“纪委常委作风建设年专题调研月”活动，形成的调研报告省纪委和市纪委予以刊发，市委书记桑福岭给予充分肯定。

【严肃党内政治生活】 坚持“抓在日常，严在经常”，结合市纪委机关党支部换届选举，配齐配强支部班子，落实“三会一课”、民主生活会等制度。按照把市委常委所在支部建设成示范支部的要求，经常性开展党性教育专题活动，主要领导带队参观党建“菜单式”培训教学点，带头讲党课，不断提高机关党建工作水平。2017年，市纪委机关党支部被表彰为“潍坊市建设学习型党组织示范点”。

【全面提升能力素质】 争取高层次培训，组织20名纪检干部参加中国纪检监察学院业务培训，组织22名纪检干部赴井冈山接受红色教育。积极开展自主培训，举办全市纪检监察干部培训班，邀请部分潍坊市纪委业务骨干对市镇两级120名纪检监察干部进行为期4天的封闭式培训，对党风政风、信访、纪律审查等进行系统讲解，并邀请医疗专家进行医疗急救、心肺复苏等知识培训，提高纪检干部处置突发事件能力。建立镇街纪检干部到市纪委信访、审理等科室“以干代训”的轮训制度，提高镇街纪检干部业务能力，全年共轮训镇街纪检干部50人次。充分发挥市纪委委员的职能优势，深入开展大调研活动，人人结合各自工作实际，形成调研报告并结集成册。

【强化干部队伍自身监督】 坚持探头向内、刀刃向内，强化对纪检监察干部的监督。坚持严管厚爱，修订完善机关工作规则、工作纪律、请销假等18项内部管理制度，“三下三上”征求意见，扎紧严管厚爱、到边到底的制度笼子。组织82名纪检干部填报了个人有关事项报告表，对全体纪检干部进行一次“廉政体检”。制定《关于进一步规范纪检监察干部外出审批的通知》，进一步规范外出审批程序。集中开展纪检干部谈心谈话、家访活动，采取一级抓一级、分级负责谈的方式，进行谈心谈话100多人次；在全体干部中普遍开展一次家访，及时了解纪检干部家庭、思想、生活情况，切实发挥“家庭助廉”作用。

重　要　会　议

【市纪委十四届一次全体会议】 1月14日，中共诸城市纪委十四届一次全体会议召开。会议选举产生了市纪委常委、书记和副书记。何金波当选市纪委书记。会议应到市纪委委员29名，实到29名。选举结果经市委十四届一次全体会议通过后，新当选的市纪委书记何金波在会上讲话，对全面贯彻落实市第十四次党代会精神，认真履行工作职责，切实加强市纪委自身建设提出要求。

【市纪委十四届二次全体会议】 2月12日，中共诸城市纪委十四届二次全体会议召开。深入学习贯彻中央纪委和省市纪委全会精神，总结2016年工作，安排部署2017年党风廉政建设和反腐败工作任务。桑福岭、刘峰梅、孙吉海、王玉邦等市级班子领导出席会议。市委书记桑福岭在讲话中指出，2016年，全市各级党组织深入贯彻落实中央和省市委决策部署，认真履行全面从严治党主体责任，始终把纪律和规矩挺在前面，驰而不息纠治“四风”，坚定不移惩治腐败，党风廉政建设和反腐败工作取得新成效。

【十四届诸城市委巡察工作会议】 12月12日，十四届诸城市委巡察工作会议召开，桑福岭、孙吉海、王玉邦等市级班子领导出席会议。市委书记桑福岭对巡察工作进行动员部署。他指出，要准确把握形势，统一思想认识，增强开展巡察工作的责任感和紧迫感。认真学习习近平总书记关于巡视巡察工作的系列指示精神、中央新修改的《中国共产党巡视工作条例》《关于市县党委建立巡察制度的意见》，从政治和全局高度，深刻认识巡察工作的重大意义，落实全面从严治党责任，构建良好政治生态，推动基层管党治党真正走向“严紧硬”。市委书记桑福岭要求，要提高素质能力，严明纪律要求，建设忠诚干净担当的巡察干部队伍。巡察干部要提高政治能力，增强履职能力，勇于担当负责，严守纪律规矩，始终做到对党忠诚、为党尽责，坚决贯彻上级和市委关于巡察工作的部署要求，把对党的忠诚落实到巡察工作中去，坚决捍卫党规党纪的严肃性和权威性。市纪委书记、市委巡察工作领导小组组长何金波主持会议。市委常委、组织部部长、市委巡察工作领导小组副组长李永光通报《十一届山东省委第一轮巡视发现县市区的重点问题》。与会人员集体观看《巡视利剑》专题片。

【市级领导班子成员向市纪委全委会述责述廉会议】 12月30日，诸城召开市级领导班子成员向市纪委全委会述责述廉会议。市委书记桑福岭主持会议并讲话，刘峰梅、孙吉海等市领导出席会议，潍坊市纪委第六纪检监察室主任丁伟到会指导。会上，市委、市政府领导班子成员依次向市纪委全委会进行口头述责述廉，报告了遵守党的纪律、履行管党治党责任、自觉廉洁从政情况，以及存在的问题和今后努力方向。其他市级领导班子成员进行书面述责述廉。市纪委委员对述责述廉对象进行现场询问和民主评议。桑福岭指出，这次述责述廉会议既是学习贯彻十九大精神、推动全面从严治党向纵深发展的必然要求，也是贯彻落实《党内监督条例》、加强对党员领导干部监督的有效举措。

【市纪委十四届三次全体会议】 中国共产党诸城市第十四届纪律检查委员会第三次全体会议，于2017年11月18日举行。出席全会的市纪委委员27人，列席38人。市委常委、市纪委书记何金波作讲话。全会深入学习贯彻党的十九大和省、潍坊市纪委全会以及诸城市委全会精神，对全市纪检监察系统学习贯彻党的十九大精神做出部署。

【镇（街、园区）党政主要负责人和市直部门单位主要负责人向市纪委全委会述责述廉会议】 12月11日上午，诸城召开镇（街、园区）党政主要负责人和市直部门单位主要负责人向市纪委全委会述责述廉会议。市委常委、市纪委书记何金波出席会议并讲话。会上，9名镇（街、园区）党政主要负责人和市直部门单位主要负责人进行口头述责述廉，其他94名人员进行书面述责述廉。市纪委委员对述责述廉对象进行现场询问和民主评议。

（王　伟）

工商联 群众团体

诸城市工商业联合会

【概况】 2017年，诸城市工商联在市委、市政府的正确领导和潍坊市工商联的精心指导下，围绕市委、市政府中心工作，以促进“两个健康”为工作主线，以争创全国“五好”县级工商联为目标，以深入开展“作风建设年”为契机，实干担当、激情创业，全力推进诸城市“三区一城”建设，各项工作都取得了新进展。诸城市工商联被全国工商联授予全国“五好”县级工商联，被山东省工商联授予山东省“五好”县级工商联。

【非公经济人士思想政治工作】 理想信念教育实践活动。引导非公有制经济人士守法诚信经营，不断提升创新发展能力与水平，自觉践行社会主义核心价值观。引导广大会员深入学习贯彻党的十八大历届全会、十九大会议精神，用习近平新时代中国特色社会主义思想武装头脑，指导实践，推动各项事业和工作。借力副主席轮值制度，通过讲座、论坛等形式，帮助会员准确把握中央、省和市委有关重大决策部署，引导广大非公有制经济人士认清形势，提振信心。通过成立企业诚信联盟，开展诚信示范企业创建，举办企业文化论坛、中华优秀传统文化与企业总裁研修班等活动，进一步提升广大非公有制经济人士“听党话、跟党走中国特色社会主义道路”的思想自觉和行动自觉。

年轻企业家教育培养。团结培养一批政治觉悟高、发展能力强、社会形象好的年轻企业家，为工商联事业发展储备年轻企业家人才。利用主席扩大会、专题培训、企业沙龙等形式多层面开展教育活动，有计划地组织年轻企业家到复旦大学、浙江大学等高校及潍坊、青岛、武汉、北京、延安等地参加专题培训或接受红色教育，强化年轻企业家的担当意识、责任意识，引导他们树立正确的人生观、价值观，助力其健康成长。

构建“亲”“清”新型政商关系。积极引导企业家依法诚信经营、自觉维护公平竞争的市场秩序；深化企业走访调研，了解企业需求诉求，搭建政企对话平台；研究制定《诸城市2017年镇街商会建设及民营经济发展环境考核办法》，明确目标任务、考核方式，积极营造良好的政策环境、政务环境、市场环境、法治环境、融资环境、社会环境，努力构建“亲”“清”新型政商关系。

【协调服务】 搭建交流合作平台。一方面创新服务载体，通过形式多样的活动，在会员间架设互相学习、共同交流、彼此协作的平台。组织会员企业观摩福田M4项目、迈赫机器人展厅、首新空间，举办“聚智聚力创新发展，共享共建三区一城”主题座谈会，针对工业发展进行学习交流；组织涉农会员企业参观国家园林孵化器，常山永辉农场、万亩矮化苹果种植基地、平欧大榛子种植基地等农业产业化项目，提升企业家对农业产业化发展的认识，引导企业转型发展；开展面对面民营经济发展情况调研，就民企在人才引进、企业融资、用能成本、经营管理等方面与企业家副主席进行探讨，推进民企新旧动能转换步伐。2017年共组织观摩、论坛、交流学习等活动10余次，有效促进了会员间的互动发展。另一方面积极争取上级和外部资源，对接外地工商联、商会组织，引领会员企业“走出去”“引进来”，搭建大区域交流合作平台。与寿光工商联对接交流；同青岛市北区工商联实施对标，加深两地企业合作，助力诸城全面对接青岛工作；组织部分会员企业赴北京与全国工商联军工装备商会、农业商会和旅游业商会以及北京科技农业产业诚信联盟进行对接；接待东营潍坊商会、青岛市北区工商联到诸城考察学习，共同探讨商会建设发展问题。

搭建招商引资平台。充分发挥工商联和商会协会的参与作用、会员企业的主角作用、以商招商的特殊作用，紧盯战略新兴产业，聚焦先进制造业和现代服务业，力争在重点领域、重点产业引进有影响的高、精、尖企业落户诸城。组织会员企业积极参与“2017诸城对接服务青岛合作恳谈会”，第十七届山东—山口县经贸洽谈会。协调全联农业、旅游业商会秘书长及北京科技农业产业诚信联盟秘书长参加北京诸城产业合作恳谈会等活动。引导会员企业充分利用诸城青岛产业园、诸城临港高端产业园、青岛保税港区诸城功能区保税物流中心等优质平台，积极承接青岛产业、资金、技术转移。充分发挥对接北京非首都功能疏解项目推进工作领导小组成员的作用，积极与北京市房山区工商联突出制造业、现代农业、文旅产业、物流业以及总部经济对接合作，梳理诸城产业与资源优势和房山区产业疏解方向，以产业对接为核心，以项目对接为基础，全方位提高对接实效。

搭建培训学习交流平台。加强和引导企业文化建设是工商联服务企业创新发展、转型升级的重要抓手。4月，成功承办潍坊市首届企业文化论坛，助推企业文化建设，打造企业转型升级的精神引擎；开展全市非公有制企业信用状况大调研，对企业信用状况进行调查、分析、研究及综合评价，筛选出87家信用好的非公企业作为企业诚信联盟首批会员，成立诸城市企业诚信联盟，在全市企业间大力弘扬自觉诚信经营、依法纳税、友好合作、公平竞争的诚信文化，全力营造良好的发展环境；举办“创建和谐诚信市场、争当文明诚信商户”誓师大会，组织600余家商户开展争创文明商户活动；积极参加社会信用体系建设诚信宣传月活动，走进企业走上街头开展诚信宣传；组织69名青年企业家到青岛参加“提高心性，拓展经营，稻盛经营哲学企业家践行成果”主题培训；组织全市106家民营企业参加中华优秀传统文化与企业总裁研修班，引导企业家在修身与家文化的基础上建立企业文化，将中华文化的智慧精髓融入到企业、人生的经营管理中。

【组织建设】 工商联组织建设。坚持围绕“五好”标准，加强工商联组织建设，争创全国“五好”县级工商联。借工商联执委会换届之机，将一批优秀的非公有制经济人士吸纳到工商联队伍中，为工商联组织注入新鲜血液。注重吸收高科技产业、先进制造业、现代服务业等方面的代表人士，进一步优化会员结构。全面落实从严治党“两个主体”责任，持续抓好机关干部作风建设和党风廉政建设工作，严格按照“五好”标准，努力打造政治强、业务精、作风正的高素质机关干部队伍。

基层商会建设。支持基层商会工作，规范商会运转，对镇街商会按期实施换届，按质按量发展会员，不断优化壮大商会组织，选强配优商会领导班子，商会会长由当地有代表性非公经济人士担任，秘书长由镇街分管经济工作的领导担任；充分发挥商会作用，立足会员，积极履行联系沟通、学习培训、参政议政、协调服务各项职能，助力会员企业转型发展。通过制定《青商会会员考评积分制度》来进一步规范会员行为，促进团结，激励奋进，努力打造善学习、会创新、有激情、讲责任的青年企业家团队；积极带动青年企业家接班兴业、自主创业，传承发扬工商界老一辈听党话、跟党走的爱党爱国优良传统和“重信重义、自强不息、艰苦创业”的创业精神。

非公有制经济党建工作。不断扩大党的组织和工作覆盖面。对全市非公企业党组织进行全覆盖排查梳理，进一步调整优化工作台账，做到全市1169家非公企业底子清、情况明。结合调整后的工作台账，做好非公企业党组织分类管理、晋位提升工作，2017年，共有44家非公企业党组织实现了晋位提升，其中5家由标准型晋位提升为示范型。积极打造“两新”组织党建示范点。坚持“合理布局、重点打造、注重实效、好中选优”的原则，选择有一定的党建工作基础和代表性的非公企业党组织作为示范点重点打造，打造完成8家2017年度潍坊市级党建示范点。深化对党务工作人才的教育培训。组织开展非公企业党组织书记示范培训班，共培训非公企业党组织书记、第一书记、企业党务工作人员300余人。11月上旬，组织36名“两新”组织年轻企业家赴青岛、湖北考察学习非公企业党建，提升抓“两新”组织党建工作的能力和水平。

【倡树社会新风尚】 非公有制经济人士参与社会公益事业。引导广大非公有制经济人士参与社会公益事业，塑造诸城企业家勇于担当、自觉履行社会责任的良好形象。积极倡导“文明出行·诸城市工商联在行动”，努力构建良好公共交通秩序。市工商联界别政协委员捐资10万元提升龙都小学教育环境；青商会理事单位宏运置业捐资240万元帮助舜都小学升级改造，青商会企业家延安培训期间，捐资6.8万元支援革命老区教育建设。工商联组政协委员成立起“创卫迎审志愿者服务队”，开展创卫迎审义务劳动，并捐资3万元支持龙都街道沙戈庄社区创卫迎审；捐资2万余元帮助尚庄社区改善办公环境。组织会员企业捐赠价值13万元物品开展“关爱老年人，欢庆十九大”爱老敬老公益行活动，积极营造“尊老、爱老、敬老”社会大氛围。2017年，工商联会员参与社会公益事业捐资累计达670万元，开展农村义诊、法律咨询、就业帮扶、文化惠民等活动近20次，深受社会各界的好评。

会员企业继实施精准扶贫。引导会员企业继续深入实施精准扶贫，围绕扶贫工作重心和发展大局，主动作为。2017年，会员企业共投入扶贫资金1800余万元。9月15日，承办潍坊市工商联精准扶贫工作现场观摩会，进一步深化推进诸城精准扶贫工作。

【自身建设】 推进“作风建设年”活动。研究制定诸城市工商联“作风建设年”活动实施方案，制定《寻标对标达标提标工作计划》，确定青岛市市北区工商联和北京市房山区工商联分别为省内外的学习标杆，到对标单位实施对接，在服务会员发展、基层商会建设、创新性工作、青年企业家教育培养、企业诚信建设、企业文化创建等方面学习对标单位的经验做法，补短板、再提升。

推进“两学一做”学习教育制度化、常态化。召开推进“两学一做”学习教育常态化、制度化工作座谈会，传达学习全市推进“两学一做”学习教育常态化、制度化工作座谈会精神，对全联“两学一做”学习教育常态化、制度化工作进行安排部署。制定实施方案、学习计划，坚持每月一个支部生活日、一个集中议事学习日，每周五组织机关全体党员干部集中学习，学党章党规，学系列讲话，不断提升党员干部的党性修养，做合格党员。

（李杭燕）

诸城市总工会

【概况】 2017年，诸城市总工会在市委和潍坊市总工会的正确领导下，认真学习宣传贯彻党的十九大精神，以中央和省市委党的群团工作会议精神为指导，全面贯彻落实党的十八大、十八届历次全会和党的十九大精神，主动服务大局，竭诚服务职工，各项工作均取得进展和成效。

【学习贯彻党的十九大精神】 全市各级工会组织把学习贯彻党的十九大精神与落实中央、省、潍坊和市委重大决策部署放在首位，通过召开研讨会、举办培训班、组织专题学习等多种形式，认真学习宣传贯彻党的十九大精神。12月7-12日在中国劳动关系学院举办学习十九大精神暨工会业务知识培训班，邀请党的十九大代表、中国劳动关系学院法学院院长姜颖教授作“十九大精神与和谐劳动关系构建”专题报告，组织参训人员到中国国家博物馆参观“复兴之路”展览，接受爱国主义教育，进一步坚定诸城工会干部不忘初心、牢记使命，为实现中华民族伟大复兴的中国梦不懈奋斗的理想信念。同时，采用送书上门、发快递等形式将200份十九大精神学习资料送到各级劳模手中，希望各级劳模切实发挥模范带头作用，教育和引导全体工会干部和广大职工，将十九大精神落实到工作中去，为“四个城市”和“三区一城”建设贡献智慧和力量。

【建功立业活动】 按照加速产业、产品迈向中高端的新要求，积极组织职工广泛开展劳动竞赛、节能减排、合理化建议等群众性技术创新活动，组织参加潍坊市第二届“豪迈杯”职工创新创业大赛，申报创新成果10项，创业项目12项。举办“福田杯”2017全市职工职业技能大赛，大赛设15个工种，分3个决赛场，全市6万余名职工报名参赛。大力弘扬工匠精神，培养选树“诸城工匠”50名、“金牌职工”10名。扎实做好2017年全国、省、潍坊市劳动奖状（章）、工人先锋号和诸城市劳动模范的评选推荐工作，荣获国家级奖章1个，省级奖章（状）4个，潍坊市级奖章（状）9个，命名表彰诸城市劳动模范49名。开展“五一劳模宣传月”活动，在报纸、电台、电视台设立《三区一城——劳动者风采》专栏，对16名劳模和4个先进集体的先进事迹进行集中宣传。开展全市各级劳模生活状况调查活动，为全市664名劳模免费健康查体，为51名省以上劳模送生日蛋糕，在全社会营造起劳动光荣的社会风尚和精益求精的敬业风气。

【工会组织建设】 充分发挥“党建带工建，党工共建”优势，印发《关于开展2017年工会组建集中行动的通知》，明确全年建会目标任务。印发《基层工会建会指导手册》《工会基层组织选举工作条例》等材料汇编3000余册。积极稳妥推进中小企业工会主席直接选举工作，转发《潍坊市总工会关于进一步深化党组织领导下基层工会主席直接选举工作的意见》，出台《基层工会组织建设规范化创建实施意见》，配合“四亮三比一创”“三亮三百”活动的开展，推动全市基层工会组织规范化建设。9月，在山东舜晟冲压科技股份有限公司召开全市工会组织规范化建设现场推进会及工会主席直接选举现场观摩会，为基层工会组织规范化建设提供样板。积极与商务局协调，探索成立诸城市首家行业工会联合会——诸城市外经贸企业工会联合会，搭建起外贸企业间资源共享的平台。2017年诸城新建基层工会63家，发展会员5600人，有80家非公企业及合作组织实行直选，其中新建工会主席直选52家，建立“党工共建”示范点32个，发展会员5700余人。

【职工群众合法权益维护】 寻求企业民主管理精神引擎和制度创新路径，推动企业工会与行政沟通协商机制建设。6月，省总工会在诸城召开全省推进企业工会与行政沟通协商机制建设观摩培训会议，省总工会常务副主席刘赞杰、全总基层工作部副部长李忠运出席会议并讲话。8月8日，诸城市委、市政府以两办文件转发《诸城市总工会关于在企业中建立工会与行政沟通协商机制的实施意见》。12月15日，在临沂召开的全省企业工会与行政沟通协商机制建设经验交流会上，诸城介绍了开展协商机制建设工作取得的成效。12月23日，山东省副省长王书坚在山东省人民政府办公厅专报信息上对诸城的先进经验《诸城市坚持“五突出五把准”创新建立企业工会与行政沟通协商机制》做出批示：“诸城市委、市政府支持工会工作，推进企业民主管理、民主协商的做法值得推广，请省总工会调研。”认真宣传贯彻《山东省厂务公开条例》《山东省企业工资集体协商条例》，通过“诸城职工之家”微信公众号、知识竞赛等形式集中开展宣传活动，并印制各类宣传材料5000份下发到基层。深化“查保促”群众性安全生产活动，开展全市化工行业“查保促”专项行动，组织职工消防安全演练96场，参与职工2.3万人，市美晨科技公司工会主席被评为潍坊市深化“查保促”活动优秀企业工会主席，积极开展职工安全生产事故隐患排查活动，有1名职工获山东省总工会表彰奖励，5名职工获潍坊市总工会表彰奖励。加强职工维权服务体系建设工作，职工法律服务、法律援助、劳动争议、普法宣传、EAP职工成长等维权服务长效机制建设不断增强。11月2日，诸城在全省工会法律和工会联系引导社会组织工作会议上作典型发言，昌城镇总工会荣获“省职工维权法律服务示范单位”称号。12月5日，潍坊市人大常委会副主任、潍坊市总工会主席张新强对诸城强力推进职工维权机制建设做出批示：“要学习借鉴诸城市的经验做法，不断创新工作机制和方法，探索建立职工维权专业队伍，充分发挥工会法律顾问团和职工服务热线作用，为广大职工提供有效维权服务。”

【职工群众服务体系建设】 扎实开展“四季服务”活动：开展“春送岗位”活动，2月3–12日在诸城人力资源市场连续举办10天“春风行动”就业招聘会，有89家企业携3792个岗位参会，约有7768人次入场应聘，达成就业意向1750人。组织诸城奥铃汽车厂、美晨科技、桑莎集团、昊宇智能家政等4家企业携36个岗位，参加潍坊市总工会开展的就业创业援助月活动。深化“工友创业”行动，美晨公司的“培训创业”模式在全潍坊推广，诸城电商创业园被评为“潍坊工友创业示范园”；开展“夏送清凉”活动，出资20余万元，到16个镇（街、园区）、供电公司、人武部、交警对、环卫工地等场所，走访慰问奋战在高温下的一线职工，并为职工发放《职工安全健康知识手册》；开展“金秋助学”活动，市总工会与惠发食品公司联合举行2017年“金秋助学”活动情况通报会，为43名困难职工子女发放助学金10.1万元；开展“冬送温暖”活动，2018年元旦、春节期间走访慰问困难职工230人，发放救助金50万元。成立诸城晨德志工公益发展中心，启动10项“环卫工人关爱行动”计划，2017年有523名环卫工人受益。组织全市9名潍坊以上劳模和118名职工参加疗休养活动。加强市职工服务中心建设，在原有的“两厅九室两场”的基础上，进一步整合现有资源，投资10万余元新增党建展厅、工会展厅、书画室、荣誉室、瑜伽室和剪纸室，同时进一步完善服务中心文化长廊，更新相关版面，使整个服务中心格局更加合理，更具人文气息。国学讲堂、益心坊、仲裁庭持续有序运行，国学讲堂、益心坊累计开课185次，惠及职工10100人；仲裁庭仲裁各类案件142起，涉案金额1503.82万元。职工互助保障持续健康发展，2017年累计参保单位255家，参保职工3.68万名，累计保额160多万元，其中新增参保单位28家，新增会员9832名，超额完成潍坊市总工会下达的年度任务。做好关心关爱女职工工作，女职工专项合同履约率达100%，“美丽健康·创新创业”讲堂、妈妈小屋、心理护航、女职工维权等各项工作深入开展，女职工的特殊权益得到切实维护。

【职工精神文化生活】 面向广大职工，大力宣讲十九大精神，引导职工自觉用十九大报告精神武装头脑，指导工作。深化社会主义核心价值观教育，组织“诵读经典·传扬家风家训”“倡导职工阅读·建设书香龙城”“智慧女性·书香家庭”“全民阅读·好书我推荐”等系列读书活动168场，参与职工58万人次。组织市职工文化艺术团开展送文艺进社区、进企业活动82场次，组织职工放映队免费到社区和企业放电影28场次。广泛开展职工文化体育活动，先后开展乒乓球比赛、羽毛球比赛、门球比赛、拔河比赛、书画展、征文比赛、文艺演出等职工文体活动46场次，组队参加省第七届职工运动会拔河比赛，获省职工体育工作先进单位称号。加强“职工书屋”示范点和职工教育培训示范点建设，阳光大姐公司荣获全国职工书屋示范点荣誉称号，美晨科技的晨德圆梦商学院荣获全国职工教育培训示范点称号。承办潍坊市第一届企业文化论坛，有力地促进了诸城企业文化发展，并以此为契机发动基层工会举办各类主题的读书讲座178场次，建立职工读书兴趣小组3600个。同时，积极发挥“诸城职工之家”微信公众号的作用，每天为职工推送有营养的信息。

【其他重要工作】 弘扬劳模精神。2017年诸城市总工会把大力弘扬劳模精神，作为最大限度地激发广大职工创造潜能和创造活力，为全面建成小康社会建功立业的具体手段；作为工会做好意识形态工作，引领广大职工听党话、跟党走的有力抓手，采取有力举措，广泛宣传劳模的先进事迹和工人阶级伟大品格，有效激发全市广大职工为“三区一城”建设贡献力量的积极性和主动性。扎实做好2017年全国、省、潍坊市劳动奖状（章）、工人先锋号和诸城市劳动模范的评选推荐工作，荣获国家级奖章1个，省级奖章（状）4个，潍坊市级奖章（状）9个，命名表彰诸城市劳动模范49名。召开全市庆祝“五一”国际劳动节暨劳模表彰大会，大力表彰全市各行各业涌现出的先进集体和先进个人，得利斯食品股份有限公司董事长郑思敏、山东美晨科技股份有限公司模具设备工孙秀平、府前街小学校长徐洁、特警大队副大队长孙连春、臧家庄子居委会党支部书记王春明、华山农林科技董事长魏本欣、绿生良种猪场场长孟宪良7位劳模作典型发言。开展“五一劳模宣传月”活动，在报纸、电台、电视台设立《三区一城——劳动者风采》专栏，对16名劳模和4个先进集体的先进事迹进行集中宣传。开展全市各级劳模生活状况调查活动，为全市664名劳模免费健康查体，为61名省以上劳模送生日蛋糕，在全社会营造起劳动光荣的社会风尚和精益求精的敬业风气。

开展企业工会与行政沟通协商机制建设工作。2017年，诸城市总工会按照《关于在企业中建立工会与行政沟通协商机制的实施意见》的要求，以职工得实惠，企业促发展，社会助和谐为目标，通过“突出民主管理、共享成果理念，把准沟通协商机制建设的立足点；突出分类指导、梯次推进原则，把准沟通协商机制建设的关键点；突出程序规范，制度长效要求，把准沟通协商机制建设的着力点；突出因企制宜，典型带动目标，把准沟通协商机制建设的切入点；突出制度保证，督导落实责任，把准沟通协商机制建设的落脚点”的“五个突出，五个把准”措施，将非公企业作为重点领域，扎实推进企业工会与行政沟通协商机制建设。2017年，诸城百人以上建会非公企业基本实现全覆盖，建会国有、集体及其控股企事业单位建制率达100%，取得了职工受益、企业增效、社会和谐的良好效果。

【工会自身建设】 贯彻落实中央、省、潍坊和诸城市委关于推进群团改革的决策部署，制定《诸城市总工会改革实施方案》，并按照改革的要求配备2名兼职副主席。扎实开展党的群众路线教育实践活动、“三严三实”专题教育、“两学一做”学习教育，通过座谈交流、重温入党誓词、举办庆“七一”演讲比赛等多种形式锤炼每一位工会干部的党性。扎实推进“作风建设年”活动，坚持目标导向和问题导向相统一，认真查摆、解决工作中存在的突出问题，积极开展“对标寻访”工作，选择青岛黄岛区总工会和潍坊寿光市总工会为学习目标，连续3次组织机关人员到实地学习，并主动向榜样标杆看齐，机关在作风建设和组织建设等方面明显改善。全面推进工会组织党的建设工作，严格贯彻执行《关于新形势下党内政治生活的若干准则》《中国共产党党内监督条例》等党内法规，认真落实民主生活会、支部活动日、民主评议党员等党内政治生活制度，构建起抓思想、抓作风、抓纪律的常态化机制，代表诸城迎接潍坊市组织部对诸城的党建检查工作，受到潍坊市领导的好评。扎实开展党性党风党纪和廉洁从政教育，落实主体责任，通过举办廉政讲堂、开廉政谈话等措施，落实廉政警示教育制度，工会上下形成自觉反腐拒腐的良好风气。

【重要会议】 潍坊市第一届企业文化论坛。4月19日，潍坊市第一届企业文化论坛在诸城举行，总结推广诸城优秀企业文化理念，研究探讨企业文化建设中的理论和实践问题，打造企业转型升级精神引擎。潍坊市政协党组成员、市总工会主席吴建民，潍坊市委统战部副部长、工商联党组书记胡立，诸城市领导桑福岭、刘峰梅、孙吉海等出席活动。诸城得利斯食品股份有限公司董事长郑思敏等企业人员发言。

全市庆祝“五一”国际劳动节暨劳模表彰大会。4月27日上午，全市庆祝“五一”国际劳动节暨劳模表彰大会在密州宾馆大礼堂召开，庆祝“五一”国际劳动节，评选表彰诸城市劳动模范和先进工作者49名。会议由市委副书记、市长刘峰梅主持；市委书记桑福岭讲话。会上，得利斯食品股份有限公司董事长郑思敏等7位劳模做典型发言。各镇（街、园区）党（工）委书记、

市委书记桑福岭在潍坊市第一届企业文化论坛致辞 （供图 报社）

副书记（总工会主席）；市直各部门主要负责人、工会主任（主席）、政工科长；年度大中型企业主要负责人、工会主席，职工代表和各级劳模代表共计600多人参加会议。

全省推进企业工会与行政沟通协商机制建设观摩培训会议。6月1–2日，山东省总工会在诸城召开全省推进企业工会与行政沟通协商机制建设观摩培训会议。省总工会党组书记、常务副主席刘赞杰，全国总工会基层工作部副部长李忠运，省总工会副主席王星海，潍坊市委副书记张小梅，潍坊市政协党组成员、市总工会主席吴建民，省全面深化改革领导小组民主法制领域改革专项小组办公室领导，省厂务公开民主管理协调小组成员，省总工会民管部有关人员；全省17地市总工会分管负责人、民管（组织）部长；省产业、省属大企业工会主要负责人，省直机关工会主任；全省各县（市、区）总工会主要负责人；典型发言代表、新闻记者约280余人参加观摩培训。诸城市领导桑福岭、刘峰梅等参加有关活动。会上诸城市总工会党组书记、常务副主席李瑞堂，山东美晨科技股份有限公司董事长张磊作典型发言，与会人员现场观摩了山东美晨科技公司、新郎希努尔集团、山东佳士博食品公司等企业工会与行政沟通协商机制建设情况。

（王晓丹）

共青团诸城市委员会

【概况】 2017年，诸城市团市委深刻把握新常态下的工作新导向，不断创新理念、方式方法和工作载体，扎实抓好迎接党的十九大、共青团改革攻坚、从严治团、“网上共青团”建设、直接联系服务青年、青春扶贫行动等重点工作，求实求效服务青年、服务大局。

【基层建设】 牢牢扭住“迎接党的十九大召开”这条思想引导主线，整合提升宣传阵地、队伍、内容及形式，打造青年思想引导“套餐”。

规范提升各级各类团校，夯实教育阵地。2017年，诸城团市委积极争取市委组织部支持，依托市委党校成立团校，开发了学习总书记系列讲话精神、总书记对青年的要求、做合格党团员、喜迎十九大等系列课程，在全市235个社区、43家企业、19个市直部门以及中学，规范团校建设，将党校开发课程纳为团校必学篇目，组织青年干部、团员分批分类学习，并纳入党建考核范围，推动工作落实。与市委组织部联合举办“青干班”，将全市57名团干部纳入培训、强化党性培养。

开展“面、线、点”各类活动。在“面”上广泛覆盖，团市委与市委宣传部、市教育局、市文明办联合，下发《关于在全市开展“青春喜迎十九大·不忘初心跟党走”主题宣传教育活动的通知》《关于深入学习习近平总书记考察中国政法大学重要讲话精神的通知》系列通知，发动基层团组织和团干部全员动手抓思想引导。在“线”上注重分类指导：在机关事业单位，开展“青春喜迎十九大·青年岗位建新功”系列演讲比赛、技能比武等活动，累计600余人次参与；在非公企业，开展“喜迎十九大、做优秀青工”系列论坛、茶话会50余场次；在农村青年中，开展“喜迎十九大·争做好青年”系列文艺演出16场次；在团员学生中，开展“合格共青团员标准”大讨论，进一步增强团员先进意识。在“点”上，注重抓好青年“典型”的选树推广，通过事迹分享会、编发简报、推动微信息等形式，对全国向上向善好青年张磊、省五四青年奖章获得者刘晓清、省道德模范杨浩楠、全国“五一”劳动奖章获得者罗颖等10名青年的青春创业、青春建功、青春公益事迹进行宣传，影响带动青年不忘初心、继续前进。

开展“‘新时代　新青年　新征程’——共青团系统学习宣传贯彻十九大精神”专项行动。下发《关于在全市团员青年中深入学习宣传贯彻十九大精神的通知》，组织各级团组织通过集中宣讲、专题辅导、座谈交流、团日活动等形式，深入学习宣传贯彻党的十九大精神，诸城团市委机关干部集中宣讲专题辅导11次，各基层团组织座谈会29次。在团市委官方微博、微信公众号统一设置“青春建功十九大”话题，发布基层团组织学习宣传贯彻十九大精神情况15期，吸引青年参与互动。

【深化改革】 出台《共青团诸城市委改革实施方案》。诸城市委先后召开5次调度会，组织学习上级共青团改革方案精神，多次到镇街、社区、企业调研，并引导各基层团干部结合实际提出意见建议。12月7日，《共青团诸城市委改革实施方案》（诸办发2017〔46〕号）印发。

推进学校团队工作专业化建设。严格规范团员发展，2017年11月，诸城初中毕业班团学比控制在30%、高中毕业班团学比控制在64.5%。加强团队一体化建设，做好团前教育、推优入团、退队入团等工作，实现共青团、少先队组织有序衔接。

扩大团的基层组织覆盖。建立健全社区服务型团组织建设，2017年，重点扶持了社区权益维护和志愿服务团支部规范化开展工作。探索“智慧团建”，依托新媒体平台强化基础团务、提升服务能力、活跃基层工作、凝聚团员青年。

全面从严治团。深化“团干部健康成长大讨论”活动、“走进青年，转变作风，改进工作”大调研、“团委书记恳谈日”等工作，推进团的干部常态化下基层，提升服务水平。

【网络新媒体工作】 互联网团建。围绕“青年之声”四个融合工作格局，打造青少年需求与服务闭环式“生态链”。一方面，利用“青年之声”汇聚青年。团市委在16处青年之家和11处青年社会组织中成立“青年之声”服务联盟，统一配发“青年之声”旗帜、文化衫、手掌本等文化产品，将“青年之声”工作与新媒体、“1+100”、微公益、志愿服务、希望工程等工作有机融合，让“青年之声”以“看得见找得到”的形式，真正走进青年的日常生活中，稳步提升平台影响力。另一方面，利用“青年之声”扩展服务覆盖面。通过青年网上提问、后台数据分析，梳理出一批青年聚焦的具有集中性、代表性问题，寻找载体开展线下集中活动，把人气从线上导流到线下，持续增进用户黏度。2017年，共开展“致单身”青年联谊会、“节约用水青年先行”等13场大型活动，直接服务7万余名青少年。

启用“智慧团建”云平台。借助诸城“智慧城市、智慧社区”建设契机，诸城团市委积极争取将团建工作纳入，设置“新青年”板块。共青团工作重要信息、公示事项、活动图片、精彩视频、教育课件等内容实时上传，广大青年在家中，通过数字电视、手机终端，随时可以点播了解。通过这种形式，进一步延伸“互联网+”团建的空间，使得团建工作的受众更为广泛，共青团工作的宣传影响力得到扩张。

多形式宣传。坚持传播内容与传播路径的统一，重点打造有思想、有态度的共青团微信、微博“双微”矩阵，传播青春正能量。一方面，将十九大精神、诸城党政新闻、优秀青年典型以及经典阅读进行整合，纳入共青团诸城市委微信、微博主体菜单推送，确保主旋律和正能量的声音扁平化地直达青年。另一方面，围绕党政中心、针对青年需求，设计载体，开展环保倡导、志愿者招募等线下活动，激活新媒体平台活力。

制作和传播共青团网络文化产品。坚持深刻思想内容与生动表现形式的统一，把党、团的思想和要求进行再次创作、精心包装，形成时尚鲜活的文化产品，使青年易于接受、喜闻乐见。围绕“十九大精神在身边”“践行核心价值观”“青春与法律同行”，制作3期青少年微课堂，依托教育在线平台，组织全市中小学生集中收听收看。

【重点工作项目】 开展“小手拉大手 共筑碧水蓝天”行动。诸城团市委、市教育局、市关工委、市文明办联合下发《关于在全市少先队员中开展“小手拉大手 共筑碧水蓝天”行动的通知》《诸城市2017年度“小手拉大手 共筑碧水蓝天”活动方案》，召开专题部署会议，全面启动活动。全市122所小学、30所初中学校少先队组织开展主题队日、社会实践、环保小制作、手抄报比赛等形式多样的主题活动490余场次，在全市中小学生中营造出浓厚的活动氛围。诸城团市委、青年书法家协会、青少年宫开展“小手拉大手，自觉抵制烟花爆竹”行动，呼吁市民减少燃放烟花爆竹。开展“晒晒我的中国年”摄影作品微信有奖征集展评活动，组织少先队员了解年俗文化，引导少年儿童通过写春联、贴窗花、挂年画等方式环保庆春节。累计参赛少年儿童2289人。开展“小手拉大手 共筑碧水蓝天”开学第一课主题队会活动，内容全面涵盖抚植绿护水、绿色出行、垃圾分类等内容，活动视频上传至教育平台，全市10万余名少先队员集中统一收看，掀起环保热潮。利用学雷锋志愿服务月、植树节等节点，组织全市60余所中小学少先队员主动参与植树护绿、节约用水等志愿服务活动。开展“垃圾去哪儿”垃圾分类大比拼活动和“光盘挑战”活动，评选“垃圾分类小达人”180名，77名少先队员晒出“光盘照”，营造节粮爱粮、勤俭节约的良好氛围。

开展青春扶贫行动。公开承诺办理《“青春扶贫行动”十件实事》。大力实施“互联网+微心愿”公益扶贫项目。为呼吁更多“微力量”关爱贫困少年儿童，开展“互联网+微心愿”公益扶贫，帮助1423名少年儿童完成心愿，物资价值15余万元。开展牵手关爱留守儿童“1+200”伙伴计划。按照每个社会组织或爱心企业帮扶至少200名留守儿童的目标，启动“1+200”伙伴计划，共引导6个青年社会组织和爱心企业参与，服务留守儿童1200余人次。鼓励实施青企协和青联委员结对帮扶项目。引导青企协、青联等资源到贫困地区修建基础设施，帮建脱贫致富产业园区。有17个青企协会员单位参与贫困村建设，投入资金200余万元。深化青年社会组织公益扶贫项目。广泛整合义工协会、格林达尔协会等团内外资源，深入实施“阳光支教”“公益书屋”“心理疏导”等公益项目，与5个偏远山区小学结成支教对子，在9个山区贫困村新建“格林达尔书屋”，藏书1000余册，服务200余名留守儿童。扎实推进农村青年电商培育项目。市团市委、大学生电商创业园团支部开设“电商创富分享沙龙”，分享典型创业经历，坚定农村青年电商创业信心。依托微信公众号，广泛发动青年参与村淘招募会，团市委发动参与率达到面试人员的60%。创新思想扶贫模式，开展“感恩、励志、责任”主题教育项目。依托希望工程品牌，实施“雏鹰助力”“飞鹰助力”助学金项目，发放助学金20.3万元，帮助贫困生57人。深化“万名贫困中小学生健康成长”工程，组织81名少先队辅导员老师与健康立卡贫困中小学生一对一结对帮扶，每月家访一次，常态化开展谈心谈话、课业辅导，帮扶学习用品2万余元。

（王希云）

诸城市妇女联合会

【概况】 2017年，全市各级妇联组织以全力服务“四个城市”和“三区一城”建设为总抓手，全面贯彻落实中央、省市群团组织改革精神，深入推进妇联组织和工作改革创新，坚持围绕中心、服务大局，立足基层、服务妇女，突出妇女创业创新创优、家庭文明建设、妇女儿童民生、妇联自身建设工作重点，实干担当，激情创业，在新起点上不断开创全市妇女儿童工作新局面。

【服务经济转型发展】 主动适应经济发展新常态，围绕转型发展搭建服务平台，创新服务载体，引导广大妇女积极投身“大众创业万众创新”热潮。市妇联组织女企业家参加潍坊市妇女就业招聘洽谈会和创业项目展示会，扩大企业影响。举办农村妇女电商骨干培训班，鼓励年轻女性发展电商微商。持续加大对巾帼家政服务业的推进力度，举办家政服务知识专题讲座3期，培训妇女300余人。市妇联与市邮政储蓄银行联合在全市开展“巾帼送贷工程”，举办“巾帼送贷工程”培训班，深入推进“创业创新巾帼行动”，切实帮助创业妇女解决融资难题。2017年4月，承办山东省女企业家协会第五次会员代表大会暨创业创新主题年会。会上，桑莎制衣集团董事长、总经理张立苹和山东得利斯食品股份有限公司董事长郑思敏做主旨演讲。与会人员参观了诸城市迈赫机器人大世界、福田公司诸城汽车厂M4车间、诸城国家级农林科技孵化器等现场，对诸城深入推进创新创业引领区、生态宜居示范区、幸福和谐样板区和山东半岛区域性中心城市“三区一城”建设等方面给予高度评价。

【深化家庭文明建设】 在全市深入开展寻找“最美家庭”活动，举办第二届“最美家庭”表彰暨传承良好家风事迹报告会，隆重表彰第二届十大“最美家庭”和百户“文明和谐家庭”。全国最美家庭代表刘晓清、山东省首届明星健康家庭代表袁增海等5位代表作典型发言，在全社会起到了很好的宣传带动作用。举办庆“三八”女子安·天下安专家讲座暨“风采女性·激情创业”联欢联谊会和女子台球比赛。举行“智慧女性·书香家庭”第六届妇女书画剪纸精品展。开展“爱在千万家”家庭教育公益讲座和“百年追梦·全面小康”第二十四届爱国主义读书教育活动。举行“童画好家风”少儿创意美术大赛和“书香誉龙城·知识塑人生”朗读者活动，提升少儿道德文化素养。7月31日，市妇联、市女企协组织部分女企业家开展“姐妹进军营·军民一家亲”拥军活动，走访慰问了驻军部队。承接省妇联开展的“藏汉一家亲”联谊活动，43名来自西藏自治区日喀则市的优秀家庭代表到诸城参观了电商创业园、恐龙国家地质公园、暴龙馆、迈赫机器人大世界，加深鲁藏间的友谊。

【创新维护妇女权益工作】 诸城市委、市政府分别印发《关于办好2017年全市妇女儿童工作实事的通知》《诸城市妇女、儿童发展“十三五”规划》，从政策层面上为维护妇女儿童合法权益保驾护航。以“建设法制中国　巾帼在行动”为主题，以“反对家庭暴力　共建和谐家园”为主要内容，开展系列宣传教育服务活动。全市组织开展宣传活动15场次，吸引社区5200多名妇女群众参加。持续开展农村妇女“两癌”免费检查工作，建立“两癌”贫困妇女长效救助机制。2017年，共为21131名妇女进行宫颈癌检查，为21245名妇女进行乳腺癌检查。市妇联与市人寿保险公司联合在华玺大酒店召开全市女性安康工程推进会议，并组织国寿诸城支公司相关工作人员和16个镇（街、园区）妇联主席赴青州进行参观学习。2017年，全市女性承保人数达10026人，保费共计656520元。市妇联充分发挥作为市农村集体产权制度改革工作领导小组成员单位的职能优势，与经管局积极沟通协调，联合下发《关于积极参与全市农村集体产权制度改革，切实维护妇女合法权益的通知》，依法维护农村妇女合法权益不受侵害。2017年12月20日，市妇联牵头，与关工委、民政局联合，在勤耕国学学校成立诸城市婚前教育培训中心，并通过“诸城发布”“今日诸城”“诸城信息港”“诸城妇女之家”等新媒体向社会发布招募婚前培训和婚姻家庭纠纷调解志愿者的公告，把社会各界专业人才志愿者吸引到妇联队伍中来，做好婚姻家庭纠纷预防化解，进一步促进平安家庭创建工作。深入推进反家庭暴力工作，合力构筑平安和谐创建大格局，2017年2月10日，《大众日报》以“诸城13部门联手反对家庭暴力”为题，刊发诸城的经验做法。扎实做好妇女来信来访工作，接待妇女来访案件97起，做到件件有着落，事事有回应，调处率100%。深入开展“童在蓝天下”春蕾计划系列结对捐助活动，仅“六一”期间就收到春蕾计划捐款126500元，救助贫困家庭儿童218人。春节期间，组织机关干部及爱心人士走进林家村镇和高新园区，向困难家庭赠送了花生油、鸡蛋、大米、绒毯等生活用品。同时，市妇联还与爱心企业向社区群众发放了3万张新春“福”字。

【夯实妇联组织根基】 全面贯彻落实中央、省市群团组织改革精神，市委分别出台《诸城市群团改革方案》《诸城市妇联改革实施方案》，深入推进妇联组织和工作改革创新。广泛开展“提素质、上水平，强作风、争一流”主题教育活动，市妇联与市委组织部联合举办为期3天的全市社区（居）女干部培训班。7月19日，市妇联全体党员干部先后赴青岛市市北区妇联、黄岛区妇联开展寻标对标活动，实地考察了青岛市北区女企业家商会和黄岛区辛安街道蛔叉泊社区妇女儿童家园、安全教育警示基地、“四点半学堂”、父母学堂等品牌活动以及黄岛区妇联妈妈创业孵化器等创业基地。市妇联与市卫计局联合在慈海集团召开妇联成立暨妇女第一次代表大会，进一步贯彻落实省市妇联改革方案要求，全面推进妇联组织改革创新，加强“两新”妇联组织建设，提升“两新”领域妇联组织建设规范化水平。11月8日，在石桥子镇召开全市镇（街、园区）妇联换届工作现场观摩会，市妇联与市委组织部联合出台《关于镇（街、园区）妇联换届工作的实施意见》，进一步探索了镇（街、园区）妇联组织区域化改革创新，建立健全镇（街、园区）妇联组织架构，加强妇联干部队伍建设，增加专兼职妇联干部职数，扩大基层妇女代表性。各级妇联干部严格按照“两学一做”学习教育和“作风建设年”活动要求，扎实开展“下基层、访妇情、办实事”活动，深入基层问需于民，积极回应群众关切，帮助解决实际困难，进一步树立妇联组织“温暖之家”的良好形象。

（黄梦婕）

诸城市科学技术协会

【概况】 2017年，诸城市科学技术协会紧紧围绕市委、市政府工作大局，深入贯彻落实中央、省、潍坊和市委群团工作会议精神和中国科协第九次全国代表大会精神，紧紧围绕“四个城市”和“三区一城”发展战略，扎实开展群众性科普活动，精心组织实施全民科学素质提升工程，为进一步提高全民科学素质，促进经济社会的全面协调发展做出不懈努力，取得了一定的成绩。

【科普工作】 组织开展送科技下乡活动。在“红红火火过大年”“5·12”防灾减灾宣传日、食品安全宣传周科协专场等活动中，组织科技工作者和科普志愿者深入农村、社区、学校等开展送科技下乡7场次，发放《科普宣传手册》1300余册、《全民科学素质读本》2100余册、《反邪教知识读本》1400余册，发放科普明白纸3000余份，摆放科普展板86块，接受现场群众咨询130余人次，现场解决实际问题14个，受益人群达3万余人。

主题科普活动。依托重大科普节日组织富有特色的主题科普活动，“全国科普日”期间，市科协以“创新驱动发展，科学破除愚昧”为主题，举办一系列形式多样、主题鲜明的科普活动，累计开展科普专场10场次，发放科普宣传资料3000余份，参与群众5300余人次。

开展反信息诈骗知识讲座。市公安局刑警大队反信息诈骗中队的专家，在桃林镇作“防范信息诈骗”专题科普讲座，150多名党政领导和机关事业干部参加培训学习，提高机关干部的信息安全意识、鉴别水平和防范能力。

开展卫生知识培训进社区活动。市红十字会、市中医院的专家进社区为社区居民和企业员工作“初级卫生救护知识培训”，150余名社区群众和企业员工参加培训，受到群众的欢迎和好评。

开展发明创造进校园活动。山东省科普讲师团成员、市教育局教研室教研员魏本刚老师到明德学校作“发明就在我们身边”科普报告，3000多名中小学生参加报告会，开拓了学生的视野，培养了学生的发散思想和创新精神。

举办全民科学素质知识竞赛。2017年9月6–30日，市科协举办“诸城市全民科学素质知识竞赛”，竞赛参与群众达1400余人，共评出35名优秀答题选手，在全社会营造全民学科学的良好氛围。

【协会工作】 成立科普志愿者协会，组建科普讲师团，发动社会各界力量支持、参与科普事

地质科普宣传 （供图 报社）

业，累计组织科普讲座6次，科技咨询43人次，举办未成年人道德素质教育3场次。科普志愿者协会的建立，把科技工作者各自为战“一根绳”织成全市科普“一张网”，做到全市范围内资源共享、人才互补，最大限度地服务科协中心工作，赢得社会各界的赞誉和认可。

坚持服务大局、服务青少年、服务社会的原则，成立市青少年科技活动中心，共举办“青少年机器人大赛”19场次，评选出周冠军19组、月冠军3组、年度冠军1组。青少年科技活动中心的建立为服务、启迪、教育、凝聚、提升广大青少年的科学素养搭建了平台，体现诸城落实以人为本、全面协调可持续的科学发展观要求。

【人才工作】 加大院士专家工作站建设力度。3月，市科协、得利斯集团有限公司与印遇龙院士对接。6月，得利斯集团有限公司与中国工程院印遇龙院士签订合作协议，9月获省科协批准建立“得利斯集团有限公司院士专家工作站”，为中国畜牧养殖业健康发展提供技术支撑和产品保障。

承办泰山科技论坛。6月11日，山东省科协创新驱动助力工程示范区诸城启动仪式暨泰山科技论坛在迈赫机器人大世界学术报告厅举行，来自全国各地高校、科研院所的专家学者及本地高新技术企业科技工作者240余人参加论坛。会后，30余位专家和诸城市15家企业进行座谈，在技术、人才等方面达成了初步合作意向，为诸城提供与全国智能装备制造及机器人方面的顶级专家、高端人才交流合作的平台，开辟了产学研合作推进创新发展的新模式，对于推动诸城乃至全省智能装备产业转型，推进诸城“三区一城”建设注入强劲动力。

【反邪教工作】 坚持“严密监控、把握政策、妥善处理、长抓不懈”的指导思想，利用多种形式开展反邪教工作。组织相关人员深入社区、企业等宣讲有关政策及法律法规，了解是否新滋生邪教组织和人员，做到“发现一个、帮教一个”。

结合“科技活动周”开展反邪教科普教育宣传，向广大公众深刻揭露邪教反科学、反人类、反社会的邪恶本质，让广大群众从内心深处自觉抵制邪教。活动期间共计发放“崇尚科学、关爱生命、反对邪教”宣传单1000余份、《反邪教宣传册》360余册。

抓好信息员队伍管理，充分发挥信息员队伍根植于群众的特点，发动居民群众主动揭发邪教组织的非法活动，做到“发现一起、处理一起”。

做好重大节日、重要敏感时期的反邪教预警预案工作，及早发现邪教群体事件的发生，及时制止。

【科普惠农工作】 加大对全市科普示范基地、农村专业技术协会、农村科普工作带头人的培养和指导，申报诸城市茶叶协会为“全国科普惠农兴村计划”先进单位，并获得中国科协、财政部奖补资金10万元；申报诸城市食用菌协会为“潍坊市科普惠农兴村计划”先进单位，并获得潍坊科协、财政局奖补资金2万元。

为适应科普工作的新形势、新任务、新要求，充分发挥社区在现代科普工作中的积极作用，申报密州街道朱解社区为“全国社区科普益民计划”先进单位，并获得中国科协、财政部以奖代补资金10万元。

积极争取省科协、省财政厅支持，为诸城桃林镇、皇华镇共计20个贫困村免费安装了数字科普终端电视，实现全省科普资源共享，老百姓在家门口就能学到依靠科技致富的本领，让农村科普工作的开展更加便捷有效，科普培训内容更加丰富，科技知识更新更加及时，科技服务的对象更加全面。

【科技工作者之家建设】 表彰科技工作者。市科协坚持全面发动、依规操作，从诸城科研、企业、农村、科普和卫生医疗五大领域中评选出诸城市优秀科技工作者候选人43名，极大地鼓舞了全市广大科技工作者创新创业的热情，在全社会营造爱才、敬才、惜才、用才的良好氛围。

向广大科技工作者发放慰问信。“全国科技工作者日”来临之际，市科协通过“诸城发布”“诸城科普”向全市广大科技工作者下发慰问信，号召科技工作者积极投身经济建设大潮，服务地方经济发展。

与科技工作者代表座谈。为充分发挥科技工作者之家作用，市科协开展“征求科技工作者意见，关心科技工作者生活”座谈活动，充分了解广大科技工作者的实际需求以及对科普工作的意见建议，为下步开展科普工作奠定了基础。

开展走访慰问活动。元旦春节来临之际，对诸城部分一线困难科技工作者进行走访慰问，赠送面、大米、油、鸡蛋等生活物品及慰问金。

（赵　州）

诸城市文学艺术界联合会

【概况】 2017年，诸城市文联以贯彻落实习近平总书记在文艺工作座谈会上的讲话精神和《中共中央关于繁荣发展社会主义文艺的意见》为指导，紧紧围绕诸城市“十三五”规划和市委中心工作，以迎接庆祝党的十九大精神为主线，大力实施“六大工程”，在志愿服务、主题活动、精品创作、文化传承、人才培育、组织建设等方面强化措施、狠抓落实，进一步丰富了人民群众精神文化生活，为推动全市“三区一城”建设，开创全市文学艺术事业繁荣发展新局面做出贡献。

【文艺志愿服务】 春节期间，组织市书法家协会、市书法美术协会、市摄影家协会、市硬笔书法家协会、市剪纸艺术协会、市农民书画家协会等开展“送春联”“送书画”“送剪纸”进社区、进校园、进企业、进军营等志愿服务活动30余场次；创新拓展“文艺进社区”志愿服务品牌，组织开展“硬笔书法大讲堂”“民间文艺进校园”“器乐培训进校园”“传统文化进校园”“作家进校园”“播音主持进校园”等“文艺育苗”品牌志愿服务活动百余场次。诸城市“摄影敬老千里行”被潍坊市委宣传部评为“四个最美（佳）”志愿服务项目。

【主题文艺活动】 注重创新性、群众性、娱乐性相结合，注重活动的品牌、规模和影响力。围绕庆祝建党96周年、诸城市撤县建市30周年和学习宣传党的十九大精神开展系列主题活动，重点策划、组织了市作家协会会员大会暨2016年度总结表彰会议、“尽精微致广大”中国画四人联展、东鲁书社年会、竹山文院暨《当代小说》编创基地揭牌仪式、市音乐家协会第二次会员代表大会、“迎新春”诸城市老年书画作品展、“迎新春”书画剪纸艺术名家联谊笔会、2017诸城书画17家贺岁作品展、2017年度“我眼中的脱贫攻坚”影像档案征集、全国历届摄影金奖作品赏析暨市摄协迎春联谊会、全市文联工作会议、“书声·琴声·颂诸城”主题朗读活动、农民根雕艺术座谈会、“万壑听松”——茅毅诸城派古琴赏析报告会、男高音歌唱家孙毅《歌唱艺术的点滴体会和歌唱家的成长之路》专题讲座、“金盛元杯”“庆六一”诸城市首届小学生剪纸作品展、第九届青少年才艺展示大奖赛、苏鼎山水画研修班开班仪式、庆祝建党96周年诸城市第三届管乐音乐会暨上海国际管乐艺术节展演汇报演出、“广电网络杯——中国梦·党在心中”百姓宣讲比赛、“庆七一”诸城市改革发展30年书画精品展、“龙城巨变”诸城市改革发展30年图片展、颂歌献给党“庆七一”诸城改革发展30年专场文艺演出、微电影《中风》开机仪式、全市中小学生汉字书写大赛颁奖仪式、首届中华诗词大赛、“祖国恋·故乡情”常鸣作品音乐会、“人文诸城舜帝故里”摄影大赛启动仪式、电视剧《啸天》项目创作研讨会、“我家洗砚”朱氏兄弟家庭书法展、“龙城剪影”剪纸艺术精品展、明德和融2017全国油画名家邀请展、“喜迎十九大、共筑中国梦”书画展、“喜迎十九大 讴歌家乡美”主题征文、“濯缨沧湾”——2017·诸城老年书画重阳雅集活动、首届书法临帖展、潍坊市第四届舞蹈大赛诸城赛区比赛、2018诸城新年音乐会等大型重点文艺活动40余场次。

【文艺精品创作】 剪纸作品《放飞梦想》获第六届中国剪纸艺术节暨“中国梦·冬奥情”全国剪纸艺术精品展一等奖，作品被中国剪纸博物馆列为一级收藏品；9月，剪纸作品《放飞梦想》获第十届山东省“泰山文艺奖”民间文艺类三等奖。许专良书法作品入展全国第二届楷书作品展、全国第四届草书作品展；诸城青年书法家雷鸣、李松路、王烁金书法作品入展全国第八届楹联书法作品展；李松路入展山东省书协主办的“水韵东平”书法展；李新刚入展山东省书协主办的“山水临朐杯”书法展；青年书法家王烁金书法作品入展全国第三届硬笔书法家作品展；张玉亮书法作品入选“富达杯”全国硬笔书法大奖赛展。市作协主席黄鑫长篇幻想沙漠动物小说《龙立方》出版，并获江西省新华书店颁布“新书发行排行榜第一名”。散文《家前有树》在中国原创儿童文学第一刊《少年文艺》2017第四期刊发；作协常务副主席宋兆梅长篇小说《相州王》出版。散文《婆婆小吃》《柿叶半红》在《散文选刊》原创版发表。散文《盼望一场雪》在《辽河》发表；刘瑞珍诗歌《幼儿园的夏天来了》在《少年诗刊》发表；孙爱勋散文《布锁》在《联合日报》发表；董温杰《勿忘初心——读〈人生〉感悟》在中国石化石油工程公司“青春书香”读书心得评比中荣获一等奖；市作协副主席韩宗夫诗集《走失的镜子》、王少红长篇小说《星火》、唐燕诗集《心安即归处》、王素玲诗集《小船靠岸》出版发行。出版《东鲁》综合文艺期刊2期（12月底完成）；《诸城文学》2期；《舜风》4期。李金臻荣获2017第一届“弘琴杯”古琴艺术展演成年组金奖；诸城古琴传习中心王舜丽、刘秉凯荣获2017第一届“弘琴杯”古琴艺术展演少年组银奖；市管乐学会管乐团参加全省中小学文艺汇演器乐比赛获一等奖。王奇获山东农信“喜迎十九大 岗位立新功”演讲比赛5强，王晶在潍坊市“中国梦 党在心中”演讲比赛中获优秀奖。舞蹈

龙城巨变——诸城市改革发展30年图片展 （供图 报社）

《中国梦，我的梦》《快乐少年》获山东省电视台第三届少儿才艺大赛金奖；集体舞《街舞小子》获“山东省跳动联盟”体育舞蹈比赛二等奖。2017年度推荐申报第十二届山东省“文艺精品工程”、第十届山东省“泰山文艺奖”作品8件；报送潍坊市2017重点扶持文艺作品电影、电视、歌曲、图书类文艺作品20项；推荐潍坊市第三批签约作家4人；出版图书、省级刊物刊发文学作品20余部（件）；各艺术门类获省部级表彰奖励20余项。

【文艺人才队伍】 市作家协会主席黄鑫被表彰为山东省第四批“齐鲁文化之星”。获潍坊市文联2016-2017年度首批签约作家“创作一等奖”；作协常务副主席宋兆梅在北京参加《散文选刊》原创版杂志社第二期作家培训班，被聘为《散文选刊》原创版签约作家。丁凯成为中国美术家协会会员；李松路、王烁金两人具备中国书法家协会会员资格；鞠新英加入省书协。诸城古琴艺术传习中心茅毅、钟珊两人入选国家艺术基金2017年度艺术人才——诸城派古琴表演人才培养资助项目。诸城黄鑫、王威两位作家参加山东省作家协会第七次代表大会。市硬笔书法家协会被中国硬笔书法家协会第五届第六次理事会暨2017年全国组联工作会议表彰为2016年度先进集体。潍坊县市区唯有诸城获得该荣誉。市管乐学会管乐团被上海第十一届国际音乐节表彰为优秀展演团队，全省仅有5支代表队参加展演。

（赵　伟）

诸城市社会科学界联合会

【概况】 2017年，诸城市社会科学界联合会在市委、市政府的正确领导下，在业务主管部门的具体协调、指导下，深入贯彻《山东省社会科学普及条例》，大力实施社科普及“十百千”行动计划，紧紧围绕全市“三区一城”建设蓝图和“八大战略”总体部署，发挥自身职能，多渠道广泛联络社会科学工作者，有效整合社会科学界人力资源优势，团结和带领全市社科工作者，广泛开展理论研究工作，积极探索重要课题研究方向，不断拓展理论研究的广度与深度，加快推动社科强市建设。

【社科优秀成果】 2017年，诸城市被确定为潍坊市第一批社会科学普及示范市，潍坊市仅有2个县（市、区）获此殊荣。同时，辛兴镇、密州街道被确定为潍坊市第一批社会科学普及示范乡镇（街道），密州街道高疃社区被确定为潍坊市第一批社会科学普及示范社区，全潍坊市仅有13个乡镇（街道）、14个村（社区）获此殊荣。2017年全国大中城市社科联第28次工作会议“改革与城市发展”学术研讨会上，诸城市提报的论文获得优秀奖。

（赵　伟）

诸城市残疾人联合会

【概况】 2017年，诸城市残疾人工作在市委、市政府和上级残联的正确领导和精心指导下，紧紧围绕推进“四个城市”和“三区一城”建设，勇于担当、激情创业，取得了较好的成绩，被省残联评为“全省基层组织工作先进单位”。

【残疾人康复工作】 精准康复。按照潍坊市残疾人精准康复服务行动的总体部署，市残联、民政局、教育局、财政局、人社局、卫计局、扶贫办等七部门联合出台《全市全市残疾人精准康复服务行动实施方案（2016-2020年）》，积极开展残疾人精准康复服务专项调查，按照潍坊市残疾人精准康复服务行动的工作要求，举办残疾人精准康复服务培训班，针对精准康复服务工作过程中有关程序、表格填写、调查要求、辅具申请等业务工作进行培训，全市镇（街、园区）残联理事长、残疾人专职干事、社区专职委员共267人参加培训。根据中残联数据更新系统数字显示，全市有需求残疾人共3398人，其中需求辅助3060人，其他服务338人，康复服务完成率达100%。

救助工作。实施贫困白内障患者复明项目，完成免费手术诸城项目200例、潍坊项目22例，手术成功率100%；全国助残日期间，为150名贫困残疾人免费发放轮椅；救助180名贫困精神病患者；为16名贫困成人安装助听器；为58名贫困残疾人安装假肢矫形器；为1301名残疾人开展免费健康查体；落实国家、省、地方残疾儿童抢救性康复救助项目173名；为6名儿童安装了人工耳蜗。

机构建设。积极争取市政府划拨1307平方米房产，给市残疾人康复中心使用，2017年康复中心总建筑面积3607平方米，经过重新装修，全部投入使用，在原有康复项目的基础上，扩大成人康复、辅具供应、儿童康复、白内障复明等区域面积，极大地方便了残疾人接受康复服务。开展全市各镇（街、园区）社区康复站示范站建设，2017年全市各镇（街、园区）分别建立1处示范站，诸城对各示范站配套了康复训练器械。

【残疾人教育就业】 就业和培训工作。开办了盲人按摩、中草药种植、蚂蚱养殖、电子商务培训班，共培训残疾人162人次。实施残疾人自主创业扶持项目，拨付资金29.4万元，扶持80名残疾人自主创业；搭建残疾人网络创业、产品推介和营销服务平台，扶持10名残疾人网上创业；举办“2017年潍坊（诸城）帮扶残疾人实现‘就业梦’专场招聘会”，有40多家企业，100多残疾人参加招聘会，达成就业意向28人。对全市6535家企业安置残疾人情况进行审核，其中386家安置残疾人达到了1.5%，2963家符合减免政策，2183家企业缴纳了残疾人就业保障金，征收率68.51%，共征收残保金812.65万元。承办了潍坊市第六届残疾人职业技能竞赛，参赛人员103人，与会人员300多人，得到了残疾人及上级领导的高度评价。

扶贫和教育工作。配合民政和人社部门落实好残疾人“两项补贴”和重度残疾人提前五年领取养老金政策，为10402人次残疾人发放“两项补贴”资金1085.29万元，为192名重度残疾人落实了养老金政策；组织实施第一书记帮包村项目，帮扶69户贫困残疾人家庭，共发放资金13.8万元；为2904名16周岁以上重度残疾人每人每年代缴130元养老保险；依托市残疾人托养中心开展居家托养服务，为120人次开展保洁、理发、送餐等上门服务；为593名符合条件的残疾学生及贫困残疾人子女发放学费补助58.1万元，为9名残疾大学生发放励志助学补助5.2万元。

基地建设。挂牌成立市残疾人托养中心和创业服务中心，两个中心占地面积6700平方米，建筑总面积2500平方米，共有50张床位，设康复训练室、微机室、盲人按摩培训室、电教室、医疗室、中草药实训基地、餐厅娱乐室等，为进一步推动诸城残疾人就业和托养工作奠定了基础。申报省级残疾人就业扶贫基地2家，市级残疾人就业扶贫基地1家，申报省级自主创业标兵2人。

【组联维权和宣传文体工作】 组联维权工作。举办2期全市残疾人工作者培训班，印制《残疾人工作服务手册》，全市16个镇（街、园区）残联理事长、专职干事及全市235处社区专职委员参加培训，重点对残疾人精准康复、数据动态更新、教育就业、残疾人证办理等业务进行培训。根据全市政府52次常务会确定的残疾人工作事项，对全市235处社区专职委员进行实名登记，并为密州、龙都、贾悦、林家村4处残疾人较多的镇街，各增选了1名专职干事，落实了相关待遇。

宣传文体工作。大力宣传残疾人事业，特别是在“全国助残日”期间，诸城举办9项活动，分别是：为75户残疾人家庭发放无障碍辅具浴凳、为新建成的市残疾人托养服务中心和创业服务中心举行挂牌仪式、上门为150名重度肢体残疾人免费发放轮椅、为50名残疾人开办中草药种植培训班；举办残疾人专场就业招聘会、为183名残疾儿童发放拓展训练免费年卡并组织体验活动和发放救助物品、为100名贫困白内障患者免费实施复明手术、举办潍坊市政协住诸城政协委员“全国助残日”文艺演出活动、承办潍坊市残疾人职业技能竞赛。在9项活动举办期间，市残联积极组织电视台、报社、信息港等单位积极开展宣传，在社会上营造扶残助残氛围，极大地宣传了诸城的残疾人事业发展。山东省第九届残疾人文艺汇演诸城有3名选手参选，其中1名获铜奖、2名获优秀奖。潍坊市第七届残疾人运会诸城共14名选手参赛，获得总分第五名的好成绩。

（焦平明）

诸城市红十字会

【概况】 诸城市红十字会位于诸城市文化路4号。其办事机构诸城市红十字会办公室，财政全额拨款副科级事业单位，有工作人员2名，隶属于诸城市卫生和计划生育局，主要职责：负责贯彻执行《中华人民共和国红十字会法》和市红十字会日常工作。2017年，诸城市红十字会共建立基层组织26个，包括16个镇（街、园区）红十字会，10个系统（部门）红十字工作委员会。

【救助】 春节前送温暖活动。深入密州、舜王、相州、贾悦、林家村、百尺河、辛兴等镇街社区，走访23户困难家庭和8个“三献”（造血干细胞、遗体、器官捐献）家庭，共发放救助金1.39万元、温暖箱8个（价值196元/个）。11月，一批由企业捐赠、上级红十字会下拨价值17760元的救助药品，通过4家乡镇卫生院分发给部分贫困患者。

帮助患儿家庭办理红十字救助基金申请手续。市红十字会常年为符合条件的白血病、重型再生障碍性贫血和先天性心脏病贫困患儿家庭提供服务，帮助办理中国红十字基金会“天使基金”的申请救助手续，经市红十字会上报的申请材料合格率达到100%，年内帮助求助患者申请中国红十字基金会“小天使基金”15万元，救助患白血病儿童5人。

【救护】 世界急救日期间，市红十字会联合市科协在东坡小区开展系列宣传活动，向市民发放应急救护，器官、造血干细胞捐献和红十字基本常识等内容的宣传材料、解答问题。为诸城市马拉松协会的近50名会员举办初级卫生救护知识培训班，有针对性地讲述了常见运动伤害的处理，心肺复苏的实践操作等急救知识。7

月28日地震宣传日之际，市红十字会与地震局联合参加电视台“小记者”活动，组织红十字志愿者，在水上公园为青少年进行地震灾害时急救培训和现场演示。9月15日晚上在市科协为马拉松协会举办救护培训班，马协志愿者20人接受培训。应有关企业要求，市红十字会联合潍坊市红十字会，派出具备救护培训资质人员，深入企业开展2期急救员培训班，帮助诸城8家企业培训救护员并及时办理了急救员证92个，支持企业发展。

【造血干细胞捐献、无偿献血、遗体（器官）捐献】 充分利用各种红十字纪念宣传活动，普及捐献知识。9月3日，在市东坡小区开展以“人体器官捐献志愿登记”为主要内容的系列宣传活动，向广大社区居民发放造血干细胞捐献、无偿献血、人体器官捐献等内容的宣传资料，普及有关捐献知识，壮大捐献队伍，发展有捐献意愿的目标人群，促进诸城“三捐”工作的可持续发展。7月22日组织人员参加潍坊市2017年度器官捐献协调员培训班，提高红十字骨干的器官捐献理论水平和协调能力。2017年，全市共有4位市民成功实现遗体（角膜）器官捐献，共捐献器官1例、角膜4例、遗体2例。至此，全市成功实现器官捐献3例、眼角膜捐献9例和遗体捐献7例。

【宣传】 大力弘扬“人道、博爱、奉献”的红十字精神，积极开展红十字主题宣传活动。为纪念世界红十字日和迎接新修订《中华人民共和国红十字会法》的施行，5月5日市红十字会组织市疾病控制中心和民生医院的红十字志愿者，在府前街中段民生医院门前开展系列宣传和志愿服务活动，为100多名社区群众进行诊疗、咨询服务；向市民发放了包含红十字会法、红十字运动、红十字工作、无偿献血、防灾减灾、艾滋病防治、禽流感防治和预防接种等方面知识的宣传材料2000多份。组织做好《中国红十字报》《博爱》杂志征订工作。

【其他工作】 认真落实上级部署要求，完成市政府委托事宜，做好市里相关机构安排的有关工作。根据市里开展的国家卫生城市复审工作要求，抽出人员专门靠在卫生城市工作一线，有始有终，圆满完成工作任务。按照市里“万人下基层”活动统一安排，每月进行进村入户，了解群众情况并及时按要求上报。作为市社会救助工作联席会议成员单位，按时参加有关会议，认真完成有关工作任务，按照上级要求开展社会救助工作。根据市审改要求，结合单位实际，完成信息资源摘要填报工作，编制了“零跑腿”和“只跑一次腿”服务事项。严格按照《事业单位登记管理暂行条例》及其实施细则中有关年度报告公示的规定，按时进行2016年度事业单位法人年度报告公示。

（台培忠）

军　事

中国人民解放军诸城市人民武装部

【概况】 2017年，诸城市人民武装部在潍坊军分区党委和诸城市委、市政府的正确领导下，认真贯彻落实上级决策部署，紧紧围绕党在新形势下的强军目标，以坚决落实改革强军任务为牵引，突出首位固根本，聚焦中心抓备战，担当尽责促改革，着眼长远打基础，开拓创新谋发展，改进作风抓落实，圆满完成年度各项任务，部队、民兵预备役建设得到科学发展、创新发展。

【思想政治建设】 坚持用党的创新理论，特别是习主席系列重要讲话精神武装头脑、统领思想，确保全部人员思想稳定、政治纯洁。组织开展学用讲话“六个一”“四进入”活动，提高理论学习质效。深入开展改革强军主题教育，干部职工看齐追随、矢志强军、拥护改革的思想根基更加牢固。积极开展纪念建军90周年系列文化活动，红色文化不断弘扬。以“两报两刊”为主要教材，抓好全市民兵预备役人员思想教育教育。深入学校、社区开展征兵宣传月活动，实现了征兵宣传全民覆盖。

【军事斗争准备】 狠抓战备制度落实，认真组织节假日战备值班和日常值班，修订完善各类战备方案预案，补充配备市镇两级战备器材，大力加强民兵应急分队和民兵信息员队伍建设，战备基础进一步巩固。按照上级训练指示，先后组织专武干部、应急分队、专业保障分队训练，足额完成年度训练任务。严密组织国防动员潜力调查，进一步摸清了地方物资、人力、交通等资源底数，为战时需求提供数据支撑。

【国防动员和后备力量建设】 按照军分区下达任务指标和时间节点，周密组织民兵组织调整，并完成点验验收。按照《依托农村社区加强民兵组织建设的意见》，大力推进社区民兵连建设，社区建立连格局基本形成，做法被中国国防报一版头条刊发。扭住兵员质量、廉洁征兵这两个关键，抓好兵员征集工作，圆满完成新兵征集任务，打造阳光征兵平台的做法被军委国防动员部《简报》刊发。集中组织预定新兵役前教育训练，实现了安全顺利无事故，打牢了新兵入伍思想和体技能基础。

【调整改革任务落实】 坚决贯彻上级改革决策部署，组织开展“服从改革大局、走留听党安排”专题教育和“新体制新职能新使命”大讨论，针对国防和军队改革带来的思想困惑，重视抓好一人一事经常性思想工作，保持了现役干部思想稳定统一。按照上级标准条件，研究确定2名现役干部转业。根据上级明确的人武部新编制完成人员落编调整。全体干部职工在改革中自觉讲政治、顾大局，听招呼、守规矩，正确对待进退去留和利益调整。

【依法治军】 始终把依法治军作为“保稳定、促发展”的经常性、基础性工作，做到常抓不懈。坚持利用周一“大交班”时间，及时传达上级关于加强安全管理工作的一系列指示要求和有关事故通报，进行安全常识教育，持续开展“四清两统”“百日安全”、隐患排查和“学法规、用法规、守法规”活动，不断强化安全意识和条令意识。抓好保密工作，有针对性地做好涉密文电、办公电脑、存储介质、信息网络等保密工作，加强文电收发、传阅、立卷、保管及印刷工作，保持了良好的保密秩序。重视抓好日常管理工作，完善考勤、请销假、车辆派遣、私家车使用等制度，工作、生活、战备秩序进一步规范，实现全年安全无事故。

【后勤保障】 严格落实财务、车辆、油料、食堂、固定资产、营房、水电等管理规定，定期组织营院、水电、绿化等维护保养，持续开展建设“节约型”人武部活动，坚持党委理财、联审会签、双主官签字等制度，认真执行“先预算后花钱、先报告后花钱、先请示后办事”的经费使用规定，后勤精细化管理水平不断提升。

【作风建设】 深入推进“两学一做”学习教育常态化、制度化，突出发挥党支部、党小组作用，党委成员带头讲党课，扎实组织党员承诺践诺、党费专项检查、党组织生活整顿、党委民主生活会等活动，党团组织功能和党员党性观念明显增强。深入开展学习贯彻十八届六中全会精神暨深化肃清工作推进正风反腐教育活动，及时学习廉政法规和典型案例问题通报，巩固和扩大教育成果，干部职工廉洁从政更加自觉。

（董福春）

人　民　防　空

【概况】 2017年，市人防工作认真贯彻落实党的十八届历次全会及党的十九大精神，通过科学统筹、主动作为，全市人防建设发展态势良好，防空防灾应急准备有序推进，年度重点人防工作任务圆满完成。

【“6·15”警报试鸣活动】 市人防办组织人员对32台警报设施进行检查维护保养，使警报设施始终处于良好的战备状态。6月10日，印制了2000多份关于6月15日举行防空防灾警报试鸣活动公告，在全市各单位和市民居住区进行张贴，并协调市电台、电视台以图文播报的形式，将试鸣信息向广大市民进行告知，做到了全民知晓。6月15日，防空警报鸣放圆满成功。

【依法行政】 根据新常态下经济社会发展需要，梳理了人防审批事项，对人防审批执法范围进行重新修订。开展人防审批事项实行网上公示工作，市人防办与国土、规划、住建、财政等部门建立信息录入流程控制制度，建立信息共享机制。开展人防审批事项办理和人防易地建设费的收取工作。

【教育与宣传】 市人防办聘请有关专家，利用党校每年对全市党员干部培训的机会，举办专题培训班，使受训的党员干部体会到人防工作重要性及搞好人防工作的重大意义，把关心和支持人防工作变成一种自觉行动。同时，在城区中小学校开设人防知识课，并在青少年教育基地设立人防专题教室，聘请了部分兼职教师，每年受教育的学生达4000多人。此外，还利用“6·15”警报试鸣日、国防动员宣传日、减灾日等机会，通过电台、电视台、报刊等多种媒体以及在人群集中的地方发放宣传材料等形式，开展多种形式的宣传活动，收到了良好的效果。

【“两防一体化”建设】 进一步完善和加强指挥通信建设，市人防办完成机动指挥车的初步建设，构建了包括有线、无线等各种通信方式于一体、固定与移动指挥通信相结合的人防指挥通信体系。为诸城防空防灾的信息采集、传输、现场指挥提供重要保障。继续修订《诸城市防空袭方案》，组建疏散组织能力强的指挥机构，修订人口疏散体系建设方案，加大疏散体系建设力度，适时开展应急疏散演练。按照潍坊市人防办的要求，加快人防工程的建设步伐。

【人防队伍建设】 市人防办按照“政治坚定、业务精湛、纪律严明、作风过硬、廉政高效”的总要求，着眼内修素质、外树形象，对干部职工积极开展人生观、世界观、价值观和社会荣辱观教育，组织干部职工进行政治理论学习和开展政治思想教育。积极推进作风纪律建设，在全办广泛开展“创先争优”活动，弘扬正气，纠正和克服懒散懈怠、不求进取的倾向，树立爱岗敬业、创新实干的作风，努力激发广大干部职工干好本职工作的积极性。

（张志博）

法　治

综　述

【概况】 2017年，全市政法综治维稳工作认真贯彻落实中央和省、潍坊市委部署要求，围绕市委中心工作，坚持一手从严从实抓好保安全、护稳定工作，一手从小从细解决源头性、基础性问题，增强工作预见性、主动性，社会大局持续稳定，人民群众获得感、幸福感、安全感不断增强。诸城被评为“全省社会治安综合治理先进市”“2013-2016年全国平安建设先进市”，被推荐为“全国法治县（市、区）创建活动先进单位”。市委政法委被授予“全省党的十九大安保维稳工作先进集体”。2017年度综治平安建设考核位列潍坊市第一名。

【维护社会稳定】 2017年，省和潍坊市把全国“两会”“一带一路”国际合作高峰论坛暨省第十一次党代会和党的十九大作为安保维稳“三大战役”。市政法部门提升政治站位，坚持在主战场上衡量和检验政法综治维稳工作，成立工作专班，印发《诸城市重大活动（敏感节点）维稳安保工作制度》等36个指导性文件，健全案件销号等17项规章制度，健全常态化走访谈心、重点人员24小时专班包靠等机制，夺取了“三大战役”全面胜利。特别是党的十九大期间，把讲政治作为第一导向、建机制作为第一抓手、抓作风作为第一保障，圆满实现“五个不发生”任务目标，诸城被潍坊市委、市政府授予“党的十九大安保维稳工作先进县市区”，诸城市委政法委记集体三等功。

【社会治理创新】 坚持系统治理、综合治理、依法治理、源头治理相结合，不断提高社会治理社会化、法治化、智能化、专业化水平。

综治中心标准化建设。出台《关于推进全市三级综治中心标准化建设与管理的实施意见》，推进三级综治中心全覆盖。加强“四室一厅一平台”（综合协调室、视频监控室、矛盾调解室、指挥调度室和群众接待大厅、综治信息平台）标准化建设，实行组织联建、矛盾联调、治安联防、问题联治、平安联创。

网格化服务管理。坚持以网格化管理、组团式服务、信息化支撑为导向，优化三级网格，更新2020部“民情通”手持终端，建立健全综治信息系统、公共安全视频监控联通共享系统、综治视联网三大平台，为群众办理服务事项1.6万余件。

矛盾纠纷排查化解。开展“万人下基层”化解矛盾、排查安全隐患防范四类风险等专项行动，集中交办信访积案107起，化解率达95.3%，对卧龙湖水库等20项重大决策进行风险评估，排查化解安全隐患3525起，群众越级上访人次同比下降33.1%。依托律师参与、警民联调、听证法等机制调处矛盾纠纷3805起，成功率达99%。

治安防控。推进“雪亮工程”建设，建立市视频监控公共关系中心，新安装高清探头5700余个，整合社会监控探头1.8万个。按照一个标准地址，对实有人口、实有房屋、实有单位“一标三实”基础信息进行采集应用，与综治系统联网，信息共享。开展“破案会战”、打霸治痞等专项行动，刑事破案率同比上升

舜王街道社会治理服务指挥中心　　　　（供图　市政法委）

2.6%，成功破获“民族大业”电信网络诈骗案等大案要案，打掉霸痞团伙9个，5起现行命案全部破获。完善“平安指数”运行机制，实施“平安建设进万家”工程，引导社区群众参与群防群治，全市可防性案件同比下降10.7%。

【法治诸城建设】 发挥政法职能作用，服务保障经济社会发展，结案12921件，标的额达26.2亿元，查处职务犯罪案件17件22人，受理法律援助案件306件。加强普法依法治理，深化“法律六进”工作，开展“法治镇街”“法治社区”创建活动。推进公共法律服务体系建设，搭建市、镇（街、园区）、社区三级实体化平台，落实“一社区一法律顾问”制度，社区法律顾问共调解矛盾纠纷1356起，解答法律咨询7万余人次。全省政法信息调研宣传工作会议、潍坊市“一社区一法律顾问”暨新型调解组织建设工作会议先后在诸城召开，推广诸城典型经验。潍坊市委常委、政法委书记，滨海区党工委书记孙起生对诸城社区法律服务诊所建设做出专门批示。

【政法队伍建设】 深入推进政法系统“两学一做”学习教育常态化、制度化。开展“作风建设年”活动和转变理念、转变作风，提升标准、提升能力“两转变、两提升”主题活动，提升履职水平。建立社评政法工作、网评政法单位、联评政法干部、督查执法行为、倒查执法过错、检查社会形象“三评三查”机制，加强执法规范化建设，提升政法工作质效和群众满意度。全市政法系统涌现出一大批先进集体和人物，市检察院被授予全省“六型”建设示范院，市公安局王首峰被评为“全国优秀人民警察”，市司法局徐晓东被评为“全国模范人民调解员”，市法院王重明被授予“全省优秀法官”等。

（张吉伟）

公　　安

【概况】 2017年，诸城市公安局在潍坊市局和诸城市委、市政府的正确领导下，立足于维护全市大局稳定，着眼于公安事业长远发展，真抓实干，开拓创新，深化警务机制改革，有力地维护了全市政治稳定、治安安定，推动了公安工作和队伍建设全面发展。诸城市公安局先后被省厅授予“一带一路”国际合作高峰论坛暨省十一次党代会维稳安保工作先进集体、全省公安机关“迎接十九大忠诚保平安”成绩突出集体、全省公安监管工作成绩突出集体、全省公安机关重要安保维稳工作成绩突出集体。被潍坊市委、市政府记“集体二等功”一次。另有基层单位80个次，民警328人次受到各级表彰。

【安全保卫　维稳处突】 稳控安防工作。强化重点人员管控，落实稳控安防责任。切实加强各级“两会”等敏感节点、重大节庆活动安保，把责任分解落实到相关单位，全程做好稳控工作。依法处置信访活动中违法犯罪行为，维护正常信访秩序。

矛盾排查调处工作。突出矛盾排查调处，着力化解社会矛盾。进一步完善社区警务室、派出所警民联调工作体系，规范接警、汇报、分流、联调等各个工作环节，多元化调处矛盾纠纷，最大限度地降低因小隐患而引发群体性事件的几率。2017年，共调处各类矛盾纠纷868余起，调处成功率达到98.4%。全市越级访、群体访事件明显减少，杜绝“民转刑”案件的发生。

信访维稳工作。深入开展信访积案集中化解专项行动，23起信访积案全部化解完毕。受理交办转办信访事项187件227人次，息访169起，对结案未息访的18起信访案件，全部落实了稳控措施。接收、派送、反馈12341和12345热线5417件次，全部妥善处置。

网络舆情导控工作。强化网络舆情导控，提升舆论引导水平。全面加强网上情报信息工作，加强行动性、苗头性、内幕性情报信息的搜集，增强涉稳涉警舆情导控工作。2017年，上报诸城涉稳、涉警舆情信息260余条，上报潍坊市局舆情性信息762条，上报省厅情报性信息108条，舆情性信息132条，正面引导舆情1万余条。

【打击破案】 深入推进专项行动。以“破案会战”行动为主线，开展打击盗抢骗、打击农村黑恶势力、打击电信网络新型诈骗、打击经济犯罪、三年禁毒人民战争、集中追逃等专项行动，全警参与、整体联动、集约作战，切实维护良好的社会秩序。2017年，破获刑事案件数和抓获犯罪嫌疑人数，同比分别上升4.2%、73.5%。省公安厅、潍坊市、公安局、分别对诸城市公安局侦破的部督“3・10”“7・07”等案件做出批示表扬。

落实重点攻坚。以命案必破为目标，以大要案侦破为龙头，对发生的现行大要案，逐案落实局领导靠案、刑侦大队包案、精干力量上案责任制，因案施策，重点攻坚，及时消除了社会影响发生。2017年，发生的5起现行命案全部破获；发起经济犯罪全国集群战役8起，破获部督案件3起、省督案件1起，其中，部督“民族大业”电信诈骗案件，抓获犯罪嫌疑人37名，涉案金额2.5亿元。

深化重大逃犯缉捕工作。深入开展集中追逃专项行动和竞赛，成立专班，对网上历年逃犯进行梳理，分解任务到警种单位、派出所，严格落实“一逃一档”制度，明确责任人，逐一梳理、逐一攻坚。2017年，共缉捕逃犯188名，其中，成功抓获潜逃24年抢劫杀人省督逃犯董某、冯某，破获“1993.11.25”抢劫杀人积案。

维护良好经济秩序。2017年，共破获经济类案件25起，抓获犯罪嫌疑人37人，有力地维护了诸城经济市场秩序。发起经济犯罪全国集群战役8起。破获污染环境案件7起，生产、销售不符合安全标准的食品案2起，生产销售有毒有害食品、伪劣产品案各1起，维护了全市食品安全和良好的市场秩序。

【警务机制改革】 按照“大部门、大警种”和“着眼实战、着力实效”的思路，树立以人民为中心的理念，以“专业化、规范化、集约化”为目标导向，以警务机制改革为突破口，做大部门和警种，做实基层基础，建设忠诚警队，全面推进基层基础建设三年攻坚战。实施警务机制改革后，将22个内设机构整合为指挥中心、政治处2个大部门，刑侦、交警、国保、治安、特警、法制案审、监管等7个大警种，下沉派出所警力71名，派出所警力占全局总警力的45.8%，一线警力占总警力的92.4%。全市可防性案件同比下降11.6%，刑事破案数、抓获犯罪嫌疑人数同比分别上升98.6%，108.5%。诸城市公安局深化公安改革的做法被公安部、省公安厅、潍坊市局多次刊发。

【基层基础工作】 “一标三实”系统深度应用。投资246万元，研发“一标三实”三维警务管理应用系统，2017年，新登记标准地址33.7万条，实有人口79.2万条，实有房屋24.9万条，实有单位6800条，通过“一标三实”服务实战，破获各类案件数和抓获各类违法犯罪嫌疑数，同比分别上升21%、104.5%，做实了基层基础工作，为进一步深化公安改革，提升社会治理能力打下了坚实的基础。6月19日，全市治安系统基层基础建设三年攻坚战现场推进会在诸城召开。

建设实战型情指中心。坚持“警情主导警务，情报引领实战”，整合部门，成立情指中心，设立指挥调度、人员管控、事件预警、资源管理、数据决策、警情流转、综治平台和视频巡控等席位，打防互动、整体联动、管控同步。遴选4名指挥长24小时轮值，明确指挥权限，全权负责、先期指挥、快速处置。

视频监控建设。建成并使用公共安全视频巡控中心，对重点部位实时监控、安全监管区域24小时巡查；加强市际、县际、派出所辖区周边三级视频防控圈建设，市际边界34处、县际边界16处、派出所边界151处，全部建成并与潍坊市局联网共享，实现视频巡控城乡一体、全域覆盖。

公安窗口管理服务。深入开展“美丽窗口”创建活动，从硬件设施、服务方式、工作机制和民意回访等方面入手，细化措施、提升质效，进一步提升户政、出入境、车驾管等公安窗口服务水平，争取群众满意度的更大提升。2017年，共审核、上传、分拣、发放二代身份证79926个，网上审批各类户口事项11013人次，户口清理整顿8200人次，抓获在逃人员1名，解答群众咨询1.2万余人次；共受理审核公民因私出国（境）申请12431人次；共办理驾驶证业务3.65万起，办理机动车业务34.63万起，回访各窗口办事群众满意率达到91.8%。

基础设施建设。开工建设占地152亩的看守所、拘留所和武警营房，同步建设特警训练中心、警犬训练基地、射击训练馆、刑事审判庭、检察官派驻工作室等，建设更加规范的涉案财物管理中心；扩建改造2300平方米的刑事科学技术室，升级痕检、文检、酒检、熏显、足迹、影像、图像处理、DNA等专业实验室的装备设施，新建食品快检、毒品、解剖和电子物证实验室。

【执法规范化建设】 建设执法监督中心，执法监督“一张网”覆盖。成立执法监督中心，整合指挥中心、政治处、督察、法制、信访等10个执法监督、民意诉求渠道的职能，加强事前监督问责、事中跟踪管控、事后离岗培训，解决了多头监督、力量分散、效能不高的弊端。

建设案件管理中心，执法办案“一体化”管控。发挥法治部门在执法质量中的“安全阀”“质检口”作用，在法制大队设立案管中心、案件受理大厅，一线单位设立案件管理室和受立案窗口，通过执法办案闭环管理系统，对警情分流、案件受立、场所管理、物品保存、卷宗保管等执法要素进行全面管控。落实每日巡查反馈，每周统计告知，每月总结通报、“五级”审核、“三统一”等制度，有力地解决了监督不到位、标准尺度不一、质量参差不齐等问题。

建设执法办案中心，执法办案“一站式”保障。在刑侦大队建立诸城市公安局执法办案中心，在兴华路派出所建立城区办案中心，城区所有案件到执法办案中心办理，在昌城、皇华、贾悦、相州建立农村派出所办案中心，农村的亘特大案件全部集中到办案中心办理，确保了执法规范、安全。落实派驻检察官制度和法律顾问制度。在办案中心设置检察官派驻工作室，检察机关可随时对公安机关的执法工作进行监督，实现介入侦查、审查批捕、审查起诉一体化。聘请了专职律师作为法律顾问，随时对公安机关的执法办案提供法律服务和执法监督。

消防安全检查　（供图　公安局）

建设涉案财物管理中心，涉案财物“一平台”流转。投资200余万元，在看守所新址上建设公检法一体、规范统一的涉案财物管理中心，设立大宗物品敞开式管理区、一般物品仓储式管理区和特殊涉案物品封闭式管理区，设立涉案资金专用账户，实现公检法涉案财物信息实时共享、流转。研发涉案财物管理系统，实行条码扫入、分类标注、统一管理、密封储存，做到“人、财、物、案卷”分离，实现涉案财物的无缝化流转，规范化管理，有效解决了涉案财物管理不规范、管理方式落后、松散无序以及公检法涉案财物移送难度大等问题。

【公共安全监管】 交通安全管理。深入开展“压事故·保畅通”“平安行·尔我他”等专项行动，完善“大队领导包片、中队干部包线、民警包点包段”勤务机制，开展“大货车违法行为整治”“除陋习治顽疾”城区道路交通秩序专项整治等行动37次，查纠机动车违法行为39.96万余起，道路交通事故起数、死亡人数、受伤人数、经济损失四项指标同比分别下降6.29%、14.75%、11.21%、11.82%。

消防安全管理。以高层楼群、在建工地、医院、学校、商场、超市等人员密集场所、“三合一”建筑、“九小”场所等公共复杂场所、练歌房、酒吧、音乐茶座等歌舞娱乐场所，以及加油站、液化气站等易燃易爆单位为重点，深入开展消防安全大排查大整治活动。2017年，共检查单位4801个（次），发现火灾隐患13394处，下达责令限期改正通知书3315份，督促整改火灾隐患12699处，下达行政处罚决定书143份，罚款66万元，临时查封114家，责令“三停”47家，拘留18人。

爆危物品监管。深化易制爆危险品和寄递物流专项整治行动，对诸城5家公务用枪单位、1家民爆公司、3家烟花爆竹销售企业、365个烟花爆竹销售点、1家剧毒化学品生产企业、122家涉及易制毒化学品企业和143家寄递物流企业、快递收发点、配货点，安排专门人员进行检查，共查处涉及易制爆危险品违法案件1起、非法寄运案件149起，收缴废旧手榴弹、炮弹11枚，枪支21支。

【队伍管理训练】 党建工作。坚持把党建工作牢牢抓在手上，努力践行习近平总书记提出的“对党忠诚、服务人民、执法公正、纪律严明”的总要求，深入开展“迎接十九大、忠诚保平安”“两学一做”“三会一课”、周五集体学习、重大节日升国旗等活动，诸城市公安局邀请省委党校教授到局授党课，组织民警到王尽美烈士纪念馆接受理想信念教育，引导民警牢固树立“四个意识”，坚持“五个过硬”，做到“四个合格”，站稳政治立场，严守政治纪律，铸造忠诚警魂。

民警训练　（供图　公安局）

教育训练。全面推行“轮训轮值、战训合一”模式，分期分批对市公安局民警、辅警进行8期1200余人次的封闭训练。坚持“走出去”和“请进来”相结合，举办公安大讲堂，邀请公安部教官、公安大学教授讲授信息化、执法办案等公安业务知识；组织派出所所长和基层51名机关民警分批到浙江婺城公安分局进行社区警务培训；组织50余批次580余人次，赴浙江、江苏、北京、上海、广东、陕西、贵州、湖北、湖南、江西、四川、福建、辽宁等13个省市44个地市公安机关，学习公安改革的经验和先进做法，拓展了全警视野。

纪律作风建设。以作风建设年为抓手，倡树“今日再晚也是早，明日再早也是晚”工作理念，深化纪律作风教育整顿等活动，增强干警队伍执行力。严格队伍监督管理，从严治警、以制管警，队伍没有发生违法违纪问题。

（孙国峰　赵支辉）

检　察

【概况】 2017年，诸城市检察院在市委和上级检察院的坚强领导下，深入贯彻落实习近平新时代中国特色社会主义思想，按照“高点定位、勇争一流”的目标要求，聚焦政治责任，聚焦主责主业，聚焦队伍建设，创新实干，奋发作为，各项工作取得新进展。诸城市检察院被最高人民检察院表彰为全国推进民事行政检察工作先进基层院、全国检察机关派驻监管场所一级规范化检察室、全国检察机关文明接待室、全国检察宣传先进单位，被山东省人民检察院表彰为“六型”建设示范院。

【服务经济社会发展大局】 以保障“四个城市”建设为统领，以服务“三区一城”建设为抓手，主动作为，主动担当，依法作为，用法治保障和检察服务回应时代关切。

服务“三区一城”建设。落实《诸城市人民检察院关于服务转型发展和保障“三区一城”建设的实施意见》及实施方案，由党组成员带领检察官分组包靠大项目，对全市十大组团项目开展联系服务40余次。包靠的五里堡棚户区改造项目顺利推进，受到诸城市委的充分肯定。配合创卫复审工作，出台《依法监督拆除违法建筑实施方案》，推进生态宜居示范区建设。

完成安保维稳任务。以接访息诉化解社会矛盾，将涉检信访评估预警贯穿执法办案始终，通过检察长接访、干警包案等方式，妥善处结群众来信来访255件次。积极参与市委政法委、市信访局维稳督导200余次，认真办结各类维稳通知任务88份，及时汇报政法委督导情况等210余件次。全力落实十九大期间安保维稳责任，对40余个社区、村庄进行深入督查，发出整改通知22份，督促整改维稳问题45个。选派3名干警全程参与驻京值班，获全市安保维稳先进集体和先进个人表彰。

提升服务群众水平。以检察服务弘扬法治理念，履行"谁执法谁普法"责任，落实检察官以案释法要求，开展"五进两服务"大走访活动210余人次，让法治信仰成为幸福和谐的价值支撑。成立"党员志愿服务团"和"青年干警志愿服务团"平台，17名干警结对联系6个社区和17个党群服务站，为群众解决实际问题90余次。依法向8名刑事被害人或被害人近亲属发放司法救助金6万元，彰显了司法人文关怀。保障律师执业权利，为律师提供查询阅卷103件次，听取律师等辩护人意见276件次，构建良性互动的检律关系。

【平安诸城建设】 履行审查逮捕、审查起诉职能，落实宽严相济的刑事政策，做到指控犯罪有力，社会治理有为。共受理审查逮捕案件332件445人，批准逮捕263件320人，共受理审查起诉案件807件1437人，提起公诉484件620人。

保障社会公共安全。突出维护政治安全，从严从快批捕邪教组织破坏法律实施犯罪3件3人。切实维护社会稳定，批捕、公诉故意杀人、抢劫、绑架等暴力犯罪48件49人。

保障人民群众生命健康。严厉打击人民群众高度关注、反映强烈的食品安全犯罪，审查起诉生产、销售不符合安全标准的食品犯罪10件150人，审查起诉生产、销售假药犯罪2件5人。开展专项监督，明确立案标准，批捕销售"病死猪"犯罪4件14人，保障舌尖上的安全。

保障人民群众财产安全。严厉打击盗窃、诈骗等多发性侵财犯罪，批捕64件74人，公诉94件121人。依法惩治涉众型经济犯罪，审查起诉非法吸收公众存款犯罪4件14人，涉案资金2.9亿余元。妥善办理受害群众多、涉案数额大、案情复杂的"科林恩"厨房用纸传销案，实现了良好的打击教育效果。加强知识产权司法保护，依法批捕、公诉假冒注册商标犯罪5件6人，从快公诉假冒北汽福田汽车股份有限公司注册商标案，保护了创新成果。

【着力查办和预防职务犯罪】 坚决贯彻国家监察体制改革试点工作要求，按照"力度不减、节奏不变、尺度不松"的工作部署，坚定不移推进查办和预防职务犯罪工作。

严肃查办职务犯罪。共立查职务犯罪案件18件23人，其中贪污贿赂案件12件17人，渎职侵权案件6件6人，判决11件16人。紧盯扶贫惠民、医药水利等民生领域，查办窝案串案5件10人，严厉打击了侵吞优抚资金等严重损害群众利益的贪污犯罪。查处"雁过拔毛"式索贿的某财政所长崔某某，惩治了在重要岗位上仍然"不收敛、不收手"的受贿犯罪。

健全办案机制。从民行、研究室等部门抽调年轻骨干，进一步优化自侦力量配置，成立多个初查组，广泛拓展案源。加强侦查信息化技术实战应用，开展智慧侦查，利用侦查情报信息系统累计查询105次，利用超级情报系统检索数据1393次，为办案提供有力的科技支持，拓展工作思路、提高工作效率，逐步实现了传统初查向信息化转变。

加强职务犯罪源头治理。开展警示教育，以"崇正、尚德、秉公、怀仁"为主题，对机关事业单位的45批3000余人进行职务犯罪警示教育。开展扶贫领域专项预防，以查处的冒领扶贫款案件为样本，剖析资金在申报、审核、拨付等过程中存在的监管问题，发出预防职务犯罪检察建议6件。开展重大项目同步预防，通过联系服务大项目，进行典型案例宣教63次。开展行贿档案查询，提供行贿犯罪档案查询4514件次，对1家具有行贿犯罪记录的单位限制市场准入。

【检察监督】 市检察院践行以人民为中心的检察理念，坚持惩治犯罪与保障人权并重，程序公正与实体公正并重，统筹推进刑事、民事、行政检察监督，着力增强监督的针对性和有效性，不断满足人民日益增长的公平正义需要。

刑事诉讼监督。严把事实关、证据关、程序关和法律适用关，纠正侦查机关应当立案而不立案、不应当立案而立案11件12人，追加逮捕15件15人，决定不批准逮捕88件125人，追加起诉12件12人，决定不起诉5件7人。监督刑事判决结果，提起刑事抗诉5件5人。复查刑事申诉案件，对2件生效判决的刑事案件立案复查，依法做出不支持再审决定。

刑事执行监督。加强监管场所、社区矫正场所执法监督，纠正监管违法17件，纠正社区矫正违法10件。打击缓刑、假释人员再犯罪，批捕再犯罪案件2件2人，公诉7件14人。推进财产刑执行监督，监督刑事审判部门，对216件判处财产刑的案件移交立案执行，涉案金额950余万元。开展强制医疗执行监督，使8名强制医疗人员及时得到集中治疗，消除了社会隐患。开展羁押必要性审查，对64名没有继续羁押必要的犯罪嫌疑人、被告人，予以变更强制措施，犯罪嫌疑人邱某某被监视居住后，得以与其子成功换肾，人性化执法取得良好社会反响。

民事检察监督。开展虚假民事诉讼专项监督，在民间借贷、保险理赔等领域，办理3件虚假民事诉讼案件，打击了恶意串通、虚构证据、误导裁判而损害案外人合法权益的行为，保障了司法秩序和民事裁判公正。办理生效民事裁判执行监督申请7件，对民事执行中存在的执行措施未穷尽等问题，发出检察建议，督促执行机关纠正，推动民事执行。

行政执法监督。办理非法采矿、非法侵占公共绿地资源、骗取惠农资金等行政违法检察监督案件39起，通过提出检察建议，促使有关行政机关主动纠错、依法履职。其中针对环境污染、耕地保护等问题发出诉前检察建议3件，提起行政公益诉讼案件2件，以法律判决结果，促使行政机关依法履职尽责。

【司法规范化建设】 按照“谁办案谁负责，谁决定谁负责”的司法责任制要求，构建权责明晰、监管有效、保障有力的检察权运行新机制，使每一个司法案件得到人民认可、经得起历史检验。

落实司法责任制改革。稳步推进员额制和人员分类改革，完成33名员额检察官、48名检察辅助人员和11名司法行政人员的分类定岗。取消三级审批办案模式，成立20个办案单元和6个办案组，人员角色、职责权限、绩效考核、奖金薪酬全部落实到位，入额党组成员带头办案成为常态，以员额检察官为主体的办案体系初步形成。

推进智慧办案应用。研发“行政检察监督大数据分析系统”，对民事行政案件线索实现自动搜集研判，在“2017全国检察机关科技装备展”上展出。研发“智慧公诉”平台，实现类案推送、自动生成量刑建议等功能。研发“驻看守所检察信息管理系统”，实现对在押人员监管动态化、直观化。建设数据加工中心，对纸质档案进行数据化加工整理，为人工智能提供数据支撑。智慧办案系统的开发和应用，使检察办案搭上“智慧快车”，走在了潍坊市的前列。

提升司法办案质量。建立员额检察官办案权力清单，做到放权到位、权力明确、权责相当，激发办案积极性和责任心，促进依法规范办案。在随机分案为主的基础上，灵活指定分案化解办案峰值。实行案件办理全流程监控，对全部案件进行质量评查，评查结果直接计入个人绩效考核；对捕后不诉、诉判不一等特殊案件，进行同步审查，做到“放权”而不“放任”。创新刑检办案工作模式，推动三类轻型案件专业一体化办理，提高案件侦结质量和监督成效。推进派驻公安检察室建设，自刑事立案环节介入监督、引导侦查。开展公安机关刑事案件质量评查，对提请审查逮捕、移送审查起诉的案件中存在的问题，每季度进行集中评查反馈，促进侦查质量提升。

【队伍建设】　始终把队伍建设作为提升检察工作的根本与保证，持之以恒打造对党忠诚、善于担当、清正廉洁的检察队伍。

抓好思想政治建设。将个人价值与工作目标相统一，出台加强思想政治工作的意见方案，解决改革过程中的人心浮动和思想波折。从严落实管党治党责任，由党组成员兼任党支部书记，带头承担所在党支部的党建工作责任；以科室为单位组成党小组，由科室负责人兼任党小组组长，推进党建责任与业务责任融合履行。以自我提升、自我管理为目标，建立干警规范管理档案制度，匡正干警行为表现，提高职业荣誉感。

提升检察职业素能。打造符合时代需要的专业化、职业化检察队伍。建立学习中心，落实“周五集体学习”制度，依托文献数据库、图书室等，打造线上线下学习阵地，与华东政法大学等开展检校共建活动7次，选聘知名专家授课16场，共培训干警36批1700余人次。选派9名干警到省市检察院跟岗学习，向北京海淀、上海浦东等先进检察院对标学习。在核心期刊、省级以上媒体以及检察网站发表理论宣传及经验文章219篇，28人次获市级以上表彰。

落实纪律作风要求。深化“作风建设年”活动要求，以问题为导向，开展常态化检务督察，发现并整改问题32个，建立检察长办公会决定事项督查机制，重点工作反复抓，抓落实。加强纪律约束，优化“早发现、早提醒、早纠正”的“三早”预警机制，进行三级廉政谈话102人次，用好监督执纪的“第一种形态”，落实党风廉政建设“两个责任”。主动接受监督，向市人大常委会专题报告工作2次，邀请200余名“两代表一委员”等视察监督32次，建立从流程到结果的检务公开新格局，以公开促公正，以透明促廉洁。

（杨雪娇）

法　院

【概况】　2017年，诸城市法院紧紧依靠诸城市委领导，自觉接受市人大及其常委会监督，在政府、政协和社会各界的大力支持下，以习近平新时代中国特色社会主义思想为指导，深入学习贯彻党的十九大精神，砥砺奋进、迎难而上，围绕中心、服务大局，突出抓好执法办案，不断深化司法改革，着力打造过硬队伍，各项工作取得了新的发展和进步。

【服务改革发展大局】　助推经济发展。紧紧围绕市委工作大局，依法助推经济高质量发展。着眼推进全市转型发展新局面，主动加强司法研判，先后制定服务保障“四个城市”“三区一城”建设，保障城市建设治理，服务“十九大维稳”等法律服务意见6项，不断增强服务大局的针对性和实效性。对涉及“四个城市”“三区一城”建设的重点项目、重大工程，及时开辟涉诉绿色通道，加快办案节奏，从立案保全、审判执行、矛盾多元化解等多方面全力做好服务保障，确保市委重大战略的顺利实施。加强环境资源保护，审结破坏环境资源犯罪案件12件，涉环保民商事案件15件，行政案件8件，依法制裁污染环境的行为，为青山绿水筑起司法屏障。努力维护新型产业发展，充分运用企业改制、股权转让、公司清算、破产重整等司法手段，盘活企业资金，修复银企关系，为深化供给侧结构性改革、加快新旧动能转换提供有力的司法保障。

便捷司法服务。认真践行司法为民宗旨，为群众提供便捷司法服务。深入推进诉讼服务中心建设，健全立案窗口服务功能，完善诉讼引导、诉前调解、立案保全、案件查询、诉讼交费等功能，为人民群众提供全方位、多层次的诉讼服务。先后对院机关诉讼服务中心进行升级改造，对皇华、贾悦、相州、朱解4处法庭诉讼服务中心进行新建、扩建，群众参与诉讼更加便捷。继续加强便民诉讼服务网络建设，健全“人民法庭—巡回审理点—法官联系点—联络员”四位一体的基层便民服务网络，推行“流动法庭”“上门办案”“巡回办案”等做法，让群众得到实实在在的便利。强化司法人文关怀，推进司法救助制度化，帮助3名特困申请执行人申请司法救助资金，为15名符合条件的当事人减缓免诉讼费5.29万元。

社会治安综合治理。积极参与社会治安综合治理，着力提升社会治理效能。着眼推进社会治理法治化建设，积极参与政府重大决策、重大项目的研究论证，坚持以前瞻性、法治化思维，研究解决经济发展中复杂矛盾的对策措施，就城市更新、棚改旧改等提出司法建议和法律咨询11份23次。7月，因案施策，成功调处杨某诉山东某阀门制造有限公司租赁合同纠纷案，保证诸城四平路西延拆迁工程顺利进行。着眼“十九大”安保维稳和信访积案化解，加强“诉访分离”机制建设，建立远程视频接访系统，扎实开展“四类风险”防范排查工作，确保不发生任何问题。全年共组织干警下访排查540多人（次），处理来信来访62件（次），涉诉信访案件在潍坊法院系统保持最低水平。

【审判执行】 密切关注矛盾纠纷发展新变化，大力加强审判执行工作。积极应对案件迅速增长态势，圆满完成繁重办案任务。全年共受理各类案件12966件，办结12921件，标的额26.2亿元，结收比为99.7%。全院一审服判息诉率达到95.6%，位居全省法院前列。在潍坊市14个基层法院中收结案最多，审判质效最好。

刑事审判。“宽严相济”惩治刑事犯罪，努力推进“平安诸城”建设。以“宽严相济”刑事政策为指导，审结各类刑事案件484件，判处罪犯567人。严惩严重危害公共安全和人民群众生命财产安全的各类犯罪，审结故意杀人、强奸、抢劫等严重暴力犯罪以及盗窃、抢夺、诈骗等多发性侵财犯罪案件178件221人，对46名罪犯判处五年以上有期徒刑。加大对涉众型经济犯罪审判力度，审结合同诈骗、集资诈骗、非法吸收公众存款等犯罪案件15件17人，依法维护市场经济秩序。公开审理山东金河投资有限公司诸城分公司及其主管人员杨某、张某非法吸收公众存款案，受害当事人102人，涉案资金1018万元，两罪犯分别被判处有期徒刑四年零六个月和有期徒刑三年。依法惩治各类职务犯罪，审结贪污、贿赂、渎职等职务犯罪案件12件19人，保持司法反腐高压态势。认真贯彻教育、感化、挽救方针，推进少年审判机制创新，健全心理干预、合适成年人参与诉讼机制，审结未成年人犯罪案件19件23人，切实维护未成年人的合法权益。

商事审判。“调判结合”妥处民商案件，努力推进“和谐诸城”建设。高度关注人民日益增长的美好生活需要，依法保障民生权益，依法审结婚姻家庭、侵权责任、物权纠纷等各类民事案件4065件。扎实推进家事审判方式改革，落实“人身安全保护令”制度，探索家事案件冷静期、家事调查员、家事调解员等制度，审结家事纠纷1264件，让法律更有温度、更接地气；加强人身权益保护，审结人身损害、交通事故、医患纠纷等案件1942件；加强劳动权益保护，审结劳动争议、工伤保险等案件356件，促进劳动关系和谐稳定。牢固树立新发展理念，依法调节经济关系，审结买卖、租赁、承揽等各类合同案件4237件。着眼促进企业转型升级，妥善审理企业破产、兼并重组、股权转让等案件29件，加快实现新旧动能转换，让部分困难企业获得重生。积极参与化解区域性金融风险，新成立金融审判庭，积极打造“立审执一体化”的金融案件专业审判模式，有效提高审判效率，审结涉金融纠纷案件2560件，标的额4.2亿元，促进金融经济良性循环、健康发展。

行政审判。监督支持并重化解行政纷争，努力推进“法治诸城”建设。履行司法审查职责，支持促进依法行政、保护群众合法权益，审结各类行政诉讼案件31件，审查行政非诉案件69件，标的额80余万元。加强行政诉讼协调工作，促进行政争议实质性解决，经和解后原告撤诉34件，一批涉及城市违建、道路建设等重大项目的行政争议得到妥善处理。主动延伸行政审判职能，助力行政机关依法行政，向市政府报送行政审判“白皮书”，得到了市政府主要领导的充分肯定。积极引导和支持行政机关负责人出庭应诉工作，改善行政应诉工作条件，行政机关负责人出庭应诉率达到93.3%，行政应诉能力和水平不断提升，促进了新型行政管理秩序的形成。

执行。内外联动基本解决“执行难”，努力推进“诚信诸城”建设。牢固树立公正、善意、文明执行理念，充分整合法院内外各种力量，全面向“执行难”宣战。集中开展“执行会战”“百日执行攻坚”等专项行动，穷尽一切执行手段，重拳打击“老赖”，通过集中行动切实解决了一批执行难案。全年共执结各类案件4035件，标的额13.6亿元。市法院与公安、检察机关密切配合，从严惩处规避、抗拒执行行为，罚款147案139.7万元，拘留181人（次），对3名拒不执行法院判决、裁定的被执行人，依法追究刑事责任。加大曝光力度，将4576名拒不履行法律义务的“老赖”，纳入最高法院失信被执行人“黑名单”，同时通过广播电视、微博微信、户外大屏等媒体进行全方位曝光，全面挤压失信被执行人的生存活动空间。加强联合惩戒，协调有关联动部门，在审批贷款、工程招投标、出国出境、高消费、评先树优、推选“两代表一委员”、参选“社区（居）两委”等方面对失信被执行人进行严格限制。全年共限制出境6人（次）、限制审批事项23项，限制乘坐飞机、动车等高消费3680多人（次），限制被执行人贷款518笔7650余万元，营造出“一处失信、处处受限”的良好社会氛围，有219名失信被执行人迫于经济、信誉等各方面的压力主动履行了法律义务，有力地促进了社会诚信体系建设。

【阳光司法】 积极回应司法体制改革新要求，努力打造阳光司法机制。密切关注人民群众多元化司法新需求，深入推进司法改革，努力打造开放、快捷、透明的司法办案新机制。

加大司法公开力度。推进信息化、智能化与司法审判高度融合，市法院机关和六处法庭建成33个高清科技法庭，庭审过程同步录音录像，审判运行态势实时掌控、全程公开。省法院《今日信息》专门刊发诸城市法院“依托信息化实现质量效率同步监管”的经验做法，并在全省推广。继续完善审判流程、裁判文书、执行信息“三大公开平台”，拓宽公开渠道，丰富公开内容，司法公开的广度和深度不断拓展。全年向当事人发送办案节点信息13480多条，直播庭审76件，上网公开裁判文书9985篇，公开率达到100%，裁判文书上网工作始终保持潍坊法院系统第一位。

加强速裁机制建设。为方便群众参与诉讼，以审判团队组建为契机，进一步推进速裁机制建设，增加速裁庭人员，扩大受案范围，成立速裁三室，将轻微刑事案件纳入速裁程序，建立"轻刑速裁"办案机制，简化送达程序、审理程序和法律文书制作，提高一次开庭成功率，实现简案快审。全年速裁庭共收案2210件，占全院各类诉讼案件的24.8%。审结2210件，占全院同期诉讼结案的24.9%，所结案件无一矛盾激化，无一缠诉上访，平均审限不到12天。

着力规范司法权力运行。抓牢司法责任制这个"牛鼻子"，对法院人员进行分类管理，成立18个审判执行团队，全面下放裁判文书签发权，真正做到"让审理者裁判、由裁判者负责"。入额院领导结案276件，员额法官人均结案231件，有6名法官结案超过300件，2名法官结案超过400件，结案最多的达到678件。加强审判监督，建立专业法官会议制度，制定院庭长权责清单，明确院庭长对重大、疑难、复杂案件继续履行监督管理职责，确保用权受监督，放权不放任。

【提升司法服务水平】 深入研判法院队伍发展新特点，全力提升司法服务水平。围绕提升公正司法水平，狠抓思想政治建设和司法能力培养，主动接受各方监督，着力打造高素质的法院队伍。

思想政治建设。始终把思想政治建设放在首位，牢固树立"四个意识"，切实增强"四个自信"，在政治上、思想上、行动上始终同以习近平为核心的党中央保持高度一致，牢牢把握法院工作的政治方向。深入推进"两学一做"学习教育活动和"作风建设年"活动，举行法官任职宣誓，开展"做合格法官"学习讨论，坚定法治信仰。积极开展"寻标对标"学习活动，先后赴上海浦东法院、浙江杭州余杭区法院学习"速裁机制"建设和解决"执行难"的经验做法，对照先进，取长补短，确立更高发展定位。不断加强廉洁教育，采取正面典型引导、反面典型警示、廉政短信提醒等多种方式，引导干警守住信念、道德、法纪"三道防线"，以铁的纪律维护队伍的纯洁性。

司法能力培养。适应司法责任制要求，适时组织庭审观摩、法官论坛、专业法官会议和办案标兵、调解能手评选活动，强化实战培训，提升履职能力。扎实推进文明创建，以建设"书香法院"为载体，组织开展不同形式的读书活动、演讲竞赛和各类文体活动，丰富干警文化生活，激发干警工作热情。注重发挥考核机制的激励作用，为每名法官建立业绩档案，激励法官比学赶超，争先创优。全年共有17个集体、31名干警获得上级法院表彰奖励。

接受各方监督。自觉将司法活动置于各方监督之下，不断拓展接受监督渠道。坚持重要部署、重点工作、重大案件及时请示报告，依靠党委、政府解决各种困难和问题。2017年5月，市委、市政府以"两办"文件下发《关于支持人民法院基本解决执行难问题的实施意见》，协调有关部门，全力支持法院解决执行难题。自觉接受市人大及其常委会、市政协的监督，主动邀请代表委员视察法院、旁听庭审、参与调解、见证执行50多人（次），办理代表委员建议、提案和关注事项5件，将代表委员关注问题作为改进工作的着力点。依法接受检察机关的诉讼监督，办理检察建议3件，审结抗诉案件1件。通过召开新闻发布会、聘请特约监督员等形式，主动接受新闻媒体及社会各界的监督，有力促进了法院工作的健康发展。

（李玉森）

司　法　行　政

【概况】 2017年，诸城市司法局紧紧围绕诸城市委、市政府和潍坊市司法局的总体部署，紧扣“四个城市”和“三区一城”建设，实干担当、激情创业，以公共法律服务体系建设为总抓手，统筹推进司法行政各项业务。诸城市司法局被中华全国人民调解员协会授予人民调解宣传工作先进集体称号。诸城市被推荐申报为“全国法治县（市、区）创建活动先进单位”，通过验收并公示。

【普法】 2017年，诸城市司法局按照“贴近群众、贴近实际、贴近生活”的要求，推进“法律六进”，构建以普法教育为先导、依法行政为重点、依法管理为目标的法治创建新格局。

普法措施。完善三个保障（组织领导保障、制度保障、经费保障）。建好四支队伍（以镇（街、园区）、市直部门单位、社区相关工作人员为主体的普法常规宣传队伍；以政法干警为主体组成的普法专业宣传队伍；以行政执法部门工作人员为主体的普法专门宣传队伍；以退休老干部、老战士、老专家、老党员、老教师及其他社会志愿者为主体的普法志愿者宣传队伍）。抓好五项工作（抓好日常宣传、“法律六进”、专题教育、普法骨干集中培训、媒体宣传等工作）。2017年，共组织普法宣传21场次，发放宣传材料12余万份。

普法重点对象。抓好领导干部的法治宣传教育。依托潍坊“网上学法考法”平台，开展在线学习法律理论课程、观看法治短剧等。建立诸城“法治大讲堂”，开展法治讲座和法治学习，共组织法治报告会73场次。抓好青少年学生的法治宣传教育。将法治教育纳入国民教育体系，开展共建青少年法治宣传教育基地、学生带法回家、青少年维权岗、以案讲法等活动。规范学校法治校长建设，法治校长到学校上法治课457场次。

法治宣传。落实“谁执法谁普法”责任制，各部门单位将普法融入到依法治理过程中。建立14个法治宣传教育基地、13个法治文化公园（广场）、140余条普法宣传街。市检察院、枳沟镇乔庄社区分别被评为“全省法治宣传教育示范基地”“全省民主法治示范社区”；开发区红星社区、诸城市供电公司、文化路小学等8个单位被潍坊市评为法治文化建设示范基地和法治宣传教育示范基地。

【人民调解】 诸城市司法局发挥人民调解优势，推进新型社区人民调解组织建设，完善多元化矛盾纠纷化解机制，加强专业性行业调解组织建设。2017年11月，诸城市司法局被中华全国人民调解员协会授予人民调解宣传工作先进集体称号。

新型社区人民调解组织建设。市司法局在加强各类调解组织建设的同时，重点推进新型社区人民调解组织建设。以社区化为平台、网格化为基础、信息化为支撑、法治化为保障，推进新型社区人民调解组织建设。235个城乡社区按照“五落实”（落实组织、人员、报酬、场所、制度）、“六统一”（统一名称、印章、标识、徽章、程序、文书）的标准设立人民调解委员会。依托社会治理网格化管理，将传统方法与现代科技相结合，网格长每人配备一部“民情通”手机终端，与镇（街、园区）综治维稳信息指挥平台联网运行，将矛盾纠纷信息上传到指挥中心，通过数据统计分析，及时发布预警信息。集中打造20个规范化社区调委会示范点，以此带动全市社区调委会规范化建设。8月11日，潍坊市在诸城专门召开“新型社区人民调解组织建设”现场会，对诸城市加强新型社区调解组织建设的经验做法予以推广。

多元化矛盾纠纷化解。市司法局按照潍坊市“两办”《关于进一步完善多元化矛盾纠纷化解机制的意见》，完善了医患纠纷、住建行业纠纷、劳动争议纠纷、交通事故损害赔偿纠纷、消费纠纷、涉校纠纷等6个行业性专业性人民调解委员会，其中交通事故损害赔偿纠纷人民调解委员会在市法院、快速理赔中心、人财保险公司分别设立调解工作室。规范完善了美晨公司、密州路学校两个企事业单位人民调解委员会。推进人民调解委员会规范化建设，举办人民调解员培训班18期，参训人员共2600余人次。

矛盾纠纷排查化解。市司法局在“两会”期间、重大节日、社区“两委”换届选举等敏感节点和重要时期，组织各类调解组织开展矛盾纠纷排查化解工作。推进律师和基层法律服务工作者参与矛盾纠纷预防化解工作，选拔53名律师、基层法律服务工作者成立市镇两级法律顾问团，参与棚改征迁、特殊利益群体等领域的法律政策解读和矛盾纠纷化解。125名社区法律顾问参与社区内矛盾纠纷排查化解工作。2017年，各类调解组织共调处矛盾纠纷2431件，成功2383件，调处率和成功率分别为100%和98%。

【法律服务】 2017年，法律服务以“覆盖城乡、功能完善、便捷高效、群众满意”为目标，推进市、镇（街、园区）、社区三级公共法律服务体系建设，重点抓好社区法律顾问工作，使法律服务向基层延伸。

公共法律服务。2017年，市司法局以公共法律服务体系建设为总抓手，健全完善市、镇（街、园区）、社区三级公共法律服务体系，统筹推进各项公共法律服务工作。对原市公共法律服务中心进行改造升级，统筹法律服务资源，开设6项业务8个服务窗口。在镇（街、园区）设立公共法律服务站，统筹推进辖区内公共法律服务工作。在235个城乡社区设立公共法律服务室和司法行政工作室，每个社区选聘1名法律顾问，公示社区法律顾问微信二维码，设立“法律顾问之家”“法律顾问在您身边”微信工作群，法律顾问每周半天时间到社区值班服务，近距离为基层组织和干部群众提供便捷高效的法律服务。8月11日，潍坊市召开“一村（社区）一法律顾问”现场会予以推广。2017年，社区法律顾问共为社区居民上法治课579场次，解答法律咨询7万余人次，参与调解矛盾纠纷992起，参与诉讼非诉讼代理1326件，办理见证2667件。

法律援助。制订出台《关于完善法律援助制度的实施意见》《法律援助案件补贴经费管理办法》，利用报纸、电视开展宣传，制作卡通片、法律援助公益广告宣传片，在诸城电视台黄金时段播出。建立法律援助公众号和法律援助工作微信群，共发布信息30余条。规范镇（街、园区）法律援助工作站工作，依托工会、残联、妇联、团委、老龄委、看守所、法院、驻诸部队等法律援助工作站，宣传法律援助工作，先后发放《法律援助条例》《法律援助便民手册》1200余份，现场解答法律疑问900余人次。在人社局设立“劳动争议法律援助工作站”，派驻8名法律服务人员，共解答法律咨询200余人次，为60名群众提供法律援助。经看守所、“12348”法律热线、人社部门转办法律援助案件32件。与检察院建立“支持弱势群体起诉”、案件公函移送等制度。2017年，全市法律服务人员共办理法律援助案件448件。

公证。贯彻落实中央关于公证工作改革精神，按照司法部、山东省司法厅和潍坊市司法局关于公证工作改革的决策部署，成立改革督查领导小组，建立工作台账、落实月报制度、开展督查等措施推进诸城市公证工作改革。按照山东省司法厅、潍坊市司法局的统一安排，对公证处进行全面考核，对申报年度考核的材料逐一审查，重点检查档案卷宗、信息平台、内部管理，规范公证员的执业行为。分类分层次组织公证员参加业务培训，7名公证员到重庆参加潍坊市司法局组织的公证业务培训。在日常公证业务办理过程中，严把质量关，所办理的公证事项从未出现错证、假证，经济合同履约率达100%。2017年，公证处共办理各类公证事项2937件，其中国内公证事项1864件，涉外、涉港澳台公证事项1073件。

律师。落实《省、市、县三级司法行政机关律师管理工作职责规定》，依法做好行政许可工作，按照各项规定，严把质量关，审查申报材料。审查12名申请办理实习律师相关材料，为6名符合条件的人员办理了律师执业登记，为2家律师事务所办理执业场所变更手续，为2名执业律师办理变更执业单位相关手续。选派律师参与国内高校、政法院校开展的法律热点、新兴业务、新颁布法律法规的实务培训，10名律师参加潍坊市司法局组织的精英律师职业素能提升培训班。做好政府法律顾问工作，律师共担任企事业单位法律顾问110家，其中政府行政事业单位14家。开展送法下乡主题活动，选派律师到镇（街、园区）、企业、社区开展普法宣传，上法治课120场次，解答法律咨询6400余人次。组织律师参与社区法律顾问工作，选拔40名执业律师担任社区法律顾问工作。2017年，律师共办理法律援助案件93件，参与诉讼非诉讼案件代理515件，刑事辩护75件。

司法鉴定。根据山东省司法厅《关于开展全省司法鉴定机构标准化试点工作的通知》要求，按照《山东省司法鉴定机构建设标准》（以下简称《标准》），开展司法鉴定标准化建设工作，对司法鉴定所进行规范化管理，组织司法鉴定所人员学习《标准》，并按照《标准》要求完善各项工作。同时，对司法鉴定工作进行全面检查，重点检查档案管理、司法鉴定程序、人员管理，监督司法鉴定机构依法执业、公正执业、诚信执业、廉洁执业。2017年，司法鉴定所共办理各类司法鉴定事项299件。

【社区矫正】 市司法局先后与9处人民法院合作，作缓刑判决前调查评估报告62份，进行异地托管1人；与9所监狱协作配合，作假释前风险调查评估42份。对新入矫社区服刑人员全部进行LBS手机定位。组织社区服刑人员学习、劳动各5000余人次，与潍坊春宇职业培训学校联合，对社区服刑人员进行职业技能培训及考试。在13个司法所安装了50余台高清摄像头，并将监控系统集成到社区矫正中心管理系统中。开展社区矫正、安置帮教安全隐患专项整治活动，对全市482名社区服刑人员进行走访摸底，共排查出重点社区服刑人员18人，全部纳入严管。7月7日，潍坊市“社区矫正、安置帮教工作专项整治活动”推进会在诸城召开，推广诸城市的经验做法。2017年，共接收社区服刑人员364人。

【安置帮教】 按照潍坊市司法局部署，组织开展安置帮教工作专项整治活动，对全市1720名安置帮教对象进行走访摸底，共排查出重点帮教对象20人。制作刑满释放人员电子档案与纸质档案各315份。通过刑释解教人员信息管理系统核查服刑人员79人，核查率为100%，发送预释放人员信息回执123条，预释放人员信息回执率为100%。协调有关部门落实社会救助政策，落实最低生活保障13人，医疗救助3人，临时救助2人。在诸城市外贸有限责任公司、东鸿机械有限公司建立刑满释放人员过渡性安置基地，先后对46名刑满释放人员进行过渡性安置，其中6名刑满释放人员被企业续聘。按照潍坊市司法局要求，撰写4万余字的《安置帮教工作规范》，印发至潍坊市各县市（区）司法局。7月7日，潍坊市司法局在诸城召开安置帮教工作规范培训会，对诸城市安置帮教工作经验做法予以推广。2017年，共接收刑满释放人员502人。

（李明友）

经济监督管理

发 展 改 革

【概况】 2017年，全市发展改革工作深入落实新发展理念，以“四个城市”建设为统领，深入推进“三区一城”建设，加快经济转型发展，倾力保障和改善民生，有效防控各类风险，经济和社会事业保持稳定健康发展。

【经济持续稳定增长】 以供给侧结构性改革为主线，认真落实产业结构调整、降低企业成本、农业“五化”发展、鼓励创新创业等一系列促进经济持续发展的政策措施，经济发展质量和效益稳步提升。全年完成地区生产总值824.7亿元，同比增长6.5%；实现财政总收入93亿元、一般公共预算收入71.2亿元。规模以上工业企业完成主营业务收入1924.3亿元、利税162.8亿元；社会消费品零售总额277.6亿元、增长8%；城镇居民人均可支配收入36998元、农村居民人均可支配收入18670元，分别比上年增长8.1%和8.5%；居民消费价格涨幅控制在1.5%。

【新旧动能转换加快推进】 开展“项目建设攻坚年”和重点项目“百日会战”活动。全年实施过千万元项目411个，其中过亿元项目192个，新开工、竣工和过亿元项目分别比上年多30个、56个和54个。建立“四新四化”项目库，谋划实施新旧动能转换重大工程，美晨先进高分子材料、白垩纪恐龙地质公园、诸青高铁连接线等8个项目列入省新旧动能转换重点项目库。44个项目列入潍坊市“四个城市”建设“10·30·100”支撑项目。

工业转型升级步伐加快。实施技改项目137个，完成投资171亿元。获批省级企业技术中心5家、工程技术研究中心1家、工程实验室1家，新成立产业技术创新战略联盟3家。高新技术企业达37家，省科技型中小微入库企业达109家。5家企业被认定为省首批中小企业“隐形冠军”。

现代服务业发展趋势良好。现代物流、现代金融、电子商务、文化旅游、总部经济、医养结合等新兴业态加快发展。骨干物流企业发展到80家，其中A级物流企业5家。启动恐龙大世界、南湖市民公园等文旅项目11个，实施乡村旅游重点项目20个；引进企业总部（分支机构）47个；阿里巴巴诸城产业带上线企业444家，农村淘宝社区（村）级服务站发展到74家；引进商业银行2家。被评为全国休闲农业与乡村旅游示范县、省服务业综合改革试点县。

农业现代化水平进一步提升。积极推动农业“五化”发展，农业结构逐步优化，产业融合速度加快。新增流转土地面积1万公顷，开工33公顷以上现代农业园区97个、“新六产”项目44个，新创省知名农产品品牌3个，认证“三品一标”39个。成功承办全省农村产业融合发展规划编制暨现场观摩会，在全国农村产业融合发展现场会上作典型发言，被评为国家农村产业融合发展试点示范县。昌城健康食品小镇融合发展示范园被确定为首批国家农村产业融合发展示范园。推进畜牧业转型绿色发展，被确定为全国畜牧养殖大县种养结合整县推进试点示范县、全国首批畜牧业绿色发展示范县。

【城镇化水平进一步提升】 扎实推进新型城镇化体系建设，城镇化率达60.4%。提升城市功能品质，高标准实施“十大组团”开发，超额完成年度棚户区改造任务。推进城市精细化管理，加强环境综合整治，顺利通过国家卫生城市复审。开展特色城镇打造、新型社区和美丽乡村建设，改造提升农村社区服务中心30个，昌城镇“健康食品小镇”入选第一批省级特色小镇创建名单，732个村庄达美丽乡村B类及以上标准。基础设施支撑进一步增强。潍日高速公路完成总工程量的90%以上。改建平日路绕城段27.1公里，实施206国道、薛馆路大中修工程，新修改造城市道路25条、73公里，贯通潍河滨河路网，新建改建农村公路198公里。开工卧龙湖水库、西见屯拦河闸等8个水源工程。水、电、气、暖等设施建设不断完善。“智慧城市”建设取得新成效。

【生态环境进一步优化】 实施大气污染治理和水环境整治等工程，生态环境质量进一步提升。淘汰工业落后设备266台（套），取缔“散乱污”企业和10吨以下燃煤锅炉305个，关闭搬迁禁养区养殖场（户）1064家。建立落实“河长制”，51条主要河流实现市、镇、社区三级河长全覆盖，清河行动等工作有序推进。全面完成单位GDP能耗降低率和化学需氧量、二氧化硫、氨氮、氮氧化物等主要污染物总量削减目标任务。城乡绿化取得新成绩，绿化城区裸露土地10万多平方米，完成成片造林2600公顷，林木覆盖率、城市建成区绿化覆盖率分别达39.8%和44.6%。顺利通过国家园林城市复审。大源农业生态园被评为国家水土保持科技示范园区。

【改革开放持续深化】 认真抓好承担的国家新型城镇化综合试点、国家农村产业融合试点等15项省级以上改革试点工作，各项试点工作顺利推进。深化“放管服”改革，政务服务效率大幅提升。深化企业改制，规范化公司制改制企业达388家，惠发股份、大业股份在上海主板上市，境内外上市企业达8家，新增区域性股权交易市场挂牌企业22家。创新耕地管理机制，在全省率先实施“田长制”。盘活闲置低效用地93.3公顷，“零增地”节地模式被列入全国国土资源节约集约“四个创新”示范点。加快社会信用体系建设，在潍坊市率先建成启用公共信用信息平台、开通“信用诸城”官方网站，建立起公共信用信息应用和守信联合激励、失信联合惩戒制度。对外开放全面扩大。外贸转型升级示范区（基地）发展到12个。完成进出口总额103.8亿元，增长8.5%；引进外资8.6亿元，增长25.6%。在全省率先启动原产地签证服务“县县通”工程。青岛保税港区诸城功能区保税物流中心封关运营，引进进出口企业26家。该功能区被评为国家外贸转型升级专业型示范基地。

【民生事业全面发展】 民生支出占财政支出的比重提高到85.7%。实施新建续建教育项目48个，教育影响力进一步扩大，“大班额”问题得到缓解。推进实施“文化名市”建设，文化事业繁荣发展，文化惠民工程深入实施。体育事业加快发展，被评为2013—2016年度全国群众体育先进单位。蝉联第五届省级文明城市、全省“四德”工程建设示范市。卫生计生事业健康发展，公立医院法人治理结构不断完善，创建为国家妇幼健康优质服务示范市和省医养结合示范市、健康城市试点市。就业和社会保障水平进一步提高，新增城镇就业1.5万人，城镇登记失业率控制在1.54%，新增城镇职工参保人员9110人。社会救助、社会福利和慈善事业持续发展，双拥优抚安置工作进一步加强。社会治理创新持续深化、安全生产标准化建设深入推进、食品药品监管工作日益加强，荣获全国平安建设先进市、全国法治县创建活动先进单位、全省社会治安综合治理先进市等称号。

【创新工作】 全国畜牧养殖大县种养结合整县推进试点。2017年2月，诸城市被发改委、农业部确定为全国畜牧养殖大县种养结合整县推进试点示范县，并批复了《诸城市畜牧养殖大县种养结合整县推进试点项目实施方案》（鲁发改农经〔2017〕155号），项目总投资22643万元，主要涉及诸城市密州街道、昌城镇、林家村镇等13个镇街。2017年6月，省发改委、省畜牧局下达2017年中央预算内投资计划，诸城市获得1500万元中央预算内资金，主要用于扶持专业化畜禽粪便和秸秆处理利用等项目建设。

省重点项目。3月24日，山东省人民政府下发《关于下达2017年省重点项目名单的通知》，由诸城市发展和改革局提报的山东美晨高分子材料科技有限公司先进高分子材料制品项目成功列入2017年省重点项目，争取省直供土地指标13.3公顷。

创新平台和产业领军人物。6月，山东美晨科技股份有限公司山东省汽车非轮胎先进高分子材料应用工程实验室被认定为山东省工程实验室（研究中心）；8月，山东东宝重工科技股份有限公司、山东恒基农牧机械有限公司、诸城市佳博天益农业发展有限公司、诸城市万景源农业科技有限公司和山东贝特尔环保科技有限公司等5家企业成功争取为潍坊市工程实验室（研究中心）。11月，山东信得科技股份有限公司岳华和山东环亚麦肯锡文化发展有限公司陈闻2人成功入选潍坊市现代服务业领域鸢都产业领军人才。

国家农村产业融合发展示范园。12月30日，发改委印发首批国家农村产业融合发展示范园创建名单，首批国家农村产业融合发展示范园共148个，诸城市农村产业融合发展示范园位列其中。诸城市健康食品小镇国家农村产业融合发展示范园位于昌城镇驻地，总规划面积3.6平方公里，核心区面积1平方公里。主要是围绕创建全国一流农村产业融合发展示范园，以市场为导向，以龙头基地建设为引导，大力发展特色优势产业，充分开发农业的多种功能和多重价值，创新农村产业融合模式，促进农业发展方式转变，提升农业附加值，带动农民就业增收，力争通过3–4年的努力，建设成为集生态种养、加工配销、农产品流通等于一体，综合效益显著、现代农业与农村可持续发展的健康食品小镇示范园，为全市、全省乃至全国农村产业融合发展提供更多可复制、可推广的成熟经验。

（王金明）

市 场 监 管

【概况】 2017年，市市场监督管理工作以深化供给侧结构性改革为主线，积极开展大服务、大监管、大执法，扎实推进市场主体发展、品牌诸城建设、标准化战略实施、食品药品安全监管、企业信用监管和特种设备安全监察，推动了全市经济转型创新发展。

【商事制度改革】 在全面实施企业“五证合一”和个体工商户“两证合一”的基础上，积极推行企业“多证合一”，认真落实注册资本认缴制，不限制股东首次出资比例，进一步放宽企业名称、经营场所、投资领域等条件管制，允许“一照多址”和“一址多照”，依法灵活核准经营范围。严格落实“先照后证”制度，有序清理前置审批事项，规范登记程序，对于法律、行政法规和国务院决定规定的改为登记后置审批的事项，一律不再作为登记前置；除法律、行政法规和国务院决定保留的工商登记前置审批事项外，其他事项一律不作为工商登记前置审批；深化落实“非禁即入”“非禁即准”制度，凡是法律法规不禁止的，均允许申请经营。全面推进企业简易注销登记改革，完善市场主体退出机制，2017年3月1日实施企业简易注销登记制度，年内共办理简易注销登记113件。切实履行“双告知”职责，及时将市场主体登记信息告知申请人和行业主管部门，推进部门间信息共享，方便后续有效监管。

积极推进企业注册网上申请、受理、审核和发照，全面实施电子营业执照，不断深化登记审批“一审制”，对申报材料齐全、合法有效的，当场受理、当场办结、当场发照，除涉及安全的重要事项外，其他登记事项由一线人员直接受理审批，简化优化审批流程。为方便登记事权管辖，将独资企业、个体工商户、农民专业合作社等登记权限下放到镇街市场监管所，方便就近办理，促进了市场主体持续快速增长。年内，全市新登记各类企业3742户、个体工商户15088户、农民专业合作社277户，总量分别达24165户、85509户和4362户。

【市场主体转型升级】 深入实施市场主体转型升级工程，加大“个转企”工作力度，引导723户个体工商户转型升级为个人独资企业、有限公司；突出推进企业规范化公司改制，引导发展股份公司4户，总量达98户。发挥“三押一推”助企融资作用，深化动产抵押、股权质押、商标权质押等融资方式，拓宽企业融资渠道，助力企业科学发展。办理股权质押和动产抵押登记83件，实现融资18.14亿元。深化非公党建工作，积极发挥市场行业党委作用，在全市专业市场中开展了“亮身份、亮职责、亮承诺”党建活动。

【实施品牌战略】 立足全市产业实际和特色优势，制定品牌发展计划和培育目标，深入实施品牌培育工程，积极引导企业申报商标国内、国际注册，帮助争创驰名商标、山东名牌和省（市）长质量奖。年内新申请商标注册2008件，新增注册商标884件，新申请马德里国际商标注册5件，有效注册商标总量达5643件；“鑫鲜XINXIAN”商标新创为驰名商标，全市驰名、著名、地理标志证明商标总量分别达27件、57件和9件；美晨科技的空气弹簧总成、天旭太阳能的太阳能热水器、诸城东晓生物科技有限公司的淀粉糖（葡萄糖、麦芽糖、麦芽糊精）及佳士博食品、华昌食品、诸城外贸的冷冻调理肉制品等6个产品新创为山东名牌产品，向省“名推委”申请添加汽车车轮、汽车用制动毂2个产品目录；组织4家企业申报潍坊市长质量奖，指导得利斯申报“企业品牌”、大业金属申报“自主创新品牌”。深入开展千百商标规范提升行动暨商标助企走访活动，对103家商标企业进行现场走访，指导品牌上档升级。加强信用品牌建设，组织开展“守合同重信用”创建活动，提升信誉水平，新公示潍坊市级“守重”企业14家、继续公示企业68家。

【标准化战略实施】 坚持分类指导、重点扶持，深入开展农业、工业和服务业标准化活动，鼓励企业积极采用国际标准和国外先进标准，指导企业主持或参与国际、国家和行业标准的制（修）订，组织争创标准化良好行为企业，提升企业的技术水平和管理水平。年内，指导企业主持或参与制订国家标准2项、行业标准1项；新培育国家级标准化试点项目1个、省级农业标准化示范项目1个、省级“美丽乡村”示范项目1个、省级服务标准化示范单位1个；新培育AAAA级标准化良好行为企业2家；诸城市农商银行省级服务标准化试点项目等待验收；山东美晨科技股份有限公司荣获首届潍坊市标准创新奖二等奖，桃林镇政府和诸城茶叶协会、12341民生热线荣获首届潍坊市标准应用奖。

【食品安全组织保障】 完善落实“党政同责、全员有责、全域定责、全程追责”的食品安全工作责任机制，细化分解目标责任和工作任务，市、镇、局、所和业户逐层签订责任书，严格落实镇街属地管理、部门监督管理和网格化监管责任。建立常态化工作推进机制，完善落实联席会议、绩效考核等制度，多次召开专题调度会议，研究部署食品安全工作。将食品安全经费足额纳入财政预算，建立财政投入稳定增长机制，加大食品宣传、质量检测、装备配备、信息化建设、病死畜禽无害化处理等方面的财政投入力度。以创建省级食品安全先进市为契机，切实加大对食品安全工作的督导检查力度，推行市领导分工包靠、食安委有关成员单位按职责包靠、镇街（园区）按辖区包靠等制度，组织开展督查指导，及时发现整改问题，对重点问题实行销号处理。圆满完成了国家食品安全示范城市创建任务，省级食品安全先进市创建顺利通过验收。

【食品经营规范自律】 按照监管环节，将食品生产经营单位划分为农产品种植、畜禽养殖、食品生产、食品流通、餐饮服务“五大类”，分类落实可追溯、可查询、可追责“三项制度”，实现自律经营“一个目标”。食用农产品落实产地准出和市场准入制度，390多家食品生产企业实行了产品赋码追溯，流通业户全部建立以“一本通”为载体的追溯体系，有条件的批发业户推行了电子追溯系统。引导扶持龙头食品企业组建行业协会、产业联盟等行业组织，实行资源共享、利益均沾、相互监督、风险共担，构建内部自清、自律、自觉的约束机制，实现了行业规范经营。深入推进阳光开放工程，大力实施“亮企”“亮店”“亮厨”行动，督促食品生产经营者通过建立网站、开辟专栏、网络或视频展示等多种形式，向社会公众公开法定资质、原料来源及质量保证证明、质量承诺、食品安全管理制度、有奖举报电话等内容，自觉接受消费者监督，倒逼业户自律生产经营。全市有10家生产企业“亮企”生产，2022户流通业户“亮店”经营，550家餐饮单位“明厨亮灶”。

【食品质量检验检测】 不断完善以市检验检测为支撑，以镇街快检室检测为骨干，以企业快检机构为补充，以第三方委托检测为辅助的食品质量检测体系，加大食品检测力度，不断提升食品合格率。13个镇街全部设立食品快检室和农产品质量检测室，采取竞争性谈判方式引入第三方检测机构，在全市11家大型农贸市场、商场超市建设了快检室。年内抽检各类食品4577批次。

【食品安全信息化监管】 积极创新食品安全监管思路和工作机制，建设了诸城市食品安全网格化监管平台，各监管辖区建立了监管对象电子档案和“食安”地图。大力推进食品安全视频监控监管，建设了食品安全监管视频监控中心和指挥中心，在食品生产经营单位中实行“明厨亮灶”“透明工厂”“检测公开”。着力构建覆盖广泛、监管有力、运转协调的食品安全监管网络机制，开发了移动执法终端食安通APP（监管部门版、企业版、公众版），对日常检查、监督抽检、执法办案、政企互动等工作采用信息化手段，有效提升了监管效能。

【食品安全联合执法】 加大执法力度，“食安”“农安”、公安协调联动，监督抽检、行政执法、刑事司法有机衔接，对发现的问题及时依法立案，做到有案必查、违法必究，保持对违法违规行为的严打高压态势。市食安办牵头，有关部门协作配合，坚持问题导向、主动进攻、检打结合，采取联合检查、联动执法、联手办案等方式，突出批发市场、城乡接合部、校园、车站等重点区域，严查食品违法违规行为。年内共部署开展制售假冒伪劣食品、“两超一非”、桶装饮用水、农兽药残留超标等20多次较大规模的专项整治，查处了一批食品违法案件。加强食品加工小作坊、小餐饮、小食品摊点“三小”单位综合整治，采取备案登记、标牌公示、定点经营等方式，将其纳入监管范围进行规范，备案登记“三小”单位1960余户。

【食品安全社会共治】 加强食品安全宣传，组织市内主流媒体开展持续宣传的同时，加大社区（村）、生产经营场所、公众聚集区、学校等重点场所的宣传力度，在报纸、电视、网络等媒体开设“食安龙城在行动”专栏，累计设置大型宣传标牌500多块，协调街面各类经营单位通过电子屏滚动播发食品安全宣传标语。深化以“空中四条线”和“地上四个一”为主要内容的食品安全“双四”宣教行动，积极开展食品安全宣传周、食品安全知识“八进”等活动，累计发放宣传资料26万份，提升了社会各界群众的食品安全意识和辨假识假能力。强化社会监督，畅通投诉举报渠道，聘请83名特邀监督员和800多名社会监督员，广泛宣传食品安全举报奖励办法，鼓励群众积极参与食品安全监督，营造食品安全社会共治氛围。

【药品和医疗器械监管】 加强药品生产（配制）环节日常监管，对浩天药业及中医院、皮防站制剂室进行监督检查，重点查看物料管理、生产工艺控制、制剂配制过程、制剂检验过程等环节。强化药品流通使用环节日常监管，对全市4家药品批发企业日常经营及海王医药二类精神药品管理等情况进行季度检查。加强医疗器械生产、经营、使用环节监督检查，推进企业分类分级管理，重点抓好高风险医疗器械产品风险防控。加强药品不良反应监测和医疗器械不良事件监测，完成药品和医疗器械不良反应监测2288例。加强药品质量监督抽验，确保群众用药安全，全年完成监督抽验110批。强化药械生产经营使用环节专项整治，组织开展了流通使用环节中药饮片、购销含可待因复方口服液、中药材市场、互联网售药、无菌和植入性医疗器械、注射用透明质酸钠、定制式义齿等10多次专项检查，依法查处各类经营不合格药械的违法行为。

【保健食品化妆品监管】 加强日常监督检查，深化完善索证索票、进销货台账等制度，并落实痕迹化管理，将检查情况及时录入电子监管系统，年内共检查保健食品化妆品生产、经营、使用单位675户。加强化妆品不良反应监测，新建立化妆品不良反应监测哨点4个，评价并上报不良反应病例87例。强化国产非特殊用途化妆品备案检查，对万方达电子商务等单位备案的11个产品进行了现场检查。加强质量抽检，配合完成保健食品抽样7批次、化妆品20批次。深入推进山东省食品药品安全监管智慧平台应用系统的使用，录入化妆品经营单位信息128条、监管人员信息19条。强化专项检查，组织开展了保健食品、配制酒、玛咖制品及美容美发经营使用单位化妆品等专项整治，严厉打击各类违法行为。

【创卫迎审工作】 将食品安全监管与国家卫生城市复审相结合，集中时间、集中力量，全力推进。严格落实网格包靠责任制，划分了49个网格，市场监管局主要负责人专门督办，每天调度；市场监管局15名领导班子成员全部到一线督办，现场推进；干部职工全员上阵，各负其责，包靠整治，对食品经营业户、餐饮服务单位的证照、制度、卫生等逐户指导，逐项规范，确保全面达标。先后换发各类证照3100多户，食品经营业户持证照率显著提升。

【实施质量强市战略】 深入实施产业质量提升工程，全面落实企业质量管理主体责任，积极引导开展质量体系认证，20家企业设立了“首席质量官”，诸城市被质检总局评为中国质量魅力城市。强化工业产品获证企业证后监管，不断完善质量档案，督促按期提交年度报告并进行网上申报，将日常监管信息及时录入企业质量档案。加强工业产品质量监督管理，组织开展了电线电缆、电器产品、服装、复混肥等重要产品监督抽查，抽查企业60家，配合国家和省、市质监局开展监督抽查20余次。突出工艺技术复杂、质量安全风险较大的产品，对10家机动车、电器产品和食品相关产品生产企业进行了专家检查。加强质量安全隐患排查，开展机动车、危化品及包装物、容器、防火门、校服等10余次产品专项整治。组织开展内容丰富的“质量月”活动，积极营造良好质量氛围。加强流通领域商品质量监管，组织开展农资市场、成品油市场等专项整治，抽检农资样品50个、成品油样品87个。

【计量监督管理】 加强计量基础工作，督促16家建标企业严格标准要求，培训计量管理人员40人。加强计量授权单位管理，对康源供水公司、龙泉自来水公司水表授权检定和体系运行情况进行监督检查，帮助康源供水公司取得计量授权证书。突出贸易结算、医疗卫生、食品安全、加油站等重点领域，认真落实强检免征政策，加强民生和安全领域计量服务，免费检定电子天平、医疗器具、加油机、压力表等强检计量器具1.85万台件。深入企业开展现场服务，检定、校准各类非强制检定计量器具8300多台件。加强定量包装商品生产企业监管，对3家C标志企业进行了监督检查。落实强检计量器具备案制度，对60家企业的计量器具进行了备案登记。实施计量服务工程，先后对全市60多家用能单位开展宣传活动，免费提供技术咨询和服务300多次，发放有关节能降耗法规、信息、资料等2500多份。完善能源计量管理信息数据库，对13家重点用能企业实行网上动态监控。

【认证认可工作】 突出集群产业和龙头企业，不断拓宽服务领域，深入推进认证推广和认证企业监管工作，全市400多家企业通过各类认证，规模以上企业认证率达80%以上。加强资质认定获证实验室证后监管，督促16家开展质量管理自查自纠，指导建立长效机制，不断提高检测水平和诚信服务能力。

【特种设备安全监察】 市政府召开专题会议，进一步明确责任分工，严格落实镇街（园区）属地管理责任、部门监管责任和企业主体责任，层层签订安全责任书。落实网格化管理，将全市划分为16个监管辖区、235个网格责任区，每家企业、每台设备都落实包靠人员。在全面落实网格监管员的基础上，探索实施企业联络员、设备专管员制度，按照各自职责履行特种设备日常监督管理工作，确保无缝隙、全过程监管。不间断进行安全隐患排查，部署开展特种设备安全整治“百日行动”，集中开展化工产业安全特种设备隐患大排查、特种设备“大快严”执法行动，组织开展了涉氨制冷企业、电梯、锅炉、充装液化气瓶等专项整治，检查企业2400多家次，排查整改隐患750多处。

【商标广告管理】 严格落实网格监管责任，完善“四账一档”“四查四看”和“三书一表”监管制度，强化商标规范管理，3723件商标建立了书式和电子档案。组织开展排查和防控商标监管风险集中行动，严厉打击和密切防控侵权假冒行为，先后排查商标印制、网站及商标企业46家。强化广告日常监测，建立完善广告预警和快速处置机制，监测媒体广告、户外广告10.85万条。强化虚假违法广告整治，组织开展互联网金融广告、清理整治含“特供、专供国家机关”等内容广告、打击涉老洗脑式营销“百日行动”等专项行动，下达责令整改通知书36份，清理失联类P2P网络借贷机构3家，核查互联网金融广告企业（网站）5家。综合运用建议、提示、约谈、告诫等手段，加强对广告市场主体的行政指导，督促广告经营者、发布者健全管理制度，认真履行广告审查义务和审查责任，对8家媒体和广告经营单位进行了行政区域约谈。

【网络市场监管】 通过主动巡查、网上搜索等方式，完善网络交易市场主体数据库。年内，搜索建档1474家，重新研判企业官网600家，删除无效网站96家。坚持网上巡查与实地检查相结合，突出“6·18”“双11”“双12”等网络购物高峰期，提高巡查频次，依法查处网络违法行为。年内，共核查网店52家，责令整改11家，检查电商平台10家，处理网络消费投诉6起。

【无照经营整治】 扎实落实《无证无照经营查处办法》，完善联席会议制度，强化部门协作，突出重点行业和重点区域，组织开展查处取缔无证无照经营、查处无照经营与违法采购危险化学品、校园周边综合治理等专项整治行动，检查各类市场108处、经营业户4075户，查处无照经营1088户，引导办照1012户，取缔76户。

【企业信用监管】 大力推行“政府主导、部门主抓、联动制约”工作机制，坚持多方用力，强化宣传引导、业务指导和检查督导，扎实推进市场主体信息公示工作，2016年度年报率达98.03%。全面推行“双随机、一公开”监管，健全完善随机抽查对象和执法检查人员名录库，对省工商局随机抽取的2924户市场主体进行了检查，并将抽查结果在市场主体信用信息公示系统进行公示，提高了执法检查公正性。严格落实信息抽查、严重违法企业“黑名单”、经营“异常名录”等制度，将1959户未按规定履行2016年度报告公示义务和178户年报信息抽查结果异常的市场主体，纳入经营“异常名录”，并将相关信息抄告其他部门，在银行贷款、招投标、评先选优等方面实行联动制约。

【公平竞争执法】 巩固“无传销城市”创建工作，加大对城乡接合部、城中村、出租屋密集区域等传销活动多发区、易发区的巡查监控力度，严厉打击各类传销活动。加强直销规范管理，深化直销企业服务网点以及经销商调查摸底，完善监管档案信息，依法查找借“直销”名义从事传销活动等违法行为。加强反不正当竞争执法，组织开展了公用企业限制竞争和垄断行为、商业贿赂、虚假促销、打击“傍名牌”等专项检查。深化部门协作，加大烟草专卖市场监管力度，查处一批涉烟违法案件。深入推进打击侵犯知识产权和制售假冒伪劣商品专项行动，组织开展互联网领域侵权假冒、“清风”行动、假冒“牛栏山”等专项整治，市场监管局联合佳士博食品赴济宁、曲阜等地开展打假维权行动，检查各类经营业户1050多户。

【重点领域监管】 加强煤炭市场监管，积极开展散煤清洁化整治，严厉打击无照经营、掺杂使假、以次充好等煤炭违法经营行为。深入开展化工产业安全隐患排查，检查化工产品经营业户22家。开展机动车“四非”问题和货车非法改装行为专项整治，加强汽车销售行为监督检查，依法查处非法生产销售改装拼装机动车和假冒伪劣零配件、非法回收拆解和倒卖报废车等行为。

【维护消费者合法权益】 通过媒体宣传、现场答疑、假冒伪劣商品展示等形式，开展“3·15”国际消费者权益日宣传活动，进一步提高消费者的识假辨假能力，引导科学消费、理性消费。深化消费维权能力建设，优化投诉举报工作流程，受理处置市长公开电话、民生热线、消费者来信等投诉举报3150余件，处结率达100%，帮助消费者挽回经济损失90多万元。开展消费维权进社区、进农村、进市场等活动，开展维权服务活动20余次，现场处理消费者投诉65件。

2017年诸城市中国驰名商标一览表

序号	商标	企业名称	核定商品
1	得利斯	得利斯集团有限公司	肉制品
2	新郎 Xinlang	山东新郎服饰有限公司	服饰
3	尽美 DELICATE	诸城外贸有限责任公司	肉制品
4	泸河 LU HE 及图	山东泸河集团有限公司	内、外胎
5	希努尔 SiNOER 及图	希努尔男装股份有限公司	服饰
6	惠发及图	山东惠发食品有限公司	肉、鱼（非活的）
7	兴贸 XINGMAO 及图	诸城兴贸玉米开发有限公司	玉米淀粉
8	欧美尔	山东新郎欧美尔家居置业有限公司	家具
9	益利及图	山东益利油漆有限公司	油漆及附料(不包括绝缘漆)、稀料
10	昊宝 Haobao	诸城市昊宝服饰有限公司	服装
11	美晨	山东美晨科技股份有限公司	橡皮减震器、非金属软管、车辆取暖器软管
12	信得及图	山东信得科技股份有限公司	兽药、兽医用制剂
13	佳士博 JSB 及图	山东佳士博食品有限公司	火腿、香肠
14	大业及图	山东大业股份有限公司	钢丝、普通金属线、金属丝网
15	东晓 DONGXIAO 及图	诸城东晓生物科技有限公司	天然增甜剂、糖、食用葡萄糖
16	MZ	山东开元电机有限公司	电动机
17	新郎·希努尔	山东新郎服饰有限公司	服饰
18	昊宝 Haobao	诸城市昊宝服饰有限公司	服饰
19	昊宝·菲博尔	诸城市昊宝服饰有限公司	服饰

续表

序号	商标	企业名称	核定商品
20	密州	山东诸城密州酒业有限公司	白酒
21	迪龙	山东迪龙电缆有限公司	电缆
22	怡明	诸城市电力怡明茶叶有限公司	茶叶
23	华宇	诸城市新华宇家具有限公司	家具
24	天旭	山东龙光天旭太阳能有限公司	太阳能
25	信得	山东信得科技股份有限公司	兽药
26	北极神	得利斯集团有限公司	保健品
27	鑫鲜 XINXIAN	山东华宝食品股份有限公司	猪肉食品

2017年诸城市山东省著名商标一览表

序号	商标	企业名称	核定商品
1	兰凤	山东兰凤针织集团有限公司	针织品
2	华宇	诸城市新华宇家具有限公司	家具
3	尽美	诸城外贸有限责任公司	食品
4	万年	诸城市万年食品有限公司	食品
5	良丰	诸城市良丰化学有限公司	化肥
6	信得	山东信得科技股份有限公司	兽药
7	小康	山东小康机械有限公司	包装机
8	菁华	山东菁华农牧发展有限公司	山鸡蛋
9	昊宝	诸城市昊宝服饰有限公司	服饰
10	天旭	山东龙光天旭太阳能有限公司	太阳能
11	迪龙	山东迪龙电缆有限公司	电缆
12	碧龙春	诸城市碧龙春茶业有限公司	茶叶
13	密州	山东诸城密州酒业有限公司	白酒
14	佳士博	山东佳士博食品有限公司	食品
15	日丰	山东弘大饲料有限公司	饲料
16	菁华·爱格瑞	山东菁华农牧发展有限公司	饲料
17	颖青	诸城市颖青茶厂	茶叶

续表

序号	商标	企业名称	核定商品
18	兴贸	诸城兴贸玉米开发有限公司	淀粉
19	惠发	山东惠发食品有限公司	食品
20	嘉和源	诸城市嘉和源食品有限公司	肉制品
21	日康及图	诸城市日康食品有限公司	肉制品
22	隆源机械及图	山东隆源液压科技有限公司	液压系统、油箱
23	义和·阿普瑞特及图	诸城市义和车桥有限公司	机动车前后桥
24	鑫鲜 XINXIAN	潍坊华宝食品有限责任公司	猪肉食品
25	怡明 YIMING	诸城市电力怡明茶叶有限公司	茶
26	ZHULONG及图	山东通力车轮有限公司	车轮
27	同路	得利斯集团有限公司	饲料
28	北极神	得利斯集团有限公司	海狗油软胶囊、养颜强骨胶囊
29	三工	山东三工橡胶有限公司	内、外胎
30	光浩 GUANGHAO	诸城市贝斯特工贸有限公司	滤筛设备
31	密州及图	山东开元电机有限公司	电动机
32	鲁花及图	山东高强紧固件有限公司	螺栓、拴杆、推杆管
33	图形	诸城市三维管件有限公司	球墨铸铁管件
34	宏大及图	诸城宏大油脂有限公司	食用油脂
35	NMAP及图	山东美晨科技股份有限公司	车辆用扭矩杆、车辆用悬挂弹簧、汽车减震器
36	密海及图	诸城市海得威机械有限公司	机油滤清器、空气滤清器、柴油滤清器
37	杨春及图	诸城市杨春水泥有限公司	水泥
38	大业及图	山东大业股份有限公司	钢丝
39	图形	山东瑞福生科技有限公司	呢绒、毛料布、起绒粗呢（布）、纺织织物
40	大源及图	山东大源建设集团有限公司	建筑
41	HUPAI及图	诸城金鸡饲料有限公司	饲料
42	东晓及图	诸城东晓生物科技有限公司	天然增甜剂、食用葡萄糖、麦芽糖
43	君德及图	山东君德生物科技有限公司	肥料制剂
44	美比特及图	山东华昌食品科技有限公司	肉、猪肉产品、油炸丸子

续表

序号	商标	企业名称	核定商品
45	国梅GM	山东建华阀门制造有限公司	金属阀门（非机器零件）、金属水管阀
46	清福园及图	诸城市天福食品有限公司	加工过的花生、加工过的瓜子、加工过的松子
47	图形	诸城晶品机械有限公司	存储和运输用容器、金属容器、金属筐
48	新海韵及图	诸城海韵汽车配套有限公司	机器、引擎或发动机用控制缆、汽车发动机冷却用水箱
49	泽众及图	山东和利农业发展有限公司	肉、鱼制食品
50	黑蚂蚁及图	山东安驰轮胎有限公司	汽车轮胎、车辆轮胎
51	吧嗒香及图	山东吧嗒香食品有限公司	油炸丸子、肉、鱿鱼
52	妙生花	山东惠丰油脂股份有限公司	食用油
53	福润斯FURUNS	山东福润橡塑科技有限公司	塑料包装容器
54	昊宇科技及图	山东昊宇科技股份有限公司	纸板盒或纸盒、纸箱、防水纸板
55	红星百瑞特及图	山东红星百瑞特制造有限公司	非金属门、塑钢门窗、安全玻璃
56	安特异及图	山东安驰轮胎有限公司	汽车轮胎、车辆轮胎
57	昊瑞福食品及图	山东佳和利食品有限公司	肉、死家禽

2017年诸城市地理标志证明商标一览表

序号	商标	单位名称	核定商品
1	诸城绿茶	诸城市茶叶协会	茶叶
2	诸城板栗	诸城市昌城镇板栗协会	栗子
3	诸城韭黄	诸城市昌城镇农业综合服务中心	新鲜韭黄
4	诸城韭青	诸城市昌城镇农业综合服务中心	新鲜韭青
5	诸城草莓	诸城市贾悦镇农业综合服务中心	新鲜草莓
6	诸城黄樱桃	诸城市桃林镇农业综合服务中心	新鲜樱桃
7	石桥子黑木耳	诸城市石桥子镇农业综合服务中心	黑木耳
8	石桥子大姜	诸城市石桥子镇农业综合服务中心	新鲜生姜
9	诸城辣丝子	诸城市果品蔬菜协会	腌制蔬菜

2017年诸城市国家地理标志保护产品

1. 诸城绿茶

（马宗强）

检 验 检 测

【概况】 组织机构。诸城市检验检测中心是诸城市着眼于服务“三区一城”，致力于提升检测能力、强化技术支撑，优化配置各类检测资源搭建的高端公共服务平台。中心为市政府直属全额拨款事业单位，正科级规格，核准编制47人，至2017年底，正式事业编制在岗人员16人，聘用人员50人；其中副高级职称2人、中级职称9人，研究生学历3人、大学本科学历55人。下设山东省肉制品质检中心和山东省商用汽车零部件质检中心，承担全市农产品、畜产品、食品、机械、建材、化工、轻纺、城市饮用水源等涉及衣食住行、民本民生的检验检测职能。

2017年，检验检测工作全面深化改革，大力推进创新创造，积极构筑区域性特色化公益性检验检测高地，为“食安龙城”和质量强市建设保驾护航。全年接受市农业局、畜牧局、水利局、林业局及市场监管局等政府部门委托，检测食品、农产品近5000批次。

【监督抽查检验】 突出主业正业，发挥公益性职能作用，下大力气为政府决策、部门执法、履职监管提供精准高效的服务。同时，搞好社会委托检验、企业服务，打造集创新、开放、合作、共享于一体的公益性服务平台。接受政府委托，开展监督抽查服务，为“食安龙城”和质量强市提供支持。

【检测能力建设】 以实施国家食品安全检测资源整合试点项目为契机，配齐仪器设备，进一步扩展试验项目，提升检测能力。食品检测实验室、机械建材实验室和化工轻纺实验室通过省质监局专家组的现场评审。至年底，中心已具备196个产品全项检验和532个产品7449个参数的检验能力。

【服务能力提升】 变原先监督抽查为主的服务方式为监督抽查与委托检验并重的服务方式。在完成政府部门下达的监督抽查检验任务的基础上，加大承接委托检验力度，大力推行服务企业“四三二一”模式。服务涵盖委托检验、仲裁检验、研发试验、技术咨询服务等方面。检验类别涉及农业投入品及产地环境、种养、生产、流通、餐饮消费，食品安全全过程一体化链条。实施项目化管理，为企业提供优质服务。

【平台功能拓展】 助力政府职能部门规范市场秩序、履行监管职能。全年为各级市场监管、农业、畜牧等部门提供技术服务实现零缺陷。助推企业改进工艺、上档升级、提升质量、攻克壁垒。立足优势，开展实验试验，开展上门服务1000余次，为企业节约成本700余万元。

推动对外交流。组织赴北京、上海、沈阳、济南等国家级质检中心学习、培训，吸收借鉴先进技术和管理经验；搞好合作共建、技术共享，构建大检测格局，搭建大检测平台，实现更广范围、更大力度、更深层次的整合、联合。累计进行各类检测咨询服务3万多批次；多数检测项目在诸城完成，检测时间一般不超过2天，检测费用下降1/3。通过创新驱动、研发试验，参与标准制定，累计完成致病菌等实验近300次，帮助近400家企业审定标准或提出修改建议近200项，为“三区一城”建设提供专业支持。

（刘永波　李媛媛）

物 价 管 理

【概况】 2017年，全市物价管理工作主动适应经济发展新常态，不断深化价格机制改革，在提升价格服务、维护物价稳定、强化执法监督上充分发挥职能作用，全力打造安全稳定的市场环境、优质高效的服务环境、公平竞争的消费环境，助推“三区一城”建设。12月，市物价局被发改委授予“全国农产品成本调查工作先进单位”称号。

【民生价格改革】 全面实施居民生活用水、居民生活用气、居民生活用电阶梯式价格制度，落实严格的资源性产品价格政策，提高居民节约意识；按照价格调整相关程序规定，在成本测算和召开座谈会的基础上，上调诸城居民生活用水污水处理费标准每立方米0.05元，达到发改委规定的最低标准。深化供水价格改革。制定超定额用水加价制度，推动企业和居民节约用水。物价与水利部门相互配合，开展农业综合水价改革试点。稳妥推进城市供热计量收费改革，具备“一户一表”计量的小区，全面实施“两部制”热价制度。推进教育收费改革。监督中小学严格执行“一费制”收费规定，全面贯彻落实取消义务教育阶段学杂费、高中择校费等政策。积极稳妥推进公立医院改革。在对医改试点医院诸城市人民医院、诸城市妇幼保健院全面取消药品加成的基础上，完成了对诸城市精神卫生中心、诸城市口腔医院取消药品加成的测算和医疗服务价格调整工作。在此基础上，重新调整汇总出台《诸城市市级公立医疗机构医疗服务价格表》，新旧医药价格政策实现平稳过渡。年内，诸城市所有市级公立医院全部取消药品加成。

【价格约束机制】 落实销售电价降价政策。按照《山东省物价局关于降低上网电价和销售电价的通知》（鲁价格一发〔2015〕131号）要求，诸城市供电公司通过营销系统将全市28767户一般工商业电价降低0.0349元/千瓦时，全部执行到位。

严格执行峰谷分时电价政策。诸城市供电公司根据《山东省物价局、经信委关于调整峰谷分时电价政策的通知》（鲁价格一发〔2014〕93号），对诸城容量在110千伏安以下的商场、超市、宾馆、餐饮、冷库等无法避峰用电的企业取消峰谷分时电价政策，全部执行到位。

降低服务业电价。按照《山东省物价局关于调整我省电价的通知》（鲁价格发〔2008〕101号）文件要求，取消诸城非居民照明用电分类，将非居民照明用电并入非普工业用电，更名为“一般工商业”用电，实现服务业用电与工业用电同价政策，降低服务业用电负担。

降低企业生活用电成本。按照《山东省物价局关于明确居民住宅小区公用附属设施等用电价格政策的通知》（鲁价格一发〔2014〕17号）要求，对诸城37家企事业单位集体宿舍的生活用电价格，不施行阶梯式电价，按照居民生活用电中的非居民用户价格执行；按照《潍坊市进出口交通运输环节政府定价和政府指导价收费目录清单》，对诸城涉及物流企业成本的经营服务收费项目进行了清理；降低了专用机动车定期检验和计量校定收费30%。切实减轻了企业负担和社会负担。

【价格监督检查】 强化放开价格事中事后监管。围绕已经放开的经营服务性收费和价格，切实将工作重心由事前审批转向事中事后监管，强化了日常收费管理和价格投诉举报的处理，有效维护企业和群众合法利益。

加强市场价格监管。针对春节、五一、国庆等重要节假日，及时启动市场巡查机制，重点加强商场超市、旅游景点、餐饮酒店等行业的市场检查。按照上级通知要求及时开展机动车检测收费、涉企收费、医药服务价格收费等专项检查：对全市8家机动车检测企业收费行为进行了检查，督促落实明码标价制度；开展药品价格和医疗服务收费专项检查，对全市公立、非公立医疗机构共24家医疗单位进行了检查。

建立公平竞争审查制度。出台《诸城市人民政府在市场体系建设中建立公平竞争审查制度实施方案》，并成立诸城市落实公平竞争审查制度联席会议。联席会议后，各市直部门单位从维护诸城统一市场和公平竞争的角度，严格按照《国务院关于在市场体系建设中建立公平竞争审查制度的意见》（国发〔2016〕34号）确定的标准进行审查。12月底，各单位基本审查完毕，审查结论书和审查清单已报到市物价局。市直各部门按照方案，继续清理存量政策措施。对增量政策的制定，也严格落实公平竞争审查制度。

完善价格社会监督体系。根据潍坊市物价检查所《关于印发〈潍坊市价格诚信建设活动实施方案〉的通知》（潍价检发〔2016〕4号）文件精神，在全市范围内开展价格诚信建设活动，并将此文向各有关企事业单位进行转发，各大商场、超市、药店等踊跃报名参与活动。鼓励新闻媒体积极参与社会监督，宣传打击价格违法行为的典型案例，引导监管对象加强自律。

【定价目录清单】 市物价部门配合市财政局清理规范行政事业性收费。取消或暂停征收企业注册登记费、个体工商户注册登记费等行政事业性收费，落实对小微企业免征土地登记费、房屋登记费等行政事业性收费，确保中央和省级减免、停征和取消收费相关政策的落实。对各收费单位2016年度行政事业性收费情况和收支状况通过网络软件进行审查，共审查收费单位126家。按照上级规定放开民办教育收费、社会福利机构服务收费、职业技能培训收费等27项原政府定价项目，对放开的收费项目在具体业务办理过程中采取宣传、抽查、服务等方式督促落实收费公示制度。实时调整更新《诸城市政府定价政府指导价经营服务性收费目录》和《诸城市涉企经营服务性收费目录》清单，确保目录之外无政府定价事项。

【价格调控体系】 强化价格监测预警。全市建立健全20个标准化、规范化价格监测网点，覆盖商业零售、教育医疗、房地产开发等八大行业。日常重点加强“米袋子”“菜篮子”“气罐子”“油瓶子”等群众关心的价格热点商品的监测。针对市场物价波动，及时开展生猪、鸡蛋价格情况调查、春秋两季农产品成本调查和国庆市场价格情况调查，成品油价格变动调查。重要节假日，对全市市场价格行情和走势进行动态分析和预测预警。健全民生价格兜底机制。2016年底和2017年1月按照潍坊市物价局通知精神，及时启动社会救助和保障标准与物价上涨挂钩联动机制，共发放价格临时补贴总计270多万元，保障低收入居民生活不因物价水平上涨而下降。

【惠民价格政策】 充分发挥12358价格举报平台作用，积极维护群众价格权益。对群众在停车收费、物业收费、医疗服务收费、水电暖价格等方面的咨询和举报认真答复和办理。全年共受理各类价格咨询举报案件692件，回复率、办结率均为100%。优化价格认证公共服务，扎实做好涉案、涉税价格认证和价格争议调解工作，发挥好价格认定在维护公正司法、依法行政和促进发展中的保障作用。办理涉案财物价格认定190件，标的额1005万元；办理商业用房、企业股权转让、房屋租赁和土地租赁等涉税财物价格认定124起，认定总金额8399万元；办理各类机关及事业单位提出的砂资源开采权出让价格、罚没物品处置等认定业务4件，认定总金额6000余万元。发挥价格认证作用，完成价格争议调解处理3件，涉及金额33万元，防止了当事双方矛盾激化，有效降低了纠纷化解的社会成本。

（朱重庆）

地　方　统　计

【概况】 组织机构。成立统计执法监督室和诸城市普查中心。9月14日，诸城市编办批复增加行政编制2人，行政编制由11人调整为13人，同意成立诸城市统计局统计执法监督室，为统计局内部机构，股级规格；诸城市统计局计算室更名为诸城市普查中心，仍为诸城市统计局所属公益一类事业单位，财政拨款，股级规格，核定事业编制5人，配备主任1人，副主任1人。

按照《关于理顺镇街统计工作体制的通知》（诸编办〔2017〕61号）的要求，在各镇街财政经管统计社保服务中心（或财政经管统计服务中心）加挂统计站牌子；加挂牌子后，各镇街（园区）至少明确3-4名具体工作人员，专门从事统计工作。强化基层人员的法律法规、业务知识和职业道德培训，不断提升基层统计队伍能力。

2017年，诸城统计工作以党的十九大精神为指导，认真贯彻落实市委、市政府决策部署和全市经济工作会议精神，围绕新旧动能转换、结构优化升级、“四个城市”和“三区一城”建设开展统计调查和统计服务，圆满完成各项工作任务，为全市经济社会发展提供了有力的统计保障。

【专业统计】 围绕地区生产总值核算，全面抓好农业、工业、能源、投资、贸易、服务业、社会等各项常规统计。认真做好规模以下工业、粮食产量、城镇化监测等各项常规调查。全力做好名录库维护和企业“一套表”管理工作。统计部门加强与市场监管、国地税、民政、编办等部门的沟通，及时掌握单位注册、信息变更等数据，并借助互联网对企业信息进行核实确认，保证将达到规模和限额的企业及时纳入联网直报范围，将不够标准的企业进行及时清理。2017年，全市922家“四上”企业，按照联网直报要求，通过网络顺利向国家报送了月报、季报和年报等原始数据，上报率达100%。工作中严格恪守联网直报“四条红线”，坚持“先进库、再有数”，不自行修改名录库；坚持由企业独立报送真实的统计数据，不干预企业、不代填代报，保证“一套表”联网直报系统健康正常运行。

【专项调查】 全力抓好第三次农业普查工作。严格按照普查方案要求，组织全市3000多名普查指导员和普查员，对16个镇街（园区）21万多农户，以及所有规模农业经营户和农业经营单位逐一进行入户登记。认真把好数据审核关，加强现场登记数据质量控制，保证入户率达百分之百，确保普查数据真实准确。扎实做好普查数据分析和发布工作，准确反映全市“三农”发展成就，全面展示普查工作成果。组织开展2017年1%人口抽样调查。按照全省统一部署，切实做好组织机构、经费物资和业务技术保障，狠抓样本核查、人员选配、业务培训、调查试点、宣传动员、质量控制等重点环节，进一步完善数据处理程序，确保调查数据真实反映客观实际。

【统计改革】 全力衔接GDP核算制度。加强对基层基础数据的审核评估，保证数据的可靠性和严肃性，提高GDP核算数据与专业统计数据的匹配性；搞好与上级统一核算方案的衔接，完善数据质量评估机制，力求全面、客观、准确地反映全市经济社会发展全貌。积极推进投资制度改革。严格执行新的投资统计制度，切实做好非金融资产投资情况报表和5000万元及以上投资项目联网直报工作，实行法人单位和投资项目双入库审核管理；加强数据比对分析，查找数据差异的原因，采取有力措施保障投资制度改革顺利推进，确保投资统计数据真实反映客观实际。

【执法检查】 7月31日至8月4日，国家统计局执法检查组对诸城市名录库、工业和贸易统计工作进行执法检查。诸城严格按照检查组的要求，分组开展工作，积极配合执法检查。检查过后，及时成立统计整改工作领导小组，围绕国家统计局反馈的问题，逐一制定整改措施，全面落实整改责任，年底基本完成整改工作。

【统计监督】 坚决贯彻执行《中华人民共和国统计法》和《中华人民共和国统计法实施条例》，全力抓好统计法律法规的贯彻落实。组织普法考试、开展法治教育活动，提高统计人员遵法、守法、用法意识。深化普法宣传，建立健全统计普法宣传长效机制，通过电视台、网络宣传，办宣传栏、挂条幅等形式，把日常普法宣传教育和集中普法宣传活动紧密结合起来，提高统计法治宣传教育实效。加强统计执法监督队伍建设，成立了统计执法监督室，并组织人员进行统计执法证考试，保障后续统计执法工作顺利开展。

【统计服务】 密切跟踪，科学研判经济形势。强化预警监测，及时反映新常态下经济运行新情况、新变化，敏锐捕捉经济发展苗头性、倾向性问题，并提出有针对性的对策建议。统计部门超前谋划，精心组织专题研究。围绕“十三五”发展、供给侧结构性改革、“四个城市”建设等重大战略、重点领域，集中力量开展专题调研，撰写了一批有较高参考价值的统计分析文章。创新手段，不断丰富服务载体。通过《统计快报》《统计月报》《统计公报》《统计年鉴》等载体，及时发布国民经济和社会发展情况，并对有关统计数据进行全面解读。3月，顺利完成《统计月报》的改版工作，提供的统计信息更为全面，统计数据查询更为方便，更好地满足市委、市政府和社会各界对统计信息的需求。

（祝小艳）

国　家　调　查

【概况】 2017年，按照国家统计局和山东调查总队的工作部署要求，国家统计局诸城调查队严格执行国家统计调查制度方案，完成了住户收支调查、住户收支调查新一轮样本轮换、农民工监测调查、劳动力调查、农产品生产价格调查、农民工市民化监测调查、农作物对地调查、主要畜禽监测调查、居民消费价格指数调查、小微服务业企业调查、企业采购经理人指数调查等项常规性统计调查工作。服务地方党委、政府中心工作大局，完成了地方农村住户、城镇住户、居民消费价格指数、低收入群体消费价格指数、生猪调出大县、粮食生产大县等项统计调查工作，完成了省级文明城市测评专项统计调查。年内，上报国家统计局山东调查总队政务信息57篇、统计分析和调研报告13篇。

【住户调查】 住户调查继续延用2015年国家统计局抽中的15个调查样本小区、150户调查户，记载现金、实物收支日记账，调查记账到2017年11月结束。从12月起，启用新一轮住户调查样本轮换的调查小区居民家庭调查户记载现金、实物收支日记账。

【住户调查样本轮换】 样本轮换是防止住户调查样本老化、保证样本代表性的必然需要，是确保住户调查数据质量的重要举措。根据山东省人民政府办公厅《关于开展住户调查样本轮换工作的通知》（鲁政办字〔2017〕53号）规定，开展2017年住户调查样本轮换。

按照国家统计局《2017年住户调查样本轮换抽样方案》和《2017年住户调查样本轮换抽样框更新和摸底调查方案》规定，由国家统计局抽选出住户抽样调查的村级调查样本、居民调查小区。诸城调查队对国家统计局抽选出的村级调查样本和居民调查小区，进行区划代码、城乡代码、常住人口、耕地、户籍人口、收入水平等数据的搜集、核实、查询、修正，确保村级调查样本和居民调查小区数据的真实性、准确性、完整性。

国家统计局确定的诸城市15个住户抽样调查村级调查样本、居民调查小区是：密州街道办事处南朱解村、连丰居委会、新华居委会；龙都街道办事处东邓戈庄村、辛庄子居委会；舜王街道办事处东楼村、大辛庄子村；经济开发区王家庄子村；高新园埠口村；石桥子镇大近戈庄村、枳房村；相州镇道明村、封家岭村；林家村镇陈家村、东树山子村。每个村级调查样本、居民调查小区共抽选出10户居民家庭户作为住户调查记账户，共150户居民家庭调查记账户。调查记账内容为：居民家庭现金和实物的收入、支出项，2017年12月1日正式记载现金和实物收支日记账。

【农民工市民化进程监测调查】 此项调查仍延续2015年国家抽选的45户居民家庭作为农民工市民化进程监测调查样本户，调查内容、调查方法不变。

【劳动力调查】 此项调查仍延续2015年每月从住户调查样本小区抽取4户调查户，下个调查月轮换2户，每月共调查48户调查户的调查方法及内容，开展劳动力月度调查。

【畜禽监测调查】 根据2017年8月1日实施的《中华人民共和国统计法实施条例》规定和国家统计局有关要求，畜禽监测调查的数据采集环节，不再由畜牧部门实施，一律由统计调查部门直接完成。《国家统计局山东调查总队关于规范畜禽监测调查数据采集方式的通知》（鲁调字〔2017〕78号）（以下简称《通知》）规定，从2017年12月起，山东省畜禽监测调查中的源头调查数据采集环节，不再由畜牧部门负责实施调查，全部由调查队按照国家统计调查制度规定直接调查采集完成。按照国家统计局山东调查总队《通知》规定，在做好选聘和培训基层辅助调查员、畜禽监测调查数据衔接的基础上，将由市畜牧兽医局承担的养殖规模户、生产单位的畜禽监测调查源头数据采集环节，全部改由诸城调查队承担负责调查。2017年12月，诸城市畜禽监测调查的畜禽散养小区10个、中小型养殖村13个、大型养殖场70个。根据国家统计局核定的县（市、区）2017年生猪监测调查数据，国家统计局山东调查总队办公室印发《关于反馈2017年生猪调出大县生猪生产核定数据的通知》(鲁调办字〔2018〕25号),经核定,诸城市2017年年末生猪存栏为97.7万头,全年生猪出栏为176.1万头,猪肉产量为14.7万吨。

【农作物对地调查】 2017年农作物对地调查仍延续2016年国家统计局抽中的20个调查样本点,开展农作物播种面积和单位面积产量季节性调查及农作物苗情跟踪监测等各项常规性调查,为确保国家粮食生产安全、实现农业生产科学决策提供真实准确的调查数据资料。经国家统计局山东调查总队会同山东省统计局审核、推算,并报国家统计局核准,国家统计局潍坊调查队印发《关于反馈2017年县市区夏粮产量数据的通知》(潍调字〔2107〕34号),经审定,诸城市2017年夏粮面积为67946.67公顷,夏粮单产为393.15公斤/亩,夏粮总产为4.005亿公斤。国家统计局潍坊调查队印发《关于反馈2017年县市区粮食产量数据的通知》(潍调字〔2018〕1号),经审定,诸城市2017年粮食面积为133813.33公顷,粮食单产为422.23公斤/亩,粮食总产为84.75万吨。

【服务业小微企业调查】 按照国家统计局和山东调查总队工作部署要求,诸城调查队从2014年1月开始开展对服务业小微企业的经营状况、经营环境进行抽样调查。抽样调查的小微服务业企业包括:规模以下服务业、小微建筑业、小微批零贸易住宿餐饮业、个体经营户。采用调查问卷的方式进行抽样调查。调查问卷内容包括:从业人员、营业收入、营业成本、营业利润、资产、负债、净利润、当年新签合同金额等,为党中央和国务院科学制定扶持服务业小微企业加快发展的宏观经济政策提供统计调查数据资料。

2017年国家统计局抽中的诸城市规模以下服务业14家,建筑业小微企业10家,小微批零贸易住宿餐饮业7家,个体经营户14家。

(郑兰华)

审　计　监　督

【概况】 2017年,审计工作坚持高点定位,以“业务立局、素质强身”为主线,扎实开展“强基层、铸铁军”工程和“作风建设年”活动,坚持依法履职尽责,严格依法审计,改革创新,取得显著成绩。全年共完成审计项目62个,审计部门单位145个,查出违规和管理不规范金额415632万元,非金额计量问题86个,促进增收节支2021万元,出具审计报告和调查报告110篇,提出审计建议90条,移送违纪违法问题线索16条。市审计局连续九年保持“省级文明单位”称号。

【依法开展各项审计监督】 持续开展重大政策措施落实情况跟踪审计。组织开展了精准扶贫政策落实及资金管理使用情况审计、盘活财政存量资金政策措施落实情况跟踪审计、公立医院综合改革政策措施落实情况跟踪审计、水环境保护和水污染防治政策措施落实情况跟踪审计,揭示存在的问题,分析问题产生的根源,提出审计建议,推动了政策落地、资金落实、项目实施。

强化经济运行风险审计。重点关注政府债务、企业投资负债、资本市场运行、地方金融等方面的薄弱环节和风险隐患,揭露损失浪费、经营效益下降或不真实、资源配置不合理等重大问题,推动完善风险防控机制,推进全市经济社会运行总体平稳、稳中有进、稳中向好。

强化对重点民生资金和民生项目的审计。加大对“三农”、教育、卫生、计生、扶贫等资金和项目的审计力度，持续参与全国城镇保障性安居工程跟踪审计。

强化财政审计。组织开展市级财政预算执行和其他财政收支情况审计、10个市直部门单位预算执行情况审计、地税税收征管审计，促进增收节支和财政资金高效使用。

强化经济责任审计。全年共开展48名党政领导干部离任审计，负直接责任和主管责任金额17876万元。开展枳沟镇原党委书记自然资源资产离任审计试点工作，促进领导干部更好地落实自然资源资产管理和生态环境保护责任，推动生态文明建设。促进领导干部履职尽责，更好地为纪检、组织部门监督管理任用干部提供审计依据。

强化内部审计的监督指导。开展内审工作调研和工作督查，2017年对17家党政机关、事业单位及国有集体企业2016年度的内部审计情况进行了督查。

【审计转型跨越发展】 创新法制审理方式。进一步创新审理模式，采取大型项目联合审理、重点项目跟踪审理、普通项目二次审理、小型项目网上审理的分类审理方式。将审理人员从以往的审理模式中解脱出来，将主要精力放在重点项目的风险防控上。解决了审理力量不足，审理工作流于形式等问题，提高了审理工作的效率和成果，促进了审计质量的整体提升。年内，在潍坊市的审计项目质量检查中，诸城市审计局取得第一名。

强化审计信息化建设。组建大数据分析团队，集中开展电子数据审计分析，分层核查审计疑点，解决大型审计项目技术难题，提高审计效率。继续强化财政、地税系统大数据审计，成效显著。加强信息化成果应用开发，开展地税税收征管、领导干部自然资源资产两个重点行业数据分析。逐步打造成为成熟的审计方法和案例，形成行业规范。注重大数据分析团队实战能力培训，积极参与各级审计机关组织的竞赛活动。在潍坊审计机关首届计算机审计能手竞赛中，诸城市审计局取得第一名，1人获得全潍坊市第二名。

加大审计执行力度。加大审计结果公开的力度，向社会公告审计发现的问题及整改情况，倒逼审计整改；健全审计整改联动机制，强化与纪检监察、组织人事、检察、财政、税务、督查等相关部门的联系合作，形成整改合力，力促整改到位。审计局执行科加大工作力度，有力推动了发现问题的整改落实，督促移送的案件线索尽快落实，有6人受到党纪处分，3人被追究刑事责任。

重视成果开发。以成果开发为导向，把审计建议的采纳、领导批示、推动出台制度文件、提炼审计方法案例、总结审计经验做法、移交案件线索等作为审计成果转化的重点，纳入项目化管理。注重从体制机制制度方面揭示和反映问题，放大成果效应，为领导决策及有关部门完善制度提供审计依据。全年提出审计建议90条，移送市纪委、市财政等部门处理事项16项，提报审计情况、审计信息、审计专报183篇，县级以上采用126篇次，市领导批示13件。2人获得全国审计宣传工作先进个人称号，市审计局获得全国审计宣传工作先进单位称号。

开展“规范化”建设年活动。制定、修订业务和日常管理制度共计9项。积极配合完成全省审计系统人财物管理改革试点工作，增强看齐意识。重新制定《综合考核管理办法》，将审计工作任务按岗位量化分解，按照领导班子岗位、行政管理岗位、业务管理岗位和业务岗位分别进行考核，不同类型岗位按人员比例均衡分配优秀名额，有效激励审计人员发挥最大潜能。

【审计能力建设】 扎实开展“强基层、铸铁军”工程。成立领导小组，召开动员大会，制定“强基层、铸铁军”实施方案和目标行动纲要，细化具体目标和保障措施，找准问题和短板，建立问题台账，开展献言献策、“六比六看六提升”等活动，全体人员制定个人目标行动计划和措施，增强行动自觉，收到良好效果。全年共参加省厅、市局统一组织的各类培训47人次，干部职工集中业务学习、理论学习24次，开展文体活动6次。有8人取得高级专业职称，20人取得中级专业职称，12人取得审计署和省审计厅计算机审计中级资格，12人取得硕士学位。

（高凤娇）

安全生产监督管理

【概况】 2017年，全市安监工作牢牢把握“以人为本、安全发展”理念，以国家安全生产标准化示范市建设为抓手，健全完善机制，强化执法监管，夯实基层基础，着力改善安全生产条件，持续提升企业本质安全水平，全市安全生产形势持续平稳运行。市安监局先后被授予“全省安全生产监督管理系统先进集体”“潍坊市安全生产先进单位”等荣誉称号。

【安全生产责任制】 调整充实市政府安委会，分领域组建了15个专业安全生产委员会。健全网格化实名制管理，通过签订年度安全生产责任书、工作承诺书等形式，将安全生产监管责任层层落实到市直部门、镇街、社区的具体工作人员，实行划片包干、责任倒查，消除管理盲区和责任空白点；年初，将全市安全生产工作要点、综合监管工作计划、安全教育培训计划、存有重大危险源及较大危险因素生产经营单位安全监管职责，编印成册，印发各镇街（园区）及市政府安委会成员单位，指导全年安全监管工作；每季度印发当季度集中行动方案，不间断地组织开展安全教育培训、“打非治违”专项行动等，有序推进各项工作开展，提高了针对性和实效性；组织安委会各组成部门安排专门人员下一线、除隐患，依法实施安全监管，严格落实“打非治违”职责，有效形成齐抓共管工作合力。

【“双体系”建设】 组织各镇街（园区）、部门单位按照省政府开展安全风险分级管控和隐患排查治理“两个体系”建设的部署，全面排查辖区内、行业领域内生产经营单位安全风险点，编制形成“一镇街一册”“一部门一册”“一企一册”，并根据危险程度，对各风险点实行分级管控，逐一明确管控措施。至年底，全市共排查一级风险点80处、二级风险点468处、三级风险点2689处、四级风险点56893处，培植了奥铃汽车、惠发食品2家省级标杆企业。在此基础上，将全市228个社区划分为228个安全监管网格，对网格内的监管企业登记造册、建立台账，并逐一落实具体责任人，推行动态监督检查，确保在控可控。

【隐患排查整治】 大力推行全员一线执法，将安监局执法人员编成11支队伍，配备11部车辆，按行业分区域每天深入企业一线监督检查，监督和指导企业查隐患、改隐患。组织镇街（园区）、部门单位深入开展安全生产隐患“大排查快整治严执法”集中行动和企业落实主体责任专项检查、百日安全整治行动、安全生产大检查活动，督促企业落实主体责任，及时整改存在问题，对非法违法生产经营建设行为和重大安全隐患实行“零容忍”。先后检查企业5082家次，查处隐患10350处。

【重点领域安全监管】 以遏制较大以上生产安全事故为目标，全面加强源头治理，严格市场准入，对重点行业领域、重大危险源和重点企业实行风险预警控制。组织专家对全市所有生产经营单位进行风险辨识，对评估确定的80处重大危险源和1406家存有较大危险因素生产经营单位，以及2家存有国家公布重点监管危险工艺企业、142家危化品从业单位、316家涉氨制冷企业、159家建筑施工单位、3家烟花爆竹批发企业、7家交通运输企业、307家较大型人员（劳动）密集场所、171家涉粉尘爆炸企业、52家铸造企业和199家造纸、酿造、涂装等有限空间作业企业，全部明确属地、主管和监管责任单位，建立政府购买服务制度，定期聘请专家实行会诊，排查整改各类问题隐患，确保始终处于安全可控状态。

【预警预报制度化】 建立安全检查“日报”制度，组织各镇街（园区）、行业主管部门每天上报安全检查、隐患整改情况，市安办及时汇总分析上报情况，发现苗头性、倾向性问题，分别以《安监提示》《预警通报》《安全生产事故警示》等形式上报市委、市政府领导，下发镇街（园区）部门，有效提高了落实效力。全年下发《安监提示》30期、《预警通报》10期、《生产安全事故警示》18期、《大检查快报》20期。

【安全生产监管执法】 持续推进“大快严”集中行动，按照省、潍坊市“安全生产隐患大排查快整治严执法集中行动”部署，制定行动方案，健全推进机构，完善信息统计、有奖举报等推进机制。建立“日查月报”制度，组织各镇街（园区）、部门单位每天不间断开展巡回检查，依法从严打击违法违规行为。依法关闭取缔不符合安全生产条件的企业，对安全生产失信企业实施联合惩戒，对严重违法违规行为和重大事故隐患通过挂牌督办、媒体曝光，促使问题隐患整改到位，防范生产安全事故发生。先后检查企业2366家次，整治各类问题隐患7269项，打击严重违法违规行为78起，关闭取缔生产经营单位26家。

【安全标准化建设】 落实鼓励标准化创建办法和加快标准化建设6项重点措施，充分发挥惠发、奥铃一级企业的示范带动作用，通过严格评审制度、优化专家服务、加强教育培训、强化督导检查、深化动态管理等举措，保证标准化建设顺利开展。全市共有一级标准化企业7家，其中惠发公司一次性通过了安监总局组织的一级标准化示范企业现场评估验收；二级标准化企业40家；全市规模以上企业全部通过三级标准化达标验收；小微企业按规划有序推进。为避免出现“重创建、轻运行”的问题，把企业标准化建设纳入日常执法检查，对不符合要求的一律挂牌督办，逾期整改不了的予以摘牌。先后对5家安全生产条件下降、标准化运行质量不高的企业按照有关规定进行通报，并撤销其标准化等级。

【宣传教育培训】 加大宣传力度，在媒体开设专栏以及开展“安全生产月”、安全生产法宣传周、职业病防治法宣传周活动等形式，积极推动安全文化建设，推送安全生产知识进企业、进学校、进机关、进社区、进镇街、进家庭、进公共场所，在全社会营造“关注安全、关爱生命”的氛围。加强安全教育培训，全市安全生产集中教育培训月期间，先后聘请专家举办了全市镇街（园区）、部门单位分管领导、安全监管人员和涉氨制冷、有限空间作业、粉尘企业负责人等5个主体班次，培训1400余人次；举办企业内训师培训班5期，培训企业内训师1200余人；组织专家到16个镇街（园区）开展安全生产主题宣讲活动，培训1800余人次。强化企业主要负责人、安全管理员和特种作业人员培训考核，年内共培训考核10160余人。加强重点风险岗位人员持证上岗培训考试，年内有600多人考核合格、持证上岗。

【应急管理体系】 下发《关于进一步加强突发事件应急救援工作的通知》等，健全重大危险源辨识登记机制；调整充实市、镇街（园区）、社区、企业四级应急处置队伍，修订完善安全生产应急救援总体预案和危险化学品、涉氨制冷等专项应急预案。同时，分行业领域组织开展应急救援演练，明确规定各镇街（园区）、部门单位每年至少组织2次应急演练，所有企业员工在一年内至少参加2次应急逃生演练，进一步提高广大干部职工的应急处置能力。落实领导干部到岗带班、关键岗位24小时值班和事故信息报告制度，全面做好生产安全事故和其他突发事件的信息报送和处理工作。

【考核问责机制】 将安全生产工作纳入镇街（园区）和部门单位科学发展综合考核，制定并落实《2017年度安全生产责任目标考核评分细则》，对发生较大及以上事故或超过年度安全生产控制考核指标的实行“一票否决”。同时，完善督查问责常态化工作机制，通过不间断督导检查、严格问责等措施，督促镇街（园区）、部门履行职责，确保安全生产各项工作落实到位。完善约见谈话警示制度，对不认真组织日常隐患排查、查出隐患不及时彻底整改的生产经营单位进行约谈警示。

（逄格清）

国有资产监督管理

【概况】 2017年，国有资产管理按照权责明确、监管高效、规范透明的要求，继续推进国有资产监管机构职能和监管方式转变，该放的依法放开，切实增强企业活力，提高国有资本运营效率；该管的科学管好，严格防止国有资产流失，确保国有资产保值增值，不断增强国有经济活力、控制力、影响力和抗风险能力。

【行政事业单位资产管理】 完善各项管理制度，积极开展资产清查、公务用车制度改革等工作。

实行财务公开制度。参照上市公司标准，按月公开社会关注度较高的国有产权交易和增资扩股情况，以及市管企业主要经济效益指标、主要行业盈利、重大变化事项、监管制度等情况。依法依规公开市管企业经营情况、负责人重大变动、年度薪酬等情况，确保国有资产信息透明化。

规范审批管理制度。对行政事业单位申请要求处置的资产，按规定程序报批，并聘请中介机构或有关技术人员现场进行鉴定，严格把好审批关，坚持按照“公开、公平、公正”原则进行处置，提高资产处置的透明度；能调剂使用的进行调剂，确实需要报废处置的，委托中介机构进行评估，由国资部门委托拍卖公司统一进行拍卖。

推进公务用车制度改革。全面摸清全市党政机关公车改革参改人员和公务交通补贴情况，全市党政机关公车改革28人使用实物保障工作用车，参改人员2765人，年交通补贴1852

万元，参改人员月人均发放557元。核定全市执法执勤车辆编制，17部门内执法执勤车辆228辆，其中特种专业技术用车40辆；17部门外执法执勤车辆25辆。确定了公务用车交通补贴发放方式。公务用车交通补贴，属于交通补助性质，从公用经费中列支。由组织、人社部门审批后，由各部门各单位根据实际情况自行发放到党政机关车改人员工资卡上，统筹资金比例原则上不超过10%，具体管理办法由各部门各单位自行制定。

*落实行政事业单位资产清查工作。*对全市152家行政事业单位资产进行全面清查，并聘请社会中介机构对全市各行政事业单位资产进行专项审计，针对资产盘亏、资金挂账情形出具经济鉴证证明。对行政事业单位基本情况、财务情况以及资产情况等进行全面清理和核查，为加强行政事业单位国有资产监督管理、促进资产管理与预算管理有机结合奠定基础。经过资产清查，全市行政事业单位资产总计155.99亿元，负债总计67.4亿元，净资产88.59亿元。其中固定资产50.66亿元（土地房产35.85亿元，车辆1278辆1.52亿元，设备家具类13.29亿元）。

【国有资产经营管理】 国有资产经营总公司不断创新国有资产管理机制，探索经营模式，以明确分工职责和提升业务水平为抓手，确保国有资产实现保值增值。2017年，通过依法加强对土地、房屋、砂石矿、特许经营权等国有资产资源的运营管理，实现经营收入72.8642亿元；其中土地出让总收入728424万元，房租收入218万元。经营支出22277万元；其中营业税金及附加10865万元，管理费用5460万元，财务费用5952万元。

*加强国有土地运营管理。*规范国有土地使用权交易市场秩序，完善土地市场管理运营机制，确保国有资产收益最大化。2017年，共以挂牌方式出让商住用地116宗、面积262.5公顷，实现土地出让收入72.8424亿元。调整完善土地储备计划，2017年完成土地储备168公顷。

*规范砂石矿产等资源管理。*认真落实市政府关于采砂管理的有关规定，对鱼塘建设、河道清淤等工程实行严格控制。国有资产经营公司与水利局一起对3处河段的清淤工程进行组织验收。国有资产经营公司与交通局定期检查户外公共广告牌、公共汽车候车亭、出租车招停站的广告牌，确保广告画面整洁美观。

*强化房屋租赁管理。*加强对沿街房经营管理，聘请权威中介评估机构进行租赁费评估，灵活调整租赁价格，实现房屋租赁收入218万元。加强市直机关综合办公楼管理。对为民服务中心办公楼、原密州街办办公楼、信访局、府东综合办公楼、原三产局等单位办公场所进行修缮改造，部分单位办公用房加装空调等设施；对美尔顿大厦综合办公楼的各项装修公开招标；做好办公用房的统筹调剂分配，共腾退办公用房200间、面积15104.03平方米。

*推进国有资产确权管理。*积极开展城区公共道路确权工作，2017年完成城区及开发区约667万平方米公共道路确权手续的图纸绘制、用地申请及批复拟定；完善国有不动产产权管理，2017年完成对科信小学、新郎美尔顿大厦的不动产过户确权工作。

*加强对所属企业的监督管理。*合理调整所属企业领导班子结构，完善管理机制，支持引导所属企业拓展经营业务，提高经营业绩。其中，由诸城舜邦投资开发公司投资建设的观海花园和鑫盛公寓楼宇项目，2017年合计销售金额5097万元。国有资产经营公司配合密州街办做好十里社区的安置工作，共交付住房1473套、附房1240套、沿街房25套、社区用房1栋，总建筑面积16.5万平方米。2017年，该企业上缴各项税金共计3354万元，其中土地使用税2838万元，增值税239万元，企业所得税232万元。

（赵在鑫）

农村经济管理

【概况】 2017年，全市农经管理工作以深化农经领域供给侧结构性改革为主线，紧紧围绕市委、市政府的中心工作，立足服务于“四个城市”和“三区一城”建设，坚持“三调两提”和“五化发展”新理念，坚定推进改革，着力维护稳定，各项重点工作取得阶段性成果。

【农村集体产权制度改革】 2017年，诸城市被列入全省农村集体产权制度改革省级试点单位。在开展深入调研的基础上，按照集体经济组织运作良好、现有资产存量清楚以及干部群众意愿积极等标准，在16个镇街（园区）各选择2个经联社（居委会）作为省级试点单位，共确定32个。工作中，加强组织领导，注重制度建设，突出清产核资、成员确认、股权设置、资产运营、盈余分配等关键环节，制定改革路线图、时间表，分步实施、扎实推进。

年内，32个省级试点单位全部完成清产核资、成员确认、资产量化、股权设置、成立股份经济合作社、注册登记、发放股权证书等工作。共确认成员29001人，涉及农户8088户；有23个单位只设置成员股，9个单位设置集体股和成员股；共量化经营性资产13924.89万元，量化资源性资产1054公顷；发放股权证书8088本；新成立的32个股份经济合作社由市经管局注册登记，发放登记证书，并将清产核资、成员确认、资产量化和股权设置等信息全部纳入诸城市农村集体产权改革系统，实行信息化管理。

【农村集体产权制度改革经验做法】 抓好“六个加强”。

加强组织领导。市成立改革领导小组，由市委书记任第一组长，市委副书记、市长任组长，市委、市政府分管领导任副组长，35个市直单位为成员，专门设置了办公室；镇街（园区）成立相应组织机构。通过层层召开会议、发放“明白纸”、张贴标语、挂过街横幅、下发一封信等方式，努力讲清改革的目的意义、程序步骤以及改革与干部群众的关系，引导干部群众支持改革、参与改革。

加强学习培训。组织骨干人员到先进地区参观学习，共计500多人次。邀请外地专家到诸城系统讲解相关改革做法经验。组织市、镇、村三级经管人员，通过举办培训班、召开现场推进会等方式，深入学习产权改革的目的意义、方法步骤，研究制定推进措施。市级共举办培训班、现场推进会13次。

加强制度建设。研究制定省级试点实施方案、考核评价办法以及清产核资、成员确认、资产量化、股权设置、注册登记等19个规范性文件，市纪委出台“十坚持十严禁”的工作纪律规定，市妇联下发保护妇女儿童合法权益的通知，用以指导规范改革试点工作。

加强督导落实。制定出台《考核评价办法》，要求各试点单位认真按照评价办法标准，将每个环节、每项程序做细、做实。成立4个督导组，先后开展7次专项督导和“回头看”，发现问题，限期整改。同时，将产权制度改革工作纳入全市科学发展综合考核和重点督查事项，充分发挥考核“指挥棒”的作用，实行定期调度检查，以考核促落实、提质量。

加强宣传。编发《工作简报》10期，用以指导工作、交流经验。在报纸、电台、电视台多次刊播全市产权改革工作动态。《潍坊日报·今日诸城》连续9期刊发产权改革政策解答；潍坊电视台在《直播潍坊》栏目播报相关做法经验；《大众日报》《潍坊日报》分别刊发《明晰产权归属股权量化到人》和《俺由农民变股民》等稿件。《桃林镇产权改革重点突出步骤清晰环环紧扣》等4篇文章在省《工作简报》刊发，《“四则运算”破解集体产权制度改革难题》一文在《农村财务会计》上发表。

加强资料收集。先后制定《当前农村集体产权制度改革需完善工作内容》和《农村集体经济产权制度改革档案管理办法》，要求各镇街（园区）、试点村将改革中形成的有关材料全部整理归档，并分组对档案整理情况进行督导，查漏补缺，确保各项资料及时齐全归档。其中市产权改革领导小组办公室、桃林镇以及岳戈庄、高新园西王门4单位档案资料顺利迎接了省级考核。

突出“四个重要环节”。全面清产核资。制定出台《农村集体资产清产核资工作指导意见》，各试点村按规定成立清产核资小组，对集体所有资产进行全面清理核实。同时，聘请专业评估机构，会同清产核资小组，对32个试点村的资产进行评估，并将结果公示公开，接受群众监督。依法确定成员身份。制定出台《农村集体经济组织成员资格认定工作指导意见》，本着“低门槛、广覆盖”的原则，最大限度地让群众分享改革成果。明晰产权归属。制定出台《农村集体资产量化和股权设置指导意见》，原则上只设置成员股，实行一人一股制，按份享有；设置集体股的，原则上不超过30%。投资10万多元，建立农村集体产权制度改革信息平台，各试点单位将改革信息录入系统，统一打印股权证书，发放到户。成立集体经济组织。制定出台《股份经济合作社章程（参考样本）》和《股份经济合作社选举工作指导意见》，下发《工作流程》，32个试点单位分别组织成员（代表）召开股份经济合作社成立大会，选举产生了理事会和监事会。组织新成立的股份经济合作社，分片召开座谈会，研究股份经济合作社管理运营和集体经济发展思路，形成调查报告，制定出台《关于发展壮大集体经济　带动农民增收致富的意见》。

【探索农村社区经济发展模式】 按照新型社区超越计划的要求，总结推广枳沟镇、龙都街道的做法经验，选择领导班子强、社情稳定、条件具备的农村社区，试点成立社区农业发展公司，搭建起农村集体经济发展新平台。通过召开会议、现场观摩、制定操作规程、加强督查指导等，推动注册登记社区公司96家，运营势头良好，并探索总结出服务创收型、入股分红型、联合运营型、物业租赁型、资源开发型等五种模式。如乔庄社区整合诸邑古城、庙山、潍河等资源进行深层次开发，建设2000平方米的民俗文化博物馆，13.3公顷的采摘、餐饮生态园，333公顷的庙山林果带，吸引500多家商户前去投资，形成社区、公司、农户抱团发展的局面。同时，社区公司还承接聚合区建设、卫生保洁、绿化亮化等工程，每年增加集体收入100多万元。

【推进现代农业发展】 培育新型农业经营主体。坚持管理服务并重，数量质量并重，传统领域与重点领域并重，重点发展土地合作社、农机合作社、合作社示范社、合作社联合社，推行“合作社+N”模式，以规范提升农民合作社运营质量，增强合作社带动能力和市场竞争力。2017年，全市新发展农民合作社106家，总量达2623家，居潍坊市前列。

引导农村土地经营权有序流转。按照市委、市政府农业“三调两提”的要求，落实土地“三权分置”办法，加大农村承包土地经营权流转力度。及时搞好土地流转合同的审核鉴定和确权颁证工作。引导、鼓励土地向专业大户、家庭农场、农民合作社流转。2017年，全市新增土地流转面积9200公顷，总量达50047

公顷。

积极开展农村产权交易抵押贷款。学习借鉴青州市的做法经验，将齐鲁产权交易中心诸城分中心剥离出去，实行市场化运作，企业化运营，协调农户与金融机构对接，开展农业抵押贷款服务。2017年，新颁发土地经营权证书31件，办理抵押贷款业务15笔、金额2600万元。

【维护农村社会和谐稳定】 开展农村经济责任审计。在加强农村财务公开的基础上，狠抓日常内部审计和专项审计。同时，聘请2家专业审计机构，对全市208个农村社区开展农村经济责任专项审计。年内，所有社区已完成审计工作，并出具审计报告，对存在问题督促各经联社进行整改。

妥善调处农村信访案件。本着“有访必接、有案必查”的原则，对符合政策、诉求合理的坚持马上就办，切实保护农民群众的合法权益；对缠访闹事、无理要求的坚持耐心做好解释工作。2017年，市经管局共受理来信来访案件47件（次），其中协助市纪委及有关镇街（园区）处理信访案件11起。

（宋晓敏）

海　关

【概况】 2017年，潍坊海关驻诸城办事处在关党组的正确领导下，围绕全关“基础建设提升年”工作要求，细化落实工作任务，提高贯彻执行能力，务实进取，奋勇争先，各项工作取得良好成效。

【核心业务】 认真履行把关服务职责，各项工作保持较好的发展势头。截至12月20日，共办理加工贸易手册备案365份，备案金额3.24亿美元，加工贸易进出口总值4.69亿美元，合同变更审批519份，内销征税263万元，余料结转审批56份，深加工结转审批15份，手册核销结案439份，手册报核及时率、结案及时率等指标均为100%。企业管理新注册企业128家，办理企业信息变更107家，辖区实有注册企业达982家，一般认证企业36家，高级认证企业6家。4311现场共审核报关单132票，监管进出口货运量1.2万吨，货值835万美元，共征收税款1061.5万元。4315现场审核进出口报关单197票，进出口值6939.09万元，监管货运量2192.24吨，其中一线报关单2票，货值187.31万元。

【纵深推进重点改革】 结合驻外接地气实际，主动适应改革新常态。认真学习并落实济南海关和该关压缩货物通关时间有关规定，主动向报关企业、银行等通报，确保通关时效。积极学习讨论海关总署全国通关一体化改革“两中心三制度”实施方案，配合功能化改革和人力资源调研，提升业务管理规范化水平。结合发展形势和部门实际，以“保税物流中心的现状及发展”为题开展调研，推动重点工作开展。根据潍坊海关的统一部署，按照“站正走稳”指导思想，贴近一线、主动作为，协助做好保税物流中心系统运行调试、业务代码、业务授权申请等具体事项。派员赴潍坊综合保税区、滨州保税物流中心等地进行跟班学习，为业务开展打下基础。坚持制度保障，制定并实施《青岛保税港区诸城功能区保税物流中心（B型）监管办法》《诸城保税物流中心（B型）巡查办法》《诸城保税物流中心通关监管操作规范》等制度规范，推动物流中心各项工作顺畅开展。2017年5月，经海关总署批复，青岛保税港区诸城功能区保税物流中心（B型）通过验收并封关运营，8月，举行物流中心授牌仪式并办理首票业务。

【服务地方经济发展】 找准把关和服务平衡点，立足职能，积极落实海关服务举措，树立服务意识，完善服务措施，努力为地方经济发展营造和谐环境。定期举行政策宣讲，提前征求企业需求信息，及时调整宣讲内容。创新服务举措，变“集中授课”为“当面讲解”，针对企业实际需求，主动送政策上门。在窗口开展“亮身份、亮口号、比服务”活动，主动接受企业监督，努力为企业提供最优质、最贴心的服务，受到企业好评。支持青岛保税港区诸城保税物流中心等地方特殊监管场所发展，办事处派员进行现场办公，面对面解决企业发展遇到的困难，帮助特殊监管场所合理确定规划布局，提高管理科学化、规范化水平。加大监管和风险防控力度，配合关里稽查、加贸等部门对驻地企业开展中期核查，帮助企业进一步规范进出口业务，真正践行“服务经济”理念口号。提升企业信用管理水平，完善与市场监管、税务、质监等部门的联系配合机制，互通企业信用信息，开展联合激励，实施联合惩戒。主动与地方进行对接，向地方政府报送工作汇报，统计月度简报，充分发挥海关统计和监测预警作用，并提出合理化建议，得到有关市领导肯定。

【业务建设】 结合驻外特点，实施精细化管理，确保各项工作保障到位。不断强化经验交流，学习培训，风险防控，不断完善“智慧海关办事处”建设。拓展业务交流平台，根据办事处人员少、调整快、兼职业务杂的实际，每月召开业务专题会议，对日常工作中出现的重点业务问题及近期工作计划进行集体讨论，提高工作人员综合业务能力和岗位联动执法水平。坚持“业务每月一讲”，每月安排一位关员结合自身岗位进行授课，其他人员对内容进行点评，增强全员学习效果。培树全员风险防控意识，办事处做到每季度对整体业务进行一次全面风险分析，每月要求关员就本岗位实际工作进行一次业务风险和隐患自查，做到防患于未然。与时俱进，继续推进“两学一做”学习教育，积极宣传学习贯彻党的十九大精神，通过设置党员活动室、布置十九大精神展板等方式，推动学习活动扎实开展。

（张建勋）

青岛保税港区诸城功能区

【概况】 2017年，青岛保税港区诸城功能区（以下简称诸城功能区）依托发展新战略，确定以保税物流运营、产业招商运营、电商及电商供应链运营、工业地产开发为四大主营业务和搭建一个功能服务平台的业务发展方向，并紧紧围绕青岛保税港区工委管委和诸城市委、市政府年度业务职能目标和重点工作，以科学负责的态度，全力推进各项工作的落实，取得良好成效。

【保税物流中心正式封关运营】 诸城保税物流中心于8月17日正式封关运营，并有序开展了保税仓储、出口退税、国际配送、国际采购及保税物流增值服务等业务，年内累计完成通关货值2000万美元。诸城功能区保税物流中心是全国第33家、山东省内第5家获批的保税物流中心。

【青建奉凰供应链“双11”业绩突出】 山东青建奉凰供应链管理有限公司和百世云仓达成战

略合作，并成为阿里巴巴旗下菜鸟网山东首家战略合作联盟成员，大客户合作也取得突破。“双11”首日发货量达62000单，累计发货13.4万单，青建奉凰智能云仓成为半岛地区单仓单品最大发货仓。年内，山东青建奉凰供应链管理有限公司开始着手布局全山东省，计划于多地设立功能分仓，实现功能联动、业务联动、信息联动，争取2018年发货量突破300万单，发展成为山东省内最大的电商分拨服务商。

【工业地产开发项目有序推进】 诸城功能区依托高端装备进出口、展示交易、研发、制造基地项目，将产业招商和工业开发有机结合，开发了总规模7万平方米的企业自由港工社二期·工业院落项目。采用EPC定制模式开发建设全新的“5+5+5”独门独院厂办一体式钢构厂房产品。2017年，企业自由港·工社项目累计引进企业12家，销售厂房15栋，完成投资9500万元。

【青建优迈进口商品展销中心对外开放】 4月6日，诸城功能区跨境电商产业园内青建优迈进口商品展销中心正式对外开放。青建优迈将以诸城功能区作为总部，辐射周边百公里区域，使消费者通过便捷的通关、快速的物流、简易的支付享受全球众多的商品，实现“足不出户、购遍全球”。

【工业院落签约恳谈会举行】 11月23日，诸城功能区企业自由港·工业院落签约恳谈会举行，完成招商引资12家企业进驻，涉及先进制造业、食品加工业、新能源、仪表仪器、医疗器械等领域，入驻企业计划投资总额3亿元，年产值2亿元，年利税2000万元。

（季　然）

农　　业

美丽乡村建设

【概况】 2017年，诸城市按照“生产发展、生活富裕、生态良好”的总要求，积极实施“七改五化”，在全市组织开展美丽乡村标准化建设，不断完善村庄功能布局，持续深化农村环境整治，基础设施完善、村容村貌整洁的美丽乡村雏形显现。年内，全市共投入美丽乡村建设资金近4亿元，整修和硬化村级道路180余万平方米，栽植绿化苗木400余万株，粉刷美化墙体320余万平方米，新安装路灯8000余盏，全市B类以上美丽乡村覆盖率达60%以上。

【突出规划引领】 以省市县三级美丽乡村示范村为骨架进行规划布局，高标准整体规划设计，统领和指导全市美丽乡村建设。邀请专业设计团队，按照“生活宜居、环境优美、设施配套”的要求，科学编制《全市美丽乡村建设规划》，实行一村一规划台账式管理，连片打造、梯次推进，形成了道路硬化、路灯亮化、河塘净化、卫生洁化、环境美化、村庄绿化新格局。桃林镇聘请专业设计人员，对每个村庄进行总体风格规划设计，深入挖掘每个村庄的历史文化和产业传承特色优势，立足山地丘陵、自然生态保持良好、特色果品发展历史悠久、基础良好等实际，引导各村大力发展果品种植，开发乡村旅游产业，打造了管家沟、草屋、瓦屋等一批采摘旅游特色村，构建了篱园风情小镇、龙门口生态旅游度假区、大山森林公园桃花山景区等7个重点旅游项目，有效带动了周边村庄的美丽乡村建设进程。李子园、管家沟两个村原本基础设施配套落后，村庄面貌滞后。启动美丽乡村建设工程后，这两个村先后建设了樱谷庄园、龙门口生态旅游度假区项目，成为知名的旅游发展示范村，并成功举办了首届桃林镇春茶樱桃采摘节，日接待游客5000余人次，村民收入实现翻番。

【强化示范带动】 根据地域分布、经济基础和特色产业发展情况，2017年，全市选定4个省级美丽乡村示范村、2个潍坊市级示范村和100个县级示范村，整合已有的各类资源，向重点村镇和示范村集中投入，打造美丽乡村建设亮点，并将亮点连线成片，逐步实现美丽乡村的全覆盖。全市重点打造起枳沟—龙都—南湖—皇华—桃林和密州—高新—昌城—相州两条美丽乡村精品旅游路线，深入打造昌城“食品小镇”、枳沟“红色小镇”和桃林山区特色“旅游小镇”，形成点上出彩、面上开花的创建格局。作为“诸城绿茶”种植核心区的桃林镇山东头村，在推进特色村庄建设过程中，将绿茶产业发展摆上首要位置，积极推进绿茶专业特色村庄建设，通过对茶叶种子进行补贴、对成片发展的茶园免费耕地等措施，鼓励群众发展绿茶种植，从以前基础设施落后、群众收入低的贫困村，变为全镇茶叶种植专业村和示范村。环境优美、经济繁荣、设施完善、村庄面貌焕然一新，被认定为全国“一村一品”示范村。

【加大政策扶持】 市委、市政府出台《关于推进美丽乡村标准化建设的实施意见》《美丽乡村标准化建设资金奖补办法》等一系列优惠扶持政策和文件，设立近2000万元专项资金，对美丽乡村标准化建设实行以奖代补，激发基层工作积极性。同时，为增强美丽乡村发展后劲，市委、市政府制定出台《全面推进现代农业“五化”发展的意见》和《诸城市鼓励农业产业结构调整扶持政策》等文件，鼓励工商资本下乡参与美丽乡村建设，加大对村级产业发展的扶持力度。在财政资金的撬动下，吸引社会资本和农民参与，逐步建立起政府财政投入、农民自筹、社会参与、帮扶共建“四位一体”投入机制。2017年，共办理贴息贷款9827万元，撬动社会资本近2亿元，有力地解决了美丽乡村建设资金短缺问题，为诸城乡村振兴提供了强有力的保障。

【改造基础设施】 突出环村生态林带建设，优化农村生产生活环境。将环村生态林带建设打造成为诸城美丽乡村的特色和亮点，结合农业结构“三调两提”，努力扩大绿化苗木和经济林栽植面积，打造“村边森林化、村内园林化、道路林荫化、庭院花果化”的生态田园风光。各村制定了2017年度环村生态林带建设规划方案，科学选择生态防护林型、经济林型、用材林型、苗木花卉型、公园绿地型、复合型等不同模式，在村庄周围营造了宽度不低于15米的环状林带，村庄环绕率达85%以上，增加造林面积200公顷。加快农村无害化卫生厕所的改造。省、潍坊市、诸城市财政按照平均每户900元的标准进行奖补，每级财政奖补300元/户。2017年，完成厕所改造1.2359万户，基本实现农村无害化卫生厕所全覆盖。

【深挖文化内涵】 重点突出“乡土化、多样化”，坚持文化传承、绿色发展，更好地体现地域特色、风土人情、田园风光和文化内涵，使村庄布局更加合理、村容村貌更加优美。2017年，枳沟镇深入挖掘尽美红色文化内涵，把红色乡村旅游开发作为美丽乡村建设新亮点，对王尽美烈士故居进行全面修缮，着重重塑和修缮“冠山堂”、尽美私塾、王尽美烈士纪念碑、尽美红色文化长廊、尽美红色文化广场、事迹展室、文史资料研究馆、“星火燎原”纪念林、尽美放羊小道、“尽美碑林”等10处红色景点，打造“寻根之旅——尽美故乡北杏行、传承之旅——尽美红色小镇行、希望之旅——尽美精神传承行”3条旅游线路，传播尽美文化，弘扬尽美精神，打造红色小镇，把镇域资源优势转化为经济发展优势，促进美丽乡村建设。

（窦 伟）

种 植 业

【概况】 2017年，全市种植业紧紧围绕促进农民增收这一主线，以科技、人才、信息为支撑，以作风建设和廉政建设为助力，加快推进农业供给侧结构性改革，推动农业加快向产出高效、产品安全、资源节约、环境友好的现代农业转变，荣获“全国休闲农业与乡村旅游示范县”称号。

【粮食生产能力稳定】 加强对粮食生产的调度，狠抓关键技术落实。2017年，种植小麦67486.67公顷，平均亩产450.5公斤，总产45.60万吨；种植玉米62920公顷，平均亩产570公斤，总产53.80万吨。2017年播种冬小麦64800公顷。

大力实施粮食高产创建活动。抓好百尺河、辛兴镇省级粮食高产创建示范方建设，百尺河镇、辛兴镇示范方小麦平均亩产557公斤，玉米平均亩产604.79公斤，超额完成产量目标。在皇华镇建立了2处花生安全优质高产示范田，重点示范推广花生新品种和无公害高产栽培技术。

认真落实相关富农强农惠农政策。2017年，共核定小麦种植面积67486.67公顷，比上年减少1646.67公顷，享受补贴的农户196870户。落实2017种粮大户补贴政策，2017年全市符合条件的种粮大户544户，确定补贴面积4299公顷。其中，种植面积在50亩（含50亩）以上、200亩以下的466户，补贴面积为2858.40公顷；200亩（含200亩）以上、500亩以下的72户，补贴面积为1200.92公顷；500亩（含500亩）以上的6户，补贴面积为239.73公顷。实施诸城市2017年耕地地力保护工作试点项目，潍坊市财政拨付资金746万元，诸城市历年财政结余资金24.1万元，共计770.1万元。工作中，严格工作程序，精心组织安排，狠抓耕地质量和耕作进度，保证项目顺利进行。年内，耕地全部结束，实际耕地面积为6266.67公顷。

【提升优化农业产业】 认真落实《关于全面推进现代农业“五化”发展的意见》《鼓励农业产业结构调整扶持政策》文件精神，按照“宜果则果、宜菜则菜、宜林则林”的发展思路，定期进行督导观摩，引导工商资本投资农业，整合集聚资源要素，加快推进大田调大棚、山地调林果、零散调规模，加快种植业结构调整。年内，新增流转土地面积10066.67公顷；完成种植面积5913.73公顷，已建成和在建大棚面积1042.93公顷。果茶快速发展，新发展果茶1386.67公顷，其中茶133.33公顷，水果1253.33公顷，全市果茶总面积近6666.67公顷。其中果树总面积近5000公顷，茶叶总面积1600公顷，已建成各类果茶示范园区50多处。计划新建33.33公顷及以上的现代农业园区102个，已开工建设95个；计划投资283716万元，已完成投资88320万元。已发放和正在办理的农业结构调整贴息贷款额达10182万元，对符合奖补要求的9个园区所属地拨付市级财政补助资金1602852元。

【产业融合升级】 坚持以新发展理念为引领，加快推动农村三产融合，逐步建立以农业产业为基础、以新型经营主体为骨干、以模式创新为动力的现代农业“新六产”，以诸城佳博天益为代表的大田托管终端型发展新模式、以常山永辉农场为代表的体验型发展新模式、以佳士博食品公司为代表的循环型发展新模式、以诸城市农林科技孵化器为代表的智慧型发展模式、以山东华山农林万亩平欧大榛子示范基地为代表的终端型+体验型的复合型发展模式，实现了全产业链增值。新建、扩建润竹山、梅香园、常山永辉、大源生态、泰田农业、驿丰葡萄、春江农业等高档观光采摘园20多处，建成休闲农业与乡村旅游点150多处，精品线路11条，培育起3个全国休闲农业与乡村旅游示范村，打造特色鲜明、品牌突出、质量安全、采摘游乐于一体的休闲农业品牌。

加大农业龙头企业培育，开展2016年度农业产业化和一村一品统计调查工作，专业村录入64个，龙头企业录入48家，中介组织录入21家；开展对省级农业龙头企业及样本企业的景气调查，组织经营主体参加全省农村创业创新项目创意大赛，组织佳士博公司申报农业部中央厨房产销模式案例，华宝、兴贸被认定为山东省农业产业化重点龙头企业。永辉农场、大鹤现果品合作社等单位荣获潍坊市第二届苹果大赛一、二、三等奖和优质奖，其中永辉家庭农场参赛的矮砧富士品种“烟富3”获得“果王”称号。山东佳士博食品有限公司“佳士博”牌速冻调制食品、诸城外贸有限责任公司“尽美”牌禽肉制品、诸城中康农业开发有限公司"富维"牌新鲜蔬菜成功申报第二批山东省知名农产品企业产品品牌；举办了首届青岛·诸城农商对接洽谈暨优质农产品推介会，推动诸城农业深入对接青岛中高端市场。

【农产品监管体系建设】 按照潍坊市要求，全面强化镇街基层监管体系建设，落实监管队伍，16个镇街（园区）设立了农产品质量安全监督管理办公室，在13个镇街设立了农产品质量安全检测室。在每个镇街（园区）配备3名专职人员，在1331个自然村各设立1名农产品质量安全监管员。实行网格化监管，各镇街（园区）充分发挥村级农产品质量安全监管员的作用，每月对辖区内66.67平方米以上的瓜果菜茶食用菌等农产品种植地块、农资门店、瓜菜经纪人开展监管排查，及时处理发现的问题，建立监管排查记录。举办了5期标准化生产技术培训班，印发生产记录档案1000余份，发放韭菜、生姜、西红柿、大白菜、茄子、茶叶、苹果、大樱桃等标准化生产技术规程和"明白纸"5000余份。

所有已建和在建农业标准化生产基地，都按照有龙头（企业、协会、市场、合作社等）带动、有技术负责人、有质量安全管理制度、有执行的标准和技术操作规程并在生产中得到落实、有统一供应农资制度与档案、有田间生产档案、有产地环境检测报告、有产品品牌并实行包装标识上市、有速测设备并开展了自检、有产品质量追溯制度的"十有"标准进行规范。组织开展农资打假专项治理行动，执法抽检农药样品120个、肥料样品10个，全年立案查处案件10起，罚没款1.19万元。

加大农产品质量安全检测力度，市级定量检测样品1500个，全部合格；镇街检测室共例行速测12300个，合格率99.6%。推行韭菜产品"双证制"管理，强化产地准出和市场准入制度，举办了韭菜"双证制"管理培训班，发放韭菜产品合格证62000份，发放韭菜生产记录档案、韭菜生产技术规程、常用农药安全间隔期"明白纸"各2500份，提高了广大韭菜生产者的主体责任和质量安全意识。在梅香园、青鸟农庄等16处标准化程度较高的农产品种植基地建立农产品质量安全追溯点，安装农产品生产基地管理平台。

【生态农业建设】 实施2017年农业面源污染防治，完成玉米"一防双减"5466.67公顷，专业化防治达播种面积的15%以上，病虫害损失率控制在5%以内。制定了化肥减量示范方案，分别在西瓜、土豆、生姜、大葱等作物安排化肥减量增效示范田各1处，在相州镇以新型经营主体为主建设1处86.67公顷的"粮食减量增效集成示范区"，在桃林镇扶贫工作重点村帮扶建设1处20公顷的"果园减量增效集成示范区"，每个示范区都设置对照观测点，配置8平方米标志牌，将示范补贴的肥料及时发放到位，并对肥料进行抽样检测，确保了肥料质量；蔬菜生产基地、部分保护地栽培绿色防控面积达30%。安装调试土壤墒情自动监测仪4套，全市自动墒情监测系统达10套。分别完成了有机肥替代试验1处，小麦肥效验证试验、肥料利用率试验各1处，土豆"2+X"试验2处，花生微量元素肥对比试验1处，玉米肥效对比试验、肥料利用率试验各1处。为部分大户及农业局包靠的贫困村开展个性化的配方施肥技术服务。提前完成全年化学农药用量比2016年减少2%的目标。开展面对面技术指导服务，发放施肥建议卡等宣传资料4万份，玉米、小麦、蔬菜、果树、花生等实施测土配方施肥面积164000公顷，占播种面积的94.2%。全市有效期内"三品一标"93个，新组织申报绿色食品21个。2017年诸城市农作物秸秆可收集资源量为107.7万余吨，其中小麦39.8万吨，玉米61.1万吨。通过秸秆精细化还田、秸秆快速腐熟还田、秸秆生物反应堆、秸秆工厂化生产有机肥、秸秆基料化、青贮饲料化利用等方法，秸秆综合利用数量达99.1万吨，综合利用率达92%以上。

【农业科技人才队伍建设】 与山东农业大学、青岛农业大学签订科技合作协议，加强与高等院校、科研单位等相关单位密切协作，定期邀请专家、教授到诸城现场指导和授课，提升全市农业科技服务水平。加快诸城产业科技领军型人才培育，组织东晓生物王瑞明、天益供销公司王法宏、润竹山旅游公司王红清、泰田农业的兰玉菲申报鸢都产业领军人才。研究制定《诸城市乡村之星选拔管理办法》，并组织开展评审活动。开展“千人计划”专家诸城行活动。组织20多家企业开展对接活动，黄耀伟与信得药业有限公司、邓晓与永辉农场达成初步合作协议。依托新型职业农民培育项目、基层农技推广补助项目等惠农项目的实施，推广普及小麦生产新技术、蔬菜生产新技术、测土配方施肥、深耕改土等多项农业实用高新技术，提升农民的科技种田水平。农业科技服务站点充分利用市农业局12316“三农”服务热线、农业科技直通车、农业信息网视频等现代信息手段，拓展对农民的公益性农业科技服务。加大新型职业农民培育，先后组织100人到青岛农业大学参加新型农民创业培训。

【农技服务创新】 深入开展农业科技进社区、包园区、连农户活动，推行全员“一线”工作法，下沉农技服务力量，农业局领导班子成员每人负责1至2个镇街（园区）的农技服务进社区工作，服务包靠2至3个农村社区、1个农业园区；选派72名农业科技人员，每人负责3个农村社区、1个新建农业园区，印制服务联系卡、实绩簿、品种技术宣传彩页，每月至少到农村社区、农业园区指导服务4个工作日，为基层提供政策、技术、品种等优质便捷服务。年内，举办果茶、瓜菜、温室大棚技术培训班100多期、3000人次，组织外出考察学习20次、1300人次，服务群众12000多人次。推进社区农业科技服务组织建设，在全市208个农村社区建立农业科技服务站点，每站点选配1-2名全科农业技术员，在产业比较集中的社区建立农村社区农业科技服务站50个，指导和辐射带动周边社区主导产业发展。

【推进重点项目】 聚力农业项目，加大工作协调调度，强力推进环常山现代果业、北杏社区设施农业园区、青朴园扩建项目、驿丰生态庄园等农业大项目建设。上级政策项目抢抓落地实施，总投资7500万元的千亿斤粮食产能项目完成招投标，总投资9000万元的舜沃农业大型沼气项目、投资770万元的耕地地力保护工作试点项目、投资360万元的农村一二三产业融合项目正在实施中，投资300万元的农产品质量安全示范县创建项目、投资360万元的农药残留治理工程项目、总投资250万元的潍坊市生态休闲农业示范园区建设项目开工建设，承担实施了粮食高产创建平台项目、基层农技推广补助项目、潍坊市生姜水肥一体化项目、耕地地力提升和化肥减量增效项目、潍坊市水果标准化示范园创建项目和2个水果精准扶贫示范园创建项目。积极争取总投资1359万元的高效特色农业发展项目、总投资1000万元的2017年整县制推进农村一二三产业融合发展项目。重点实施好农技推广信息化应用示范项目，强化农技推广信息化装备条件建设，在全市建设1处中心示范站、2处示范基地和5处示范教室，进一步完善农技推广信息化应用示范体系。

【加快平台建设】 以永辉农场等园区为带动，加快“互联网+农业”平台建设，试验探索农业大数据进田和物联网管理，探索推广智能化农业设施，提高农业管理的精确性。

加快金融服务平台建设，重点利用好政府扶持资金、产业发展基金、合作互助资金、资本市场资金等，为农业发展提供坚强资金保证；积极搞好政策性保险与商业保险，为种植大户、家庭农场、农民专业合作社量身定做多层次、全方位的一揽子保险产品和服务。2017年，落实小麦承保面积49973.33公顷，花生承保面积4060公顷，玉米承保面积36473.33公顷。全年，定损小麦面积2513.33公顷、玉米面积1658.67公顷，小麦赔款605.88万元，玉米赔款350万元。

以农林科技孵化器为支撑，加快种植业科技孵化平台建设，年育优质种苗1000万棵，打造矮化密植苹果、大樱桃、马铃薯、茶叶、草莓等科研示范推广基地。

推进北端茗茶叶生产专业合作社发展，通过龙头企业强劲带动，大力实施品牌战略，搞好茶树良种引进、繁育、推广，走“合作组织+企业+基地+农户”的路子，带动农民发展高效农业，年内发展社员800多户，基地面积达533.33公顷。

推进华山农林平欧榛子示范基地建设。诸城土壤气候适宜榛子树生长，相传早在明朝皇华南部龙湾头一带山区就长有大量野生榛子树，诸城人采集利用榛树果实也有较长的历史。2016年，华欣铸造从企业所在地皇华镇山区土地气候条件出发，实施平欧榛子基地建设项目。项目规划建设周期三年，种植面积1333.33公顷，带动农户3000个、专业合作社和基地6个。至2017年底，已完成投资1.2亿元，流转土地507公顷，栽植榛子70多万株，年育苗能力达到300余万株。先后被中国经济林协会命名为榛子产业示范基地，被中国林业生态发展促进会命名为中国森林食品原材料认证基地，被山东省林业厅授予林业龙头企业、省级经济林标准化示范园、齐鲁放心果品品牌、山东特色经济林科技示范基地等称号。

深入挖掘产业加工，推动一产和二产融合对接，打造高水平农产品加工和交易平台。依托富民中药材种植合作社进行丹参加工、储存、干制、鲜切技术合作，年加工量1000吨；依托诸城舜富园金银花合作社进行金银花烘干、炒制加工；面食方面，对佳士博粮油、康盛源水饺、中粮馒头进行方便即食、冷冻研发；特精菜生产流通方面，对泰田、青鸟、华敏的配送、元康公司的鲜切蔬菜、冷冻蔬菜加工进行研发；干果种植加工方面，华山农林开展榛子炒制、榨油、饮料深加工；苹果生产储藏方面，依托中康、元康、颐康进行优质苹果储藏；食用菌方面，依托泰田示范园进行研发。

（王　昕）

畜　牧　业

【概况】 2017年，全市牧兽医工作紧紧围绕全市中心工作，坚持农业“五化”发展战略，推进畜牧业供给侧结构性改革，加速畜牧业新旧动能转换，优化畜牧产业区域布局，抓好重大动物疫病防控和畜产品质量安全监管，实现畜牧业标准质量、养殖效益“两个提升”。诸城市连续十一年被农业部评为“全国生猪调出大县”；市畜牧兽医管理局被省畜牧兽医局评为“全省畜牧兽医工作先进集体”“全省畜牧兽医统计监测工作优秀单位”。

2017年，全市肉蛋奶总产量37.5万吨，生猪存栏110万头，出栏225.7万头；牛存栏7.1万头，出栏9.7万头；羊存栏7.9万只，出栏27万只；肉鸡存栏1049万羽，出栏6366万羽；蛋鸡存栏283万羽；毛皮动物出栏807万只。

【服务基层】 畜牧兽医系统干部职工认真践行一线工作法，下沉到企业、养殖场（户）、项目建设现场，现场办公，靠前服务，指导解决粪污治理、安全监管、除臭技术应用等问题3000余个，现场培训养殖场户1000余人次。通过查找问题和薄弱环节，整改完善全市基层动物防疫体系建设、生猪良种体系建设、畜产品质量安全监管等方面的工作。抓好科技创新引领，积极“引才引智”，与山东省生猪、家禽创新团队——山东畜牧兽医职业学院签订合作协议，搭建研学产合作创新平台。成立诸城首家产学研机构——养猪商学院，年内累计举办培训班20多次，3000多养殖场（户）掌握了健康养殖、疾病防治、粪污处理等技术。

【畜禽养殖提档升级】 牢固树立绿色发展理念，积极推动畜牧业转型绿色发展，通过搭建全市种养结合平台，得利斯、齐舜、佳博天益、大森林、甫乐农业5家承建单位种养结合项目一期工程竣工；完成了2017年粮改饲试点（省财政）项目。兴建了泰田农业“大棚”养猪、华昌牧业“畜牧+休闲”等农牧循环、种养结合养殖基地62处。2017年，荣获“全国首批畜牧业绿色发展示范县”“全国畜牧养殖大县种养结合整县推进试点县”称号。

改造提升标准化养殖场。新建、改建牧族生态蛋鸡、奇昊生猪等规模化养殖场13处，规范标准化养殖场65处，争创省级示范场2家，市级示范场6家。

做好良种繁育。2017年，诸城外贸投资1亿元新建1处标准化孵化场和1处现代化祖代种鸡场，引进新西兰AA（爱拔益加）祖代种鸡3.49万套；2处猪人工授精站改良能繁母猪2.5万头；完成基础母牛扩群登记1479头，年内新增牛犊1609头。

出台《生猪政策性保险实施方案》，积极宣传发动，规模场以场为单位参保，规模以下及其他养殖散户以村为单位参保，年内该项工作继续推进。

【畜产品质量安全监管】 加强动物卫生监督和畜产品质量安全监管，建立“双安全”巡查制度。2017年，全市共监督抽检畜产品567批次，畜产品检测合格率达100%；查处各类违法案件40件。

完成春秋冬三季重大动物疫病防控任务。按照潍坊市人民政府办公室《加强基层动物防疫体系建设实施方案》要求，完成监管网格建设，招录了138名基层动物防疫与畜产品质量安全协管员，年内全部上岗开展工作。

开展品牌创建工作。年内，甫乐“生态黑猪”取得有机食品认证，安咯禽业、恒祥惠福等6家养殖基地通过无公害认证；外贸“尽美”牌禽肉制品被评为山东省第二批知名农产品企业产品品牌；6家省级以上标准化养殖示范场申报创建“食安山东”畜牧业示范品牌引领企业。

【畜禽养殖粪污治理】 科学划定禁养区、限养区、适养区。按照疏堵结合原则，通过开展过桥行动、“3311”（三项补贴：养殖设施改造补贴、蘑菇菌棒购置补贴、产品保护价销售补贴；三项服务：提供技术指导服务、产品销售服务、发展平台服务；培育一个新龙头；打造一个新业态）动员转产转行等方式降低了养殖户的损失，完成禁养区养殖场（户）关闭搬迁1100余户。

推进畜禽粪污处理设施建设。指导全市546家规模养殖场配建粪污处理设施，全市规模养殖场粪污处理设施配建率达91.9%。

推广信得新技术。在全市494家养殖场（户）试点施用畜禽体内除臭产品，效果明显；在全市养殖场安装了多套生物发酵制备有机肥和腐殖土处理污水设备。

【畜牧科技推广】 认真贯彻落实上级各项畜牧

业扶持政策，依靠政策带动产业发展。

加快生猪人工授精技术推广，规范项目实施程序。2017年的生猪良种补贴项目于7月9日正式实施，至10月结束，完成补贴良种猪精液7.7932万头份，补贴能繁母猪1.9483万头，节省养殖户配种费用78万元。

继续做好基础母牛扩群项目。对市境内肉牛基础母牛存栏20头以上（含20头）的养殖场、养殖户和肉牛专业合作社，按照每新增加1头犊牛补贴2500元的标准进行补助，推动基础母牛养殖向适度规模养殖转变。将市境内肉牛基础母牛存栏20头以上的71个养殖场（养殖户、肉牛专业合作社）确定为补贴主体，现场登记核查基础母牛1479头，按照“一牛一档、一牛一号、一牛一照”登记造册并进行张榜公示。全市新增犊牛1095头，累计出动核查人员3500人次，出动车辆1200余台次。

做好2017年诸城市粮改饲试点（省财政）项目申报。按照“公开、公平、公正、透明”的原则，公开项目申报要求、补助标准、补助范围、实施进度等，在全市范围内筛选、确定7家项目申报主体，完成粮改饲试点申报工作。

【动物卫生监管】 强化“五类场所”（养殖、屠宰、无害化处理、诊疗、奶站）动物卫生监管。全面完善“五类场所”监管档案，建立专门监管档案并定期更新、上传相关数据和记录，实行分级分类管理，确定不同的监管内容、方式和频次，便于监管人员及时、高效、准确地开展监督检查。同时严格按照国家和省、潍坊市规定要求，落实“五类场所”动物卫生监管制度和措施，加强对辖区内相关场所动物防疫条件的监督检查，随时掌握辖区内动物疫病状况和动物卫生状况。

强化动物检疫监管。严格开展产地检疫，依法规范屠宰检疫，严格监督屠宰企业落实“瘦肉精”检测主体责任，保证染疫动物不出场、病害动物产品不上市。认真落实证章标志领取、使用、发放、回收和销毁制度，加大对伪造、变造证章标志违法行为的查处和打击力度。

强化动物移动监管。加强动物卫生监督检查站运行管理，全年共检查入境动物365车次，动物产品100车次1514.9吨，有效发挥了动物卫生监督检查站屏障体系和指定通道作用。

【病死畜禽回收】 落实病死动物无害化处理的监管责任。加大对病死动物无害化处理的监管工作力度，落实养殖场（户）、屠宰场（点）和运输经营者病死动物无害化处理的主体责任和动物卫生监督机构法定的监管职责。

强化收集环节监管。收集现场由官方兽医到场监管，必须由畜主、收集人员和监管人员三方签字无害化回收处理收取单（登记表）。每月对收集现场进行2次以上随机监督检查并附照片。

深入实施无害化处理场全程痕迹化管理。派驻2名官方兽医监管对病死畜禽入场、无害化处理、产品流向实施无缝隙监管。每月对收集车辆无害化处理登记表、收集照片、车辆GPS轨迹、收集实物等随机抽查4次以上，做到日常监管与监督抽查相结合。

强化病死畜禽无害化处理监督执法。严格履行病死动物无害化处理监督、执法检查和违法查处法定职责，发现有屠宰、经营、运输病死动物或生产、经营、加工、贮藏、运输病死动物产品的，依法进行监督处理和查处；对涉嫌构成犯罪的及时移送公安机关。统一屠宰环节病害动物及其产品由市病死畜禽无害化处理中心集中处理，保证病害动物及其产品不流入市场。做到病死畜禽“不准出场、不准宰杀、不准食用、不准出售、不准转运、不准随意抛弃”。2017年，全市共无害化处理病死猪40万头、牛900头、羊2.1万只、禽3100吨、兔27吨。

（侯文博）

水 利 水 产

【概况】 2017年，全市水利水产工作围绕全市“三区一城”建设大局，按照“系统化治理、规模化建设、规范化管理”思路，实行政府与市场两手发力，建设与管理双线并行，水系与山系一体治理，工程与水源联网调配，初步建立起“水系连通、多源联供”的水安全保障框架体系；继续推进科技养殖，强化水生态建设，水利水产事业再上新台阶。成功创建为“全省小型水库管理标准化县”，是全省首批、潍坊唯一获此称号的市县。社会化管水护水机制创新，被评为“中国水利记忆·2017基层治水十大经验”。市水利水产局被山东省档案局评为“山东省档案工作科学化管理先进单位”。

【水系连通建设】 卧龙湖水库建设全面铺开，总投资4.2亿元，年内已完成工程投资1.6亿元，成为改革开放以来诸城市第一个水库建设工程、最大的水源开发工程。西见屯拦河闸建设雏形初显，总投资6000万元，年内完成工程投资4000万元，闸墩、排架、翼墙等主体工程已初具规模。郭家村水厂应急供水条件成熟，投资2200万元，完成25公里管道铺设，通过泵站提水、管道输水、多次加压方式，实现三里庄水库向郭家村水厂的直接调水，日调水能力1万吨，并为石门水厂未来调水提供工程基础。同时，抢抓降雨增多的有利时机，依托现有水利工程，全力加强水源拦蓄调配，全市平均降雨691.9毫米，较上年同期多80.6毫米，较常年同期少26.2毫米。年内调水3822万立方米，年末蓄水总量1.8亿立方米，比上年同期多597万立方米。

【水生态文明建设】 扶河、淇河生态修复同步推进，总投资4529万元，对扶河三里庄水库至青墩水库段、淇河丁家庄至柏戈庄大桥段11公里河道进行生态治理。两河年内累计完成投资1650万元，占总投资的36%。竹山小流域水土保持综合治理全面完成，投资229万元，新建蓄水池、加固塘坝、整修梯田、栽植苗木，治理面积4平方公里，探索出政府与社会两手发力的水利投入新机制和清洁型、生态型、经济型“三型合一”的生态治理新模式。市管水域生态保护全方位展开，投资265万元，完成三里庄水库、青墩水库重要区域围网工程建设，围网总长度28公里。投资212.9万元，完成潍河公园维修改造。潍河与各中型水库增殖放流净水鱼种260多万尾。完成117个批次的水产品质量安全抽样检测，合格率100%。同时，潍河两岸三段滨河路工程全部完工。“三八六”环保行动河道生态治理目标全面完成。大源农业生态园荣获“国家水土保持科技示范园区”称号。

【小型水利设施建设】 争取上级资金2495万元，完成39个移民村扶持项目，生活生产条件得到巩固提升。投资218万元，扶持常山永辉、辛兴宏润等5个农业新型经营主体发展148公顷瓜、果、菜水肥一体化高效节水灌溉项目，探索出水利直接扶持农业园区发展的新路子。投资212万元，完成全国小农水重点县结余资金项目，建设贾悦、皇华高效节水灌溉面积102.13公顷。投资230万元，实施抗旱应急项目，扶持辛兴、高新园、皇华、桃林、南湖等镇街（园区）开展小水源开发建设。投资1200万元，完成石门水库、郭家村水库维修养护和“引墙入吴”调水工程部分管道迁移、平日路与石门水厂管网重叠段管道铺设。同时，农田水利项目县和73座小型水库除险加固列入上级投资规划，总投资1.23亿元。

【水利改革创新】 建立落实“河长制”，市、镇两级成立河长制办公室，51条主要河流实现市、镇、社区三级河长全覆盖，全市落实各级河长372人，组织体系、制度建设、问题排查、保护区划分、排污口封堵、清河行动等有序推进，河流原貌恢复，管理机制顺畅，通过潍坊市验收。创新社会化护水机制，通过政府购买服务方式，将潍河、扶淇河、三里庄水库等城区水域绿化保洁推向市场。引入社会管水护水力量，通过招募、聘用等方式，全市51条河流配备河管员280人，设立民间河长82人、河道警长32人、社会监督员46人，建立志愿者服务队16支，建立起社会化监督评价机制。小型水库管理体制改革全面完成，全市119座小型水库安全责任人、专职管理员、维修养护队伍、管理标准、管护经费、考核办法“六落实”，步入物业化管理、专业化维护、信息化监管新轨道。农业水价综合改革年度任务完成，在相州镇推广面积3333.33公顷，一个价格核算、一张水卡取水、一个队伍管理成为农业灌溉新模式。农村公共供水计量收费方式创新，年内完成352个村庄（单位）的智能水表的安装应用，先交费后用水逐步成为新的管理形式。

【渔业生产】 受持续干旱影响，全市水产养殖受到严重冲击，渔业产量、产值继续低迷。2017年，淡水养殖面积3659公顷，水产品产量4899吨，比上年下降5.0%。

【依法治水】 实行行政审批制度改革，建立权力、服务、负面和责任“四个清单”，并向社会发布。落实最严格的水资源管理制度，规范取水审批，严格用水计划，完善计量设施，强化执法监管，征收水资源费2149.13万元、水土保持补偿费63.1万元，办理取水许可证65套，完成127家企业节水评级评价复审验收工作。贯彻落实水资源费改税工作，完成211家纳税人入户核查。加快入河排污口综合整治，排查出入河排污口183处。安装取水口远程抄表设备300个。严格落实安全生产责任制，完善安全监管机制，不断提高安全生产管理水平，全年无安全责任事故。完成全市渔船的年度检验工作。开展砂资源集中整治行动，处置采砂船9条、装载机12台、挖掘机8台，取缔非法采砂点9个，继续保持了严打高压态势。

（刘建俊）

林 业

【概况】 2017年，市政府出台《诸城市2017年国土绿化实施意见》，确立“一城（中心城市）、一区（南部山区）、四域（路域、水域、田域、镇社村区域）”的全域绿化思路，突出环山、沿路、依水、围田、入村绿化美化，抓好“五山、两路、四河、十园”重点工程，着力扩大造林增绿、农民多元化增收、特色产业增效以及森林保护增能力，为建设天蓝、地绿、水清的生态宜居美丽城市做出新贡献。

2017年，全市完成造林面积2600公顷，林木覆盖率达39.8%。至年底，全市林业用地总面积70400公顷，农田林网化面积60106.67公顷，“四旁”树木总株数5943.3万株，活立木总蓄积达1913043立方米，全年果品总产1.455亿公斤，林业产业总产值219.67亿元。

【造林绿化】 “五山”荒山绿化。实施常山、大山、卢山、竹山、马耳山荒山绿化，在立地条件较好的地块发展榛子、核桃等经济林，在土壤瘠薄、立地条件差的地块栽植黑松、侧柏等防护树种，完成荒山造林133.33公顷。“两路”林带建设。抓好央赣路、平日路53.4公里林带建设，两侧建成30米的宽幅林带，造林面积200公顷。“四河”廊道建设。完成潍河、渠河、百尺河、芦河等流域水源涵养林建设266.67公顷。“十园”建设。实施大规模土地流转，加快园区化建设，重点抓好经济林成方连片面积在20公顷以上、生态林33.33公顷以上的林果园区，集中培育华山榛子园、竹山干鲜杂果园等10处园区，林木种植面积600公顷。

【林业产业】 特色经济林和林木种苗科技水平、标准化建设、产业融合发展走在全省前列。壮大特色经济林。重点抓好华山农林榛子基地和深加工项目建设，完成“包丰”“金平”板栗新品种嫁接换头1万多株，新发展经济林840公顷。调优苗木花卉产业。以东方园艺高端苗木研发产业园为依托，引进培育景观、滞尘、吸毒等功能性高端苗木100万株，新育苗533.33公顷。

【森林防火】 新建50人的森林消防防汛（抗旱）专业队，建好重点镇街防火专业队伍，实现了人防保障；完成1处引水上山、2座瞭望台、1座视频监控的选址、设计及招投标工作，落实了物防保障；加强专业队伍的训练管理和实战能力，组织实战演练6次，提升了技防保障。

【林业有害生物防控】 建立完善监测预报体系，坚持定点监测与普查相结合，积极开展美国白蛾、松材线虫等林业有害生物监测和防治，全市设立林木病虫测报点14处、标准地28块，发布预测预报10余次，测报准确率100%，无公害防治率100%。重点抓好板栗园、高速公路林带、潍河林带的“飞防（飞机防治）”，作业面积5333.33公顷。抓好检疫工作，突出松材线虫病检疫，严防疫情侵入。

【林业行政执法】 严格落实县级保护发展森林资源目标责任制，抓好林业行政审批，全年办理审批事项3288件，做到办结率和群众满意率100%。开展“绿盾行动”“春季攻势”等系列专项行动，严厉打击乱征滥占林地、乱砍滥伐林木、乱捕滥猎野生动物等各类破坏森林资源的违法行为，全年查处涉林案件24起，案件处结率100%。

【全省林木种苗和花卉产业转型升级工作推进会】 5月23日—24日，全省林木种苗和花卉产业转型升级工作推进会在诸城召开。省林业厅副厅长亓文辉、潍坊市副市长马清民，诸城领导刘峰梅、孙吉海、杨连富参加会议。参加会议的全省各市林业局、种苗站、花卉苗木重点项目的负责同志，先后到诸城国家级农林科技孵化器、大源生态园林、华山农林万亩榛子示范基地、东方园艺公司等地进行考察指导，对

7月24日—25日，全省特色经济林转型升级及产品质量监管推进会在诸城召开。图为与会人员现场观摩相关示范园区 （摄影 孔繁亮）

诸城林木种苗和花卉产业发展取得的成效给予高度评价。

【全省特色经济林转型升级及产品质量监管推进工作会议】 7月24日—25日，全省特色经济林转型升级及产品质量监管推进工作会议在诸城召开。省林业厅厅长刘均刚、副厅长马福义，潍坊市政府党组成员马跃启，诸城领导桑福岭、刘峰梅、孙吉海、王爱民、杨连富参加会议。与会人员参观了诸城国家级农林科技孵化器、大源园林生态园、环常山退耕还果还林标准化示范区、盛泰润矮化苹果扶贫产业园、华山农林万亩榛子基地等特色经济林园区，对诸城特色经济林转型升级工作给予高度评价。

（王明晓）

常山生态林场

【概况】 2017年，常山生态林场认真贯彻落实《诸城市国土绿化实施意见》和《诸城市关于加快生态林场建设的意见》，解放思想、干事创业、积极作为，推进生态林场全面建设和加快发展。

【打造多彩靓丽常山】 在保护好林场生态的前提下，在常山北部和南面中部山腰处，间植了黄栌、香花槐等变色开花的绿化树种；同时加大干、鲜果树采摘园建设。至年底，常山西面山坡宏德农场、南面山坡永辉果树采摘园和东面华欣采摘园已初具规模，常山成为四季常青、三季有花、两季有果的旅游休闲胜地。

【常山保洁】 为方便游客处理产生的垃圾，分两次在上山道路两旁安装果皮箱35个，同时在常山周边村庄招聘卫生保洁员13人，坚持分工包片与集中清运相结合，彻底解决常山景区环境卫生问题，为市民休闲娱乐、强身健体提供清洁卫生、环境优美的场所。

【林木资源保护】 在进山口和景区醒目的地方安放护林防火宣传牌，宣传有关护林防火的法律法规和警示语，提高游人护林防火、美化环境和文明旅游的意识。同时，在常山生态林区范围内开展集中打击整治盗伐滥伐林木、破坏国土绿化专项行动，确保林区树木不受破坏。

【山东密州国家森林公园通过验收】 7月23日—27日，国家林业局在山西省乌金山国家森林公园举办2017年森林公园建设与管理研讨班，对2013年设立的15个国家级森林公园设立5年的建设与管理情况进行验收评审。诸城市汇报了密州国家森林公园的建设管理情况，国家林业局有关领导作了重点点评，充分肯定了工作成绩，指出了山东密州森林公园在建设和管理工作中存在的问题。研讨班结束后诸城针对问题进行了整改。9月11日，诸城市向国家林业局森林公园管理办公室申请了中国国家森林公园专用标志使用授权，公园有了自己的专用标志。

（王海明）

潍河生态林场

【概况】 2017年，潍河林场管理工作坚持“创新、协调、绿色、共享”的发展理念，主动作为、积极协调，强化建设和管理，努力把潍河沿岸打造成集观赏性、旅游性、科普性于一体的绿色生态景观带和天然生态大氧吧。

【靓丽工程】 坚持“生态优先、因地制宜、适地适树”的原则，把推进生态绿化作为林场建设的重点。在沿河景观带继续建设以生态公益型为主的绿化美化区，营造各具特色的风景林带。在重点景区周围、生态脆弱地带，坚持“宜乔则乔、宜灌则灌”的原则，使乔灌有机结合、合理搭配，营造生态林带。在以杨树为主的乡村林带，鼓励农民采取种植杨桐、杨椿、杨槐、杨柳等混交林形式，改变树种单一的纯林种植模式，增强林木长势和抗虫能力。

【林木发展】 深入沿河镇、街和经济开发区加强实地调研，根据沿河流域林木生长状况，提出切合实际的两岸林木发展战略规划蓝图，为市政府决策提供依据。指导协调辖区内完成成片造林173.33公顷（其中密州成片造林13.33公顷，龙都成片造林76.67公顷，舜王成片造林73.33公顷，昌城成片造林3.33公顷，相州成片造林6.67公顷），踏查林区面积2000公顷，确保造林成活率达97%以上；同时，围绕林业发展规划，召开联席会议2次，及时分析和掌握林场发展现状，并建立健全信息资源档案。

【护绿宣传】 在辖区内举办林业知识培训班4次，悬挂宣传横幅6次、设立护林防火警示牌10块、发放“明白纸”500余份，大力宣传《中华人民共和国森林法》等法律法规和政策，提高市民和游人爱护树木、保护环境和文明旅游的意识。

【林木动态监测】 坚持“因地制宜、对症下药”的原则，把全长41.5公里的潍河流域划区分段，实行林场领导班子成员带领科室人员分段包靠防控责任制。建立完善监测预报体系，坚持定点监测与普查相结合，积极开展林业有害生物监测和防治，发现病虫害等问题及时协调配合沿河有关镇、街及经济开发区联合开展防治，实现林场、镇街（开发区）、社区网格化管控，设立林木病虫测报点4处、标准地块8块，发布预测预报2次，测报准确率100%，无公害防治率100%。及时组织协调辖区内开展严厉打击各类涉林事件，强化护林防火应急处置能力，开展重点火险区隐患排查和巡逻检查10次，确保了全年无森林火灾事故发生。

【水系安全监测】 严格控制工业污水、生活废水排放和工业废弃物、城镇生活垃圾、建筑垃圾的沿河堆弃，以及河道两侧从事各类水产养殖。大力推广测土配方施肥、病虫草害综合防治，积极引导和鼓励农民科学施肥，使用生物农药或高效、低毒、低残留农药等绿色植保技术；全力搞好农业污染源普查，提高农业面源污染监测能力，确保了潍河城区段水质达Ⅳ类及以上水体标准。

【打造文化旅游品牌】 依托沿河丰富的恐龙文化、名人文化、生态水岸旅游资源，提升内涵，拓展外延，打造精品，扎实推进潍河文化大旅游产业区建设。涓河森林风景区、恐龙谷国家地质公园、体育馆、恐龙公园、博物馆、名人馆、潍河公园、大舜苑、密州国家森林公园、刘墉栗园等10大旅游名胜景点拥河布局，形成一处集森林景观、地貌景观和人文景观于一体的富有地方特色的大型园林。同时围绕打造“中国龙城·舜帝故里”旅游品牌，加强与周边热点旅游城市的沟通和协调，融入山东“山、水、恐龙、圣人”的旅游格局，形成各为一体、相互连贯、互促共荣的旅游业发展局面。

（黄杜波）

农　业　机　械

【概况】 2017年，诸城市农机工作紧紧围绕市委、市政府中心工作，以转变发展方式为重点，强化工作实效，突出活动载体，全面提升农业机械化水平，扎实推进农机购置补贴政策落实、新型农机服务组织建设、农机化新技术推广、农机安全监理、农机技术培训、农机信息化建设等重点工作，有力助推了全市农业现代化的发展。

【农机发展】 至年末，全市农业机械总动力达130.32万千瓦，农机总值15.55亿元，农机经营服务总收入8.79亿元。装备结构持续优化，大马力农机逐渐增多，粮食生产急需的大型拖拉机、小麦联合收获机、玉米联合收获机保持高速增长。农用拖拉机保有量2.34万台，其中大中型拖拉机1.15万台。联合收获机械4811台，其中玉米联合收获机2169台，小麦联合收获机2619台，花生联合收获机23台。农机化作业服务组织613个，农机户达7.39万个，其中固定资产20万元以上的农机大户1684个。登记注册农机专业合作社205家，资产总额19360万元，农机总值14400万元。全市农机机耕作业面积89698公顷，机播面积175508公顷，机收作业面积154687公顷，土地深松面积22000公顷。机械化免耕播种面积88689公顷，其中小麦免耕播种面积25382公顷。设施农业及经济作物机械化发展迅速，花生、大姜、土豆、黄烟等播种、收获、移栽、管理全程机械化逐步推广，茶叶采摘、修剪管理机械化作业迅猛发展。全市种植和养殖业温室面积5220万平方米，电动卷帘机2.52万台；滴灌微灌、臭氧消毒杀菌设备等也有较大发展。

【农机购置补贴】 诸城市2017年农机购置补贴工作严格贯彻省、潍坊市要求，实行定额补贴。根据2017年新政策的变化，实行资金额度内先购机后补贴，先来先补，补贴资金用完为止。结合实际工作情况，严格审核购机者有关资格和实际买机数量，确保补贴政策落实到实处，真正惠及于民。全市2017年农机购置补贴资金共计1998.52万元。全年共补贴农机具779台，其中玉米收获机械59台，小麦联合收获机57台，轮式拖拉机490台，播种机械30台，粮食烘干机21台，茶叶加工等经济作物机械21台，排灌机械21台，耕地机械17台，饲料作物收获机械42台，籽粒作物收获机械2台，根茎作物收获机械9台，茎秆收集处理机械6台，饲料粉碎机1台，清选机械3台。受益农户和各种经济合作组织699个，带动农民投资6223万元以上。

【农机服务体系建设】 不断加大政策、资金引导力度，鼓励发展以农机专业合作社为重点的新型农机服务主体，探索建立符合现代农业发展需求的农机服务组织。适应农业规模经营加快发展的需要，升级农机社会化服务体系。以提高机械利用率和经济效益为动力，培育发展农机合作社、农机作业公司等新型农机服务主体和农机大户，引导建立紧密联结利益机制，实现规范化、品牌化运作，增强服务组织发展后劲。大力推行机械全程代耕代种、土地托管和农机跨区作业等服务形式，形成“作业区域清晰、服务半径适度、服务对象比较固定、作业收益比较稳定”的新型农机作业服务模式。高度重视农机合作社规范化建设，从组织机构、管理制度、财务制度等方面严格规范指导，2017年新增农机合作社20家，全市达205家，资产总额19360万元，农机总值14400万元，有社员（从业人员）1889人，年营业收入4400万元。深入开展农机合作社示范社创建活动，出台扶持农机合作社库棚建设、金融信贷、人才培养等措施。农机局组建15人的“党员服务小分队”，服务全市所有镇街农机大户、农机专业合作社。在“春耕备播”“三夏”“三秋”期间，组织小分队下乡服务农机户20多次，检修各类机具700余台（套）。

【农机培训与农机管理】 高度重视农机师资队伍建设。年内，组织农机科技培训教学人员13人，参加国家级、省级、市级相关知识更新培训，提高业务素质和教学能力。开展农机手培训指导。利用召开农机作业现场会、机具演示会、技术宣讲会等方式，讲授农机基本构造、基本原理等知识，并进行安全操作指导，使农机手会操作、懂维修、能保养。全年举办各类培训7次，培训6000余人。加强农机管理。严格按照《农业机械化安全监督管理条例》要求，认真开展农机检审和驾驶人检审工作，全年检审农机1700多台，新挂牌照1000多副，新考驾驶员600多人。开展“农机生产安全月”活动4次；深入开展农机4S店建设和“星级文明农机维修网点”创建活动，已创建“五星级文明农机维修网点”1个，“四星级文明农机维修网点”3个，农机4S店2家。

【农机科技推广】 6月3日，诸城市农机局会同雷沃重工股份有限公司在诸城市相州镇举办“三夏”生产全程机械化暨秸秆综合利用技术现场观摩会。7月20日，全省花生生产全程机械化技术培训班在诸城市举办，此次培训班议程包括现场观摩、花生机械化机具演示、室内培训3部分，培训花生全程机械化生产知识，邀请山东农业大学、青岛农业大学万善勇、王东伟教授授课，与会人员110人。9月27日，全省茶叶生产全程机械化技术培训班在诸城举办，此次培训班包括现场观摩、茶叶采摘机械化机具演示、室内培训3部分，与会人员50人。

【农机信息化建设】 与电信部门合作共同建设“智慧农机”信息服务平台，初显成效，集农机咨询服务、技术支撑体系和农机信息化公共服务平台等为一体，整合了无线通信、农机定位、地理信息、计算机控制等先进技术，具备农机定位、农机调度、农机库档案查询和管理、跨区作业调度等功能，并建立起农机技术培训、农机作业、农机维护保养和燃油保障等一条龙服务体系。至年底，诸城市智慧农机服务平台注册用户已突破600人，实现了市（镇街）农机管理部门、农村社区、农机经销商、农机合作社和农机户之间的信息互联互通，有效提高了农机作业效率。

（王德玉）

农业综合开发

【概况】 2017年，全市农业综合开发以项目实施为载体，突出做好项目协调服务工作，圆满完成了各项建设任务，为全市农业现代化建设做出了积极贡献。年内，诸城市共实施农业开发项目9个：其中土地治理项目1个，产业化经营项目6个，山区开发项目2个；计划总投资2522万元，实际完成投资2512.6万元，工程结余资金9.4万元。

【土地治理项目】 2017年度诸城市600公顷高标准农田建设项目。该项目区位于桃林镇、皇华镇，开发总面积600公顷。共涉及11个村庄，其中省定贫困村7个；项目计划总投资1233万元，全部为上级财政资金；其中，中央财政资金880万元，省财政配套资金317万元，潍坊市财政配套资金36万元。项目主要建设内容为：新建溢流坝3座；新建提灌站8座；新打机井7眼；铺设UPVC管道40.5公里；桥涵45座；清淤疏浚河道0.78公里，开挖疏浚排水沟13.63公里；新上变压器9台；架设高压线5.1公里；铺设低压电缆1.8公里；栽植树木2万株；复修砂石路24.06公里；新建蓄水池2座。

通过采取水利、林业、道路等综合建设措施，彻底改善了项目区基础条件，达“水利设施配套、田间道路畅通、林网建设适宜、优质高产高效”的总体目标。解决了当地农业发展的主要制约因素，年新增粮食产量126万公斤，项目区受益人口8459人，新增种植业总产值502.6万元，项目区农民收入增加总额242.8万元，人均增加287元。

【产业化经营项目】 年内，完成产业化经营项目6个。有代表性的项目是诸城外贸有限责任公司潍坊市诸城市年出栏3000万只肉鸡生产标准化示范区购买饲料流动资金贷款贴息项目。该项目贷款额6910万元，财政贴息70万元，其中中央50万元，省18万元，潍坊2万元。贷款主要用于购买肉鸡饲料约15万吨。项目年实现销售收入72000万元，新增增加值11520万元；实现利税4320万元，利润2880万元。辐射带动农户100户，受益人口350人。新增农民总收入52.5万元，增加就业人员350人。

【山区开发项目】 针对山区开发的重点难点问题，积极筹集财政资金，完成了2个山区开发项目，总投资206万元。

诸城市桃林镇卜板台村小流域治理项目。该项目位于桃林镇卜板台村，该村是省定贫困村，全村共有居民147户、498口人，共有建档立卡贫困户73户、235人。项目主要建设内容为：复修人字闸1座。对村西410米河道进行清淤、筑坝蓄水，新修浆砌石坝3座。整理土地20公顷，新修道路3000米。该项目总投资140万元，其中申请潍坊市财政补贴资金70万元，诸城市财政配套资金35万元，桃林镇自筹35万元。

山东华山农林科技有限公司平欧大榛子示范基地项目。该项目位于皇华镇胡沟村，该村是省定贫困村，全村共有居民179户、560口人，共有建档立卡贫困户26户、53人。项目主要建设内容为：新建小水库一座。项目总投资66万元，其中申请潍坊市财政补贴资金30万元，诸城市财政配套资金15万元，山东华山农林科技有限公司自筹21万元。项目建成后，推进了山区农业总体发展。

（宋　昊）

扶 贫 开 发

【概况】 2017年，全市扶贫工作牢固树立源头治贫、稳定脱贫、长效扶贫理念，紧扣持续增加贫困人口收入这个核心，创新扶贫机制和工作方式，更加注重组织引领、精准落实、激发动力、扶志扶智和扶贫协作，努力在解决相对贫困上实现新突破。

【扶贫督查管理】 加强对贫困退出存在问题的研究分析，严格核查考核，杜绝"数字脱贫""被脱贫"现象。聘请第三方机构对2016年的贫困退出情况进行全面入户检查核实，对发现的问题，及时整改到位，确保实现"两不愁、三保障"。进一步做好精准确定工作，对全市的18345户建档立卡贫困户全部逐户核查，对经财产比对等不合规的2198户进行清退，对稳定脱贫及不符合标准的户标注"已脱贫不享受政策"。做到"六个确保"，符合条件的全部纳入、脱贫不稳定的进行返贫帮扶。全市共确定享受政策的贫困户7128户13962人。出台《关于扶贫资金项目监督检查的工作方案》《关于印发扶贫资产日常管理、保值增值和风险控制等相关制度的通知》等文件，加强对扶贫资金项目的全程监管。聘请第三方服务机构对2016年和2017年专项扶贫资金项目、2016年政府债券项目进行验收。

【产业扶贫】 将扶贫资金投入到经营好、获利能力强的新型经营主体，完善利益联结机制，带动贫困户脱贫增收。2017年，利用省、市、县财政专项扶贫资金415万元，打造华山农林榛子扶贫产业园，173户416人受益；发展桃林镇美丽乡村旅游项目，230户373人受益。利用县级财政专项扶贫资金320万元，在6个镇街（园区）实施7个项目，帮扶"插花式"分布的贫困户，年可获取32万元收益，461户受益。制定出台《关于统筹整合使用财政涉农资金支持脱贫攻坚工作的意见》，整合扶贫资金1571.5万元，其中县级整合资金74万元，用于20个省定贫困村的抗旱机井建设项目。利用政府债务资金100万元，加强贫困村基础设施建设，为产业发展壮大奠定基础。与农商行、邮储银行、潍坊银行签订合作协议，按要求及时调整放贷标准，重新摸排贷款需求，为贫困户提供上门服务，全年发放贷款865.3万元。

【扶贫引导动员】 全面贯彻落实潍坊市有关文件精神，实施"雨露计划"，对在校接受中高等职业教育的87名贫困学生给予每人每年3000元的补助。为6446名贫困群众购买医疗商业补充保险和基本医疗保险；为3088户贫困户发放"扶贫特惠保"卡；扶贫办完成与民政局系统和人社局系统的融合对接，建立"一站式"报销窗口。在全市贫困户中开展"居家提升工程"活动，为182户贫困户解决住房安全隐患，为793户进行室内粉刷裱糊，为1350户发放生活用具和生活用品。有序推进"两线合一"，农村低保标准提高到每人每年4300元，实行动态条件下应保尽保。整合各行各业的志愿服务资源，集中发力推进脱贫攻坚。注重"扶志"与"扶智"相结合，妇联、农业、人社、科技、教育等部门全年举办各类培训班培训农民1.4万余人次，有820名贫困人口通过培训到一线岗位就业、352人进入后勤岗位。

以"让我们一起行动、打好攻坚战、共圆小康梦"为主题，做好"扶贫日"宣传活动，发放各类宣传材料3万余份，引导困难群众树立自力更生、光荣脱贫理念，动员全市上下关心支持参与扶贫攻坚。各级各类媒体对诸城市扶贫工作宣传报道共计365篇，宣传表彰积极参与扶贫的企业和个人，报道脱贫攻坚工作的做法经验。

【扶贫协作】 印发《2017年诸城-临清扶贫协作任务目标分解表》《诸城-临清扶贫协作工作方案》，对协作事项进行责任分解，双方完成干部互派挂职，年内组织互访10次，拨付扶贫协作专项资金200万元，援建的临清大辛庄社区卫生服务中心已基本完工。举办大型农业培训洽谈交流会，培训人员200人次；依托劳务协作工作平台，组织16家龙头企业赴临清参加招聘会，与1150名贫困人口达成初步用工意向；组织8家农业龙头企业赴临清对接洽谈，与13家企业、合作社达成初步合作意向，义和车桥、开元电机与临清宇联轴承、万顺机械铸造结成合作伙伴，宝星机械与临清市东盛食品达成流水线改造升级协议；佳和利食品公司投资900万元在聊城成立瑞香园食品公司。

（林桂臻）

工　业

综　述

【概况】 2017年，全市工业按照市委、市政府年度工作部署，围绕“四个城市”“三区一城”建设，深化供给侧结构性改革，突出项目建设、科技创新、“两化（信息化、工业化）”融合、节能降耗、企业服务等工作重点，加快推进产业向中高端迈进，促进了工业经济平稳健康发展。全年490家规模以上工业企业累计完成工业总产值1897.8亿元，同比增长5.8%，实现主营业务收入1924.3亿元、利税162.8亿元、利润108.5亿元。

【项目建设稳步推进】 坚持“抓项目、促发展”的工作思路，进一步完善项目调度机制，加大包靠力度，层层落实责任，对市级重点调度工业项目，严把“进度关”，进一步明确节点、时限，倒排工期，挂图作战，对项目建设进行及时调度，确保如期、争取提前完成计划任务，实现早日投产达效。全年共开工实施汽车及零部件产业园、密莎200条自动化针织服装生产线、得利斯肉制品升级改造等总投资过千万元工业项目153项，完成固定资产投资201亿元。大力推进技改挖潜，围绕产品结构调整、装备工艺升级等方面进行智能化、信息化改造，加快“四新”促“四化”，改造提升内生动能，促进传统产业转型升级、提质增效。全年实施奥铃汽车厂工艺优化升级改造、得利斯综合提升改造等重点技术改造项目137个，完成技改投资171亿元。同时，立足优势资源和发展基础，多渠道、多形式、全方位招项目引资金，补齐工业发展短板。成功招引青岛天赢新能源汽车部件、中坛再生资源回收加工基地、青特高端车桥、中汽技术研究中心等一批高科技、引领型项目落地建设。

【创新能力持续增强】 发挥企业创新主体作用，按照市级以上企业技术中心标准，引导企业加大科研经费投入，加快建立企业技术中心等创新平台，加快新旧动能转换，提升创新能力。帮助东晓生物、泰诺药业等5家企业成功申报省级技术中心，和生食品、奥扬科技等9家企业成功申报潍坊市级企业技术中心；山东大业、美晨科技等5家企业成功申报山东省中小企

年内，全市企业积极参与新旧动能转换重大工程、加快转型升级步伐，增强市场竞争优势。图为中纺金维公司设备技术改造项目

（摄影　张永鹏）

业隐形冠军企业。至2017年底，全市市级以上企业技术中心共69家，其中国家级2家、省级26家；一企一技术研发中心（创新企业）47家，其中省级19家。得利斯集团有限公司被确定为全省引进高层次人才重点支持企业，可获得2个泰山产业领军人才工程相关类别配额，两年内有效。引导企业加快技术创新和新产品开发，积极对上推荐申报，争取更多新技术、新产品列入省级计划“笼子”。全年帮助福田奥铃汽油辅助式重型燃气车技术、大业公司胎圈钢丝波导清洗技术等90个项目列入省技术创新项目计划，项目总研发经费3.3亿元，完成后预计新增销售收入58.6亿元、利税8.7亿元。

【节能降耗成效显著】 全年组织实施重点节能项目29项，总投资75亿元（新建项目20项，总投资53亿元；续建项目9项，总投资22亿元）。其中，金泰热力公司锅炉烟气超低排放省级改造工程列入2017年中央预算内投资计划；超然中学高效照明灯具推广列入山东省2017年高效节能半导体照明产品应用示范项目建设计划；枳沟中学太阳能集热项目列入山东省2017年太阳能集热系统财政补贴项目建设计划。

【“两化”融合深入推进】 组织企业积极申报2017年“两化”融合管理体系贯标试点，全年共组织海韵汽车、义和车桥、大业股份、泰诺药业等7家企业申报“两化”融合管理体系贯标试点；其中，海韵汽车、东晓生物已通过国家级“两化”融合管理体系贯标试点。至年底，共有奥铃汽车、迈赫机器人、东晓生物、海韵汽车4家国家级“两化”融合管理体系贯标试点企业。同时，引导企业加快信息化改造，加强与信息化服务机构的战略合作，发挥工业设计中心作用，大力推进信息技术嵌入研发设计、生产制造、销售服务等环节，加快智能制造，重点培育伊甸缘服饰、众泰达工业装备、信得科技等22家“两化”融合样板企业，为企业开展信息化建设树立标杆。

【服务效能稳步提升】 用足用活节能环保、“两化”融合、技术创新等各项优惠政策，加大对上资源争取力度。全年共帮助企业争取各类扶持资金1300余万元。其中泰山产业和鸢都产业领军人才共获得配套奖励资金750万元；诸城汽车厂“诸城汽车厂工艺优化升级技术改造项目”申报省“机器换人”技术改造专项，获得扶持资金200万元。与得利斯集团合作的中国农大王爱国教授被评为泰山产业领军人才，兴贸玉米的孙庆杰、山东大业的马春翔等5人被评为鸢都产业领军人才。奥铃汽车厂工艺优化升级改造等23个项目列入山东省年度企业技改导向目录。围绕“骨干龙头企业、二次创业企业、隐形冠军企业”三个专题，成立7个专门调研组利用两周时间，深入福田汽车、外贸食品等69家重点企业，采取实地走访、与企业家座谈交流等形式，对重点企业现状、未来3年至5年二次创业规划目标、具体支撑项目、面临的困难等方面进行深入调研，为制定大企业培育计划、“一企一策”扶持措施提供科学依据，加快培育一批“塔尖”型大企业和细分行业龙头企业。

【化工产业转型升级步伐加快】 年初，通过全面调查摸底将核查出的140家化工企业全部登记造册，形成了“一镇街（园区）一册、一部门一册”。6月，开展“化工产业安全隐患大排查、快整治、严执法紧急行动”，按照《潍坊市化工产业安全隐患大排查快整治严执法紧急行动方案》要求，对辖区内化工企业再次进行全面排查摸底。经过全面调查摸底，共核实303家化工企业（包括年初119家化工生产企业，新增化工企业主要为加油站和液化气站），排查安全隐患1050个，整改完成678个。同时，按照省、潍坊市要求，分两批在《潍坊日报》和中国诸城政府门户网站进行了公示：第一批213家，包括一般化工企业102家，危化品类企业111家；第二批90家，包括一般化工企业8家，危化品类企业82家。在此基础上，积极开展省化工园区申报工作，加快推进规划面积16.1平方公里的悦东新材料产业园的总体规划和产业规划。聘请AECOM天津公司和中海油天津石化研究院共同编制《悦东新材料产业园总体发展规划》和《悦东新材料产业园产业规划》，已提报成果，正组织财政、国土、环保、安监、市政、水利、公安等相关部门对其进行论证。

信息化

【概况】 2017年，全市深入贯彻落实“中国制造2025”“互联网+”等国家战略，积极鼓励中小企业加快运用信息技术改造提升传统产业，优化产业结构，推进技术、产品和管理创新，不断提升中小企业竞争力，推动信息化和工业化深度融合，破解当前发展瓶颈，实现工业企业转型升级。市经信局“两化”融合推进工作成就突出，被省经信委评为“2017年度山东省‘两化’融合推进先进单位”，北汽福田汽车股份有限公司诸城奥铃汽车厂获“2017年度山东省‘两化’融合优秀企业”和“2017年度山东省‘两化’融合优秀个人”两项荣誉。海韵汽车和东晓生物成功入围2017年度国家级试点，义和车桥、山东大业列入2017年度省级试点。

【“两化”融合】 着力推动信息技术在工业产品、制造装备、工艺流程、生产要素等领域的全面渗透、广泛应用和深度集成，加快产品智能化、研发数字化、生产自动化、管理信息化、营销网络化进程，全市“两化”融合总体水平显著提升，产业发展层次和质量不断提高。积极推动国家、省“两化”融合管理体系贯标试点企业创建工作，组织海韵汽车、义和车桥、大业股份、泰诺药业等7家企业申报2017年度贯标试点；其中，海韵和东晓成功入围2017年度国家级试点，义和、大业成功列入2017年度省级试点。同时，积极推进北汽福田公司诸城车辆厂、迈赫机器人等企业进行贯标体系创建工作，年内北汽福田公司诸城车辆厂已通过外审，成功进行“两化”融合贯标试点验收，等待国家颁发试点创建证书；10月19日，为迈赫、海韵、东晓、大业等6家贯标试点企业举行集体启动仪式，贯标试点企业全部开展试点创建工作，预计2018年年底全部完成创建工作。不断加强与试点企业主要负责人及信息化主管人员沟通，积极组织企业开展贯标示范、现场交流、贯标咨询服务对接等活动，及时提炼总结贯标试点过程中的好做法，并将其有效渗透、融合到其他企业的具体经营管理活动中，带动全市企业创新能力、管理水平的提升。

【信息化培训】 对全市重点企业开展深入调研，从行业代表性强、信息化基础好、重视程度高的规模以上工业企业中筛选，新增伊甸缘服饰、众泰达工业装备、信得科技等22家在制造业与互联网融合发展领域有示范引领作用的典型企业，进行“两化”融合重点培育。邀请山东省、潍坊市经信委有关领导到诸城举办工业企业“两化”融合评估、信息系统安全、“互联网+”等专题培训。组织企业信息化负责人参加省市企业上云工作会议、世界互联网工业大会等相关会议，参加2017年潍坊市“两化”深度融合专题培训班、2017年潍坊市企业首席信息官（CIO）培训、全省重点工业企业首席信息官培训等活动。市经信局联合市商务局在电商创业园举办电商培训，为全市制造业企业培养复合型电子商务人才，累计培训500多人次。

【加快贫困村信息基础设施建设】 积极与中国移动、中国电信、中国联通以及铁塔公司加强对接，推进移动通信弱覆盖补点和贫困村信息通信建设工作，提升偏远地区网络覆盖水平，降低贫困地区信息入户门槛和使用成本，提高贫困地区互联网普及率，实现所有贫困村互联网覆盖率达100%，自然村基本实现20M宽带的覆盖能力。以208个农村社区为基础，建立农村信息服务站点，及时接收发布农事提醒，实时查询农产品价格，拓展信息服务站点村务公开、便民服务、学习培训等功能，先后组织专场培训10场、560多人次，切实提高村干部、农村中青年等人员的信息化意识和操作水平。依托诸城电商创业园和阿里巴巴诸城产业带，发展“互联网+农业”电子商务。加快电子商务示范村、示范店和示范龙头企业培育，鼓励引导电商企业应用电子商务手段、拓宽采购、销售渠道，创新营销模式，扩大电子商务在工业品下乡和农产品进城的双向流通网络中的应用，实现线上与线下交易的融合，推动优势特色农产品电子交易市场发展。开展多渠道、多形式的信息化应用能力培训服务活动，提高社区群众的电脑和网络应用、信息采集、发布、查询等技能，有效带动贫困村农民信息就业、信息创业，走上信息致富道路。

【加强政府门户网站运维】 以“中国诸城”政府门户网站建设为龙头，打造“中国诸城”政府网站群，增强信息公开力度、提高在线办事能力。按照“以公开为原则、以服务为根本、以便民为宗旨”的原则设置网站栏目，综合集成行政审批、12341民生服务热线、市长信箱、企业需求服务平台等服务模块，为企业、群众提供获取各项政府服务的入口，使网站服务于全市社会管理和公共服务大局，并安排专人24小时进行无间断网站运维和信息维护，确保网站安全高效运行。

产　业　发　展

【概况】 2017年，全市工业以汽车、食品、服装纺织、装备制造和新兴产业五大产业体系为支撑，产业链条式、集群化发展趋势初步显现。汽车、食品、服装纺织、装备制造和新兴产业规模以上企业分别发展到119家、97家、67家、101家、54家，占全部规模以上企业总数的78.4%；实现主营业务收入1595.9亿元，占全市工业主营业务总收入的92.5%。

【汽车产业】 2017年，诸城车辆制造在福田汽车龙头带动下，产业实现平稳增长，依旧是全市总量最大、发展速度最快的主导产业。年内，福田汽车及零部件产业园开工建设，完成投资5亿元，主要建设园区内福田路、宝沃路、场站路、创新路、创业路等主要路网。有7个项目达成入驻意向，其中福星东联、北京雁三希、青岛华特3个项目已开工建设。规划建设中汽技术研究中心诸城整车检测检验中心和山东汽车零部件检测检验中心两个公共服务平台。全年完成主营业务收入627.4亿元，同比增长10.7%；实现利税44.1亿元，同比下降14.8%。诸城商用车及零部件产业成功申报山东省主导产业集群转型升级示范项目，争取省财政扶持资金1000万元。

汽车。2017年，总投资6.5亿元的北汽福田诸城汽车厂超级卡车智能工厂项目顺利投产，为整个诸城厂区战略转型成功打响第一炮。2017年，累计生产汽车33.5万辆，同比增长10.7%，实现主营业务收入233.6亿元，同比增长47.2%。时代轻卡市场占有率连续19年位居全国同行业首位，工程车业务连续16年全国行业产销排名第一。3月，“精于工·匠于心——2016中国汽车业十大工匠评选颁奖盛典”在北京人民日报社报告厅举行。福田汽车时代事业部整车检验科王浩名喜获“产品质量控制十大工匠”殊荣。此次活动共评选出汽车生产和制造、汽车设计和研发、产品质量控制三大领域优秀代表共计30人。同月，美国杜邦公司与山东美晨科技股份有限公司的“最佳合作伙伴”授牌仪式在诸城举行。这是由杜邦中国高性能材料事业部授予的首个“最佳合作伙伴”，美晨科技成为国内胶管行业唯一一家获此荣誉的企业。美晨先进高分子有限公司董事长孙佩祝、杜邦中国集团有限公司大中国区业务总监曾清树出席仪式。4月2日，时代事业部与天地华宇物流集团举行战略合作签约暨首批交车仪式。该合作首批交车500台，包括时代微卡、轻卡、中卡等多个车型。4月18日，福田汽车及零部件产业园招商推介会在诸城召开。诸城市委常委、常务副市长李庆华，福田汽车集团常务副总经理巩月琼，福田汽车高级副总裁孙加平，时代业务总监、时代事业部党委书记、总经理王术海，以及市直有关部门单位主要负责人和重点零部件企业主要负责人等出席会议。项目占地约550余万平方米，采取政府与企业合作模式，由福田汽车集团负责招商运营管理。该产业园建成后，可对福田汽车潍坊和诸城两大汽车生产基地实现供货近距离配送。诸城基地将成为福田汽车全系列卡车业务中心、卡车全系列制造中心、卡车全系列研发中心、全球卡车出口基地及面向海外的市场运营与服务中心。4月28日，上海理工大学-诸城市义和车桥有限公司“汽车先进底盘系统开发联合研究所”与“上海理工大学研究生实践基地”在诸城市密州宾馆举行揭牌仪式。研究所及实践基地的成立将打造与国际汽车行业一流研发机构匹配的汽车先进底盘系统研发中心，对加速诸城汽车零部件进入国际配套体系将起到重要推动作用。5月，广西玉柴机器股份有限公司总裁吴其伟一行8人到福田汽车诸城厂区时代事业部进行访问交流。6月，时代M3车型在全国各地陆续上市。M3车型是针对城市物流市场消费升级开发的全新一代高品质轻卡，采用国内最先进的制造工艺，主打可靠、高效、节油、舒适、价值五大核心卖点。7月，诸城海韵汽车配套有限公司智能制造示范试点项目评审通过。10月，公司研发中心获得“省级企业技术中心”称号。8月，山东美晨科技股份有限公司荣获“中国创业板上市公司最具成长力十强”称号。11月，美晨科技公司荣获“第十四届全国百家汽车零部件优秀供应商”“国家知识产权示范企业”称号。年内，山东美晨科技股份有限公司制品制造板块实现主营业务收入14.4亿元，上交税金1.3亿元，实现利润1.9亿元，同比分别增长39.4%、79.4%和77.57%。同月，诸城市义和车桥有限公司荣获“中国机械500强”称号，已连续15年获此殊荣，排名上升两位。9月，在山东省企业联合会、山东省企业家协会发布的2017山东企业百强和制造业百强中，福田汽车诸城汽车厂上榜，分别列山东企业百强第94位、制造业百强第78位。11月13日，山东大业股份有限公司成功在上海证券交易所挂牌上市，正式进入资本市场，上市募集资金6.7亿元，主要建设高性能胎圈钢丝项目和研发中心项目。该公司全年生产胎圈钢丝22.65万吨、钢帘线5.46万吨、胶管钢丝3.05万吨，同比分别增长8.95%、

16.91%、32.03%。全年实现主营业务收入21.89亿元，同比增长32.8%。12月31日，山东超级卡车基地战略发展研讨会在福田汽车时代事业部召开，诸城市委书记桑福岭，市委副书记、市长刘峰梅，以及福田汽车集团党委书记、总经理巩月琼等领导出席会议。

零部件。在福田汽车带动下，各级零部件配套企业紧跟福田战略转型步伐，不断加大研发投入，力争与主机厂同步发展。以义和、美晨、大业、青特、泰利、恒信基、海得威、泰瑞等为代表的骨干零部件配套企业，发展迅猛，从产品开发、企业管理、资金运作等方面全面升级，在配套福田汽车的同时，逐渐开拓乘用车配套市场，实现配套商用、乘用并重发展。2017年，零部件配套实现主营业务收入394亿元。12月，国内知名汽车企业——长安汽车、东风商用车分别于1日和13日到诸城海韵汽车配套有限公司参观考察，该公司产品成功进入上述两家公司配套体系。同月，法国佛吉亚公司到海韵配套公司访问，海韵配套公司与法国佛吉亚公司的合作顺利推进。法国佛吉亚公司是世界第六大汽车零部件供应商，排气系统、仪表盘、汽车座椅等多个产品销量欧洲排名第一，其中座椅系统位列全球前三名。同月，诸城市义和车桥有限公司顺利通过IATF16949质量体系认证，具备了进入国际汽车全球采购圈的资质。年内，诸城市义和车桥有限公司实现主营业务收入18.8亿元，同比增长33.4%。

专用车。2017年，诸城具备专用车生产资质的企业有山东正泰希尔专用汽车有限公司、山东乾龙专用汽车有限公司、山东巨环专用汽车有限公司3家企业。山东乾龙专用汽车有限公司、山东巨环专用汽车有限公司2家企业由于受资金链影响，处于停产整顿状态，只山东正泰希尔专用汽车有限公司1家企业正常运营。3月7日，正泰希尔为五莲县卫计局定做的11台批量救护车成功交车。5月25日，为中华思源工程扶贫基金会改装的174台救护车成功交车。6月22日，为安丘市卫计局定做的19台救护车成功交车。8月，山东正泰希尔专用汽车有限公司在青岛蓝海股权交易中心成功挂牌。11月，正泰希尔“智能化移动实验室”项目，在潍坊市第二届“市长杯”工业设计大赛中荣获优秀奖。2017年，正泰希尔共生产各类专用车5600台，实现主营业务收入12.4亿元，同比增长9.56%。

【食品产业】 2017年，全市食品产业形成肉食品、粮油、蔬菜、茶叶等四大系列，分割肉、冷却肉、低温肉制品、速冻食品、调理食品、糕点、罐头、饮料酒、豆制品、淀粉、调味品、保鲜蔬菜、烟草等20多个大类400多个品种的食品工业体系。全市规模以上食品企业发展到97家，实现主营业务收入520.5亿元、利税35.5亿元、利润24.4亿元，分别占全市工业总量的27.1%、21.8%和22.5%。先后被认定为全国食品工业强市、全国食品工业产业集群示范区、国家新型工业化产业示范基地（食品），是全国最大的禽类屠宰设备制造基地及肉鸡、淀粉生产基地。

2017年，诸城外贸新上食品加工项目，为拓展经营途径，实现突破发展，在新长虹包装厂院内设立新的食品公司，着力发展肉类制品、蔬菜加工品和水产品的生产加工和销售，项目主体框架已建设完成，厂房内部装修、设备进厂、安装、调试等工作陆续推进。得利斯公司与澳洲宾德利集团合作，实施年分割100万头（首期30万头）肉牛胴体以及转口贸易项目，打造北方重要的肉牛加工及贸易中转集散地。佳士博公司与中国海洋大学、上海理工大学、青岛农业大学等高校建立产学研合作，成立“联合研发中心”，形成一支强有力的科研及成果转化实施队伍，积极致力于新产品的开发，技术中心被认定为“山东省级企业技术中心”，多项科技项目列入省级创新计划，累计授权专利200余项，其中发明专利14项。惠发公司强力打造“中央工厂”，树立行业服务品牌，公司提出打造中国餐饮企业的“中央工厂”，为消费者提供全方位美食的“家庭厨房”战略思想，利用公司先进的冻品生产线及公司强大的研发实力，同时整合社会资源，建设“中央工厂”信息化系统，将惠发打造成为大中型餐饮系统研发、生产加工、采购、物流一体化大型智能化合作伙伴，满足大中型餐饮定制化生产的个性化发展需求，深度服务终端消费者，打造消费者家庭餐桌的“中央厨房”。6月，惠发股份在上海证券交易所挂牌上市，发行3000万股，募集资金将用于年产8万吨速冻食品加工项目和营销网络项目建设。8月，在诸城华玺大酒店，由（中国）肉类加工机械专业委员会主办，以“融合共进、创新升级”为主题的“鼎泰盛·第八届中国肉类加工技术发展论坛”成功举办。9月，在华玺大酒店召开了全市规模以上食品工业企业诚信体系新国标培训工作会议。10月，诸城市成立以小康机械为首的食品机械行业协会，市经信局大力支持行业协会的建设和发展，并组织食品机械行业企业参加在济南举办的2017第十一届中国（山东）国际糖酒食品交易会。12月，协调举办食品行业企业“走进福田时代、体验工业4.0”活动，福田汽车诸城厂区特意邀请了诸城食品行业中包括得利斯、佳士博在内的10余家重点企业参观体验福田工业4.0。

【服装纺织产业】 服装纺织产业是诸城市工业的主导产业之一，全市服装市场初步形成了男装、女装、童装、休闲装全面发展的格局，希努尔、桑莎集团、天雁服饰、裕泰针织、亚兴针织等龙头企业辐射带动作用日渐突出。

服装。2017年，规模以上纺织服装企业67家、总产值201.7亿元，同比增长-2.6%；实现主营业务收入197.2亿元，同比增长-4.5%；利税21.1亿元，同比增长3.7%；利润15.3亿元，同比增长7.3%。行业仍处于下行态势之中。年内，新郎希努尔集团股份有限公司、山东昊宝服饰有限公司、山东桑莎制衣集团有限公司进入2016年服装行业“产品销售收入”百强企业名单，分别位列13位、27位、35位；列2016年服装行业“利润总额”百强企业名单第11位、29位、47位；列2016年服装行业“销售利润率”百强企业名单第28位、77位、85位。山东迪尼姆科技股份有限公司·福建省海兴凯晟科技有限公司—舒弹丝牛仔套装被中国纺织工业联合会评为2017年度纺织十大创新产品中的低碳环保产品。

棉纺织。诸城市中纺金维纺织有限公司入选中国棉纺织工业协会评选的2016—2017年度棉纺织行业竞争力百强企业，列第75位，前移14位；位列2016年中国棉纺织行业主营业务收入排名名单第88位和2016年中国非棉纱行业主营业务收入排名名单第23位。

【装备制造产业】 2017年，全市装备制造产业经过多年发展，已从最初的铸造、锻造、机械加工，发展成为集高端数控、食品机械、环保机械等门类众多、品种较全的产业体系。引导企业实施新旧动能转换，加强企业联合创新，提升创新能力和市场竞争能力。年内，行业规模以上企业达100家，开元电机、圣阳机械等15家企业发展成为全市大中型企业，重点骨干企业80%的技术装备水平达国内先进水平。至年底，规模以上企业完成主营业务收入250.7亿元，同比增长7.9%；实现利税26.4亿元，同比增长15.8%；利润18.4亿元，同比增长15.4%。分别占全市比重的13%、16.2%、17%，成为推动全市工业经济增长的重要支撑。

高端装备。2017年，高端装备制造在全市工业经济特别是汽车产业的带动下，积极建立

11月10日，中欧现代农牧装备产业技术创新战略联盟成立
（摄影 张永鹏）

机器人工作站系统，大力发展全套自动化装备，生产以高速、高精、复合智能等为特征的高档数控机床，研发智能涂装、装焊、总装系统，打造“智能之城”，涌现出迈赫机器人、开元电机、卓益数控、欧马数控等一大批重点骨干企业。主导产品已经由电机、高强度螺栓、汽车涂装、焊接、传动部件等单一装备制造向大功率高效节能电机、自动化输送设备、智能涂装、装焊、生产线、数控机床等高端成套装备发展。

食品机械。2017年，食品机械主要以小康机械、鼎泰盛、宝星机械、众大屠宰、华康医疗器械等企业为重点，开发出高端全自动化包装机械、成套牲畜屠宰系统、多功能集成包装生产线、全自动高效节能杀菌设备等产品，发展成为全市装备制造产业中规模最大的行业。其中杀菌锅、食品包装机占到全国份额的80%。2017年，小康机械公司研发生产的DLZ-420系列全自动连续拉伸真空包装机，改写了国内几十年来全部依靠进口的历史，打破了欧美在真空包装机行业的垄断地位。该设备的各项经济、技术、质量指标均达国际先进水平，不仅填补了国内空白，而且完全可与进口设备相媲美。该设备获多项国家专利，在国内市场的占有率达90%。该公司研发的油炸机和光纤激光切割机等系列产品也获得成功，经济效益初步显现。

环保机械。2017年，诸城环保机械企业由单一设备制造商向工程运营、工程总承包、总服务商转变，进一步加快了企业转型升级步伐。全市共有环保机械制造企业100余家，由于属国家支持行业，市场需求旺盛，加上利润丰厚等因素，整个行业发展后劲足。发展水平较高的企业有山东金昊三扬环保机械股份有限公司、山东贝特尔环保科技有限公司等，年内诸城环保机械市场份额占到全国的20%左右。11月，山东贝特尔环保科技有限公司成为“山东省认定企业技术中心”。12月，该公司成为“中国环保机械行业协会理事单位”。

铸锻机械。2017年，诸城有大小铸锻企业近50家，其中铸造占了绝大多数，拥有龙祥、宏盛、圣阳、华欣等一批科技型的骨干企业，产品主要有大型铸件、大型数控辗环机、液压机等成套设备和轨道列车、工程机械和发动机的零部件等。

【新兴产业】 年内，以生物医药产业为代表的新兴产业发展势头良好，在诸城产业中占比越来越大。生物医药产业不断研发出新的成果，其中生物疫苗、生物提取物等具备很好的发展前景，应用生物技术逐渐在研发市场中成为主流；淀粉深加工不断推陈出新，向高成长性产业链迈进。2017年，规模以上企业发展到54家，完成主营业务收入184.9亿元，利税16.8亿元，利润11.5亿元。

生物医药。信得科技、浩天药业等企业以科技创新为依托，不断提高产业核心竞争力。信得科技加大与中国农业科学院、中国农业大学、青岛农业大学、北京农林科学院等科研机构和高校的联合，扩大与澳大利亚生物资源公司、德国罗曼等国外先进企业的合作范围，加大细胞因子（信必妥）、高致病性禽流感疫苗、禽流感DNA疫苗、精制蛋黄抗体、抗菌肽、猪蓝耳病活苗、兽用新剂型等产品的研发、生产与市场推广应用，产品市场占有率进一步提高。浩天药业公司以加工中药提取物为重点，专注于天然植物提取及生物工程技术领域的创新，建成全球最大的肌醇、黄芩苷生产基地。

淀粉深加工。发挥全国最大的淀粉生产基地的优势，以发展葡萄糖、山梨糖醇、甜菊糖等系列淀粉深加工产品为主要方向，加大与百事可乐、雀巢、联合利华、青啤等国内外知名品牌企业的合作。加大招商力度，引进行业知名企业，开发生产乳酸酯、乳酸盐等高附加值产品，延伸产业链条，加快建成淀粉深加工高成长性产业链。

食品添加剂。以兴贸玉米、浩天药业公司为重点，依托众多的食品企业，面向国内外市场，开发各种安全、绿色的食品添加剂，加快向规模化、集约化、效益化方向发展。加快发展功能性食品添加剂，鼓励和支持天然色素、植物提取物、天然防腐剂和抗氧化剂、功能性食品配料等行业的发展。重点利用生物工程技术提高酶制剂、生物发酵制品等行业的技术水平，提高提取物产品质量，利用高新技术提高化学合成产品的纯度，提升产业层次，打造新的增长点。

海洋产品。以得利斯北极神生物工程公司及诸城经济开发区海洋食品特色产业园为依托，做大做强海洋产品产业。得利斯北极神公司加强与加拿大大西洋公司及中国海洋大学、山东大学等高等院校和科研机构的合作，大力开发北极神海狗油、养颜强骨胶囊、清颜丽韵胶囊、海狗鞭、海狗鞭酒等海洋保健产品，提高海洋资源综合利用水平。以诸城经济开发区海洋食品特色产业园成功列入山东省“蓝黄两区”首批特色产业园为契机，加快促进海洋功能性食品、海洋生物提取和海洋保健品等产业发展。至年底，建设成为国内一流的海洋产品聚集加工示范区。

【建材产业】 2017年，诸城市建材产业规模以上企业发展到17家，完成工业总产值53.9亿元，同比增长15.6%，实现主营业务收入53.0亿元、利税6.1亿元、利润4.5亿元，同比分别增长14.1%、29.8%和35.6%。

龙头企业：山东隆泰水泥有限公司成立于2003年，其前身为始建于1958年的诸城市水泥厂，公司占地10万平方米，资产10074万元，员工185人，其中专业技术人员60多人，年生产能力100万吨，主导产品有P.O52.5、P.O42.5、P.SA32.5等。

【木器加工产业】 年内，家居木器加工产业稳步增长。从销售渠道上看，全市木器产业企业分为两类：一类是以欧美尔、新华宇为代表的自主品牌企业，主要面对国内市场，通过开设直销实体店、设置经销商、网上营销等方式销售产品；另一类木器企业大多没有自己的品牌，靠贴牌出口美国、英国、法国、德国等国家，以顺合木业、松源木业、龙昌木业等为代表。2017年，全市家居木器产业实现主营业务收入54.80亿元，同比增长-0.8%；实现利税7.80亿元，同比增长24.6%；利润6亿元，同比增长28.7%。

【化工产业】 2017年，从产业实际出发，结合国家有关法律法规和上级有关政策要求，加快化工产业转型升级步伐。5月底，组织安监、环保、经信、水利等市直部门由河南鑫安利安全科技股份有限公司、山东同济环境工程设计院有限公司、中国船舶重工集团公司第七一四研究所公司、潍坊华盛工程咨询有限公司，对全市127家化工生产企业安全、环保、节能、节水评级工作进行复审验收，共整改问题1864个（其中安全478个，环保349个，节能339个，节水698个）。根据复审总评成绩，全市通过验收企业35家，总评为“优”的企业3家（规模以上3家），“中”的企业48家（规模以上22家），“差”的企业68家（规模以上1家），注销等其他8家。

开展化工产业安全隐患“大排查、快整治、严执法”行动，全市共摸底排查303家化工生产及危化品存储、经营、运输企业（包括加油站和液化气站），按照上级要求，全部在《潍坊日报》和中国政府门户网站进行了公示，接受社会监督。按照“网格化、实名制”“分级、属地”“谁主管、谁负责”和“谁审批、谁负责”的原则，实行周调度制度，由各镇街（园区）、各有关部门督促辖区和分管领域的化工企业全面彻底开展安全隐患排查工作，对查出的安全隐患限期整改并上报。至年底，共排查安全隐患1477个，其中化工生产企业774个，整改完成580个；危化品运输企业25个，整改完成25个；危化品储存、经营、使用企业（含加油站、液化气站）678个，整改完成557个。

为优化产业布局，加快新旧动能转换，有效解决诸城市涉化企业入园发展问题，根据省、潍坊市有关文件要求，结合诸城发展实际，启动了位于诸城市西部地区贾悦镇的悦东新材料产业园区申报工作。园区范围东到潍日高速，西至安五路，南到薛馆路，北到青兰高速，总面积约16.1平方公里，扣除河流后15.53平方公里，交通便捷，成方连片。申报成功后，诸城可以依托园区在涉化但属非危化品领域，积极招引并大力发展低能耗、无污染、高附加值的新材料产业，其他位于园区以外、非敏感区域新上的涉化项目也可落地建设。园区产业发展定位以及新增入园项目产业门类，拟确定为：精细化工类项目作为保留产业，主要发展高分子材料、再生资源回收利用、涂覆材料以及其他高端化工材料等产业。

（刘 冰）

非公有（民营）经济

2017年，非公有（民营）经济发展稳中有升。全市非公有（民营）经济单位数113373户，比上年增长16%。非公有（民营）经济注册资金639.19亿元，增长26.5%；纳税额50.96亿元，占国地两税的70.7%。

节 能 降 耗

【概况】 2017年，全市规模以上工业企业综合能源消费量158.9万吨标准煤，万元产值能耗0.084吨标准煤，同比下降12.7%。潍坊市政府办公室下发通报，2016年度县市区和市属开发区节能目标责任评价考核，诸城市得分93.3分，超额完成2016年节能进度任务目标。

【省财政补助项目】 年内，省经信委、节能办公布2016年度太阳能集热系统财政补贴项目验收通过名单，诸城市龙都街道中心学校、经济开发区中心学校、桃林镇中心学校和诸城盛华颐康园养老中心、大众安康养老服务有限公司、诸城澳华纺织有限公司6个单位通过验收，获得补贴合计113.25万元。

经企业申报、各地推荐、专家评审，省经信委、节能办下达2017年高效半导体照明产品应用示范项目建设计划，诸城市超然综合高级中学入围，拟奖励资金额度64.5万元。超然中学高效照明产品应用项目总投资215万元，将T8LED灯1.5万个、路灯400套应用于新建小区教室、办公、校园等照明工程，年可实现综合节能量231吨标准煤。

省经信委、财政厅、节能办下达2017年太阳能集热系统财政补贴项目建设计划，诸城市枳沟镇中心学校列入2017年基础教育学校太阳能集热财政补贴项目计划，设计产生热水能力26吨/天。

【节能环保企业】 年内，41家规模以上节能环保企业实现主营业务收入140.6亿元、利税9.3亿元、利润6.7亿元，同比分别增长6.8%、9.9%、6.7%。诸城市环保装备产业协会正式成立，为加强企业与政府之间的沟通、深化企业与企业之间的交流搭建起良好平台，为企业的发展提供有益指导，对环保装备产业加强行业自律、促进企业规范健康持续发展起到重要作用。

开元电机多渠道推广高效节能电机160.2万千瓦，申报惠民工程101.2万千瓦，涉及惠民补贴资金3893万元。研发集成高效电机、变频调速控制装置及传感器技术，通过多类型传感器传导，将工况的各种参数直接传输到变频调速控制装置及控制系统，实现运行自动化；对诸城外贸食品冷藏有限公司40台总功率11000千瓦电机进行了技术试点，系统运行稳定，经权威测试，综合节电率达15.8%，节能效果显著。对国内一级能效IE4铜转子超高效率电机进行紧锣密鼓的试制，产品样机完成出厂测试。

金昊三扬完成销售收入19578万元，销售利润3946万元，实现税收458万元。公司加大固液分离、污水处理等方面的装备生产能力，成功研发出车载式含油废水处理装置，形成年产165套的生产能力，新增产值8000万元，新增利税256万元。该装置可通过有效先进工艺实现高浓度含油废水的处理和设备车载一体化，处理效果稳定，各项指标均达使用目的以及国家回用排放标准。

【燃煤清洁化治理】 按照潍坊市关于推进散煤清洁化治理工作部署，诸城市加强组织领导，落实属地责任，强化宣传引导，成立由分管市长任组长，发改、经信、环保等部门和镇街（园区）负责人为成员的工作协调小组，统筹协调和指导全市散煤清洁化治理工作。加大执法检查和奖补力度，设立散煤治理专项资金，专门用于清洁型煤和节能环保炉具推广、燃煤锅炉淘汰改造奖补。全年完成配送清洁型煤9.6万吨，安装节能环保炉具1.23万台，超额完成潍坊市政府下达的指导计划。

（刘　冰）

电　力

【概况】 2017年，国网山东省电力公司诸城市供电公司在上级公司的领导下，紧紧围绕全市“四个城市”和“三区一城”建设的总体思路，按照“改革创新、管理创效、干事创业”的总要求，加快建设具有卓越竞争力的世界一流能源互联网企业，为诸城新旧动能转换和社会经济发展提供坚强电力保障。

【电网建设】 全力推进“特高压入潍”，境内4条500千伏线路顺利投产，外源性高电压“输电入诸”能力显著增强。建成投产潘池110千伏输电变工程，为临港高端产业示范区提供电力保障。开工建设马庄35千伏输变电工程，将有效解决诸城市西北部电网薄弱问题。全市已形成以1座500千伏变电站为核心，4座220千伏变电站环网供电、29座110千伏和35千伏变电站均衡辐射的高电压、大环网供电格局，变电总容量达447.3万千伏安。全面完成总投资1.72亿元的中心村电网改造和机井通电工程“两年攻坚战”，累计实施922个单体项目，改造升级73个社区中心村配电网，新建改造中低线路878.69公里，新增配电变压器914台，新增通电机井5889眼，实现平原地区机井通电全覆盖，受益农田3.2万公顷，农村户均容量提升至2.186千伏安。

【供电能力】 至2017年底，诸城市境内共建有地方小火电厂5座，装机总容量103兆瓦，均为自备电厂。建有小水电站4座，装机容量3.355兆瓦。全年全市用电量34.63亿千瓦时。加快实施清洁能源替代，全年电能替代1.64亿千瓦时，同比增长177%。分布式电源并网2066户，装机总容量7.02万千瓦，同比分别增长8.8倍和38.5倍。

【电费电价政策】 2017年，根据《山东省人民政府办公厅关于进一步清理规范政府性基金和行政事业性收费的通知》（鲁政办字〔2017〕83号）和《山东省物价局关于降低工商业用电价格的通知》（鲁价格一函〔2017〕42号），山东省一般工商业、大工业用电价格每千瓦时降低0.0005元（含税）。

2017年，根据《山东省物价局关于合理调整电价结构有关事项的通知》（鲁价格一发〔2017〕60号），山东省一般工商业用电价格每千瓦时降低0.0114元（含税），大工业用电价格每千瓦时降低0.0263元（含税）。

2017年，根据《山东省物价局、山东省经济和信息化委关于居民峰谷分时电价政策有关事项的通知》（鲁价格一发〔2017〕107号），山东省居民峰谷电价政策进一步完善：增加采暖期时段，采暖期是指每年11月至次年3月（按照电网企业12月至次年4月抄见电量执行）；采暖期谷段增加2个小时，即20：00—次日8：00为谷段；采暖期谷段电价由每千瓦时降低0.17元调整至降低0.2元。

【供电服务】 持续深化“大服务”机制建设，超前介入全市重点项目、重点工程，高压新装增容516户12.89万千伏安，同比分别增长11.44%和12.1%。积极落实诸城市政府关于降低企业用电成本的政策要求，完成20家零售市场交易用户4.24亿千瓦时电量电费结算，节省企业电费支出746万元；积极服务“智慧城市”建设，完成4089户“四表合一”采集改造任务，为市民提供了智慧生活新体验。加快建设“互联网+”营销服务体系，积极推广“电e宝”“掌上电力”等新型服务平台，建成具有电子地图功能的1239个缴费网点，多元化收费同比增长2.26倍。全面推进全能型供电所建设，将供电所从17个优化调整为13个，变传统服务为台区经理制网格化服务，舜王供电所在全省率先完成全能型供电所试点建设，密州供电所被国网公司评定为五星级供电所。

【电力调度】 2017年，诸城电网最高负荷达620.61兆瓦、日最高供电量达1284.32万千瓦时，同比分别增长17.20%、18.20%，均创历史最高水平。诸城电网完成99次输变电设备、397次配网设备停送电调度工作，下达调度令2905次，实现电网调控操作“零违章”。推行城区环网柜二次核相技术，10千伏大业等57条拉手线路合环停送电“无差错”。在负荷大幅增长情况下，通过11座变电站、23条35千伏及以上线路方式变更，调整21万千瓦负荷，电网平稳度夏。配网停电计划执行213次，执行率100%。流转117条次设备异动，实现年度设备信息“图实一致”。兼顾客户端电压，分站、分时优化母线电压调整策略，主变分头调整29677次、电容器投切25138次，变电站母线电压合格率99.987%。组织升级12座变电站10千伏线路重合闸软压板，重合闸远方遥控率100%。

【安全生产】 始终坚持将安全生产作为重中之重，严格贯彻“管业务必须管安全”理念，全面建设本质安全型企业，全年未发生人身、电网、信息安全事件及七级以上设备事件，保持了安全生产良好局面。

扎实开展安全生产大整顿、基建现场反违章行动，深化安全隐患问题清单梳理，到位督查工作现场312次，各级管理人员到位监督1566人次，即时纠正查禁各类违章行为，安全规范和文明生产实现常态化。

开展电力设施“精准防控”，实行保护区“全档案”动态管控，推行风险隐患分级销号管理，保持35千伏及以上线路外破零事件，220千伏及以上线路零事件。坚持“每村一档、每线一档”的工作原则，全面推进配网隐患排查治理，督导整改1852处。

深入开展农网安全运维提升工程，排查治理重过载配变232台、低电压用户3365户。深化电能在线监测系统应用，线路分段准确率、基础台账准确率和对应率分别提升至95%、99%和98%以上，城网供电可靠率达99.9807%，农网供电可靠率达99.9050%，综合供电电压合格率达99.97%。诸城电网连续33年无重大责任事故，连续4年被评为山东省电力安全生产工作先进单位。

（王　凯）

龙　头　企　业

【北汽福田汽车股份有限公司诸城汽车厂】 北汽福田汽车股份有限公司成立于1996年8月28日，是中国品种最全、规模最大的商用车制造企业。有资产近690亿元，员工近4万人。品牌价值达1005.65亿元，被业界誉为中国商用车第一品牌。福田汽车诸城厂区是福田汽车集团核心制造基地，包括诸城汽车厂和诸城奥铃汽车厂两个专业汽车生产厂，已形成年产销汽车45万辆的生产能力，是全球最大的商用车制造基地。厂区总占地面积137.7万平方米，员工1.5万余人，主要产品包括时代轻卡、奥铃轻卡、瑞沃工程车等三大系列300多个品种。诸城厂区在自身发展的同时，带动起全国配套企业近千家，带动了诸城义和车桥、美晨科技等一批汽车零部件巨头，并吸引了丹东曙光、青岛众力车桥等外地企业到山东投资办厂，实现了产业链的升级和协调发展，取得良好经济效益和社会效益。至2017年，诸城属地给福田汽车配套的企业有500多家，占诸城规模以上企业的40%左右，属地配套率达70%以上，产值占诸城整个工业产值的43%，年实现配套供货额600多亿元，安置就业人员6万多人，带动了诸城汽车零部件产业的崛起，实现了产业链的升级和协调发展。2017年，福田汽车诸城厂区实现主营业务收入233.6亿元。

【诸城外贸有限责任公司】 诸城外贸有限责任公司成立于1975年，属首批农业产业化国家重点龙头企业，至2017年末，拥有员工1.5万人，总资产近200亿元。被农业部、国家标准化管理委员会等部门评为“国家禽肉加工专业分中心”“农产品加工企业技术创新机构”“国家农业标准化示范区”“省级重合同守信用企业”“山东省认定企业技术中心”，先后获得“中国屠宰及肉类加工业十强企业”“中国肉类食品工业50强”“国家食品工业重点企业”“山东省肉制品行业十大品牌企业”等称号，建立了诸城市第一家院士工作站。公司围绕食品、淀粉、色素等业务板块形成了肉禽良种繁育、饲料供应、宰杀分割、熟食品加工、淀粉生产、色素提炼等支柱产业。其中，食品板块拥有20多家下属企业，形成年产父母代种鸡420万套、商品代鸡雏1亿只、商品代鸭雏1000万只、饲料60万吨、鸡肉冻品15万吨、鸡肉熟食品10万吨的生产能力，是全国最大的肉鸡出口生产基地之一；淀粉板块拥有7家下属企业，形成年消化玉米600万吨、年产玉米淀粉400万吨、变性淀粉30万吨、饲料原料90万吨、麦芽糖浆80万吨、葡萄糖酸钠30万吨、葡萄糖25万吨、麦芽糊精25万吨、精制玉米油15万吨的生产能力，是亚洲最大的玉米淀粉生产加工基地；色素板块拥有4家下属企业，形成年加工色素2亿克的能力，是全球重要的饲料级天然色素出口生产基地。2017年，公司实现主营业务收入128.3亿元，利税8.0亿元。

【得利斯集团有限公司】 得利斯集团创立于1986年，有员工6500余人，总资产62亿元。公司形成了集良种猪繁育、标准化养殖、饲料生产、兽药防疫、生猪屠宰、肉制品加工、生物工程于一体的绿色食品产业体系，搭建起农业、畜牧、食品、生物四大产业平台，形成了从源头到终端，从田园到餐桌的完整的绿色产业体系。公司是国家确定的首批农业产业化国家重点龙头企业，先后获得“中国肉类十强企业”“中国食品行业百强企业”“中国最具市场竞争力品牌”“山东省政府质量管理奖”“山东省省长质量奖”等各类荣誉800余项。得利斯低温肉制品和冷却肉双双荣获中国名牌产品，“得利斯”和“北极神”商标被认定为中国驰名商标，得利斯技术中心被认定为国家级技术中心，拥有博士后科研工作站和国家级实验室，并承担国家“863”课题。公司始终把安全与品质放在第一位，全程加强质量管理。在行业内率先建立起基于RFID技术的从养殖、屠宰、分割、加工、仓储到冷链配送的全程追溯管理体系，并采用GPS冷链物流系统，实现了产品质量的全面监控。严格推行ISO9001质量管理体系、ISO14001环境管理体系、HACCP食品安全体系、SSOP卫生体系和GMP管理体系，不断提高质量管理水平。2017年，实现主营业务收入134.1亿元，利税6.6亿元。

【山东华宝食品股份有限公司】 山东华宝食品股份有限公司位于诸城市相州镇，总投资2.1亿元，占地面积6.6万平方米，有职工800人。公司屠宰设备全套引进当时世界上最先进的时产650头的生猪屠宰流水线，采用低压高频脉冲三点击晕、立式蒸汽烫毛、纵向横向拍打按摩、气体火焰瞬间二次灭菌、全自动机器人劈半、激光定位分割等先进工艺。单班设计日宰生猪6000头，分割2000头，冷库速冻能力400吨/日，冷藏能力10000吨。公司先后被评为"潍坊市农业产业化重点龙头企业""食品安全示范企业""山东省商贸流通先进企业""省级重合同守信用企业""商务部应急商品数据库重点联系企业"，"鑫鲜"商标被评为山东省著名商标，公司产品被评为"无公害农产品"，并获得"山东省无公害农产品产地"认定。公司产品品种达100多个，销往全国20多个省市和地区。2017年，实现主营业务收入28.2亿元，利税2.3亿元。

【山东泸河集团有限公司】 山东泸河集团有限公司是以生产经营轮胎为主的国家级企业集团。公司建厂投产于1986年，注册资金6000万元，占地面积20万平方米，建筑面积15万平方米；有职工2000人，总资产18亿元，其中固定资产8亿元。公司通过了ISO/TS16949：2009标准质量体系认证，产品通过了ECE、DOT和3C认证。公司先后荣获"中国最大乡镇企业第二名""全国百强化工企业"等国家级荣誉称号40多项，"泸河"牌连续四年被中国保护消费者协会推荐为"消费者信得过产品"；"泸河"商标被工商总局商标局认定为"中国驰名商标"；"泸河"牌产品被评为山东省名牌及山东省出口名牌产品。泸河集团积极树立现代化经营理念，不断开拓国内、国际市场。在国内配套60多家车辆厂，500多个销售批发单位，与多家大型汽车生产厂家及各地多位经销商以及欧洲、非洲、东南亚等60多个国家和地区200多位外商建立了长期稳定的合作关系。2017年，实现主营业务收入3亿元。

【山东泰瑞汽车机械电器有限公司】 山东泰瑞汽车机械电器有限公司占地32万平方米，建筑面积20.6万平方米，注册资金8500万元，拥有固定资产8.4亿元，有职工1400余人，其中专业技术人员140余人。公司拥有国内先进的冲压、辊压、开平、焊接、注塑、喷漆、镀铝、专业检测等不同规格的设备1000余台。主要产品有汽车车身冲压件、车身焊接、汽车灯具、汽车仪表、汽车内外饰件及各类汽车货厢、农机配件等，产品主要配套于北汽福田、济南重汽、上汽通用、柳州五菱、天津一汽、烟台东岳等国内重要整车生产企业。2008年公司抓住市场机遇，与航天科技集团公司合资创建了泰瑞风华公司，生产的汽车电子产品已跨入国内先进行列。在上海成立技术研究院，建立起有吸引力和竞争力的长效激励机制，吸引国内行业优秀人才，打造了泰瑞汽产品知名品牌，提高了公司的综合竞争能力。公司坚持"以人为本、科技领先、顾客至上"的经营理念，重质量、促发展，先后通过了ISO9001：2000、3C、TS16949等国际质量体系认证。先后荣获"中国质量过硬知名品牌""山东省高新技术企业""潍坊市企业技术中心""潍坊市诚信民营企业"等称号。

【山东桑莎制衣集团有限公司】 山东桑莎制衣集团有限公司是一家集生产加工、贸易于一体，织、印、染、缝配套成龙的大型企业集团。公司成立于1994年2月。主要产品有针织面料，梭、针织服装等，年织染高档针织面料14000吨，加工成衣12000万件，产品全部销售到日本、美国、欧盟、东盟等国家和地区。集团公司先后在日本、意大利、欧美、中国香港等地建立了分公司及营销网络。在柬埔寨投资兴建境外服装加工贸易园区，至2017年，项目建设已经完工投产。公司树立科学发展观，加大投入，开拓市场，强抓管理，促进了企业超常规、跨越式发展。自1995年至2017年，企业先后被中国服装协会评为全国服装行业“销售收入百强企业”“利税百强企业”，被省服装协会评为“山东省进出口百强企业”“山东省出口创汇50强”，被山东省工商联评为“山东省民营企业100强”，被潍坊市委、市政府评为“潍坊市百强企业”“潍坊市管理示范企业”。2017年，公司实现主营业务收入14.8亿元，利税4343万元。

【山东大业股份有限公司】 山东大业股份有限公司是一家以胎圈钢丝、钢帘线及胶管钢丝的研发、生产和销售为主营业务，具有较强自主设计和自主创新能力的企业。公司占地68万平方米，有员工2000余人，年产各类钢丝30万吨。公司在胎圈钢丝领域具有突出的行业地位，为中国最大的胎圈钢丝生产企业，占据国内30%以上的市场份额。公司是中国橡胶工业协会副会长单位、中国橡胶工业协会骨架材料专业委员会理事长单位。公司是最新版胎圈钢丝国家标准主持起草单位。公司已与上海理工大学材料科学与工程学院建立产学研联合研究中心，并计划建设国家级轮胎胎圈钢丝工程技术研究中心。“大业”商标是中国驰名商标、山东省著名商标，“大业”牌胎圈钢丝是山东省名牌产品、中国橡胶工业推荐品牌。2017年，公司在生产规模扩张、国内外市场拓展、企业规范化运营管理、研发平台建设等方面都取得了较好成绩，保持了强劲、健康的发展势头。全年生产胎圈钢丝23.2万吨、钢帘线5.7万吨、胶管钢丝3.1万吨，全年销售胎圈钢丝23.6万吨、钢帘线5.6万吨、胶管钢丝3.1万吨。实现主营业务收入18.7亿元，利税1.7亿元。

【诸城东晓生物科技有限公司】 诸城东晓生物科技有限公司成立于2004年，已发展成为大型淀粉糖生产和出口企业，其主导产品包括食用葡萄糖、麦芽糊精、麦芽糖浆、山梨醇、赤藓糖醇、麦芽糖醇、赖氨酸等，公司产品以一流的质量和完善的服务，畅销5大洲80多个国家和地区。公司先后通过了ISO9001质量体系认证、ISO14001环境管理体系认证、ISO22000食品安全管理体系认证、HACCP食品质量安全认证、英国BRC认证、非转基因IP认证、犹太洁食认证和伊斯兰清真认证等资质认证，并通过了山东省出入境检验检疫局出口食品生产企业卫生注册，获得“山东省高新技术企业”“山东省农业产业化重点龙头企业”“山东省科技兴贸出口创新基地”“潍坊市履行社会责任示范企业”“潍坊市诚信民营企业”“潍坊市诚信示范企业”等称号。公司拥有省级科技鉴定成果3项，申请国家发明专利8项，实用新型专利15项，拥有省级淀粉糖清洁生产工程技术研究中心，与齐鲁工业大学联合建立产学研基地、生物发酵工程研究院，“东晓”牌被评为“山东省著名商标”。2017年，实现主营业务收入21.3亿元，利税8881万元。

【诸城市华欣铸造有限公司】 诸城市华欣铸造有限公司成立于2000年6月，是一家集研发、生产、加工、销售于一体的综合性铸造企业，公司注册资金12080万元，占地面积17.3万平方米，有员工1200余人，总资产6.5亿元。主要生产灰铸铁、球铁、铸钢、合金钢系列铸件，广泛应用于高铁、汽车、工程机械、采油设备、大型农业机械等行业，为福田汽车、中国重汽、江淮汽车、诸城义和车桥、上海大众、杭州叉车集团、大庆油田、美国EQI公司等公司提供重要配套产品。公司为“工信部全国铸造生铁认定企业”“全国首批通过国家铸造行业市场准入企业”“全国采用短流程工艺生产铸铁件示范企业”，系“中国铸造协会常务理事单位”“山东省铸造协会常务理事单位”“山东省短流程铸造产业技术战略联盟理事长单位”“全国铸造行业综合实力百强企业”“全国铸造行业汽车分行业排头兵企业”“铸造行业信用等级AAA级企业”“山东省标准化良好行为AAA级企业”“山东省铸造行业五十强企业”“山东省清洁生产审核验收优秀单位”“省级守合同重信用企业”“潍坊市节能减排标兵企业”。2017年，实现主营业务收入20.5亿元，利税2.2亿元，其中利润1.5亿元。

【山东惠发食品有限公司】 山东惠发食品有限公司成立于2005年2月，2012年6月整体改制为山东惠发食品股份有限公司。公司占地面积30多万平方米，下设山东和利农业发展有限公司、山东新润食品有限公司、山东惠发物流有限公司、山东润农农业发展有限公司、惠发小厨（北京）供应链管理有限公司5个子公司。产品有肉丸、肉肠、肉串、油炸四大系列，是全国最大的速冻肉丸生产基地之一。公司以“做健康食品、创世界品牌”为企业宗旨，注重自主创新能力培养，不断加大科技与研发资金的投入。先后组建了山东省肉类食品质量控制工程技术研究中心、潍坊市功能猪肉制品工程技术研究中心、惠发北方肉类研发中心等科研机构。先后荣获“中国驰名商标”“国家安全生产标准化一级企业”“中国农产品市场畅销品牌”“中国著名品牌”“山东省农业产业化重点龙头企业”“山东省消费者满意单位”等多项称号。公司时刻严把质量关，通过了ISO 9001：2008质量管理体系、ISO 14001：2004环境管理体系认证、ISO 22000：2005食品安全管理体系认证、AAA级标准化良好行为企业确认，保证了产品始终如一的卓越品质。2017年，公司实现主营业务收入7.5亿元，利税1.2亿元。

【诸城市浩天药业有限公司】 诸城市浩天药业有限公司位于诸城市辛兴镇，成立于1999年，占地面积33万多平方米，注册资本6000万元，总资产5亿元，固定资产1.5亿元，有员工600余人。是世界上最大的肌醇生产基地、国内最大的黄芩苷生产基地。公司拥有国内先进的技术研发中心和质量检测中心，完善的质量保证体系及先进的生产设备。先后通过了ISO9001：2000质量管理体系认证，ISO14001：2004环境管理体系认证；2001年获出口欧美各国的KOSHER证，取得肌醇药品生产许可证；2004年一次性顺利通过肌醇GMP认证和获取HALAL证书；2008年通过黄芩苷GMP认证、肌醇HACCP和FAMI-QS认证以及食品QS认证和美国USP认证。2017年，公司实现主营业务收入6.1亿元，利税3499万元。

【诸城市义和车桥有限公司】 诸城市义和车桥有限公司成立于1994年，是国内最大的车桥生产基地之一，主要生产汽车、工程车、拖拉机车桥总成，小麦、水稻、玉米联合收割机底盘及转向桥总成。公司占地面积25.6万平方米，有职工1200余人。公司拥有独立的技术中心，并于2007年被授予省级企业技术中心，拥有研发人员190人，其中高、中级职称人员74人，1人享受国务院特殊津贴。中心队伍具有较强的创新能力、较高的专业素质和研发水平，对于车桥的研究具有丰富的经验。公司产品配套福田雷沃重工、北汽福田、中国重汽、沈阳金杯等十几家国内主要汽车生产厂家，并出口美国、墨西哥等国家，轻型车桥产销量全国第一。公司是中国汽车零部件百强企业、车桥行业龙头企业、中国农业机械零部件（车桥）龙头企业，获得“中国机械500强企业”“全国百佳汽车零部件供应商”等称号。2017年，实现主营业务收入16.2亿元，利税1.1亿元。

【山东佳士博食品有限公司】 山东佳士博食品有限公司是一家以生产销售速冻调制食品为主的省级农业产业化重点龙头企业。公司位于诸城市昌城镇工业园，有职工2000余人。公司注重科技与研发资金的投入，先后组建了“青岛农业大学·佳士博公司联合研发中心”“潍坊市功能鸡蛋制品工程技术研究中心”“山东轻工业学院·佳士博公司联合研发中心”“中国海洋大学食品科学与工程学院·佳士博公司产学研联合基地”“青岛农业大学·佳士博公司专家大院（工作站）”等科研机构，不断加大自主创新力度，增强产品市场竞争力。先后通过了ISO9001国际质量管理体系认证、ISO22000食品安全管理体系认证、ISO10012计量保证确认体系认证和QS安全生产许可认证。公司先后荣获“山东省农业产业化重点龙头企业”“山东省高新技术企业”“山东省守合同重信用企业”“山东省第九届消费者满意单位”“中国专利山东明星企业”“技术创新示范企业”“产学研合作创新奖”称号。“佳士博”商标及“佳士博”系列产品先后被评为“山东省著名商标”“山东名牌”“中国消费市场食品安全放心品牌”“中国优质产品”“山东省食品行业评委感官质量奖”“山东省民营经济最有价值品牌产品”“山东省肉制品行业十佳品牌”等。2017年，实现主营业务收入13.4亿元，利税1.8亿元。

【山东安驰轮胎有限公司】　山东安驰轮胎有限公司成立于2004年，是山东省高新技术企业，位于诸城经济开发区，由山东三工橡胶有限公司控股，注册资金4000万元，占地面积近22万平方米，建筑面积11万多平方米，有职工500余人，总资产4.5亿元。公司与北京橡胶工业研究设计院建立了战略合作关系，该院作为公司股东，技术力量雄厚，装备水平先进，是国内最具权威的橡胶轮胎科研机构，为公司提供全面技术支持。公司主要生产全钢载重子午胎，至2017年已达年产85万套的生产能力，200万套半钢轮胎项目一期开始试生产。公司关键设备全部由国外进口，其中从日本引进了BB370重型密炼机、内衬层挤出生产线、胎体帘布裁断机；从德国引进了双复合挤出机、小角度裁断机、X光轮胎检验系统；从意大利引进了钢帘线压延机；从美国引进了钉子房系统；有二鼓、三鼓一次法成型机、双模定型硫化机等国内设备650多台套。公司先后通过TS16949、国内3C、美国DOT、欧盟ECE认证，产品质量得到了用户的一致认可。公司实施多品牌经营方针，拓展了市场空间，建立了覆盖全国的市场网络，并出口多个国家和地区，形成国内市场批发、车辆厂家配套和出口齐头并进的多元化营销格局。2017年，实现销售收入11.2亿元，利税5598万元。

【山东迈赫自动化装备股份有限公司】　山东迈赫自动化装备股份有限公司是一家工业智能制造装备系统集成服务商，主要从事工业智能制造装备、机器人工作站的设计、制造、安装以及大型工业制造基地的规划设计业务，属于国家重点支持的七大战略性新兴产业中的高端装备制造产业领域。注册资金4000万元，拥有各类专业技术人员400多人，其中高级工程师18人，中级技术人员80多人。公司拥有各类加工设备100余台套，其中数控机床、数控剪折等精密设备30多台套。公司主要产品包括智能焊装、涂装、总装装备系统、机器人工作站系统及电气自动化控制系统等。公司先后荣获“国家高新技术企业”“山东省守合同重信用企业”“山东省专利明星企业”“潍坊市工业设计中心”“潍坊市劳动保障诚信示范单位”等称号。先后通过ISO9001、ISO14001体系认证。山东省智能输送装备工程技术研究中心在公司挂牌成立，公司拥有与智能制造装备相关的多项自主知识产权和核心技术，已取得39项国家专利。公司自主研发制造的车身自动焊接机器人，填补了国内空白，通过国家专利申请。2017年，实现主营业务收入4.9亿元，利税1.1亿元。

【山东美晨科技股份有限公司】 山东美晨科技股份有限公司创立于2004年11月，公司于2011年6月成功上市，总资产9亿元，是一家跨行业多元化发展的国际化企业，集全球化研发、制造和销售橡胶减震、车用管件、空气悬架、生物制剂等多种业务于一身。主导产品减震橡胶制品及胶管在商用车领域橡胶非轮胎行业国内排名第一。公司秉承"环保+科技"的经营理念，以技术创新为强企之本，强大营销为发展之本，以"人才与科技"为立企之本，先后建成国家级博士后科研工作站、国家认可实验室、山东省企业技术中心、山东省工程技术中心、山东省重点实验室。公司拥有83项专利，其中4项发明专利，2项国际专利。2008年6月，公司新型氟硅橡胶软管产业化项目列入国家级火炬计划项目。公司先后被评为"国家火炬计划重点高新技术企业""中国专利山东明星企业""全国百家汽车零部件供应商"，是中国橡胶非轮胎和汽车零部件行业最具发展潜力的企业之一。2017年，公司实现主营业务收入4.8亿元，利税4613万元。

【山东正泰希尔专用汽车有限公司】 山东正泰希尔专用汽车有限公司成立于1996年，是发改委批准的专用汽车生产厂，总资产2.5亿元。公司主要产品有爆破器材运输车、冷藏保温车、餐饮车、军警用车、检修检测车、勘察指挥车、文化广告宣传车、电源工程车、军用方仓、厢式车、随车起重运输车以及"春田牌"房车（旅居车）等。拥有27项国家技术专利，62项专用汽车产品国家公告。公司通过质量体系认证、汽车行业标准认证、汽车改装国家3C认证，并取得商务部汽车出口许可授权。公司与奔驰、福田、解放、庆铃、江铃、东风、江淮等国内外多家知名汽车生产厂商建立了合作关系，生产的"正泰希尔"及"春田牌"专用车产品销往国内20多个省、市、自治区，并远销俄罗斯以及北非、中东等国家和地区。2017年，实现主营业务收入12.4亿元，同比增长9.56%。

【诸城市中纺金维纺织有限公司】 诸城市中纺金维纺织有限公司成立于2002年，坐落于山东省诸城经济开发区，占地18万平方米，拥有员工1200余人，资产总额3亿元。是由中国中纺集团公司投资控股，中国纺织品进出口总公司、诸城市桑莎集团和中纺金旭纺织有限公司共同投资兴建的，注册资本为6000万元人民币。年内，已形成150000枚纱锭及6台（480头）涡流纺的生产规模，年生产各类棉纱15000吨。公司坚持高档化生产质量过程控制，通过推行"一品一标"内控制度，为不同客户量身定做。通过了ISO9001：2000质量认证和环境管理体系认证及有机环保生产体系认证。公司致力于新型针织纱的研发，每年有600余个品种投放市场，产品主要有涡流纺纱系列、新型纤维素混纺纱系列、功能性腈纶针织用纱系列和涤棉梭色织布用纱系列等。公司注重技术进步，在加强自主开发的同时不断引进先进新技术、新工艺，满足产品开发的要求。公司是国内唯一突破涡流纺设备技术限制生产纯涤纶休闲体育运动系列产品的企业。每年推出新型腈纶纱线500余个，是该领域内众多知名品牌产品的唯一生产商，开发和生产能力居国内首位。2017年，实现主营业务收入3.4亿元，利税2793万元。

【山东信得科技股份有限公司】 山东信得科技股份有限公司成立于1999年，至2017年，已发展成为集研发、生产和销售于一体的国家级高新技术企业集团。信得公司拥有生物制品、生化制药、兽药制剂、饲料添加剂及兽药原料药5大产品线，是中国动物保健品产业技术创新战略联盟理事长单位。"信得"商标是全国动物保护行业首个“中国驰名商标”。公司拥有研发人员125人，其中博士12人，享受国务院特殊津贴专家1人，90%拥有硕士以上学历；研发团队主要致力于畜禽用生物制品及生化药品的研发与创新；公司拥有三个P2实验室，P3实验室正在建设。分别在北京、青岛、诸城设立研发机构。青岛研发中心作为信得集团的技术中心，是山东省重点企业技术中心，是业内首个博士后工作站。公司先后承担了国家“863计划”、“十二五”重点技术支撑项目等国家级课题20个，获得国家级新药证书11个，获得国家发明专利16项。依靠创新，信得公司完成了产业升级，动物疫苗及生化药物在销售收入中占比超过72%，获得较强的竞争优势。潜心研发的高效生化制剂——信必妥，是全球首个动物用脾转移因子产品。2012年，公司在诸城经济开发区投资1.2亿元建成国内唯一一家转移因子GMP生产车间。2012年10月，公司建成国内首家大规模细胞悬浮培养工艺生产高致病性禽流感灭活疫苗的GMP车间，顺利通过农业部的GMP动态验收，获得新兽药证书和兽药生产许可证，并投入生产。这是国内首个禽流感细胞疫苗新兽药证书。至2017年，大规模动物用禽流感疫苗生产，全球仅信得一家。2017年，实现主营业务收入2.9亿元，利税3923万元。

（刘　冰）

名　优　产　品

【“福田”牌汽车】 福田汽车诸城厂区生产。福田汽车诸城厂区是福田汽车集团的核心制造基地之一，也是全球最大的商用车制造基地，包括诸城汽车厂、诸城奥铃汽车厂、诸城车辆厂、五星汽车厂4个专业工厂及诸城福田物流有限责任公司、福田全球配件物流中心。产品主要涵盖瑞沃中重型工程车、瑞沃中卡、时代轻卡、奥铃轻卡、中驰专用车、迷迪汽车、伽途面包车、五星三轮汽车、五星三轮摩托车等产品。

【“希努尔”服饰】 希努尔集团有限公司生产。该公司产品主要有西装、衬衫、西裤、体恤、夹克、毛衫、棉服、领带、皮具等系列。公司先后通过ISO9001、ISO14000、OHSAS18001三个国际体系认证，拥有“西服套装”“西裤”“衬衫”3个“中国名牌产品”，“新郎”“新郎·希努尔”“希努尔”“欧美尔”4个“中国驰名商标”，先后荣获国家出口免验企业、全国重合同守信用企业、国家级征信企业、全国顾客满意十佳单位、全国售后服务（行业）十佳单位、AAAA级标准化良好行为企业等多项称号。2004年，“新郎”商标被工商总局认定为“中国驰名商标”，同年“新郎”牌裤子被质检总局授予“中国名牌产品”称号。2005年，被中国服装协会评为2004—2005中国服装品牌年度潜力大奖。2006年，西服套装被质检总局授予“中国名牌产品”称号。2007年，公司被中国人民解放军总后勤部选定为军官礼服定点生产企业，是省内唯一一家服装生产企业。2010年，“希努尔及图”商标被认定为“中国驰名商标”。2013年，希努尔男装公司聘请影星张东健担任希努尔男装品牌形象代言人，并在全国主流媒体投放宣传。同年，公司从意大利引进普兰尼奥高端定制品牌，产品开始从中端向高端迈进。

【“欧美尔”牌家具】 山东新郎欧美尔家居置业有限公司生产。该公司是国内最大的集家具生产、研发、产品展示及销售的基地之一。产品包括酒店套房、商务办公和居家生活3大系列上万个品种。全面通过ISO9001：2008质量管理体系、ISO14001：2004环境管理体系、OHSAS18001：2007职业健康安全管理体系和中国环境标志产品认证中心“十环标志”产品认证，“欧美尔”商标被认定为“中国驰名商标”，产品被评为“山东名牌产品”。

【“尽美”牌速冻调理禽肉熟食品】 诸城外贸有限责任公司生产。该公司是首批农业产业化国家重点龙头企业，被农业部、国家标准化管理委员会等部门单位授予国家禽肉加工专业分中心、农产品加工企业技术创新机构等称号。公司针对国内外市场的消费需求，加快禽肉熟食新产品的开发，丰富了产品种类，提升了品牌价值，受到消费者青睐。“尽美”牌速冻调理禽肉熟食品、“尽美”牌玉米淀粉、“虎”牌饲料被评为“中国名牌产品”。

【“兴贸”牌玉米淀粉系列产品】 诸城兴贸玉米开发有限公司生产。该公司是一家集农、科、工、贸于一体的跨区域大型综合玉米淀粉精深加工企业，是亚洲最大的淀粉、变性淀粉生产企业。公司形成以玉米淀粉生产、变性淀粉深加工、淀粉糖深加工、玉米油生产、肌醇生产、饲料加工为主体的玉米深加工一体化生产体系。产品在国内市场上供不应求，并畅销美国、日本、韩国、波兰、东南亚、中东、非洲、欧洲、南美洲、北美洲等60多个国家和地区。“兴贸”商标被认定为“中国驰名商标”，“兴贸”牌淀粉糖、禽饲料被评为“中国名牌产品”，“兴贸”牌玉米油、变性淀粉被评为“山东名牌产品”。

【“得利斯”肉制品】 得利斯集团有限公司生产。公司主导产品为低温肉制品、冷却肉、发酵肉制品等。2000年，公司提出冷却肉概念并引进先进屠宰生产线，采用重视动物福利的屠宰方式，生产出安全卫生、营养丰富、肉质细嫩的冷却肉，达纯生可食的程度，产品质量在同行业中居于领先地位。2010年，公司引进整套生产线和技术工艺，通过低温发酵生产帕珞斯发酵火腿，具有高蛋白、低脂肪等突出优点，实现了肉类加工新突破。1992年，“得利斯”商标被认定为“山东省著名商标”，“得利斯”火腿获中国农业博览会优良奖。1995年，“得利斯”香辣肠、增嫩鸡肉肠获第二届中国农业博览会金质奖。1999年，“得利斯”商标被认定为“中国驰名商标”。2001年，低温肉制品被评为国家食品工业重点产品。2002年，低温肉制品、冷却肉被评为消费者喜爱的知名品牌。2006年，“得利斯”牌肉制品被评为中国肉类工业影响力品牌。2010年，企业获得山东省省长质量奖。

【“惠发”牌速冻食品】 山东惠发食品股份有限公司生产。该公司是一家以生产、销售营养速冻食品为主的高新技术企业，主导产品有肉肠、肉串、油炸3大系列200多个品种。销售网络遍及全国各地，是全国最大的速冻肉丸生产基地之一。2005年，该公司各类速冻食品被评为国家合格评定质量达标放心食品。2008年，荣获中国农产品市场畅销品牌称号；“惠发及图”商标被认定为“山东省著名商标”；“亲亲肠、牛肉丸（图形商标）”产品被评为第五届山东省食品行业（速冻调理食品）十佳品牌。2009年，“惠发熟制肉丸制品”被评为“山东名牌产品”。2010年，“惠发及图”商标被认定为“中国驰名商标”。2011年，荣获山东“3·15”名优商品（服务）和企业形象博览会优秀奖。2013年，“惠发”牌速冻食品系列产品被评为“中国著名品牌”。

【义和车桥总成】 诸城市义和车桥有限公司生产。该公司是国内最大的车桥生产基地之一，主要生产各种轻型、中型、重型汽车、工程车、乘用车车桥总成、空气悬挂转向桥总成、独立悬挂桥总成等产品。2010年，可提升随动转向空气桥具有倒车随动转向功能，获省工业科技进步一等奖。2014年，“义和”牌大马力四轮驱动拖拉机前驱动桥产品获中国农机零部件产品金奖。车桥总成被评为“山东名牌产品”，“义和”商标被认定为“山东省著名商标”。

【“美晨”先进高分子材料制品】 山东美晨科技股份有限公司生产。该公司于2011年6月29日在深圳证券交易所成功挂牌上市。2012年，“美晨”商标被认定为“中国驰名商标”。2011年，“MEICHEN牌推力杆总成”产品被评为“山东名牌产品”；2013年，“NMAP牌空气弹簧总成”产品被评为“山东名牌产品”；2014年，“MEICHEN牌胶管”产品被评为“山东名牌产品”。

【“大业”牌胎圈钢丝】 山东大业股份有限公司生产。该公司是一家以胎圈钢丝、钢帘线及胶管钢丝的研发、生产和销售为主营业务、具有较强自主设计和自主创新能力的企业。产品占据28%以上的国内市场份额。主要产品胎圈钢丝作为轮胎重要的骨架材料，被广泛应用于乘用车轮胎、载重轮胎、工程轮胎以及航空轮胎等各种轮胎制品。“大业”牌胎圈钢丝荣获“山东名牌产品”称号，“大业”商标被认定为“山东省著名商标”。2010—2014年，连续五年被中国橡胶工业协会评为全国胎圈钢丝产品唯一推荐品牌。

【“佳士博”牌速冻调制食品】 山东佳士博食品有限公司生产。“佳士博”系列速冻调制食品，蛋白含量高、脂肪含量低、口感细嫩、味道鲜美，产品涵盖丸子、仿生、调理、灌肠、鱼糜5大类300多个品种。2004年，“佳士博牌速冻肉制品”被评为中国消费市场食品安全放心品牌。2006年，“佳士博”牌鸡肉丸在中国商品学会开展的中国优质产品推广活动中，获得优质产品证书；“佳士博及图”被认定为“山东省著名商标”，2009—2012年继续保持该称号。2007年，“佳士博”牌系列产品通过HACCP认证。2008年，“佳士博”牌弹力脆牛肉丸被评为2008年度山东省中小（民营）企业创新型优秀新产品一等奖，“佳士博”被评为第五届山东省食品行业（速冻调理食品）十佳品牌。2009年，“佳士博牌熟制肉丸制品”被评为“山东名牌产品”，并于2013年再获此殊荣。2010年，“佳士博牌系列肉制品”被评为山东省民营经济最有价值品牌产品。2011年，“佳士博”牌调理品被评为潍坊市农产品行业禽肉蛋类十大品牌。2012年，“佳士博牌撒尿牛丸”被评为2012年度中国冷冻食品产业十大畅销产品；“佳士博”牌包心鱼丸、香菇鱼丸、鱼豆腐被评为山东省肉制品行业感官质量优质产品。2013年，“佳士博JSB及图”被认定为“中国驰名商标”。

【“信得”牌兽药】 山东信得科技股份有限公司生产。产品有3大系列300多个品种。公司多次承担国家科技支撑计划、“863”计划及国家级项目研究课题，是科技部认定的兽药行业首批国家火炬计划重点高新技术企业之一。2004年，“信得”商标被认定为“山东省著名商标”。2012年，“信得”商标被认定为“中国驰名商标”。同年，公司核心产品“信必妥”获第十届中国畜牧业展览会创新产品金奖。2013年，“海生素”产品被评为“山东名牌产品”。

【“密州”系列酒】 山东诸城密州酒业有限公司生产。公司是国家中型酿酒企业，山东省浓香型低度白酒代表企业，山东省清香型白酒领军企业。拥有洞藏“密州春”“刘罗锅”“鲁钟清烧”“清悦”“密州之星”5大品牌白酒和“强仕·威尼仕”保健酒以及华东沿海第一家山洞藏酒基地。2008年，“密州春”系列酒获餐饮业最受欢迎的产品称号，“刘罗锅”商标被认定为“山东著名商标”，“密州”商标被认定为“中国驰名商标”。“密州春”酒被山东省旅游局、大众日报社评为2010“品牌山东”十大旅游接待用酒品牌。2014年，“刘罗锅”全新系列产品上市，标志着该公司产品品牌建设迈上新台阶。

【“华欣”牌汽车用制动毂】 诸城市华欣铸造有限公司生产。该公司是一家集新能源铸件和汽车制动部件产品的开发、生产、销售于一体的综合性现代化企业，也是国内规模最大、产品型号最多的汽车制动部件生产企业之一。2002年，通过ISO9000质量管理体系认证和AAA级企业标准化良好行为评定。2006年，“华欣牌汽车用制动毂”被评为“中国制动毂十佳名优品牌”；同年，被评为“山东名牌产品”。2012年、2014年“华欣牌制动毂”在中国国际铸造博览会上获优质铸件金奖。

【“三工”牌汽车轮胎】 山东三工橡胶有限公司生产。该公司主导产品有斜交轮胎、全钢子午胎、半钢子午胎3大系列300个规格品种。产品先后被质检总局评为“中国名牌产品”，被省技术监督局评为“山东名牌产品”“免检产品”。“三工”商标被认定为“山东省著名商标”。

【“昊宝”服饰】 诸城市昊宝服饰有限公司生产。昊宝服饰公司是一家集西装、西裤、休闲装、衬衣等服装、服饰产品开发、生产、销售为一体的综合性企业。公司大力实施品牌兴企战略，努力打造“昊宝”服装品牌。2004年，“昊宝”商标产品获“山东名牌产品”称号；2005年，“昊宝”商标获“山东省著名商标”称号；2012年，“昊宝”商标被工商总局认定为“中国驰名商标”。至2012年，公司连续四届被评为山东省消费者满意单位，连续三年跨入中国服装行业百强企业行列。

【“黛王”黑蒜】 诸城市瑞福生黑蒜生物工程有限公司生产。公司拥有国内最大的黑蒜业食品研发中心，并通过ISO22000：2005、HACCP认证、QS系列食品安全质量管理体系认证。主要产品有黑蒜头、黑蒜米、黑蒜酱、黑蒜膏、黑蒜糖、黑蒜茶、黑蒜醋、黑蒜人参茶、黑蒜雪莲果汁等18个系列。2010年，公司经审核通过HACCP和ISO22000管理体系认证，为食品安全卫生生产提供了有力保障。2011年，经潍坊市出入境检验检疫局审核通过出口资质。同年，“黛王”品牌被授予“中国著名品牌”称号。

【“MZ”牌三相异步电动机】 山东开元电机有限公司生产。公司主导产品为YE、YE3系列中小型交流电机、低压大功率交流电机、中高压电机、开关磁阻电机和高效电机智能控制系统。YE系列高效电机、YE3系列超高效节能三相异步电机先后入围国家第二批、第五批节能产品惠民工程高效电机推广财政补贴名录。2014年7月，KV系列高效电机智能控制节能系统通过工业和信息化部专家评审，被列入国家重点推广的电机先进技术目录（第一批）。公司具备各种电机生产检测能力，建立了完善的质量管理体系，先后取得IS09000系列体系认证、国家出口质量许可认证、国家质量免检产品认证、CQC产品认证、CCC安全认证、中国质量节能认证。2011—2013年，“MZ”牌三相异步电机被评为“山东名牌产品”，“MZ”商标被认定为“山东省著名商标”。

【“迪龙”牌电线电缆】 山东迪龙电缆有限公司生产。该公司是山东省电线电缆行业的骨干企业，产品以35千伏及以下塑料绝缘电力电缆和10千伏及以下架空绝缘电缆为主导，有民用电缆、控制（屏蔽）电缆、阻燃耐火电缆、钢芯铝绞线等多个系列几千个规格，年生产能力40万千米。“迪龙”牌电线电缆广泛应用于航空、水利、电力工程、厂矿企业、建筑工程等。2000年，被经贸委列为全国城乡电网建设与改造所需产品推荐企业。公司获山东省科学技术进步三等奖，通过计量测量体系认证。产品被评为“国家免检产品”“山东名牌产品”，“迪龙”商标被认定为“山东省著名商标”。

【“隆源牌”油箱、油缸】 山东隆源液压科技有限公司生产。油缸产品广泛应用于挖掘机、军工机械、港口机械等基础装备。油箱产品分液压油箱和燃油箱两大系列，主要用于小麦机、拖拉机、水稻机、玉米机等农机产品，并可根据用户需求设计、制造非标产品，具有独特的生产加工能力。“隆源”商标被认定为“山东省著名商标”。

【“DONGTIAN”牌组合仪表】 诸城市新东方汽车仪表有限责任公司生产。该公司2005年成功开发出电子式仪表，顺利通过汽车厂验证，获得市场认可。产品由单一的机械式组合仪表升级为电子式组合仪表。2006年，通过ISO/TS16949质量管理体系认证。2007年，新上车载音响生产线，车载MP3播放器产品被评为山东省高新技术产品。2008年，组合仪表产品由电子式升级为步进电机式和CAN总线式，产品由原来的4个系列6个品种拓展到85个系列900多个品种。2011年，公司新开发了VMS控制器，获得市场认可，市场故障率为零。2013年，新开发的电子油门踏板产品通过市场验证；组合仪表产品被评为“山东名牌产品”。

【“春田”牌冷藏、保温车】 山东正泰希尔专用汽车有限公司生产。该公司是国家批准的改装车生产企业，产品主要有冷藏保温车、爆破器材运输车、旅居车辆、医疗救护车、特种专用车等5大系列70多个品种。2012年，自主研发的爆破器材运输车和旅居车被山东省机械工业协会评为山东省机械工业科技进步三等奖；自主研发的玩具搬家工房车参加“红蚂蚁户外运动联盟”组织的“西藏之约”大型户外运动，荣获二等奖；同年，“春田”牌冷藏车、保温车被授予“山东名牌产品”称号。2013年，爆破器材运输车、冷藏保温车、房车、医疗救护车被评为“山东省旅游商品十佳品牌产品”。

【电力“怡明”茶叶】 诸城市电力怡明茶业有限公司生产。该公司成立于2004年，产品主要有“怡明”绿茶、“怡明”红茶两大系列20多个品种，年生产能力20吨。该公司是潍坊市农业龙头企业、潍坊市诚信民营企业和潍坊地区最大的茶叶种植、生产基地。2011年，公司在原有绿茶基础上，聘请日照市茶叶专家在诸城率先研制开发出“怡明”红茶，茶产品率先通过QS食品认证、ISO9001管理体系认证；“怡明”绿茶被中国绿色食品发展中心认定为“绿色食品A级产品”，被评为“山东省首届特优茶”“山东省首届优质茶”，是第二十六届潍坊国际风筝会指定产品，被鲁能泰山俱乐部指定为鲁能泰山足球队用茶，连续三届被评为“山东名牌产品”；“怡明”商标被认定为“山东省著名商标”“中国驰名商标”；公司获“山东省知名品牌产品”“山东‘3·15’名优企业形象”“名优商品（服务）博览会优秀单位”等称号；怡明绿色茶园生产基地被评为潍坊市农产品质量安全生产示范园区。

【“天旭”牌太阳能热水器】 山东龙光天旭太阳能有限公司生产。该公司是一家集毛坯管、真空集热管、太阳能热水器的研发、生产与销售于一体的企业。公司先后通过质量、环境、职业健康安全认证、国家3C认证、康居认证。2005年，“天旭”商标被认定为“山东省著名商标”，“天旭”牌全玻璃真空集热管被评为“山东名牌产品”。2006年，“天旭”牌太阳能热水器获得“山东名牌产品”称号。2008年，“天旭”商标被认定为“中国驰名商标”。自2009年开始连续四年成功中标家电下乡产品，8款“天旭”牌太阳能热水器产品成功入围2011年国家节能产品惠民工程。

【“华宇”牌弹簧床】 诸城市新华宇家具有限公司生产。该公司1986年引进江北第一条席梦思弹簧床垫生产线，所生产的产品一直深受广大消费者青睐。公司产品工艺性能不断提升，花色品种不断增加，有30个系列200个品种。“华宇”牌弹簧床垫连续三届被评为“山东名牌产品”，“华宇”商标连续七届被省工商局认定为“山东省著名商标”。

【“丰龙”牌气瓶】 山东丰龙高压气瓶有限公司生产。该公司是山东地区最大、气瓶种类最齐全的气瓶生产厂家，年生产各种工业、民用气瓶、天然气瓶200万只。公司已取得质检总局颁发的B1、B2、B3级压力容器制造许可证。产品通过TS16949和ISO9001：2008国际质量管理体系认证，“丰龙”牌被认定为“中国著名品牌”。

商　　务

商　贸　服　务

【概况】 2017年，全市商贸服务工作围绕“13351”工作思路，着力增优势、补短板、抓亮点、求突破，实现商贸服务业转型升级跨越发展。全市限额以上商贸企业发展到205家，实现社会消费品零售总额277.6亿元，同比增长8.0%。

【商贸服务业】 商贸流通业创新发展，产业转型升级步伐加快。启动了“放心早餐”工程，承办企业清清仁木食品有限公司和山东佳士博食品有限公司共设早餐点120处，投放流动“放心早餐”车73辆。引导商业企业增强品牌意识，山东诸城密州酒业有限公司成功申报“山东省老字号”。

【电子商务】 电子商务业融合发展，产业信息化水平不断提高。引进平台提供服务，阿里巴巴诸城产业带上线企业441家；农村淘宝社区（村）级服务站发展到51家，实现营业额600多万元；京东商城诸城服务中心推广员达300多人，新增线下体验店6家，销售额超过1200万元。诸城电商创业园入驻企业121家、创业个体30户，已成为区域传统企业转型升级的孵化基地；龙都电商创业园，新增线下体验店6家，入驻商户82家，已成为辐射周边区域的淘宝聚集园区。培育起采文食尚、80妈妈母婴生活馆、贝仕达婴儿用品、玉翰绣坊等大批农村电商企业，引导企业建设了创景包装、东方苗木、蚂蚁汽配等25个本土电商平台，覆盖综合电商、同城网购、行业电商、互联网金融等多个领域。加强人才培训，通过不同方式培训各类电商人员1.5万人次。

5月23日，诸城市启动“放心早餐工程”，在城区设立网点60个，方便市民就餐。该工程承办企业为清清仁木公司和佳士博食品公司

（摄影　王　玮）

现 代 物 流

现代物流业做大做强，产业支撑功能不断提升。年内，全市骨干物流企业发展到80家，其中A级物流企业发展到5家，物流托盘标准化示范企业1家。产业集群初步形成，已建成诸城保税物流中心东升物流园和诸城市长运物流园等3大物流园区，初步培育起以汽配、冷链、农副产品、保税等为主的特色物流产业集群。重大项目建设进程加快，玉山整车出口物流配送、检通高端出口检品物流中心等一批物流业项目开工建设。

对外经济贸易

【概况】 2017年，全市进一步扩大开放，提升核心竞争力，加快新旧动能转换。深入贯彻落实潍坊市委、市政府《关于构建新体制培育新优势加快全市开放发展的意见》和有关扩大开放的具体要求，全力推进对外经济合作，取得明显成效。全年完成进出口总额103.8亿元，同比增长8.5%。实际到账外资8.6亿元，同比增长25.6%。完成境外实际投资额214.8万美元，外派劳务12人。

【对外贸易】 青岛保税港区诸城功能区保税物流中心正式封关运营，成为山东省内第5家成功运营的保税物流中心，新增进出口企业26家，拉动出口1.2亿元，开辟了一条连接国内和国际两大市场的便捷通道，成为全市对外开放的新引擎。年内，全省原产地签证服务“县县通”工程在诸城正式启动，为30多家企业免费办理业务，签发各类证书2400余份，为企业节省各类费用1000多万元，打通了自贸协定实施便利化的“最后一公里”。全市已培育起纺织服装、农产品、轻工木器、橡胶轮胎和机电产品五大外贸产业集群，出口市场发展到160个，进出口额过千万美元的企业发展到31家，外贸转型升级示范区（基地）发展到12个。

【利用外资】 积极开展“外企大走访”活动，落实“服务大使”制度，加强和企业的联系，更好地了解企业诉求，为外商投资企业提供政策扶持和协调服务，帮助企业排忧解难，解决实际问题，优化营商环境，促进企业发展。根据外资企业数量多的特点，积极运用融资租赁、并购、股东贷款、私募股权投资、境外上市发债、PPP等方式吸收外资，拓展利用外资工作新局面。集中精力开展定向招商活动，加大实体项目的引进力度，将引资的重点放在招引世界500强、行业领军企业以及新兴产业项目上，努力推动项目落地。全年新设立外资企业3家。

【对外经济技术合作】 *境外高科技并购实现突破。*山东东宝重工科技股份有限公司购买芬兰塔沃贸易有限公司85%的股份，重组董事会。完成并购后，两年内芬兰公司把潜艇生产和运营相关技术移交给山东东宝重工科技股份有限公司，3座、26座和48座观光潜艇将在中国生产，借助塔沃贸易公司的渠道优势，销售市场从国内市场扩展到国际市场，项目全部完成后，年可生产观光潜艇15台。

*新型外贸服务中心在日本设立。*诸城检通服饰科技有限责任公司在日本出资设立日本检

通物流株式会社，主要经营服装服饰、纺织品、鞋帽、日用轻工业品的检验鉴定及其技术服务，提供国际物流、货物仓储服务，办（代）理货物进出口业务。作为配套项目的诸城检通高端出口检品物流中心项目顺利开工建设，主要建设检品、检针、物理检测中心，设立4.7万平方米的出口监管仓库，项目建成后日检能力可达30万件，将对促进服装等商品出口发挥积极引领作用。

境外园区（基地）稳步建设。桑莎柬埔寨纺织工业园入驻企业达8家，吸纳当地工人900余人，完成当地出口额3000多万美元，产品主要出口日本、美国，缓解了国内人工、土地等成本急剧上升的矛盾，对国内投资主体企业回报作用明显，实现了延伸纺织服装上下游产业链条、提升产业竞争力的境外工业园区功能，为下一步打造跨国公司打下良好基础。建设海外原料基地，加快完善产业链条，引导诸城市松源木业有限责任公司、诸城市顺合木业有限公司、诸城市兴旺家居有限公司等众多木器加工企业，到木材资源丰富的俄罗斯及波罗的海周边国家设立原料供应基地，建立多元、稳定的境外原材料补给体系，实现原材料和最终产品两头在外的目标。全年回运木材23万立方米，木器出口突破1.2亿美元，成为对外贸易新的增长点。

（丁伯承）

招　商　引　资

【概况】 2017年，招商引资工作聚焦“四个城市”和“三区一城”建设，围绕全市“三招三引”工作重点，夯实招引基础，创新招引方式，突出重点产业，瞄准重点区域，取得良好成效。年内，全市共洽谈引进招商引资项目195个，总投资748.83亿元，计划利用市外资金694.06亿元。其中，在建项目104个，签约项目42个，在谈项目49个。

【招商机制】 按照“多引导少管制、多服务少指挥”的原则，坚持招商谈判以企业为主、联络渠道以民间和商（协）会为主、优化环境以政府为主，突出企业市场化招商，展示企业在招商工作中的资源、资金优势，激发企业在招商工作中的活力，将企业推向招商工作的最前沿。

招商管理部门注重调查研究，做到有的放矢。对全市镇街（园区）和部分重点行业、企业进行走访调研，了解重点项目和企业发展过程中在资金、人才、技术等方面的需求以及全市产业发展需求，摸透全市招商项目、人脉、招引信息等资源情况，研判分析全市企业及产业发展现状和趋势，选准产业链短板和需提升节点，提高了招商工作的针对性和实效性。

6月30日，诸城市人民政府·雪松文旅投资公司诸城恐龙涧项目投资合作框架协议签约仪式举行　　（摄影　王　哲）

针对调研发现的实际问题，对已有政策进行再整理，创新科学招商的体制机制，出台针对性政策，促进实际问题解决。通过解放企业家思想，提升企业家素质，引导企业走招商引资合作发展的路子，按照企业的发展需求，将招商引资实际行动落实到企业的发展规划上，分类引导企业主动放开股份、融资扩股、借脑引智、借梯上楼，以招引推动“二次创业”，助推提质升级。柳州凌达汽车内饰、青岛天赢汽车部件、广州雪松文化旅游集团、华润电力控股有限公司等招商项目相继落户诸城。

【招商重点】 突出产业链招商。梳理确定主导产业建链、补链、强链的关键环节、目标客户，推动链条式集群发展，洽谈引进了北京福星东联、青岛华特、南通大地等项目入驻福田汽车及零部件产业园。

突出总部经济招商。重点引进区域性总部和功能性机构，年内共引进中坛再生资源、青岛龙腾国际、大连环嘉、内蒙古诚昊启元、香港时富盛唐置业等企业总部（分支机构）91家。

突出“零增地”招商。将闲置土地、厂房等存量资源转化为招商资源，先后洽谈引进北京恒通新型环保节能材料、柳州凌达汽车内饰、青岛天赢汽车部件、上海东方智库辅盛骨科医院智慧医疗等零增地项目。

突出现代农业招商。大力发展观光农业、设施农业、农产品精深加工、园区农业、科技农业，引进了中国·诸城大设计艺术小镇、北京华龄生态农业休闲养生、北京舜沃农业科技、北京仟亿达生物质多联产等现代农业项目。

【招商方式】 开展对接北京招商。抢抓北京疏解非首都功能机遇，在潍坊市率先制定出台《关于对接北京非首都功能疏解项目的实施意见》。7月，在北京举行“2017诸城对接北京科技创新·产业合作恳谈会”，成立“北京市人才工作站”，集中签约项目24个，总投资266.1亿元。2017年，全市共引进对接北京非首都功能疏解项目42个，总投资301亿元，利用市外资金294.2亿元。

全面对接服务青岛。研究出台《关于诸城市全面对接青岛的实施意见》。5月，在青岛举行“2017诸城对接服务青岛合作恳谈会”，集中签约项目25个，总投资50.88亿元，项目履约落地率达88%。年内，除对接服务青岛合作恳谈会上签约的25个项目外，全市对接服务青岛新增招商项目43个，其中已开工项目16个，签约拟建项目11个，在谈项目16个。

推进对接长三角、珠三角地区。洽谈引进了总投资30亿元的华润风力发电、总投资29亿元的广州雪松文旅恐龙涧及恐龙古镇、总投资7亿元的上海珍源资产陶瓷金属基新型复合材料、总投资5亿元的杭州赛石园林三河湿地城市公园等项目。

【招商激励政策】 根据国务院关于扩大对外开放积极利用外资若干措施的通知精神，结合实际，制定了全市招商发展激励政策，从鼓励实体项目、总部经济、高校院所、高端人才落户等方面提出激励措施，突出可操作性和导向性，并注重以前出台政策的延续性和创新性。

在投资激励方面，对实际投资2亿元的或年纳税总额1000万元以上的招商项目和世界500强企业的外商直接投资项目，按实际投资额给予最高5000万元奖励，对并购国内外知名品牌落户诸城产业化的企业，再给予500万元—1000万元一次性奖励。

在总部经济项目激励方面，对新设立的外资企业总部按实缴注册资本给予最高5000万元奖励，对新设立的中央大型企业、中国企业500强、中国民营500强企业总部按实缴注册资本给予最高3000万元奖励。对符合条件的总部经济企业在税收地方留成、引入知名品牌落户诸城、购买或租赁办公用房等方面进行补助或一次性奖励，鼓励总部经济运行平台招引并运营总部项目。

在高等院校、研发机构激励方面，在落实《关于深化科技体制改革加快创新发展的实施意见》《关于加快招院引校工作的意见》等文件基础上，对引进高校做出贡献的团队（个人），给予200万元—500万元的购买服务经费。对国家级研发机构等在诸城建立的研究院、中试基地等研发机构，给予200万元资助，对省级研发机构给予40万元资助。对引进的国家级博士后流动站、博士后科研工作站、院士工作站和省博士后创新实践基地，按国家级、省级分别给予20万元、10万元奖励。

在高层次人才补助方面，对带项目、带技术、带资金创新创业的"千人计划"专家及高层次人才，以政府基金补助、政府参股或免费租赁等形式分别给予最高不超过1000万元、3.3万平方米项目用地、3000平方米技术研发用房和10000平方米生产用房支持。

在企业高管人才激励方面，在落实《关于加快建设人才强市的若干意见》基础上，对企业高级管理人员缴纳个人所得税地方留成部分，3年内按100%标准补助企业；股权退出所缴纳的个人所得税地方留成部分，按照50%的标准补助企业。

在政府基金支持方面，鼓励社会资本采取"基金+产业"的模式设立产业基金，政府引导基金给予参股5%-20%注资支持；对基金投资的重点产业项目，政府引导基金可将投资收益的20%让渡给社会资本；政府引导基金参股子基金投资种子期、初创期科技型企业发生投资损失的，市财政对社会出资人分别按不超过其实际投资损失的60%和30%给予补偿。

在飞地经济激励方面，对镇街（园区）引进的项目根据市里统一规划入驻异地镇街（园区）的，自投产之日起产生的镇级财政收益由引进镇街（园区）与入驻镇街（园区）按6∶4比例进行分成。

（吴加辉）

总　部　经　济

【概况】 2017年，诸城把培育引进发展总部经济作为加快新旧动能转换、推进财源建设的重要举措，突出外部招引，强化内部培植，着力优化发展环境，加快培育壮大县域总部经济。全市共引进企业事业总部（分支机构）47家。

【明确招引方向】 紧抓国家在全国范围内大力发展循环经济，加快资源循环利用基地建设等有利政策契机，积极引进再生资源综合利用企业，打造山东半岛资源循环利用基地。3月，引进山东中坛再生资源有限公司，将全国业务结算中心设在诸城市，年内营业收入达21亿元，上缴税收3.3亿元；6月，引进环嘉集团再生资源项目盘活诸城市闲置存量厂房，年内已上缴税金1600万元；12月，引进北京恒通创新赛木科技股份有限公司在诸城市设立全资或控股子公司，计划投资15亿元，在诸城市投资建设资源循环利用基地项目（含装配式建筑品部件生产基地），可实现年产值约人民币20亿元，年利税约人民币4亿元。

【创新招引模式】 改变原有的主要靠拼政策、拼优惠的招商引资模式，采取园区招商、资产招商、以商招商、亲情招商等多种模式，重点引进科技型、财源型总部经济项目。

园区平台招引。按照市里的统一规划，继

续完善产业园区承载功能，在“七通一平”的基础上，根据企业个性需求，为重点项目建设研发中心、营销总部、办公楼等设施，吸引市外、省外龙头企业入驻园区，发挥规模效应。以列入省园区经济发展试点为契机，大力发展园区主导型经济，根据产业类别、园区功能定位统筹项目布局，提升产业链关联度和紧密度。与福田公司合作，规划建设福田汽车及零部件产业园，先后引进南通大地、青岛华特、罗思韦尔、智科物流等电气、新能源、智能物流领域的产业提升项目，配套引进中汽技术研究中心汉阳专用汽车研究所，开展整车及零部件的检验检测服务，有效提升了园区服务配套能力。通过新上福田中高档卡车项目，引进青特车桥、万里扬变速箱等福田汽车产业链条关键零部件配套企业，实施建设一批“五大总成”（发动机、变速箱、前桥、后桥、车架等总体构架）项目，新增60万辆高端卡车产能，建设集研发设计、生产加工等功能于一体的福田汽车卡车板块全系列制造区，努力将诸城打造成为全球最大的高端商用车产业基地。

资产媒介招引。在招引外地总部经济工作中，优先推荐、利用信华资产管理公司储备的存量车间、厂房、办公楼，对重点总部经济项目利用国有闲置厂房的，根据项目经济贡献，免收一定年限的租赁费；对有潜力的项目，采取资产入股的形式进行合作。2017年6月，引进环嘉集团再生资源项目盘活原威尔浦公司闲置存量办公用房及部分车间，年内已上缴税金1600万元。

亲情攻势招引。借鉴2014年成功引进山东德邦物流有限公司的成功经验，继续开展亲情招商。对创业有成的在外诸城同乡，安排专人联系开展亲情招商，鼓励他们带资金、带技术、带信息回乡发展，努力形成“人才回乡、项目回归、资金回流”的局面。尤其是针对现代物流类项目占地少、见效快、税收贡献大这一特点，通过诸城老乡介绍，成功引进内蒙古诚昊启元“无车承运系统平台”及“物流仓储配送”项目，并在诸城市注册成立山东启恒物流有限公司，将山东省及周边地区业务放在诸城公司结算，公司成立后第一个月就上缴税金230万元。

（王　伟）

供　销

【概况】 2017年，全市供销工作紧紧围绕市委、市政府的中心工作和上级社的部署要求，结合“作风建设年”活动，主动担当、积极作为，加快推进供销社综合改革，全面提升供销社综合服务实力和水平。年内，市供销社获得“2017年度全省供销合作系统先进集体”称号。

【农业社会化服务】 为农服务中心建设。在规范运营相州、贾悦、南湖、郝戈庄等为农服务中心的同时，加快推进厚德、绿博园、雪莲兔业、孟疃、埠头等5处为农服务中心项目建设进度，2017年新规划建设桃园、大宋、尚庄果品、马庄农产品、桃林果品、舜岳瓜菜、丹家店子花生7处为农服务中心建设项目，落实专项扶持资金400万元。至年末，全市建成和在建的为农服务中心达22处。其中，郝戈庄为农服务中心作为市联社与国家花生技术研究中心科技成果转化基地承担主体，已建立花生博士工作站，建设花生示范基地66.67公顷，并通过技术指导和培训，引领带动周边农民合同种植1万亩，全市服务面积超过2000公顷。

土地托管服务。加强与省农科院、国家花

市供销社加快为农服务中心建设，助力农民增产增收。图为郝戈庄为农服务中心花生加工车间工人正在加工筛选花生

（摄影　王建荣）

生工程技术研究中心等科研院所的联系合作，依托为农服务中心，整合涉农部门服务资源，建立生产、供销、信用、流通“四位一体”为农服务新模式，搭建“1+N”为农服务综合平台，培育土地托管为农服务新动能，重点抓好“两个延伸、两个提升”。并立足供销社种肥药一体化供应服务优势，不断丰富托管土地服务内容和形式，积极参与服务“春耕备播”和“三夏、三秋生产”，助力农业增产、农民增收。年内，完成托管服务37000公顷，其中全托超过4000公顷。

【合作经济组织建设】 大力发展农民合作社，深入开展“农民合作社示范社”创建活动，促进农民合作社规范提升。至年底，领办农民合作社215家。其中2家农民合作社被评为国家级农民合作社示范社，3家农民合作社被评为全国供销系统农民合作社示范社，5家农民合作社被评为省级农民合作社示范社。提升壮大基层社，加大对基层供销社的扶持力度，加快政策、资金、项目等向基层社倾斜，2家基层社被评为全国供销系统基层社标杆社。引导基层供销社积极发挥作用，服务农民合作社及其联合社，年内已服务合作社及其联合社近600家。规范发展农民合作社联合社，加快组建镇级农民合作社联合社，年内镇级农民合作社联合社达13家，实现了镇街全覆盖。

【农村现代流通】 积极参与放心农资工程和土壤改良工程，做好高毒农药管理、完善经营服务网络，以组织实施“新货郎”行动为契机，加快构建线上线下、沟通城乡的农村现代流通体系。以规范形象标识、改造提升传统网点、规范服务标准为重点，改造规范农资放心点52处、日用品店26处。累计供应化肥、农药、农膜等各类优质农资4万余吨。发展农村电子商务，搭建“供销e家”县级电商平台，与村级供销（日用品）超市运营结合，推动线下线上融合发展。推动农村“新六产”发展。依托合作社、社有企业等服务主体，以为农服务中心为平台，搭建了粮食、花生、果品等全产业链发展的产业融合发展平台，促进了一产“接二连三”，让农民更多地分享产业融合带来的收益。

【“三社”联建】 以党建为引领，以资源聚合、发展融合、共建共享为核心，创新开展了“供销社+社区+合作社”三社联建，通过基地市场、服务平台、干部队伍共建，实现了“三社”联力连心、互惠共赢，取得了农民收入增加、供销社效益提高、合作社发展和社区党组织的凝聚力增强的新成效。至年底，已在全市的22个社区开展联建，培育省级“党建带社建、社村共建”示范点2家。建设示范基地31个，发展联建项目119个，初步形成了覆盖近200个自然村、服务2万余户农民、技术培训职业农民4万多人次的网络，为参与农民社员累计增收620万元以上。其中郝戈庄、相州联建点被省社表彰为全省“党建带社建村社共建”示范点；南湖联建点被确定为全市基层党建首批示范点，并作为全市基层党建工作半年总结会议和机关党建提升示范点观摩现场。

（王建荣）

粮　食

【概况】 2017年，诸城粮食工作紧紧围绕全市中心工作，以保障粮食安全为中心、以稳定粮食市场秩序为目标、以繁荣粮食产业为重点，强化措施，提升服务，不断推动粮食事业科学发展。

【地储粮油管理】 年内，轮换小麦5754吨，移库1726吨；于6月中旬开秤收购新麦，于7月7日圆满完成收购任务，小麦原粮继续保持1.5万吨的储备规模。储运公司自行储备的175.57吨大豆油，于2017年底一次性完成轮换任务。高密新春油脂有限公司代储的444.43吨大豆油，随产随售、及时更新，粮食管理部门定期组织检查。食用油一直保持620吨的储备规模。组织开展储粮安全、安全生产、财务管理等多项检查，迎接了省和潍坊粮食部门的多次检查，检查结果表明，诸城地方粮库粮油储备充足、质量完好、账实相符、管理到位，符合“四无”粮仓标准。

【成品粮储备工作】 粮食管理部门充分发挥职能作用，并加强与市财政部门的协调，联系山东佳士博食品有限公司代储成品粮3200吨，签订了代储协议，定期组织专业人员进行检查指导。按照上级每吨成品粮每年代储费用131元的标准，诸城市3200吨成品粮每年代储费用为42万元，从上级下拨的粮食风险基金中列支，半年一次拨付。

【军队粮油供应】 开展“军粮供应优质服务月”活动和“科技粮油进军营”活动，到驻诸城部队宣传粮油保管、品质鉴定、食品制作、菜肴烹饪和科学节粮等知识，受到部队欢迎。顺利通过上级军粮质量、危仓老库维修改造资金使用情况等专项检查，完善了军粮战备应急保障体系，受到上级充分肯定。按规定渠道向诸城驻军供应面粉、大米，军供面粉全部由潍坊市军供中心招标确认的厂家提供，军供大米全部由省军粮储备库统一调配，保证了军粮质量。

【粮食市场调控】 出台粮食安全应急预案，开展了夏粮收购执法检查和涉粮法规宣传教育活动，全市未出现“卖粮难”现象，未发生违反质价政策、扰乱市场秩序等问题。对申请从事粮食收购的企业严格进行资格审核与现场查看，及时发放粮食收购资格证书，年内持有粮食收购资格证的企业达45家。粮食管理部门组织人员多次深入田间地头、农贸市场和涉粮企业考察调研，及时提报粮食市场信息。8月8日，省粮食局局长杨丽丽一行到诸城开展粮食产业化专题调研，调研组听取了诸城市有关工作情况汇报，参观考察了兴贸玉米、东晓生物、佳士博三家公司，对诸城发展粮食产业的做法与成效给予高度肯定，并提出了指导意见。

（丁淑霞）

烟　草　业

【概况】 2017年，诸城烟草部门坚持稳中求进的工作总基调，自觉践行“国家利益至上、消费者利益至上”的行业价值观，扎实推进卷烟市场化取向改革、现代烟草农业建设和专卖管理监督等工作，较好地完成了各项任务。全年实现利税37849万元，入库税金14700万元。

【烟叶种植】 按照“控制总量、优化结构、降本增效、完善体系”的指导方针，着力优化技术措施、夯实基层基础、完善生产体系，大力推进烟农增收和现代烟草农业建设，增强了烟叶生产的可持续发展能力。2017年，全年种植烟叶4666.67公顷，签订合同1428份，投放资金2.09亿元，收购烟叶19万担，圆满完成全年烟叶生产收购任务。

依托“山东烟叶特色定位应用研究”重大专项，在品种布局、生育期优化、烟苗移栽、施肥灌溉、采烤管理等方面优化技术措施，全年推广烟田滴灌3313.33公顷，水肥一体666.67公顷；全面施用0.008毫米以上厚度地膜，依托烟农合作社开展栽后40天揭膜、冬耕拾膜、春季耙膜，有效控制及减少地膜污染。扎实开展烟叶基础设施建设，全年投入资金264万元，完成烤房改造、农机存放设施修建等烟基项目591项。国家局出资5550万元援建的墙夼水库供水工程正在建设中，年内已完成总工程量的85%。

在烟农合作社管理上，全面推行收支非现金结算、大额费用支出事前逐级审核备案、按年提取固定资产折旧等措施，制定落实片区专业队长与农机手“1+1”联动奖惩机制，推行“统一管护、分片使用”的农机用管模式，专业化服务覆盖率和服务水平持续提升。

积极推进烟农增收，以闲置大棚为主建立孟友合作社食用菌培育、悦贾合作社西葫芦种植、舜旺合作社葡萄采摘、鑫兴合作社无土栽培4个促农增收示范基地，均取得较好经济效益；与昊天药业合作种植甜叶菊苗，实行订单生产，有效利用大棚220个，实现利润150万元；利用轮作烟田种植甜玉米33.33公顷、丹参334.40公顷、甜叶菊136.53公顷、黄芩139公顷，带动烟农增收2000多万元。

【卷烟营销】 坚持以实施品牌培育工程为抓手，积极落实“深耕市场、引导消费、稳定价格、优化结构”的工作思路，卷烟营销水平持续提升。2017年，共销售卷烟37587箱，平均单箱值25106元，实现销售收入94365万元。

开展“基础工作突破提升”活动，突出卷烟零售客户拜访、工作流程执行和从业人员技能提升，夯实卷烟营销工作基础。以鲁产品牌销售额为考核重点，加大鲁产品牌在婚庆、集团消费、大型商超等特定市场的开发力度，鲁产品牌结构提升明显。2017年，累计销售鲁产卷烟21959箱，同比增长8.42%；鲁产卷烟单箱销售额18954元，同比增长5.28%。

坚持“输血”和“造血”并举，建立弱势零售户帮扶机制，采取一对一帮扶方式，定期走访零售客户，帮助解决经营、生活中遇到的实际困难。加强零售户培训，以市场管理服务站为单位，根据实际对零售户进行守法经营、销售技巧等方面的培训，全年累计组织培训会56场，培训零售户3000余户。

【专卖管理】 以卷烟打假和市场整治为重点，以优化执法环境和加强队伍建设为保障，积极推进专卖管理与控制体系建设，不断提高市场控制力。2017年，共查处各类案件479起，查扣各类非法卷烟178万支，查获烟丝、烟叶7.03吨，案值98.22万元，刑拘7人，判刑4人，逮捕3人，破获县标网络案件4起、国标网络案件1起。

牢固树立“便民、利民”理念，坚持“管理与服务并重、处置与疏导结合”的原则，积极推进文明柔性执法，社会满意度不断提高。全面开展“齐鲁之盾”（2017）专项行动，烟草管理部门联合公安、市场监督管理部门每季度至少开展一次检查整治，严厉打击真烟非法流通，取得良好整治效果。建立“专销融合点”工作机制，客户经理与稽查员一一对应，协同开展工作，强化了专销协作工作力度。加强卷烟市场内部监管，严格落实“六条禁令”和“一案双查”制度，严肃责任追究，有效杜绝了卷烟非法流通。

【企业管理】 加强创新型企业建设，丰富创新载体，依托岗位创新、专利申报、QC活动精益课题等创新活动，解决生产经营难题，助推企业发展。年内，共获得发明专利授权1项，实用新型专利11项，在省级以上科技刊物发表论文8篇，“便携式自动感应烟苗剪叶消毒机的研制”QC课题成果，荣获烟草局一等奖，并获得全国优秀质量管理小组荣誉称号，实现历史性突破。企业创新管理工作成效明显，为2017年全省系统科技与管理创新大会提供了辛兴烟站、鑫兴烟农专业合作社两个高质量的观摩现场。

（王　源）

盐　业

【概况】 2017年，盐业管理工作以为全市经济社会发展提供保障为目标，以居民安全用盐为重点，强化措施，狠抓市场管理，不断提升服务，盐业市场秩序稳定，各项工作实现又好又快发展。年内，全市盐产品供应量17848.70吨，其中小包装食盐1969.45吨，大包食盐13470.05吨，其他用盐2409.20吨。实现销售收入1862万元、利税121万元。

【盐品市场】 全市盐品市场共分食用盐和非食用盐两大类。居民食用盐全年销售1969.45吨，主要有海花盐、低钠盐、澳盐、海藻盐、弱碱性盐、海晶盐等品种。非食用盐全年销售2409.20吨，主要是工业用盐、食品加工用盐、畜禽养殖用盐等，多数是大包装（每袋50公斤）盐品，全市有食盐零售网点3000多个，并在大中型超市设立食盐专柜310个。

【食盐配送服务】 将全市划分为四大销售片区，每个销售片区由一个营销中队负责，主要对小包装食盐、养殖用盐等进行配送，实行包片销售、费用包干。按照全年计划数，量化到月，并根据《营销大队百分制业绩考核细则》，对各盐种实行百分制考核，激发营销中队的工作热情和干劲。

根据淡旺季用盐情况，上半年以小包装食盐推广为重点，把各品种食盐铺货到各个零售网点货架，张贴宣传材料；在城区超市、镇街驻地超市食盐专柜摆放澳盐等高档盐，满足不同消费群体的消费需求。下半年随着腌制品、食品加工等用盐企业加工旺季的到来，全力做好用盐企业的销售服务工作，采取台账管理、上门服务等方式，加强与用盐企业的联系与沟通，保证大包盐的销量。

【盐业市场监管】 加强盐业法律法规宣传。通过张贴宣传页、入户宣传等方式，把盐业法律法规、识别假冒盐知识等宣传到千家万户，增强居民安全用盐意识；同时，把入户检测作为重点考核项目，开展置换假冒小袋盐活动，保障居民用盐安全。

加强对零售网点的稽查。对全市零售网点分片、分区域进行“拉网式”检查，发现假冒食盐、销售私盐等违法行为，严格按照盐业法律法规进行处罚，保障人民群众用盐安全。

加强对特殊用盐户的检查。采取定期检查和不定期抽查相结合的方式，对学校食堂、“三业户（小作坊、小摊贩、小餐饮）”、烧烤户等用盐户开展有针对性的检查。特别是对学校食堂用盐，盐业管理部门在理顺用盐台账的同时，联合相关职能部门，加强检查和抽查，发现问题及时处理，确保用盐安全。

加强对食品用盐企业的监管。根据食品企业购盐台账，深入企业进行核查，发现疑点及时清查，严防大包盐流入小包装食盐市场，确保专盐专用。加强饲料用盐、工业用盐户管理。对各用盐企业的用盐情况进行抽样检查，做好来源信息和证据保存工作。

年内，查处用盐违法案件324件，罚款0.77万元，查处私盐9.7吨。

（叶忠伟）

金　融

金融办工作

【概况】 2017年，全市金融工作紧紧围绕市委、市政府深入推进“三区一城”建设的总体部署，以加快新旧动能转换为突破口，通过实施寻标对标，主动适应经济发展新常态，不断完善金融组织体系，创新金融服务方式，为全市经济社会加快发展提供坚强支撑。

【企业改制对接资本市场成效明显】 加快规模企业规范化公司制改制步伐，按照“培育一批、改制一批、辅导一批、上市挂牌一批”的工作思路，以推进企业规范化公司制改制为抓手，全力推进“五化三提升”，以“五化”促规范、促提升、促发展，着力推动企业实现产权明晰化、管理制度化、生产标准化、主体合法化、资本证券化，积极引导企业进军多层次资本市场，规模企业改制取得明显成效，资本市场的“诸城板块”初步形成。

诸城规模企业改制工作，得到省政府主要领导和分管领导的批示肯定。12月，副省长王书坚对诸城的做法经验要求印发各市学习借鉴，加强宣传。年内，全市已有388家规模企业完成规范化公司制改制，占应改企业的91.3%。

2017年，全市新增上市挂牌企业24家，总数达129家。年内，上市的2家企业为惠发股份和大业股份，分别于6月13日、11月13日在上海证券交易所上市，诸城成为年内全省唯一一个实现2家企业主板同年上市的县市。区域性股权交易市场挂牌企业22家，其中齐鲁股权交易中心2家、蓝海股权交易中心20家。2017年实现直接融资38.5亿元，累计实现直接融资134亿元。同时，还储备了迈赫机器人、奥扬科技、信得科技、鼎泰盛、艾泰克环保、义和车桥等一批上市挂牌的企业资源。

【信贷投放支持实体经济规模扩大】 注重引导和激励各银行业金融机构提升服务层次。积极向上级银行争取信贷规模，为企业量身定做信贷产品，加强与企业的“点对点”对接，进一步扩大信贷投放支持实体经济发展。严格落实《关于进一步加强金融工作的意见》等文件要求，深入推进政银企合作，不断推动银行信贷投放稳步增长。

银行业服务经济建设能力持续增强。根据人民银行潍坊市中心支行统计，截至12月末，全市银行业本外币各项贷款余额540.92亿元，较年初增加34.71亿元，增长6.86%。新开业光大、恒丰2家银行，全市银行达19家。针对各项贷款增长较慢，中小企业资金紧张问题，组织召开了政银企对接会议，增加银企之间平等对话沟通机会，共同分析论证企业项目建设、生产经营和发展前景等相关情况，提升银行扩大信贷投放的信心；下发了有融资需求的74家企业及诸城市2017年重点建设项目名录，为企业对接资金21亿元。多次调度涉农银行、保险公司及镇街（园区），研究解决种植业结构调整贴息贷款办理过程中存在的实际问题。至2017年12月末，贴息贷款累计办理258笔，共5855万元。

【金融风险防控工作有序推进】 重点加强风险企业风险化解、非法集资隐患排查等工作，坚决守住不发生区域性风险、群体性事件的底线。按照"预防和化解并重"工作思路，坚持风险关口前置，健全完善风险化解工作机制，金融风险防控工作有序推进。

根据潍坊银监分局统计，至2017年12月末，诸城市银行业不良贷款余额21.13亿元，不良贷款期末占比3.69%，较年初增加1.24%。虽然全市不良贷款余额和占比较年初有所增长，但涉企金融风险形势总体稳定，风险企业相对集中，担保链和担保圈逐渐呈闭环发展趋势。对出现临时性银行贷款还款困难的企业，安排转贷资金给予过桥支持，至12月末，舜域、舜邦两家政策性担保公司为71家企业提供担保余额8.52亿元。年内，市财政共为46家企业提供过桥资金27.6亿元，累计达121.1亿元。同时，积极开展非法集资、互联网金融风险专项整治活动，严厉打击恶意逃废金融债务，对金融领域失信者实行联合惩戒，将存在逃废银行债务行为的122家企业纳入信用"黑名单"。

【金融服务体系建设创新发展】 积极适应县域经济转型升级需求，坚持引进和培育两手抓，加快构建类型多样、优势互补、更加完整的现代金融组织体系，实现与经济结构、产业结构相匹配，着力推进产融一体化发展。

积极引进各类金融机构在诸城增设分支，2017年全市各类金融机构达79家，初步形成了多种金融业态共同发展、功能日臻完善的现代金融组织体系。深入开展新型农村合作金融试点工作，新增5家合作社参与内部信用互助试点。其中，5月批准华宝生猪、竹山生态2家合作社作为第五批试点合作社进行试点；12月批准金鑫农产品、龙凤山庄肉牛、永丰盛农产品3家合作社开始试点，年内已由省金融办颁发证书，正办理相关手续，准备开展业务。至年末，内部信用互助业务参与试点社员人数2585人，累计互助金95笔，互助金额348.6万元。

（李　婕）

人　民　银　行

【概况】 2017年，中国人民银行诸城市支行协调全市金融部门主动适应经济发展新常态，认真贯彻落实上级金融工作方针政策，紧紧围绕全市经济工作部署，坚持稳中求进工作总基调，不断拓宽融资渠道，积极调整优化信贷结构，为全市经济结构调整和转型发展营造了良好的金融环境。至年末，全市银行业机构本外币各项贷款余额540.92亿元，居潍坊市第二位，较年初增加34.71亿元，增长6.86%。

【认真贯彻稳健中性货币政策】 强化银企沟通对接。继续组织银行业机构开展"行长走访厂长"活动，对重点企业融资需求进行逐户对接。积极推广应用"山东省融资服务网络平台"和"山东省企业融资服务网络系统"，通过以正式文件向市政府报告系统运行情况、召开银行业机构会议进行专题部署、定期进行督导等形式，推动辖内企业在省融资服务网络平台发布融资需求780余笔、300多亿元，已对接成功69条、对接金额21.35亿元；处于银企融资对接中的39条，涉及企业融资需求36.40亿元。融资需求发布数量、对接量均居潍坊市第一位。

加强金融精准扶贫。人民银行加强与扶贫办、团市委等部门的合作，依托"金融扶贫、青春同行"等活动，通过政策宣讲、一户一策等方式，满足贫困户多元化融资需求。至2017年末，共发放贫困户贷款2296.5万元，帮扶贫困户466户、贫困人口1535人；发放扶贫生产经营主体贷款169万元，带动贫困户29户、贫困人口73人；发放扶贫重点项目贷款1.4亿元，覆盖贫困村8个。

强化宏观审慎管理和监督检查。引导银行机构深刻理解和把握稳健中性货币政策内涵，突出抓好信贷调控，督导法人机构根据实际需求和季节性规律合理把握信贷投放节奏，综合分析、提前研判信贷投放形势，科学制订月度、季度信贷投放计划，避免出现“鼓肚子”问题。对村镇银行超核定额度发放贷款问题进行专项约谈，督促其令行禁止、严禁突破，投放结构优先向“三农”和小微企业倾斜。组织对村镇银行存款准备金业务、农商银行存款准备金管理和农信改革后续监测考核工作进行现场检查，以检查促规范。

【提升金融服务质效】 强化征信服务。布放个人信用报告自助查询设备2台，将查询时间由8小时内扩大到工作日中午。在党代表、劳模等集中查询时间段，增设柜台查询窗口，安排专人进行引导，最大限度提供便利。至2017年12月底，人民银行诸城市支行个人自助查询33536人次，柜台查询2058人次，企业查询729家。

强化金融知识宣传。组织开展“金融知识进万家”、“3·15”金融消费者权益日、“普及金融知识、守住‘钱袋子’”、“6·14”信用记录关爱日等活动，累计发放宣传材料11万余份，媒体报道宣传20余次，受众20余万人次。

强化金融消费权益保护。充分发挥12363投诉电话作用，妥善化解各类纠纷15起。加强与法院沟通合作，拟定金融消费纠纷诉调对接合作协议。积极开展农村金融消费维权联络点建设，维权联络点由年初的13个增设至220个，实现208个农村社区全覆盖。

强化综合性惠农支付服务。农村助农取款服务点达605个。联合公安部门深入开展打击假币违法犯罪活动，共收缴假币13.87万元。

强化外汇管理服务。全面落实各项外汇简政放权政策，实施重点企业“一企一策”外汇服务。引导支持中纺金维、泸河轮胎利用宏观审慎管理政策借用外债签约备案1.19亿美元，实现资金跨境流入145万美元；支持东晓生物科技有限公司等2家企业实现贸易融资1662万美元。

【维护金融稳定】 强化金融风险监测分析，年内对金融机构约见谈话3次，下发风险提示3次。加强与法院、金融办、银监办等部门的沟通协调，推进形成风险监测分析和处置不良资产的合力。积极协助地方党委、政府做好企业风险化解工作，及时报告风险苗头，加强与金融办、市场监管、公安、经信等部门的沟通合作，做好风险排查和清理。认真落实存款保险制度，加强对地方法人金融机构的风险监测、保险评级和管理，加大存款保险标识管理力度，开展存款保险标识启用准备工作巡查。强化“两管理两综合”，完成恒丰银行、光大银行和潍坊银行诸城龙海水产城小微支行的开业管理工作，对辖内44家金融机构开展了综合评价，接收处置金融机构重大事项报告24项。

（郭金亮）

银监办工作

【概况】 2017年，银监办在上级业务部门和诸城市委、市政府的正确领导下，采取多种监管措施，推动辖内银行业稳健运行，促进诸城经济金融和谐发展，较好地完成了各项工作任务。

【支持地方经济发展】 面对经济下行的压力，通过强化协调、监管引导，优化信贷投放结构，进一步增强银行业金融机构服务诸城实体经济的能力。至年末，辖内贷款总额572.38亿元，较年初增加6.79亿元，增幅1.2%。

创新贷款方式。加大信贷投放，支持实体经济发展，在支持中发展，在投放中化解风险。辖内多家银行推行了“无缝续贷”制度，维系了优质客户，减少了客户资金成本。农商银行实行“家庭银行”贷款模式，由原来的互保转变为家庭成员担保，逐步破解“一户不还、集体违约”难题。

优化贷款投向。强化对实体经济发展的支持，引导法人金融机构努力提高涉农、小微企业贷款支持力度，努力提升金融服务水平，引导诸城农商银行116亿元贷款中90%的贷款用于涉农贷款；督促各银行业金融机构努力实现“小微企业贷款增速不低于各项贷款平均增速”“小微企业贷款户数不低于上年同期户数”以及“小微企业申贷获得率不低于上年同期水平”的“三个不低于”目标。

实施减费让利。辖区银行业在34项常规免收服务费项目外，还取消了常年财务顾问费、对公贷款承诺费、公司融资服务条件变更手续费、国内信用证议付手续费等收费项目。建设银行、招商银行免除小微企业融资服务费、小微企业常年财务顾问费等33项费用。推行利率优惠。各机构结合自身实际，积极探索差别化利率定价机制，根据企业评级结果、产品风险等级综合进行贷款利率优惠，80%的被调查银行机构利差出现不同程度下降。

【维护金融稳定】 受经济持续下行影响，诸城银行业的不良贷款持续暴露，余额、增幅增加，针对这一态势，及时采取应对措施处置，有效控制不良贷款持续反弹的局面，增强银行放贷信心，维护了当地良好的经济金融生态环境。

2017年，诸城辖内银行业金融机构清收盘活不良贷款31.80亿元，其中现金清收10.33亿元，核销不良贷款13.85亿元。扣除核销等因素，新发放贷款38.59亿元，较好地支持了诸城经济的发展。积极组织银行业机构争取上级政策，加大对不良贷款的处置力度。农商行开展不良贷款“清收风暴”活动，严厉打击“赖债户”“钉子户”违法行为，增强全员清收化解不良贷款的决心和信心，净化了社会信用环境。

（银监办）

银 行 业

【概况】 2017年，严格落实《诸城市银行业金融机构支持实体经济发展考核评价办法（试行）》文件要求，多措并举，同时推进，激励引导各银行金融机构扩大信贷投放规模，加大对实体经济特别是中小企业的信贷支持力度，有效化解不良贷款，防范和化解涉企金融风险，充分发挥金融支撑作用。根据中国人民银行潍坊市中心支行统计，截至12月末，全市银行业本外币各项贷款余额540.92亿元，较年初增加34.71亿元，增长6.86%。

增强银行支持经济发展信心。3月，举办政银企对接会，由各银行和有资金需求的企业分别对金融产品和重点项目进行推介，下发有融资需求的74家企业及全市2017年重点建设项目名录，为企业对接资金21亿元。加强金融对现代农业发展的支持力度。严格落实《诸城市农业产业结构调整贴息贷款管理暂行办法》，多次调度涉农银行、保险公司及镇街（园区），研究解决种植业结构调整贴息贷款办理过程中存在的实际问题。至2017年底，贴息贷款累计办理258笔，共5855万元。

发挥考核评价激励作用。2017年，严格执行《诸城市银行业金融机构支持实体经济发展考核评价办法（试行）》，每半年进行一次考核，年终取两次考核评价成绩的平均值，计算得出各银行的年度综合成绩，以督促各银行提高信贷审批效率，优化信贷投放质量，提升服务能力和服务水平。具体从信贷投放、信贷质量和综合评价等三个方面对各银行进行了考核，考核结果与奖惩政策挂钩，推动银行金融机构扩大信贷投放规模，提升审批效率，优化投放质量。

积极化解涉企金融风险。各银行积极争取上级政策支持，并结合不同风险企业的特点，通过不良贷款打包回购、以物抵债、“中止执行”核销、资产置换、内部核销、挂账停息、担保企业和政府平台让息承接等方法，有效化解不良贷款。同时，重点巩固存量信贷。对有意愿、有前景、有责任的担保企业，各相关债权银行做到不抽贷、不压贷、不随意追加担保，不单方面起诉查封保全；对确实属生产经营困难的企业，综合采取转换信贷品种、降低贷款利率等方式，降低企业经营成本。

建立完善联合惩戒机制。制定了金融领域失信行为联合惩戒工作指引，将欠息、逾期、不良贷款等失信行为纳入全市“一网三库一平台”进行监管，定期发布金融领域失信黑名单，对涉及骗取贷款、拒不执行法院裁定等违法犯罪行为，坚决依法予以惩戒。2017年，将存在逃废银行债务行为的122家企业，纳入信用“黑名单”，维护金融生态环境健康稳定。

（李 婕）

2017年诸城市境内银行机构情况一览表

序号	银行名称	单位地址	机构数量（个）	职员数量（人）	年度业绩（万元）
1	中国工商银行股份有限公司诸城支行	诸城市人民东路33号	9	129	存655951 贷567194
2	中国农业银行股份有限公司诸城市支行	诸城市兴华东路70号	20	288	存1104053 贷787478

续表

序号	银行名称	单位地址	机构数量（个）	职员数量（人）	年度业绩（万元）
3	中国银行股份有限公司诸城支行	诸城市东武街1号	4	88	存389779 贷375523
4	中国建设银行股份有限公司诸城市支行	诸城市密州路8-1号	6	103	存493783 贷534491
5	交通银行股份有限公司潍坊诸城支行	诸城市密州路10号	1	21	存116397 贷248859
6	中国农业发展银行诸城市支行	诸城市繁荣路31号	1	22	存128012 贷437811
7	中国邮政储蓄银行股份有限公司诸城市支行	诸城市东关大街40号	26	165	存463390 贷116576
8	山东诸城农村商业银行股份有限公司	诸城市密州东路43号	47	676	存2177597 贷1159259
9	潍坊银行股份有限公司诸城支行	诸城市东关大街9号	4	69	存306379 贷218073
10	上海浦东发展银行股份有限公司潍坊诸城支行	诸城市和平街18-3号繁华大厦1-3楼	1	18	存274545 贷184566
11	兴业银行股份有限公司潍坊诸城支行	诸城市市场街2号	1	20	存222543 贷252102
12	招商银行股份有限公司潍坊诸城支行	诸城市密州西路1-1号	1	31	存81064 贷97537
13	山东诸城建信村镇银行有限责任公司	诸城市兴华东路39号	1	19	存40261 贷33567
14	诸城市相州镇泰丰农村资金互助社	诸城市相州镇府前街36号	1	6	存799 贷1429
15	中国民生银行股份有限公司潍坊诸城支行	诸城市密州东路24号	1	19	存170190 贷205305
16	中信银行股份有限公司潍坊诸城支行	诸城市密州东路49号万基广场	1	10	存93142 贷145001
17	日照银行股份有限公司潍坊诸城支行	诸城市和平街22号	1	10	存33408 贷13822
18	东营银行股份有限公司潍坊诸城支行	诸城市和平街180号	1	13	存53475 贷21907
19	光大银行股份有限公司潍坊诸城支行	诸城市市场街2号	1	19	存122443 贷52166
20	恒丰银行股份有限公司潍坊诸城支行	诸城市东武街41号	1	11	存77017 贷88000

【中国工商银行股份有限公司诸城支行】 2017年，面对复杂多变的经济金融形势，积极适应经济发展新常态，坚持把自身经营发展融入诸城经济社会发展的大环境之中，积极调整信贷结构，扩大信贷投放，加大对优质项目、龙头骨干中小企业等信贷扶持力度，服务质量与能力不断提升，成为助推诸城经济社会发展的重要金融支撑力量。

2017年，支行各项存款余额65.60亿元，较年初增加9.24亿元，"四行"存量排第二位，增量排第一位。各项贷款余额56.72亿元，较年初增加2.42亿元，存量、增量均排第二位。实现拨备前利润18459万元，"四行"余额占比31.05%，排名第一。上交税金1855万元。

紧跟上级行的政策导向，及时调整发展方式，积极开展政府购买服务类项目储备，加快项目办理进程，不失时机地做好服务和贷款投放工作。先后发放诸城舜邦投资开发有限公司1.96亿元、诸城市盛园城乡建设投资有限公司5.8亿元等。2017年支行共投放项目贷款新增加7.96亿元。

依靠融资品种创新，积极开展与企业物流、现金流相匹配的国际贸易融资产品，针对客户不同的资金需求，对企业落实一对一服务方案，提供多渠道、多品种的融资服务。为成长性好的大中型工业支柱企业办理国际业务结算量34800万美元，国际业务结售汇19082万美元，办理票据贴现9.6亿元人民币。

积极支持小微企业信贷投放。2017年，紧紧围绕小企业贷款户数不低于上年同期贷款户数、增速不低于该行平均贷款增速的监管要求，积极开展小企业信贷投放，坚定支持小企业发展的信心。年内，共支持新增小企业15户、监管口径贷款增长5588万元。个人住房贷款成效明显。2017年发放一手房贷款828户、33730万元，贷款增长12520万元。

整体服务水平有所改善。2017年，通过在全行深入扎实地开展"服务问题重点专项整治"活动，落实行长、分管行长、部门负责人、网点主任的服务管理责任，进一步提升了客户满意度。

（罗明锡）

【中国农业银行股份有限公司诸城支行】 设有公司业务部、国际金融部、个人金融部、运营财会部、风险管理部、综合管理部及个贷中心"六部一中心"，辖20个营业机构（营业部1处，二级支行5处，分理处14处），有在职员工284人。

至2017年末，诸城市支行本外币各项存、贷款余额分别达110.4亿元、78.75亿元；新增各项存款5.5亿元，新增各项贷款8.5亿元。

坚持责任担当，助力实体经济发展。主动适应经济新常态，大力支持骨干企业和重点项目，经省行审批重点项目3个、17.8亿元；努力争取资源、政策支持，保证信贷投放规模，2017年累计投放法人信贷资产1302笔、46.93亿元，其中新投放信贷资产10.73亿元；持续加大对实体经济发展支持力度，全行涉农贷款余额56.36亿元，占全部贷款的71.57%；中小企业贷款余额32.34亿元，占全部法人贷款的54.17%；倾力扶持小微企业成长壮大，针对小微企业融资需求"短、频、急"的特点，大力推广评级简便的小企业简式快速贷款，累计投放小微企业贷款28720万元，其中2017年新增贷款27920万元。

坚持创新驱动，倾力支持"三农"和县域经济发展。创新产业链金融服务模式，大力支持现代农业。顺应市场发展趋势，依托"互联网+"与产品创新，积极推进实施普惠金融工作，持续加大互联网贷款业务的营销推广力度，推动"网捷贷"业务快速发展。累计投放"网捷贷"互联网贷款超过1600万元，有300多名跨越各行业、各年龄段的客户受益。

发展重点项目贷款，助力县域经济发展。营销准入了S220平日路政府购买服务、国华风电等3个重点项目，项目授信总额17.8亿元，投放额5.6亿元。针对实施供给侧改革、推进政府购买服务的新形势，大力推广政府购买服务贷款等融资模式，重点支持政府主导的城市基础设施、棚户区改造和交通运输等“六大领域”，适应各类产业基金不断涌现带来的新需求。

着力拓宽融资渠道，破解企业融资难题。针对企业“走出去”步伐加快的实际，充分发挥农行海外机构多、业务及产品成熟、服务费低的优势，积极推广“进口押汇”、外币境内同业代付等产品和业务，累计国际结算量3.2亿美元。

坚持服务至上，助推社会和谐发展。积极配合人民银行、银监局、金融办等监管部门，定期开展防范金融诈骗、反假币、征信安全、打击民间非法借贷和非法融资等宣传活动，提升市民金融风险防范能力；主动代理民生项目，践行国有银行大行担当和主渠道作用，累计发行社保卡19万张；扎实推进互联网“服务‘三农’一号工程”，为客户量身打造“惠农E商”电商综合服务平台，为企业提供集供应链、多渠道支付结算、线上线下协同、云服务等一体化互联网金融服务；与诸城市人社局共同打造“诸城人社”微信公众平台，为居民个人提供诸城市人力资源和社会保障局相关业务的查询和办理；为打通公积金服务“最后一公里”，努力解决基层单位、职工缴存不便、提取不便、贷款不便的问题，农行龙都分理处、昌城分理处两处网点开通代办住房公积金登记、缴存、转移、提取、贷款等业务。

（郑丽君）

【中国银行股份有限公司诸城支行】 2017年，中国银行诸城支行以客户群建设为中心，以“调结构、控不良、增收入”为主线，全面加强企业文化建设，真抓实干，勇于担当，拼搏进取，不断破解发展中难题，推动全行经营管理稳步发展。至2017年末，全行本外币存款余额为38.96亿元，较年初下降5.45亿元；本外币表内外授信余额40.25亿元，较年初下降4657万元，其中人民币贷款余额为37.46亿元，较年初增长2.13亿元；全行不良贷款余额为4519万元，表内外不良率为1.2%，较年初增加0.89个百分点。

强化“以客户为中心”的经营理念，全力加快客户群建设。在对公客户群建设方面，按照2017年公司客户群建设指导意见，围绕拓展“四类客户”，行级领导带头，对全市主要企事业单位进行重点营销并努力发展成为有效客户，抓住政府大力招商引资和项目建设的时机，加强与相关职能部门的沟通与联系；同时，建立全面目标奖惩约束机制，实行分级营销，分片包干，促进了对公基础客户的增长。在个人客户群建设方面，大力拓展农村市场，依托服务助农点，辐射农村客户，从客户源情况、地理位置及营业环境几方面出发，优先选择常住人口1000人以上的行政村作为选址目标，至12月末，农村助农点签约56个。

调整授信结构，积极培育新的利润增长点。加快消费金融类贷款的投放力度，强化了优质楼盘项目、易达钱、中银E贷等营销和投放力度，年内累计投放住房按揭贷款1.89亿元，新增7454万元；努力把握政府购买服务授信项目窗口期，新增投放项目贷款2.8亿元。加快优质企业授信储备力度，筛选储备优质客户7户13.5亿元。

控风险，降不良，推进经营管理稳健发展。全力以赴开展清收化解。面对高风险及不良授信增加的严峻形势，积极与分行及地方政府沟通，采取措施，落实责任，全力强化不良处置及高风险授信控制的力度，将不良贷款控制在市行要求的目标之内。从严管理，严控案件风险，先后组织开展案件警示教育活动和合规制度建设年活动，开展了内控案防专项治理、合规经营专项治理、“三违反”专项治理等一系列治理工作，进一步强化全行合规文化建设，筑牢依法合规经营防线。

（张则庆）

【中国建设银行股份有限公司诸城市支行】2017年，按照上级行的工作部署，以深化执行力建设为抓手，以扎实推进“项目强行、客户倍增、转型升级”三大战略为主线，突出竞争力提升核心地位，不断提高服务水平，坚持“与社会共繁荣、与客户同发展”理念，积极服从、服务地方经济社会发展大局，强化金融服务创新，持续加大信贷支持，实现了自身发展和地方经济和谐共赢。至2017年末，全行一般性存款余额达47.29亿元，各项贷款余额达53.45亿元，实现中间业务收入3345万元，成为服务诸城建设与发展的重要金融力量。

业务创新实现新突破。以支持地方建设为己任，全力打造信贷投放绿色通道。面对企业需求的多样化、融资渠道的多元化以及市场竞争的白热化，注重和加强业务创新，坚持业务创新与市场需求相结合，特别是通过加大对国际业务客户贸易融资业务的支持力度、新产品推广力度，为国际业务客户办理出口应收账款风险参与、融通赢等国际业务新产品，既满足了客户需求，又丰富了信贷产品。全年实现国际业务结算量2.95亿元，实现中间业务收入232万元。

信贷结构调整进一步优化。严格贯彻落实上级行信贷结构调整政策，对存量客户分行业进行认真梳理和分析，在经营中始终坚持有保有压、区别对待，持续推进信贷结构调整，确保对公信贷业务实现全面、持续、健康发展。加大对大中客户的营销力度，新增大中型客户1户，累计投放18.15亿元。针对企业严峻的经营形势，准确把握企业发展情况，做到有保有压，对经营不佳的企业坚决退出，2017年共退出客户3户，退出金额1480万元。全年累计处置不良贷款5.08亿元，对公不良贷款为7098万元，不良率在当地同业中较低。

抓好项目储备，有序提高信贷投放质量。至2017年末，对公非贴贷款余额22.3亿元，共计有59户授信客户，其中大中型客户对公非贴贷款余额15.5亿元，中小型客户对公非贴贷款余额6.80亿元。同时结合当地区域特点，大力发展成长性好的优质小微企业客户，利用“五贷一透”等信贷产品实现网点全覆盖，全年新增优质小微企业30户，累计投放1435万元，有力支持了当地中小企业的发展。

通过做好房地产开发、政策性住房及个人高端客户的融资服务，通过定期对接和上门指导提高楼盘项目储备和业务量，通过优化流程、提高效率巩固提升政策性住房贷款业务主办行地位，把个人信贷产品嵌入个人高端客户综合化服务流程，着力推广“快贷”“个人助业贷款”和“个人消费贷款”等，提高个人信贷业务的经营效益贡献。通过加强维护与当地有影响力开发商关系的同时，做好对其他房地产开发商的市场培育工作，实现对当地重点房地产开发客户的全面覆盖，确保按揭业务的持续发展。全年成功营销28个楼盘项目，个贷余额达29.15亿元，同业和系统均列第一位；全年发放1690户，发放额6.06亿元，发放额在同业和系统内均列第一位；新增2.08亿元，同业第一位，系统第二位。

服务水平实现新提升。在积极争取上级政策支持的同时，以零售网点转型为契机，从持续改善客户服务入手，通过持续改进网点服务，深化网点转型成果，有力促进了客户分流，有效降低了客户排队等候时间，大大改善了服务；通过金融服务进社区、进学校、进企业等推介金融产品，满足不同层次客户金融需求，通过深化“以客户为中心”的导向，营造良好的服务氛围，客户满意度不断提升，树立了良好的社会品牌形象。

内控管理取得新进步。按照“立足实际、着眼长远，突出重点、务求实效”的原则，深入推进管理体系建设，着力加强会计管理、风险控制、合规综合管理等重点工作，实现了“无重大责任事故、无重大违规行为、无重大案件发生”的管理目标，班子、队伍的凝聚力、战斗力和向心力明显增强，支行被潍坊建行授予2017年度“平安建行建设优胜集体”荣誉称号。

（赵　阳）

【交通银行股份有限公司潍坊诸城支行】 于2010年底成立，全市有服务网点4处，营业部1处、ATM机4台，自助银行3处、ATM机4台；从业人员15人，其中拥有会计师、经济师、理财师职称以上的专业人才3人，高级管理人员4人。至2017年底，对公存款10.11亿元人民币，储蓄存款1.52亿元人民币，贷款总额25亿元人民币。

加强企业文化建设，推动业务发展。坚持以人为本的经营理念，以“人”为结合点、以业务发展为切入点，通过党员示范岗、劳动竞赛等活动推动业务发展。全面落实总分行消保服务标准，从服务理念、知识技能、执行效果三个层面为客户提供贴心化、多样化、惊喜化服务，积极妥善处理客户投诉，保持领先同业的服务品牌。

强化队伍专业化建设。支行领导班子带头勤于学习，着力提升管理水平和应对复杂局面的能力。全面贯彻落实上级行的会议精神与工作要求，积极开展业务操作、安全保卫、法律合规等方面的教育学习。组织员工学习《柜面业务操作手册》《员工职业操守》《员工行为规范》《员工违规处理办法》等规章制度，引导员工恪守银行从业人员的职业操守。通过任职资格培训、考试等手段，强化公司客户经理、理财经理等专业岗位任职资格准入管理，并对各岗位客户经理进行针对性培训，储备理财和综合客户经理等领域专业人才。

积极推动个金业务转型。以代发工资业务为突破口，以总行广场舞大赛活动为契机，稳步扩大个金基础客户群。加大沃德客户和私人银行客户的提升力度，优化客户结构，贯彻“一个交行、一个客户”服务理念，加强个金、零贷、公司条线业务联动，加强交叉销售，大力拓展代发工资客户，全年新增1500户代发工资客户。

全面加强风险管理和内部控制。加强授信条线的分析指导，严格审查，审慎审批，以内外部检查为契机，持续夯实授信管理基础，运用内部评级工具，制定授信收益提升计划，实现综合收益均衡优化。加强会计条线的制度执行，完善会计人员管理机制，加强培训、考试和考核，提升会计人员的综合素质；健全会计检查制度，跟踪业务重点环节，加大检查力度，落实有效整改；采取人工控制与制度控制相结合、尽心与尽职相结合、后台监控与现场检查相结合的方式，打造道德风险和操作风险防范长效机制。建立健全营业网点突发事件、中心机房、网络系统、计算机信息安全、票据凭证印鉴防伪系统、防火、防抢等方面的应急预案演练。组织全行员工开展防抢和消防演练活动，有效提升员工应对暴力事件的应急处置能力，做到全年安全生产无事故。

（赵　丽）

【中国农业发展银行诸城市支行】 2017年，诸城市支行以发展作为第一要务，落实网格化管理理念，深耕发展、攻坚克难，在党的建设、业务发展、风险处置、网格化管理和队伍建设方面均取得一定成绩。至2017年末，各项贷款余额为437811万元，较年初减少82852万元，剔除因通过债券置换贷款147000万元，贷款较年初增加64148万元；各项存款余额128015万元，日均存款168841万元，列全省第五位，列潍坊第二位；完成国际业务结算量1694万美元；代理保费5.5万元，实现保险手续费收入0.98万元。全年实现利润10269.93万元。

业务发展。以“信贷队伍建设年”活动为契机，夯基础促发展。全年营销2个棚改项目共计19亿元、1个现代农林项目7亿元，累计发放贷款11.7亿元，新增贷款10.5亿元，支持“三农”作用更加彰显。坚持并依托业务发展，攻坚克难化解风险。全年现金清收风险贷款本息5160万元，消除潜在风险贷款隐患5000万元。夯实财会基础，确保财会工作健康运行。2017年共办理转账业务501笔，金额44.64亿元；现金业务71笔，金额2308万元，实现安全无差错。

队伍建设。坚持党建统领，激发员工正能量。以党建带群团，成功打造了“常青藤研修班”品牌，全年举办常青藤研修活动12期。设立“青年员工正能量卡”，完整记录成长脚步和成才路径。成立项目营销攻坚小组，为业务发展提供人力、智力支持。创新工作宣传，先后在国家级、省级新闻媒体刊登稿件共28篇。组织开展“喜迎十九大、党旗万里行”教育实践活动和集中缴纳党费主题党日活动，组织全体人员到诸城市预防职务犯罪警示教育基地参观，集中学习十九大报告并撰写心得体会，激发了党员干部不忘初心、牢记使命的党性意识。

落实市行网格化管理要求，明确支行分管行长兼主管第一责任并下沉到部室，充实年轻业务骨干任部门副主管并压实标杆示范责任，形成了横向有标准、纵向抓落实的网格化管理框架。班子队伍凝聚力、战斗力不断增强，员工素质不断提升，从党支部到全行均呈现出“年轻态”的良好氛围，有力地提升了工作质效和经营管理水平。积极参与并开展各项健康有益的活动。组织全行干部员工积极参加上级行举办的“讲述农发行的故事”演讲比赛、乒乓球比赛、摄影比赛、微视频展评，“我和我的祖国”文艺汇演等多种比赛和活动，展现员工积极向上的良好风貌。积极开展各项公益活动，争当“红马甲”爱心速递员，“六一”为山区孩子送去“微心愿”，参加“创卫复审”义务劳动等系列活动，到百尺河镇大仁和社区看望慰问困难干部、老党员，树立了良好社会形象。

（赵　琼）

【中国邮政储蓄银行股份有限公司诸城市支行】 成立于2008年5月，位于诸城市东关大街40号，下辖1个直属营业部、2个二级支行（西关支行和百尺河支行）。邮政代理储蓄网点23处，覆盖全市所有镇街。

2017年，邮储银行诸城市支行始终坚持服务“三农”、服务中小企业、服务社区的市场定位，积极支持地方经济发展。至2017年末，全辖储蓄存款余额达44.24亿元，公司存款2.09亿元。贷款总结余5969笔10.94亿元；其中小额贷款结余金额9252.90万元，2017年净增3817.61万元；消费贷款结余4894笔9.31亿元，年净增1.22亿元；其中一手房结余2.4亿元，年净增4016万元；二手房结余6.33亿元，年净增6901.37万元；个人商务贷款结余149笔5941万元，2017年净增367.02万元。小企业贷款结余18笔7126万元，2017年净增1636万元。

加强与各社区联系，依托网络优势，开展送贷款进社区等活动。借助妇联平台开展“巾帼送贷工程”，召开推介会17场，回访客户2557户，意向客户28户，放款3笔85万元。与诸城市畜牧局对接，开展送贷款进社区活动，召开推介会5场，回访客户850户，放款2笔36万元。积极对接人社局参与再就业贴息贷款工作，支持居民再就业，2017年放款25笔249万元，结余25笔253万元。践行扶贫济困、为致富助力，与扶贫办对接参与扶贫贷款支持，至年底，放款3笔95万元。

完善信贷产品体系。在原来小额贷款的基础上，增加小额再就业、循环贷、家庭农场、专业大户贷款、快捷贷、E捷贷、POS贷、流水贷、电商贷、税贷通等产品，与省农业担保公司、供销担保公司建立长期合作关系，在担保方式创新等方面走在全省前列。至2017年底，累计发放贷款33.9亿，贷款结余达10.94亿，全市县级行第一位，累计为3万多农户、个体工商户、中小企业主破解了融资难题。

加强风险管控，提高防控能力。采取有效措施加大风险防控力度，通过风险合规知识学习、加强内控管理、完善内控管理机制等方式，防范民间融资风险；落实案件防控长效机制建设，提高员工的风险防控意识，通过完善信贷业务后台对前台的监督机制，加大对信贷业务的监督力度，同时加强对资产业务风险的管控，降低行业风险。

狠抓安全生产，突出增强全员的安全防范意识，夯实安保基础。同时加强网点防护设施建设，配齐配足防盗、防劫、防暴、防火等防卫器械，完善电视监控系统。严格落实安全生产责任制，重点抓好重大节假日的服务安全及安保监督检查工作，确保安全生产无事故。强化行业精神文明建设，2017年潍坊市文明单位复验成功。

（管校日）

【山东诸城农村商业银行股份有限公司】 2017年，诸城农商银行坚持把普惠初心与服务实体经济相结合，坚守市场定位，深化机制改革，升级产品体系，强化服务举措，做支持“三农”发展的普惠银行、助推县域经济的主流银行、服务城乡居民的零售银行，全力支持地方经济发展。至2017年末，各项存款210.13亿元，较年初增长9.2亿元；各项贷款116.93亿元，当年新增实体贷款11亿元；上缴各项税金1.37亿元，连续多年位居全市各企业前列；下辖39家当地支行、1家异地县级支行、8个分理处，在岗员工691人；在河北廊坊、唐山，山东青岛、东营、滨州等地主发起设立8家“舜丰”系村镇银行，村镇银行资产质量优良。

深化公司事业部改革。主动适应经济新常态，根据诸城企业产业类别不同，率先设立以产业链条为主导的食品加工、现代物流、装备制造、纺织服装、汽车制造5家公司事业部。事业部依托每一户授信业务户提供结算、银行卡、国际业务、电子银行、保管箱、理财等“管家式”服务，实现客户营销集中化管理、业务集约化经营，为地方经济发展提供有力支持。年内，与68家企业签订“唯一授信银行”和“主办银行”战略合作协议，授信6.6亿元；签约家庭银行客户3.6万户。至2017年末，贷款市场占有率21.5%，位居当地19家金融机构首位。

创新研发惠农产品。致力于打造“家庭银行”“信贷无缝隙”“简捷快速贷”“阳光信贷”等服务品牌，先后创新推出“个人纯信用”“亲情担保”“有效抵质押”“反担保”“政银保”等50余种信贷产品。创新推广“兴农”“安居”“乐业”“浓情农商”系列贷款，打造“家庭备用金”“家庭亲情贷”和“家庭幸福贷”产品套餐模式，满足个人及小微企业100万元以下生产经营和生活消费融资需求；大力推广“鸢都创业贷”、“鲁青基准贷”、农业产业结构调整贴息贷款，支持“大众创业、万众创新”，助力现代农业发展。至2017年末，已发放家庭系列贷1309笔4.8亿元、创业贴息贷款110笔2764万元、农业产业结构调整贴息贷款243笔5622万元。始终把精准扶贫工作重心放在农村，将信贷资金向扶贫倾斜，至2017年末，扶贫贷款余额716.3万元，其中“富民农户贷”49户、余额

234.3万元，惠及贫困人口329人；“富民生产贷”6户、余额482万元，惠及贫困人口207人。

大力推广“零成本续贷”模式。针对实体经济融资成本高、续贷难的实际，该行率先改变以往“先还款后授信”模式，提前两个月办理续贷手续，为客户发放新贷款偿还到期贷款，无需客户自筹资金，更无任何担保费、理财费等隐性费用，真正实现“零成本续贷”。2017年，该行通过“零成本续贷”模式办理贷款628笔金额52.8亿元，到期公司类贷款全部通过该模式办理，为客户间接节省倒贷费用500余万元。同时，利用互联网和大数据技术，上线“V贷”模式，通过微信和电话即可完成贷款申请，客户经理携带平板电脑上门服务，系统现场审批额度，通过“V贷”模式只需要3张纸质文本、客户只需签字3处，录入信息后3分钟即可知晓贷款额度和利率，免除客户多处签字的繁琐，当天即可放款，极大方便了客户。自2017年7月上线以来，办理贷款1149笔1.2亿元。

建立三级结算服务平台。在全省首创“1+N”农村社区银行模式，搭建银行网点与农金员有效衔接平台，“1”即1名农金员长期值守，“N”即多种样式、功能互补的电子机具。初步形成以支行网点为中心、以社区银行为基点、以电子机具为补充的“三位一体”服务模式，实现客户就近安全快速办理业务。年内，该行布放各类金融服务机具2800余台，实现金融服务全覆盖。

（朱德建）

【潍坊银行股份有限公司诸城支行】 前身为潍坊市商业银行诸城支行，成立于2005年2月，于2009年8月更名为潍坊银行诸城支行，是潍坊银行为更好的服务县域经济、服务中小企业、服务广大市民而设立的第一家县域支行，并在2012年、2013年、2017年分别设立了第二家支行龙城支行和第三家支行昌城支行、第四家龙城水产城小微支行。2017年，诸城支行坚持“特色立行、文化兴行”的理念，牢固确立“立足中小企业、立足广大市民、立足地方经济”的市场定位，坚持差异化发展路线，经营业绩快速发展，得到社会公众和业界的高度关注和认可，成为一家资本持续达标、管理机制灵活、经营效益显著、品牌特色鲜明的现代股份制商业银行。至2017年末，各项存款30.64亿元，各项贷款21.81亿元。

提前做好贷款续办业务，做到两批贷款首尾衔接，减轻客户“过桥”压力。设身处地为客户着想，要求客户经理必须提前将客户的授信审批完毕，确保企业贷款偿还后，能够及时办理续贷。对数额较大的贷款，提前向上级行汇报，早争取计划，确保还款后及时续贷。客户不必高息借贷过桥资金，既减轻了企业负担，又压缩了非法高利贷的生存空间，维护了健康的金融环境。

灵活处理借贷违约，为客户争取“休养缓劲”的时间。认真贯彻“松贷不紧贷，慎贷不惜贷，敢贷不乱贷，不抽贷不压贷”的经营思路，根据客户的行业性质、经营周期、资金周转特点，合理确定贷款期限，实现信贷周期与企业生产经营周期相匹配，适当对优质客户发放中长期流动资金贷款，减缓企业资金压力。

立足中小企业，优化业务结构。作为地方城商行，注重打造小微业务特色和品牌，坚持服务小微企业的定位，积极推进小微金融从“传统小微”到“智慧小微”转变。在当前经济形势下，突出集约化、精细化，针对不同行业特点，制定不同的增值服务策略，摒弃简单营销与粗放管理的模式，以优化存量客户、优选增量客户为主线，有保有压、有退有进。

用互联网思维来赢得客户、拓展业务。为应对互联网金融的挑战，通过提升效率、降低成本，用优质的免费服务来回报客户。企业网银跨行跨区域汇款全免费，企业账户、企业员工账户开卡免费、短信通知免费、年费免费、账户管理费免费，还推出很多其他优惠措施，为企业节省了大笔费用。

（张 颖）

【上海浦东发展银行股份有限公司诸城支行】成立于2012年12月，有员工17人，支行地址位于诸城市和平街繁华大厦。至2017年末，总资产28.08亿元，实现营业收入9952.8万元，利润4350万元，各项人民币存款余额为27.45亿元，其中对公存款余额23.58亿元，储蓄存款余额3.87亿元。

2017年，浦发银行诸城支行坚持“以客户为中心”“创新驱动、转型发展”，持续优化业务结构与收入结构，端正思想、强化管理，全面夯实可持续发展、健康发展的基础。至年末，公司业务授信企业57户，资金投放金额38.53亿元，贷款16.33亿元、场外资金投放余额18亿元、其他敞口4.2亿元。国际业务结算量1亿美元，承兑贴现3.86亿元。个人贷款余额3.59亿元，金融资产8.73亿元。个人有效客户14629户，核批信用卡2496张。

围绕上级行战略部署，抢抓机遇，开拓创新，调整结构，攻坚克难。强化客户经理素质提升，积极探索新的产品营销模式、新的产品种类。调整客户结构、业务结构，加强创新，寻找业务新发展点，推动各项业务平稳发展。

持续推进网点智能化转型、公私联动和全员营销。强化“大零售”理念，积极推进各项资源整合，提升批量获客能力，客户经营持续深化，做强做大规模。渠道分流能力不断增强，自助设备运行服务效率得到提升；减高增低，促进网点转型，网点产能进一步得到提升。在信贷规模紧张的情况下，积极与上级行沟通，争取多渠道资金支持，通过总行投行部门资金新增投放10亿元。

始终把加强内控工作、防范金融风险工作放在首位。牢固树立正确的业绩观、发展观，正确处理加快发展与加强管理、业务拓展与风险防范、追求效益与服从规则的关系，大力倡导依法经营、合规经营理念，以扎扎实实的作风，取得实实在在的业绩。高度关注合规风险和案件防控的重要环节、重要岗位、重要人员和重点领域，切实做到“防范风险、审慎经营”。年内，积极盘活化解不良贷款6050万元，涉及户数3户；至年末，不良贷款率为零。

（翟 通）

【兴业银行股份有限公司潍坊诸城支行】于2012年4月26日开业，位于诸城市市场街2号，共有员工21人。至2017年末，诸城支行各项存款余额31亿元，较年初新增5.4亿元，实现利润7390万元。其中单位存款余额28.2亿元，储蓄存款2.8亿元；存款、财务、客户、专业四大考核指标呈现齐头并进的良好局面，在分行综合考评中名列前茅。

2017年，诸城支行在较好完成行内存款、财务、客户、专业四大经营考核指标的同时，做到小微企业贷款、涉农贷款、保证金存款占比等各类监管指标均符合监管要求。

科学管理，加强团结，团队凝聚力和战斗力有较大提升。任务分解到个人，制订每个人的月计划和周计划，晨会跟进每个客户经理当天工作安排，夕会跟进理财经理、大堂经理、理财低柜当天营销情况，周例会全员数据分析并安排本周的重点营销方向。下半年全员营销POS机，与拉卡拉合作，每月初进行POS交易量分析，确定能够提升交易量商户后续跟进营销，每月统计当月客户层级监督提升。利用移动支付存款免手续费政策，对移动支付商户进行营销，利用该政策落地“安愉储蓄”220万元。

强化制定管理制度，完善了支行周例会制度和晨会制度，及时传达行里的工作意见，根据部门实际工作谈想法，部门内部团结融洽、互帮互助。费用管理方面，按照行里的规定，制定了支行内部费用管理办法，把全部的费用用在业务发展上。

强化团队意识，提高客户经理积极性。部门负责人以身作则，率先营销、率先冲锋，同时又注意发挥客户经理的特长，全员调动积极性，较好完成了各项指标。严格考核，奖优罚劣，每一位客户经理都保持了高昂的斗志和十足的干劲。

提倡“家人文化”，营造和谐的工作环境。组织员工开展各种活动，让大家时刻感受到“家”的温暖。组织员工到青岛考察学习，建设了娱乐室，开设了内部餐厅，增强了员工的向心力及支行的凝聚力。每月组织一次聚餐活动，各条线员工加强了解、增进友谊，使大家真正融入到支行这个团结战斗的大家庭。

（张晓菲）

【招商银行股份有限公司潍坊诸城支行】 成立于2011年12月24日，位于诸城市密州西路1-1号，是招商银行在山东省潍坊市设立的第二家县域支行，共有正式员工20人。2017年，支行在诸城市委、市政府以及上级行的领导下，积极支持当地经济发展，大力拓展对公客群，重点发展供应链金融业务，取得良好成绩。年内，支行获得潍坊分行零售优秀营销团队奖、房贷转介突出贡献奖、储蓄存款专项表彰奖、公司优秀营销团队奖、对公基础客群推动优秀团队奖、票据业务优秀团队奖、供应链金融业务优秀团队奖等奖项。

至2017年末，支行各项存款余额81300万元，其中对公存款45719万元，储蓄存款35581万元；各项贷款余额97537万元，其中对公贷款17642万元，个人贷款79895万元。2017年，支行立足诸城当地，在授信审批从严的形势下，新增对公授信客户2户，授信总金额7000万元，并积极转换业务品种，将部分定价较高的流贷品种转换为了银承、信用证等品种，降低了企业的财务成本。全年支行投放房贷总金额约为2.2亿元，较好地满足了当地居民的购房需求。

认真贯彻落实关于加强党的基层组织建设的要求，切实加强党的思想、组织、作风建设，强化党员干部教育、管理、监督。抓理论学习。坚持每季度召开支部委员会，坚持每半年召开党员大会和坚持每年至少进行一次支部书记讲党课活动，重点学习党的十九大精神以及党建、组织工作有关政策等。抓理想信念教育。组织机关干部开展重温入党誓词和革命传统教育活动，到红色教育基地听先进事迹报告，教育党员干部牢记党的宗旨，坚定共产主义信念。

加大内控及合规管理力度，严抓安全保卫工作。合规管理方面，组织员工观看“招商银行正风肃纪十项铁律宣传教育片”，书写学习心得；组织员工学习上级行下发的风险案例，每月组织员工“十项铁律”和“五项禁令”考试；每季度进行员工异常行为排查，采用抽查员工征信与家访相结合的方式，多方面了解员工日常工作及生活情况。安保方面，支行安排专人对营业网点进行安全检查，组织员工进行防火、防盗抢演练等。

在业务发展方面，积极向上级行争取信贷规模，支持当地经济发展；对于符合招行信贷政策的企业客户，积极介入，争取办理授信业务；对于暂时不符合招行信贷政策的客户，通过融资租赁、票据贴现、信用证议付等多种方式解决企业融资需求。与此同时，积极发展供应链金融等新型业务，并与目标客户对接，为诸城当地企业提供更便捷的金融服务；在零售业务方面，利用招商银行的品牌优势，加大对各种零售产品的宣传力度，让更多居民了解招商银行、接受招商银行的优质服务。

（黄文涛）

【山东诸城建信村镇银行有限责任公司】 2017年，在诸城市委、市政府的正确领导下，在主发起行的大力支持下，立足于支农支小的市场定位，以服务地方经济发展为己任，经全行上下共同努力，各项工作平稳发展，并取得了较好的成绩。年末资产总额47854万元，其中贷款余额32662万元，负债总额39110万元，其中存款余额38256万元。

加大力度支持地方经济发展。贷款是业务发展的核心，为了更好地实现有质量的可持续发展，坚守“支农支小”市场定位，持续投放资金，加大力度支持地方经济发展，信贷业务保持稳步增长。全年累计发放贷款23630万元，主要投放于小微企业和个人消费领域。积极调整信贷结构，增加抵质押贷款占比，全年发放抵质押类贷款16732万元，占比52%，较年初提高了18个百分点，信贷资产质量进一步提高。

积极履行企业的社会责任。严格按照人民银行的管理要求，做好大额提现预约、小面额零钞兑换、残钞兑换等工作，为广大客户提供便利服务；定期开展“普及金融知识，守住‘钱袋子’”活动、“加强银行营业网点金融知识宣传教育工作”活动、“金融知识进万家”宣传服务月等活动，提高社会公众金融知识覆盖面，保护公众财产免受诈骗；认真承办市长公开电话和12341为民服务热线转来的投诉建议电话，切实维护消费者权益；积极参与残疾人就业帮扶工作，2017年缴纳残疾人就业保障金15000元；认真落实联建党支部建设的工作要求，到桃林镇山东头社区开展金融知识宣传和老党员慰问活动，加强了与基层群众的联系。

（杨　霞）

【中国民生银行股份有限公司诸城支行】 成立于2014年12月8日，有员工19人。2017年，面对经营形势复杂、监管持续从严等情况，诸城支行认真落实贯彻各监管机构及上级行等各项政策和规定，全行员工细化分工、正视困难、坚定信心、主动作为，取得较好的经营业绩。

至2017年末，各项存款余额为170190万元，较年初新增15541万元，其中储蓄存款为5771万元，较年初新增1170万元；贷款余额207280.5万元，其中公司贷款余额205305万元，零售授信1975.5万元，其中商圈贷款706.5万元，消费贷299万元，抵押贷款970万元；积极筛选优质客户，全年新增授信山东桑莎制衣集团有限公司2亿元、潍坊渤海水产综合开发有限公司2亿元、山东大业股份有限公司5000万元、诸城市人民医院5000万元、诸城市康源供水有限公司1000万元。

改进服务渠道。2017年，从提高客户满意度入手，进一步改进服务手段，为客户打造多样化产品和服务，不断努力创新业务、完善产品功能，有效提高了金融产品的服务能力和服务范围，取得较好的经济效益和社会效益。通过开通电话银行、网上银行、手机银行（包括短信银行、微信银行）、自助银行等电子渠道为客户提供金融服务。依托总行电商平台，更加便捷地为客户提供电子商务金融服务，着力打造智能银行模式，实现自助开户、自助申请储蓄卡、当场办卡和自助申请信用卡等服务。

加大小微抵押贷款发放力度。2017年，累计发放抵押贷款970万元，个人消费贷款299万元，一定程度上满足了诸城当地小微客户的融资需求，缓解了小微客户融资压力，支持了优质小微客户的生产经营活动，在诸城当地取得较好的口碑。

帮扶贫困小学，承担社会责任。以诸城杨家庄子小学为重点帮扶对象，提供资金及物质援助，每逢中秋、春节等节假日走访困难学生家庭，受到当地村民及学校师生的称赞。

（王金彪）

【中信银行股份有限公司潍坊诸城支行】 2017

年，中信银行诸城支行，坚持把自身的发展融入地方经济发展的大环境之中，紧跟诸城市发展规划，全力满足城市经济发展中的多元化金融需求。面对不断变化的新形势、新情况，积极拓展市场，优化客户结构，加强风险防控，各项业务健康快速有效发展，经营效益不断提升，同业竞争能力不断增强。荣获零售业务先进行、公司机构存款优秀行、先进服务网点等称号。

至年末，存款总额84523万元，贷款总额81100万元。对公存款时点余额73726万元，考核口径日均存款94793万元，较基数增加24729万元，计划完成率193.20%；对公理财销售时点余额9897万元，日均余额4191万元，日均计划完成率64.48%；对公贷款余额61100万元，较年初增长21500万元。一般个人存款日均余额1.09亿元，较年初增长807万元，年计划完成率40%；零售管理资产时点余额35316万元，较年初增长12459万元；日均余额28766万元，较年初增长9966万元，年计划完成率63%；贵宾客户管理资产日均余额增量4891万元，计划完成率93.5%；个人贷款当年累计放款量达2亿元，年度计划完成率291%，个贷定价达5.93%，实现了量价齐升。个贷下半年累计放款5289万元，计划完成率100.75%。实现营业净收入2855万，计划完成率67.01%；经济营收总量2068万元，营收计划完成率和人均经济营收均在考核组内排名第一；经济利润1818万元，考核组内排名第一；拨备前经济利润总量1379万元；轻资本收入421万元，计划完成率40.9%。

机构类业务取得重大突破，拉动一般性存款大幅增长。加强与当地政府和财政局业务对接，并成功营销了诸城市住房公积金中心、诸城市财政局预算外资金、诸城市信源公有资产运营有限公司、诸城龙乡水务集团、中国龙城旅游投资有限公司等一批优质客户。为地方财政融资平台融资累计11亿元，全行化解不良贷款2300多万元。财政存款月末时点最高达8亿元，11月末年日均达6.6亿元。在支行多个授信客户退出的不利情况下，逆势拉动存款大幅增长。

继续调整公司业务结构，防范担保圈风险。针对年初诸城当地的风险状况，调整贷款结构，积极采取风险防控措施，主动退出压缩公司授信规模。年内，支行存量公司授信有效客户16户，除1户还旧借新重组客户外，均符合授信政策，公司贷款投向符合总行政策。退出小企业客户1户，退出额度500万元；正常类客户中，压缩授信额度7200万元。

稳步发展个贷业务，提高个贷定价，量价齐升。2017年，个人贷款累计放款2亿元，年度计划完成率291%。个贷余额年度新增1.3亿元，个贷余额达历史最高值7.4亿元，新发放个贷定价达5.93%，个贷客户交叉产品达6.12个。在公司类贷款压缩退出的不利情况下，个贷定价的提高，有效拉动了支行总体营业收入的增长。

零售管理资产和中高端客户保持较快增长趋势。至2017年末，诸城支行零售客户管理资产时点余额35316万元，年增量12459万元；管资年日均余额28772万元，年增量9966万元，年度计划完成率64%。管资年日均和时点余额正剪刀差6594万元，继续保持较好的增长势头。2017年底，诸城支行贵宾客户达140户，较上年增加58户，年度计划完成度96.67%；时点达标私行客户11户，月日均达标9户，较年初增加5户，年度计划完成率100%；达标客户484户，较年初增加255户，年度计划完成率95.63%。

（管　斌）

【日照银行股份有限公司潍坊诸城支行】 成立于2015年12月24日，是日照银行在潍坊辖区内设立的第一家县域支行。

2017年，日照银行潍坊诸城支行在上级行和地方党委、政府的领导下，牢固坚持“立足地方经济、支持中小企业、服务广大市民”的市场定位，围绕“强总行、立导向、补短板”发展主题，致力于助推地方经济社会的发展和为企业提供高质量金融服务，一手抓业务经营发展，一手抓风险防控化解，因地制宜创新产品及服务，各项工作扎实推进，经营指标总体良好，实现了业务经营的平稳持续发展，在2017年分行考核中成绩列第一名。至年末，诸城支行存款总额度4亿元，授信总额度3.7亿元。年内多措并举化解风险授信4800万元，总体授信业务客户稳定，对公业务营销发展态势良好。

诸城支行积极承担社会责任，践行日照银行“阳光品质、真情相伴”的企业文化，不断提升便民服务措施。将厅堂内办理公积金业务、非税代收业务等便民业务落地；创新业务合作模式渠道，与诸城市优质企业融资平台合作，提高为企业融资能力，实现无缝隙贷款投放，降低了企业融资成本。

从客户角度出发，优化黄海卡、消费类贷款产品、黄海万利宝理财产品等特色业务，支行黄海卡免多项手续费及消费贷款“阳光贷”无抵押、无担保的条件深受诸城市当地金融市场喜爱，为自身业务发展创造了优势。

诸城支行坚持精神文明、物质文明双手抓的总思路，在发展业务的同时不断推动企业文化和品牌建设，取经总行、同业创建“全国文明单位”“全国青年文明号”“中国银行业文明规范服务千家示范单位”的经验，积极开展文明称号争创工作，2017年荣获“青年文明号”称号。

（于　帅）

【东营银行股份有限公司潍坊诸城支行】 2017年，东营银行诸城支行全行上下深入贯彻落实“一二三四五”的发展思路，以改革统领全局，以创新推动发展，团结拼搏，尽责担当，高效完成了各项工作，顺利实现全年发展目标。至年末，东营银行诸城支行存款达5.35亿元，其中储蓄存款2.04亿元；贷款余额达4.45亿元；不良贷款余额为零。

创新驱动，深化转型。2017年，东营银行发力“四大板块”，拥抱金融科技，成功承办市民卡，推出了直销银行等便民利民的系统与产品。诸城支行在上级行领导下，积极推出新业务，深化服务质量，提高服务效率，建成无纸化系统、大数据平台；加大网点建设力度，创立特色服务品牌，使业务办理更加便捷，服务更加智能，客户体验度进一步提升，得到诸城市民的好评。

稳健经营，效能提升。在市场竞争激烈、银行业经营困难加大的形势下，坚守风险底线，强化风险管控，密切关注企业发展动态，及时调整各项措施。按照稳健审慎的经营思路，加强制度建设和业务学习，让风控文化、合规文化深入每一位员工内心，树立全员风险意识，共同应对风险，保障经营安全，支行该年度资产质量良好。年内，在绩效考评、财务核算、经营保障、内控机制等方面加大改革力度，使管理产能持续提升。

坚守初心，共享共赢。东营银行诸城支行认真落实监管部门要求，坚持“共享共赢”的发展理念，以推动小微企业发展为己任，小微信贷实现了贷款增速不低于各项贷款平均增速、贷款户数不低于上年同期户数、申贷获得率不低于上年同期水平的“三个不低于”目标，涉农贷款保持增长，普惠金融达最高定向降准标准，为服务地方经济发展做出新贡献。

（赵　峰）

【中国光大银行股份有限公司潍坊诸城支行】 成立于2017年2月27日，位于诸城市市场街2

号。经过全行上下的共同努力，业务发展逐渐壮大，客户群建设成效明显，全行员工细化分工、正视困难、坚定信心、主动作为，紧跟形势发展节奏，取得较好的经营业绩，保持了良好的发展局面。

至年末，各项存款余额为122443万元，较年初新增122443万元，其中储蓄存款为9619万元，较年初新增9619万元。总贷款余额52166万元，其中对公短期贷款余额19797万元，对公中长期贷款28825万元，个人消费贷款3544万元；至年底，共投放个人贷款138笔，金额3544万元，其中住房按揭贷款48笔，房抵快贷2笔，小额贷款80笔，公积金消费贷款6笔，安存宝质押贷款1笔。年内新增信用卡客户1693户，其中新增中端信用卡客户1308户，新增高端77户。开业至年底，累计开户4377户，与12个企业签订代发工资协议，累计批量发卡2337张。同时与春宇物业达成合作，将其管理的东坡小区、鑫辉华庭作为驻点营销的社区。

强化管理。结合支行实际情况，进一步优化分层次管理维护团队，集思广益，开展有针对性营销宣传活动，挖掘潜在资源，做好客户细分，尤其是代发工资客户。强化厅堂营销水平，做好“一句话营销”工作，对优质零售客户实行名单制管理，一对一营销，充分合理利用分行给予的资源。加强员工业务能力的提升，提高工作效率和服务水平。重点加强对投行、资管业务的政策解读、授信流程、授信管理的培训，强化员工沟通、解决问题的能力，把客户经理群体打造成一支综合、高效、专业、扛得住的精英团队。

突出营销。树立全员营销意识，统一思想，一致行动，在零售营销方面，支行下达统一任务指标，不分条线、不分岗位，全员出动。挖掘重点客户资源批量进行营销，为诸城市财政局、诸城供电公司、诸城烟草公司等机构以及街道、社区居委会等集中进行开卡，对新郎、美晨等大型优质企业高管、员工等优质客户进行营销。利用微信群及转介绍持续营销，同学、亲朋、微信好友全面覆盖。推动营销工作全面提升。

（黄　涛）

【恒丰银行股份有限公司潍坊诸城支行】 恒丰银行股份有限公司潍坊诸城支行，坐落于诸城市繁荣路与东武街交叉口，于2017年4月7日正式开业，有员工23人。2017年，诸城支行以服务地方经济社会发展为己任，认真落实上级政策，注重合规经营，在完成分行下达的年度主要业务经营指标的同时，稳步发展，各类经营业绩良好。

成立伊始，恒丰银行诸城支行就以“千佳示范单位”的标准严格要求，把创建“千佳示范单位”作为带领团队建功立业的奋斗目标，确立了打造“亲情化”“学习型”“规范化”“服务型”特色支行的工作思路和“创造一流业绩、打造一流队伍、创建一流文化、构建一流体制”的工作方针，树立“对外提供优质服务、对内提供支持保障”的理念，把内强素质、外树形象、提高效率、强化服务作为第一要务，推动制度建设和管理创新。

以心待客，真诚服务。坚持银行服务要“深入人心”，强调服务的内涵不在于服务形式，更重要的是真心为客户考虑，做到换位思考；从每一个服务细节做起，用心服务、用情服务、用智服务，从根本上扭转银行员工的意识，切实为不同客户提供最有效、最优质、最需要的服务。支行员工时刻把客户放在内心，经常站在客户的角度来思考自身的表现，重新定位角色，从权力型向责任型和服务型转变，努力提高自身的服务意识。

细分市场，精准服务。及时、准确把握客户的内心真实需求，急客户之所急，想客户之所想。根据客户不同的心理需求，深度挖掘、动态跟踪。区分客户、细分市场：对于普通客户，努力提升服务水平；对于优质大客户，则更多地考虑如何为其缩短等待时间、节约交易成本和个性化服务及增值服务问题。

加强队伍建设，提升服务。通过抓文明服务建设，促进更新服务理念、改进服务方式、规范服务行为，使全体员工牢固树立优质文明服务意识，养成良好服务习惯。着力打造高素质的员工队伍。分阶段对员工进行“应知应会”业务培训，使员工服务技能和业务知识水平不断进步；同时，学习先进、寻找差距，向服务明星们学习，向兄弟单位学习，学习新服务理念和新服务举措。加强员工的爱岗敬业教育，培养员工的竞争意识、责任意识，推动业务发展；建立“员工成长档案”，记录员工的每一次测试成绩，收录员工的每一个成长历程，激励员工成长。

加强文化建设，促进服务。组织丰富多彩的团队活动，增进员工的感情交流，培养员工健康向上的积极态度；同时通过工作简报、宣传板报、员工文化墙等团队文化教育，使“恒必成、德致丰”的精神根植于每位员工的心中。号召员工积极热心参与社会公益活动，培养员工的爱心、社会责任心，提高思想道德水平。针对前台柜员生活习惯和行为习惯，推出“5S”管理法，要求员工在日常工作中做到“常清理、常整顿、常清洁、常维持、常自律”，并组织员工观看监控录像，让员工就日常服务行为互相挑毛病、找瑕疵，并有针对性的整改，整体提升服务水平，推动业务发展。

（范金铭）

保　险　业

【概况】 至2017年12月末，诸城市保费收入15.88亿元，同比增长5.30%，其中财产险保费收入6.08亿元，同比减少13.67%；人寿险保费收入9.80亿元，同比增长21.98%。共赔付5.54亿元，同比增长2.21%，其中财产险赔付3.32亿元，同比增长9.76%，赔付率54.66%；人寿险赔付2.22亿元，同比增长13.96%，赔付率7.41%。

2017年诸城市境内保险机构情况一览表

序号	单　位	办公电话	负责人	公司地址
1	人保财险	0536-6122757	嵇晓东	东关大街161号
2	太平洋财险	0536-6071766	王术梁	东关大街30号
3	平安财险	0536-2168381	姜玉斐	密州路7号天祥商务中心A座
4	中华联合	0536-2165279	丁金国	兴华东路东顺大厦A座501号
5	永安财险	0536-6495502	冯丽华	北三里庄居民委员会北100米路西沿街房
6	安邦财险	0536-2227855	王虎成	密州东路63号鑫城生活办公区63-15号商铺
7	渤海财险	0536-6088411	王炳超	兴华东路45号（东顺花园小区6幢1单元702号）
8	太平财险	0536-6128967	王瑞军	兴华东路66号天和小区金龙大厦B座

续表

序号	单　位	办公电话	负责人	公司地址
9	大地财险	0536-2163918	左　伟	兴华东路76号
10	永诚财险	0536-6073258	张月山	兴华东路66号金龙大厦A座601室
11	安华农保	0536-6075317/6070596	辛　艳	密州东路63号
12	阳光财险	0536-6075686	张　磊	繁荣西路149-19号
13	天安保险	0536-2168916	张华伟	密州西路2号（龙城华庭）
14	长安保险	0536-6089133	曹沛林	密州路鑫城大厦沿街综合楼13号
15	浙商财险	0536-2160103	乔德昌	四平路东段北侧红星家园B区1号楼1号商业房
16	英大财险	0536-6180618	宫献明	人民西路131号
17	人寿财险	0536-6320519	张永胜	繁荣路东段路北侧
18	天平保险	0536-2227284	张明	东关大街43号
19	泰山保险	0536-6112998	王　琳	龙都街127号张择端公园东门南侧沿街房2套
20	紫金财险	0536-6117600	王玉波	枫香湖畔91号2楼
21	信达财险	0536-6161179	朱加雪	密州东路2号
22	华安保险	0536-6080318	刘　伟	兴华西路正大文苑南门西门头房
23	华海保险	0536-7655171	田　鹏	超然台路191-67号
24	安诚保险	0536-6079038	张　倩	西外环路275号
25	利宝保险	0536-2087967	王德良	西环路234号佳和商贸城A座A2-52号
合计	25家			
1	中国人寿	0536-6065275	闫志勇	东关大街67号
2	太平洋人寿	0536-6089078	王学芳	东关大街30号
3	平安人寿	0536-2161607	徐原野	密州东路天祥商务中心
4	新华人寿	0536-5608210/5608212	赵洪波	龙都街376号龙润大厦
5	合众人寿	0536-2162333	武　娟	兴华东路45号东顺大厦11楼
6	人民人寿	0536-6165323	王海峰	华元大厦5楼
7	民生人寿	0536-6123776	孟　飞	兴华东路45号东顺花园6座1单元602
8	泰康人寿	0536-6090109	曾　超	兴华东路76号瑞福花园1号楼7楼西户702
9	人保健康	0536-6165017	咸桂金	兴华东路66号天和小区金龙大厦
10	太平人寿	0536-6808551	杨振振	兴华路南、龙都街西东升龙华园
11	华泰寿险	0536-6061216	周战霞	繁荣路2号中天花园1号楼
12	生命人寿	0536-6595535	程世勇	人民东路103号繁华丽景苑2号楼

续表

序号	单　位	办公电话	负责人	公司地址
13	长城人寿	0536-6505576	封　丽	密州东路18号
14	阳光人寿	0536-2161083	张　宾	兴华东路45号东顺大厦B座302号
15	华夏人寿	0536-6176176	刘洪蕾	兴华东路45号
16	德华安顾	0536-6169108	宋修法	兴华东路66号天和文苑A座10楼
合计	16家			

【中国人民财产保险股份有限公司诸城支公司】 2017年，公司秉承国有控股公司的经营理念，以“做人民满意的保险公司”为宗旨，坚持依法合规经营，不断创新管理，促使速度与结构、质量与效益相协调，为诸城市场上唯一一家保费过亿元、网点最多、技术力量最雄厚的财险公司。

2017年，公司实现保费收入14738.1万元，同比增长8.9%，其中车险实现保费收入11705.3万元，是诸城地区首家车险保费突破亿元的公司。随着业务收入的不断提高，财政贡献率进一步提高，2017年上交地方税金2198万元（含车船税），位居诸城市2017年纳税百强企业第37名。回报社会的力度进一步加大。2017年，公司共接受报案13749起，赔款7007.08万元，为稳定社会、保障生产发挥了社会稳定器的作用。2017年，承保花生60934.05亩，承担风险金额2437万元。承保公益林36472亩，承担风险金额2918万元。2017年，治安保险全市参保户数103850户，承担风险金额92.5亿元；全年为499户出险居民提供了经济补偿，补偿金额72.18万元。校园方责任险、教职工责任险共承保72所学校及幼儿园，承担风险金额10.7亿元，赔款金额65.97万元。医疗责任险承保19家卫生院，承担风险金额3686万元，赔款金额16.5万元。

为提升客户服务质量，公司推出增值服务。免费事故救援：人保客户100公里的不限次免费故障救援服务，获得救援卡客户享受直升机救援服务。审车保姆：面向所有家用车，免费代办审车、审证、挂牌、违章处理，不收任何附加费用。理赔交钥匙服务：当发生事故后，把车钥匙交给人保公司，理赔、修车，人保公司替客户完成，送车到家。人伤法律援助：联合专业律师团队，对涉及人伤的案件提供法律援助。

【中国太平洋财产保险股份有限公司诸城支公司】 公司坐落于诸城市东关大街30号，公司下设1个营业大厅、2个综合业务团队，有在编职工14人、营销人员20余人。

2017年，公司先后承保诸城外贸公司、兴贸玉米、鑫诚广场等公司的财产险以及长运公司、交运公司的机动车辆保险和承运人责任险等多项省市重点建设工程和承保项目，另承保了部分企业的安全生产责任险，新开办了财产诉讼保全责任保险业务，全年收取保费17万元。2017年，共计收取保费3455万元，其中车险3189万元，非车险266万元。企财险赔款168万元，家财险赔款1万元，交强险赔款619万元，汽车商业险赔款795万元，人身意外险赔款20万元，货运险赔款42万元，共计赔款金额1646万元，综合赔付率48%。

【中国人寿保险股份有限公司诸城支公司】 下辖15个营销服务网点，拥有管理及销售人员近

2000人。公司向个人及团体提供人身、年金、健康和意外伤害保险产品，涵盖生存、养老、疾病、医疗、身故、残疾等多种保障范围，全面满足客户在人身保险领域的保险保障和投资理财需求。2017年，公司实现股份总保费2.35亿元，保费规模居诸城保险业首位。承保社会风险保额4000亿元，赔款及给付金额9236万元，上交地方财政各类税费305.25万元，新增就业420人。

依托产品服务、网点机构、品牌实力等资源优势，积极参与和大力拓展民生保险保障领域。独家承办全市城乡居民大病保险，在银龄安康工程、学生平安保险、女性健康保险、警察协会会员保险等多个政保项目上取得良好成效，赢得好评。

发挥优势，深入参与社会保障体系建设。在养老保障体系建设方面，认真贯彻落实集团公司“大养老”“大健康”战略布局，积极应对人口“老龄化”趋势，加快发展多样化的商业养老保险产品。2017年新增代理养老保障计划达1.38亿元。积极拓展企业年金计划，构建多层养老保障体系，签约受托企业年金规模超过100万元。减费增效、助力服务全市实体经济，服务法人客户总数超400个，承保费率下降为标准费率的60%—70%，为企业节约了资金，提高了保障水平。

在医疗保障体系建设方面，坚守保险本源，大力发展商业健康保险，积极拓展国寿康宁、防癌险、国寿福等健康保险产品，累计销售长、短期健康保险4000万元。同时，全力做好城乡居民大病保险补偿服务，为全市100余万城乡居民提供重大疾病“二次报销”补偿服务。至2017年底，公司累计承保参保居民254.87万人次，审核支付医疗费用近亿元，为10万多人参保居民提供了60万次大病保险理赔服务。

积极响应国家“大众创业、万众创新”号召，面向人才市场、劳务市场、高校等招收保险规划师和寿险专属销售代理人员，帮助5100余人解决创业就业问题，缓解社会就业压力。

创新举措，提升客户服务品质。围绕增强客户体验、提高理赔时效，不断优化服务流程，改进服务举措，推动运营服务体系建设提质增效升级，着力增强后台运营服务客户、服务销售、服务基层的能力和水平。积极顺应互联网发展趋势，贯彻落实科技国寿、网上国寿战略，大力推广国寿e店、国寿e宝、微信公众号、“微回访”“微回执”“微理赔”等新技术新应用，多措并举提高服务客户、响应诉求、增强竞争、推动发展的能力。公司平均理赔时效为2.28天，5日结案率达99.2%，受理案件获赔率达99.8%。2017年，满期给付金额近1亿元，赔付金额8680万元，赔案件数1.1万件，为客户提供资金支持1.83亿元。

【新华人寿保险股份有限公司诸城支公司】 成立于2002年4月，办公地点位于诸城市龙都街道376号龙润大厦。2017年，新华人寿保险诸城支公司根据总公司年初既定的产品渠道策略和业务计划，牢牢把握“转型发展”和“自主经营”两大主题，全年累计实现保费2.36亿元，全年累计理赔4681件，理赔总金额1671.6万元，客户服务、理赔服务及业务占比均居全市寿险行业前列。

深化价值转型，推动企业快速发展。个险方面，坚持三个持续，即持续提高部、组主管积极性，持续提高部、组主管的收入，持续提高部、组数量与质量。法人渠道方面，实现多渠道开拓，全年累计达成410万元，达成全年计划110%。运营方面，制定了客服流程制度化、标准化，确立了时效性、准确性、客服满意度为标准的客服考核标准。从客户的需求出发，不断提升理赔服务水平，致力于打造更快、更易、更关怀的理赔服务，平均理赔时效1.95

天，3000元以下的小额赔付1小时内办理完毕，复杂重大的赔案30天之内处理妥当。继续遵循客户服务的4个100%：承保客户100%电话回访、分红报告书100%送达、及时理赔与保全100变更、公司重大经营动向100%及时告知。真正实现了业务发展与服务发展的和谐统一。搭建全方位服务平台，推出保单E服务等先进举措，开通24小时全国客户服务电话95567，受理理赔报案、保单挂失、红利通知书补发、客户基本信息变更、客户回访及满意度调查等。网站服务，官方网站为客户提供账户管理、查询服务、自助变更、单证下载、咨询留言、意外险激活等服务。短信服务，为客户提供免费短信通知服务，内容包括续期缴费提醒、续期缴费成功通知、报案指导、理赔结案通知、生日祝福等。举办少儿书画大赛、名家健康讲座、关爱进社区、客户大回访等客户服务活动，提升客户附加值服务，积极推广E服务，使广大客户和业务员亲身感受公司发展及科技带来的便捷服务。后援方面，严格基础管理，打造学习型团队，建立节约制度，员工的综合能力和水平得到提升。风控方面，加强失效确认书签订预警，全面学习保监会提出的“加强内部管控、加强外部监管，遏制违规经营、遏制违法犯罪”，保障健康经营、合规经营、安全经营。

证　券　业

【上市公司】 2017年，山东惠发食品股份有限公司、山东大业股份有限公司在上交所上市，募集资金分别为22890万元、79612万元。截至2017年底，全市共有上市公司8家。

【中泰证券股份有限公司诸城营业部】 中泰证券股份有限公司（原齐鲁证券有限公司）诸城营业部位于诸城市人民东路26号，是中泰证券股份有限公司经中国证监会批准在诸城设立的证券经营分支机构。营业部下设营运管理部、财富管理部、零售业务部、市场营销部及机构业务部等所属部室。

营业部立足诸城，积极配合当地金融办及相关镇街做好规模化企业股份制改造及企业挂牌上市工作。积极参与当地各大上市公司的股权质押等融资项目，为企业解决中短期融资需求，为企业的发展注入新的活力。营业部还提供诸如IPO上市、定向增发、发行公司债、企业债、可转债、资产证券化、股权质押融资、股票收益互换、私募股权投资基金、“新三板”、区域股权市场等各项资本市场全体系业务，为支持地方经济发展提供更加符合市场化需求的融资手段，为企业良性发展提供坚实保障，为投资者提供灵活三富的资产配置途径。

【方正证券股份有限公司诸城密州东路证券营业部】 方正证券股份有限公司诸城密州东路证券营业部位于诸城市密州东路28号，是方正证券股份有限公司经中国证监会批准在诸城设立的证券经营分支机构。

该营业部致力于为投资者及有理财、投资与增值服务需求的客户搭建全方位、多层次的金融服务体系。并积极参与改善当地证券市场环境，不断提升对地方财政收入的贡献。可提供诸如IPO、定向增发、公司债、企业债、资产证券化、股权质押融资、股票收益互换、私募股权投资基金、“新三板”、区域股权市场等各项不同类别的业务服务。

（李　婕）

财政　税务

财　政

【概况】 组织机构。根据诸城市人民政府办公室《关于印发诸城市财政局主要职责内设机构和人员编制规定的通知》（诸政办发〔2017〕15号）精神，对诸城市财政局主要职责、内设机构和人员编制等进行调整。

调整职责：取消管理财政预算内行政机构、事业单位和社会团体的非贸易外汇职责。取消耕地占用税、契税征收管理职责。取消已由国务院和省政府、市政府公布取消的其他职责。

增加的职责：负责深化住房制度改革相关工作。承接已由国务院和省政府、市政府公布下发的其他职责。

加强的职责：深化财税体制改革，建立现代财政制度，完善税收保障机制。加强财政法律、法规和政策执行情况的监督检查，强化财政资金的事中事后监管。强化财政预、决算和民生政策信息公开服务。强化本行业领域内改革创新、公共服务职责。

内设机构：办公室（挂组织人事科牌子）、预算科、国库科（挂会计科牌子）、行政政法科（挂教科文与人才科牌子）、企业科（挂审批服务科牌子）、国有资产管理局。

人员编制：市财政局机关行政编制22人，配备局长1人、副局长3人。国有资产管理局局长、副局长，继续按《诸城市人民政府办公室关于印发〈诸城市财政局主要职责内部机构和人员编制规定〉的通知》（诸政办发〔2010〕36号）规定配备。

2017年，诸城市财政工作以深化财税体制改革为主线，坚持稳中求进的工作总基调，不断加强财源建设，优化支出结构，强化财政监督，全市财政收入实现平稳增长，各项重点支出得到切实保障，财政支持经济和社会事业发展能力明显增强。2017年，全市实现财政总收入93亿元，其中一般公共预算收入71.2亿元，分别比上年增长3.3%和3.5%。完成一般公共预算支出74.7亿元，与上年持平；其中，完成民生支出64亿元，比上年增长0.2%，占一般公共预算支出比重为85.7%。

【财政收入】 加强税收收入征管。进一步完善“互联网+”服务模式，加强税收风险一体化防控机制建设，强化社会综合治税，确保了年度收入预期目标顺利完成；利用财政大数据应用平台，围绕重点行业、重点税源，通过分析数据间的逻辑关系，查找税收疑点，有效堵塞了税收漏洞；组织全市范围的土地房产测绘评估工作，建立企业占用土地房产信息库，为税收征管提供了依据；及时跟踪了解“营改增”政策动态，加大对历年欠税清缴力度，做到了应收尽收。2017年，实现税收收入48.8亿元，比上年增长0.1%。

规范非税收入管理。紧跟上级部门清费降费步伐，全面清理规范行政事业性收费项目并逐项检查落实到位。2017年根据上级文件精神共规范清理12项收费，其中涉企收费8项，全年共减轻社会负担1380万元，其中减轻企业负担1237万元。做好收费目录清单公开工作，及时编制本级行政事业性收费目录、政府性基金收费目录和涉企行政事业性收费目录，在政府门户网站进行公示，并要求各收费单位在网站或收费大厅进行公示，接受社会公众监督；加强收费管理，依托非税和票据管理系统，及时关闭停收项目，收回核销票据。建立健全收费管理工作机制，形成财政监督、各执收部门对执收项目负责的工作体系。拓宽缴费方式，将5家银行纳入非税代收网络体系，做到凡在诸城市有支行的银行全部纳入代收网络体系，部分有条件的部门实行了微信交费，方便了缴费群众。开展对涉企收费的调查工作，财政部门与有关部门联合，选取10家在各自行业具有代表性的企业进行摸底调查，要求征收部门和企业同时填报所有涉及企业的交费项目，通过对征缴的数据进行核查比对，保证了收费项目的完整性和数据真实性。

【财政支持】 出资设立产业发展基金。出资3亿元，运作与北京恒通科技成立10亿元的再生产业园建设基金，重点支持现代化再生资源综合利用示范产业园项目建设；出资2亿元，与北京丰融投资管理有限公司合作，成立10亿元的科技创新产业基金，突出支持超然首新空间、农林科技孵化器、电商创业园等创业创新平台建设，打造“四新促四化”新载体。其中，诸城市农林科技孵化器在2017年被科技部列为国家级星创天地，成为农村科技创业的新舞台。

切实落实产业扶持政策。鼓励引导企业对接资本市场，拓展融资空间，为企业注入新的“血液”，全年共兑付企业规范化改制资金1300万元、上市引导资金4000万元，推动惠发食品和大业股份两家企业在A股主板成功上市。实施重点企业扶持工程，全年共兑付扶持资金3.5亿元，支持北汽福田、迈赫机器人、桑莎制衣等骨干企业加快并购重组和转调步伐，增强企业核心竞争力，争做行业隐形冠军。支持推进工业园区建设，不断完善青岛保税港区诸城功能区、汽车零部件产业园、悦东新材料产业园等工业园区承载功能，促进产业集群发展。

招商引资工作开创新局面。修订完善全市招商引资激励政策，对产业投资、总部经济、高等院校和研发机构、高层次人才、政府基金支持等10个方面予以突出支持，不断优化招商引资软环境。设立1000万元招商专项资金，全方位保障招商引资工作顺利开展。兑付招商引资政策扶持资金2.1亿元，成功引进山东中坛、恒通科技、诚昊物流、华源医药等一批税源型、科技型、旗舰型项目落户诸城，逐步培育起财源增收新阵地。

全面落实减负降费工作。认真贯彻落实国家结构性减税降费政策，全年为中小企业减免税收5.2亿元，办理企业出口退免税9.3亿元，有效减轻了企业税负。落实收费目录清单制度，对12项涉企行政事业性收费取消、停征、免征或降低收费标准，为企业减轻负担4000万元。实施社会保险费率减免政策，大幅降低企业养老保险、失业保险、工伤保险缴费费率，为企业节约成本8400万元，进一步释放企业发展活力。

【金融领域工作】 政府性债务风险有效防控。构建政府性债务风险防控体系。制定下发《诸城市政府性债务风险应急处置预案》，对政府性债务风险的界定、政府性债务风险的分级及应对、各部门单位在政府性债务风险管理中职能的划分进行明确。推进融资平台市场化改制。起草了《诸城市人民政府投融资平台公司改革方案》，加快推进改革进程；落实债务管理相关文件。严格遵守财政部《关于进一步规范地方政府举债融资行为的通知》（财预〔2017〕50号）（以下简称50号文）《关于坚决制止地方以政府购买服务名义违法违规融资的通知》（财预〔2017〕87号）（以下简称87号文）要求进行整改工作，彻底切断财政与平台间的款项往来，非政府债务的融资平台资金，由融资平台按照国有企业的有关要求实行规范管理。地方政府置换债券成效显著。年内，地方政府置换债券到位62.9亿元，新增地方政府债券1.2亿元，进一步缓解了财政偿债压力，降低了政府性债务成本，实现了政府债务的可控良性运行。

平台公司融资规模实现较大突破。严格执行财政部50号、87号文的监管要求，以适度融资保障财政发展资金需求为目标，通过银行贷款、发行债券、融资租赁、PPN、高资理财、信托计划、资管计划等融资工具，实现当年融资80.5亿元。其中，成功发行第四期7年期企业债券15亿元，成本5.37%，进一步缓解了政府基础设施投融资压力，保障了全市重大项目顺利实施。

企业金融风险防范工作有效推进。充分发挥舜邦、舜域2家担保公司作用，破解中小企业融资难题，助推企业平稳健康发展。2017年，为中小企业提供过桥资金155笔、27.2亿元；为146户企业提供贷款担保，担保余额7.9亿元；利用信华资产管理公司加强与银行合作，通过收购、打包核销、息差找补等方式，处置企业不良贷款12.8亿元，其中原价收购1.3亿元，打包收购11.5亿元，为4家银行45家企业缓解了风险矛盾，并通过化解不良合作贷款（授信）45亿元，促进了银企的良性互动，维护了全市金融秩序。

【重大项目建设】 以“四个城市”建设为引领，把“产业强市”建设作为加快经济发展的总抓手，打好重点项目建设百日攻坚战，全年实施过千万元的项目411个，总投资1153亿元，铺开全市产业大布局。促进支柱企业转型发展做大做强。重点支持大业股份高端精密钢丝项目、迈赫机器人小镇项目、得利斯现代生猪繁育基地项目等，增强企业核心竞争力。支持产业园区建设，加快推进福田汽车及零部件产业园、贾悦新材料产业园等重点园区建设，促进产业集群发展，凝聚新动能，改善城乡生态环境。投入2.1亿元，支持实施老旧小区、背街小巷环境整治工程、城市亮化工程，顺利通过国家卫生城市复审。扎实推进棚户区改造政策性贷款工作。争取棚户区改造政策性贷款7亿元，新增安置房1800多套，改善了城乡居住条件。加快基础设施项目建设。开工建设了平日路绕城段、卧龙湖水库前期项目、四环路改造提升、城区道路及人行道改造、206国道维修、央赣路平日路绿化、相石路拓宽改造等项目，城市载体功能稳步提升。大力推广PPP模式运营项目。完成城乡环卫一体化项目和17条市政道路项目招标工作，其中城乡环卫一体化项目已经开始运营，17条市政道路项目正在修建。体育场、智慧公安项目按流程持续推进。

【民生事业发展保障】 教育事业优先发展。拨付中小学教育公用经费、学生奖（助）学金等资金11.3亿元，保障了教育教学秩序。支持完善教师补充机制，新招录教师620人，缓解了“大班额”问题。完成教育建设项目投资12亿元，竣工项目16个，新开工项目32个，教育教学条件得到较大改善。积极鼓励社会资本进入教育领域，开工建设新龙源学校、一中国际学校、北师大京师国际学校等项目，完成投资6.9亿元，增强了教育事业发展后劲。

民生保障稳步提升。拨付居民社会基本养老保险25028.35万元，其中发放养老金23745.79万元，丧葬补助金343.85万元；落实居民医疗保险地方财政配套资金20282.07万元；拨付优抚资金4586.92万元；拨付义务兵家庭优待金2112.22万元，部分烈士子女定期发放生活补助142.09万元，为8458名农村籍退役士兵发放老年生活补助1498.72万元，自主就业退役士兵一次性经济补助1654.65万元，退役士兵安置和权益保障经费2600万元；落实城乡低保专项资金5096万元；供养五保老人2200人，拨付五保供养资金1026.13万元；拨付困难残疾人生活和重度残疾人护理两项补贴975.7万元；共筹集城乡医疗救助资金868.45万元，为全市低保人员、农村五保和孤儿缴纳了基本医疗保险；拨付基本公共卫生服务专项资金5561万元，实现了预防接种、传染病防治等九项内容城乡全覆盖；拨付基本药物制度财政专项补助3498.6万元；落实公立医院综合改革专项资金1360.2万元；投入公立医院综合改革专项经费728.2万元，专项用于公立医院取消药品加成后补助；拨付符合条件的计划生育家庭奖励扶助金和特别扶助金4445.76万元，救助28367人。

农业发展成果丰硕。2017年，共投入1.1亿元，大力支持山区开发、中低产田和高标准农田改造、小农水重点县建设、农业资源及生态保护等，增强了农业基础保障能力。投入5700万元，建设完善农林科技孵化器，培育起引领农业种植结构调整的“新龙头”；投入扶贫资金3200万元，建立产业帮扶、驻村帮扶和金融助力的精准扶贫协同推进机制，顺利完成了全市脱贫攻坚任务。落实耕地地力保护、种粮大户、库区移民、农机购置等补贴1.7亿元，增加了农民的转移性收入，提高了农民的生产积极性。落实“一事一议”、美丽乡村建设等资金1694万元，促进了村级公益事业发展。

文化生活丰富多彩。投资5905万元扩建新图书馆；充分发挥政府购买服务的作用，组织排演茂腔舞台剧《失却的银婚》《王尽美》《星火》等一批文艺精品，着力打造文艺品牌；市财政投资86万元的首届茂腔文化艺术节在诸城市密州宾馆大礼堂举办，茂腔艺术节既是中国（诸城）大舜文化节压轴项目，也是打造文化名市的重要举措，共有10余个现代或传统优秀茂腔剧目参加展演。

社会治理更趋完善。投资4700万元，加强食品和农产品安全管理，为全市食品供应提供安全保障；投资约600万元对全市36处城际热点系统采集设备进行更新，并新建4处一级重点“6.28系统”4G采集点；投资约490万元，构建集管理、维护、应用一体的视频监控中心，更加直观地展现和应用视频建设成果。投资约200万元，对公安局刑警大队办案区各功能室改建及办案区内视频监控设备更新，支持提升办案效率；投资约160万元，对在兴华路派出所办案区进行改造，建设成为四个派出所及治安大队、特巡警大队等警种单位的办案场所。

【财政改革与管理】 完善财政体制改革。以推进市对镇街（园区）财政体制调整工作为改革主线，起草了以“核定收支、定额上解（补助）、分档分成”为主要原则的市对镇街（园区）财政体制调整方案，并组织召开专题会议，对拟调整后的镇街（园区）财政体制中涉及的市与镇街（园区）收入分配、镇街基本财力保障、财政增收激励、自我发展等方面进行了分析研究。并提请市政府常务会审议，待市政府通过后正式施行。

推进投融资体制改革。加快投融资平台公司改革。起草《诸城市深化投融资平台公司改革实施方案》，上报市委、市政府审批。撤销诸城市财政局所属诸城市国有资产经营总公司及经济开发投资公司，市政府设立诸城市土地综合利用中心和诸城市国有资产运营中心。待市委、市政府批准方案后，结合投融资平台和市国有资产管理机构实际，整合市本级国有资产和资源，组建诸城市城建集团公司、文旅集团公司、金融投资集团公司等公司（为市政府直属国有企业），打造专业投融资运作平台，构建国有经济支撑新体系。

深化预算管理改革。改进部门预算编制方法，细化编制内容，强化预算约束，大力压减一般性支出5500万元，“三公”经费支出同比下降8.2%。深入推进预决算信息公开，实行“公开平台、公开时间、公开格式”三个统一，方便了公众查阅和监督，提升了预算透明度。围绕构建财政大监督格局，健全内部控制机制，完善责任清单和权力清单制度，有效防范财政管理风险。

强化预算绩效管理。研究制定《诸城市市级财政支出绩效评价管理暂行办法》，出台《诸城市市级预算绩效目标管理暂行办法》。建立“花钱必问效、无效必问责”机制，初步构建起预算绩效管理基本框架。重点对涉及教育、卫生、社保、农业等16个预算部门单位、资金总额达1.5亿元的20个重点项目进行了绩效评价，强化了预算部门的支出责任，保障了财政资金的高效使用。

加强政府性债务管理。成立市政府性债务管理工作领导小组，强化了债务管理工作的组织协调。严格限额管理，规范地方政府举债融资机制，确保了债务风险总体可控。争取地方政府置换债券64.1亿元，有效降低了债务利息负担。出台政府性债务风险应急处置预案，落实政府债务报告制度，切实防范债务风险的发生。

规范财政投资评审管理。推行政府投资项目全过程跟踪评审，强化“三级评审”制度应用，2017年全年共完成财政投资项目评审381项，其中预算评审项目214个，送审价值52.32亿元，审定金额46.71亿元，审减5.61亿元，审减率10.73%；结算评审项目167个，原报金额7.31亿元，审结金额6.71亿元，审减金额0.6亿元，审减率8.21%，资金使用效益显著提高。

加强会计管理。做好会计证的办理、变更工作。全年共为321人成绩合格人员办理了会计证，变更会计信息152条，为73名会计人员办理调出手续，换发新证书49本。与山东财经大学等网上继续教育机构配合，搞好持证会计人员的继续教育。现场指导会计工作。通过从工商职业学院选派教授，到新郎公司、电力公司等大企业现场为会计人员进行继续教育培训等举措，全年培训800多人次。做好全市行政事业单位财务人员入职摸底调查工作。对全市行政事业单位财务人员进行分期分批电脑记账业务培训，不断提高其业务能力和操作水平。

（赵在鑫）

公共资源交易

【概况】 机构调整。2016年12月24日，诸城市编办印发《关于调整设立市公共资源交易机构的通知》（诸编〔2016〕45号），将诸城市政府采购和招标投标管理办公室更名为潍坊市公共资源交易中心诸城分中心，由诸城市政府直属事业单位调整为市政务办所属正科级事业单位，编制11人，业务上作为潍坊市公共资源交易中心的分支机构，具体负责为公共资源交易活动提供场所、设施和服务；提出公共资源交易管理制度、交易规则建议方案；受委托或授权实施公共资源交易目录范围内的交易工作等。

2017年，潍坊市公共资源交易中心诸城分中心（简称“公共资源交易中心”），全面深化公共资源配置改革，进一步规范完善交易规则程序，扩大公共资源交易范围，增强交易活动透明度和交易结果的公信力，确保公开、公平、竞争择优配置公共资源。年内，共组织实施政府采购335项，财政预算评审值（预算投资）25.8亿元，总采购金额24.2亿元，节约资金1.6亿元。组织实施PPP项目采购5项，预算总投资额27.1亿元，总成交金额26.5亿元。拍卖成交项目2宗，成交金额13万元。组织实施非政府投资工程建设项目招投标29项，办理备案发包21项，总交易额22亿元。

【平台对接与联网】 4月，完成与潍坊市级平台的对接与联网运行，使用潍坊市统一的公共资源电子交易平台，按照电子交易平台固化设计的流程开展业务，统一了交易规则和业务流程，原有诸城市政府采购和招投标信息发布网站“诸城市政府采购招标网（www.zcbid.org）”按规定程序停止运行。

【推行交易信息网上公开】 实行“六公开”，即采购需求、招标公告、招标文件、评审结果、采购合同、履约验收全部网上公开，并且在评标环节将投标人的业绩与奖项等信息向所有投标人进行公示，经公示的企业业绩与奖项才能作为评审的依据，评审结果在网上公开到每一个评委的打分，以公开促公平、公正，实现公共资源阳光下的交易。

全面推行公共资源交易网上报名、网上审核、网上自行免费下载招标文件、网上办理投标保证金缴纳与退付，报名情况完全保密，投标人只需开标到诸城一次，既降低了企业投标成本，又有效预防了围标串标。

【强化招投标管理】 狠抓开评标现场管理、评标专家抽取等关键环节。评标专家抽取实行抽取账户与打印密码分开管理，代理公司负责抽取与账户管理，生成的打印密码发送到交易中心人员的手机上，要求开完标后由两人在场打印专家名单送到评标室核对专家身份。评标室内专家评委、采购人代表评委、代理公司人员、监督部门人员、交易中心人员分别穿着不同颜色的马甲，便于身份识别与管理。加强了招标代理公司的选取使用与代理全过程的管理，实行优胜劣汰。一般项目由采购人或交易中心直接委托，较大的项目在代理公司库中随机抽取，大项目通过公开竞标确定代理公司。

（王俊智）

住房公积金管理

【概况】 2017年，潍坊市住房公积金管理中心诸城分中心，强作风谋发展，积极寻标对标，比学赶超，各项工作均取得较好成绩。全年归集住房公积金5.1亿元，同比增长12.8%；提取2.1万笔，共3亿元，同比分别增长7.7%和3.8%；发放贷款1072笔，同比减少24.3%，贷款额3.3亿元，同比减少26%；新增缴存职工5426人，同比增长86.5%。

【政策宣传】 坚持把归集扩面作为政策宣传的重要内容，强化与广播、电视、报刊等媒体的合作，发挥市中心官网、微信公众号、“12329”、诸城12341民生服务热线和党风政风监督热线的宣传作用，扎实开展宣传工作。认真筹备“宣传月”活动，4月在诸城礼堂广场举办了一场主题为“缴存公积金、圆您安居梦”的现场宣传活动，发放宣传资料500份，接受政策咨询200余人次。注重日常宣传，各受托银行LED显示屏全年播出住房公积金宣传口号。全面梳理公积金服务事项，编制打印服务事项指南，在服务窗口摆放，便于群众查看。开展集中宣传，深入房地产开发企业售楼处、商场、公园等人员密集的地方宣传公积金政策，提高人们缴存住房公积金意识。

【公积金归集扩面】 制定2017年公积金归集扩面工作实施方案，成立领导小组，加强工作领导和协调，对重点企业的建缴工作予以重点协调；公积金管理部门主动与镇街（园区）、市直有关部门主要负责同志沟通，形成部门联动，推进归集扩面工作深入开展。山东舜晟冲压科技股份有限公司为766名职工开户缴存公积金，通伊欧轮胎（诸城）有限公司为532名职工缴存公积金。在扩大非公企业扩面的同时，力促全市行政事业单位聘用人员缴存住房公积金，取得一定成效。舜王街道为8名聘用人员正常缴存公积金。诸城分中心业务科室负责利用公积金信息系统数据，每月进行核查，对停缴欠缴2个月以上的单位进行重点核查，分析原因，跟踪督缴。促成诸城市园林管理处和诸城港龙置地有限公司为职工补缴拖欠的住房公积金约28万元。

【风险防控】 强化政策落实与制度遵循。1月，潍坊市中心对提取和贷款政策进行了调整。为确保政策顺利实施，诸城分中心先后5次组织全员集体学习，将《贷款业务规范》和《档案管理操作规程》，采用一线职工授课方式，对所在岗位的业务规范和档案管理进行讲解，结合工作实际，为其他岗位人员答疑解难。特别要求前台工作人员对新出台的政策必须学深学透、熟练掌握。进一步规范公积金提取。严格提取材料审核查验，认真贯彻落实市中心关于商贷提取和查验增值税发票的通知要求，严格执行征信授权查询和发票查验环节，对自建房提取坚持现场查看，加强与不动产、房管、税务部门信息核查，坚决打击骗提行为。对市中心稽核中发现的问题，及时整改，对骗提资金坚决追回。严格控制提取额度，规范拍录行为，不错拍、不漏拍，及时完成票据资金拨付，鼓励公积金贷款客户办理按月提取还贷业务，既节省客户每年再到窗口办理一次还贷提取手续，也减少了前台业务办件量。贷款管理工作得到强化。以资金安全为着眼点，重点抓好借款人资格审查、抵押担保、审批发放、贷款回收、档案管理五个关口。严格控制房地产开发企业合作和楼盘准入，坚持到申请准入楼盘现场踩盘，对存在土地抵押和在建工程抵押的楼盘，坚决不予合作。对期房抵押贷款严密关注楼盘建设进度，督促银行和房地产开发企业及时做好“期转现”工作。加强贷后管理，保证贷款档案完全完整和逾期贷款的催收。年内，贷款质量明显上升，贷款风险逐步降低。贷款政策调整期间，平稳过渡，未出现任何问题。

【服务品牌创建】 突出做好“三办”，即调整作息“随时办”，实行午间不间断服务，组织员工在午间休息时，继续为办事群众办理业务；实行延时服务，只要台前有办事群众，就延长下班时间继续办理。精准施策“网上办”，全年先后举办8期培训班，全面推广官方网站、网上服务厅、微信公众号等公积金服务渠道，耐心解答使用过程中的问题，方便缴存单位及职工随时随地“网上办”。2017年，申请使用网厅单位达440家，占全部缴存单位的93%以上。改进作风“上门办”，对住房公积金业务办理比较集中的单位和因特殊情况行动不便的群众，上门现场办理住房公积金政策咨询、提取、贷款等服务。全年提供上门服务26人次，收到锦旗2面。

（孟凡太）

国 税

【概况】 2017年，诸城市国税局紧紧围绕上级工作部署，以服务科学发展为主线，以提高管理质效为重点，以深化改革创新为动力，以激发队伍活力为保障，不断强化措施，狠抓落实，各项税收工作都取得显著成绩。年内，办税服务厅被共青团中央命名为“2015-2016年度全国青年文明号”，“企业所得税网上备案系统”被省妇联表彰为“山东省优秀巾帼文明岗岗位创新成果”，市国税局荣获“富民兴潍”劳动奖状。

【税收收入】 坚持组织收入原则，不断加大税务稽查、纳税评估、反避税和税源监控力度，确保实现税款应收尽收；同时着力提高税收收入质量，完成多缴税款余额处理，做到应退尽退。

强化责任保增收。强化组织收入中心工作意识和收入任务刚性观念，全面落实收入目标责任，实行“局班子成员包片、科室包点、分局包企业”的收入督导机制。

坚持原则保增收。落实组织收入原则，防范税收执法风险，对当月申报实现的税收全额入库，努力做到应收尽收，杜绝收过头税，同时加强对陈欠税款的追缴。

防控机制保增收。探索推行税收风险一体化防控机制，对常态风险实行差别式管理、分类式应对，对专项风险实行团队化治理，提高了税收管理成效。

综合治税保增收。扎实做好委托代征工作，严格代征手续，强化受托方责任意识。

创新机制保增收。改变传统的组织收入模式，由收入核算部门主抓变为税种管理科室共同负责，形成联动齐抓、责任共担、信息共享的一体化组织收入格局。2017年，诸城市国税局共完成国内税收收入38亿元。

【税收优惠】 全年落实出口退税、高新技术、节能环保、资源利用、小微企业等税收优惠13亿元，为降低企业成本、推动经济转型和民生改善发挥了积极作用。

全面掌握情况，确保优惠全兑现。建立了税收优惠电子台账，全面掌握享受税收优惠的企业户数、减免税额等数据。加大督查督办力度，在贯彻落实税收政策的同时，推动优惠政策全部落地。把优惠政策落实情况纳入绩效管理，定期通报考核，确保优惠税收政策执行不打折扣。

强化宣传辅导，多措并举重实效。广泛深入宣传，让纳税人家喻户晓。利用办税服务厅公告栏、电子显示屏、网站、微博微信平台等，宣传税收优惠政策。对内通过视频培训、专题研讨等形式，培训670余人次，提高了干部员工落实优惠政策的业务素质；对外依托“纳税人学堂”，挑选30多名注册会计师、税务师、省市局人才库成员组成“专家坐席”，通过实体税校与网校并举等形式，举办优惠政策专题辅导班8期、1100多人次接受了培训，充分满足了纳税人优惠政策知情权。

推行优惠动态管理，防控风险促发展。建立动态监管机制，加强后续风险管理。定期开展税收优惠政策风险调查，及时将风险点和可能存在的涉税问题告知企业，督促整改落实，防止纳税人因错用、滥用税收优惠政策而造成税收风险。

【纳税服务】 深入贯彻落实《纳税服务规范》，勇于创新，不断提升纳税服务工作质效。

积极推行网上购票。在全省率先试点应用增值税发票网上购票系统，在减轻纳税人负担、提升便民办税体验的同时也极大减轻了办税服务厅工作压力，实现了征纳双向减负。办税服务厅前台发票发售速度提升4-5倍。

推进无纸化办税。利用数字证书、电子签章等现代信息技术，纳税人从互联网进行申请、备案、申报、税款缴纳等涉税事项的办理，各环节都实现了电子签章，确保了电子数据的法律效力。

推行24小时办税。配置ARM机等设备13台套，实行24小时自助办税服务，纳税人可在8小时之外和节假日办理税收业务，进一步丰富了窗口、自助、网络并行的多渠道办税模式，提高了办税效率。

深化纳税信用管理。进一步推进税收信用体系建设，营造依法诚信纳税的良好税收环境，评价出纳税信用A级纳税人212户。加强对纳税人信用信息的分类动态管理，加大信用信息共享和交换力度，拓展“税银互动”活动的受惠面，推进诚信体系建设。

【税收征管】 持续深化税收征管建设，保证征管工作质量。

密切国地税合作。认真落实《国地税合作规范》，在信息共享的基础上深入开展征管互助、执法协同。率先采用“一窗一机两系统”技术，纳税人在一个窗口可以方便办理国税、地税业务。联办“纳税人学堂”，进一家门听两家课，举办各类活动16场次，培训纳税人1800余户次。积极服务走出去企业，联合开展税收服务“一带一路”沿线企业大走访活动4次。深度融合，做好国地税单管户目录清单的核实调整工作。开展市级国地税合作示范区创建活动，定期召开不同层次人员不同专题联席会议，全面落实44项基础合作事项并积极创建新示范项目。共同认定非正常户，联合在诸城电视台、网站、办税厅、国地税办公场所进行欠税公告。

做好税收风险管理工作。通过纳税评估、风险提醒、“金三（金税三期）”风险管理系统、大企业审计等完成多次纳税人的风险应对。

深入打击税收违法犯罪。以查处税收违法案件为重点，加强税收专项检查和发票整治，做好发票协查工作。严厉打击涉税违法行为，认真查处举报案件，有序开展对房地产等行业的专项检查，坚决查处骗取出口退税和虚开增值税专用发票违法犯罪行为。

加强税收信息化建设。深入实施“互联网+税务”行动计划，开发应用涉税事项网上申办系统并通过省局验收，实现货物劳务税和国际税收相关业务的申请、审核受理、查询统计和监控管理等全程网上办理。

【税种管理】 加强增值税管理。深入开展营改增政策大辅导，组建专家团队，精心制作辅导课件、编制宣传材料，集中辅导营改增纳税人3期1500余人次；细化措施，确保各细分行业税负只减不增。加强虚开虚抵增值税发票风险防范，针对异地商贸企业管理制定后续管理措施，防止出现虚开走逃问题。加强企业所得税管理。精心组织所得税汇算清缴工作，开展宣传培训，实现精准辅导。企业全部完成所得税汇算清缴工作，汇算清缴面达100%。深入落实国务院六项减税政策，全面规范所得税政策执行。加强消费税管理。积极落实涂料等消费税政策，及时落实总局关于超豪华小汽车消费税征收管理规定，确保各项政策落实到位。加强车购税管理。认真落实车辆购置税优惠政策，充分发挥车辆税收一体化管理系统作用。加强进出口税收管理。服务广大外贸企业发展，扩大无纸化申报范围，缩短审核期限，加快退税进度。加强大企业税收管理。深化专业化管理和个性化服务，突出开展大企业关联交易事项税收风险分析，扎实开展大企业税务审计。加强国际税务管理。主动服务国家“一带一路”倡议，建立国际税收联络员制度，扎实开展反避税嫌疑企业筛选和反避税调查。

（解　彬）

2017年诸城市国税税收收入一览表

单位：万元

序号	项　　目	税收收入
	一、税收收入合计	379997
1	（一）国内税收收入合计	379997
2	1.国内增值税收入	295891
3	2.国内消费税收入	1330
4	3.企业所得税	68234
5	4.个人所得税	0
6	5.车辆购置税	14542

地 税

【概况】 2017年，全市地税工作以服务发展大局为己任，以组织税收收入、加强税收征管为重点，突出管理创新，加强队伍建设，全面提升税收服务，为经济社会发展提供坚强保障。市地税局连续16年保持省级文明单位称号，年内荣获富民兴鲁劳动奖状、潍坊地税系统绩效管理优秀单位、潍坊地税系统优秀创新项目特等奖等奖励和称号。

【税收收入】 大力开展“税收征管基础建设年”活动，深化税收风险一体化防控机制建设，创新开展涉房涉地税收多部门协同管理，强化日常风险防控、专项风险治理，持续夯实税收征管基础，税收收入质量不断提升。2017年，诸城市地方税务局共组织入库各项收入35.99亿元，其中，中央级收入2.54亿元，省级收入40.6万元，市级收入40.6万元（全部为残保金），县级收入33.45亿元。

【管理创新】 在探索开展税收风险一体化防控试点工作全面通过潍坊市地税局验收，于2017年3月在潍坊地税系统全面推广的基础上，引入BPM现代化管理理念，研发“税务全业务全流程集成管理平台”，在全局规划并推行全流程集成管理机制，规范了税务管理，提高了行政效能，被确认为全省地税系统内控机制建设试点单位，税务总局刘丽坚总审计师作出肯定批示。省局分别就内控机制建设、“互联网+党建”、现代化行政办公三个主题进行专题调研，经验做法在总局内控机制建设座谈会、全省地税系统各级领导班子全面从严治党培训班、基层工作会议等会议上作交流发言。绩效管理经验做法入选全国税务系统绩效管理“机制创新”十大典型案例。“互联网+党建”做法被诸城市委组织部在全市推广。

【税收征管】 优化升级“税收风险一体化防控平台”，实施“四化三融合”，强化税收征管的标准化、规范化、流程化和扁平化管理，实现业务工作的“前台后台”“线上线下”“内部外部”有机融合，深化了税收风险一体化防控措施。全年累计通过风控系统预警入库税款9122万元。

创新推进涉房涉地税收多部门协同管理。采取“自查、清查、复查”压茬、分批开展的方式，组织开展了涉地涉房税收清查工作；同时，研发涉地涉房税收一体化地理信息管理平台，将涉地涉房清理成果发布在全国统一的“天地图”电子地图上，实行线上管理、图上管税。

开展联合惩戒，加强税收保障。联合国税部门将符合条件的73户欠税企业进行了欠税公告，维护了税法尊严；地税与财政、国税等部门细化梳理了54个部门239个涉税信息事项，形成了范围更广、信息更细、措施更优的社会税收保障实施意见。

【税收执法】 全面落实税收优惠政策。为全市2户高新技术企业减免企业所得税1329.6万元。落实了3户企业研发费加计扣除政策，加计扣除3363万元。为符合条件的2户居民企业间的股息、红利等权益性投资收益免税1311万元。为符合条件的小微企业减免企业所得税593万元，户均10977元。

大力推进税收法治建设。实施风险防控全过程“闭环式”监督留痕，对每项任务从发起、承办、督办、评价、考核等环节，全部纳入在线处理，进行全程跟踪，加强执法事中事后监管。地税人员外出执法时，须通过“潍坊地税微办公”进行“定位签到”，强化执法现场留痕。

推行行政执法公示制度、执法全过程记录制度、重大执法决定法制审核制度，让权力以“看得见”的方式在阳光下规范运行，经受法制检验，全面打造阳光税务、规范税务、法治税务。

【税收服务】 创新联办二手房交易实现“八分钟办税”。地税部门与房管部门联合开发了“二手房交易地税房管联办系统”，省内首家实施二手房交易协作联办，交易信息“一家采集审核、两家共享使用”，二手房业务办理实现了“免预约”“免审核”“免填单”“免录入”，办税时间从30分钟左右减少到8分钟，促进了减负提速，得到征纳双方的广泛好评。潍坊市地税局和潍坊市住建局已在全市联合推广。

开展“聚力税收民生关切、全面集成优化服务”主题活动。组织干部职工广泛征集意见建议，找准涉税事项的“堵点”“痛点”“难点”，扎实开展调研论证和服务创新。针对调研过程中征集梳理得到的问题，不断优化提升服务质效。

进一步深化国地税协作。认真落实《合作规范3.0版》，积极开展包括“协同管理非正常户”“联合进行欠税公告”“联合核定企业所得税”以及“国地税涉税信息一次性采集”等方面的合作，新增7项创新合作事项2017年落实到位。

（王婧华　管清波）

2017年诸城市地税税收收入一览表

单位：万元

序号	项　　目	合计	中央	地方			
				小计	省级	市级	县级
1	总　　计	359906	25359	334547	41	41	334466
2	一、税收收入合计	340712	25359	315353	0	0	315353
3	1.增值税	1521	761	761	0	0	761
4	2.营业税	-558	-279	-279	0	0	-279
5	3.企业所得税	17097	10258	6839	0	0	6839
6	4.个人所得税	24365	14619	9746	0	0	9746
7	5.资源税	11	0	11	0	0	11
8	6.城市维护建设税	22664	0	22664	0	0	22664
9	7.房产税	15896	0	15896	0	0	15896
10	8.印花税	4901	0	4901	0	0	4901
11	9.城镇土地使用税	77589	0	77589	0	0	77589
12	10.土地增值税	97773	0	97773	0	0	97773

续表

序号	项　目	合计	中央	地方			
				小计	省级	市级	县级
13	11.车船税	10075	0	10075	0	0	10075
14	12.耕地占用税	44899	0	44899	0	0	44899
15	13.契税	20355	0	20355	0	0	20355
16	14.烟叶税	4122	0	4122	0	0	4122
17	二、非税收入合计	19194	0	19194	41	41	19113
18	1.教育费附加收入	9587	0	9587	0	0	9587
19	2.地方教育附加	6390	0	6390	0	0	6390
20	3.文化事业建设费收入	0	0	0	0	0	0
21	4.残疾人就业保证金收入	813	0	813	41	41	732
22	5.海上石油矿区使用费收入	0	0	0	0	0	0
23	6.税务部门罚没收入	10	0	10	0	0	10
24	7.税务行政性收费收入	0	0	0	0	0	0
25	8.水利建设基金	2394	0	2394	0	0	2394
26	9.其他	0	0	0	0	0	0

交通　邮政　通信

交　通　运　输

【概况】 2017年，诸城市交通运输工作围绕全市中心工作，以“作风建设年”“项目攻坚年”等活动为抓手，明确目标任务，狠抓措施落实，推动交通运输事业持续健康协调发展。

【交通基础设施建设】 潍日高速公路工程。年内，潍日高速公路进入全面施工阶段，各项工作平稳有序推进。全年工程概算投资8亿元，已全部完成，完成填筑土石方525万立方米，桩基和“三线”工作全部完成。

潍河滨河路网工程。潍河堤顶路续建工程于8月全面竣工，实现了诸城市与峡山区和高密市的连接贯通。

农村公路建设项目。全年计划新建改建农村公路100公里以上，实际完工项目172个、总里程198公里，完成投资1.5亿元。重点推进相石路拓宽改造工程、农村公路安全生命防护工程、方崮路延伸工程、马七路中桥维修工程及昌舜路潍河大桥改造续建项目等5个重点项目，其中农村公路安保工程、马七路中桥维修工程、昌舜路潍河大桥维修工程已全部完成；相石路拓宽改造工程开工建设，年底前完成清表、线路改造、项目部料场建设等工作；方崮路延伸工程已完成级配碎石铺设。

年内，潍日高速公路加快施工　　（供图　沈　艳）

【农村公路管理养护】 加强对养护公司的监督管理。要求各专业养护公司严格按照规范和标准要求，扎实做好农村道路的日常养护管理工作，提升农村公路完好率。

强化道路隐患排查整改。组织专业技术人员对全市农村公路（桥梁）进行全面排查，对排查出的问题限期整改。年内已完成310公里农村公路小修保养，挖补面层27200平方米，基层3700平方米，安装维修示警柱610根，指示标志、警告标志32处，广角镜15处，爆闪灯22处，道路标线610公里；桥梁维修完成5座。累计完成投资1710万元。

加大检查考核力度。交通运输部门会同市督查局、财政局对养护公司实行一月一抽查、一季一普查，市财政部门依据检查考核结果兑付日常管护资金，对不合格的路段实行限期整改，通过严管重罚调动养护公司的工作主动性。

持续开展路域环境综合整治。交通运输部门联合镇街、城管等部门单位，对农村干线公路摆摊设点、乱堆乱放、乱设移动广告牌、占道经营等行为开展专项整治，制止违章占路损路行为130余起，清除非公路标志16处，清理摊点120处，拆除路域内违章建筑21处，有效地保护了路产路权。

【运输服务保障能力】 完善优化公交线网布局。坚持“统筹城乡、服务民生”的发展理念，以推进城乡客运公共服务均等化为目标，优化整合城乡公交线路网络。全年共改造延伸公交线路7条，将公交网络延伸至各镇街的工业园和大型企业驻地，城乡居民出行条件得到极大改善。

加快客运车辆转型升级。围绕打造“绿色交通”目标，加快推进客运车辆节能环保和转型升级，持续推动行业节能减排，全年新增纯电动公交车142部。同时，配套建设充电站1处、充电桩20个，保证了纯电动公交车的正常营运需求。

大力提升运输保障能力。针对春节、“清明”“五一”“十一”等重大节假日和中、高考等重点时段，强化运力调配，加大监管力度，增强交通运输应急保障能力，有效保证了旅客和考生及时、安全、有序出行。

【道路运输市场秩序】 大力规范客运市场秩序。以城乡公交、出租车辆为重点，定期组织开展客运市场秩序集中整治，依法严厉查处“黑”出租车、“线路黑车”及客运车辆不按规定线路行驶等违规违章营运行为。全年共查处非法营运“黑车”39台次，违规违章客运车辆30台次、出租车80台次。

深入开展超限超载治理。交通运输部门联合公安部门开展联合执法行动，对超限超载运输车辆多发的路段进行重点整治，严厉打击超限超载运输、无证营运、脱落扬撒、危险品运输等道路运输违法行为，超限超载及其他违规违章运输行为得到有效遏制。年内，共出动执法人员5064人次，出动执法车辆1788台次，共检查运输车辆20385台，依法查处违章车辆2548台，其中超限车辆1925台、网约车3台、其他车辆267台，卸货5614吨。

严格质量信誉考核整改。全年共完成二类以上机动车维修企业年度信誉考核27家，全部考核合格。加强机动车维修企业安全检查，共出动140余人次，检查机动车维修企业69家次，下运安全整改通知书69份，并全部按期整改到位。

【安全生产】 加强源头管理。着重抓教育培训，对近1500人客运车辆驾乘人员，每季度一次进行轮训，全面提升从业人员的整体素质。全年共集中开展安全教育培训6次，参训从业人员3500人次。同时，加强对汽车客运站及客运企业的监管，对乘客携带包裹物品严格检查，严禁“三品”上车，从源头上规范客运经营行为。

严格隐患排查整改。针对道路客运、危险货物运输、路桥工程施工等重点领域和部位，定期不定期地开展安全隐患排查治理，及时发现安全生产隐患，建立整改台账，落实整改措施，确保按时整改到位，切实提高防控能力，杜绝事故发生。全年，共组织安全检查20次，排查隐患41起，整改率达100%。

（沈 艳）

公路建设与管理

【概况】 2017年，市公路局立足服务全市经济社会发展大局，创新进取，拼搏实干，狠抓公路建设和管理，不断提升保障畅通能力，公路各项工作进展顺利，圆满完成了年度任务目标。

【工程建设】 做好工程项目监管。把优化路网结构、提高公路等级水平作为全局的重点工作，抓好平日路诸城绕城段改建工程、央赣路诸城段续建工程、206国道诸城段和341国道诸城黄岛交界至央赣路路口段大中修工程。施工过程中，加强包靠落实，采取“一线工作法”全力做好工程建设监管工作，与监理单位抓实质量管控和安全管理，协调各参建单位备足建设用料，上足人员、机械，确保项目进度。

做好项目前期工作。市公路局拿出专人具体负责，全力做好平日路诸城皇华至潍坊青岛界改建工程立项工作，同时积极做好四环路外移工作，积极开展G341胶海线诸城绕城段改建工程和G206威汕线诸城绕城段改建工程前期工作。

科学谋划公路发展规划。根据上级公路部门指导意见和诸城公路工作实际，科学谋划公路发展规划，争取“十三五”期间对四环路进行外移，对省道朱诸路、薛馆路、平日路等二级瓶颈路段进行拓宽升级，进一步提升诸城公路等级水平。

年内，国道206、省道薛馆路实施大中修，工程概算投资近4亿元，5月开工，11月底全部竣工。图为206国道养护维修情形 （供图 窦茂超）

【公路养护】 全面贯彻实施公路养护“六大提升工程”，大力实施安全生命防护工程，切实抓好路面保洁、小修保养以及安全防护设施维护保养，保障公路通行质量稳步提升。

抓好公路日常养护。积极落实环保理念，做好国省道扬尘治理，改变原来的道路保洁方式，实行湿式路面保洁，提高公路保洁质量。抓好公路小修保养和中央隔离带等附属设施维护保养，定期对中央隔离带等公路附属设施进行清洗维护。对G206线诸城南段、省道平日路、朱诸路等路的路面病害进行了整治，对诸城境内29座桥梁进行了维修改造，全年共完成灌缝5万余米，挖补6800余平方米，铣刨6800余米，更换、维修桥梁伸缩缝近1000米，确保公路、桥梁始终保持良好的技术状况。

加强生命安全防护。积极落实上级生命安全防护有关精神，认真组织排查公路通行安全隐患，并及时整改。同时，根据上级要求，对全市国省道中央护栏182处不合理开口进行封堵，进一步提升了国省道行车安全水平。

加强绿化林带管理。在国道206、341和省道平日路栽植补植行道树800余株，适时对行道树进行修剪，确保绿化林带整齐美观。

加强保通促畅能力建设。定期对公路站机械设备进行检查维修，确保机械设备处在良好状态。规范公路养护用工管理，为临时雇佣公路养护人员购置人身意外险。强化公路养护应急处置中心职能作用，通过组建专业化抢险保通队伍、定期开展实战演练等措施，提高应急处置中心机械化水平和抢险保障能力，确保公路安全畅通。

【路政管理】 以打造“反应迅速、装备精良、规范执法、文明服务”的路政管理品牌为目标，以“路政宣传日”“党风政风监督热线”上线等活动为契机，大力宣传《中华人民共和国公路法》《公路安全保护条例》等法律法规，争取社会各界对公路工作的理解和支持。

完善路政巡查机制，强化安全生产。对在建工程安全标识设置、道路路口围挡设置和建筑控制区实行路政巡查提前介入，确保公路行车安全。公路与公安、城管部门定期联合，专项整治占路摊点、占道停车、移动广告牌等违章违法行为；对行车高峰期出现的占路经营集中路段，进行了定人定责管控。

按照属地管理的原则，联防严控存在占路隐患的大型集市贸易；同时，加大路政巡查力度，消除路面巡查空档，规范涉路工程管理和审批程序，及时查处路政事案。全年完成路政巡查35.3万公里，处理事案52起，审批非公路标志牌33块。收取公路设施损坏赔偿费33.58万元，国有资源有偿使用43.47万元。路政案件结案率达100%。

（窦茂超）

诸城市城市公交线路一览表

线路名称	起止点及里程	发车及间隔时间	站　　点
1路	铁水—武装部，线路全长20.1公里，39站	早班：6:30 晚班：17:20 15分钟1班	陶家岭—奥韵花园—五环机械—综治维稳中心—防疫站—希努尔公寓—捎门—铁水—银河制衣公司—交通运输局—东郊医院—繁华高中部—计生局—东顺花园—公安局—电力局三宿舍—中粮宾馆—市政局—阳光旅行社—城关派出所—实验小学—人民商场—福泰华酒店—人民医院北院区—九龙花园—龙城华庭—宝龙小区—龙源学校—福源小区—诸城汽车厂—体育馆东门—龙城中学—万福园—李家庄—安利汽修—田家庄—郭家庄—桥头部队—武装部
2路	实验高中—火车站，线路全长18.1公里，34站	早班：6:20 晚班：17:50 12分钟1班	实验高中—中医院—电力局三宿舍—中粮宾馆—市政局—广播电视局—人民商场—金都小区—大观园—九龙花园—繁荣小区—诸城交运公司—诚通・香榭里小区—恐龙公园—体育馆东门—龙城中学—舜王医院—官庄店—官庄—桑莎工业园—中纺金维—绿源宝油脂—恒信基—迪龙电缆—庄家屯南路口—庄家屯北路口—恒阳热电—夕环机械—同祥机械—威远汽修—大源集团—中康食品—汽车站—火车站
3路	东桑莎工业园—龙都街办，线路全长21.3公里，44站	早班：6:20 晚班：17:30 12分钟1班	东桑莎工业园—三王庄—北十里堡—十里堡三村—金山加油站—八里庄北路口—复烤厂—东鲁家园—东鲁学校—五里堡北站—五里堡—外贸家属院—城北学校—盛世名城—长虹包装—金东世纪城—家和花园—密州路学校—中百大厦—土地局—繁荣社区—福泰华酒店—人民商场—龙城—朝阳花苑—邱家庄子—格林学府—西郊学校——中初中部—正大文苑南门—正道园小区—帝邦国际—医院西站—国泰冷藏—建材城—大水泊—大成公司—小水泊——中—涓水家园—龙昌名邸—龙都街办—龙马家园—邑标村

续表

线路名称	起止点及里程	发车及间隔时间	站　　点
5路	天雁牛仔—人民医院，线路全长18.6公里，32站	早班：6:20 晚班：17:30 12分钟1班	天雁牛仔—润禾管业—历山路路口—东桑莎工业园—于王庄—北十里堡—十里堡三村—金山加油站—佳士博公司—希努尔公司北门—希努尔公司—仁木公司—诸城海关—检察院—烟草大厦—电力大厦—劳动局—新华家居广场—和平药店—鲁东市政—电力局三宿舍—中粮宾馆—市政局—广播电视局—龙城—朝阳花苑—邱家庄子社区—格林学府—西郊学校—岔道口社区—永康佳苑—人民医院
6路	飞机场—昊宝公司，线路全长21.3公里，36站	早班：6:30 晚班：17:30 15分钟1班	飞机场—飞机场外场—埠口园林—埠口西路口—埠口岭—王家庄—黄疃社区—东黄疃—后黄疃—前黄疃—欧美尔装饰城—诸城海关—检察院—密州路学校—东坡小区—顺风洗浴—繁华中学初中部—大华百盛超市—工商银行—新华书店—龙城—百盛商场—城关派出所—阳光旅行社—市政局—紫藤花园—如意花园—王尽美烈士纪念馆—南三里庄—兰家村—孔戈庄—人民医院—国泰冷藏—韩戈庄西路口—昊宝公司
7路	小荣—常山民间艺术收藏馆，线路全长24.1公里，38站	早班：6:30 晚班：17:30 15分钟1班	小荣—惠发食品—诸冯花苑—诸冯—会展中心—欧美尔家居产业园—高级技工学校—交警大队—奥铃工厂东门—龙城龙府—潍河公园—博物馆—玉山社区—国税局—利群购物广场—福泰华酒店—人民商场—实验小学—城关派出所—观山水岸龙庭—西苑小区—皮防站—明诚园西路口—华星公司—孔戈庄—永康佳苑—孔戈庄二村—西土墙社区—超然中学—小郝家村—大郝家村—丁家庄子—南湖菜馆—后我乐—中我乐—元宝路路口—东西山坡—常山民间艺术收藏馆
8路	舜王街办—金屋小区，线路全长27.5公里，47站	早班：6:18 晚班：17:20 18分钟1班	下孙戈庄—前营马路口—新九台路口—舜王街办—九台社区—泰瑞汽车电器公司—得利斯路口—东小庄子—大荣—鲁能铁塔—长运物流—火车站—汽车站—小后沟—山泉社区—平安驾校—良丰物流—长运公司—瑞泰化工—天旭太阳能—中纺金维—桑莎工业园—官庄北路口—奥铃工厂南门—潍河公园北门—东鲁家园—东鲁学校—五里堡北站—五里堡—金东世纪城—家和花园—烟草大厦—黄海明思克广场—利群购物广场—福泰华酒店—人民商场—新华书店—工商银行—大华社区—繁华中学初中部—海王医药—华宇家具—鑫城购物广场—龙泉庄园—金屋小区
9路	工商职业学院—新天地龙城，线路全长24.1公里，38站	早班：6:20 晚班：17:30 12分钟1班	潍坊工商职业学院—刘家村—密州街道办事处—卢山中学—锦尔针织制衣公司—北朱解路口—大众木器—栗行村—后曹阵村—草河头村—高强度紧固件有限公司—杨家岭村—小高乐埠—高铁社区—安家铁沟—义和车桥—王家铁沟—五环机械—奥韵花园—东苑名邸—繁华中学高中部—东郊医院—繁华中学初中部—大华百盛超市—工商银行—新华书店—人民商场—福泰华酒店—利群购物广场—诸城交运公司—诚通·香榭里小区—恐龙公园—体育馆—诸城汽车厂北门—水产城—杨春国际商贸城—新天地龙城

续表

线路名称	起止点及里程	发车及间隔时间	站　　点
10路	陆家庄子——一中，线路全长24.1公里，45站	早班：6:30 晚班：17:30 15分钟1班	陆家庄子—陆家花园—侯家我乐—王家河头—桑莎针织城—求家邻东站—求家邻—永丰制衣—福江机械—南黄疃—陈家邻—希努尔国际商贸城—密水花园—东郊医院—东晨惠园小区—交通运输局—东下坡—东坡小区西门—大书堂社区—怡和小区—连丰社区—超然台—人民商场—龙城—朝阳花苑—邱家庄子社区—曹家庄子社区—百合花园—规划局—诸城汽车厂—福源小区—龙都天一城—杨春家园东路口—人民家园—正大文苑西门—华润家园—2081小区—兴机驾校—沙戈庄—下黑龙沟—大村—小辛庄——一中西门—涓水家园——一中
11路	人民医院—得利斯工业园，线路全长24.8公里，39站	早班：6:20 晚班：17:30 12分钟1班	人民医院—国泰冷藏—建材城—东升家具城—东升物流城—东风日产—新天地龙城—杨春汽贸城—杨春国际商贸城—杨春大酒店—福源小区—诸城汽车厂—规划局—宝龙小区—龙城华庭南门—九龙花园—人民医院北院区—利群购物广场—国税局—玉山社区—博物馆—潍河公园—龙城龙府—奥铃工厂东门—交警大队—龙昌苑—卧龙小区—诸江帝王—大舜苑—北十里养殖区—前官庄—后官庄—河岔社区—徐家河岔—大庄家河岔—咸家河岔社区—得利斯村—得利斯加油站—得利斯工业园
12路	汽车站—大栗元北路口，线路全长18公里，23站	早班：6:15 晚班：17:20 12分钟1班	汽车站—中康食品—大源集团—威远汽修—鲁能铁搭—吕兑—奥铃工厂北门—舜耕花园—交警大队—奥铃工厂东门—奥铃工厂南门—官庄北路口—官庄—红星家园—红星家园A区—红星家园B区—潍河公园—博物馆—玉山社区—国税局—利群购物广场—福泰华酒店—人民商场—龙城—朝阳花苑—邱家庄子社区—龙都现代城—鑫源小区—杨家庄子社区—新天地龙城—金栗福地小区—小栗元社区—大栗元北路口
13路	汽车站—工商职业学院，线路全长26公里，48站	早班：6:25 晚班：17:23 16分钟1班	汽车站—中康食品—大源集团—威远汽修—鲁能铁塔—吕兑—开发区派出所—盛奥汽修厂—盐务局—迪龙电缆—恒信基—绿源宝油脂—舜王工商所—舜王商贸城南门—龙城御苑—舜王医院—龙城中学—体育馆东门—诸城汽车厂—福源小区—龙源学校—百合花园—龙都现代城—邱家庄子社区—朝阳花苑—龙城—广播电视局—市政局—中粮宾馆—电力局三宿舍—公安局—东顺花园—华宇家具—鑫城购物广场—龙泉庄园—五环机械—王家铁沟—普桥村—陈家花园—花园社区—魏家花园—半岛花卉基地—普乐村—绿馨生态园—大王门社区—逄家沟子北路口—前胥阵南路口—工商职业学院

续表

线路名称	起止点及里程	发车及间隔时间	站点
15路	竹木市场—高新技术产业园，线路全长26公里，43站	早班：6:30 晚班：17:14 22分钟1班	胡家楼—竹木市场—钢材市场北路口—同泰食品—鼎立机械—周家庄—郭家庄—福田五星车辆厂—福田五星车辆厂南站—汽车厂北门—体育馆—汽车厂—福园小区—龙都天一城—杨春家园东路口—鑫源小区—龙都现代城—邱家庄子—朝阳花园—龙城—新华书店—工商银行—鲁东市政—公安局—东顺花园—计生委—密州供电所—丁陈铁沟—臧家铁沟—杨家岭—华源生物—核工环保设备—桑莎针织城—范家岭社区—雅菲服饰—两河变电站—大洼子村—福田五星新厂—小康机械—冠泓数控—高新技术产业园—两河村—西王门社区—大杨家庄子
环16路	体育馆—体育馆，线路全长18公里，36站	早班：6:25 晚班：17:20	体育馆—恐龙公园—诚通香榭里—交运公司—黄海明思克广场—鑫城大厦—烟草大厦—检察院—东城名苑—交通运输局—东郊医院—繁华高中部—计生委—华宇家具—鑫城购物广场—龙泉庄园—金屋小区北门—教师公寓—教育局—中医院—电力局三宿舍—中粮宾馆—市政局—阳光旅行社—观山水岸龙庭—东升大酒店——中初中部—正大文苑南门—华润家园—正大文苑西门—人民家园—杨春家园东路口—龙都天一城—福源小区—诸城汽车厂—体育馆
K1路	东郊戈庄社区—长运物流，全程21.5公里	首班：6:15（夏季6:00） 末班：17:30（夏季18:00） 全程58分钟，班次间隔15分钟	东邓戈庄社区—昊宝产业园—超然中学—王家屯社区—万兴植物园—韩戈庄—国泰冷藏—人民医院—永康佳苑—岔道口社区—西郊学校—格林学府—龙都现代城—百合花园—规划局—体育馆东门—龙城中学—长运驾校—舜王医院—红星家园—官庄—桑莎工业园—中纺金维—天旭太阳能—瑞泰化工—长运公司—良丰物流—平安驾校—山泉社区—小后沟—汽车站—长运物流
K2路	长运物流—朱家村（范家庄子），全程19公里	首班：6:20（夏季6:00） 末班：17:40（夏季18:00） 全程50分钟，班次间隔20分钟	长运物流—诸冯学校—诸冯—会展中心—欧美尔家居产业园—高级技校—交警大队—奥铃工厂东门—龙城龙府—潍河公园—博物馆—玉山社区—国税局—龙城医院—电力大厦—劳动局—新华家居广场—和平药店—大华百盛超市—繁华初中部—东郊医院—繁华高中部—计生局—长运牡丹文苑—鑫城购物广场—龙泉庄园—大源枫香湖畔—王家尧—朱扶河—朱家村—范家庄子
K3路	苗戈庄—鑫城购物广场	首班：6:15（夏季6:00） 末班：17:30（夏季18:00） 对开循环发车，全程票价3元	苗戈庄村—宋戈庄—涝洼—常旺铺—向阳小学—宏利环保—武家庄—丁家庄子—汽车总站—中康食品—诸冯学校—诸冯—会展中心—欧美尔家居产业园—高级技工学校—交警大队—奥铃工厂东门—龙城龙府—潍河公园—博物馆—玉山社区—国税局—利群购物广场—黄海数码港—人民商场—广播电视台—市政局—中粮宾馆—电力局三宿舍—中医院—教育局—教师公寓—金屋小区北门—龙泉庄园—鑫城购物广场

续表

线路名称	起止点及里程	发车及间隔时间	站　点
K5路	汉车—五里堡	首班：6:15（夏季6:00）末班：17:30（夏季18:00）对开循环发车，全程票价3元	汉车—大源社区—小黑龙沟—科目三考场—朱泮—中我乐—后我乐—南湖菜馆—丁家庄子—大郝家村—郝家村社区—龙泽祥园—土墙社区—孔戈庄小学—横沟子居委会—孔府家园—孔戈庄—人民医院—医院西站—帝邦国际—正道园小区—华润家园—正大文苑西门—人民家园—鑫园小区—龙都现代城—邱家庄子社区—朝阳花苑—龙城—人民商场—超然台—连丰社区—新华家居广场—中百大厦—检察院—凤翔公司—长虹包装—盛世名城—五里堡
K6路	东山社区—人民医院	首班：6:15（夏季18:00）末班：17:30（夏季18:00）全程60分钟，班次间隔15分钟，全程票价3元	东山社区—哨头村口—西尧村口—李家泮旺村口—大杨家庄子村口—西王门社区—两河村—高新技术产业园—冠泓数控—小康机械—大洼子村口—埠口村口—王家庄—黄疃社区—东黄疃—后黄疃—前黄疃—欧美尔家居装饰城—希努尔公司—城北学校—盛廿名城—长虹包装—凤翔公司—东城名苑—东下坡—中百大厦—土地局—繁荣社区—黄海数码港—人民商场—广播电视台—阳光旅行社—观山水岸龙庭—东升大酒店—岔道口社区—永康佳苑—人民医院
K7路	暴龙馆—水上公园北门	首班:6:20(夏季6:00)；末班:17:40(夏季18:00)全程60分钟，班次间隔20分钟，全程票价3元	水上公园北门—金安热电厂—北三里庄—电力大厦—劳动局—新华家居—和平药店—鲁东市政—中医院—实验中学南校区—南三里庄—兰家村—孔府家园—横沟子居委会—孔戈庄小学—土墙社区—龙泽祥园—郝家村社区—大郝家村—丁家庄子—南湖菜馆—后我乐—中我乐—朱泮新村—朱泮—科目三考场—小黑龙沟—大源社区—库沟—恐龙地质公园—东见屯—西见屯—暴龙馆

诸城市城乡客运公交化线路一览表

线路名称	站　　点	运营时间（时 分－时 分）	线路里程（公里）
201路： 汽车站—林家村	汽车站、诸冯、会展中心、高级技工学校、交警大队、奥铃工厂东门、潍河公园北门、东鲁家园、五里堡、家和花园、检察院、东城名苑、交通运输局、东郊医院、繁华高中、东苑名邸、奥韵花园、五环机械、高乐埠、朱解、瓦店、小寨、林家村	汽车站：夏6:24–18:00 冬6:24–17:00 林家村：夏5:20–17:40 冬5:20–16:34	38
202路： 汽车站—石河头	汽车站、诸冯、会展中心、高级技工学校、交警大队、奥铃工厂东门、潍河公园北门、东鲁家园、五里堡、家和花园、检察院、东城名苑、交通运输局、东郊医院、繁华高中、东苑名邸、奥韵花园、五环机械、高乐埠、朱解、瓦店、大村、桃园、石河头	汽车站：夏6:55–17:50 冬6:55–16:50 石河头：夏5:30–15:50 冬5:50–15:30	49
203路： 汽车站—石　门	汽车站、诸冯、会展中心、高级技工学校、交警大队、奥铃工厂东门、潍河公园北门、东鲁家园、五里堡、家和花园、检察院、东城名苑、交通运输局、东郊医院、繁华高中、东苑名邸、奥韵花园、五环机械、高乐埠、朱解、瓦店、赵家庄子、半边井子、石门	汽车站：夏7:00–17:30 冬7:00–16:50 石　门：夏5:30–15:30 冬5:30–15:30	44
205路： 汽车站—柳树店	汽车站、诸冯、会展中心、高级技工学校、交警大队、奥铃工厂东门、潍河公园北门、东鲁家园、五里堡、家和花园、检察院、东城名苑、交通运输局、东郊医院、繁华高中、东苑名邸、奥韵花园、五环机械、花园、朱家村、皇华、大山、柳树店	汽车站：夏6:55–17:00 冬7:10–16:40 柳树店：夏6:00–17:00 冬6:10–16:00	36
206路： 汽车站—山东头	汽车站、诸冯、会展中心、高级技工学校、交警大队、奥铃工厂东门、潍河公园北门、东鲁家园、五里堡、家和花园、检察院、东城名苑、交通运输局、东郊医院、繁华高中、东苑名邸、奥韵花园、五环机械、花园、朱家村、皇华、大山、柳树店、桃林、山东头	汽车站：夏6:40–17:30 冬7:00–17:00 山东头：夏5:00–15:50 冬5:20–15:40	50
207路： 汽车站—理务关	汽车站、诸冯、会展中心、高级技工学校、交警大队、奥铃工厂东门、潍河公园北门、东鲁家园、五里堡、家和花园、检察院、东城名苑、交通运输局、东郊医院、繁华高中、东苑名邸、奥韵花园、五环机械、花园、朱家村、皇华、大山、柳树店、桃林、岳戈庄、理务关	汽车站：夏7:30–15:10 冬7:30–15:10 理务关：夏5:30–12:30 冬5:30–12:30	53
208路： 汽车站—杨　村	汽车站、诸冯、会展中心、高级技工学校、交警大队、奥铃工厂东门、潍河公园北门、东鲁家园、五里堡、家和花园、检察院、东城名苑、交通运输局、东郊医院、繁华高中、东苑名邸、奥韵花园、五环机械、花园、朱家村、朱扶河、台家村、南范家庄子、展村、王家庄子、杨村	汽车站：夏7:30–17:00 冬7:30–17:00 杨　村：夏6:00–15:30 冬6:00–15:30	37

续表

线路名称	站　　点	运营时间（时 分-时 分）	线路里程（公里）
209路：汽车站—巴　山	汽车站、诸冯、会展中心、高级技工学校、交警大队、奥铃工厂东门、潍河公园北门、东鲁家园、五里堡、家和花园、检察院、海关、希努尔公司、于王庄、行寺、道口、昌城、双塘、巴山	汽车站：夏 7:09-17:40 冬 7:31-16:50 巴　山：夏 5:42-16:00 冬 5:42-15:30	39
210路：汽车站—大顺河	汽车站、诸冯、会展中心、高级技工学校、交警大队、奥铃工厂东门、潍河公园北门、东鲁家园、五里堡、家和花园、检察院、海关、希努尔公司、于王庄、行寺、道口、百尺河、大顺河	汽车站：夏 6:42-18:00 冬 7:00-16:40 大顺河：夏 6:08-17:14 冬 6:42-16:43	36
211路：汽车站—大仁和	汽车站、诸冯、会展中心、高级技工学校、交警大队、奥铃工厂东门、潍河公园北门、东鲁家园、五里堡、家和花园、检察院、海关、希努尔公司、于王庄、行寺、辛兴、捎铺、大仁和	汽车站：夏 7:11-18:00 冬 7:11-16:49 大仁河：夏 5:45-17:00 冬 6:00-16:30	40
212路：汽车站—槐树荣	汽车站、诸冯、会展中心、高级技工学校、交警大队、奥铃工厂东门、潍河公园北门、东鲁家园、五里堡、家和花园、检察院、海关、希努尔公司、于王庄、辛兴、前齐沟、西公村、丁家庄、西龙湾、槐树荣	汽车站：夏 8:17-17:40 冬 8:17-17:40 槐树荣：夏 6:24-15:12 冬 6:24-15:12	47
213路：汽车站—大米沟	汽车站、诸冯、会展中心、高级技工学校、交警大队、奥铃工厂东门、潍河公园北门、东鲁家园、五里堡、家和花园、检察院、海关、东王门庄子、李家泮町、西杀、姜庄、哨头、窦家岭、大米沟	汽车站：夏 6:00-17:00 冬 7:20-16:00 人米沟：夏 6:00-17:00 冬 6:00-16:20	36
215路：汽车站—指　挥	汽车站、威远汽修、吕兑、官庄、红星家园、舜王医院、龙城中学、体育馆东门、诸城汽车厂、福源小区、人民家园、帝邦国际、人民医院西站、小水泊、吕标、善士、汉车、指挥	汽车站：夏 7:20-16:20 冬 7:20-16:20 指　挥：夏 6:30-14:30 冬 6:30-14:20	34
216路：汽车站—枳　沟	汽车站、威远汽修、吕兑、官庄、红星家园、舜王医院、龙城中学、体育馆东门、诸城汽车厂、福源小区、人民家园、帝邦国际、人民医院西站、小水泊、吕标、谭家庄、善士、乔庄、枳沟	汽车站：夏 6:30-18:00 冬 6:40-17:00 枳　沟：夏 6:00-18:00 冬 6:00-16:40	33

续表

线路名称	站　　点	运营时间（时 分-时 分）	线路里程（公里）
217路：汽车站—郝戈庄	汽车站、威远汽修、吕兑、官庄、红星家园、舜王医院、龙城中学、体育馆东门、诸城汽车厂、福源小区、人民家园、帝邦国际、人民医院西站、韩戈庄、胡沟、柏戈庄、常山店子、莎沟、郝戈庄	汽车站：夏6:40-18:00 冬7:00-17:00 郝戈庄：夏5:30-17:00 冬5:50-16:20	34
218路：汽车站—孟　疃	汽车站、威远汽修、吕兑、官庄、红星家园、舜王医院、龙城中学、体育馆东门、体育馆南门、诸城汽车厂北门、箭口、太古庄、王门庄子、贾悦、范家官庄、孟疃	汽车站：夏6:30-18:00 冬6:30-16:50 孟　疃：夏4:50-17:00 冬4:50-16:00	46
219路：汽车站—马　庄	汽车站、威远汽修、吕兑、官庄、红星家园、舜王医院、龙城中学、体育馆东门、体育馆南门、诸城汽车厂北门、箭口、太古庄、王门庄子、贾悦、宋戈庄、夕山子、马庄	汽车站：夏6:40-18:00 冬6:40-17:00 马　庄：夏5:00-16:30 冬5:20-16:00	46
220路：汽车站—吴家楼	汽车站、威远汽修、吕兑、官庄、红星家园、舜王医院、龙城中学、体育馆东门、体育馆南门、诸城汽车厂北门、箭口、程戈庄、石桥子、吴家楼	汽车站：夏6:30-18:00 冬6:30-16:40 吴家楼：夏5:00-17:00 冬5:00-15:40	43
221路：汽车站—涝　洼	汽车站、威远汽修、吕兑、官庄、红星家园、舜王医院、龙城中学、体育馆东门、体育馆南门、诸城汽车厂北门、箭口、涝戈庄、程戈庄、楼子、常吉疃、涝洼	汽车站：夏7:30-16:30 冬7:30-16:00 涝　洼：夏5:00-14:00 冬5:00-14:00	58
222路：汽车站—西　安	汽车站、威远汽修、吕兑、官庄、红星家园、舜王医院、龙城中学、体育馆东门、体育馆南门、诸城汽车厂北门、箭口、无忌、潘庄、寨里、东安、西安	汽车站：夏7:20-17:50 冬7:20-16:50 西　安：夏5:20-16:00 冬5:40-15:40	41
223路：汽车站—玉　皇	汽车站、威远汽修、吕兑、官庄、红星家园、舜王医院、龙城中学、体育馆东门、体育馆南门、诸城汽车厂北门、箭口、辛庄子、东疃、夹沟、北老村、玉皇	汽车站：夏7:40-17:30 冬8:00-16:30 玉　皇：夏5:30-15:30 冬5:30-14:30	36

续表

线路名称	站　　点	运营时间（时 分－时 分）	线路里程（公里）
225路：汽车站—徐家同	汽车站、威远汽修、吕兑、官庄、红星家园、舜王医院、龙城中学、体育馆东门、体育馆南门、诸城汽车厂北门、箭口、太古庄、营子、韩庄、王庄、徐家同	汽车站：夏 8:00–17:30 冬 8:00–17:00 徐家同：夏 5:30–15:30 冬 5:30–15:00	41
226路：汽车站—岳戈庄	汽车站、威远汽修、吕兑、官庄、红星家园、舜王医院、龙城中学、体育馆东门、体育馆南门、诸城汽车厂北门、箭口、太古庄、后卜林子、西郭家庄、岳戈庄	汽车站：夏 7:00–16:30 冬 7:20–16:00 岳戈庄：夏 5:30–14:30 冬 5:50–14:00	45
227路：汽车站—都吉台	汽车站、威远汽修、吕兑、官庄、红星家园、舜王医院、龙城中学、体育馆东门、体育馆南门、诸城汽车厂北门、常旺铺、张家屯、乔戈庄、半倒井子、都吉台	汽车站：夏 7:30–18:30 冬 7:30–16:30 都吉台：夏 5:30–14:30 冬 5:30–14:31	44
228路：汽车站—相　州	相州、九台、大荣、汽车站、威远汽修、吕兑、官庄、红星家园、舜王医院、龙城中学、体育馆东门、规划局、龙源学校、福源小区、诸城汽车厂	汽车站：夏 6:50–18:00 冬 6:50–16:50 相　州：夏 6:15–18:00 冬 6:30–17:00	23
229路：汽车站—曹家泊	曹家泊、莲池、相州、九台、大荣、汽车站、威远汽修、吕兑、官庄、红星家园、舜王医院、龙城中学、体育馆东门、规划局、龙源学校、福源小区、诸城汽车厂	汽车站：夏 6:40–18:00 冬 7:25–16:55 曹家泊：夏 5:30–17:30 冬 6:00–16:00	28
230路：汽车站—凉　台	尚家庄、凉台、郭家屯、曹家泊、相州、九台、大荣、汽车站、威远汽修、吕兑、官庄、红星家园、舜王医院、龙城中学	汽车站：夏 7:50–17:00 冬 7:50–17:00 凉　台：夏 4:40–14:30 冬 4:40–14:30	45
231路：汽车站—城　阳	城阳、高戈庄、孙仓、解留、常旺铺、汽车站、威远汽修、吕兑、官庄、红星家园、舜王医院、龙城中学、体育馆东门、规划局、龙源学校、福源小区、诸城汽车厂	汽车站：夏 7:40–17:40 冬 7:40–17:00 城　阳：夏 5:30–15:30 冬 5:30–15:30	35

续表

线路名称	站　　点	运营时间（时 分－时 分）	线路里程（公里）
232路：汽车站—韩富庄	韩富庄、沙洼、古县、曹家泊、相州、九台、大荣、汽车站、威远汽修、吕兑、官庄、红星家园、舜王医院、龙城中学、体育馆东门、规划局、龙源学校、福源小区、诸城汽车厂	汽车站：夏7:00-14:10 冬7:00-14:10 韩富庄：夏5:50-15:25 冬5:50-15:25	41
汽车站—老梧村（由相州线循环）	胡兰、马家屯、老梧村、解留、常旺铺、汽车站、威远汽修、吕兑、官庄、红星家园、舜王医院、龙城中学、体育馆东门、规划局、龙源学校、福源小区、诸城汽车厂		
汽车站—唐力沟（由孟疃线循环）	汽车站、威远汽修、吕兑、官庄、红星家园、舜王医院、龙城中学、体育馆东门、诸城汽车厂、福源小区、杨春大酒店、杨春商贸城北门、箭口、太古庄、王门庄子、贾悦、沈家坡、苑庄、后张庄、唐力沟		
汽车站—龙　宿（由马庄线循环）	汽车站、威远汽修、吕兑、官庄、红星家园、舜王医院、龙城中学、体育馆东门、诸城汽车厂、福源小区、杨春大酒店、杨春商贸城北门、箭口、太古庄、王门庄子、野坡子、赵戈庄、大岳戈庄、龙宿		
汽车站—东饮马泉（由大仁和线循环）	汽车站、诸冯、会展中心、高级技工学校、交警大队、奥铃工厂东门、潍河公园北门、东鲁家园、五里堡、家和花园、检察院、海关、希努尔公司、于王庄、行寺、辛兴、朱庙、西狮子口、东饮马泉		
汽车站—贾家沟（由石河头线循环）	汽车站、诸冯、会展中心、高级技工学校、交警大队、奥铃工厂东门、潍河公园北门、东鲁家园、五里堡、家和花园、检察院、东城名苑、交通运输局、东郊医院、繁华高中、东苑名邸、奥韵花园、五环机械、高乐埠、朱解、瓦店、小寨、阿乐子、贾家沟		
汽车站—甘河子（由柳树店线循环）	汽车站、诸冯、会展中心、高级技工学校、交警大队、奥铃工厂东门、潍河公园北门、东鲁家园、五里堡、家和花园、检察院、东城名苑、交通运输局、东郊医院、繁华高中、东苑名邸、奥韵花园、五环机械、花园、朱家村、青墩、段家店子、甘河子		
汽车站—大化村	汽车站、威远汽修、吕兑、官庄、红星家园、舜王医院、龙城中学、体育馆东门、诸城汽车厂、福源小区、人民家园、2081小区、沙戈庄、邱家七吉村、大村、大七吉村、大化村		

诸城市汽车站长途客运线路一览表

线路起点	线路终点	主要途经地	始发站	讫点站
诸城	潍坊	206国道（相州、景芝、安丘）	诸城汽车站	潍坊汽车总站
诸城	青岛	217省道、胶州、219省道、胶州湾高速	诸城汽车站	青岛交运集团公司青岛长途汽车站
孟疃	青岛	329省道、诸城、217省道、辛兴、铺集、胶州、219省道、营海、胶州湾高速	孟疃汽车站	青岛交运集团公司青岛长途汽车站
桃园	青岛	瓦店、泰薛路、朱解、诸城、217省道、辛兴、铺集、胶州、219省道、营海、胶州湾高速	桃园汽车站	青岛公路客运总站海泊河分站
昌城	青岛	百尺河、辛兴、217省道、铺集、胶州、219省道、营海、胶州湾高速	昌城汽车站	青岛公路客运总站海泊河分站
诸城	青岛	217省道、胶州、219省道、胶州湾高速	诸城汽车站	青岛交运集团公司青岛长途汽车站
相州	青岛	206国道、曹家泊、325省道、柴沟、胶州、营海、胶州湾高速	相州汽车站	青岛交运集团青岛市公路客运站海泊河分站
诸城	青岛	217省道、胶州、219省道、胶州湾高速	诸城汽车站	青岛交运集团青岛市公路客运站海泊河分站
诸城	济南	济青高速南线	诸城汽车站	济南长途汽车总站
诸城	日照	220省道、皇华、桃林、海青、两城、204国道、河山	诸城汽车站	日照汽车总站
诸城	高密	217省道、220省道、道口、百尺河、柴沟	诸城汽车站	高密汽车站
诸城	黄岛	329省道、林家村、六汪、胶南、灵山卫	诸城汽车站	青岛交运集团公司黄岛长途汽车站
诸城	胶南	329省道、朱解、瓦店、林家村、六汪、铁山	诸城汽车站	青岛交运集团公司胶南汽车站
诸城	临沂	206国道、枳沟、于里、莒县、夏庄、汤头、河东	诸城汽车站	山东省临沂交通运输有限责任公司汽车客运总站
诸城	淄博	206国道、安丘、崖头、325省道、乔官、黄楼、东坝、青州、309国道、齐陵、临淄、湖田	诸城汽车站	淄博汽车总站
诸城	烟台	高密、平度、青银高速、潍莱高速、沈海高速、栖霞	诸城汽车站	烟台交运集团有限责任公司烟台汽车总站
诸城	北京	206国道、325省道、224省道、青银高速、滨博高速、荣乌高速、黄骅、京津塘高速	诸城汽车站	北京永定门汽车站
诸城	徐州	206国道、莒县、汤头、临沂、汤庄、苍山、234省道、台儿庄、310国道	诸城汽车站	徐州汽车总站
诸城	上海	220省道、沈海高速、长深高速、京沪高速、盐淮高速、盐靖高速、京沪高速	诸城汽车站	上海长途汽车客运总站

续表

线路起点	线路终点	主要途经地	始发站	迄点站
诸城	五莲	206国道、吕标、枳沟、222省道、高泽	诸城汽车站	日照运总交通集团五莲汽车站
诸城	即墨	217省道、胶州、204国道、309省道	诸城汽车站	青岛交运集团公司即墨汽车站
诸城	青州	329省道、孟疃、马站、227省道、临朐	诸城汽车站	青州汽车站
诸城	寿光	206国道、安丘、325省道、乔官、224省道、昌乐、稻田	诸城汽车站	寿光汽车站
诸城	东营	206国道、安丘、潍坊、323省道、稻田、寿光、大王、230省道	诸城汽车站	东营交通运输集团有限公司东营汽车总站
诸城	淄博	206国道、安丘、崖头、325省道、乔官、黄楼、东坝、青州、309国道、齐陵、临淄、湖田	诸城汽车站	淄博汽车总站
诸城	德州	济青高速南线、京福高速	诸城汽车站	德州汽车站
诸城	威海	217省道、胶州、204国道、南泉、309省道、即墨、203省道、店集、威青高速	诸城汽车站	威海交通运输集团有限公司威海汽车站
诸城	龙口	220省道、高密、平度、218省道、莱州、264省道	诸城汽车站	黄城汽车站
诸城	昌邑	206省道、相州、景芝、县乡路、221省道、赵戈、峠山、石埠、206国道、围子	诸城汽车站	昌邑汽车站
诸城	淄川	206国道、安丘、309国道、青州、205国道	诸城汽车站	山东淄博交通运输集团有限公司淄川长途汽车站
诸城	济宁	206国道、枳沟、莒县、夏庄、日东高速、兖州、104国道	诸城汽车站	济宁汽车总站
诸城	新泰	329省道、马站、227省道、沂水、335省道、夏蔚、205国道	诸城汽车站	山东泰安交通运输集团有限公司新泰汽车站
诸城	临朐	景芝、安丘、红沙沟、高崖、蒋峪	诸城汽车站	临朐汽车站
诸城	泰安	青兰高速、泰莱高速	诸城汽车站	山东泰安交通运输集团有限公司泰安汽车站
诸城	保定	济青高速、京沪高速、保沧路	诸城汽车站	保定汽车总站
诸城	邯郸	济青高速南线、泰莱高速、泰安、330省道、肥城、329省道、东阿、聊城、济馆高速、青兰高速	诸城汽车站	邯郸汽车客运总站

邮　　政

【概况】 2017年，诸城邮政以加快金融发展为核心，统筹推进经营管理各项业务，坚持对标先进，强抓措施落实，圆满完成全年各项主要工作目标，企业效益和运行质量得到明显提升。全年实现收入6882万元，完成年初计划的102.67%。比上年增加992万元，增幅为16.84%。增幅列潍坊邮政系统各县区第二位。

【金融类业务稳步推进】 2017年，通过加强邮政储蓄银行宣传、拓展服务形态、提升服务质量、开发潜力客户等措施，推动邮政金融类业务稳步发展。年末，邮政储蓄经营规模达36.59亿元，储蓄净增6.46亿元，点均净增全市第一。金融总量增长8.42亿元，原始保费、理财保有量分别完成1.29亿元、4583万元。金融新增市场占有率达21.59%，较上年同期提升5个百分点，全市排名第二位。

【邮务类业务发展】 年内，邮务类业务协调发展。以邮务类业务转型发展为抓手，坚持专业联动、资源整合导向，将产说会、客户答谢会、展销会等进行整合，实现一点接入，全专业参与，进一步提升工作效率。大力开展“提升邮政服务质量”专项活动，进一步改进服务方式，完善制度规范，确保邮件处理时限达标率和妥投率。全年完成国内普通包裹9232件，快递包裹433120件，投递普通包裹7944件，投递快递包裹535689件，信函投5230421件，完成EMS31390件；完成进出境包裹收194件、投19件，信函368件；完成报刊征订3.5万份，收缴报刊订阅费954万元。集邮文化业务稳步发展，实现纪念邮票、邮册销售8126件，收入239万元。

【优化服务】 积极开展岗位练兵，加大培训力度，组织举办各类培训班290人次，多次组织业务技能考试，提高一线员工素质，提升服务质量，为业务发展提供良好支撑。通过公开竞聘方式，大力推荐一线优秀员工到省公司进行教育培训，为选拔后备干部奠定了基础，激发了基层工作活力。积极创造条件，改善便民服务环境。年内，争取上级资金1000多万元，对支局网点进行翻建、改造及装修等提升，孟疃、辛兴支局网点重建、装修已获潍坊市公司批复，准备建设中。

【服务“三农”工作】 建立县乡村三级“买卖惠”运营体系，年内，累计系统内注册供货商60家，发展零售商1170户，叠加“邮掌柜”站点552处。邮政便民站累计建成1525个，其中旗舰店34处。“三农”服务站累计建成96处、直营店11处。借助“买卖惠”平台，打造农产品“配送+邮寄”外销模式。年内，销售农资1490.5吨，为农民增产增收提供了有力支持。同时，积极开展送文化、送科技、送健康等“下乡”活动，形成政府支持、百姓受益、邮政发展的多赢局面，邮政服务“三农”得到社会认可。

【安全风险管控】 落实安全责任制，大力开展安全教育。严格依法合规经营，以屡查屡犯违规行为整治和风险等级评价活动为抓手，加强风险防控，确保金融安全；全力做好邮件收寄安全检查工作，对邮件收寄、窗口服务及封闭作业等环节进行深入检查，确保邮件寄递安全；抓好安防设施建设和消防安全管理，组织防抢劫演练和消防演练以及“110”报警测试，进一步增强员工安全防范意识和处置突发事件的应变能力，保障邮政安全。

（胡树德）

诸　城　移　动

【概况】 中国移动通信集团山东有限公司诸城分公司（简称诸城移动公司）位于诸城市兴华西路162号，至2017年末有员工168人。诸城移动公司内设综合部、业务运营部、建设维护部和集团客户服务中心4个部室，下设5个城区营业厅、14个镇街经营部，另有400多处城区便利店、1300余处农村便民服务店。移动服务渠道覆盖全市所有村庄、小区，形成“村村都有代办点、出门就是便利店”的渠道格局。

诸城移动公司秉持“正德厚生、臻于至善”的核心价值观，以“创无限通信世界、做信息社会栋梁”的企业使命为己任，精心打造卓越网络，全力构建信息数字化平台，全心全意为客户和全市人民服务，努力开拓当地企业信息化应用，全力参与诸城智慧城市建设，追求企业、社会和环境的和谐发展。2017年，公司运营收入超4亿元，完成利税1500万元。继续保持“省级文明单位”称号，被省公司授予“省级模范职工小家”荣誉称号。

【核心业务发展】 2017年，公司以渠道深入转型、终端销售、4G发展提升、有线宽带为抓手，以4G产品和有线宽带为主力，不断加大市场、业务拓展力度，强化渠道管理提升，推动业务发展。针对自办渠道，根据省、市公司统一部署，进行改造提升达标；社会渠道，在按照省、市公司要求、标准提升的同时，加强指导和管理，帮助拓展业务，提升综合服务能力。年内，诸城移动公司4G客户累计居全潍坊市移动系统第三位；年度4G终端销售居全潍坊市第三位；家庭宽带用户年净增居全潍坊市第一位。

【基础网络建设】 年内，公司确定网络工作重点围绕智慧城市建设，从LTE建设、有线宽带建设、节点机房和综合业务区建设、网络维护等方面开展具体工作，并注重基础工作管理，向管理要效益、要成绩。项目建设上，以市场需求为出发点，以城市全面覆盖、农村重点覆盖的建设思路推动发展，通过全员参与选址、客服部门公关等途径洽谈新建站点的接入，促进项目立项、入场施工的实施，实现了城区、镇街的有效覆盖，为有线宽带业务的发展提供了良好的基础。

【强化服务管理】 公司坚持“正德厚生、臻于至善”的服务理念，通过内部强化员工业务能力软实力、改造提升营业厅服务环境硬实力、加强外出营销提升宣传实力等措施，不断提升整体服务能力。年度总计开展外出营销活动865场，现场为客户解决问题3562个，受到广大客户的好评。以追求客户满意为宗旨，不断提升营业厅的服务能力，坚持开展“班组大讲堂”活动，定期进行集中业务培训和业务技能提升活动；以不断提升客户满意度为目标，对于客户提出的意见或建议，确保在第一时间内给予满意答复。

【企业文化建设】 深入开展“雷锋在行动”主题活动，在提升员工素质和服务能力的同时，树立良好的企业形象；通过“身边人讲身边事、身边人讲自己事、身边事教育身边人”等一系列优秀案例的推广，在公司内部逐渐形成“务实、担当、诚信、和谐”的企业文化氛围。深入推进员工关爱工作，遵循因地制宜、务实节约、硬件设施和软性班组文化同步推进的原则，形成员工诉求反馈制度，为一线部门员工进一步完善工作生活设施和解决实际困难，让一线员工感受到公司的关爱和“家”的温暖。年内，全公司建设完成镇街经营部“小小家”18个，并全部达“模范职工小小家”标准，完成年度建设计划的100%。

（孙宏志）

诸 城 联 通

【概况】 2017年，中国联合网络通信有限公司诸城市分公司（简称诸城联通公司），深化改革，提升服务，推动发展，圆满完成各项工作任务，获潍坊市联通公司“先进单位”，保持了“省级消费者满意单位”“省级文明单位”等荣誉称号。

【2I2C产品全面铺开】 2I2C产品（互联网和消费者业务），以合作单位为主导（年内，全国范围内仅与中国联合网络通信有限公司合作），在其门户或APP主推，依托强大完善的客服与生产支撑体系，采取互联网式互动，拓展细分市场领域，实现B2I2C精准营销。2I2C项目已经上线滴滴王卡、腾讯王卡、蚂蚁宝卡、百度神卡、招行招卡、滴滴橙卡6款产品。诸城联通公司对2I2C产品运营逐步优化完善，实现线上引流、地推拓展协同发展，不断探索地推新模式和运营模式，实现从地推营销的标准动作、激励考核机制、行销方法、支撑保障以及用户回访等各方面保障。聚焦王卡用户热点区域的继续增长及腾讯王卡代办点、种子队伍建设，集中开展腾讯王卡现场地推营销活动，借助共赢系统、闪电购营销新模式，加快王卡代办点建设，2I2C订单收入实现精准落地，业务得到爆量发展。

【完成企业混合所有制改革】 2017年，国家批准中国联合网络通信有限公司进行“混改”。诸城分公司按照山东省分公司的改革方案，将企业划小承包与瘦身健体、机构精简工作有机结合、同步推进。通过改革，设立10个营销服务中心，完成营销服务中心的划分及小CEO选聘，形成了“小管理、大操作、强协同”的组织架构，组织机构运行更加顺畅。小CEO和一线员工对成本、效益的关注程度明显提高，工作积极性和主动性明显增强，干部员工队伍呈现开拓创新、锐意进取、干事创业的良好精神面貌。同时，强化资源优化配置，通过流程梳理、会业核对、资产处置等措施加强内部挖潜，实施重点成本降本增效，有效推进了利润保障计划的执行。搭建责任单元资源配置评价体系，落实划小单元资源下沉配置，支撑划小单元的经营发展。为公司实现新跨越奠定坚实基础。

【通信能力建设】 大力建设智慧城市基础网络，推动互联网、大数据、人工智能和实体经济深度融合，全面推进诸城市网络强市建设。

在有线网络方面，自2016年建成全市联通光网城市以来，响应国家宽带提速的号召，继续加大投资力度。2017年，大力推进宽带普及提速。加大网络投资力度，进行OLT设备合并整合，淘汰撤除SDH设备11台，MSTP设备9台，加快对老旧设备的更新；完成12台OLT的万兆端口扩容和双上联改造，完成8台IPRAN传输设备的割接搬迁和双路由改造，使全市的传输网元双路由比例提高至98%。完成本地8处16个万兆端口的扩容，新增建设光缆3200芯公里，新增杆路1万多米，新购置管道16千米，完成42处小区/村庄的宽带接入，249处光缆延伸扩容，148个大客户通信网络接入和搬迁工程。提升了网络容量，提高了网络质量。同时，先后完成了100多个小区的光网入户改造，近百个农村村庄的光网覆盖，实现了全市全部村庄和小区的联通光网覆盖，光纤入户率达100%，单户入户宽带接入光纤达千兆，家庭宽带提速到百兆以上，融合用户家庭宽带提速到200兆以上。

在无线网络方面，继续在高速公路、城区、镇街等实行深度4G覆盖，新建3G、4G物理基站近百个，新建室分12处，基站数量规模位列全潍坊联通系统第一位，3G、4G基站信号覆盖更加完善，无线上网更加快捷。

在应用服务方面，先后建成美丽乡村应用平台、智慧农业、智慧医疗、中小企业互联网产业云、幸福工厂等应用平台，满足了全市基层党建、精准扶贫、12316智慧农业、农村淘宝等信息化服务以及企业信息化建设需求。互联网专线为基础的“融合+应用”产品体系、企业钉钉卡等，为全市产业升级、产品智造、企业信息化建设发挥了强力助推作用。同时，相继推出联通沃家视讯、沃TV、沃家庭、沃钱包、腾讯王卡等服务于全市智慧家庭及视频应用服务，进一步满足了全市广大消费者需求。

【推进降本增效】 全年完成630台PON+LAN设备的下电、19处非综合接入机房撤并，节省电费19万元，节省租赁费3万元。

（王克平）

诸城电信

【概况】 2017年，中国电信集团公司诸城分公司顺应通信市场发展形势，积极谋求转型，探索新的发展道路。公司坚持“提升硬实力，磨练硬功夫，抓住硬机会”的工作思路，全面落实“四个全面”和“三个体系”，努力提升“四个场景”，不断深化“两个模式”，建立良好的工作体制，提高工作运营效率。2017年，全业务收入4160万元，完成全年预算任务的103.4%。综合考核，在潍坊电信县市区分公司排名第一。

【提升硬实力】 落实“四个全面”的发展方向：4G信号全面覆盖，在现有网络条件基础上，力争实现4G信号全面覆盖，为大流量、大语音号卡的宣传提供有力保障。百兆宽带全民覆盖，诸城分公司响应国家号召提速降费，积极开展民营投资，扩大电信宽带资源在农村区域的覆盖范围；年内，新覆盖农村自然村120个，逐步实现百兆宽带全民覆盖。新建4G基站176个，逐步实现4G网络全面覆盖。营销、服务全面覆盖，在资源支持的前提下，诸城电信公司坚持“用户至上、用心服务”理念，新建门店63家，总门店数量达107家，为用户提供优质全面服务。

全面落实“三个体系”工作思路，逐步完善“抢盘管理系统、诚信经营系统、过程管理系统”。通过抢盘管理系统，激发内部活力，增进团队凝聚力，提高团队攻坚士气；通过诚信经营系统，不断优化用户发展质量，提升用户规模，扩大市场占有率；通过过程管理系统，优化公司内部体制，提高工作效率。

【提升营销水平】 2017年，公司努力提升“四个场景”营销模式：精准用户邀约进店，利用终端吸引、号卡吸引、应用吸引，让用户得到最大实惠；精细化营销活动组织，通过不断的营销活动，多方面增加用户触电，吸引异网用户入网；坚持宽带入户营销，通过入户为异网宽带用户排除障碍，增加用户感知，提高宽带发展率；磨练临柜话术，一对一建立用户画像，为用户提供针对性产品，增加用户黏性，提高发展率。

【提升用户价值】 公司全面深化“以支局为核心的运营体系、以门店为主导的营销模式”的工作思路，农村支局在全市范围内，率先实现了支局裂变，借助弹窗和攻防系统，支局内各方面工作实现全面提升；城区支局以片区为中心，实现门店片区负责制，优化门店营销模式，全面提升用户价值。

【突出差异化发展】 适应企事业单位信息化需求，利用竞争性专线资费、外勤助手、天翼对讲、综合办公等信息化产品，提升企业信息化水平及控制营销成本的要求。2017年，电信公司聚焦党政军、交通运输、商业联盟、金融、大企业及总部经济，综合考虑六大行业现实情况，积极谋求开放式经营方式，打通互联互通，可仅提供平台，打破了以往的壁垒；加强政企行业的支撑保障，通过“政企–渠道+维系”三位一体，提升服务质量。

（徐志芳）

城乡建设

规　　划

【概况】 2017年，全市规划工作立足高起点、坚持高标准，深化规划管理改革创新，突出规划引领作用；全力推进各项规划的科学编制，完善城乡规划体系，健全规划管理制度，理顺行政审批流程，加强规划审批与管理，为棚户区改造、重点片区和项目建设搞好服务，加快推进“三区一城”建设，城乡规划在经济社会发展中的龙头带动作用更加凸显。

【重要规划】 城市总体规划修编。市规划局与同济大学规划设计院多次沟通对接，并进一步补充相关资料，年内城市总体规划初步成果基本完成。

市域乡村建设规划编制。2017年，诸城市启动了市域乡村建设规划编制工作，并委托山东建筑大学承担编制工作，年内完成初步成果。

加快各类专业专项规划编制。2017年，启动村镇历史文化遗存保护利用规划编制，并完成规划成果；同时完成城市公共空间规划成果。

做好重点片区规划编制。2017年，围绕150多个重点项目和10大城建开发组团，主动对接、提前介入，搞好规划服务，有序推进重要区域和片区规划编制工作。

【规划审批管理】 规范规划设计市场。严格实行规划编制资质备案管理制度，倒逼规划编制单位提高规划设计质量，切实提高城乡规划设计水平，促进建设项目规划设计品质提升，推进品质城市建设；对于重点片区、重点项目的规划设计单位，要求具备甲级规划编制资质。

强化建筑环境设计管理。重点做好中心城区重点地段和片区建筑群的空间、形态、功能、天际线、色彩设计，引导开发项目进行住宅立面公建化设计，提升城市的景观特色和视觉品位。市规划局立足部门职能，对新建建筑亮化方案进行专项审查和报批，做到亮化设施与主体工程同步施工、同步竣工验收。

严格规划强制性内容审查。完善专家评审、集体会审、政府审批制度，从严审查容积率、绿地率、日照标准、停车率，以及配套公共服务设施等强制性指标，保证各项指标符合规范要求，把好规划方案质量审查关。全年共核发“一书两证（选址意见书、建设用地规划许可证、建设工程规划许可证）”349件。

【规划公众参与】 实施“阳光规划”制度，强化公众参与，坚持实行城乡规划和建设项目批前公告、批后公布；深化“阳光规划”制度，加大城乡规划的公示力度，广泛听取社会各方面的意见建议，主动接受监督，增强规划的民主性、可行性和互动性。围绕当前城乡规划热点和市民普遍关心的问题，扩宽公众参与渠道，采取设立热线电话、设置意见箱、参与“党风政风监督热线”栏目等多种形式进行沟通交流，引导群众参与城乡规划、关注规划，同时了解民意、集中民智，确保城乡规划在合法、正当和符合社会公共利益的轨道上运行。

【规划监管】 2017年，继续加强在建项目巡察力度，进一步完善规划批后监管工作台账制度，规范批后监管，强化开工规划验线、竣工规划核实的程序，继续实行“六步跟踪法”，对在建项目进行跟踪管理，对违规现象早发现、早制止，切实维护规划的严肃性和权威性。

（马文亮）

城 市 建 设

【概况】 2017年，全市城市道路建设项目共有25个，新修或改建城市道路总里程73公里，总投资近10亿元。城市道路网络进一步优化，道路通行能力得到很大改善，城市水污染得到根本治理，市容市貌明显改变，城市品位和广大市民的幸福感、满意度进一步提升。

【城市道路建设项目】 和平北街改造工程。南起北环路，北至横四路，道路全长2900米，主路面宽30米，两侧各3.5米宽绿化带、2.5宽米人行道。拆除原有主路面，重做道路结构层；在道路两侧铺设雨污主管道；安装路灯。并结合道路改造，对北环路与和平街交叉口处积水点实施改造，沿北环路路南侧新铺设一条直径1.5米的雨水管道。估算投资6000万元。

人民路东延工程。东起纵四路，西至陆吉庄子村，道路全长约1900米，道路宽度42米，中间24米主路面，两侧各3米宽人行道、6米宽绿化带，配套铺设雨污管网，安装路灯。建设跨芦河桥梁一座（长度70米）。估算投资5300万元。

纵二路南延工程。北起密州东路，南至人民东路，道路全长2750米，道路宽度42米，中间24米主路面，两侧各3米宽人行道、6米宽绿化带，配套铺设雨污管网，安装路灯。估算投资4900万元。

纵三路南延工程。北起密州东路，南至人民东路，道路全长2650米，道路宽度42米，中间24米主路面，两侧各3米宽人行道、6米宽绿化带，配套铺设雨污管网，安装路灯。估算投资5100万元。

场站路东延工程。西起工业大道，东至辛兴镇南外环路段，道路全长约3000米，道路宽度30米，中间16米主路面，两侧各2米宽人行道、5米宽绿化带，配套铺设雨污管网，安装路灯。建设跨芦河桥梁一座（长度120米）。估算投资5800万元。

四平路西延工程。西起西环路，东至站前西街，道路全长约830米，道路宽度28米，中间16米主路面，两侧各3米宽人行道、3米宽绿化带，配套铺设雨污管网，安装路灯。估算投资1400万元。

福田路建设工程。西起埠口村东，东至规划创新路，道路全长约1970米，道路宽度32米，中间16米主路面，两侧各3米宽人行道、5米宽绿化带，配套铺设雨污管网，安装路灯。估算投资2900万元。

宝沃路建设工程。南起规划福田路，北至规划场站路，道路全长约770米，道路宽度32米，中间16米主路面，两侧各3米宽人行道、5米宽绿化带，配套铺设雨污管网，安装路灯。估算投资1100万元。

创新路建设工程。南起规划福田路，北至规划创业路，道路全长约1290米，道路宽度32米，中间16米主路面，两侧各3米宽人行道、5米宽绿化带，配套铺设雨污管网，安装路灯。估算投资1900万元。

创业路建设工程。西起纵二路，东至规划创新路，道路全长约480米，道路宽度32米，中间16米主路面，两侧各3米宽人行道、5米宽绿化带，配套铺设雨污管网，安装路灯。估算投资700万元。

扶淇河滨河路罩面工程。北起密州路，南至南环路，路段全长约4000米。对原有水泥路面用4厘米厚沥青罩面，将原有水泥路沿石更换为花岗岩路沿石。估算投资700万元。

南环路人行道铺设工程。东起东环路，西至西环路，道路全长约5500米，在原主路面两侧依次修建3米宽绿化带、4米宽非机动车道、2米宽人行道，配套完善部分雨污管网。估算投资2600万元。

南湖区横二路东延改造及纵一路罩面工程。横二路，新修沥青道路约375米，道路宽度18米，中间12米主路面，两侧各3米宽人行道，配套铺设雨污管网，安装路灯；对西段原有水泥路面，用4厘米厚沥青罩面。纵一路，对3750米的原有水泥路面进行挖补后，采用4厘米厚沥青罩面，安装路灯。估算投资1200万元。

南湖区环湖南路西延工程。东起环湖西路，西至马耳山大道，道路全长约1800米，道路宽度42米，中间16米主路面，两侧各4米宽绿化分隔带、3米宽人行道、6米宽绿化带，建设跨淇河桥梁一座（长度约60米），同步配套铺设雨污管网，安装路灯。估算投资3800万元。

龙昌南路拓宽改造工程。北起206国道，南至旅游路，全长5100米，道路宽度42米，中间24米主路面，两侧各3米宽人行道、6米宽绿化带，3米宽雨水边沟，安装路灯。估算投资8600万元。

龙祥路涓河桥及配套道路工程。龙祥路涓河桥长约150米，宽22米，中间16米主路面，两侧各3米宽人行道；桥西连接路长约1050米，道路宽度34米，中间16米主路面，两侧各3米宽人行道、6米宽绿化带，配套铺设雨污管网，安装路灯。估算投资3000万元。

恐龙谷至龙昌南路连接段工程。西起恐龙谷大门，东至龙昌南路，长约1170米，道路宽度42米，中间10米绿化带，两侧各8米宽主路，3米宽人行道，3米宽绿化带，2米宽边沟，安装路灯。估算投资2200万元。

西环路及北环路改造提升工程。西环路段（南起南环路，北至北环路）及北环路段（西起西环路，东至206国道），道路全长约8000米，在原有主路面两侧依次修建3米宽绿化带、5米宽非机动车道、2米宽人行道，配套完善部分雨污管网。估算投资5100万元。

206国道改造提升工程。南起潍河，北至横六路，道路全长约6200米。其中，潍河至北环路段，在原有主路面两侧依次修建4米宽绿化带、3米宽人行道、3米宽绿化带；北环路至横六路段，在原有主路面两侧依次修建4米宽绿化带、4米宽人行道。横一路西起206国道，东至和平北街，道路长约900米，在原有主路两侧依次修建2米宽绿化隔离带，2米宽人行道。估算投资1700万元。

东武街改造提升工程。南起密州路，北至北环路，道路全长约2500米，在原有主路面两侧依次修建3米宽绿化带、2米宽人行道。估算投资460万元。

东环路改造提升工程。南起南环路，北至北环路，道路全长约5400米，在原有主路面两侧依次修建3米宽绿化带、4米宽非机动车道，保留原有2米宽人行道，配套完善部分雨污管网。估算投资2600万元。

龙都环湖南路西延段工程。东起马耳山大道，西至龙昌南路，道路全长3239米，主路面宽16米，两侧各4米宽绿化带、3米宽人行道、3米宽绿化带、3米宽边沟。建设桥梁一座，安装路灯。估算投资4100万元。

常山大道提升改造工程。北起旅游路，南至常山广场，道路全长1900米，在原有9米宽沥青路面两侧各拓宽铺设3米宽沥青路面，同步对原有9米宽沥青沉陷路面进行挖补，在原有路面之上铺设两层各15厘米厚的水稳碎石，与两侧新修道路统一采用4+3厘米厚沥青罩面，形成15米宽主路面。同时，在道路两侧杨树林中各铺设一条2米宽的水泥混凝土绿道，道路排水采取边沟排水方式，杨树林保留。估算投资1500万元。

北郊路建设工程。西起东关大街，东至东武街，道路全长530米，主路面宽18米，两侧各3米宽人行道、6米宽沿街地面铺装。估算投资900万元。

扶淇河滨河路罩面工程。北起密州路，南至南环路，道路全长约4000米。对原有水泥路面用4厘米厚沥青罩面，将原有水泥路沿石更换为花岗岩路沿石。估算投资700万元。

住宅与房地产业

【房地产市场开发】 2017年，全市住宅与房地产业调结构、促转型，持续保持平稳健康发展的态势。全市房地产开发投资额、新开工面积、竣工面积等指标平稳增长，商品房交易量小幅下降。至12月底，在诸城从事房地产开发经营的企业共有88家，其中诸城市注册企业84家、外地备案企业4家。诸城市注册企业中，一级开发资质企业2家，二级开发资质企业6家，三级开发资质企业17家。

年内，房地产政策向好，棚户区改造力度大。适度宽松的房地产调控政策，激发了房地产市场潜在活力。尤其是9月开始开展的“百日会战”活动，加快了枫香小镇等30处“棚改”项目的开发建设进度。开发项目多，房地产市场供给充足。红星家园等39个续建项目，总投资约70亿元；润东家园等53个规划新建项目，总投资约87亿元。开发企业数量略减，但实力显著增强。开发企业加快经营方式转变和结构调整步伐，加快企业转型升级，实现企业向规模化、集团化、经营多样化方向发展。

年内，全市房地产开发完成投资41.2亿元，同比增长22.2%；施工面积487.79万平方米，同比增长14.2%，其中新开工面积133.4万平方米，同比增长58.2%；竣工面积113万平方米，同比增长55.4%；商品房交易13459套、153.54万平方米，同比分别下降9.25%和29.8%。

【房地产市场管理】 坚持“房子是用来住的、不是用来炒的”定位，促进房地产市场平稳健康发展。完善商品房销售信息服务平台，将新建商品房预售许可证、楼盘信息、买卖合同备案等情形纳入平台管理，全程监管开发企业售房行为，方便群众规避买房后期风险，制约开发企业“一房多卖”“捂盘惜售”等行为发生。

深入整治房地产市场秩序。加大对未批先售、捂盘惜售、哄抬房价、散布虚假信息、扰乱市场秩序等违法违规行为的查处力度，加强房地产市场信用体系建设，维护业主的合法权益，营造良好的房地产市场发展环境。

建立房地产市场诚信管理机制。健全房地产销售和经纪人员信用档案，对销售人员查证属实的违法违规行为记录在案，并依据其行为情节轻重，根据相关法律法规及行业规范进行相应的处罚，直至清理出房地产销售行业。加强中介机构管理，建立信用评价指标体系，对各中介机构进行信用评级，建立诚信档案，及时在监管服务平台、报纸和网站公布失信中介机构及其人员名单。

严格预售审批程序。对预售许可程序从受理、审核、许可等各个环节严格把关，至12月底，发放预售许可证201个、11274套，同比增长83.2%；面积150.94万平方米，同比增长67.7%；其中住宅10425套，同比增长74.1%；

面积130.6万平方米，同比增长57.8%。

【物业服务】 2017年，全市物业管理工作重点在“规范市场行为、提高运行质量、提升服务水平”上下功夫，落实“五抓五提升”举措，全市物业管理工作持续发展。年内，全市共有物业服务企业70家，物业管理项目383个，服务总面积1555万平方米，从业人员3500余人。

抓教育培训，提升从业人员的素质和群众参与度。重点对项目经理、消防安全员、电梯管理员及财务人员进行专题培训；组织党员物业服务小分队到小区、广场接受群众咨询，发放《物业管理宣传手册》等材料9000余份，引导居民正确了解物业管理、正当参与物业管理、正面接受物业服务。

抓规范监管，提升物业服务水平。2017年为全市行业“提升年”。结合全国卫生城市创建迎审工作，对所有物业管理项目进行梳理规范。加强对服务合同备案、项目承接查验、物业管理用房落实和退出项目管理“四个关键环节”的监管；加强日常监管，通过完善定期巡查、不定期抽查、季度例会和通报制度，对日常业务进行指导和督查；加强对业主投多、问题整改不及时的重点项目的动态监管，采取约谈经理、信用扣分、取消评优资格等方式进行制约和规范。

抓整治改造，提升老旧小区居住环境。2017年，共争取上级奖补资金254.5万元，改建老旧小区（片区）21个、4853户，面积43.57万平方米，改造户数列潍坊市各县（市）第二名。

抓文明创建，推动行业服务水平提高。住建部门与宣传部、文明办等五部门联合开展物业服务行业文明创建活动，参与文明城市建设，通过文明和谐物业企业、文明和谐小区等各类先进的评选，树立行业典型，促进行业服务水平提升。

抓诉求办结，提升群众满意度。严格落实“首接负责制”和“重点投诉包靠制”，及时妥善处理业主咨询和投诉。

【住房保障】 2017年，加强保障性住房分配管理，严格住建、民政、财政等部门和街道、社区“三级审核、两级公示”制度，健全公平分配机制，接受社会监督，确保分配过程公开、公正、公平。

规范公租房管理。根据上级政策，结合诸城实际，印发《诸城市公共租赁住房实物配租、租赁补贴申请条件、审查程序和保障标准》（诸政办字〔2017〕56号），对公租房保障方式、资格条件和审查程序、保障申请时间、租金标准、实物配租和补贴发放、公租房保障退出管理等作出明确界定。

加强公租房实物配租。对已建成项目，及时组织分配入住，提高使用效率。对尚未进行竣工综合验收的项目，责成相关部门单位，尽快完善相关手续。先后投资建设公共租赁住房3687套，已分配3517套，配租入住率达95%以上；企业自建的公租房项目全部入住投入使用；同时完成政府投资的东苑名邸剩余8套公租房配租工作。2017年12月28日，组织了东鲁家园公租房配租首批现场配租工作，116户家庭现场选到了公租房。

严格租赁补贴发放。严格保障对象准入、审核、退出机制，对保障对象实行动态监管。2017年，先后完成对全市143户保障家庭入户复核和申请新增保障家庭审核确认工作。发放补贴家庭194户（其中新增保障家庭82户、退出31户），累计发放租赁补贴28.17万元，补贴发放率100%，符合条件的保障家庭实现了应保尽保。

妥善解决经适房（经济适用房）闲置问题。至年底，先后组织4次经适房分配，共分配经适房429套。由于前期经适房项目选址距离老市区相对偏远，群众购买意愿低、购买需求不足、建设过程中途停工、后续招商难等原因，造成部分经适房项目闲置和停工。市政府召开专门调度会议，研究妥善解决经适房闲置问题。对芦山家园204套闲置经适房，由政府回购，回购完成后，变更为政府公租房向符合条件的家庭配租。对主体尚未建成的圣玺华邸经适房项目，制定盘活方案，项目所占用土地纳入储备，变更为普通商品房用地并按程序“招拍挂”，土地出让收益，由市财政纳入住房保障资金专户存储，对以后确有住房需求、符合条件的保障对象，以货币补贴为主。

做好退役士兵住房保障工作。根据省、潍坊市《关于做好住房困难退役士兵住房保障工作的通知》要求，住建部门和上级业务部门搞好对接，指定专人负责，建立工作台账，做好调查核实、统计汇总，依法合规做好退役士兵住房保障工作，将符合条件的77户住房困难退役士兵家庭纳入保障范围。

建　筑　业

【建筑队伍】 建筑企业。2017年，全市共有各类建筑业三级以上企业113家、劳务企业24家，完成建筑业产值143.4亿元，涉及房屋建筑、公路、水利水电、电力、装修装饰、钢构、环保、机电、输变电、防腐保温、消防等众多施工领域，形成多元化经营格局。

从业人员。2017年，全市具有建筑师、建造师、结构师、监理工程师、造价工程师、电器工程师、暖通工程师、建筑装饰工程师中级以上职称的专业技术人员有2400余人，建筑业从业人员6万余人。

教育培训。认真贯彻落实省、潍坊市《关于开展建筑业农民工再温暖工程职业技能提升三年行动的通知》精神，进一步提高生产一线农民工的整体素质和职业技能水平，规范建筑市场劳务用工管理，保证工程质量和安全生产，加大职业技能教育宣传工作和培训力度，增强施工企业对农民工技能培训和创建农民工业余学校的积极性、自觉性，提升农民工技能文化素质，促进农民工在建筑业长期稳定就业。通过创建农民工业校等形式共培训建筑业农民工1212人，就业率达98%以上。

市场拓展。国内有北京、内蒙古、吉林、黑龙江、辽宁、山西、上海、广东、陕西、河南、河北、天津、湖北等20余个省、自治区和直辖市，国外主要有新加坡、日本、俄罗斯等国家。2017年，全市建筑业外出施工人员共计7000余人次，完成产值13.8亿元。

【新技术应用及精品工程】 新技术应用。着眼于推动建筑业提质增效和科技进步，通过政策扶持、示范引导、鼓励创新、服务推动等措施，推广应用新技术、新工艺，在节能降耗的同时，提高建筑质量和工艺水平。2017年在新技术应用方面，组织参加潍坊市建筑业群众性全面质量管理活动成果交流会，共有2项成果获潍坊市建筑业群众性全面质量管理活动优秀成果。

精品工程。认真贯彻落实《诸城市鼓励科学发展暂行办法》和潍坊市委、市政府印发的《关于加快建筑业改革与发展的意见》创优奖励政策，宣传引导施工企业多创精品工程，抓质量促管理，创建了一批精品工程。共创建建筑工程质量“泰山杯”奖工程1个，建筑装饰装修工程质量“泰山杯”奖工程1个，促进了全市工程质量水平的提高。

【依法规范建筑市场秩序】 2017年，全市共有在建项目87个，单体432个，建筑面积405万平方米。共对11家企业的未批先建、违法发包等违法行为实施了行政处罚；下达“建设工程限期整改通知书”75份，“责令停止违法行为通知书”49份，制作执法笔录74份，有效遏制了建筑市场各类违法违规行为，建筑市场秩序持续好转。

加强队伍建设。以“作风建设年”活动为契机，结合建筑市场规范管理提升年、“安全月”活动等开展普法宣传的同时，组织执法人员定期学习《中华人民共和国建筑法》《中华人民共和国行政处罚法》《建筑市场管理条例》等相关法律法规及上级文件精神，强化执法人员业务素质，提高执法水平。改变管理方式，坚持“最上乘的服务才是最有效的管理”“执法就是服务”的理念，帮助企业解决工程建设中出现的问题。全年共出动宣传车4台次、发放宣传资料4500余份，同时充分利用报纸、网络等媒体，大力宣传相关政策及法律法规。

强化市场管理。以规范在建项目管理为突破口，组织开展建筑市场执法检查活动。2017年，除日常执法检查外，根据上级要求和建筑市场存在的突出问题，结合春季复工、“打非治违”、建筑市场规范管理提升年、建筑施工违法分包转包出借资质等专项整治行动，开展联合检查3次、专项检查2次；对个别项目和企业开展重点督查；在全市所有建设项目中全面实施建筑市场“监管交底书”和建筑市场“检查记录簿”，覆盖率达100%；对存在不规范行为的企业，一律要求其限期整改；对存在违法违规行为的企业，实施行政处罚。

建立信用体系。依据国家、省、潍坊市有关规定，严格落实“双随机、一公开”“双公示”制度。依托“潍坊市建筑市场监管与诚信一体化平台”“信用诸城平台”及联合惩戒制度，建立建筑业信用体系。依法依规对建筑市场各主体的信用行为进行公示。同时住建部门加强与各职能部门单位之间的联动，形成相互配合、相互补充的全方位、立体化的联合监管机制，有效规范了建筑企业的市场行为。

【治理拖欠农民工工资问题】 全年共受理农民工投诉上访事件365件（含重复投诉和一件多人投诉），涉及金额6953.6万元，涉及人数3223人次。

加强组织领导。市住建局成立清欠工作领导小组，针对清欠工作季节性特点，成立接访处置组、调度协调组、领导约谈组、现场调查组，对出现的投诉上访事件实施快速稳妥处置。

强化监督管理。规范建筑市场用工管理，落实农民工实名制。明确项目单位、施工单位等各方在农民工工资发放方面的义务和责任，严格落实劳务用工合同（山东省统一范本），并做好日常考勤及工资发放记录。落实农民工工资保证金制度，由建设和施工单位按照要求足额缴纳。畅通投诉渠道，要求各在建项目，必须在建筑工地醒目位置设置农民工工资维权公示栏。严格落实首问负责制，24小时接待受理农民工举报，做到“有诉必接、接诉必查”。实施工程竣工验收前公示制度，要求项目在申请办理工程竣工验收备案手续前，必须在工地醒目位置进行不少于15天的公示，因未足额发放建筑工人工资出现投诉上访的，在未处理好之前，不予受理办理竣工验收备案手续，把好清欠工作的最后一道防线。

抓好源头工作。在国庆节、中秋节、元旦、春节前分别下发《关于做好节前清理拖欠农民工工资工作的通知》，明确责任，抓好落实。市住建等部门工作人员下沉一线，调查摸底了解情况，发现问题随时协调解决。在日常执法检查中，将务工人员的工资发放情况作为一项必查内容，进行细致检查。

实施动态管理。针对节日、季节上访高峰期特点，适时召开专题部署做好农民工工资发放工作会议，要求各施工单位想办法筹集应急储备金，开展农民工工资兑付专项行动。强化总承包单位负总责制度，确保工资直接发放到务工人员手中。全年共进行专项检查3次，对发现的苗头性问题，及时协调相关单位予以解决。

建立信用考核制度。自4月正式运行的潍坊市建筑市场监管与诚信一体化平台，针对企业欠薪问题设置了不良信用行为记录。对出现拖欠问题处理不及时的，将作为企业不良行为登记到平台上，扣除相关信用评分。同时在“信用诸城平台”上将企业欠薪处理不及时或恶意欠薪的行为作为不良行为登记在册。建立清欠台账，与工资保证金支取、工程竣工备案、劳保费支取、房产备案等业务挂钩，在办理上述业务时必须到清欠办办理无拖欠证明，凡是存在投诉上访未处理销号的，一律不予受理，形成一旦有拖欠、处处受制约的局面。

【创新完善定额工作】 完善各项办事指南，明确办事要点、所需材料、注意事项等，提高办事效率，方便了企业。设计了“建筑施工合同鉴证有关数据评价表”，在办理《潍坊市建筑施工合同鉴证书》时提高了表格数据的准确性，方便企业查询、办理业务。全年共完成合同价鉴定备案38件，办理竣工结算登记17件。

建设科技与建筑节能

【概况】 年内，强化领导，积极引导，严格管理，全市的建筑节能、绿色建筑工作实现跨越式发展，新型墙材使用率达100%。强化建筑节能工程的激励政策，推动建筑节能工作深入开展。

【强化监管】 实行闭合式管理，严把各道“关口”。抓源头，严格前期把关。实行产品认定制度，对全市新型墙材及建筑节能产品实行认定管理，杜绝无认证产品进入工地。实行建筑节能设计审查备案制度。坚持“设计先行、图审把关”的原则，对建筑工程项目，按照山东省建筑节能设计标准进行设计，确保不漏点、不降标。为便于社会公众监督，加强民用建筑节能监督管理，依据《中华人民共和国节约能源法》《山东省民用建筑节能条例》，结合实际，下发《诸城市住建局关于民用建筑节能信息公示的通知》，指导工作开展。

加强施工现场管理，严把进场材料关，强化对重要部位和关键工序的监管，落实隐蔽工程质量检查验收制度。对竣工项目，严格按图纸设计要求和相关技术标准组织验收，达不到节能标准的，不出具“建筑节能审查意见书”，不办理竣工验收备案手续，不准作为合格工程交付使用。

2017年，为23个工程项目、建筑面积62万平方米进行了墙体现场验收；为35个竣工验收项目办理节能建筑认定，建筑面积130万平方米；完成16个项目新型墙材专项基金的返还工作，返退率达77%；对20个太阳能建筑一体化项目进行了现场验收，面积68万平方米，并出具太阳能光热建筑一体化验收证明。

【强化示范带动】 市住建局转发《关于转发山东省住房和城乡建设厅〈关于编报2018年山东省绿色建筑与装配式建筑示范实施计划的通知〉》，强化示范带动，促进绿色建筑、低碳建设全面发展。把绿色环保低碳建设和可再生能源建筑应用作为重点，强化措施，加快推进。先后推广应用了地源热泵、太阳能、空气能等多项新技术。年内，龙海文苑小区被评为省级装配式建筑项目，面积3.65万平方米。

村 镇 建 设

【概况】 2017年，全市村镇建设工作围绕“抓好九大工程、强化五项保障”的任务目标，创新思路，强化措施，狠抓特色小镇建设和农村人居环境改善工作，取得明显成效。

【强化小城镇示范引领】 按照“一四六”的建设标准，深化昌城、辛兴两个国家重点镇、省级示范镇建设，努力争取小城市培育试点。鼓励财政收入过亿元的建制镇争创省级重点示范镇。2017年，昌城镇完成投资4.2亿元，重点突破恒强钢构、百特车体模具、辰榜数控等11项重点项目建设；辛兴镇强化镇驻地改造提升工作，完成投资4920万元，对兴盛路西延、兴业路南延等基础设施项目进行改造建设，进一步提升镇域承载功能，发挥引领示范带动作用。

【突出特色小镇建设】 积极推进昌城健康食品省级特色小镇建设，2017年完成投资9亿元，引进项目涉及公共服务、基础设施、产业发展、聚集融合等领域；充分利用上级补助资金200万元，完善昌城镇便民服务中心建设项目，优化了健康食品小镇入住企业创业环境。同时，按照潍坊市提出的“一县一镇一片区一特色”的总体要求，积极培育以迈赫自动化为龙头的舜王“机器人小镇”，以茶叶产业为主导的桃林“北方绿茶小镇”，以食品机械、轮胎模具产业为支撑的林家村“西海岸精密科技特色小镇”，以休闲旅游为主体的密州街道“赛石园林文旅生态小镇”等7个特色小镇。2017年，编制完成相关概念性规划，部分特色小镇已初具规模。

【农村人居环境不断改善】 深入开展农村无害化卫生厕所改造三年行动。2017年，确定的“两年任务一年完成”目标已基本完成，提前完成三年任务量36378户，10个建制镇基本实现无害化厕所改造全覆盖。

推进农村住房建设和危房改造。在建设过程中，加强对基础设施配套和公共服务设施建设的指导，按照“五化”“八通”标准建设聚合居住区。对“四类群体（建档立卡贫困户、低保户、农村分散供养人员和贫困残疾人家庭）”居住的农村危房改造，按程序操作实施。

开展农村人居环境信息调查。针对社区（村庄）基本信息、基础设施、公共环境、建设管理等方面，组织各镇街（园区）对全市208个农村社区，以及桃林镇、皇华镇确定的20个省定贫困村，进行农村人居环境信息调查。

【推进新型城镇化】 2017年，以创建国家新型城镇化综合试点工作为契机，进一步加强试点工作保障。3月，调整完善新型城镇化建设工作领导小组办公室成员，统筹协调诸城市新型城镇化综合试点工作。7月，印发《新型城镇化试点工作方案》，分解细化试点任务，明确了40多个市直部门、单位和16个镇街（园区）的工作责任和任务目标。8月，开展新型城镇化试点监测评估工作，得到省城镇化办公室的肯定。9月，启动重点项目建设“百日会战”，集中120天左右的时间，重点推进147个项目。10月，参加全省新型城镇化综合试点工作推进会议；编制完成《诸城市农业转移人口市民化规划（2016—2020）》，提出农业转移人口市民化的发展思路和推进策略。12月，形成推进新型城镇化的典型做法4项；在《山东新型城镇化》刊发典型材料2篇。年内，先后出台推进新型城镇化相关意见建议或实施方案31个。

（王传森　高立广）

城市管理行政执法

【概况】 2017年，城市管理工作以“创卫迎审”为契机，创新思路，巩固、完善城市管理工作长效机制，推进城市精细化管理，助力“三区一城”和“四个城市”建设，市容秩序持续好转，城市容貌焕然一新，整体提升了城市功能品质和居民的幸福指数。年内，顺利通过国家卫生城市复审。

【理顺管理机制】 城管大队将6个执法中队分别划分责任区域，采取早5点至8点半、晚6点至9点半，白天上午8点至12点、下午2点半至6点半错时加班方式，适应城市市民作息节奏，进行全天候管理。组织3个中队，通过预先发放通告告知、业户自查整改、督促整改、严格处罚等方式，解决店外经营、占道经营这一“顽疾”。

【露天烧烤整治】 城管联合公安、环保、市场监管、卫计等部门签发通知285份，告知经营业户做好厨房改造、使用无烟烧烤炉、禁止店外经营。本着“公正、公平、公开”的原则，开展“拉网式”检查，逐条街道、逐个店面查找问题。城管大队联合公安局治安五中队、街办派出所、特警等开展集中整治行动130余次，出动升降车、清障车、铲车、货运车等130余次，规范露天烧烤摊点300余处，清理烧烤炉111个、排气扇130余个、马扎380余个。

【露天堆场扬尘整治】 强化源头管控，与露天堆场经营业户签订协议，短期存放的堆放场所进行遮挡或密闭封盖，长期存放的必须采取围挡措施，并严格落实相关责任人。为防止大风天气扬尘，由市经信局牵头，城管、市场监管、环保等部门协调联动，齐抓共管，对全市露天煤场进行摸底排查，登记销售点126家，并下达露天堆场扬尘治理限期整改通知书，对违法销售点依法取缔。

【渣土运输整治】 城管部门与44个在建工地的负责人进行对接，发放通告500份，告知相关整治要求。加大夜间巡查力度，专门成立夜间执法中队，并为执法人员配备强光手电、执法记录仪、反光背心及反光锥筒等执法装备。及时组织保洁公司对污染路面进行清扫，避免车辆来回碾压造成扬尘。市住建、公安、交通、环保等职能部门联合成立综合治理行动领导小组，城管大队抽调专职工作人员15人、车辆3部组成综合执法组，负责各项工作的具体执行，形成综合治理合力。年内，城管大队共出动80余次，对渣土运输线路沿线巡回洒水除土、降尘；同时，要求各片区环卫管理人员、保洁人员，发现洒落的渣土在第一时间进行清理。

【流动摊点整治】 依据《山东省食品小作坊小餐饮和食品摊点管理条例》，加强对食品小作坊、小餐饮和食品摊点的相关监督管理，对“三小”从业者实行登记、备案制度。坚持集中整治与长效管理相结合、定点蹲守和流动巡查相结合，全力清理取缔各类非法占道经营、店外经营，共清理占道经营、店外经营15406次，扣留电子秤、三轮车等占道经营物品3218件。城管各中队实行联合执法、错时上下班，特别是加强对实验小学、府前街小学、实验中学、东关大街北段等学校周边环境的综合治理，加强对陶家岭市场、鑫城广场、阳光河畔市场、东坡小区西门、五里堡市场、北汽福田诸城车辆厂门口等处流动摊点管理，确保无乱设摊点、无占道经营等违章现象。加强对路边违规占道“僵尸车”、广告车清理，发放“限期整改通知书”356份，清理占道广告车46辆。

【广告牌匾管理】 在调查摸底的基础上，对存在安全隐患的破损广告牌匾下发整改通知，要求业主自行整改。对违规设置的广告，先下发自行整改通知让业主整改，逾期不整改的予以强制拆除。年内，查处未经审批擅自设置的广告牌1832处，清理落地灯箱2839处，清理私设横幅3876处，清理私设充气拱门321处，清理各类墙体广告、地面广告、门窗广告、灯杆小广告等9279处。同时，加大审批管理力度，严格踏勘程序和审批流程，推动城区户外广告合理设置、规范管理。

【噪音治理】 加强日常监督管理，及时处理市民投诉，清除各类噪音污染2273次，证据保存音箱、小喇叭421个。

【拆违治违】 把违法建设治理作为民生工程、发展工程和政治任务来实施，按照“党委领导、政府主导、部门联动、社会参与、控新治旧、司法保障”的原则，全面开展城市违法建设治理行动。

通过全面核查排查摸底，掌握存量违法建设现状。工作中，突出六个“优先拆除”：对于机关事业单位等单位的违法建设，党员干部、“两代表一委员（党代表、人大代表、政协委员）”、公职人员等人员的违法建设，顶风而上建设的违法建设，影响重点项目建设的违法建设，存在重大安全隐患的违法建设，社会影响恶劣的违法建设等六类违法建设明确为拆除重点，必须先予拆除。对存量或新增违法建设进行分类，逐个提出具体处置意见。对违反规划强制性内容，占用交通要道、侵占泄洪河床、存在安全隐患、妨碍重点工程建设、严重影响市容市貌、群众反映强烈的违法建设，责令当事人限期自行拆除，逾期不拆除的依法强制拆除；对已取得合法用地手续，且符合城市规划的违法建设，责令其补办手续并依法予以处罚；对因拆除可能造成公共利益重大损失的，或者严重影响相邻建筑安全而不能拆除的违法建设，依法没收实物、违法收入或处以罚款。同时明确各镇街（园区）为拆违治违责任主体，相应成立违法建设治理行动领导小组，加强工作领导和协调调度，年底前应拆尽拆。

年内，全市排查并拆除违法建设8174处，拆除违法建设面积47.4万余平方米。

（刘宝金）

城市园林绿化

【概况】 2017年，城市园林绿化坚持“高起点规划、高标准建设、高效能管理”的原则，按照“人文、生态、宜居、精致”的城市建设理念，大力实施城区“增绿提质”工程，加大对城市园林绿化建设的投资力度，财政投资约11206.55万元；大力推进绿化精品工程建设，绿化水平进一步提升，城市建成区绿化覆盖率达44.6%。

【园林绿化建设】 加强城区裸露土地绿化。对城区裸露土地进行排查摸底，制定详细的绿化方案。共对排查出的178块、10.5万平方米裸露土地，结合四条外环路改造工程和苗木移植进行绿化，共移植雪松、柳树、紫叶李、樱花、黑松等约11.2万棵。

对城市道路绿化进行补植增绿。结合“创卫迎审”，对全城增绿补植，对繁荣路、密州路、兴华路、人民路等人为踩踏路口以及苗木过稀的绿化带进行补植或通过满栽扶芳藤、鸢尾等进行裸露土地绿化覆盖，共栽植扶芳藤29.62万株，麦冬3.65万平方米，小龙柏3.8万株，扶芳藤球1.8万个，鸢尾、玉簪6.3万棵，北海道黄杨3.7万棵，实现黄土不露天。

按照“三季有花、四季有景”的要求，大力提升绿化品质。投资约1300万元，对扶淇河两岸增花加绿，全面提升。栽植开花和彩叶苗木，按照大组团成片栽植、每个组团建成一个植物专类园的设计要求，形成景观冲击力，提升景观档次，栽植海棠、樱花、红叶碧桃等各类乔灌木2826棵，连翘、红叶石楠、麦冬等各种灌木草花13.5万平方米，将其打造成集休闲、观赏于一体的新亮点。投资约300万元，对扶淇河两岸两侧路肩及空地进行绿化，栽植金鸡菊、红叶石楠、大叶黄杨等苗木42.98万棵。投资约1800万元，对高速路诸城站出入口分两期进行景观提升，打造门户形象。通过高低层次的调整、色彩的搭配、常绿与落叶植物的穿插，并点缀景石，塑造地形。7月底，一期工程完工，共栽植迎客松、朴树、红枫、白蜡、榉树、海棠等乔木约1500棵，点缀景石30块，播种草皮5万平方米。年内，二期主体工程基本完成，共清理垃圾约3万立方米，回填种植土约7.6万立方米，道路整修1200米，建设灌溉管网2200米；栽植大乔木雪松530棵，白皮松、银杏、造型黑松等乔木3710棵，小叶女贞球、卫矛球等9120个；栽植金边麦冬、孔雀草等草花3.2万平方米，小龙柏2000平方米。

在海棠园一期工程的基础上，建设海棠园二期工程。绿化面积约1.3万平方米，栽植西府海棠、垂丝海棠、八宝海棠等多品种海棠，形成景色绚丽的海棠园。以万古塔为中心，采用中式园林风格，亭台楼阁呼应，汀步景石穿插成景，建设以樱花为主题的樱园，绿化面积约6.4万平方米，铺设园路3000平方米、路沿石2000米，建设雨水管道2700米、自动喷淋管网3600米，栽植樱花30余种，其他观花稀有树种6000余株，种植草坪16000平方米。

新修道路绿化。本着“一路一品、一街一景、打造亮点”的原则，投资约3700万元，对四条外环、206国道、和平北街等7条路段进行绿化。通过新栽高杆单樱、西府海棠、绚丽海棠、白玉兰、黄玉兰等春花乔木，打造“花城”景观。通过栽植地被植物大叶黄杨、金边黄杨、红叶石楠，形成红黄绿三色搭配、高中低错落有致的绿化效果。工作中严把苗木质量、施工进度、施工安全、绿化效果等各个关口，打造绿化精品工程。做好扶淇河西岸人行道铺设、停车位铺装等工作，至年底土建工程全部完成。

【园林绿化管理】 探索绿化养护管理的新思路、新方法，实施精细化管理。按照“监管并重、先管后监、以监促管、严管重罚”的监管原则，加强对绿化公司的监管，整体提高城市园林绿化的管护水平，努力完成由粗放型管理向精细化管理的转变。加强对现有绿地缺株断档及裸露土地问题的排查摸底，建立工作台账，制定工作措施，及时跟上补植，力争实现裸露土地绿化全覆盖。加强对新建公园等绿化工程的养护管理，做好日常巡护、浇水、修剪、除草、防火等工作，保障绿化成果。探索绿化养护管理新模式，在抓好城区主次干道绿化的同时，对居住小区、“城中村”绿化实施一体化管理，整体提高城区绿化管护水平，全面提升城市绿化品质。

【审批把关和验收】 加强对新建楼宇项目绿化方案的审批把关及小区绿化验收。全年共对奥韵花园、牡丹文苑、龙都现代城、明诚学校等17家单位、小区绿化总平面图进行会审，提出合理化的意见和建议；按照相关标准，对双拥家园、四达新村、万汇·星月满庭等9家小区附属绿化工程进行合格验收，保证了城区新建小区绿化质量和效果。

【示范工程创建】 开展省级和潍坊市级园林绿化示范单位（小区）及潍坊市级园林绿化示范工程创建活动。年内，上报大源·枫香湖畔小区参评省级园林绿化示范小区，已通过评审；上报双拥家园和牡丹文苑2个小区参评潍坊市级园林绿化示范小区。

（刘宝金）

城市环卫保洁

【日常保洁】 优化责任分工。在对建成区主干路道路保洁情况进行调查摸底、掌握每条道路的长度、面积（包括机动车道面积、非机动车道面积和人行道面积）的基础上，细化保洁标准，优化作业模式，确定府前街、人民东路为深度保洁示范路段，在此基础上向其他路段延伸，全面推进道路深度保洁，提高城市道路保洁精细化管理水平。

保洁作业公司根据作业标准要求，组织开展保洁车辆驾驶员、环卫工人业务培训，使他们熟悉标准要求，熟练掌握符合深度保洁要求的操作技能。年内，投资8000万元购置洒水车、洗扫车，道路保洁设备达到169台，机械化保洁范围扩大到所有主次干道，每天实施2次洒水、4次机扫，保洁员全天巡回保洁，确保主要道路路面干净整洁，达到深度保洁标准。结合全市开展的“创卫迎审”工作，全面开展城市卫生综合整治，对城市道路进行全面冲洗，实现清底子、见本色。年内，城市主干道机械化保洁率100%，实现了由传统大扫帚保洁到精细高效机械化保洁的转变。

和平街、人民路、府前街、繁荣路、东关大街等重要路段以大型保洁机具联合作业为主，小型保洁机具巡回作业为辅。大型保洁机具联合作业避开日间车流量大的时段，在每日0点至6点之间，采取扫路车、冲洗车、洗扫车等多机联合作业模式，每天进行3次集中作业；坚持夜间全覆盖冲刷，白天进行重点清扫、刷洗保洁作业。高压冲洗车每日对市区主次干道的车行道进行全覆盖冲刷、清洗保洁。洗扫车每日5点对主次干道的车行道路边进行作业，彻底清除路边浮土垃圾、积水；避开上班高峰期，每天上午、下午实施洒水降尘。作业车辆收集的垃圾、污水按规定倾倒排放。非机动车道、人行道一天2次普扫，清除可见垃圾；早普扫时间为4点半到6点半，午间普扫时间12点半至14点半。每日按规定时间、人数及路

年内，加大园林环卫机械购置投资力度，提升机械化水平。图为护栏清洗用上了专用机械　　（供图　王　建）

线进行集中普扫作业。对公交站点、农贸市场等重点保洁部位周边加大巡回保洁力度。落实责任保洁区域边界管理制度，保洁时向保洁边界以外延伸5米，不留保洁盲区和空白点。对于沿街花坛绿地广告牌、主次道路路铭牌和隔离栏宣传牌等做到每天一擦拭。投资60万元，在老母庙巷新建生活垃圾转运站1座，解决了此路段垃圾量大、垃圾转运不及时问题。

【公厕增建与改造】 投资40万元新建17座高标准公厕，投资45万元改造54座老旧公厕，市区公厕数量达71座，基本满足了市民需求。

【生活垃圾焚烧管理】 加强对生活垃圾焚烧发电厂的管理，对照潍坊市垃圾处理企业考核标准，不定时对发电厂的运营情况进行检查，对发现的质量、安全等问题责令限期整改，保证全市生活垃圾末端处理达标运行。全年共焚烧生活垃圾17万吨，并网发电3792万度。

【环卫保洁考核】 将市区划分成7个网格，每个网格设2名环卫监管员，每天对网格内的环境卫生情况进行检查，发现问题及时上传到微信监管平台，保洁公司根据平台指令立即组织整改，市环卫一体化办公室每月对道路保洁情况进行一次集中检查考核，考核结果与保洁经费挂钩。

（刘宝全）

城乡环卫一体化

【概况】 2017年，深入推进城乡环境综合整治工作。从3月开始，在全市开展以清理农村“三大（草堆、粪堆、土堆）”、国省道、县乡道、河道水面、养殖园区垃圾为重点的城乡环境综合整治活动。7月，对全市16个镇街（园区）1296个社区中心村和自然村及途经的国省道、县乡道沿线，进行“拉网式”检查验收，所有村庄全部达验收标准。全市共投入城乡环境综合整治资金约1.04亿元。

【创新城乡环卫一体化运作模式】 在总结前几年城乡环卫工作做法经验的基础上，根据《潍坊市关于深入推进城乡环卫一体化工作的实施意见》要求，提出“统筹谋划、试点先行、压茬推进、全面覆盖”的城乡环卫一体化工作思路，将城区保洁、城区绿化养护、城区市政设施养护、镇村保洁、背街小巷保洁、河道水面保洁、国省道保洁、县乡道保洁进行打包，采用PPP模式，通过公开招标，选定一家实力雄厚、运营规范、信誉好的企业承担，解决了原先作业边界不明、推诿扯皮、垃圾搬家问题，形成市场化、全覆盖的城乡环卫一体化工作运行机制。全年共投入城乡环卫一体化运行资金1.273亿元。

实现专业化保洁。按照每万人配备1辆垃圾转运车、每10户设置1个垃圾桶、每100户配备1名保洁员的标准，共投入资金8600万元，新增配专业环卫车辆160辆，新设置垃圾桶34460个，新配备专职保洁员4458人，16个镇街（园区）驻地道路清扫、冲洗实现机械化作业全覆盖。

【信息化监管】 搭建数字化管理平台。在城管局城乡环卫一体化办公室和各环卫作业公司设置信息化管理系统，将环卫作业车辆全部纳入“数字环卫”信息化管理系统。通过数字化管理，对村庄保洁和车辆运行情况、作业轨迹、保洁质量、垃圾清运处理情况等进行实时监控。同时，将“数字环卫”管理系统纳入“数字城管”管理平台，进行集中监控管理。在208个农村社区，设立1399名环卫监管员，配备专业信息工具，定时巡逻，随拍随传，搭建起“问题收集、统一调度、上下协同、即时处置”的城乡环卫一体化监管平台。

【一体化推进】 成立诸城市城乡环卫一体化工作领导小组，建立联席会议制度，定期研究调度城乡环卫一体化工作。各镇街（园区）成立环卫工作办公室，党政主要负责人直接抓环卫一体化工作。建立市、镇、保洁公司协同推进机制，发挥基层保洁员、监管员的作用，对辖区环卫保洁工作实行反向监管，及时发现和整治存在问题。坚持以活动促提升，根据农时季节和环卫保洁需要，不定期开展各种集中整治活动，推动环卫一体化工作深入开展。

（刘宝金）

市政公用事业发展与监管

【概况】 2017年，市政管理工作紧紧围绕全市中心工作，凝心聚力，拼搏奋进，不断提高市政基础设施承载能力和公用事业发展水平，全面提升服务标准和群众满意度。

【道路设施建设维护】 全年市政道路建设项目共25个、总长度73公里，概算投资近10亿元。全力做好国家卫生城市复审迎检工作，狠抓城区44条主次干道及附属设施的日常维护，组织实施城区80条背街小巷和4.5万平方米沿街房门前地面整治铺装工作，完成路面及人行道维修7.86万平方米、沥青灌缝1.226万米、更换维修路沿石3566米、更换破损井篦井盖1476套，城区主次干道完好率保持在98%以上。

【供热设施建设与服务】 加快推进供热“汽改水”步伐。新铺设供热循环水管道7公里，并对循环水管网覆盖范围内的换热站进行整合，实施福利中心片区改造，改造小区5个、10万平方米。新接入“汽改水”小区43.8万平方米。市政部门与镇街配合，加快推进城区无供热设施的老旧小区改造，消除供暖盲区，对永昌汽修、福光花园、印染厂家属院等4个小区6万平方米实施了供热改造。

做好年度供暖工作。责成热源企业对城区供热蒸汽管网进行全面“拉网式”检查，维修更换蒸汽管网530米、阀门97套，督促各供暖公司提前做好小区管道试水试压、换热站设施维护工作。制定完善《城区集中供热工作的意见》《供热质量承诺书》《供热企业监督考核管理办法》等管理文件，实行考核淘汰制，提高企业服务意识和服务质量。及时处理涉暖信访，明确供热小区发生群体上访，供热企业主要负责人要及时到达现场，确保问题快速解决。对处置涉暖矛盾纠纷不力、造成严重不良影响的企业，按照相关规定严肃追究责任。

【燃气设施建设与安全管理】 强化安全运行管理。对全市39家设施陈旧、管理落后的液化石油气站点进行整合，计划成立3家大型液化石油气灌装企业，以建设标准化、运行规范化促进行业运行安全。大力抓好燃气日常入户安检和管道巡检。通过发放燃气安全使用手册、“明白纸”等形式，消除各类不安全因素；完成安检8万户、推检180公里，更换老旧燃气表8100户。完善镇街燃气管道。在石桥子、百尺河和皇华镇新增燃气中压管道24公里、建设LNG撬装站4处，并同步对燃气管网覆盖范围内的住户实施燃气管道直供。大力实施村村通工程。对舜王街道、密州街道、辛兴镇、林家村镇、相州镇、石桥子镇、皇华镇、百尺河镇、枳沟镇、昌城镇、舜王至贾悦镇等11个镇街投资共计1892万元，为龙都街道黑龙沟、大村、小栗园共计380户，密州街道陈家林、古城子、黄疃村、芦山家园小区共计400户，昌城镇得利斯村、咸家河岔、昌城水岸小区共计650户，皇华镇寿塔村40户，相州镇391户及其他镇街205户、共计2066户开通了天然气。

【提升供水服务】 加快供水设施升级改造。完成康源供水水厂加装盐酸和高锰酸钾投加系统，水厂化验室新增化验检测设备，进一步提高净水效果和水质检测标准。加强供水行业监管。加强净水厂生产安全，注重原水、制水和输配水各个环节的管理，在全市范围内设水质监测点11个、水源监测点3个，加大对水源水、出厂水、管网水监测频率，确保出水各项指标都符合饮用标准。破解群众用水吃水难题。协调龙泉自来水有限公司投资6万元，新铺设供水管道1.2公里，对五里堡社区原土产公司家属院实施集中供水，解决该家属院居民用水难题。督促供水企业提升服务效能，严格服务规范和严肃服务纪律，实行服务热线24小时畅通制，并落实专人受理用户咨询和投诉；同时，各抢修队伍随时待命，备足抢修物资，确保短时间排除故障，保障正常供水。

【城区污水集中处理】 开展城市内涝和雨污混流专项整治，彻查潍河及扶淇河沿河入河排污口，消除雨污混排管道直排入河现象和城区易积易涝路段，排查入河排污口28处，完成积水点整治8处。开展中水回用工程建设，建设东晓生物中水回用项目，实现中水深度处理后循环利用。根据道路建设和改造计划，同步配套建设和升级改造市政管网，提高管网安全运行能力；对市场街、西关街、四平路和万兴路实施分流改造，改造管道4公里。同时，逐步完善排水管网，新增排水管道76公里。强化城区污水处理运行监管和污泥处置项目的规范管理。坚持定时和不定时现场检查及夜查抽查制度，对日常监管中发现的运行状态、指标差距、溢流排放等各类问题，责成企业及时整改；对企业进行业务技术指导，确保城区2家污水处理厂达标运行。同时，进一步细化污泥产生、运输、处置单位的规范化管理，督促2家污泥处置单位优化工艺，降低成本，增加产能和规模。

【提升市政设施承载能力】 全力做好创卫复审迎查巩固提升工作，加强长效机制的落实。对发现的路面破损、井盖缺失等问题随时处理，确保道路完好率始终保持在98%以上。完善考核管理机制，提高养护企业主动参与意识。改革过去以定性指标为主的考核模式，实行按实际完成工程量来据实结算的考核模式，进一步激发养护单位的积极性，提高养护管理质量和效率。同时，整合弱电专营单位，明确城区所有弱电管网检查井井盖维修任务，及时维护维修。实行动态化巡查和网格化监管，提高养护时效性。成立专职巡查队伍，将巡查道路、发现问题责任落实到人，严格按照设施巡查标准，加大巡查力度与密度，及时掌握各类市政设施运行情况。

（王　斌）

城市照明与亮化

【路灯照明】 2017年，城市路灯管理部门对所辖城市道路照明亮度进行全面勘察，采取针对性措施，解决了城区路灯亮度低等问题。更换四条外环路及206国道路灯1077基，亮化升级市区11条道路路灯1574基。配合市政创卫、大观摩等各项工作，对和平街北段、府前街、五里堡路等道路电缆、电缆管道、灯头进行改造，并为各亮化路段、大桥及沧湾公园进行亮化接电。城区道路主干道亮灯率达99.88%，道路照明设施完好率达95.7%，城市亮化在潍坊市城市照明设施养护管理评价活动中名列第一。

（王　凯）

【城市亮化】 2017年，以提升城市整体形象为目标，以打造具有现代文明气息的城市环境、彰显城市魅力为出发点，精心谋划、多措并举，对龙塔、恐龙公园、体育馆、游泳馆、名人馆、博物馆、潍河、扶淇河沿岸景观带及其附属设施等公益性设施、党政事业单位办公场所，企业开发建设的社会项目等实施高标准、高档次亮化改造工程。

组织发动全面化。市政府成立由市长任组长，相关部门单位主要负责人为成员的城市亮化工作领导小组，领导小组下设办公室，办公室设在市住建局，具体负责城市亮化工作的组织、协调、督查及考核验收工作。同时，利用一个月时间，对城区主干道两侧的重点建筑物和住宅小区组团，城区扶淇河、潍河及两岸景观、建筑物，城市地标性建筑物及城区公园、广场、绿地、桥梁等公共设施，以及城区各党政机关、企事业单位办公（经营）场所等进行排查摸底，在此基础上，制定下发《诸城市城市亮化工作实施方案》，用以指导推进整体工作。

设计建设高端化。聘请中国美术学院杭州照明规划所对全市公益性设施等部分建筑进行高档次的亮化设计。同时，对原有的亮化设施制定改造提升方案，进行改造提升，确保亮化效果。要求设计单位在城市夜景景观的规划和设计中，以“科技、节能、长效、人文”为主题，统一规划，高端设计，分步实施，统一管理。所有设计突出地域特色和人文特色，注重与周边环境相融合，保持整体格调的协调统一，从光源、布光、色温、造型等细节着手，彰显个性设计，凸显亮化的整体性、合理性、舒适性，体现城市的独特夜间风貌。

经费投入多元化。根据《诸城市城市亮化工作实施方案》要求，全市广泛动员，积极筹措资金，对全市部分高层楼宇项目、途经市区的主要河流及公益设施和标志性建筑物等197个项目，进行立面灯光亮化。年内，全市亮化工作基本完成，实施亮化改造工程总投资约1.2亿元，企业筹措资金5000多万元，党政事业单位自筹资金2000多万元，市财政直接投资5200多万元。

管理维护长效化。建立健全长效管理机制，坚持“科学、严格、务实、高效”的工作方针，加强亮化设施的日常维护管理工作，相关部门严格履行监管职能，发现问题及时解决，有效保障照明设施的正常运行。加强精细化管理，对于城区内所有亮化设施实施统一管理，根据季节交替，科学调试亮化设施启闭时间，既最大限度的服务于民，又能够有效节约能源，全力做到路灯明亮、灯容整洁、夜景美丽和群众满意。在完善长效管理制度的同时，进一步强化监督机制，加大督查力度，定期检查督导，严格落实责任，对未按时间节点亮灯的责任单位予以通报，推动工作深入开展。

（王传森　高立广）

城 区 防 汛

【建立和完善组织保障体系】 市政府根据部门职能调整了“诸城市城市防汛指挥部”成员，确定分管城市建设的副市长任总指挥，公安、财政、人防、市政、城管等部门主要负责人任副总指挥，水利、交通、民政、商贸、广播电视、气象、卫计等及各园区和相关街办等35个行政部门主要负责人或分管负责人任指挥部成员。市直各部门和三个街办分别设立“防汛抢险领导小组”，市直各企业事业单位、商场、建筑工地、住宅小区物业等设立“防汛抢险办公室”。形成一套从气象预报、水情监控、险情报警到抗灾命令发布、组织调动指挥、人员队伍安排、物资机械供应等完整的防汛工作保障系统。成立城市供水、排水、供热、燃气、市政道路养护等五个专业抗洪抢险应急分队，由市政局主要负责人任总指挥、分管负责人任副总指挥，各业务科室负责人任各专业工作队长，明确了工作职责、任务分工和人员分配，确保城市市政公用设施出现险情时能够第一时间加以解决。由市城市防汛指挥部办公室、市委市政府督查局牵头，组织市城市防汛指挥部成员单位，对诸城市人民政府办公室印发的《诸城市2017年城区防汛工作意见》及《诸城市城区防汛责任单位工作任务分解》落实情况，进行了全面督查和整改落实。

【做好汛期基础准备】 4月，市防汛办及时对原有的《城区防汛应急预案》和《城区防汛工作意见》，根据城区地形地貌、行政区划及人事变化等情况进行修订，确保防汛预案及任务分工的时效性、科学性、实用性。汛前进行管道清淤疏浚。从3月1日起至6月底，利用4个月时间，组织人力物力对城区管网设施进行一次检查维护和管道清淤，逐一检查，逐一维护，不留死角，确保设施完好畅通，为汛期泄洪提供有力保障。编制城区排水防涝专项整治实施方案。重点对城区内河、公路下穿式立交桥涵、老旧小区、道路低洼地段的积水问题进行勘查论证，编制了《城市内涝专项整治行动方案》。汛前，市政府召开全市防汛工作动员大会，对市政府《关于2017年防汛工作意见》《2017城区防汛应急预案》《城市内涝专项整治行动方案》以及新的“城区防汛指挥部”和组成人员名单、市直各部门防汛具体工作任务、分工、职责等进行全面部署，争取了防汛工作主动权。

【加大物资储备和防汛资金储备】 在防汛物资储备上，要求各防区、各部门、各单位树立防大汛抗大灾观念，杜绝侥幸应付心理，实行防汛物资号备制，把市内部分有实力的石料厂、建设工地、物资批发商家以及大型工程机械、运输户列入政府防汛物资供应采购商名单，共号备砂石10万立方米，渣土50万立方米，编织袋100万条，挖掘机20台，装载机20台，运输车50台，移动抽水泵车10台，移动发电机组10套，救生衣5000套，灾民临时安置避所2000平方米，木桩10万条，铁丝2吨，铁锨1000把，帐篷100个及其他物资一宗。市财政设立“防汛专项资金”账户，为防汛抢险救灾工作提供资金保障。城区防汛资金的储备以城区安全为第一要素，只要防汛工作需要，一律实行上不封顶。全年用于城区防汛和城市内涝整治的资金概算2000多万元。

（王　斌）

资源 环保

国土资源管理

【概况】 至2017年底，诸城市土地总面积2151.3577平方公里，其中农用地17.99万公顷，建设用地2.53万公顷，未利用地0.99万公顷，人均耕地0.1124公顷。全市耕地保有量和基本农田保护面积分别为12.23万公顷和10.5万公顷。

2017年，诸城市国土资源管理工作以深化国土资源供给侧结构性改革为着力点，坚持上争下控，外增内挖，依法依规，节约集约，不断创新思路，完善机制，高质高效配置资源，精准精细管理资源，依法依规利用资源，进一步提高了国土资源保障能力和服务水平。

【用地保障】 按时完成全市10.5万公顷永久基本农田“落地块、明责任、设标志、建表册、入图库”五项重点任务。调整土地利用总体规划1600公顷，保证了全市重点项目落地空间。围绕“产业强市”建设，制订全年用地保障计划，累计上报17个批次、共693公顷；全年供应建设用地122宗，面积228.19公顷，涉及土地价款20.78亿元，前五年平均供地率81.94%，保障了全市重点项目和基础设施建设。市委、市政府出台《关于进一步加快推进城乡建设用地增减挂钩工作的意见》，理顺工作机制。计划实施挂钩项目36个，规划拆迁2637户、面积125.7公顷。已搬迁村民1200户，节余土地面积68公顷。

【耕地保护】 借鉴“河长制”做法，探索出台《关于建立耕地和永久基本农田保护“田长制”的意见》，推进了耕地和基本农田保护制度化、规范化。全年实施高标准农田建设项目2个，建成高标准农田1万公顷。实施潍坊市级土地整治项目2个，新增耕地37.6公顷。完成县级占补平衡项目5个，新增耕地187公顷。通过高标准农田建设助力精准扶贫，投资50万元，帮助桃林镇两个村建设蔬菜大棚20座。

【节约集约用地】 深化节约集约用地措施，通过落实节地倒逼机制，累计完成盘活挖潜93公顷，落实6家企业节地奖补137.36万元，返还保证金110.28万元，帮助50余家企业节约用地成本237万元，全市节约集约用地水平进一步提升。探索形成四个“零增地”发展模式、三个

8月23日，省国土资源厅厅长李琥（右二）一行4人，到诸城调研国土资源节约集约利用工作。诸城市领导刘峰梅（右一）、王大伟陪同

（摄影 张泽青）

拓宽用地空间的新措施和五个倒逼节约集约用地的新机制，被国土资源部列入全国首批国土资源节约集约“四个创新”示范点，得到国土资源部领导的关注和龚正省长的肯定批示。

【执法监察】 出台《加强国土资源执法监管建立共同责任机制的实施办法》，“卫片”整改拆除违法用地21宗，复耕7.2公顷。日常发现、制止违法行为68起，立案查处153宗，收缴罚款430万元。加强普法宣传和政务公开，累计到各镇街开展普法宣讲20余次，节假日开展丰富多彩的大型普法宣传活动，营造了法治国土文化氛围。通过网站、微信公众平台等多种渠道，公开政务信息600余条，受理政府信息公开申请30件。

【不动产统一登记】 不动产登记“最多跑一次”改革全面落地，实现了交易、纳税、登记等多部门业务“一窗受理、集成服务”。同时，开通了微信公众平台及短信提醒服务，通过实行上门服务、大宗业务合并办理等灵活多样的服务方式，工作效率提速70%。全年累计办理不动产业务12.15万余件，较上年增加近一倍。以问题为导向，破解不动产登记“中梗阻”，梳理40个小区历史遗留问题，先后解决了10多个小区的遗留问题。

【地质矿产管理】 至2017年底，全市已发现的主要矿种有明矾石、沸石、金红石、膨润土、页岩、建筑石材等17种。全市大量开采的重点矿种是建筑石材，主要分布在南部山区。2017年，完成了恐龙化石数据库建设，进一步增强了恐龙国家地质公园的承载力。汛期排查重点地灾隐患点1处，联合气象部门发布气象预警6期，为群众生命财产安全提供保障。

【基础业务工作】 完成全国土地调查新技术试点任务，通过省级验收和国家预检。完成城乡土地利用数据库整合更新试点工作，通过省级验收。开展中心城区及外延110平方公里1：500基础地理信息数据库更新工作，为公安、畜牧、税务等部门信息系统建设提供了基础数据支撑。

（殷伟华）

水资源管理

【概况】 2017年，全面推动节水型社会和水生态文明建设，突出水资源优化配置、节约、保护和监管，加大新建、改建、扩建工程建设项目水资源论证和取水许可监督管理力度，节水护水成效显著。年内，经潍坊市水利局监测，诸城市水功能区水质达标率100%。在2016年度最严格水资源管理制度考核中被潍坊市评为优秀等次。

【计划用水】 2017年潍坊市下达给诸城市的年度用水指标为1.89亿立方米，其中地表水为1.36亿立方米，地下水为0.53亿立方米。结合诸城市实际情况以及取用水单位的申请取水量，共分配用水指标约1.434亿立方米，其中农业用水年度指标1.114亿立方米，工业服务业用水计划指标0.32亿立方米。2017年，诸城市实际用水7492万立方米，其中地表水3710万立方米，地下水3782万立方米。

【取水许可】 2017年共办理取水许可证61套，组织评审建设项目水资源论证报告16件，指导填写建设项目水资源论证报告表50件。至年底，全市取水许可证保有量238套。全面推行灌区取水许可证制度，墙夼水库、青墩水库取得灌区农业取水许可证。协调镇街（园区）、中介机构、化工企业，完成127家化工企业节水评级工作。

【水资源保护】 全市城乡饮用水水源地保护区面积已达全市总面积的21.3%。每季度末月采集4处地下水样进行水质检测。完成6处入河排污口的拍照、定位、绘图、上报工作。全市地下水位年末比年初上升0.76米左右，生态环境进一步改善。

（刘建俊）

环 境 保 护

【概况】 2017年，全市环保工作以迎接中央环保督察为导向，集中解决环保领域突出问题，全面提升环境质量，努力营造经济发展与生态环境保护并重的绿色发展环境。

【推进水污染防治】 严格落实“水十条”，开展整治突出水环境问题“细排查、严整治”专项行动。对全市水源地及潍河、扶淇河等重点水域进行全面排查，对所有污水进入污水管网及污水处理厂的126家涉水企业进行监督检查。

依托“河长制”，推动重点流域的水污染治理与生态保护。市环保局积极落实所包靠河流的整治任务，做好全市河流水体水质监测的保障性工作，为“河长制”工作模式提供科学可靠的技术支撑。组成联合督查组，对重点河流污染整治、镇街污水处理厂规范化运行进行集中督查；对禁养区养殖场（户）关闭搬迁工作进行督查，确保按期完成任务，消除污染隐患。对全市境内的50个河流、水库断面加大监督监测力度，每月一次对墙夼、古县等断面水质和芦河、铁沟河、百尺河入河口水质进行监测；每月一次对饮用水源地三里庄、青墩两个水库进行例行监测，每季度一次对三里庄水库进行62项监测分析。

加大重点涉水企业监测频次。在对潍坊市控3个河流断面加大监督监测的同时，对辖区内6个污水处理厂下游设置监测断面，对上述监控断面每月一次采样化验，随时掌握潍河河流水质和6个污水处理厂入河的排污情况。

【开展水源地调整】 诸城原有的三里庄水库、青墩水库饮用水源地保护区由于划分区域过大、保护区边界模糊，对全市饮用水源地保护区的精准保护带来很多不便，同时也制约了周边近千家企业的生存发展，自2017年3月开始，市环保局按照市委、市政府部署，依法按照程序、步骤加快推进水源地调整工作。年内，诸城《水源地调整方案》已通过省级专家评审，省环保厅已经同意诸城调整区划，等待省政府批复公布，届时将极大释放周边区域的发展能量，实现水源保护与经济发展的共赢。

【推进大气污染防治】 按照年度计划安排，开展大气污染综合整治纳入卫生城市创建迎审整体工作，同步安排、同步推进。自3月启动“小散乱污”企业整治和10吨及以下燃煤锅炉“清零”行动，至6月下旬，全市160余家企业的锅炉改造提升或关停淘汰，以环保执法的震慑力，倒逼企业转型升级，淘汰率100%，实现“清零”目标。5月，对全市90余家加油站实行加油站三级油气回收改造，改善空气质量；9月，对全市140余家印刷企业实施综合整治，确保挥发性有机物达标排放；对全市30余家规模以上汽修企业实施环保综合整治，确保生产废气达标。

先后完成了恒阳热电、同路热电、龙光热电、义昌印染等超低排放改造工程，完成投资7250万元。国信橡胶、安驰轮胎等企业挥发性有机物治理工程，环宇油漆、益利油漆等企业首轮LDAR工作都按时完成。

按照潍坊市“空气加严”措施要求和省秋冬季大气污染防治督查要求，扎实开展大气污染综合整治，重点抓好扬尘污染源管控、散煤污染治理、工业深度污染治理、垃圾和秸秆落叶焚烧等大气污染防控工作，全面提升了全市大气环境质量。

【违建及重点污染行业整治】 坚持“依法严格标准、规范程序、分类整治”的原则，共对930余家未批先建、未验先投、批建不一的违规建设项目进行清理整顿。对不符合产业政策、无环保手续或手续不健全的化工企业、“小散乱污”企业和10吨及以下燃煤锅炉进行分类整治，对260家企业进行关停取缔，断电210家，对202家企业下达通知书限期整改。根据潍坊市每月环境质量通报，2017年诸城市境内水质达标率稳定保持在100%，空气质量现状列各县市前列。

【环保执法】 深入推进环保网格化监管。重点抓好镇街（园区）、社区网格建设，建立镇网格16个、社区网格225个，推进监管重心下移。对2013年至2017年全市各级环保信访案件进行梳理，建立“一案一档”，下发各镇街（园区），明确整改要求和“后督察”重点，层层传导压力，层层压实责任。

省环保督察期间（3月26日至4月10日）全市共接办环境举报案件73件（属实33件）。按照“五个绝不放过”的要求，对违法行为“零容忍、全覆盖、严执法”，对环境违法企业严厉查处，查实的33家存在环保违法行为的企业、单位都按要求落实了环保整改措施，按照标准要求整改完成，6起突出环境案件依法追责20余人，确保每起案件查处到位、问责严厉。

中央环保督察期间（8月10日至9月22日），全市共接转办件77件（属实59件），其中涉及工业45件、养殖24件、其他8件。对交办的信访案件，市委、市政府高度重视，分管副市长在第一时间组织人员对案件分析研判、实地勘察、现场调度处理，对查实能够当场整改的立即整改，不能立即整改的明确责任单位和整改时限，对20家违法企业立案处罚、对17家企业实施关停取缔，对3家违法单位立案查处，对涉事的2名责任人移交公安机关立案侦查。

对不符合产业政策、无环保手续或手续不健全的化工企业、砖瓦窑（石灰窑）企业、“小散乱污”企业和10吨及以下燃煤锅炉进行分类整治。环保部门联合公安、经信等部门，严厉打击各类环境违法行为，对督察期间信访举报的违法排污企业，一经查实顶格处罚。对160家企业进行关停取缔，断电110家，对202家企业要求限期整改，以环保执法的震慑力，倒逼企业转型升级，规范运营。

成立由环保、畜牧、农业、国土、水利、公安等6个部门组成的联合执法小组，在全市范围内开展禁养区畜禽养殖场（户）关闭搬迁执法专项行动。对禁养区内的30家规模化养殖场和261家专业养殖户实施搬迁关停。

【提升服务】 把持续抓好环保队伍作风建设、廉政建设和思想政治建设当作一项长期的政治任务常抓不懈，不断提升人员素质，提高环境执法人员执法水平，努力在技术、监管手段等方面创新，做到善于执法、科学执法，并将严格执法和热情服务有机结合。

为经济发展腾出容量。污染物总量控制指标既是约束性考核指标，同时也是建设项目环评审批的重要前置条件。全面落实工程减排、管理减排、结构减排各项措施，加快淘汰落后产能，促进产业结构调整和转型升级；严格落实分阶段逐步加严的污染物排放标准，为全市经济发展，特别是为招商引资和大项目建设腾出更多的环境容量和发展空间。

准确把握准入门槛。依法执行环评程序，坚守环保底线，科学利用、拓展好全市环境容量，引导产业合理布局，鼓励和引导企业多上高新技术或生态绿色项目，有效控制环境污染源头，2017年审批新建项目近200个，现状评估近100个。

创新环保监管新机制。落实环保执法“两随机一公开”制度，推进环保网格化监管机制建设，完善环保“一企一档”“一行业一档”等建制工作，依托环保信息化监控对污染源及环境质量实施长期、连续、有效监测，为10余名环保人员配备了环保移动执法终端，科学准确、全面高效的管理全市的环境状况，实现对环保执法监管的精细化管理。

坚持在执法中体现服务，在服务中促进管理，做到刚柔并济。2017年为金安热电、恒阳热电、同路热电等企业争取上级环保无偿治理资金600余万元，邀请环保专家为企业把脉问诊，提升改造生产工艺，实施清洁生产，促进企业健康持续发展。

（迟永玲）

教育　科技

教　　育

【概况】 2017年，诸城市教育局以“办好人民满意的教育”为目标，以提升内涵质量和促进公平普惠为重点，不断加强基础建设，强化内部管理，狠抓办学质量，各项工作都有了新进展，实现了新突破。

【城乡办学条件逐步改善】 教育经费逐步增长。2017年教育经费总投入27.03亿元，教师工资及各项保险支出102706万元，教师人月均工资达7725元。按照小学每生每年810元、初中每生每年1010元的公用经费定额标准，拨付公用经费10025.7万元；落实家庭经济困难寄宿生生活费补助259.2万元；落实学前教育公用经费193.86万元；落实特殊教育公用经费148.2万元；落实高中教育公用经费1882万元；落实高中免学费、中职公用经费937万元。完成51宗3000亩建设用地征用手续，经市国土局报省国土厅待批。全年规划建设项目54个，建筑面积131.2万平方米，总投资34.8亿元。新龙源学校、明诚学校综合楼、玉山小学综合楼、文化路小学教学楼、孔戈庄学校综合楼、沙戈庄小学教学楼、枳沟小学等16个项目19.6万平方米已竣工投用；高新园学校、繁华中学综合楼、舜王街道箭口学校、龙都初中综合楼、石桥子初中公寓楼、百尺河镇大于庄小学综合楼、昌城镇芝灵小学等7个项目9.8万平方米主体已完工，正在装饰装修；繁华中学、诸城一中国际学校、北京师范大学京师国际学校、东坡学校、经济开发区舜德学校、密州街道城东小学教学楼、马庄初中综合楼等25个项目59.4万平方米正在加紧施工。另外，新建实验中学、青少年基地等6个项目正在规划设计。学校联建工作进一步深化。借助新建学校、学区制、联盟学校等措施，稳妥进行招生片区优化调整，推进优质教育资源向城区外围延伸，在孔戈庄学校加挂“诸城市第一初级中学南校区”和“明诚学校南校区”牌子，在高新园学校初中加挂“诸城市繁华初级中学东校区”牌子。将开发区舜都小学纳入府前街小学教育联盟校，加挂“诸城市府前街小学北校区”校牌，增强城郊义务教育学校发展活力。2017年秋季开学，全市中小学全部解决了困扰多年的大班额问题，小学每班不超过45人，中学不超过50人。

【教育教学质量稳步提升】 高考成绩再创新高，文理过自主招生控制线（重本线）1919人，比2016年增加71人（2016年录取1848人，列潍坊各市区第一）；文理本科过线4369人，比2016年增加114人；文理艺体本科总过线5275人，占该届毕业生总数的68%多，远远超过全省本科录取率（48.4%）。清华大学、北京大学过线5人，诸城一中李哲夺得潍坊市理科第二名、全省第六名。学科竞赛成果丰硕，在数、理、化、生学科奥赛中，获全国一、二等奖31个；在全国中学生英语能力竞赛中，获全国一等奖49个；在全国中学生作文大赛中，获全国一等奖5个。成功承办全国2017年职业院校中职组“现代模具制造技术”大赛。在全国职业院校技能大赛中取得1金、3银、4铜的优异成绩。职业学校春季高考本科升学人145人，其中超然综合高中第一届春考本科过线80人，成绩创近年来新高。

【干部教师队伍持续优化】 2017年招聘新教师620人，其中编制内教师440人、聘用制教师180人。同时从市外引进高层次优秀教师10人。普通中小学教职工编制重新核定。凡是年级学生数达不到标准班额数的，小学按照年级（教学班）配备2.4名、初中按照年级（教学班）配备3.7名教职工的标准核定编制。成立经济开发区学校、南湖学校、高新技术产业园学校、明德学校4所学校。全市有3名教师荣获省特级教师荣誉称号，5名教师荣获潍坊市特级教师荣誉称号，1人获潍坊市“未来教育家”治校方略路演评选活动第一名。学校依法自主办学工作扎实推进，试点范围扩大到全市所有21所镇（街）初中学校。推行校长“任中审计”，规范教育经费管理。制定出台《诸城市深化中小学教师县管校聘管理体制改革的实施方案》《诸城市教育局关于跨校竞聘交流教师管理暂行规定》，实施教师安居工程，深化“县管校聘”改革工作。积极推进教师层级发展改革试点工作，纳入市政府2017年社会事业领域改革重点项目，在潍坊市中小学教师层级发展培训班作典型发言。加强教师职业道德建设，实施师德投诉月通报制度，压实师德师风建设四级责任，实行网格化管理，加强教师诚信制度体系建设。构建“343培养机制”，对新教师进行规定学时的军训、师德、学科、网络岗前培训，充分发挥《诸城市教学成果奖励办法》和“美晨龙城园丁奖”的激励功能，开展“2017齐鲁最美教师”电视评选等活动。在全市中小学中开展优秀班主任评选活动，启动2017年心理咨询师职业资格认证培训，156名教师参训。至年底，有2000余名班主任取得了国家三级及以上心理咨询师证书，教师队伍专业化水平不断提升。

【各级各类教育齐头并进】 学前教育稳步发展。制定出台《诸城市城乡居住区配套幼儿园规划建设及管理使用意见》《诸城市0—3岁婴幼儿早期教育工作实施方案》，扩增普惠性学前教育资源，指导组建了一批幼儿教育集团，诸城被潍坊市确定为首批婴幼儿养育指导服务工作试验区。

基础教育成效显著。深化中小学德育课程一体化研究，先后开展“百名美德少年评选”“第二十四届爱国主义读书教育活动”“书香少年”等评选活动，推出诸城一中等8个研学旅行典型课程；启动“继承先烈志　践行中国梦”红色教育活动，组织长征组歌和社会主义核心价值观组歌传唱活动，培养学生爱国之情。市政协牵头组织编写乡土读本《诸城》，全书共分“可爱的家园”“悠久的历史”“灿烂的文化”“杰出的人物”“红色的印记”“希望的热土”六部分。市教育部门将《诸城》列为素质教育的必读书目，开设乡土教育相关课程，纳入教学

4月21日，市政协在市教育局举行乡土读本《诸城》发行座谈会，市政协主席孙利宝（左一）出席首发仪式

（摄影　王槐德）

计划，培养学生热爱家乡的强烈情感，提升自豪感和幸福感。开展“书香家庭评选”“家风家训征文”等活动。在全市评选出27所家庭教育工作示范学校，其中3所学校被评为山东省家庭教育示范学校。创新教育深入推进，诸城被评为省第一批教育信息化工作试点示范单位。

职业教育取得新突破。6月1日至3日，2017年全国职业院校技能大赛中职组现代模具制造技术赛项在诸城举办。本赛项由全国机械职业教育教学指导委员会、山东省教育厅、潍坊市人民政府承办，诸城市福田汽车职业中专协办。诸城市福田汽车职业中专郭志鹏和刘浩男组成的参赛队代表山东省参赛获得全国一等奖，指导老师王树东和杨德春获得“全国职业院校技能大赛优秀指导教师”称号。全年完成中职招生4229人，创近年来新高。2所学校专业被评为潍坊市品牌特色专业，2所学校专业被确定为省、潍坊市现代学徒制试点项目，12月上旬在诸城举办了“中国国际高等教育项目合作研讨会”。

6月1日，全国职业院校技能大赛中职组“现代模具制造技术”赛项在诸城举行，诸城市政府副市长单东升（前左三）到现场指导

（供图 市教育局）

社区教育蓬勃发展。构建起四级社区教育网络，家庭学习中心户的建设开全省之先河。“百千万教育培养工程”被中国成人教育协会评为“全国全民终身学习品牌”项目。9月，第二轮诸城市“百千万教育培养工程”顺利启动。举办潍坊市暨诸城市2017年全民终身学习活动周，相州镇等5个单位荣获全国农村优秀学习型乡镇（企业、部门、家庭农场）荣誉称号，2人荣获“全国百姓学习之星”，1个项目荣获全国“学习品牌项目”。

特殊教育健康发展。全力推进送教上门和随班就读工作，对分布在34所学校的63名随班就读残疾孩子每学期进行1次巡回指导。5月，开展第二十七次全国助残日暨第二届诸城市特教学校“社会开放周”活动，承办潍坊市第七届特教学校教职工文体联谊活动暨潍坊市融合教育研讨会。

【平安和谐校园建设成效显著】 调整市教育局安全工作委员会组成人员，明确局领导班子成员和科室负责人“一岗双责”“管业务必须管安全”的职责，层层签订安全工作责任书，严格落实责任追究制度，对安全事故“零容忍”。2017年在全市教育系统开展“学校安全教育提升年”活动，认真落实安全教育课程，广泛开展“全国中小学生安全教育日”“5·12防灾减灾日”等安全主题教育活动，以全国卫生城市复审为契机加强学生食品安全教育。修订完善《诸城市教育系统突发事件应急预案》，全面强化校园人防、物防、技防建设，加强反恐防暴工作，深入开展安全隐患排查整治，筑牢预防学生溺水“安全网”。健全完善校车安全监管的长效机制，严格实行GPS和视频全程监控，为学生上下学开辟了“绿色通道”。健全完善涵盖学前教育到高等教育所有学段困难学生的救助体系，上半年共发放各种资助金760多万元，惠及9300多名学生。大学生生源地信用助学贷款年内共受理1886笔，合同金额1400万元。积极参加“行风在线”直播活动，认真开展“企业网上双评”工作，为教育事业发展营造了良好环境。

6月30日，潍坊市委书记刘曙光（前右二）到东鲁学校参观中国共产党历届全国代表大会资料收藏展，对诸城市中小学校党建工作给予充分肯定

（供图　市教育局）

【大班额问题基本解决】　全力推进项目攻坚，千方百计加快工程进度，全年建成投用学校项目21个，新开工27个，总建筑面积99.6万平方米，新增学位2.3万个，完成投资14亿元。在潍坊市率先基本解决了困扰多年的大班额问题，全市小学每班不超过45人，中学不超过50人。

【素质教育取得丰硕成果】　在全市各学段初始年级实行阳光分班，深入推进教育公平。深化中小学德育课程一体化研究，组织中共党史资料收藏展、长征组歌和社会主义核心价值观组歌传唱、中小学生书画征文、足球篮球体育竞技等一系列比赛活动，1所学校被评为全国中小学中华优秀文化艺术传承学校，2所学校被认定为全国青少年校园篮球特色学校。创新开展家庭教育，3所学校被评为山东省家庭教育示范学校，7个家庭教育优秀微课获省级奖。持续推进新教育实验，2所学校获全国新教育实验示范校称号。大力推进教育改革创新，在“一师一优课”活动中，48节课例被评为省级优课；5所学校被评为潍坊市创新教育示范校，99所学校被评为潍坊市2017年“零投诉”学校（列潍坊第一），1所学校被确定为潍坊市普通高中综合改革试点学校，在全省高考综合改革工作座谈会上作典型发言。

【教育综合实力进一步增强】　在潍坊市教育综合督导中，诸城市各项指标的综合成绩和以当年教育满意度作为系数的折算成绩，均列潍坊市各县市第一名。顺利通过教育部责任督学挂牌督导创新县验收和国家三类城市语言文字工作评估，被确定为山东省第一批教育信息化示范单位。成功举办全国小学语文主题学习实验成果展示观摩会、山东省中小学生校园艺术节、潍坊市小学“双改行动”观摩研讨会、潍坊市小学综合实践现场观摩研讨会、潍坊市融合教育研讨会等一系列重大活动，《人民日报》《光明日报》《中国教育报》《大众日报等》主流媒体相继报道诸城办学经验。

（宋　伟）

科　技

【概况】 2017年，诸城市科技局紧紧围绕“三区一城”建设，按照市委、市政府部署要求，深入实施创新驱动发展战略，全面推进科技创新和服务工作，招院引所、科技成果、泰山产业领军人才申报、科技型中小微企业入库、全社会研发经费投入等工作取得新突破，各项工作取得了较大成绩。

【强化企业创新主体地位】 聚焦新旧动能转换重点产业领域，加大新兴产业培育力度，构建富有活力的产业体系。进一步加大项目工作推进力度，助力产业转型升级。推荐美晨科技公司“先进高分子材料制品项目”列入山东省政府重点项目；申报省重大科技创新工程项目3项，其中迈赫机器人公司省400万元工程项目已顺利通过审批。组织长江涂料公司2名专家申报省青年基金。奥扬科技公司等6家企业获得省“小升高”财政补助共计60万元。众泰达、贝特尔环保公司等11家企业成功申报潍坊科技计划项目，获得上级扶持资金245万元，数量和金额均列潍坊市各县市前列。引导企业加大研发经费投入力度，激发创新内生动力，全社会研发经费支出达27.8亿元，同比增长16.5%，在潍坊市各县市区处于领先地位。大力培育高新技术企业和科技型中小微企业，帮助天旭太阳能、奥尼生物公司等17家企业成功申报高新技术企业，新增省科技型中小微入库企业69家，入库科技型中小微企业达109家，数量位列潍坊市各县市区第一。组织泰诺药业公司等23家科技型企业参加山东省创新竞技行动计划，多个项目获得资金支持，山东锦利程环境科技有限公司的“新型石墨烯臭氧催化剂暨生物膜-平板膜生物反应器污水处理装置”项目获得2017第六届中国创新创业大赛行业总决赛参赛资格，成为潍坊市唯一晋级的环保企业。

【加大招院引所力度】 继续深化与中科院、复旦大学、上海交通大学等高校院所的务实合作，开展上海高校产学研对接会、专家人才成果推介会等活动，建立校企优势互补、利益共享、风险共担的产学研合作机制，实现成果转化、技术孵化。坚持以用为本，招引新的院所。年内，与中国科学院青岛海洋研究所、南开大学、中国林业科学研究院、中国农业大学等11家院所签署合作协议。对接青岛开展招院引所。邀请中国科学院海洋研究所侯保荣院士参加“院士专家诸城行”活动，与高强紧固件、长江涂料公司在防腐蚀方面达成初步合作意向，市领导带领企业到中科院海洋所访见侯保荣院士及其团队。市科技局与青岛海洋生物医药研究院签署协同创新战略合作协议，经过前期对接洽谈，已有多项合作成果：信得科技与何增国教授正在就养殖废弃物资源化利用进行技术合作，与江涛教授就祛虫家禽用纯绿色无残留新型兽药项目进行合作。东晓生物与何增国教授就两种生物酶自产自用代替进口进行技术合作，研发的酶液正在接受东晓生物的验证。得利斯集团与赵峡教授就提取灰树花多糖作为抗癌原料药和保健食品进行技术合作。年内，先后组织60多家企业与中科院海洋研究所、中国海洋大学青岛海洋生物医药研究院、青岛理工大学、青岛农业大学等高校院所对接，共举办产学研活动30多次，对接高层次人才142人，达成合作意向46项。

【突出创新平台建设】 大力推动企业创新平台

建设。外贸公司与刘秀梵院士、中信国安公司与中科院自动化研究所戴汝为院士、全鲁科润公司与美国、俄罗斯双院士张学记分别签订合作协议，均已完成山东省院士工作站备案。鼎泰盛公司的“食品灭菌技术及智能装备工程技术研究中心”被认定为省级工程技术研究中心，众泰达公司的“热压容器重点实验室”等3家实验室获批潍坊市企业重点实验室，锦利程公司的“潍坊市污染物资源化与减排工程技术研究中心”等2家研究机构获批潍坊市工程技术研究中心，泰诺药业、众泰达、中裕机电等公司牵头成立3家产业技术创新战略联盟。海燕、超然等3家众创空间成功备案潍坊市众创空间，金盛元众创空间成为2017年潍坊市认定的2家众创空间之一，获扶持资金25万元。农林科技孵化器获批国家级“星创天地”，东方园艺、常山永辉农场等9家农业企业成功获批省“农科驿站”。提升完善超然首新空间，打造全市创新创业公共服务平台。诸城市复旦张江科技创新空间正式启动运营。有计划地组织高校院所和科技型企业入驻诸城，充实“虚拟大学园”力量，至年底入驻高校院所、科技型企业达20多家。注重发挥空间创业孵化功能，定期开展培训、技术推介等活动，先后开展政策解读培训、产学研合作交流等专题活动20余次。

【构建创新人才资源集聚体系】 坚持依托大项目集聚高端人才、依托科技型企业引进创新人才、依托创新平台吸纳研发人才，形成了覆盖经济发展全领域、梯次衔接的人才资源集聚体系。组织信得科技、兴贸公司等4家企业申报“泰山产业领军人才”，2人进入省科技厅公示范围；兴贸公司的金征宇教授成功入选，此领域全潍坊市仅此一家。引进泰山学者特聘专家、青岛理工大学教授孙树峰在诸城设立“山东省激光绿色智能制造工程技术研究中心”诸城分中心、泰山学者工作站和青岛理工大学实践基地。企业科技创新成果实现新突破，得利斯和江南大学胥传来教授联合申报的“两百种重要危害因子单克隆抗体制备及食品安全快速检测技术与应用”项目被评为国家科技进步二等奖，在潍坊市仅此一家。外贸公司的“肉鸡产品安全生产信息化和质量追溯系统集成、研究与示范”项目、得利斯公司的“食品中重要危害因子的安全快速检测关键技术及应用”项目、潍坊工商职业学院的“大宗固废物资源化处理关键技术开发研究与应用”项目成功申报省级科技进步奖。组织20多家企业和个人申报省科技特派员，支持科技领军人才、高技能人才、专业技术人才开展创业服务，加快成果转移转化。

【树立创新服务意识】 围绕提升企业创新能力、建设创新型城市这条主线，以创造一流的科技创新环境为目标，多措并举强化科技创新服务。先后6次召开政策解读培训会、服务企业对接会、创新业务辅导会，进行具体指导，有力地推动了大众创业、万众创新。建立班子成员包靠企业责任制，每个班子成员联系2-3个镇（街）园区，定期深入走访调研，及时掌握各方需求，全力以赴帮助解决企业创新主体存在的实际困难。完善科技创新联络员制度，在重点企业和优秀成长型企业设立科技创新联络员，建立微信群，保持全天候联络畅通，努力提高服务精准性和实效性，营造了良好的科技创新环境。

（荆晓丽）

知 识 产 权

【概况】 2017年，全市知识产权工作围绕市委、市政府一系列战略部署和任务目标，研究新常态下全市知识产权工作的新思路、新举措，落实创新驱动发展的新要求、新任务，抢抓机遇，顺势而为，着力实施创新驱动发展战略，创新资源加速集聚，创新主体持续壮大，创新氛围日益浓厚，创新成果不断涌现，为全市经济转型升级提供了有效支撑。

【专利申请授权数量稳步增长】 按照“抓大促小，提质增量”的目标要求，充分发挥全市鼓励科学发展政策的激励作用，将专利申请分解到相关部门和镇（街）园区，在提高专利申请数量的同时提升质量，保质保量完成相关任务指标。2017年，全市共计完成专利申请2303件，专利授权904件，其中发明专利申请765件，发明专利授权73件。

【知识产权保护力度不断加大】 年内，先后对城区及镇街药品经营店、医院及商场进行集中检查，共计检查专利商品650余件，并依法对假冒专利商品作出撤柜或消除专利标识等处罚，配合潍坊市知识产权局调查处理专利纠纷案件3件，结案率达100%。制定《诸城市知识产权局信用体系建设工作方案》《诸城市知识产权（专利）保护失信惩戒评价办法》，针对商流企业存在的涉及有关知识产权失信行为，进行规范化管理，推进了诚信诸城的建设。

【宣传培训发动形式丰富多彩】 充分利用各级各类报纸、网站、电视台等媒体，宣传知识产权各项工作。利用“4·26”世界知识产权日、“行风在线”栏目，通过进社区、进校园、进企业等多种形式，大力宣传知识产权工作开展好的典型。通过走出去、请进来的办法，组织企业积极参加各类宣传培训，增强企业专利工作的自觉性。积极组织企业参加全国博览会、推介会，大力宣传推介诸城具有自主知识产权的企业及产品，营造了良好的知识产权工作氛围。

【企业知识产权工作取得新成效】 上半年，召开了全市知识产权工作会议。通过充实完善知识产权信息平台建设，加强与金融、科技及域外中介服务的融合互通，拓宽服务领域，提高服务效率与水平。年内，对企业及全社会开展专利咨询1300余人次，为企业提供专利检索业务10000余条。在第十九届中国专利奖评选中，美晨科技股份有限公司参评的发明专利“一种汽车减震产品用高阻尼塑橡胶配置原料”获得了优秀奖，该公司张磊荣获企业知识产权工作先进个人。2017年度国家知识产权示范企业和国家知识产权优势企业评审中，美晨科技股份有限公司入选国家知识产权示范企业，新东方汽车仪表有限公司和鼎泰盛食品工业装备股份有限公司入选国家知识产权优势企业。

【专利质押融资实现新突破】 组织参加潍坊市知识产权局举办的质押融资工作座谈会，并专门派人到青岛即墨、高密、寿光等专利质押融资工作开展好的市区考察学习。与驻诸城多家金融部门和10多家科技型中小企业进行对接，两家企业完成质押融资1000万元。

【知识产权战略配套政策落实】 积极落实市政府印发的《诸城市鼓励支持企业转型发展暂行办法》，以及省、潍坊市有关鼓励发明创造、贯标企业资金扶持等政策，不折不扣地兑现到企业。同时针对诸城实际，不断加大发明专利奖励力度，引导广大企业形成高质量的核心竞争力，提高其知识产权化水平。围绕全面实施国家、省知识产权战略，加快建设和完善适应诸城实际的知识产权鼓励政策体系。市政府出台《诸城市专利奖励暂行办法》和《诸城市专利奖暂行办法实施细则》，建立和完善了全市知识产权工作联席会议制度。

（王秀娟）

防震减灾

【概况】 2017年，全市防震减灾工作再上新台阶。年内，新创国家级地震安全示范社区1个，地震科普示范学校2所，省级示范学校1所；综合考核再获全省县级防震减灾工作先进单位，位列第一；被中国地震局表彰为全国县级防震减灾工作综合考核先进单位。

【监测预报】 台网管护。加大地震台站的日常管理和维护力度，保障了台网运行连续和数据传输准确可靠；每季度对8个地震预警和烈度速报点进行巡视，保障仪器正常运行；落实台站月巡视制度，台网运行连续、数据传输完整；对昌城深水井观测站进行护坡加固，整修地面，硬化道路，保障了地震观测环境安全。

群测群防。健全优化“三网一员”网络和各项规章制度，年内对群测群防人员进行两次业务培训，履行职责意识、捕捉地震前兆信息的能力和水平不断提高。

震情会商。落实地震部门与气象部门联合会商制度，每月进行一次震情会商；做好震情监视跟踪和重要时段震情保障工作，坚持领导带班、24小时震情值班和周、月、半年及年度会商，特殊情况随时会商；注重群测群防观测资料应用，制定年度震情跟踪工作方案并抓好落实，努力把握震情形势。

【震害防御】 抗震设防。认真贯彻落实山东省抗震设防管理工作座谈会精神，强化督导和执法检查，依法加强建设工程抗震设防全过程监管和服务，消除了抗震设防管理盲区，新建、改建、扩建工程全部达到抗震设防要求。

审批服务。继续开展“红旗窗口”创建活动，严格执行审批项目月结上报制度，全年办理地震行政审批项目28个，未发生任何投诉案件；采取多种形式，开展第五代《中国地震动参数区划图》《山东省农村住房抗震设防要求管理办法》《山东省农村民居建筑抗震技术导则》《山东省建设工程抗震设防条例》的宣传贯彻实施，加强对镇（街）园区抗震设防工作的指导，地震行政审批工作规范、高效。

示范创建。在杨春社区制作防震减灾宣传展板4个，购买家庭地震应急包300余个并发放到居民家中；深入各级示范学校帮助完善教案教材，提高教育教学水平；年内新创国家级地震安全示范社区1个（杨春社区），地震科普示范学校2所（明诚学校、密州路学校），省级示范学校1所（密州街道密州小学）。至年底，已创建各类示范工程18处。其中，国家级地震安全示范社区2个，地震科普示范学校2所；省级示范学校7所，示范企业1个，科普宣教基地2个，农村民居地震安全示范工程1项；市级示范学校3所。这些示范工程，探索路子，总结经验，树立榜样，示范效应明显，带动了面上工作水平的提升。

【地震应急】 地震应急预案修订。市政府办公室印发修订后的《诸城市地震应急预案》(诸政办发〔2017〕8号),调整优化地震应急指挥机构及其主要职责,对应急物资、队伍、装备、场所、技术等应急准备工作做了全面安排。各级各部门按照《诸城市地震应急预案》要求,根据行业特点和职责任务,修订完善各自的地震应急预案,着力提高预案的实用性、科学性和可操作。市防震减灾工作领导小组办公室印发《2017年抗震救灾专项应对方案》(诸震领办发〔2017〕1号),对各项应急准备工作进行细化、分解落实到具体责任单位,对于保障全市抗震救灾应对工作全面落实,促进防震减灾工作水平整体提升奠定了坚实基础。

避难场所建设管理。规范完善潍河公园地震应急避难场所建设管理,健全避难场所管理办法和规章制度,制定应急装备的出入库管理、使用、维护、保养和定期演练等制度,保障避难场所安全运行,各类应急装备保持良好状态。对体育中心、会展中心等进行场地资料的收集、勘察和初步设计,规划建设室内地震应急避难场所。

志愿者队伍建设。落实应急救援队伍管理办法以及培训、演练等制度,全年举办培训班3期,培训志愿者骨干600多人,组织演练2次,参训人员近1000人。保证志愿者能更好地承担起平时地震科普宣传员、信息员,震时组织员、助理员的“四员”职责。

地震应急演练。市地震局与教育局联合,将每学期开学第一个月确定为应急演练活动月,组织指导各级各类学校20多万名师生普遍开展地震模拟演练,应急演练实现常态化;指导佳士博公司、红星百瑞特公司、杨春社区、龙都街道机关等开展地震应急演练12场次,包括室内应急避震、紧急疏散、应急救援等科目,参加演练人数近1万人。

地震应急值守。加强对《诸城市地震应急预案》《诸城市地震局地震应急预案》的学习,牢记预案内容和应急工作程序,保证紧急情况下工作忙而不乱、有序开展;对设备、车辆定期检查、维护,重要节点、重点时段实行全员应急值守,保持全天候通讯畅通;强化国庆节和党的十九大期间的地震安保服务工作,做好随时应对地震突发事件准备,维护社会稳定。

【地震科普】 组织开展“三百三千”活动。即深入100所学校、100家企业、100个社区开展地震科普宣传。组织动员1000名以上钓友、1000名以上宠物养殖户,担任义务地震宏观观测员,注意观察了解动物的生活习性,及时发现各种动物的异常行为并上报地震局;指导1000个以上农村新建房屋户落实抗震设防措施。全年共举办各类地震科普讲座(培训)26场次,指导地震应急演练36次,接受咨询2000多人次,组织3000多名群众上地震体验车体验地震,开展“防震减灾知识赶大集”活动42次,发放《诸城防震减灾》《农村住宅建设防震抗震知识》《地震来了怎么办》《致全市宠物店店长的公开信》《致全市广大钓友朋友的公开信》《关于民居抗震设防致农民朋友的公开信》等宣传资料50000余册(份);在“5·12”、“7·28”、社会科普活动周、安全生产月咨询日等重要节点和重点时段,在中心广场悬挂横幅、摆放展板、设立咨询台,还派出宣传车在主要街道巡回宣传。“三百三千”活动的实施,构建起全方位的地震科普宣教体系,防震减灾的重要意义、必备知识、习惯养成和行为规范逐渐融入社会各界和广大群众心中。

媒体网络宣传。确定防震减灾新闻发言人,建立与三流媒体沟通协调机制;在《党风政风监督热线》栏目与听众在线交流2次;在《潍坊日报·今日诸城(专版)》发表《诸城市防震减灾工作纪实》,介绍防灾减灾工作情况,潍坊市地震局局长王云华对此作出批示,给予充分肯定;组织诸城广电“小记者”开展地震科普实践活动，并制作专题节目在电视台连续播出；加强与有关行业、媒体、网站的灾情信息共享，及时回应公众关切，维护正常的工作、生活秩序。

【法治建设】 健全规章制度。将防震减灾法律法规的贯彻实施全面融入依法治市之中，建立健全地震行政执法责任制、行政许可过错责任追究制度、两公开一监督制度、随机抽查工作制度等，确保依法依规履职尽责。规范完善山东省行政权力事项动态管理系统，更新公示权力事项、行政许可和服务信息，保持与上级地震部门同步，优化行政审批环境和效率；制定优化“双随机”抽查方案，年内开展随机抽查2次，增强了行政执法效能和质量。

提高队伍素质。组织学习《中华人民共和国防震减灾法》《山东省防震减灾条例》《中华人民共和国行政处罚法》等法律法规，强化法定职责，提高队伍素质、执法质量和水平，推进依法行政责任落实；参加市委组织的菜单式培训，接受红色教育、警示教育、示范教育、科技教育和拓展培训等；在周五下午固定学习时间，集中学习《习近平的七年知青岁月》《习近平谈治国理政》和党的政策理论、法律法规、专项业务和工作方式方法等，还选学《稻盛和夫·活法》《细节决定成败》《执行重在到位》《不抱怨的世界》《没有任何借口》等内容，培养严谨科学、积极向上的工作作风，努力建设素质优良、作风过硬、勇于担当、创新实干的地震干部队伍。

（李佳运）

气　象　测　报

【概况】 诸城市气象局1958年1月1日建站，迁站4次，现位于密州街道凤凰路5008号，距市中心约8.5公里。有干部职工9人，下设办公室、预报科、测报科、服务中心4个科室，是省级文明单位和潍坊市级花园式单位。

【气象服务】 完成春运、高考、中考等专项气象服务。做好清明节、端午节、中秋节、国庆节等节假日气象服务工作。加强区域气象观测站和土壤水分观测站的监控、维护，切实提高观测业务质量。完成了区域自动气象站的雨量标校及核查工作。编制并出台《气象探测环境保护专项规划》。制作完成气象探测环境保护范围标牌并在政府网站上公示。调整人工影响天气工作领导小组及气象灾害防御工作领导小组，印发《诸城市气象灾害应急预案》。全年共发布重要天气报告13期，发布高温、雷电、暴雨、大风等预警信号56次，雨情信息45次，气象短信5万余条。积极做好人工影响天气工作，组织召开全市人工影响天气工作会议，与各炮点签订安全生产责任书。组织全市炮手参加潍坊市第一届人工影响天气岗位技能竞赛。组织人员对全市人工影响天气作业炮点、弹药库等进行安全专项检查。其间多次召开炮长会议，部署增雨抗旱和高炮、弹药安全管理工作。全年开展增雨防雹作业5次，发射炮弹200余发，经济效益和社会效益显著。根据需要，通过电视台、电台、手机短信、“12121”语音电话等向社会公众发布天气信息，为各级部门和社会各界提供全方位、多层次的气象服务工作。

【党风廉政建设】 积极开展党风廉政建设教育宣传月活动。市气象局与单位科级干部及科室负责人签订党风廉政建设责任书，落实党风廉政建设主体责任，切实做好中央“八项规定”、党风廉政建设责任制、廉政风险防控、局务公开等方面的工作。全面加强内部控制管理，加强科技服务、基建和财务管理，进一步健全完善相关制度，规范工作流程，杜绝违规违纪现象发生。进一步加强制度执行情况的监督检查，深化局务公开工作。“三人决策”“三重一大”决策机制执行良好。

（吴建梅）

文化　旅游

文化事业

【概况】 2017年，诸城市文广新局以习近平总书记关于文化建设的重要论述和党的十九大精神为指导，以贯彻落实《公共文化服务保障法》为主线，紧紧围绕“文化名市”和“三区一城”建设，突出工作重点，创新工作思路，坚持“五抓”并举，文化精品打造、公共文化服务体系建设、文化惠民活动开展、优秀传统文化弘扬、文化惠民消费等各项工作取得了新的成效。年内，获得文化强省建设先进市、全省新闻出版广电系统先进集体、第五批山东省民间文化艺术之乡（古琴）等荣誉称号。

【公共文化服务体系建设】 5月，市委、市政府投资3000万元用于市图书馆改扩建和内部改造提升，改扩建后的图书馆总面积达6000平方米以上，顺利通过国家一级馆的验收。与此同时还对博物馆、名人馆、文化馆、超然台等基础设施进行升级改造，提升市级文化场馆的免费开放功能，为广大市民提供了高质量的文化活动场所和服务。7月，着力做好基层综合性文化服务中心建设。针对镇街综合文化站和社区综合文化服务中心实施“1337”提升工程，即明确1个标准要求，打造3个示范站点，扶持3个相对落后文化站，提升7个社区综合性文化服务中心。按照“与时俱进、高点定位、突出实效”的原则，在高于国家和省级相应标准的基础上，研究制定《诸城市基层综合性文化服务中心基本建设标准》，对综合文化站、社区综合性文化服务中心的硬件设施、功能设置、人员配备、服务管理、活动开展等标准条件提出明确的规范要求，努力向功能化、数字化、便民化和综合性方向发展。对昌城镇综合文化站、杨义庄社区综合性文化服务中心、枳沟红色文旅小镇等3个示范点进行精心打造。8月，召开全市公共文化服务体系建设现场推进会，实现了树立标杆、对标落实的良好效果。作为示范点之一的昌城镇文化站，建筑面积达4000平方米，除具备基础功能室外，还建成了昌城记忆馆、陶钝文学馆、茂腔传承室等特色展室。9月，根据“文化名市”建设要求，组织专门力量，制定《诸城市“文化名市”建设五年规划及三年行动计划与重点任务》，市委以诸发〔2017〕21号文件印发各级各部门贯彻执行，为全市文化事业发展制定了长远的目标规划。11月，省人大常委会副主任张新起在省文化厅副厅长付俊海陪同下到诸城就文化工作进行调研，对诸城市公共文化服务体系建设，特别是昌城镇综合文化站的建设给予充分肯定。年内，全市共办理“一卡通”借书证11.9万个，建立图书流动站19个，累计图书流通73.6万册次，分别比2016年增长3%、6%和39%。市文化馆引导工作人员沉到基层，定期或不定期地到各分馆进行指导，总分馆共培训社区业余表演队伍600多支、民间剧团15个，受益群众2.3万人。以“两馆”总分馆制为依托，全市共策划组织大型广场文化活动80多场次，开展各种文化惠民活动500余场次，形成了“周周有活动、月月有演出”的群众文化活动格局，群众参与率达70%，开启了“文化有约”新模式。诸城市总分馆制经验做法，在潍坊市公共文化服务体系建设现场推进会上作典型发言。12月，潍坊市2017年公共文化服务体系第三方考核评估中，诸城市取得第一名的好成绩。

7月1日，颂歌献给党——庆“七·一”暨诸城市改革发展30年专场文艺演出在市政府礼堂广场拉开序幕

（供图　王哲）

【文化惠民工程建设】 2017年，着眼于群众对美好生活的需求，积极开展品牌文化活动，举办第24届庆新春广场文艺演出、第27届“迎春灯谜竞猜”、第8届社区文化节、第16届“龙城舜韵”文明之夏广场文艺演出、颂歌献给党——庆“七一”暨诸城市改革发展30年专场文艺演出及庆“七一”书画展、大舜文化节系列书画展、逸兴晚霞飞——匡仁里书画作品展、在路上——丁凯中国画展暨作品汇报展等十多次书画展，提升了群众的文化获得感。10月，在沧湾公园举办濯缨沧湾——2017·诸城老年书画重阳雅集活动，百名诸城书画家汇集在沧湾之畔，挥毫泼墨、写意生活、讴歌盛世，共庆十九大，同度重阳节。11月，成功举办了山东省（诸城）首届茂腔文化艺术节，来自诸城及青岛西海岸新区、高密、五莲、胶州等5个县市区的10家茂腔艺术剧团的名家名角、茂腔新秀400余人参加演出，现场观众达3万人次，网络转发、点击量达30万人次，受到社会各界和群众的广泛赞誉，中央电视台、新华社等给予了大力报道，进一步确立了茂腔作为山东省三大地方剧种之一的地位。与此同时，为了解决城乡文化发展不平衡不充分的问题，坚持重心下移，着力实施“农村公益电影标准化放映工程”“一年一村一场戏”、文化下乡等惠民工程。市财政拨付150万元经费用于增添、更新公益电影放映设施设备，全年共放映公益电影6700多场。电影公司在取得良好社会效益的同时，也取得了良好的经济效益，2017年票房收入突破1000万元，位列全省县级市第一，被省电影公司评为2017年度农村电影工作先进单位。鼓励各级各类文艺演出团体深入农村，开展内容精美、形式多样的文艺演出，全年共演出1340场。在元旦、春节期间，组织文化志愿者深入偏远农村，开展送演出、送春联等一系列文化下乡活动，营造浓厚的节日氛围，进一步满足了人民群众对美

10月27日，濯缨沧湾——2017·诸城老年书画重阳雅集活动举行，市领导桑福岭（中）、李永光（左二）、张福秀（右一）、李耀武（左一）及潍坊市相关领导出席

（供图　巩向红）

好文化生活的需求。

【文化精品打造】 紧跟时代步伐，创作弘扬主旋律文艺精品，围绕加强党性教育、推进廉政文化建设、迎接党的十九大召开等重要时间节点，组织排演了《失却的银婚》《星火》《誓言》等一批精品剧目。大型反腐茂腔现代剧《失却的银婚》，3月开始在机关干部和群众中进行展演、巡演，并得到国家艺术基金中心的认可，年内在全市巡演49场，使全市广大党员干部深受党性党风党纪教育。8月，在潍坊大剧院又为省、潍坊市两级领导及潍坊市直部门的党政干部进行汇报演出，得到领导、专家以及观众的一致好评。与此同时，为弘扬诸城优秀传统文化，不断加快文化“走出去”步伐。7月，诸城派古琴代表山东省参加由文化部在海南省主办的第二届中国民族器乐民间乐种组合展演并获得优秀奖，将诸城古琴艺术逐步推向全国，提升了诸城对外文化交流传播水平。11月，在潍坊市文广新局局长座谈会上作了题为《突出重点三抓并举努力打造新时期的文艺精品》的典型发言，有力地提升了诸城文化精品的影响力。

【文化产业发展】 10月，开展了2017年首届全市文化惠民消费季活动。其间，共有14家企业签约成功，开展68场次主题活动，累计使用消费券3066张，商家共消费金额1150余万元，居民文化消费热情空前高涨，有力地推动了文化产业的发展，其经验做法得到上级充分肯定。11月，发展了一批重点文化产业项目。充分发挥地方特色，深入挖掘特色资源，打造了桃林茶文化综合体、竹山生态谷和枳沟镇红色文化旅游小镇等项目，全市文旅项目竞相崛起，有力地促进了文化产业的发展，发展质量和效益明显提升。12月，建设提升了一批专业文化市场。进一步规范完善仰苏堂文化艺术城、张择端书画艺术城等文化艺术品市场平台建设，加速文化艺术品在诸城的流通，繁荣了文化艺术品市场。

【优秀传统文化传承】 深入实施传统文化创新工程，加快构架优秀传统文化研究阐发、普及教育、实践养成、保护传承、传播交流体系。3月，利用已争取到的500万元保护资金顺利完成齐长城保护一期工程2.34公里的修缮，二期工程5公里也已立项，并已争取到700万元保护经费；完成王尽美故居修复工程。5月，完善非遗传习体系建设，新建一批非遗综合传习中心、非遗传承教育基地和非遗传习所。公布了第五批市级非物质文化遗产名录项目名单，诸城非遗项目达140项，非遗保护工作再上新台阶。年内，还获得第五批山东省民间文化艺术之乡（古琴）的荣誉称号。11月，实施乡村记忆工程及历史文化展示工程。建设提升博物馆历史文化展示场馆，重新改造提升非遗展厅，建成枳沟、昌城、舜王、石桥子等镇街历史展馆（室），将诸城的乡村记忆以实物、影像、展板的形式保留下来，为诸城的文化宝库增添灿烂色彩。

【文化服务机构和场所建设】 诸城市图书馆。市图书馆成立于1974年7月，2017年拥有编制19人，在编在职工作人员18人。老馆内设采编部、报刊部、外借部、少儿部、特藏部、参考咨询部、辅导部、盲人有声读物室、全国文化信息资源共享工程诸城支中心、尼山书院、自修室、办公室、办证处、财务室等14个服务窗口。自1998年，连续五届蝉联国家“一级图书馆”，是山东省古籍保护重点单位，山东省古籍保护工作先进单位。

2017年，为了满足全市图书借阅新需求，实施图书馆改扩建工程，馆舍面积由过去3453.76平方米增加到6000平方米，馆藏图书容量由30万册增加到50万册，阅览座席由400个增加为671个。新增24小时自助图书馆、国学经典阅览室、低幼儿阅览室、自修室、文化体验室、报告厅、国学讲堂、大厅导读处等8个服务窗口。此外，图书馆还承担着10处镇图书馆、235个农家书屋、235个全国文化信息资源共享工程基层服务点、镇尼山书院、社区儒学讲堂等的建设、管理、使用，组织社区图书管理员培训、下乡检查指导、乡村阅读等业务。

2017年开展的业务活动主要有：组织全市第五届“百名优秀读者”评选活动。活动以市图书馆、镇（街）园区图书馆、社区农家书屋、中小学校图书馆和企事业单位图书馆（室）为依托，以传播弘扬社会主义核心价值观为目的，读者围绕数字阅读、少儿阅读、“书香龙城”特色阅读，讲述阅读给生活带来的变化、好书对人生的启迪、个人读书的感悟，用榜样的力量激励全市市民，让阅读成为人们的生活方式。经过各部门逐级推选和评委会认真核实评选，最后确定全市第五届“百名优秀读者”评选活动优秀组织奖16个，优秀读者100名。1月7日，“百名优秀读者”颁奖仪式在市图书馆多媒体教室举行。

举办全市老年书画迎春作品展。为庆祝新春佳节，1月18日至2月6日全市2017年老年书画迎春作品展在市图书馆一楼大厅举办。市委组织部部长李永光在开幕式上讲话。此次书画展展出市老年大学师生的作品80余幅。

举办诸城市“景阳春杯”第二十七届迎春灯谜竞猜活动。2月8日至11日，活动在图书馆一楼大厅举行，共出谜语5000多条，诸城电视台、《诸城日报》、诸城信息港等媒体作了相关报道。

开展全市“悦读，在路上”小读者征文评选活动。活动从4月1日开始，历时60天。参与人员达2000余人次，共收到征文400余篇，最后经过评委会评选，确定一等奖20个，二等奖81个，三等奖101个。

举办全市读书朗诵比赛。参加人员600人，分幼儿和小学组、中青年组进行。评选出优秀选手作为诸城代表队参加潍坊赛区选拔赛。经过激烈角逐，府前街幼儿园毛润泽的朗诵篇目《小蝴蝶的秘密》，获得幼儿组一等奖，其他5人获优秀奖。市图书馆获潍坊赛区选拔赛优秀组织奖。

举办2017年度图书馆服务宣传周活动。其内容包括为少年儿童提供免证阅览、开展“学雷锋”活动、新书推荐、举办国学讲座、举办小读者征文活动。

开展“我的书屋·我的梦”农村少年儿童阅读实践活动。活动分为小学组和中学组，共有10个参赛作品上报潍坊。最终，小学组：来自密州街道密州小学五年级的秦煜垚获得三等奖，参赛作品为《一间小书屋，承载我的梦》；中学组：来自繁华初中八年级的李蕊获得二等奖，参赛作品为《书屋，孕育梦想》。

举办“我家洗砚”朱氏兄弟书法展。9月24日，“我家洗砚”朱氏兄弟书法展览在图书馆一楼大厅拉开帷幕。此次展览，共展出书法作品100余幅。

举办2017国学经典诵读大赛。结合图书馆“全民读书月”活动，以“传承国学经典，传递正能量”为主题，来自全市10处镇、4个儒学讲堂的35名国学爱好者，经过选拔，最后有25人参加决赛。决赛于12月23日在市图书馆二楼多功能报告厅结束，共评选出优秀组织奖11个，一等奖3名，二等奖9名，三等奖13名，其余为优秀奖。

诸城市文化馆。市文化馆位于和平北街123号，总建筑面积3500平方米，在全国第四次文化馆评估定级工作中被评为国家一级馆。

文化馆内设艺术辅导部、美术辅导部、书法辅导部、摄影辅导部、培训策划部、文艺创作室、办公室、非遗保护中心。馆内活动场所有高档综合展厅、多功能厅、文艺创作辅导中心、音乐培训中心、舞蹈培训中心、美术书法培训中心、摄影辅导中心、古琴培训中心、文化信息服务室（视听室）、非遗展厅等。市书法美术协会与文化馆合署办公。

2017年开展的业务活动主要有：组织开展全市庆新春广场文艺演出。2月3日至11日（正月初七至十五）举行，共演出9场，演出形式有歌舞、茂腔、器乐表演等。

组织第十六届“龙城舜韵”文明之夏广场文艺演出。6月中旬开始到9月上旬结束，历时2个多月。共演出27场，其形式有音乐、舞蹈、戏剧、曲艺等。

参加潍坊市“滨海弘润金茂府杯”广场舞邀请赛。7月至8月中旬市文化馆选送3支代表队参赛，经过预赛、复赛，诸城市华韵广场舞队从各县市区选送的150支队伍中胜出，成功进入前12名晋级总决赛，并获优秀奖，诸城市文化馆获优秀组织奖。

参加第二届潍坊市视频网络广场舞大赛。9月23日晚，市文化馆选送的诸城市老年大学舞蹈队、龙都街道岔道口少年宫舞蹈队作为晋级队伍参加半决赛，取得优异成绩。10月28日，决赛在寿光举行。诸城代表队获优秀奖，市文化馆获优秀组织奖。

组织策划“华元之声”2018年诸城新年音乐会。音乐会有打击乐演奏、歌曲、民歌联唱、诸城古琴合奏等多种形式，近千名观众观看了演出。

组织诸城市合唱团参加第二届潍坊市民艺术节大合唱展演，并取得十佳第一名的好成绩。

诸城市博物馆。市博物馆有人员编制22人，其中副高级职称2人，中级9人；为全额拨款事业单位。2010年8月19日，迁至和平北街125号，新馆建筑面积3万平方米，展厅面积2.2万平方米，占地5.33公顷，总投资3亿元，时为国内单体建筑面积最大的县级博物馆。馆内设有：办公区、展览区、观众休息区、贵宾接待室、小型学术报告厅等五大功能场所，配有多媒体、电子显示屏等先进的现代化设施。馆藏文物5万余件，其中国家一级文物89件、二级文物258件、三级文物1499件。设立诸城通史、书画撷珍、石刻艺术、佛造像艺术、陶瓷艺术、文房珍宝、远古奥秘、诸城非物质文化遗产展、根雕艺术展、诸城规划展、诸城历代名人展等11个单项陈列展厅。建有文物库房4000平方米。内设办公室、开放教育部、库房管理部、安全保卫部等内部管理机构等。

2017年市博物馆利用现有资源，举办2017·迎春中国画名家作品展、山东省“全国十大考古新发现”图片展、明德·和融——2017诸城籍书画名家邀请展、市政协“喜迎十九大共筑中国梦”书画展、再造之美——单小勇透叠水墨画作品展、惟薛有序于斯千年——古薛国历史文化展、逸兴晚霞飞——匡仁里书画作品展等临时展览。年内，共接待观众52万人次，较好地发挥了博物馆的宣传教育功能。

诸城市超然台管理处。超然台管理处有干部职工8人，其中副研究馆员1人，馆员3人，助理馆员2人；国家级会员3人。内设办公室、编辑部、讲解部。

超然台位于诸城市超然台路中段，台高10余米，长150多米，总建筑面积7000平方米，展区面积3000多平方米，投资7000万元。超然台是诸城文化古迹。原系北魏时所建的城墙土台，北宋熙宁八年（1075年）文学家苏轼知密州时扩建，以为登高远望、饮酒赋诗之所。其弟苏辙深知兄长仕途不顺、亲情远隔的处境，引老子“虽有荣观，燕处超然”文意，赋名“超然台”，以示无往不乐、超脱凡世之意。苏轼深爱此台，常与友人在此远眺酬唱，《超然台记》《水调歌头·明月几时有》《雪后书北台壁二首》《望江南·超然台作》等篇均成于台上。后人缅怀苏轼，元明清时曾多次重修超然台，慕名登台凭吊者甚多，留下许多名诗佳句、墨迹刻石，形成了独具地方特色的“超然物外、淡泊名利”的超然文化。1948年超然台不幸毁于战火，存在延续870多年。为弘扬民族文化，挖掘研究超然文化，2007年诸城市委、市政府决定重建超然台。2010年1月，超然台在原址建成开放。

重建后的超然台参照明清时的建筑样式，沿袭了宋代建筑风格。台内陈列以碑刻、字画为主，突出苏轼在密州的活动业绩和后代文人雅士登台凭吊苏轼的作品，共分三层展区。顶层平台，由城墙、南北堂屋、东西庑房和角楼等仿古建筑群组成，内陈仿古碑刻、摄影图片、苏轼书画等展品，集中展示了超然台悠远的历史和深厚的文化底蕴。二层为主展厅，以苏轼在密州为主题，分苏轼生平、密州岁月、文苑奇葩、书法成就、世人评说、画说东坡六大部分，通过文字、图片、声像以及高科技手段，全面反映了苏轼在密州的政治、文化、艺术成就。一层展厅是主展区，重点展出苏轼密州出猎大型场景、超然台上历代留存的墨迹刻石和当代文化名流的书画等内容，集中揭示了超然文化的发展脉络和对后人的深远影响。

2017年开展的主要业务活动：完成各项接待任务。积极承担接待社会各界人士免费参观任务，2017年共接待各类旅游团体4500多个，游客55万人，免费发放门票45余万张，免费发放宣传单页45余万张。

重视超然文化研究。调整工作思路，加强对超然文化研究的规划立项，把超然文化研究列入超然台工作的重中之重。年内，在高校学报发表苏轼研究学术论文4篇，在各类媒体上发表相关稿件20篇。

办好《超然台》杂志。制定《超然台》杂志的具体目标，邀请全市文化系统骨干力量召开《超然台》杂志编辑座谈会，通过多种方式和渠道进行稿件的征集，邀请市内外专家审稿，提高杂志的整体档次和水平。继续加大“超然台”微信号和《超然台》网站宣传渠道，扩大地方文化的影响力。

开展文化惠民活动。1月2日，“尽精微　致广大”张力弓、张东林、李京波、苏鼎中国画联展在超然台举办；1月23日，诸城十七家书画贺岁展在超然台举办；6月1日，全市第四届童画好家风少儿创意美术大赛在超然台举办。9月28日，明德和融——2017全国油画名家邀请展在超超台举办。10月17日，庆祝老年节欢庆十九大——全市书画精品展暨“百寿”联展在超然台展厅举办。11月18日，全市首届书法临贴展在趁然台举办。12月5日，庆祝诸城市关心下一代工作委员会成立25周年摄影图片展在超然台举办。12月26日，诸城市——青岛西海岸老年书画交流会在超然台展厅举办。

诸城市电影公司。市电影发行放映公司，属国有小型企业，办公场所设在府前街21号，占地面积1200平方米，建筑面积900平方米；影剧院坐落在广场路1号，占地面积5400平方米，营业面积3300平方米。公司内设办公室、财务科、农村业务部、技术科、奥卡传媒公司、影剧院。

影剧院作为诸城唯一一家标准化电影放映场所，担负着活跃群众文化生活、传播先进文化的重要职责。于2012年9月开门营业，共设6个放映厅，可容纳700余人同时观影。以电影放映为主，兼顾舞台演出，同时能够满足召开中型会议的需要。整体装修设计与国际、国内标准接轨，具备数字化、立体化、超市化功能。各影厅内拥有整壁式清晰银幕，以及舒适的人性化沙发座椅。全部引进数字化放映设备，多厅化布局，做到每20-30分钟就有一场电影开映，观众随到随选；同一部电影可以在几个厅同时放映，方便观众需求，真正实现“电影超市”模式；数字化设备色彩更加明晰炫目，无切机，影片一放到底；引进先进的专业4K数字放映机，国际大片与国内大中城市同步上映，多功能、多语音配套放映，3D接收口和立体眼镜，效果逼真震撼视听。

2017年主要文化服务活动有：农村公益电影放映。在行政村多、公益场次少的情况下，政府出资增加5000场公益场次，使农村公益电影放映在142个农村社区的基础上向1249个自然村辐射，扩大放映范围，增加受众面。2017年，全市农村公益电影放映场次为1704场，加上市政府出资的5000场，共6704场。

公益电影进福利机构。省新闻出版广电局、财政厅、民政厅决定，从2015年下半年开始，在全省部分养老机构（社会福利院、社会福利中心、敬老院）和儿童福利院开展“送电影进福利机构”公益电影放映活动。此次活动由山东新农村数字电影院线有限公司负责活动的具体筹备，至2017年底共放映福利电影160场。

【文艺创作】 戏曲类。9月，实施茂腔保护振兴工程。加强创作生产，鼓励支持演出，强化辅导培训，加强宣传普及，在昌城社区建设诸城茂腔综合传习中心，为茂腔的传承发展提供了固定场所。12月，为庆祝中共十九大胜利召开，文化馆文艺创作室创作了小戏曲《初心情》。

古琴类。7月17日，由文化部、海南省人民政府举办的中国民族器乐民间乐种组合展演在海南省歌舞剧院开场，诸城派古琴代表性传承人和弟子创作并参加演出，进一步提升了诸城派古琴文化影响力。12月，诸城派古琴新春专场音乐会在市青少年宫礼堂举行。12月，诸城派古琴入选第五批“山东省民间文化艺术之乡”名单。

文学类。10月24日，由中国《诗词家》杂志社、山东省总工会《职工天地》杂志社发起的“颂歌献给党庆祝党的十九大召开”全国诗歌征文大赛，陈柏林创作的《万家灯火照长河》荣获二等奖。“响应十九大号召，践行伟大中国梦”全国优秀文艺作品征评暨第五届中国作家新创作论坛，《陈柏林诗选——记住乡愁》荣获二等奖。

音乐类。创作2件戏剧作品、7件原创歌曲参加潍坊市民艺术节戏剧和音乐类别的比赛，《春风唤我回沂蒙》《家乡的味道》参加第二届潍坊市民艺术节音乐专场展演，其中王慧《家乡的味道》参加山东省群众艺术优秀新创作品复赛。

美术类。年初，中共诸城市委宣传部、诸城市文化广电新闻出版局、诸城市文学艺术界联合会组织举办“2017诸城市十七家贺岁作品展”。郑学军4件中国画作品参加相约第十五届中国画临沂书圣文化节以及中国画都潍坊、书圣故里临沂中国画名家提名展。郑学军、许传良作品受邀参加第二届潍坊艺术百家邀请展。10月12日，市政协“喜迎十九大共筑中国梦”书画展在博物馆隆重举行，域内19名书画家创作了19米书画长卷《风流人物看今朝》向党的十九大献礼，并无偿捐赠给市政府收藏。

书法类。许传良草书作品入展全国第四届草书作品展，书法“点线面”系列理论连续发表于《书法导报》，书法作品入展全国第二届行书作品展。许传良自作诗作品参加第二十八届中日自作诗书法展。许传良论文《使命与担当——重塑当代大草艺术特质》发表于国家中文核心期刊《中国书法·书学》；《日常书写、应展与前瞻》发表于《中国书画报》；评论《展什么与览什么》发表于《书法报》“言论版”。

摄影类。摄影作品获潍坊市级以上奖2人次，2017年发表摄影作品48件。

【文化遗产保护】 加强重点文物保护，完成《齐长城——诸城石河头段及黑王家沟段维修保护方案》《王尽美故居维修保护及环境整治方案》，修缮保护工程已经基本完成。《齐长城—诸城响水崖子南山段、邹家沟东山段修缮保护方案（二期工程）》已经国家文物局批复，并拨付专项保护经费。《王尽美故居消防工程》保护方案已经批复，保护经费已经拨付，正在进行工程招标工作。完成臧克家故居、王统照故居、路友于故居、徐会沣故居等名人故居的修建工作，建成张择端文化公园、故城遗址公园。完成尚德民俗博物馆、清逸文房用品艺术博物馆、密州博物馆3处民办博物馆建设和审核备案工作。

【非物质文化遗产保护和传承】 2017年，诸城市非遗保护中心通过开展一系列非遗申报、宣传、传承等活动，扩大了诸城非遗在潍坊市乃至全省的影响力和知名度。1月21日，全市非物质文化遗产月启动暨非遗工作座谈会举行。2月4日，“绵绵乡音贯龙城——非遗月”茂腔演出周在岔道口社区少年宫剧院主办。2月20日，全国公冶长后裔宗亲联谊会在市文化馆主办。3月7日，召开新编茂腔历史剧《孝德舜帝》研讨会。6月9日，在全国第12个文化和自然遗产日来临之际，诸城市民间传说综合传习中心在市青少年科技创新教育实践基地挂牌成立。7月8日，潍坊市级非遗项目泷匏葫芦画葫芦种植基地在石桥子镇挂牌成立。7月10日，市非物质文化遗产专家评审委员会专家对所申报推荐项目进行审议和认定，提出第五批诸城市级非物质文化遗产代表性项目名录34项，其中扩展项3项，填补了诸城传统医药类的空白，并面向全社会进行公示。8月7日，汉王山的传说、苏东坡在密州的传说、桃林绿茶制作技艺、枳沟龙灯被列入第五批潍坊市级非物质文化遗产名录。8月24日，非遗保护中心推荐剪纸、条编、漆器、鸟字画、土陶、黑陶、面艺、面塑等52件作品参加山东省文化厅举办的中国潍坊创意设计大赛。12月9日，诸城民间剪纸教育传承基地在昌城小学挂牌成立。诸城派古琴代表性传承人姜燕进入山东省第五批非遗代表性传承人推荐名单。

（王晓磊）

文 化 执 法

【概况】 2017年，诸城市文化市场综合执法局以机关作风建设年为抓手，以繁荣发展文化市场为目标，真抓实干，开拓创新，全力开展“忠诚卫士”行动，“扫黄打非”、文化市场综合执法等各项工作均位居潍坊市各县市区前列，为全市迎接党的十九大召开和经济社会转型发展营造了良好的舆论氛围和文化环境。年内，被评为潍坊市“2017——忠诚卫士”标兵单位。

【提升执法水平】 规范权力运行。修订《文化市场执法案件集体会审制度》，认真执行“零跑腿”等制度，开展“双随机、一公开”，强化权力监督。编制文化市场行政权力清单480项，逐项细化执法主体、执法标准、执法流程，组织案卷评查，规范执法行为，大大提高了办案质量。

推进技术创新。建立移动执法办案平台，依托4G无线网络，配备执法记录仪、笔记本电脑、移动执法手持式终端和便携式打印机等执法装备，大大提高了执法办案效率。推广应用全国文化市场综合执法办公系统，上传执法数据1200余条，实现执法文书规范化、办案流程网络化、执法统计智能化。年内，共受理群众举报32次，查处落实17起，删除屏蔽不良信息

2万余条。

深化队伍建设。深入开展“一月一法一考试”制度，组织执法技能培训6期，12名执法骨干分别分批次参加潍坊市局举办的艺术品市场执法培训、互联网文化执法培训和省版权局举办的版权执法培训，进一步提升了执法人员的管理效能和执法水平。

【规范文化市场】 凝心聚力抓创建。深化“绿色网吧”创建，支持16家有实力的网吧改造场所、更新设备、丰富业态，打造了文明互联网文化阵地。深化“阳光娱乐”创建，规范和整治娱乐演出市场，培育“阳光娱乐”示范点7处，推动了娱乐行业转型升级。深化无“小耳朵”社区创建，规范建设无“小耳朵”镇1个、社区11个，排查取缔“黑电台”1处，助力了“智慧社区”建设。深化“平安文化市场”创建，开展文化市场安全生产大检查3次，消除各类安全隐患76处，推进了安全生产标准化建设。

聚精会神抓整治。扎实开展“忠诚卫士”行动，围绕“扫黄打非”工作，以出版物市场、印刷企业和部分经营性网站为重点，开展“净源”“净网”“净媒”“净屏”“净环境”五大专项整治行动，有效地扫除了文化垃圾，维护了全市意识形态安全。深入开展网吧、演出娱乐场所整治，实施严管、严查、严打、严防、严守“五严”措施，坚决杜绝未成年人进入网吧，开展娱乐场所和搭台演出集中检查，查处取缔非法娱乐单位35家，督促完美世界影城有限公司办理了备案登记手续。开展艺术品市场整治，对全市艺术品市场进行普查，从严规范艺术品经营行为，督促67家艺术品经营单位进行备案登记。深入开展广电秩序整治，开展互联网视听、IPTV/OTT（互联网电视）业务执法大检查，约谈联通、移动、电信诸城支公司，对其营业网点进行抽查暗访。全年共出动执法人员1500余人次，检查经营业户3000余家次，下发整改通知书500余份，办结案188起，依法取缔无证经营场所35家，收缴非法出版物、非法“卫星锅”等物品1万余件，清理有害网络视听节目9起。

【服务文化市场】 实施分级管理。出台互联网上网服务营业场所、娱乐场所分级管理办法，建立文化市场警示名单、黑名单制度，制定联合惩戒措施，推动了全市文化市场转型升级发展。至年底，已有230家文化经营单位参加评选，初步确定A级单位30家，B级单位140家，C级单位60家。

服务文化市场。指导9个文化行业协会完善制度，协助53家文化经营单位办理证照。举办2期文化市场行业政策、安全生产培训，提升了2000余名从业人员的经营水平。

坚持“四进”活动。推进文化市场管理和“扫黄打非”工作进社区、进农村、进学校、进企业（简称“四进”活动）。在社区，着重加强对文化站的指导，进一步落实巡查、举报等工作制度；在农村，着重抓好“五老”志愿者对农村集市等重点场所的巡查；在学校，注重与学校德育教育、校园周边环境综合治理相结合；在企业，注重引导企业员工自觉学法、守法、用法，推动企业健康发展。2017年，已完成进社区40个，进农村219个，进学校33个，进企业302个。

（陈世利）

新　闻　出　版

【概况】 2017年，潍坊日报社诸城分社当选为山东省县市报纸研究会和中国新闻技联区域新媒体分会常务理事单位，《今日诸城》被评为山东省十强县市报，6件作品获山东新闻奖县市报专项奖，不断巩固壮大了主流思想舆论，为全市“三区一城”建设提供了强大精神文化支持。

【基础工作抓规范】 报纸出版。全年编辑出版报纸193期，其中《今日诸城》146期、《诸城生活》47期。通过召开版前会，加强策划，进一步规范采编流程，加强宣传管理，做到程序清楚、责任明确、审查到位。

新闻评选。加大好新闻评选力度，对内健全完善绩效考核办法和总编奖评选办法；对外评选优秀通讯员及季度好新闻。分社共评选出季度好新闻38篇，总编奖90余篇，进一步激发了干事创业的积极性。

强化经营。分社不断巩固发行工作，《今日诸城》《诸城生活》两报发行量6万多份。不断探索强化经营方式方法，尝试“私人定制”营销体系，逐步实现了报、网、端广告组合传递。

学习培训。以提升政治素养和职业能力为重点，切实转进学风作风文风，突出抓好员工的学习培训，利用“微信微课堂”和集体学习加强培训，完成专业技术岗位的继续教育及普通话水平测试等工作。全年安排10人次参加各种培训，重点学习“全媒体VR+直播”运行，全员实操培训3次，业务素质不断提高。

组织建设。深入开展“两学一做”学习教育，认真组织开展三会一课、民主生活会、党员活动日和菜单式学习培训活动，进一步增强党组织的凝聚力、战斗力和号召力。加强干部教育管理，强化灯塔党建在线的推广应用，严格落实党风廉政建设责任制，扎实推进作风建设年活动向更广领域和更深层次推进。

【重点工作抓深化】 重点栏目有声有色。重点办好“深入推进三区一城建设”“开展项目建设百日会战扎实推进四个城市建设”等重点栏目。深化主题宣传，长期开设“党风廉政建设”“精准扶贫”“食安龙城在行动”“安全生产警钟长鸣”“法制园地”“教育天地”等栏目，多角度、全方位强化宣传艺术。

重点报道引领舆论。围绕贯彻落实党代会精神、贯彻落实三级干部会议精神、践行社会主义核心价值观、作风建设、优秀党组织及先进党员、创卫复审、项目建设等重点工作组织系列报道，大力宣传推进“三区一城”建设的新举措、新经验。通过动态消息、人物通讯、系列评论、图片新闻，报网端互动，集中采访130余次，涵盖了全市16处镇（街）园区、50多个部门单位。

主题活动彰显特色。组织开展诸城撤县建市30周年主题活动，充分展现全市改革发展30年的显著成就和基本经验。编辑出版《龙城巨变·诸城市改革发展30年专刊》，通过文字表述、数据对比、图片对比等方式，总结展示30年来全市经济、民生社会、基础设施建设等各个领域的光辉业绩。组织开展纪念诸城撤县建市30周年主题征文活动，刊发稿件（图片）80多篇（组）。

【创新工作抓突破】 推进文化体制改革。分社根据全市深化文化体制改革的战略部署，秉承融媒体发展战略，深入实施网络平台及内容建设，将“中国诸城”公共发布平台建设作为文化体制改革工作重点，讲好诸城故事，传播好诸城声音，防范负面舆论，巩固壮大主流思想舆论，不断提高服务经济社会发展的能力。

打造领跑全省的智能城市云平台。分社不断探索传统媒体和新兴媒体融合发展，建成了今日诸城、诸城生活、诸城新闻网、中国诸城公共发布平台、诸城手机报、今日诸城官方微博微信、诸城新闻头条号和企鹅媒体、爱诸城APP等“三报两网五端”10个发布平台。其中，爱诸城APP打通了报纸、广播、电视、网站、微博、微信、客户端七大媒体，集纳文字、图片、音频、视频等传播形式，是移动“互联网+”模式下的智能城市云平台，在全省乃至全国县级市处于领先水平。

对标一流媒体。邀请青岛媒体组织“青岛媒体诸城行”活动，对接联系《大众日报·青岛新闻》，与胶州新闻中心、潍坊日报社高密分社进行交流，全面宣传推介诸城。除此之外，分社积极“对标学访”，省内学习青岛新闻媒体、潍坊市内赶超寿光报业，积极学习借鉴，完善采编经营，统筹人员安排，加强岗位管理等，推动实现新突破。

（马帅帅）

广 播 电 视

【概况】 2017年，诸城市广播电视台围绕中心，服务大局，牢牢把握正确的舆论导向，认真履责，实干担当，为“四个城市”和“三区一城”建设营造了良好的舆论氛围。年内，荣获山东广播电视台“电视宣传先进集体一等奖”“广播宣传先进集体一等奖”和“山东省县级广播电视系统十佳广播电视台”称号。

【新闻宣传引导有力】 全力做好“四个城市”和“三区一城”建设宣传。在《诸城新闻》中开设“实干担当激情创业深入推进三区一城建设”“作风建设永远在路上”“扎实开展环境综合整治”“迎接国家卫生城市复审共建美好家园”“百日会战”“三区一城劳动者风采”“精准扶贫我们在行动”“家庭故事”“啄木鸟行动”等栏目，配合市委、市政府在不同阶段的工作宣传重点，努力营造了实干担当、激情创业的良好舆论氛围。

强化引导能力，搞好市委、市政府重要会议的宣传报道。圆满完成诸城市“三会”“全市三级干部会议”“农业农村工作大会”“开展作风建设年活动动员大会”“迎接国家卫生城市复审动员大会”等大型会议的宣传报道，并开辟专栏，跟上会议精神解读和系列评论，让市民百姓及时了解市委、市政府的决策部署，正确领会会议精神，增强干事创业的信心。

精心策划，全力打赢创卫迎审工作的宣传战役。全市创卫迎审工作动员会召开以来，台内电视、广播、网络、微信、手机台“五端一体”互联互动、同频共振，全方位、多角度报道各级各部门创卫的有关情况，开设创卫迎审专栏，播发市人大、市政协、市纪委及电台电视台等创卫倡议书、评论，加强舆论监督，曝光全市环境整治、城市管理和老旧小区存在的问题，在全市营造浓烈的创卫舆论氛围，有效地推进了创卫工作的开展。

做好民生节目，加大舆论监督力度。利用《民生零距离》《直通“12341”》《党风政风监督热线》等栏目，加大民生新闻、社会新闻的宣传力度，共采编制作播出民生类稿件1120余篇，受到了市民百姓的欢迎。在《诸城新闻》节目中设立曝光台，通过明察暗访、正反两方面的宣传报道，有效地发挥了舆论的监督作用。

高质量完成各种宣传片的制作任务。为潍坊大观摩、对接服务青岛合作恳谈会、创卫迎审等各项工作制作各种专题片43部，完成了《大道诸城》城市形象片和《点赞2017》专题片的制作播出。

【对上宣传成绩斐然】 紧紧围绕全市“三区一城”建设工作战略总体部署，以“全员外宣、质量并重”为原则，以“上重点栏目、发头条、上重头稿”为宗旨，积极发掘全市经济、民生工作亮点，针对项目建设、民生保障、作风建设等重点工作，加强与上级媒体的联系对接。与青岛广播电视台、山东广播电视台签订战略宣传合作协议，播发了一批有分量、有深度的重点报道，提升了诸城对外知名度和美誉度。全年在中央电视台发稿3条，在山东电视台发稿50多条，在潍坊电视台发稿1000多条。其中，《诸城：党员运用手机台收看建党96周年庆祝大会》的新闻，7月1日在中央、省、潍坊市和诸城市四级电视台的新闻联播节目中共同播出，在社会上引起了强烈反响。

【精品创作成绩突出】 2017年，全台在潍坊广播电视协会组织的广播电视作品和播音主持作品评优中，获一等奖和二等奖的数量在潍坊市各县市区中名列第一，有4件作品代表潍坊市参加山东省广播电视协会的评奖。在山东省新闻工作者协会组织的评优中，获一等奖1件，二等奖4件，三等奖3件。在山东省艺术家协会组织的第九届山东省县级电视艺术评奖中，获一等奖2件，二等奖3件，三等奖2件。张序亮被评为“十佳主持人”。

【媒体融合实现突破】 加快广播电视主流媒体与新媒体的融合发展，与山东广播电视台深度合作，借力山东网络广播电视台轻快APP移动互联网融媒体云平台技术，成功打造起诸城手机客户端。诸城手机台的上线启动，具有传播快、范围广、影响大的优势，为广播电视宣传工作搭建起了新的平台。山东广播电视台专门给诸城发来表扬信，表扬诸城广播电视台为全省媒体融合做出的积极贡献。市委书记桑福岭专门在表扬信上签批意见，充分肯定了广播电视宣传工作。

【事业建设提档升级】 顺利完成广播电视事业体制机制改革任务，市委办公室专门印发了《关于深化广播电视事业体制机制改革的实施方案》。按时完成无线数字中央工程，全市实现电视数字信号全覆盖，弥补了有线电视覆盖存有盲区的问题。与诸城移动公司合作，成功将诸城新闻频道节目接入诸城移动数字机顶盒，直播能力水平得到提升。对“全市三级干部会议”“作风建设年动员会议”等进行了现场直播，并在第一时间采访报道各单位收听收看情况和各界的反响，起到了很好的宣传、引导作用。

（杨树志）

有线电视

【概况】 2017年，山东广电网络有限公司诸城分公司在网有线电视用户总数16.8万户，宽带用户4.6万户。

【集客业务实现新跨越】 充分发挥广电网络资源优势，累计建成专线520多条。公安监控项目1103个摄像头通过验收并上线运行。全市266处视频会议系统升级为“可视基层管理服务系统”，建成“在线督查系统”241处，235处“社区四务公开栏”实现在线查看功能。政法委“综治视联”系统在昌城、密州、舜王、龙都、相州等镇街及红星社区安装完成并上线运行。

【营销服务水平不断提升】 开通“山东有线APP掌厅”“微信公众号自助缴费服务”等线上缴费渠道；与建行合作开通二维码扫码支付功能，方便用户缴费。完善“12345”“12341”投诉受理考评机制，以监督促服务。

【网络建设稳步推进】 依托公安监控项目建设，对部分营业部机房系统进行改造升级，有效提升机房扩容能力，拓展了数据业务及专线、监控业务运载能力。在中心机房安装机架式核心交换机，31处分前端机房安装机架式汇聚交换机，提升了开展视频监控等各类专线业务的能力。新建光缆杆路138公里，迁移改造线路61.1公里，网络覆盖密度和业务承载能力进一步提升。

（李晓伟）

旅　　游

【概况】 2017年，全市旅游工作以“中国龙城”为品牌，加快重点项目建设，大力发展乡村旅游，多途径开展宣传营销，完善旅游发展环境，促进了旅游业健康快速发展。旅游招商取得突破性进展，恐龙涧项目与雪松文旅投资公司签订了项目投资合作协议，全力打造龙头旅游项目。建立起旅游项目包靠机制，对重点旅游项目跟上指导和服务，为全市旅游业后续发展提供新动力。着力发展乡村旅游，竹山生态谷、龙门口生态旅游度假区、永辉生态农场等一批乡村旅游项目初见成效，创建“全国休闲农业与乡村旅游示范县”，龙门口生态旅游度假区、樱谷庄园等项目入选潍坊市乡村旅游标杆示范项目，共获得扶持奖补资金110万元。开展中央电视台广告、新媒体营销等多种形式的宣传营销活动，提高全市旅游知名度。制定出台《诸城市关于鼓励发展休闲农庄的意见》，加大人才培训力度，完善旅游标识牌、停车场、旅游厕所等基础设施建设，全面优化旅游发展环境。年内，全市共接待游客684.52万人次，实现旅游收入83.83亿元。

【加速打造龙头项目】 恐龙化石资源是诸城旅游业发展的核心资源，围绕恐龙化石资源的开发利用，建成恐龙博物馆、诸城中国暴龙馆和恐龙国家地质公园等核心吸引物，完善基础设施，加大宣传营销，打造了“恐龙之旅”特色旅游线路，成为恐龙文化旅游目的地。倾力加大招商力度，广泛对接洽谈20多家大型企业集团，通过反复洽谈比较，最终选择广州雪松文旅投资公司作为重点合作对象。经双方多次深入沟通对接，6月30日，诸城市政府与雪松文旅投资公司签订了恐龙涧项目投资合作框架协议。项目占地总面积163.33公顷，分两期进行开发建设。其中一期项目占地96.67公顷，投资29.8亿元，主要建设恐龙化石主场馆、迎宾秀、VR体验馆、鸭嘴龙脱口秀、大型游乐设施（跳楼机、过山车等）、嘉年华、生命之树、儿童挖掘现场、龙立方等，打造功能复合、配套齐全高品质的文化旅游度假综合体。

【大力发展乡村旅游】 立足于山水生态资源，大力发展乡村旅游，拉长延伸产业链条，提高综合效益，促进农村一二三产业融合发展，有力地促进了农村繁荣，带动了农民增收。把南部皇华、桃林、林家村、枳沟、密州、龙都、南湖“四镇两街一园区”作为乡村旅游发展的主阵地，帮助分析优势资源，理清发展思路，做好“旅游+”“+旅游”的文章，因地制宜发展旅游项目。年内从全市筛选出30个乡村旅游项目进行重点打造，探索建立起项目包靠责任制，定期到项目现场办公，有针对性地加强业务指导，与项目开发建设方一同商讨发展思路、策划规划、业态设计、宣传营销等重要事项，帮助协调解决项目规划建设中遇到的问题，促进项目开发建设。至年底，投资5亿元的竹山生态谷项目聘请同济大学编制完成项目总体规划，规划山野观光、森林康养、生态农业、运动游乐、房车露营、民俗文化、温泉度假、特色小镇等八大版块，打造一处综合性的高端乡村旅游示范区。永辉生态农场在原有农业生产的基础上，建成采摘园、农家乐饭店、木屋民宿、亲子体验、科普教育等业态，年可接待游客10万人次。龙门口生态旅游度假区以记得住乡愁为主题，建起乡村记忆纪念馆、露天放映场、文化中心、关帝庙、龙潭、观瀑亭、观景回廊等独具特色的景点，配套建设农家乐餐饮、民宿、停车场、公共厕所等相关基础设施，通过发展乡村旅游带动了当地农民增收致富。此外，樱谷庄园、东方田园综合体、野生动物园、卢山庄园、青朴园等一大批乡村旅游项目正在迅速崛起，成为全市旅游产业发展的新动力。2017年，荣获“全国休闲农业与乡村旅游示范县”称号。

【融合发展多种业态】 依托名人文化、山水生态、品牌工业等资源，推动旅游业与其他产业融合发展，提升全市旅游的多样性和整体魅力。

培育发展文化旅游。充分发挥现有的常山文博苑、超然台、博物馆名人馆、名人故居等作用，增加对游客的吸引力。重点全面提升发展常山景区，常山文博苑全面建成窦府、大荣博物馆和珍宝馆等，免费对外开放。同时，整合常山周边资源，精心设计业态，增加文化含量，打造高端旅游项目。

全力打造休闲农庄。推动旅游业与农业深度融合，以南部山区为主阵地，支持向“旅游+现代农业”产业模式转型，丰富观光、采摘、游乐、餐饮、民宿、购物等业态，形成业态多元、功能完善的乡村旅游区。研究制定了《诸城市关于鼓励发展休闲农庄的意见》，组织星级评定，通过奖补激发镇（街）园区和投资主体发展休闲农庄的积极性。

引导发展工业旅游。将制造业优势与旅游业完美嫁接，积极利用汽车、服装纺织、食品、装备制造、生物医药等产业优势，打造一批工业旅游体验项目。重点开发迈赫机器人大世界，以VR实验室为核心，深化机器人体验，以青少年为主要客源群体，培育起全市旅游新的增长点。

做优做精红色旅游。依托中共一大代表王尽美、革命烈士路有于、文学巨匠王统照、诗坛逸才臧克家以及王翔千、莫正民、陶钝、崔嵬、王愿坚等红色名人资源，大力发展红色旅游，建起尽美红色文旅小镇、王尽美烈士纪念馆、刘家庄抗战纪念馆等红色景区景点，免费向游客开放，开展爱国主义教育，积极引导游客参与红色旅游，寓教于游。

【不断扩大宣传营销】 围绕提升“中国龙城”的知名度和影响力，积极策划开展旅游宣传营销活动。连续第三年参与省旅发委在中央电视台的“好客山东”捆绑营销联合推介。借力省旅发委宣传十大文化旅游目的地品牌的营销部署，组织参加了“名导带你游山东——大V直播十大品牌”新媒体营销活动，以游客的角度体验推介诸城恐龙资源、诸城烧烤和诸城名人，关注直播人数达30万。邀请新华社、《经济日报》《中国旅游报》等国内重要媒体记者和旅行社代表30余人参加十大文化旅游目的地品牌采访营销活动，白垩纪恐龙地质公园、常山永辉生态农场、超然台、迈赫机器人大世界4家景区（点）参加此次营销，收到较好的宣传效果。在上海东方明珠开展为期2个月的“世界遗迹·诸城恐龙”大型旅游摄影展，有力扩大了诸城旅游的宣传面和影响力。与潍坊市旅发委联合，设计并参加旅发委组织的在杭州萧山国际机场安装广告牌和选择青岛—上海高铁车厢内海报、桌板、行李架等载体宣传诸城旅游品牌形象。积极参与各类旅游交易会，推介旅游资源和产品，提高了诸城旅游知名度。

【着力完善旅游功能】 加强政策引领。结合对标学访经验，借鉴兄弟县市经验做法，制定出台《诸城市关于鼓励发展休闲农庄的意见》，在全市印发贯彻执行。研究制定对镇（街）园区科学发展综合考核中旅游业发展水平的考核细则，激发了各镇（街）园区和投资主体发展旅游产业的积极性。

强化人才建设。分别在浙江大学和四川成都举办两期文化旅游产业发展专题培训班，共有近100名旅游管理经营人员参加培训。多批次组织旅游发展带头人，赴日韩、欧美及我国台湾等旅游发展先进国家、地区学习。邀请潍坊市旅发委副书记邱兆水等旅游方面的专家来诸城举办乡村旅游专题讲座，进一步提升了全市旅游管理人员和从业人员的业务水平。

召开涉旅单位座谈会。分批次召开旅行社、A级景区和星级酒店、重点旅游项目工作座谈会，交流各单位旅游工作开展情况及意见建议，了解发展过程中存在的问题，共同研究下步工作推进措施，提升全市旅游业发展整体水平。

完善基础设施。在前期设置46个旅游标识牌的基础上，根据实际发展需要，新增旅游标识牌60个，以方便游客出行。同时，完善停车场建设，积极开展“旅游厕所革命”，提高了旅游消费的舒适度和便利性。至年底，全市共有国家A级旅游景区11处，其中AAAA级景区5处，分别是恐龙文化旅游区、恐龙博物馆、潍河公园、常山文博苑和大源生态园；AAA级景区4处，分别是刘墉栗园、博物馆名人馆、马耳山景区、百尺河景区；AA级景区两处，分别是得利斯植物园、大舜苑。星级饭店4家，其中四星级饭店2家，分别为华玺大酒店和杨春国际酒店；三星级饭店2家，分别为中粮宾馆和华洋大酒店。全市注册旅行社和旅行社办事处达26家，全年地接能力在300万人次以上。旅游交通、文化演艺、商务会展、旅游购物等服务配套也有序推进，形成了“吃、住、行、游、购、娱”较为完备的旅游服务体系，旅游产业集成拉动作用显著提高，旅游兴市的局面逐步形成。

（李　妮）

恐龙文化

【概况】 2017年，诸城市恐龙文化研究中心按照“四个城市”“三区一城”建设要求，以化石保护为基础，以科研科普为支撑，以宣传营销为抓手，以优质服务为宗旨，着力提升中国龙城文化旅游品牌。“中国龙城文化品牌提升工程”列入潍坊市“四个城市”30个关键支撑项目；“恐龙之旅”接待人次和收入均比上年增长20%以上。

【化石保护】 邀请中科院古脊椎动物与古人类研究所专家到诸城指导化石保护工作，通过防水、加固、保温等措施对恐龙涧化石隆起带、化石长廊暴露化石实施保护，保护面积1万多平方米，确保了化石安全。对采集出的化石实施修复、装架、仓储保护，装架起蜥脚类、虚骨龙类等10具恐龙化石骨架；建设完成高标准化石保护仓库，采用国际通用的标本柜仓储技术，配套恒温恒湿、安全预警等设施设备，实现了化石保护的标准化、规范化。第三次化石保护性发掘至今已近10年，化石保护被国家古生物化石专家委员会选树为化石保护典范，黑龙江省博物馆、贵州省关岭自治县以及省内的莱阳、临朐地质公园等众多单位来学习保护经验做法。

【化石研究】 9月，市恐龙文化研究中心联合广西自然博物馆、中科院古脊椎动物与古人类研究所，研究命名了一个蜥脚类恐龙新属种——“臧家庄诸城巨龙”，它体长超过15米、体重约40吨，时为亚洲白垩纪地层中发现的最大、最重的蜥脚类恐龙。该巨龙的发现填补了世界古生物研究领域的空白，对于研究恐龙的种类分布及大陆板块漂移提供了新的证据，提升了诸城恐龙在国际古生物研究领域的地位和影响。同月，市恐龙文化研究中心参与撰写的《山东诸城晚白垩世恐龙化石埋藏学研究》入选中国科协优秀科技论文遴选计划。10月，诸城恐龙国家地质公园受聘为临沂大学生命科学院理事会理事单位。年内，在《地质论评》《地质通报》等权威期刊上发表科研论文8篇。

【科普宣传】 编发《恐龙文化研究》科普刊物，策划开展恐龙科普大讲堂、恐龙化石模拟挖掘体验、市民科普月等活动，先后有100多批、近1万名青少年学生到诸城恐龙国家地质公园开展研学旅行。1月至6月，与中科院古脊椎动物与古人类研究所、日本福井县立博物馆合作，在日本名古屋举办了恐龙化石展览，进一步提高了诸城恐龙国际知名度和影响力。3月，山东省中华文化传承基地在诸城恐龙国家地质公园揭牌。12月，与山东科技大学地球科学与工程学院合作建立山东科技大学教学实习基地，并举行揭牌仪式。诸城恐龙化石科普基地被山东省国土资源厅授予“十二五”科技工作先进集体荣誉称号。新华社、《经济日报》以及华东记协等20多家主流媒体记者到诸城恐龙国家地质公园采风；在各类媒体上刊发稿件70多篇，其中《恐龙新属种“臧家庄诸城巨龙”获命名》一文，新华网、人民网、《光明日报》等近百家媒体予以报道。

【对外营销】 新包装推出以“巨龙馆（恐龙博物馆）、暴龙巢（暴龙馆）、万龙壁（化石长廊）、龙立方（龙立方展馆）”为看点亮点的“恐龙之旅”线路产品，成为山东新兴的最具特色魅力的旅游线路产品。4月，参加山东（济南）国际旅游交易会，通过化石标本展览、展板展示、播放视频及发放资料等形式宣传诸城旅游产品，共签约旅行商56家，荣获最佳组织奖。8月，与第27届青岛国际啤酒节组委会签订合作协议，利用啤酒节门票广告、户外LED屏广告、宣传版面及恐龙化石展览等方式扩大宣传，成为啤酒节的亮点，吸引了众多游客参观。年内，邀请山航国旅、山东国旅、青岛旅行社等近百家省内外旅行社经理踏线考察，洽谈合作。组织营销小分队到青岛、济南、潍坊、日照等地开展宣传营销，联系对接院校、旅行社等400多家，签约旅行社40多家，团队游客人数同比增长20%。

【接待服务】 改造提升龙立方展馆，外观焕然一新，内部优化调整化石标本的组合展示，增添流水、山洞、雾霭等景观，配以恐龙的声音和多彩的灯光，复原展示白垩纪环境，增强了展示效果。新建化石挖掘修复装架存储展厅，通过雕塑、图片、实物等形式展现化石发掘、修复、装架、存储等过程，丰富展览展示内容，延长了游客观赏时间。按照AAA级旅游厕所标准，在恐龙公园新建1处旅游厕所，改造提升恐龙博物馆、恐龙国家地质公园4处旅游厕所。在恐龙公园新安装高清数字监控和语音广播系统。围绕迎接国家卫生城市复审工作，加强恐龙公园、恐龙国家地质公园精细化、标准化、规范化管理，修缮恐龙公园停车场、甬路、亭、廊、栈台、木桥等设施，环境进一步优化。深入贯彻党的十九大精神，开展作风建设年、“两学一做”学习教育活动，组织全体干部职工“写文章、编微信、讲科普”。加强讲解员业务培训、考核，业务素质和服务能力全面增强。2017年“恐龙之旅”各景区未发生一起旅游安全事故和服务质量方面的投诉事件，涌现出了拾金不昧等很多好人好事，受到游客广泛好评。

【招商引资】 围绕恐龙小镇、恐龙国家地质公园招商开发，积极配合旅游、规划、龙都街办等部门单位搞好规划和招商工作。参与对接北京世纪唐人旅游发展有限公司，论证完善恐龙小镇规划。配合旅游部门加快与雪松文旅的合作步伐，6月30日，诸城市政府与雪松文旅集团签订诸城恐龙文化旅游项目合作框架协议。

（牛　涛）

诸城恐龙文化旅游度假区

【概况】 2017年，诸城恐龙文化旅游度假区管委会积极参加恐龙小镇规划建设和白垩纪恐龙地质公园招商工作，积极作为，主动担当，依法作为。至年底，省旅发委大数据信息系统显示，全区共接待游客1807026人次，营业收入15475.1万元。其中，游览设施收入1250万元（门票），住宿设施收入2472.3万元，餐饮设施收入5541.7万元。

【招商引资】 按照市委、市政府提出的“打造文化旅游名城”的战略部署，积极参加白垩纪恐龙地质公园招商工作。2017年，先后同中铁二十局、中经金控投资有限公司、中冶二集团、中冶二十二集团、大连大公资本、北京安赢资本、广州雪松文旅公司、东旭集团及山东旺盛集团、常州恐龙园、中青旅、中建城信投资公司组成的联合体等企业洽谈度假区投资事宜。同时，积极配合市旅游局、市财政局修订完善PPP项目合作框架和实施细则，详细考察投资主体的规划建设、经营管理、运营维护同类项目的能力、业绩、资质和经验，以及他们的信用与信誉、财务与融资能力、全生命周期人才团队、质量安全管理体系等。至年底，市里已与广东雪松文旅签订诸城恐龙大世界旅游项目投资协议，一期投资29.8亿元。

【设施配套】 恐龙国家地质公园改造提升4处旅游厕所，游客服务中心新开辟休息区和餐饮区，引进快餐项目，满足游客需求。大源园林AAAA级景区良性拓展，新增用地2900亩；大源恐龙花海已完成土地流转面积4100亩，回填土方180万立方米，停车场整平铺砖、游园道路压路整形砼硬化和观赏区大门安装均已完成，共栽植绿化树木花草2400余亩，景观土地造型、路边护坡、排水管道、喷灌设施、人工湖、园区内3个公共厕所建设正在进行；投资4亿元的卧龙湖水库景区顺利开工，并纳入省级雨洪资源利用项目库；龙昌南路、恐龙涧路扩宽改造已基本完工。

【产业发展】 及时统计上报省旅发委大数据信息系统，主动到度假区内的旅游景区、景点、旅游饭店宾馆等了解经营收入、设施投入、床位增减、游客数量、饭菜质量、游客需求等情况，主动与龙都街道、市水利局、市恐龙文化研究中心、市旅游局、市规划局及相关单位沟通联系，收集度假区内各单位工作进展情况和具体数据，按月上报省旅发委大数据信息系统。积极迎接省旅发委对省级旅游度假区的年度考核，全面汇报区内发展的各种业态和取得的成绩，积极争取省旅发委对诸城市旅游度假区的重视和支持，恐龙开发项目被省旅发委列为全省重点招商项目。

【对标学访】 全面贯彻落实全市作风建设年活动部署，按照“两学一做”学习教育常态化、制度化和活动要求，对照市第十四次党代会的任务目标、战略重点，结合度假区党工委实际，认真梳理研究讨论，确定昌乐县首阳山省级旅游度假区、青岛凤凰岛国家级旅游度假区为赶超目标和学习标杆，并于6月19日赴昌乐县首阳山省级旅游度假区开展“对标学访”活动。坚持问题导向，对照标杆，认真查找自身存在的短板和不足，取长补短，学以致用，以“实干担当、激情创业”为主题，树立“无为就是过、平庸就是错”“功成不必在我、建功必须有我”的理念，提升思想境界，积极开展“城乡党组织联建”“万人下基层”和包靠帮扶贫困户等活动，积极参与国家卫生城市复核迎审工作，市委、市政府授予旅游度假区“2017年度迎接国家卫生城市复审工作先进单位”荣誉称号。

（郭凤伟）

卫生计生　体育

卫　生　计　生

【概况】 2017年，全市卫生计生工作紧紧围绕一切为了人民健康和家庭幸福、办人民满意的卫生计生事业这一中心，狠抓各项工作落实，取得了显著成效。年内，顺利通过国家卫生城市复审，创建为国家妇幼健康优质服务示范市、省级健康城市试点市、省级健康促进试点市、省级医养结合示范市，王金鉴被追授为“全国最美医生”。

【通过国家卫生城市复审】 2017年是诸城市国家卫生城市复审之年，市委、市政府举全市之力做了大量的迎审准备工作。3月30日，市委、市政府在政府礼堂召开迎接国家卫生城市复审动员大会，市级班子主要领导，市委、市政府分管领导以及重点镇（街）园区、部门、单位的主要负责同志参加会议，市委书记桑福岭作讲话，要求志在必得、万无一失、一役达标，动员全民动手，全力以赴，确保迎审成功。会后，各级各相关部门按照市委、市政府总体部署，认真落实社区网格包靠责任制，先后投入2亿多元改造主次干道路面，升级人行道，修整街巷20余万平方米；粉刷墙面35万平方米，整顿规范小区300余个；新建设公共厕所20座，规范设置早市、晚市9处，新增30个惠民早餐点。集中拆除龙城市场、龙都建材城、南关路、福光花园等违法建设7000余处，拆除面积47万多平方米，整个城区面貌焕然一新。8月5日至7日，全国爱卫会有关专家到诸城对迎审工作进行暗访调研；10月，对迎审情况作了反馈，诸城得分845.6分，在全省6个迎审城市中得分最高，顺利通过复审。诸城市城市社区网格化迎审体系，也成为全省的亮点。迎审工作中所体现出来的工作作风，也成为作风建设年活动的一大亮点，《大众日报》等主流媒体都进行了宣传报道。

【创建国家级妇幼健康优质服务示范市】 在已创建为山东省妇幼健康优质服务示范市的基础上，继续优化生育全程服务，落实母婴安全保障措施，深入推进妇幼健康示范工程，打造妇幼健康一条龙服务品牌。全市免费孕前优生健康检查覆盖率100%，免费婚前医学检查率90.14%、免费唐筛率86.57%、新生儿四种遗传代谢性疾病筛查覆盖率和新生儿听力筛查率均为100%。全市婴儿死亡率为1.69‰，5岁以下儿童死亡率2.12‰，0—6个月婴儿纯母乳喂养率达93.43%。市妇幼保健院被省卫生计生委评为山东省儿童早期发展示范基地。10月，市妇幼保健院组建的团队，在潍坊市生育全程技术比赛中取得第一名，并代表潍坊市在全省生育全程服务技能竞赛中获优异成绩，是参赛中唯一一支县级助产医疗机构代表队。全市妇幼健康工作得到上级充分肯定，2018年1月15日，国家卫生计生委下发文件，诸城市被评为国家级妇幼健康优质服务示范市。

【省级健康城市试点市建设】 年内，以迎接国家卫生城市复审为契机，大力提升城市综合管理水平，各项工作达到健康城市标准要求，被山东省卫计委、爱卫会确定为省级健康城市试点市。

【省级健康促进试点市建设】 实施健康促进战略，出台健康素养、健康促进发展规划，加强对健康促进的顶层设计。与慢性病防控、健康城市创建、国家卫生城市复审等统筹融合，综合推进健康促进。与家庭医生签约、公共卫生服务结合，增强健康促进实效。加大健康主题公园建设，全市设立健康主题公园2处、健康步道6条、健康温馨看牌900余个。开展健康学校行、健康社区行、健康家庭行活动，分级分类开展健康科普。开展健康扫盲科普和健康素养宣传推广行动，开办《健康诸城》电视专栏27期。7月，诸城市被省卫生计生委确定为省级健康促进试点市。

【省级医养结合示范市建设】 统筹医疗、养老资源，开展医养结合试点。

医疗机构内设养老机构模式。以桃林卫生院和诸城民生医院为代表，在院内设立养老机构。

医疗机构与养老机构联合体模式。桃林卫生院山东头分院与当地敬老院联合成立医养中心。

养老机构内设医疗机构模式。诸城颐顺园休闲养老中心内设护理院，为入住老人提供周到的医疗保健服务。

医疗机构与养老机构合作服务模式。按照就近方便、互惠互利的原则，全市11处农村敬老院均与当地卫生院签订合作协议，实现医养有效衔接。

居家医养结合模式。结合开展基本公共卫生服务和家庭医生签约服务，为居家养老提供专业支持，并探索居家医养结合智慧养老模式。同时，制定出台《进一步加快推进医养结合工作的实施意见》，积极谋划推进市人民医院康复医养中心、市中西医结合医院康复医养中心、红星老年社区、枫香怡养小镇等医养结合大项目。

潍坊市卫计委对诸城医养结合工作给予充分肯定，11月组织各县市区卫计局分管领导和业务科室负责人到诸城就红星老年社区和桃林卫生院医养结合项目进行现场考察指导。12月，诸城市被省卫生计生委确定为省级医养结合示范市，市人民医院医养结合项目被省卫生计生委列为重点扶持项目。

【医药卫生体制改革】 在市人民医院、妇保院取消药品加成的基础上，精神卫生中心、口腔医院也全部取消药品加成，标志着全市公立医院全部实行取消药品加成政策。市人民医院、妇保院、精神卫生中心全部建立法人治理结构并开始运行。公立医院控费管理取得明显成效，市人民医院医疗收入、患者门急诊次均费用、出院患者次均费用、药占比、百元耗材比较上年度明显降低。

【医疗质量提升年活动】 2017年，市卫计局制定了《诸城市2017年医疗质量提升年实施方案》和《诸城市2017年医疗质量提升年督导方案》，积极开展全市医疗质量提升年活动。

加强医疗质量管理。开展专业技术人员考试和技术比武活动11次，在全系统掀起了比学赶超的热潮。根据潍坊市卫计委提升医疗服务质量集中行动实施方案要求，成立诸城市提升医疗质量集中行动领导小组，对全市的医疗质量进行暗访检查。人民医院、中医医院、妇幼保健院以及龙都、石桥子、密州、程戈庄、桃园、昌城、相州、辛兴、皇华、贾悦、郝戈庄等卫生院医疗质量有了进一步提升。

加强护理质量管理工作。组织召开护理质量检查情况分析暨护理文书书写会议，针对全市护理质量检查存在的共性问题进行专题培训。加强医疗机构间护理质量观摩交流，组织全市百名优秀护士分4批对人民医院健康宣教、儿科幼儿园式管理、中医医院的中医特色护理、妇幼保健院的妇儿特色护理进行观摩学习，进一步提升了全市整体护理质量。人民医院、中医医院、妇幼保健院以及龙都、舜王、石桥子、皇华、桃园、桃林、辛兴、林家村等卫生院护理工作管理规范，服务质量高。为庆祝5·12国际护士节，市总工会、市卫计局联合开展护理先进个人评选活动。共评选出诸城市优秀护士132人，诸城市最美护士10人及诸城市资深优秀护士10人。

积极落实医联体建设及分级诊疗工作。印发《关于进一步加强医疗联合体建设及分级诊疗工作的通知》，市人民医院与19家卫生院成立心电远程会诊中心、影像远程会诊中心，组建呼吸专科联盟、脑卒中联盟、超声专科联盟，为全市医联体建设和分级诊疗工作起到了带头作用。

推进临床路径管理工作。市人民医院61个科室118个病种参与临床路径管理，进一步规范了诊疗行为。

农村卫生专业技术人员培训。加强与青岛大学附属医院的合作，通过送出去、请进来的方式提高基层医疗技术水平，年内派出13批399人次到青岛学习，邀请专家到诸城授课13期，开展学习心得交流共享座谈会8场。

医院感染管理工作。举办全市医院感染管理知识培训班，组织血透室管理专项检查，开展岗位练兵专业技术比武活动、医院感染管理知识竞赛活动。人民医院、中医医院、妇幼保健院以及龙都、舜王、石桥子、程戈庄、桃园、昌城、相州、皇华、贾悦、孟疃、马庄等卫生院医院感染管理工作进一步加强。

市人民医院创建为潍坊市区域医疗中心，昌城卫生院、贾悦中心卫生院被评为2016-2017年度全国群众满意乡镇卫生院。

【家庭医生签约服务】 探索实行“两到位”“三创新”“三规范”的“2+3+3”家庭医生签约模式，推试点、打基础、建机制、实评估，有序推进家庭医生签约服务开展。将家庭医生签约与创建山东省健康促进试点市、基本公共卫生服务、分级诊疗、健康扶贫工作紧密结合，多措并举普及群众健康知识，提升群众健康水平，让家庭医生当好居民健康守门人。年内，已为9.51万名65岁及以上老年人开展免费健康查体，为高血压、糖尿病等慢性病患者开展随访和健康指导10.7万人次。皇华、郝戈庄、密州、昌城、马庄、辛兴等卫生院家庭医生签约服务工作扎实，成效明显。潍坊市卫计委专门对诸城家庭医生签约服务的做法予以充分肯定并组织在各县市区进行推广。

市卫生计生主管部门对皇华中心卫生院“2+3+3”家庭医生签约工作进行检查
（供图　市卫计局）

【疾病预防控制和卫生应急】 贫困重性精神病人住院医疗救助工作顺利实施。市政府印发《诸城市贫困重性精神病人住院医疗救助实施方案》，精神卫生中心和各农村卫生院积极行动，扎实做好上转救治工作。从9月1日实施到12月31日，共救助贫困重性精神病人168名，全部实现住院免费治疗。

卫生应急规范处置能力不断增强。市疾控中心积极指导全市不明原因肺炎和流感样病例的监测与报告，及时分析疫情变化，提出预防控制措施和政策建议，成功处置域内H7N9禽流感疫情。市疾控中心、市人民医院、辛兴卫生院、贾悦卫生院等相关单位在H7N9禽流感疫情处置中识大体、顾大局，得到省、潍坊市卫生计生部门充分肯定。

传染病防控工作水平持续提升。加强免疫预防工作，年内全市预防接种36.5452万人次，国家免疫规划疫苗全程及时接种率92.13%，超额完成上级下达指标任务，瓦店、石桥子、皇华、龙都、孟疃等卫生院在潍坊市预防接种单位大排名中名列前茅。

适龄儿童免费牙齿窝沟封闭防龋项目扎实开展。“适龄儿童免费牙齿窝沟封闭防龋项目”是潍坊市政府承诺的民生实事之一。诸城市承担该项目任务的市口腔医院、人民医院、中医医院、妇保院4家定点医疗机构，年内开展口腔健康检查的学生8986人，开展窝沟封闭8654人。

【卫生监督】 继续推进法治医院创建工作。制定《关于深入推进法治医院创建工作的通知》，加强法治医院创建规范化、制度化建设，创建工作得到潍坊市卫计委的肯定，在督导考核中得分97.3分，位列第一。

开展卫生行政许可和处罚档案上报评审工作。在2017年潍坊市卫生计生行政许可档案质量提升专项考核中诸城得分98分，位列各县市区第一。所报送的4份案卷分别被潍坊市卫计委评为潍坊市“卫生计生十佳处罚案卷”“十佳行政许可案卷”。在潍坊市组织的卫生计生监督微课大赛中，诸城市制作的微课取得了第一名的成绩。

开展卫生计生综合监督规范年活动。规范医疗废物处置工作，全市口腔诊所、综合门诊部以上的医疗机构全部安装了污水处理设备并保持正常运转。严厉打击违法违规开展医疗美容行为，对全市生活美容店进行检查，签订承诺书216份。全年共查处违法案件74起，罚款20余万元。在潍坊市组织的医疗市场整治情况暗访中，诸城市获得总分第一名的成绩，城区和19个卫生执法中队跨片区异地执法的经验做法得到了潍坊市卫计委的肯定。

抓好“四小”单位监管。在创卫复审工作中，采取分片包干的形式，对城区范围内1262家“四小单位”（小美容美发店、小旅馆、小歌舞厅、小浴室）开展了为期4个多月的监督检查。

【中医药事业发展】 加强中医馆、国医堂建设。全市19个农村卫生院对中医药综合服务区进行改建扩建，建成了中医药氛围浓厚的中医馆或国医堂。其中昌城、密州、桃林、皇华、瓦店、石桥子、百尺河、孟疃、桃园等卫生院顺利完成了省级中医馆建设项目，共获得补助资金90余万元；林家村、相州、贾悦等中心卫生院顺利完成了省级中心卫生院国医堂建设项目，获得补助资金共计18余万元。

加快基层中医药人才培养。诸城中医医院协助市中医药管理局在推进全市中医药工作中发挥了重要作用。搭建中医药交流平台，建立诸城市中医药交流群和中医药管理群，为全市各级各类医疗机构中医药人员提供交流学习的平台；面向基层举办了多期中医药知识技能培训班和中药饮片鉴别培训班，累计培训中医药人员500余人次。市卫计局、市总工会联合举办全市基层中医药适宜技术技能和中医经典知识竞赛活动，评选出20名中医经典知识和中医药适宜技术优胜者作为全市中医经典知识培训和

1月6日，市委书记桑福岭（左三）、市委副书记、市长刘峰梅（右三）对诸城中医医院门诊医技综合楼项目进行检查指导　　（供图　市卫计局）

中医药适宜技术培训的师资力量。8名表现优秀的参赛选手代表诸城参加了潍坊市组织的决赛，其中相州中心卫生院刘增慧获得潍坊市中医经典知识竞赛特等奖，其他选手分获三等奖和优秀奖，市卫计局获得团体二等奖。诸城中医医院门诊医技综合楼项目进展顺利，在全市“百日会战”项目评审中被确定为优秀等次。

【计划生育服务管理】 坚持“两手抓”，实现计划生育工作从以管理为主向以服务为主转变。一手抓刚性指标完成。主要是做好《人口和计划生育目标管理责任书》履行，加大出生人口性别比、生育登记监控率、家庭发展奖励政策落实等重点指标监控，全市的各项指标均处于较好的水平。一手抓服务性软性指标的落实。通过抓妇幼健康保障、公共服务能力建设和深化生育服务制度改革等，全面两孩政策执行效果良好。年内，免费发放一孩、二孩服务手册23295份，为242对符合再生育审批条件的夫妇发放生育证。年内全市共出生17115人，其中二孩12069人，两孩政策带来的生育势能释放明显。进一步推动企业退休职工独生子女父母养老补助实施，启动城镇其他居民独生子女父母奖励扶助政策。

【健康扶贫和安全稳定】 各定点医疗机构把健康扶贫工作当作一把手工程，提高政治站位和政治担当，攻坚克难，整体推进。认真落实“八个一”和分类救治，开通贫困人口一站式结算窗口和绿色通道，落实各项便民惠民及减免政策。2017年，为6921名建档立卡的贫困人口进行免费健康查体，2199名患病贫困人员全部完成信息核查。

【社会办医健康发展】 各民办医疗机构运行正常，投诉率低。其中，民生医院被潍坊市委组织部确定为社会党建示范点，迎接了省、潍坊市党建考核；大众医院被确定为诸城市社会党建示范点。

【王金鉴被追授为“全国最美医生”】 深入推介齐鲁时代楷模王金鉴先进事迹，弘扬社会正能量。2月，王金鉴被中央电视台追授为“全国最美医生”。3月，被省委宣传部评选为2016山东好人十大年度人物。8月，入选山东省卫生计生系统先模事迹报告团，巡回各地市进行宣讲8场。王金鉴先进事迹报告团组建以来，已累计巡回报告、演出100余场，受教育党员干部20余万人次，在社会上引起强烈反响。

（王　刚）

体 育

【概况】 2017年，诸城市体育局实干担当，激情创业，以开展“作风建设年”活动为抓手，力促体育事业发展，全民健身和竞技体育全面发展，体育产业繁荣发展，为“四个城市”和“三区一城”建设发挥了重要作用。8月，被国家体育总局表彰为“2013—2016年度全国群众体育先进单位”。

【赛事活动】 认真贯彻落实《全民健身计划（2016—2020年）》，大力开展全民健身活动，全年开展市级规模以上群众体育赛事38次。2月6日至8日，承办“宝通杯”山东省第八届少年围棋精英赛；3月4日，举办全市庆“三八”“广大物业杯”台球比赛；3月12日至4月12日，举办全市第二届“渤海保险杯”室内篮球超级联赛；4月16日，举办山东省第九届万人象棋赛诸城初赛；4月19日，举办市直机关庆“五一”登山比赛；4月20日至21日，举办全市庆“五一”职工门球比赛；4月23日，举办全市庆“五一”台球比赛；4月29日，举办第四届全市“瑞博体育杯”跆拳道锦标赛；5月8日，举办2017年诸城市第三届“芝灵置业杯”羽毛球团体赛；5月14日，举办“尽美杯”第三届环常山10公里路跑赛；5月20日，举办“龙武杯”全市中小学生跳绳大赛；5月19日至21日，承办潍坊市第五届老年人运动会台球比赛；6月9日，承办潍坊市拳击锦标赛；6月26日，举办“阳光海棠湾杯”诸城市2017年羽毛球大奖赛；6月26日，举办“瑞博电机杯”市直机关羽毛球赛；7月3日，承办潍坊市田径锦标赛；7月6日，举办全市“三区一城杯”职工拔河比赛；7月6日至8月10日，举办昌城镇篮球联赛；7月12日，承办潍坊市橄榄球锦标赛；7月26日，承办潍坊市举重比赛；8月6日，承办潍坊市国际式摔跤锦标赛；8月6日至10月11日，举办“华诚置业杯”诸城市第五届篮球联赛；8月22日，举办“清悦康源杯”2017潍坊市第七届全民健身运动会武术锦标赛；8月26日，举办诸城市“中粮杯”门球比赛；9月18日，举办2017“妙力源杯”诸城马拉松接力赛；9月18日至9月27日，举办诸城市第五届“中国体育彩票杯”够级大赛；10月11日至13日，举办山东省第十届“军休杯”老干部门球赛；10月15日，举办诸城市“东方小神龙杯”首届市直小学生篮球技巧大赛；11月5日，举办“塞尚云沃杯”全市职工乒乓球比赛；11月10日，举办“中国体育彩票杯”全市中老年健身展演；11月11日，举办诸城市“中国劲酒杯”冬泳大赛；11月19日，举办第三届“山东泰瑞杯”2017诸城市羽毛球团体追逐赛；11月27日至12月2

5月14日，全市“尽美杯”第三届环常山10公里路跑赛举行

（摄影　巩向红）

9月17日，2017“妙力源杯” 诸城马拉松接力赛在常山广场鸣枪开赛
（摄影 王 玮 裴长华）

日，举办诸城市2017年中小学生足球联赛；12月10日，举办2017“上汽大通潍坊华凯杯”诸城兼爱宏德汽车场地越野友谊赛；12月12日至15日，举办诸城市2017年“体育彩票杯”中学生篮球赛；12月16日，举办2017“361度”诸城恐龙公园定向赛。

【体育设施】 加强城乡体育健身设施建设，根据全市美丽乡村标准化建设要求，新建完善全民健身工程86处，235个社区在潍坊市率先实现社区体育健身设施全覆盖，社区居民健身环境提档升级。昌城镇：孙村社区、河岔社区、官沟社区、行寺社区、重兴社区、道口社区、杨义庄社区、大宋社区、昌城社区、芝灵社区、郑家河岔社区、张家沙屋村。辛兴镇：朱庙社区、辛兴社区、东辛兴社区、狮子口社区、饮马泉社区、岳水社区、丁家庄社区、齐沟社区、米沟社区、捎铺社区、西公村社区。枳沟镇：后寨社区、杨家洼社区、北老屯社区、乔庄社区、东枳沟社区、玉皇社区、普庆社区。皇华镇：皇华社区、焦家庄子社区、青墩社区。贾悦镇：王力沟社区、孟疃社区、范家官庄社区、东王庄社区、河西社区、马庄社区、龙宿社区、灌津社区、珠藏社区、拐庄社区、王力疃社区。相州镇：城阳社区、郭家屯社区、马家屯社区、莲池社区。舜王街道：潘庄社区、郭家埠社区、涝戈庄社区、卜落林子社区、鑫城社区、凤凰社区、箭口社区。林家村镇：大麻沟社区、正大社区、丹家店子社区、琅古尧社区、鲁山沟社区、黑王家沟社区、东红社区、石河头社区、时家河社区、石门社区、大岳峙社区、三皇庙社区、东公村社区。百尺河镇：河套社区、小仁河社区、大仁河社区、龙泉社区、星石沟社区、岳沟社区、刘家村社区、西百尺河社区。高新园：潘旺社区东两河村、陆吉庄子村、中疃子村。龙都街道：大村社区、水泊社区西十里村。南湖区：范家庄子社区、朱家村社区许家河子村。开发区：舜安社区胡家楼村、郭新庄村。

年内，争取上级业务部门扶持资金150万元，分别资助昌城镇新型城镇化省级示范镇健身工程、龙都街道大源社区农村新型社区健身工程、龙都街道杨春社区笼式足球场和密州街道玉山社区拼装式游泳池4个项目，已全部建成并投入使用。

【老年体育】 积极参加潍坊市第五届老年运动会，比赛项目分别是：气排球、乒乓球、门球、台球、腰鼓、秧歌、健身球、太极拳（剑）、健身气功、象棋围棋、钓鱼、广场舞等14个。其中，乒乓球、台球、门球获得第一名，健身球操、腰鼓、健身秧歌获得第二名，气排球、钓鱼、太极拳（剑）、健身气功均获得优胜奖。开展各种老年健身活动，先后组织承办了“青岛—潍坊协作区门球比赛”，举办了中国劲酒杯全市老年人象棋比赛、庆“五一”老年台球比赛，并承办了潍坊市第五届老年运动会台球比赛。

【竞技体育】 3月24日至9月24日，诸城市派出860余名运动员，参加潍坊市21项锦标赛。参赛项目有越野长跑竞走、自行车、篮球、国际式摔跤、幼儿体操、举重、拳击、手球、跆拳道、武术套路、沙滩排球、排球、网球、击剑、柔道、足球、橄榄球、田径、游泳等，取得251.5枚金牌，奖牌总数和金牌数列潍坊市各县市区第三名；并在16个参赛项目中荣获“体育道德风尚奖”，实现了运动成绩和精神文明的双丰收。

2017年，诸城市承办了潍坊市拳击、国际式摔跤、举重、橄榄球锦标赛和潍坊市中小学生体育联赛田径比赛。6月16日至18日，在实验初中体育馆承办了潍坊市拳击锦标赛；6月28日至30日，在诸城一中承办了潍坊市中小学生体育联赛田径比赛；7月9日至12日，在龙城中学承办了潍坊市橄榄球锦标赛；7月20日至22日，在实验初中承办了潍坊市举重锦标赛；8月4日至6日，在实验初中承办了潍坊市国际式摔跤锦标赛。

实施市竞技体育运动学校办学模式全面改革。市竞技体育运动学校于8月30日搬迁至市龙源双语学校，实行文化学习、训练时间、教练员、参训学生和场地“五固定”，并实行学习、训练、食宿“三集中”管理。文化课教学由龙源双语学校承担，暂设小学五、六年级和初中一、二、三年级五个教学班，在校生190人。

【体育产业】 2017年，全市共有体育彩票在售网点107个，其中106家为高频网点，100家为竞彩升级网点。销售额13697万元，同比增幅3.41%，继续保持连年增长的势头。审批成立了6家体育俱乐部。体育中心“三馆”后续建设平台防水、干挂大理石、钢构屋面漏雨、内装维修工程等全部整修完工，消防工作已整改过半；全年保持了体育场馆良好运营。

2017年诸城市体育局审批单项体育俱乐部基本情况一览表

序号	名　称	成立时间	负责人
1	诸城市瑞博体育	2.17	于金亮
2	诸城市精武太极拳会馆	5.2	刘玉华
3	诸城市夏威夷洗浴游泳馆	12.12	古永春
4	诸城市杨春酒店游泳馆	12.12	陈　勇
5	诸城市常山户外运动俱乐部	12.18	崔研亮
6	诸城市星海线体育舞蹈俱乐部	12.28	王　艳

（张庆贤）

社会民生

居民生活

【城乡居民收入】 2017年，诸城市加快推进供给侧结构性改革，大力实施创新驱动发展战略，加大精准扶贫攻坚力度，切实保障和改善民生，经济运行继续保持稳中向好态势。“十三五”开局良好，城乡居民收入稳步增长，收入结构进一步优化，低收入户增收显著。年内，全市居民人均可支配收入29186元，增长8.7%。其中，城镇居民人均可支配收入36998元，增长8.1%；农村居民人均可支配收入18670元，增长8.5%。主要呈现以下几个特点：

居民收入数值高于潍坊市平均水平，增速低于潍坊市平均水平。2017年，诸城市居民人均可支配收入比潍坊市平均高出1363元，居潍坊市第四位。从增速看，诸城市居民人均可支配收入增速比潍坊市平均增速下降0.5个百分点，居潍坊市第十位。

就业形势保持稳定，工资待遇稳步提高，工资性收入是居民增收的主要来源。2017年，市委、市政府坚持把就业放在经济社会发展优先位置，围绕提高城乡就业质量，实施积极的就业促进、就业培训和就业援助政策，统筹推进高校毕业生、农村劳动力、失业人员等城乡各类群体实现充分稳定就业，城镇新增就业连年保持高速增长，农民工就业总体稳定向好。同时，最低工资标准再次上调，机关事业单位工资标准调整、精神文明奖规范发放、警衔津贴审核发放以及公务用车制度改革，对工资性收入增长起到了促进作用。

深化“放管服”，创新激发新动能，经营净收入是居民增收的重要渠道。在国家“大众创业万众创新”战略指引下，市委、市政府深化价格、财税、金融、科技、国企、社保等领域基础性改革，完善制度供给体系，创业创新活力进一步释放。全市实有各类市场主体数量翻了一番多，居民人均经营净收入对人均可支配收入增长贡献率逐年上升，是居民增收的重要推动力量。

投资渠道不断增加，理财方式日趋多元，财产净收入成为居民增收新动力。随着近年来城乡居民收入持续快速增长，居民财产存量不断积聚，居民理财观念逐渐增强，投资渠道和理财方式日趋多元，股票、债券、基金、期货等金融投资品种不断增加，住房、商铺等房屋租赁市场蓬勃兴起，互联网金融蓬勃发展，民间资本实现阳光化、规范化，为经济转型提供了动力，丰富了居民投资渠道，促使居民财产性收入来源日益丰富，保持较快增长速度。

完善社会保障体系，扎实推进精准扶贫，转移净收入是居民增收的有力保障。全市不断加大民生投入，着力提升生产生活环境，强化制度性保障，努力使改革发展成果更多更公平惠及全体人民。实现城镇居民基本医疗保险和新型农村合作医疗保险并轨，同步建立起覆盖城乡的大病保险制度，实施全民参保计划，健全完善养老、医疗等保险制度，连续12年提高企业退休人员养老金待遇标准，连续5年提高居民养老保险基础养老金最低标准，扎实推进精准扶贫精准脱贫，为转移净收入增长提供了强有力的保障。

【城乡居民消费】 2017年，诸城市居民人均消费支出18468元，增长8.6%。其中，城镇居民人均消费支出23186元，增长7.7%；农村居民人均消费支出12116元，增长9.2%。主要呈现以下几个特点：

生活用品及服务消费支出增长最快。居民人均生活用品及服务消费支出同比增幅位居八大类消费支出之首，耐用消费品和小家电受宠，居民购买洗衣机、彩色电视机、电冰箱（柜）、空调器、吸尘器、微波炉和太阳能热水器等消费支出增长。随着社会服务行业和家政服务行业的快速发展，家务劳动社会化的消费模式被越来越多的居民所接受，居民人均家庭服务和居民个人用品消费支出快速增长。

交通通信消费支出增长较快。交通类消费支出增长是拉动交通通信类消费支出的主要原因，随着汽车进入居民家庭，居民用于汽车燃油费、保险费、养护费、高速公路费等消费支出增加，居民驾驶车辆出行增多带动交通费快速增长。居民人均通信服务费增长，电信部门出台的"提速降费"新举措，有效降低了居民移动电话通信成本和上网费下降，移动电话、计算机联网入网的居民日益增多，带动了居民人均通信服务费快速增长。

耐用消费品消费支出呈现新特点。居民平均每百户汽车拥有量稳定增长，摩托车拥有量下降，计算机拥有量微增，联网比例较高，表明居民家庭共享网络信息化的程度不断提升。固定电话和移动电话拥有量此消彼长，居民每百户固定电话拥有量持续下降，移动电话拥有量不断增长，移动电话以其携带方便、通话快捷、费用节省、上网游览新闻和玩游戏的特点，替代了固定电话的功能。

食品烟酒消费支出增长，内部结构更趋合理。居民人均食品烟酒消费支出持续增长，居民对生活品质的追求，体现在日常生活饮食上，表现为由数量的满足转向质量的提高，吃的食品更加"健康、绿色和时尚"，"主食减少，副食丰富"的特点更加凸显。居民人均面粉和谷物购买量呈现下降趋势，人均肉类、水产品类、禽类、奶类消费支出呈现增长趋势，表明居民餐桌上的饮食结构搭配更加合理。

服务需求多元化，服务类消费支出全面增长。随着消费需求的多样化、层次化、个性化，以及社会服务行业的发展，服务性消费支出已由最初的雇佣保姆、照顾老人、家庭教师发展到装修房屋、清洁卫生、迁居搬家、接送学生、外卖订餐等多个领域。居民人均文化娱乐服务消费、家政服务费、饮食服务消费、医疗服务消费支出不断增长。城镇居民家庭服务性消费支出的显著增长，既是社会化服务业水平提高的结果，也是居民生活质量提高的重要标志。

【消费价格】 据抽样调查数据显示，2017年，全市居民消费价格总指数为101.7%，比上年下降0.1个百分点；商品零售价格总指数为100.6%，比上年下降0.7个百分点；农业生产资料价格指数为98.7%，比上年下降0.2百分点。食品类中，粮食类、菜类、畜肉类、禽肉类、水产类和蛋类的价格指数分别为106.6%、94.9%、89.3%、100.7%、96.3%、97.6%。影响年内居民消费价格走势的原因，主要有以下几个方面：

消费升级对价格上涨形成支撑。近年来，消费对我国经济增长贡献率稳步提升，已连续三年成为拉动经济增长的首要动力。随着居民生活水平提高，消费结构不断转型升级，服务消费、信息消费、文化消费等新型消费增势迅猛，消费品质升级带动相关新型消费价格上涨。居民消费由传统的满足生活基本需求为主，向品质化、品牌化、个性化转变，居民也愿意为更高品质的商品和服务支付更多溢价，从而对市场价格上涨形成支撑。

服务价格上涨成为拉升价格总水平的首要

2017年诸城市居民消费价格八大类变化分析表

指　　标	上年为100	指　　标	上年为100
1. 食品烟酒	98.7	5. 交通和通信	101.1
2. 衣着	100.1	6. 教育文化和娱乐	103.3
3. 居住	106.0	7. 医疗保健	101.6
4. 生活用品及服务	102.0	8. 其他用品和服务	101.4

因素。由于近年来人工、房租、水电等经营成本不断上升，经营者为保持利润空间，通过提高服务价格方式将成本上涨压力转嫁给消费者。受医疗改革、民办教育定价改革、医疗、养老保险个人缴费额调整等政策性调价影响，服务项目中的医疗服务、教育服务、金融保险等类价格均有不同幅度提升。

食品价格下降对居民消费价格总水平下拉的作用趋向明显。2017年全市食品价格较上年下降5.6个百分点，成为拉低居民消费价格总水平的首要因素。食品中的猪肉、鲜菜、鸡蛋价格持续下降，对居民消费价格的下拉作用最为明显。

国际商品价格传导影响。国际大宗商品价格自2016年以来出现谷底反弹，逐渐进入复苏状态。2017年国际大宗商品价格虽然有所震荡，但总体上仍呈现上升的趋势。国际大宗商品上升的价格通过进口等途径直接影响着国内生产领域的产品价格上升，进而通过传导作用影响到消费领域的商品价格上升。受国际原油价格上升的影响，年内全市柴油、汽油价格分别较上年有所上涨。受国际黄金价格不断波动影响，年内我市金饰品价格较上年有所上涨。

（郑兰华）

人力资源和社会保障

【综述】 2017年，诸城市人力资源和社会保障局坚持就业优先战略和积极就业政策，健全社会保障体系，推进人才强市建设，深化人事制度改革，构建和谐劳动关系，人力资源和社会保障事业取得了明显成效，为促进全市经济持续健康发展和社会和谐稳定做出了积极贡献。年内，被省人社厅表彰为全省宣传工作先进单位，被潍坊市委、市政府表彰为全市大学生创业就业先进集体，被潍坊市委宣传部确定为学习型党组织示范点和理论宣讲基地。

加强创业政策扶持，加大创业资金支持，着力帮助解决创业者创业过程中融资难、税负重、门槛高等问题，诸城大学生电商创业园和潍坊轻纺020创业孵化基地成功获评潍坊市级创业示范园区（孵化基地）。全年培训各类人员12000人次。举办各类招聘会76场，为766家企业提供用工16000多人。全年全市城镇新增就业15630人，城镇登记失业率为1.54%。严格执行企业职工养老保险单位缴费比例由20%降至18%，企业和职工个人失业保险费费率分别由1%和0.5%降至0.7%和0.3%，工伤基准费率由0.5%、1%、2%调整为0.2%、0.4%、0.7%、0.9%、1.1%、1.3%、1.6%、1.9%，平均费率由1%降至0.75%等政策，为企业减少开支8400万元。搭建引进海外高端人才的桥梁，先后在美、加、日、韩设立5处海外人才工作站，邀请美、日、韩等国家的4名专家到诸城进行实地对接。高端人才项目申报实现“零突破”，申报国家外专“千人计划”1人，申报国家外国专家项目2项，推荐“国家友谊奖”人选2名，推荐“齐鲁友谊奖”人选3名，申报省级外国专家项目2项，首次开展并申报“外专双百计划”2项。先后引进8名博士进驻博士后科研工作站研发，得利斯新增1名在站博士。“2017海内外专家潍坊行”活动期间，征集并发布项目需求65项（居县市区首位），涵盖机械制造、食品工程、生物技术、现代农业、装备制造等领域，海内外专家对接诸城项目30余人次，3家企业与4位专家达成了合作意向。完善公务员考录机制和事业单位公开招聘工作规程，招考公务员46人、参照公务员法管理工作人员8人，公开招聘事业单位工作人员256人。健全市、镇（街）园区、社区、企业“四方”联动机制，坚持企业主创、镇（街）社区共建、全域推进，扎实推进劳动关系和谐城市创建工作。高层次、高规格、高标准成立领导机构，组建工作班子，出台实施意见，推进工作落实，建立健全“党委领导、政府负责、社会协同、企业和职工参与、法治保障”的创建劳动关系和谐城市工作体制。契合产业特点探索构建“励志型、关爱型、家园型、共享型、代办型”的新型劳动关系，初步打造劳动关系调处、集体协商、一线调解和劳动安全“四个品牌”，受到省劳动关系和谐城市调研组充分肯定，诸城市被确定为全省创建劳动关系和谐城市唯一县级试点市和全省创业型城市（县区）。

【干部队伍建设】 至2017年底，全市共有干部18515人。其中，行政人员2408人，参公人员296人，事业单位管理人员1288人，专业技术人员13737人，其他人员786人。

考试录用公务员。2017年，全市共考试录用58人充实到公务员队伍。

事业单位工作人员招聘。2017年全市共招聘事业单位工作人员521人，其中，综合类87人，卫生类16人，教育类418人。

退役士兵安置考试。实行考试、考核相结合的办法接收安置3名城镇退役士兵到事业单位工作。

军转干部及随调家属安置。2017年共接收军转干部38人。其中，计划分配的17人（副团职及以上1人，营职及以下16人）；自主择业军转干部21人，随调家属3人。

【工资福利】 全面启用山东省机关事业单位人事管理系统。完成工资首月业务，通过系统生成和手工计算，对全市机关事业单位在编人员2006年工资套改以来的工资进行重新推算。启用系统完成2017年公务员晋级晋档和事业单位工作人员增加薪级工作，工资工作信息化水平得到提高。

完成法官、检察官工资套改。按照《山东省法官、检察官和司法辅助人员工资制度改革试点实施意见》（鲁人社发〔2016〕43号文件）规定，完成员额法官检察官基本工资套改工作，涉及员额法官56名、员额检察官34名，兑现发放了新的职务等级工资。在法官检察官的工资结构中，单设绩效考核奖金，是这次工资制度改革的重大创新和探索。市人社局、市财政局为90名员额法官、检察官及104名司法辅助人员核定了2017年度绩效考核奖金总量。

机关事业单位按新制度计发养老保险待遇试运行。2017年，机关事业单位共办理退休审批648件。自11月1日起，参加全市机关事业单位养老保险的人员，符合退休条件的，使用新版《机关事业单位人员退休（职）审批表》，改革过渡期内（2014年10月1日至2024年9月30日）新老办法待遇计发办法对比工作开始安排部署。

机关事业单位工人技术等级考核。按照鲁人社规〔2016〕3号文件规定，“自2016年起，工勤人员技术等级考核参照职业技能鉴定的内容和方式组织实施，并与岗位聘用有机衔接。”2016年度工勤人员技术等级考核工作于2017年8月至9月开展，全市共有53名技术工人通过报名、提交论文和理论考试、技能考试等程序完成考核，考核合格47人，其中技师10名。这是全市机关事业单位工勤人员首次考核技师。

【专业技术人员管理】 专业技术职务评审申报。2017年职称申报评审人数较去年大幅增加，全市企事业单位1429人参加工程、卫生、经济、农业、群文等系列的专业技术职务评审申报工作。其中工程技术研究员1人，高级工程师46人，工程师167人；正高级教师1人，高级教师209人，一级教师152人；高级经济师10人；主任医师15人，副主任医师73人。

专业技术人员继续教育。2017年全市共有16261人次参加专业技术人员继续教育培训。

专业技术拔尖人才。全市在管理期内的潍坊市级以上专业技术拔尖人才14人。其中，享受国务院特殊津贴6人，潍坊市专业技术拔尖人才8人，发放政府津贴93600元。

事业单位专业技术人员竞聘上岗备案。根据山东省人力资源和社会保障厅、潍坊市人力资源和社会保障局的部署，组织各单位对2017年取得资格的专业技术人员竞聘上岗，市人力资源和社会保障局对完成竞聘上岗工作的单位进行了审核备案。

【外国专家服务】 国家引进境外技术管理人才项目计划申报。根据山东省外国专家局《关于做好2017年第二批国批经技类外国专家项目管理工作的通知》（鲁外专〔2017〕8号文件）规定，诸城市义和车桥有限公司申报“商用车前桥研发和技术质量升级”获批2017年国批重点外国专家项目，获批资金37.5万元。

引进外国专家项目计划申报。根据山东省人力资源和社会保障厅《关于印发2017年山东省省级引进外国专家项目资助计划并核拨经费的通知》（鲁人社字〔2017〕257号文件）规定，得利斯集团有限公司申报“多药物残留高通量快速检测技术体系的构建”获批2017年省高端外国专家项目，获批资金30万元。

引进国外智力成果示范推广项目申报。根据山东省人力资源和社会保障厅《关于印发2017年省级引智成果示范推广项目资助计划并核拨经费的通知》（鲁人社字〔2017〕164号文件）规定，山东汇发农业发展有限公司申报“美国红枫引进与推广”获批2017年省优秀引智成果示范推广项目，获批资金30万元。

“外专双百计划”申报。根据山东省人民政府办公厅《关于印发2017年“外专双百计划”入选人员名单的通知》（鲁政办字〔2017〕144号文件）规定，山东建华阀门制造有限公司聘请的美国专家约翰。拜伦入选个人项目。

【高技能人才队伍建设】 2017年，新增高技能人才1079人。

“金蓝领”高级技师培训项目。年内，有76人参加“金蓝领”高级技师项目培训。

潍坊市“千名青年技师素质提升计划”项目。年内，有130人参加潍坊市“千名青年技师素质提升计划”项目培训。

全国技术能手。3月8日，人力资源社会保障部印发《关于授予职业技能竞赛优秀选手全国技术能手荣誉称号的决定》，北汽福田汽车股份有限公司诸城奥铃汽车厂的王浩名被授予“全国技术能手”称号。

山东省技术能手。4月20日，山东省人力资源和社会保障厅印发《关于授予傅强等200人“山东省技术能手”称号的通报》（鲁人社办发

〔2017〕38号文件），北汽福田汽车股份有限公司诸城奥铃汽车厂的赵兵和诸城市畜牧兽医管理局相州畜牧兽医管理站的刘跃光被评为“山东省技术能手”称号。

国家级技能大师工作室建设。5月22日，山东省人力资源和社会保障厅印发《关于公布国家级高技能人才培训基地国家级技能大师工作室建设项目单位的通知》（鲁人社字〔2017〕119号文件），北汽福田汽车股份有限公司诸城奥铃汽车厂被授予“国家级技能大师工作室建设项目单位”称号。

泰山产业领军人才（产业技能类）。12月11日，山东省人民政府办公厅印发《关于公布泰山产业领军人才名单的通知》（鲁政办字〔2017〕199号文件），北汽福田汽车股份有限公司诸城奥铃汽车厂的泮月华被授予“泰山产业领军人才（产业技能类）”称号。

【就业创业】 2017年，全市城镇新增就业15630人，下岗失业人员再就业3126人，困难群体再就业333人。农村劳动力转移11800人。至年底，全市共有城镇登记失业人员5082人，城镇登记失业率为1.54%。

就业创业政策落实。对自主创业人员申请小额担保贷款的，贷款额度最高可达20万元，由财政部门在基准利率上浮3个百分点内给予全额贴息，贴息期限为1年；符合条件的小微企业小额担保贷款最高额度提高到300万元，由财政部门按基准利率的50%承担并支付利息。根据省、潍坊市出台的政策，市政府与农商银行、邮储银行、潍坊银行和村镇银行四家银行合作，共发放创业担保贷款169笔，贷款额3874万元；已对2016年878位符合贴息条件的人员（贷款额1.08835亿）进行贴息，发放贴息额870余万元。

创业两项补贴。2017年，市人社局与市场监督管理部门对接，通过社保系统核实，主动通知符合条件的单位办理创业两项补贴。至年底，有23个单位符合一次性创业补贴条件，补贴金额为34.5万元，56个岗位符合创业岗位开发补贴条件，补贴金额为14万元。

创业园建设。年内，全市建成以诸城电商创业园为代表的科技创新园区群，以鑫城广场、杨春商贸城为代表的现代商贸创业园区群，以大森林特种动物养殖基地为代表的现代农业创业园区群。7月，诸城市电商创业园和鑫城电商创业孵化基地分别获评潍坊市级大学生创业示范园和潍坊市级创业孵化基地；11月，辛兴镇、郝家村社区、大源社区被评为第二批潍坊市级创业型镇街、社区；12月，东山社区、大源社区被评为山东省级创业型社区。

职业培训。全年完成培训各类人员10387人。其中，失业职工再就业培训2709人，创业培训2103人（创业带头人培训102人），新成长劳动力培训909人，农村劳动力转移培训2508人，其他社会人员培训2158人。

公共就业服务体系建设。开展各类村办企业、镇域经济实体招聘洽谈和特色劳务合作活动。全年共举行春风行动等招聘洽谈会112场，累计参加应聘求职者18958人次，与用人单位达成就业意向10007人。

困难群体就业。2017年开发公益性岗位360个，已全部录入系统，至年底在岗公益性岗位人员134人。全年发放岗位补贴254.37万元，社保补贴192.06万元。通过各种方式宣传企业吸纳就业困难人员社保补贴政策，认真审核企业提交的各项补贴材料，做到严格规范，全年为23家企业的116人发放社保补贴75.2万元。对失业人员进行失业原因、家庭状况、技能素质、择业要求、就业意向、培训意愿“六清”。重点对社区的就业困难群体，特别是“零就业家庭”实行实名登记制度和申报认定制度。全年全市零就业家庭实现存量为零，建立“双零”家庭的长效就业援助机制，做到“零就业家庭”援助，出现一户，帮扶一户，就业一户。

【劳动争议调解仲裁】 2017年度共处结劳动人事争议案件742件，其中立案702件、不受理案件40件；调解案件460件、裁决案件241件；一裁终局案件61件、占裁决案件的25.3%。按期结案率为100%，涉案金额达2140万元，解答来人来电咨询2320余人次。

劳动人事争议法律援助工作站投入运行。市人社局与市司法局、法律援助中心就法律援助工作站的设立进行沟通协调与筹建工作。7月，劳动人事争议法律援助工作站设立并运行。工作站专门成立了由56名律师组成的法律援助律师团，实行点援制，日常值班律师到位，实现了咨询、代理、调解、仲裁“四位一体”无缝对接，架起法律援助和劳动仲裁的便民桥梁。至年底，法律援助案件76起，提供相关法律咨询200余人次。

设立舜王街道仲裁派出庭和辛兴专业性区域性调解组织。探索一调一裁办案新模式，强化争议化解示范效应，辐射劳动争议密集多发性区域和企业，将调解仲裁关口下沉一线，服务好劳动者“最后一公里”。

开展流动仲裁庭助推和谐劳动关系构建。以“流动仲裁庭”为平台，多次深入基层服务企业，高效率现场办案，实现“既办案又建言”，起到“化解一个教育一片”的良好效果。

【劳动保障监察】 举报投诉案件查处。2017年，共接待来访群众1656人次，妥善处结群众集体上访案件5件；共查处举报投诉和上级转办案件2148件，其中劳动者直接到劳动保障监察机构投诉案件573件，办理潍坊市市长公开热线电话“12345”转办案件895件，办理诸城市民生服务热线电话“12341”转办案件680件，为职工追回工资、押金782万元。查处非法使用童工案件1件，依法给予用人单位1万元罚款的行政处罚。

农民工工资专项检查。年初，市人社、发改、公安、司法、财政、住建、交通、水利、人民银行、国有资产管理、市场监管、总工会等12部门，联合开展农民工工资支付情况专项检查。此次联合执法检查活动共检查企业191家，涉及农民工8150人，补发工资873.4万元，有效地维护了农民工的工资权益。

人力资源市场秩序专项检查。3月1日至22日，市人社部门与市场监督管理部门组成联合执法检查小组，对全市的人力资源市场进行集中专项检查。共检查非法职介机构和用人单位13家，有效地清理净化了全市人力资源市场秩序，规范了人力资源服务机构和劳务派遣单位的经营行为。

开展高温天气下劳动者合法权益保障专项行动。6月26日至10月10日，在全市范围内开展了高温天气下劳动监察执法工作维护劳动者合法权益专项行动。共检查用人单位26家，涉及职工7580人，有效地保障了劳动者身体健康和生命安全。

劳动用工和社会保险专项检查。7月4日至28日，对部分行业的用人单位劳动用工和社会保险情况进行了专项检查。共检查用人单位326家，涉及职工15263人，责令办理社会保险登记21户，下达责令改正通知书52份，补签劳动合同562份，补发职工工资38.5万元。

人力资源社会保障年度审查。3月，开展年度人力资源和社会保障监督审查工作。至年底，共审查用人单位3566家，其中网上审查2823家，书面审查年检材料743家，责令补缴社会保险费660万元，补签劳动合同758份，清欠职工工资489万元，纠正用人单位规章制度469份，依法办理用工手续1855人，补办职业资格证书1855余人。

劳动保障日常巡查。年内，共日常巡查用人单位1020家，下达责令改正文书110家，责令用人单位补签劳动合同3800多份，办理社会保险参保手续2000余人。

劳动保障监察“两网化”管理。加大对用人单位“两网化”管理工作，对6200多户用人单位实现地理位置GPS定位；采集调整用人单位信息数据1897户；利用监察指挥信息系统网上办案80件；镇（街）园区监察中队积极落实工资拖欠类案件的属地管理制度，共办理诸城市民生热线转办案件146件，调解简易劳动权益投诉案件68件，及时化解劳动纠纷，便捷高效地维护职工权益。

用人单位诚信等级评价。2017年，有29家用人单位申报为劳动保障守法诚信A级单位，有6家用人单位申报为劳动保障守法诚信C级单位。

【劳动关系】 劳动关系和谐城市创建。以省人社厅确定诸城市为省级劳动关系和谐城市唯一县级试点市为契机，健全完善全市、镇（街）园区、社区、企业“四方”联动机制；制定2017年全市劳动关系工作要点、创建工作推进方案，进一步明确创建目标、创建模式、工作任务和保障措施。重点打造电商创业园、鑫城广场产业园、龙都街道土墙工业园、舜王街道九台社区工业园4处有代表性的“全托式”新型劳动关系和谐创建示范点。同时，印发《关于开展小微企业劳动关系和谐创建调研的通知》，就小微企业劳动关系和谐创建进行调研，形成调研报告。通过数据分析摸清全市小微企业的类型、行业门类、区域分布等情况，分析总结小微企业在劳动用工上的特点，了解企业劳动关系管理服务需求。积极承接上级有关部门《小微企业“全托式”管理服务理论与实证性研究》课题研究任务。2月21日，参加省人社厅劳动关系和谐创建课题研讨会，就试点创新等内容进行调研论证。根据全市小微企业“楼宇集聚”“商贸集聚”“园区集聚”“社区集聚”的区域分布特点，采取多模式、分层次的政府部门宏观协调和监督、企业授权委托、第三方积极参与的小微企业“全托式”管理服务方法，趟出一条小微企业“全托式”劳动关系管理服务的新路径，形成创建省级劳动关系和谐城市的“诸城模式”。6月，诸城市作为全省唯一县级试点市，市人社局主要负责同志和相关科室的同志参加在深圳盐田召开的全国构建和谐劳动关系综合实验区经验交流会，提交了《探索小微企业“全托式”服务模式 以构建和谐劳动关系助推“三区一城”建设》的经验交流材料在大会上印发，受到一致好评。9月，省人社厅与山东省管理学院联合到诸城就和谐劳动关系建设与小微企业人力资源管理“全托式”服务进行调研。同月，参加在济宁召开的全省和谐劳动关系创建现场会，诸城市作了典型发言。11月，潍坊市在诸城召开全市和谐劳动关系创建现场会，观摩了和谐创建示范点，听取了和谐创建的经验做法。

退役士兵安置和权益保障。5月8日，全省退役士兵安置和权益保障工作视频会议后，诸城成立了退役士兵安置和权益保障工作领导小组，下设办公室，专门督办协调退役士兵安置和权益保障工作。通过面对面交流、电话沟通、短信推送等多种方式，与退役士兵就涉及人社部门业务方面的诉求进行解释和办理，在政策范围内解决实际问题。至7月11日，提出涉及人社部门业务诉求1654人，其中涉及劳动关系1088人次、涉及社会保险1640人次、涉及就业服务789人次。

全面实行劳动合同制度。全年共办理劳动合同新签备案21125人，续签备案2635人，解除备案10488人。对企业劳动用工进行动态管理，至年底，劳动用工备案企业2097户，涉及职工120946人。

企业工资宏观调控。完成2017年企业薪酬调查，共调查企业134家，为潍坊市制定人力资源市场指导价位和行业人工成本信息提供了依据。

落实最低工资标准。自6月1日始，诸城市执行最低工资标准为1810元/月，小时最低工资标准为18.1元。

落实社会保险补缴政策。全年共办理以个人身份补缴333人，以单位职工身份补缴710人。

【各项社会保险参保缴费】 企业基本养老保险。全市参加企业基本养老保险121208人，净增人数为2054人。企业基本养老保险基金征缴107389万元。

机关事业单位养老保险。全市参加机关事业单位养老保险19332人，比上年减少347人。全年基金收缴37869万元。

居民基本养老保险。全市参加城乡居民基本养老保险人数为602317人，全年基金征缴36932万元。

职工基本医疗保险。全市参加职工基本医疗保险人数为173656人，基本医疗保险基金征缴54860万元。

居民基本医疗保险。全市参加居民基本医疗保险人数为813499人，居民基本医疗保险基金征缴17563万元。

工伤保险。全市参加工伤保险136086人，工伤保险基金征缴4183万元。

生育保险。全市参加生育保险113546人，生育保险基金征缴3786万元。

失业保险。全市参加失业保险166881人，失业保险基金征缴5505.68万元。

【社会保险政策待遇调整】 企业退休军转干部补助调整。为470名企业军转干部调整差额补助标准，月增4.77万元，补发114.4万元。

企业退休（职）人员养老金调整。根据省、潍坊市人社部门统一部署，为全市38393名企业退休、退职和一次性补缴退休人员做好调资工作，月增资573.6万元，人均月增资149.4元，自2017年1月起执行。为1858名企业退休人员办理医疗保险缴费年限补缴手续，补缴医疗保险费2896万元。

机关事业单位退休人员养老金调整。2017年是国家第二次同步调整企业和机关事业单位退休（职）人员养老金待遇。根据潍坊市人社部门要求，诸城市自2017年1月起，为全市机关事业单位9878名退休（职）人员调整养老金待遇，人均月调整养老金212元。

失业保险费率调整。根据潍坊市人社局《关于转发〈关于阶段性降低失业保险费率有关问题的通知〉的通知》要求，自2017年1月1日起，诸城市阶段性降低失业保险费率，由1.5%降至1%，其中单位费率由1%降至0.7%，个人费率由0.5%降至0.3%，降低费率期限执行至2018年4月30日。

【社会保险政策待遇支付】 居民养老金支付。共为20.06万名符合待遇领取条件的参保人员发放个人账户和基础养老金26676.73万元。其中，2017年到龄领取人员16714人。为6980人发放丧葬补助金333.6万元。

工伤生育保险支付。全年工伤待遇支出3127.5万元，生育保险待遇支出6366万元。全面推进国务院关于建筑业按项目参保的“同舟计划”，年内共有49个项目应保尽保，征缴工伤保险费460万元，专项待遇支出53.30万元。配合潍坊市做好工伤预防试点工作。

医疗保险支付。参保职工共发生住院30573人次，发生住院医疗总费用为29310万元，统筹基金支出20912万元；普通门诊统筹支付421万元；职工长期护理建床143人次，支付医疗费301万元；城镇职工门诊大病共支付6113万元，年度统筹基金共支付27747万元。职工普通门诊签约人数共计119055人，发生医疗费用52009

人次，发生医疗费1026万元，预拨医疗费用441万元，统筹支付421万元，人均医疗费用89.18元。全年共划拨医疗个人账户金28717万元；受理慢性病、离休人员个人垫付材料416份，支付个人垫付金额286万元，拨付医疗机构慢性病垫付15.3万人次，5973万元；拨付离休人员医疗机构垫付2.4万人次，925万元。

【定点医疗机构协议管理】 年内，共受理申报协议管理医药机构128家，经评估纳入协议管理的零售药店52家，门诊医疗机构44家，住院医疗机构9家。共审核工伤医疗费用880人次，扣除统筹外费用129万元；审核生育并发症医疗费用72人次，扣除统筹外费用18万元；审核城镇职工非联网医疗费用2169人次，扣除统筹外费用1104万元。审核城镇职工联网结算9000人次，扣除不合理费用18万元。

【企业退休人员待遇领取资格认证】 年内，对全市的1800名企业离退休遗属进行资格认证，其中有200多名遗属人员未办理资格认证并给予暂停发放待遇，待认证后给予恢复补发；每月通过民政部门提供的死亡信息对企业离退休人员认证5000多人，核查出企业离退休及遗属死亡人数400多人并及时停发工资待遇。4月，对长期异地居住的企业离退休人员实行网上协助认证工作，上传到居住地信息474人（寄书信474封），并加载了“自助认证”功能即人脸识别认证功能。已认证400多人；对地址不详、无法联系等未认证的人员给予暂停发放退休待遇，待核对好居住信息认证后给予恢复补发待遇；协助外地退休在当地居住的退休人员认证1000多人（其中通过网上传到其参保地认证信息300多人）。企业新退休人员指纹采集1500多人。

【机关事业单位养老保险制度改革】 原养老保险统筹期间个人缴费返还。6月，市人社局、财政局联合转发《潍坊市社会保险事业管理中心关于做好潍坊市机关事业单位原养老保险统筹期间个人缴费返还工作的通知》（诸人社〔2017〕40号文件）。按通知规定，自2017年7月1日起，开展了全市机关事业单位原养老保险统筹期间个人缴费返还工作。全市返还单位128家，返还退休（职）人员3232人，返还资金总额1619.7万元。

离退休（职）人员养老金领取资格认证。6月，市人社局、财政局联合印发《关于开展全市机关事业单位离退休（职）人员养老金领取资格认证工作的通知》（诸人社〔2017〕41号文件）。按照文件规定，自2017年7月1日起，开展了全市机关事业单位离退休（职）人员养老金领取资格认证。全市认证机关事业单位190家，认证离退休（职）总人数10350人，其中健在人数为10288人，亡故人数为30人，情况不详人数为32人。健在人数中，居住在诸城市的人数为9970人，居住在诸城市外潍坊市内的人数为116人，居住在潍坊市外山东省内人数为142人，居住在山东省外人数为60人。

统筹试点编制外人员养老保险制度改革。9月，市人社局转发《潍坊市人力资源和社会保障局关于编制外人员参加机关事业单位养老保险有关问题的处理意见》（诸人社〔2017〕80号文件）。按照规定。自2017年10月1日起，开展了原参加机关事业养老保险统筹试点编制外人员养老保险制度改革工作。全市相关联的改革单位共有39家，参与改革的编制外在职人员共计689人。

（陈秀富）

民　　政

【概况】 2017年，诸城市民政局获得潍坊市十九大安保维稳工作集体嘉奖、潍坊市建设学习型党组织示范点等荣誉称号，荣获全国地名理论征文活动二等奖、全省民政政策理论研究三等奖。

【社会救助】 临时救助。建立完善困难群众基本生活保障工作协调机制，明确成员单位职责。突出临时救助“救急难”的特点，畅通救助渠道，加大主动救助和协调救助力度。全年共临时救助3181人次，发放救助金325.8万元，其中“救急难”78人次，发放救助金15.65万元。

医疗救助。5月，启用与人社部门联网的“一站式”医疗救助系统，签约45家医院。共救助6757人次，发放救助金572.1万元。精准扶贫户数据已导入“一站式”医疗救助系统。

民生综合保险。市财政出资284.4万元，为全体居民实施民生综合保险。发放救助补偿470多笔、190多万元。

贫困大学生救助。经过调查摸底，统筹协调，全市共救助贫困大学生391名，发放救助金108.8万元，其中从慈善资金中下拨49.9万元，救助220名。

防灾救灾。3月，修订完善《诸城市自然灾害救助应急预案》，与气象、水利、农业等部门建立灾情会商机制，及时查灾核灾、报送灾情、核定救助对象。发放冬春救灾款127.7万元，受益群众4141户，10491人；10月，对因灾需救助困难群众进行调查摸底，统计上报2732户、6385人。拨付上级救灾资金134.2万元。相州镇相州社区、开发区万里社区被确定为潍坊市级综合减灾示范社区；推荐石桥子镇石桥子社区、开发区诸冯社区和辛兴镇朱庙社区参与全国、全省综合减灾示范社区的创建。

流浪乞讨人员救助。新争取5名事业编制，对救助管理办公室进行了扩编。市财政拨付专项活动经费30万元，并列入年度预算。投资5.8万元对救助站进行升级改造，同时不断完善流浪救助服务网络，深入开展亲情救助，坚持全天候巡查，突出特殊季节主动救助和街面巡查，开展“流浪儿童返校园”“夏季送清凉”“寒冬送温暖”专项救助行动，增设街头临时救助点16处。发放各类宣传材料3200份；出动救助及宣传车辆920车次、1320人次，全年共救助各类流浪乞讨人员232人次，为96名街头困难群众解决了临时生活困难。健全信息动态更新机制，建立翔实完备、动态更新的农村留守儿童信息台账。户口登记3名无户籍农村留守儿童；普查登记51名留守儿童，并将信息录入信息系统。与团市委、妇联等部门联合开展了“合力监护、相伴成长”留守儿童关爱保护专项行动。

【最低生活保障】 城乡低保动态管理。4月，出台《关于开展城乡低保集中核查的实施方案》，在全市集中开展低保复核活动。共复核低保救助对象10773户，22089人。全年新增691户，1323人；停保962户，4350人。共有城乡低保对象10502户19062人，发放低保金5079.3万元，其中城市低保对象296户，599人，低保金277.92万元；农村低保对象10206户，18463人，低保金4801.38万元。城乡低保金全部通过财政“一卡通”系统补差发放，城乡人均月补差分别达347.5元和240.3元。开展居民家庭经济状况信息核对工作，共核对低保救助对象

11464户，23412人；核对精准扶贫户3118户，6437人。

提高城乡低保标准。根据潍坊市相关要求，市民政局、市财政局联合出台《关于进一步提高城乡低保和农村特困人员供养标准的通知》，自2017年12月1日起，城市低保标准由每人每月500元提高到510元；农村低保标准由每人每年3900元提高到4300元。

低保老年人生活补贴。全年共核实80—99岁低保老年人874人（80—89岁737人，90—99岁137人），根据80-89岁低保老年人每人每月100元、90—99岁低保老年人每人每月200元标准，共发放低保老年人生活补贴134.58万元。

残疾人两项补贴。将符合条件的一、二级听力、言语和多重残疾人纳入重度残疾人护理补贴发放范围。困难残疾人生活补贴标准达每月85元（重度残疾人护理补贴每月80元不变），全市共审核困难残疾人3395人、重度残疾人7007人，发放残疾人两项补贴资金975.62万元。

【养老服务体系建设】 政策支持。制定出台《关于加快推进养老服务业转型升级的意见》，鼓励社会力量兴办养老事业。发放杨春老年公寓第二年运营补助资金6.72万元；发放农村幸福院建设补助24万元；发放两处城市老年人日间中心建设补助35万元；申请养老建设用地146.5亩，实际下拨土地82亩。

养老基础设施建设。印发《关于规范社区老年人日间照料中心建设和运营管理的指导意见》《关于规范农村幸福院建设和运行管理的指导意见》，并将两项工作纳入对镇（街）园区科学发展综合考核重要内容。全市新增养老床位数724张，其中护理型床位375张，建设农村幸福院26处。

居家养老服务。以政府购买服务的方式，为“12349居家养老服务信息中心”配备4名专职工作人员，通过信息化手段及时为居家老年人提供“助洁、助急、助餐、助购、助浴”服务。已有47家企业加盟，收录12327名老人信息。全年培训养老机构服务管理人员62人，家庭护理员820人。

公办养老机构改革。制定出台《诸城市推进公办养老机构改革的指导意见》，成立诸城市公办养老机构改革领导小组。密州街道、龙都街道、昌城镇公办养老机构改革已经基本完成，其他镇（街）园区正在试点中。

医养结合综合体。依托顺颐园休闲养老中心建设的锦源护理院，可收治自理、半自理、完全不能自理的老人，并提供医疗护理服务。

养老院服务质量建设专项行动。市民政局、市卫计局、市消防大队、市老龄办、市市场监督管理局等部门联合，制定出台《诸城市养老院服务质量建设专项行动实施方案》，成立诸城市养老院服务质量建设专项行动领导小组和养老院服务质量建设专项行动推进工作小组，印制200套养老院服务质量自查和检查表，将115项服务质量内容细化，并组成3个检查小组对全市1处社会福利中心、12处公办养老机构和3处民办养老机构集中开展整治行动，共查出服务质量问题198项，针对问题下发了《督导检查通报》，提出了整改意见和措施。对存在问题比较严重、安全隐患较大的昌城镇敬老院、密州街道敬老院、龙都街道敬老院的老人，通过政府购买服务的方式，整体搬迁至就近养老服务机构。

【基层民主政治建设和社会工作】 落实“五四三”社区运行机制。完善规范社区事务公开目录。实行随机抽查、远程监督等方式加强对社区事务公开民主管理工作的监督。

建立村、居民理事会制度。推进社区村民管理自治化，选择22个班子战斗力强、社情稳定、群众基础好的农村社区作为建立自然村村、居民理事会的试点社区。制定《诸城市社区自然村（居）村、居民理事会推选工作规程》《XX社区XX自然村（居）村、居民理事会章程》等一系列制度。7月底前已完成试点。

换届选举工作。在选举规程、培训材料、选举单位的确定方面取得新突破，选举程序严格、不违反法律，圆满完成全市社区（居）村、居民委员会换届选举工作和社区（居）事务监督委员会推选工作。结合第十二届社区村民委员会换届选举工作，指导社区重新修订《社区村（居）民自治章程》和《社区公约》。建立社区（居）村、居民委员会及其配套组织成员履职规范。用制度促使村、居民委员会及其配套组织成员依法依规履职尽责，解决了选举后少数村、居民委员会及其配套组织成员占位不在岗、在岗不履职的问题。

加强社会工作人才队伍建设。全市有120多人报名参加全国社会工作者职业资格培训和考试。全市共有社会工作人才达140人。

“四社联动”工作。重点抓好枳沟镇乔庄社区，龙都街道邱家七吉社区、邓戈庄社区，南湖区范家庄子社区的“四社联动”试点工作。

【拥军优属】 成立了规格为副科级、编制8人的市双拥工作办公室。2017年春节、“八一”期间，市委、市政府组成慰问团，分别走访慰问潍坊、莱阳、诸城9个驻军单位的官兵及人武部和军休所，慰问物资折合人民币共44.3万元。走访慰问了32户重点优抚对象代表，慰问资金3.24万元；拨发救济款25万余元，用于360户特困优抚对象的临时救济。市财政出资10万元，为地方驻军—埠口雷达连解决饮用自来水问题。

义务兵家庭优待金达到上年度农村居民人均可支配收入标准17210元，其中对进藏、进疆等高原地区的按3倍标准发放，达到51630元。共发放义务兵家庭优待金1108人，2112.219万元。

向2016年荣立一等功的李斌臣现役军人的家属发放慰问金10000元；向宋正伟等4名二等功现役军人的家属发放慰问金12000元；向2016年度维和官兵、荣立三等功的112名现役军人和军人家属发放慰问金11.2万元。发放随军配偶未就业无收入期间生活补助金111人，39.84万元。

【优抚安置】 优抚工作。至年底，全市共有抚恤定补优抚对象12219人，其中“三属”224人、在乡老复员军人384人、残疾人员1115人，带病回乡退伍军人1195人，参战涉核人员585人，60周岁以上老年退役士兵8458人，60周岁以上老年烈士子女340人。自2016年10月起，按要求全部提高了抚恤定补优抚对象的抚恤补助标准，共发放定补抚恤金6103.17万元；落实优抚对象医疗保障待遇209.1万元（为255名农村户籍的一至六级残疾军人、30名无城镇工作单位的七至十级残疾军人，缴纳了城镇职工基本医疗保险，并同步参加大额医疗救助；为2801名农村户籍的七至十级残疾军人、“三属”、老复员军人、带病回乡退伍军人、参战参试退役人员缴纳了城镇居民医疗保险，所有优抚对象均享受定额门诊补助，其中60岁以上的一至六级残疾军人147人，门诊补助1000元/年；60岁以下的一至六级残疾军人108人，门诊补助800元/年；七至十级残疾军人、“三属”、复员军人每人每年补助240元；带病回乡退伍军人、参战退役人员每人每年补助120元），优抚对象住院报销比例提高到75%。全年共收到医疗补助申请389份，补助金额63.6万元。完成27名残疾军人新评及换证上报工作。

安置工作。4月，开展了历时2个月的时间，由50名2016年秋冬退役士兵参加的职业技能培训；按照《山东省人民政府办公厅关于做好自主就业退役士兵一次性经济补助工作的通知》（鲁政办发〔2012〕34号文件）、《山东省自主就业退役士兵一次性经济补助金发放暂行办法》(鲁民〔2012〕61号文件)要求，对自主择业的退役士兵，按每服役一年4500元的标准给予一次性经济补助。共接收2016年度自主就业的退役士兵533人，发放自主就业补助费1658.475万元；共接收2016年度符合安置条件的城镇退役士兵6人，其中转业士官5人，城镇初级士官1人。根据《山东省人民政府关于做好2017年退役士兵接收安置工作的通知》《山东省城镇退役士兵自谋职业办法》《山东省人民政府关于加强新形势下优抚安置工作的意见》要求，对安置到事业单位的比例达到40%，考录到机关事业单位3人，其余退役士兵全部安置到国有企业。落实退役士兵自谋职业补助费和待安置期间的最低生活保障待遇。转业士官的自谋职业标准为153035元；城镇退伍初级士官的自谋职业标准为91821元。城镇退役士兵待安置期间享受城镇居民最低生活保障标准。城镇退伍义务兵从2017年1月至12月，转业士官从2017年8月至12月，按诸城市城镇居民最低生活保障金每人每月500元标准，发放待安置期间最低生活保障金1.6万元。

退役士兵权益保障工作。按照5月8日全省退役士兵安置和权益保障工作视频会议要求，成立市退役士兵安置和权益保障工作领导小组，从小组成员单位抽调12名人员组成专班办公室进行联合办公；各镇（街）园区分别成立了专班办公室，确保政策落实到位。全市共5230名退役士兵填写了诸城市符合政府安置工作条件退役士兵情况登记表。已落实公益性岗位831个；完成灵活就业手续492人，发放补助金409.5万元；发放自谋职业金补差566人、1322.6万元；发放自谋职业补助费184人、409.6万元；发放待安置期间生活费补差1042人、106.7万元；落实公租房货币补贴76户；办理低保41户；临时救助94户。

建立健全三级管理服务网络。依托全市社会治安综合治理信息化管理服务平台，健全完善以“网格化管理、组团式服务、信息化支撑”为主要内容的市、镇（街）园区、社区三级管理服务网络，市里成立退役军人服务之家，16个镇（街）园区和235个城乡社区全部建立退役军人服务站。

【社会组织管理服务】 登记备案。共登记注册社会组织367家，其中社会团体130家，民办非企业单位237家。2017年新增社会组织62家，其中社会团体21家，民办非企业单位41家。共有281家社会组织参加年检，年检率97%。

执法督查。严格实行“双随机一公开”抽查制度，7月，对45家社会组织进行随机抽查，对存在问题的7家社会组织下达了限期整改通知书。同时严格按要求，做好行业协会商会收费清理工作，在自查自纠的基础上，重点对诸城市房地产开发协会等7家与企业有关联的行业协会商会的财务收入情况进行了检查。

等级评估。社会组织评估率达30%，委托第三方潍坊市新路社会组织培育中心对诸城3家社会组织进行了评估，评估结果都达到AAAA级。

孵化基地。孵化出壳社会组织2家，新入驻社会组织2家，已入驻社会组织保持在6家。

党组织建设。严格落实“社会组织成立与党组织建立、年检与党组织运行、等级评估与党组织考核”“三同步”管理，社会组织党组织和党的工作实现全覆盖。

【婚丧管理】 婚姻登记。2017年，市财政投资180多万元，按照国家婚姻登记机关A级标准设置，对原婚姻登记处进行改造扩建。年内，共办理业务11103件，合格率100%，其中结婚登记6574对；离婚登记2172对；补领结婚证2168对；补领离婚证187本；出具婚姻状况证明2份；查询档案1600余份。

丧葬管理。出台《关于加强红白理事会建设促进移风易俗工作的实施方案》，组成两个宣讲小组，对所有红白理事会组织成员进行轮训。统一印发宣传手册26万余份，深入村庄加强对移风易俗工作的宣传。严格落实服务签单、收费项目、标准及“六公开”制度。免除基本殡葬服务费用8815人，848.38万元。火化遗体9022具，火化率100%。完善公益性公墓和生态殡葬建设，按照“保护生态、方便群众、总量控制、相对集中”的原则，控制经营性公墓的发展规模，保留诸城市莲花山公墓1处经营性公墓，建设完善密州墓园和龙都墓园2处城镇公益性公墓。新建公益性公墓的生态骨灰安葬区达30%以上。与国家民政部101研究所进行“遗物祭品焚烧炉及尾气处理系统”的科研实验，完成“遗体清洁燃烧成套实验装置升级改造”项目。

【地名管理和第二次全国地名普查】 地名普查。共调查登记地名信息6400余条，多媒体信息2万余条，普查过程文件160件，多媒体文件90件。全部资料导入国家地名地理信息数据库。同时，建立普查档案。补录信息600条，补充多媒体信息1700条，更新地名数据1200条。

标准地名资料编纂。完成《中国标准地名词典》词条目录及居民点、行政区域部分内容的撰稿上报工作；开展诸城市行政区划图和城区图的编制工作；开展《诸城地名志》等地名文化图书的编辑筹备工作。

地名清理整治。共调查统计不规范地名20个，采取撤销、更名等措施予以改正。新设城区地名标志300个。

界线检查。完成与黄岛区、莒县界线检查工作。经过现场踏勘，对全部界桩及其参照物进行了检查维护，采集多媒体信息，形成联检档案及时上报。

【社会福利和慈善事业】 农村特困人员供养。成立金晖养老评估中心，对全市集中供养的762名农村特困人员和1404名分散供养的农村特困人员进行评估，并出台照料护理标准文件。集中供养标准达到每人每年6200元，分散供养标准达到每人每年4500元，全年发放供养资金680余万元。从12月1日起，按上级要求，发放农村特困人员护理专项经费，能自理的每人每月150元，半自理的每人每月250元，不能自理的每人每月360元。

消防安全改造。聘请有消防资质的专业公司进行评估，全面掌握全市12处公办敬老院必须进行的消防安全改造项目。市政府拨付专项资金343.9万元，通过评审招标，施工改造正在进行。

孤困儿保障。共为147名孤儿发放孤儿基本生活费96.11万元；为39名困境儿童发放基本生活费10.53万元。

慈善事业。15处镇（街）园区直接成立具有独立法人资格的慈善协会，并已开展工作，1处正在办理当中。召开动员会议，搞好“慈心一日捐”活动，共募集资金791.3万元。全市共有惠发、百盛、信得、佳士博、北汽福田、团市委、妇联、鼎泰盛等16家冠名救助基金，设立微基金4家，新设立冠名基金3家。开展多种形式的定点赞助活动，全市社会捐赠总额达到4502.9万元，

【福彩管理】 强化销售宣传，搞好销售服务，加强销售安全，全市共设置电脑福利彩票投注站133个，中福在线视频彩票销售厅1个。至年底，共销售福利彩票1.66亿元。其中，电脑福利彩票1.19亿元，刮刮乐1380万元，中福在线3398万元，名列潍坊市各县市区之首。中出双色球一等奖2017141期785万元。

（王希杰）

社 区 建 设

【概况】 2017年，市社区化发展办公室以实施农村新型示范社区超越计划为重点，细化任务，强化措施，努力工作，提升了全市社区建设整体水平。

【统筹推进城乡社区建设】 坚持城乡融合发展、共同推进，将工作着力点由单一地抓好农村社区建设转变为城乡社区共同推进，实现两条腿走路，促进全市城乡社区平衡发展，为加快构建品质城市、特色城镇、新型社区、美丽乡村“四位一体”新型现代城镇体系提供有力支撑。

扎实推进农村社区建设。根据潍坊市有关要求，在赴安丘、高密、莒县、胶州等地参观学习基础上，确定10项农村新型社区建设任务，重点围绕设施配套、聚集融合、产业培育开展工作。坚持“两区同建”，引导社区结合优势，科学规划建设特色产业园区12个。

突破城市社区建设瓶颈。以“品质城市”建设为核心，推动城市社区专项提升，建设一批服务设施完善、管理规范有序、具备现代文化气息的新型城市社区。甄选超然、玉山等5个社区进行重点突破，着力打造精品社区。以迎接国家卫生城市复审为契机，深入开展社区硬化、绿化、美化工程，全市27个城市社区环境焕然一新。

【深入开展特色创建】 引导社区结合实际，提炼自身特色，丰富创建形式，打造特色鲜明、亮点突出的品牌样板社区，推进社区可持续性发展。

推进“四全一特”示范社区建设。2017年，遴选20个示范社区作为创建目标，引导各社区充分挖掘本土特色，在普及“一厅一校十室”的基础上，探索社区服务项目精品化、品牌化，充分利用“三区一城”“互联网+”“医养结合”等战略机遇，因社制宜制定示范建设方案，积极打造社区特色服务品牌，其中，昌城镇昌城社区列入潍坊市示范创建名单。

推进特色小镇建设。经镇（街）园区提报、反复论证，筛选确定7个特色小镇作为第二批省级特色小镇和潍坊市级特色小镇推荐上报。引导小镇紧扣食品、机械、乡村旅游、红色经典文化等支柱产业和历史经典产业，找准定位，科学规划设计，高标准、高质量建设。至年底，各小镇已明确具体规划范围、产业定位和建设推进方式，重点抓好小镇基础设施和公共服务设施，提升小镇管理水平，夯实小镇承载能力。

【改造提升服务设施】 按照潍坊市《农村社区服务中心建设“一五五”三年行动方案》要求，坚持新建达标、已建提升，分类推进社区服务中心改造提升。年内，重点改造提升了30个社区服务中心（其中新建4个）。

改扩建模式提升。对于通过整修仍能利用的，采取改扩建模式提升。对于未达标社区，依托现有资源进行整合，能改扩建的优先实施改扩建工程，按照标准进行改造提升，年内列入计划的26个社区已完成建设任务。

新建模式提升。对于设施老化、改造受限的，采取新建模式进行提升。经核实确属设施老旧、同时又具备条件的社区服务中心，采取新建模式进行提升，所建社区服务中心严格按规定标准建设，铸造精品工程。4个新建的社区服务中心也已经完成主体建设，年底前投入使用。2017年，潍坊市已经下发文件，拨付诸城市专项奖补资金490余万元。

镇（街）整体推进式改造提升。鼓励以镇（街）园区为单位整体推进、集中改造，由镇（街）园区按照“一厅一校十室”的基本标准和本地实际，确定改造标准要求，拿出专项财政资金进行招投标，统一更换门牌标识、粉刷内外墙面等，社区面貌焕然一新。

【提升社区服务水平】 在完善社区服务设施的同时，大力提升社区服务水平，推动社区软服务提升。

拓展社区服务领域。推行社区服务“三个清单”制度，规范服务事项，简化服务流程，提升社区服务效能和水平。在此基础上，组织有关社会力量开展“社区服务进行时”社会化公益服务，将老百姓最需要的服务送到他们身边。5月1日起，与慈海集团携手举办“同心驱黑暗，爱心伴永远”大型白内障手术公益活动，为全市符合条件的413位患者免费开展白内障手术，节省医疗费用200多万元。10月，协调招商银行举办“金融业务进社区”活动，深入多个城市社区为居民讲解防范金融风险等知识。11月开始，与万博医疗集团联合开展“爱眼公益社区行”视力保健行动，免费为社区居民进行血压、血糖等基础体检，并重点针对社区老年人开展视力测试、眼疾筛查，指导合理选择老花镜，重建清晰视觉。

推进社区信息化建设。以“智慧社区”为抓手，统筹整合社区远程教育、立体化防控系统等信息资源，加快建设智慧社区标准化平台，运用信息化手段综合开展社区党建、社会综合治理、行政审批、社区服务等事项，不断提高管理服务效能。顺利实现智慧社区平台与视频会议直播系统全覆盖，提升了社区管理服务信息化水平。在此基础上，利用“智慧党建”云平台开展网上在线督查，实时掌握社区服务厅工作状态，促进了社区工作人员的作风转变。

建设社区专职服务队伍。通过政府购买服务的形式，指导各镇（街）园区根据自身岗位需求，公开招聘社区专职工作人员348名。依托“三支一扶”计划，招募30名高校毕业生，安排到城乡社区从事社区服务工作。基本实现一个社区“1+2”（一名服务中心主任加两名专职服务人员）的人员配备要求，有效解决了大学生“村官”队伍流转后造成的高层次人才短缺问题。制定出台《社区专职工作人员管理使用暂行办法》，实现了社区专职工作人员队伍建设规范化、制度化。

（刘增华）

老龄工作

【概况】 2017年，全市老龄工作坚持“党委领导，政府主导，社会参与，全民行动”的工作方针，按照“围绕一条主线、构建一个格局、夯实一个基础、抓实五项任务”的工作要求，拓思路、强措施，各项工作得到了新提升。至年底，全市60周岁及以上老年人242255人，占户籍总人口的21.7%。

【高龄津贴、困难救助金发放精准化】 1月，为435名生活困难老年人发放救助金217500元。高龄（长寿）补贴金通过“银行直通车”形式发放。工作中，通过召开专题会议，严格申报、公示、审核和镇（街）园区、市老龄办、市财政局联动复核等方式，为3463名90—99岁老人发放高龄补贴金2284740元，为74名百岁老年人发放长寿补贴金479400元。

【老龄基层组织建设规范化】 按照基层老龄组织建设“有组织、有制度、有阵地、有活动、有成效”的要求，在镇（街）园区建设了16处高标准的社区老年协会，密州街道十里社区老年协会等10个镇（街）园区的社区老年协会获得“潍坊市城乡社区老年协会示范点”称号，逐步实现“基层老龄工作有人抓、老年人事情有人管、老年人困难有人帮”的目标。

【老年人权益保障制度化】 在市政务服务中心设老龄办窗口，已办理优待证1万余个，累计为18多万老年人办理发放了优待证。公园、旅游景点、公共文化娱乐活动场所普遍向老年人免费或优惠开放。全面落实了65岁以上老年人免费乘坐市内公交车和免费查体制度。开展老年人公益维权示范站创建工作，市老龄办获得2017年度第三批省级“老年人公益维权示范站”称号。

【“银龄安康工程”覆盖常态化】 至年底，全市共有24.47万人次参加老年人意外伤害保险，理赔3053人次，理赔金额457.81万元，参保人数和理赔人数分别比上年提高了18%和17%。理赔率达76.9%。9月，市政府拨付1251060元专款为41702名高龄、困难老年人办理了意外伤害险，实现了高龄困难老人意外伤害保障的全覆盖。其中，首次拨专款988950元为32965名80岁老年人每人购买了30元的意外险；连续四年为低保和农村特困人员赠送意外险，又拨款262110元为8737人每人购买了30元的意外险。

【老年节庆祝活动多样化】 9月29日，市委办公室、市政府办公室印发《关于开展“敬老月”和庆祝老年节活动的通知》（诸办发电〔2017〕126号文件），部署将10月份作为“敬老月”。10月20日至28日，市级领导班子全体成员，携带棉被、营养品、“寿”字等慰问品对镇（街）园区的百岁老年人进行走访慰问。各镇（街）园区、市直各部门、单位也对辖区内的高龄老人和困难职工进行走访慰问，共走访慰问3765人次。邀请全市6位艺术造诣深、社会影响好、平均年龄70岁的书画家，以“庆祝老年节　欢庆十九大”抒发老年人身心健康和福寿为主题，创作100幅形态各异的“寿”字，老年节期间作为礼物赠送全市百岁老年人。市委书记、市长以署名文章的形式发表《致全市老年人和老龄工作者的慰问信》，10月27日，在《潍坊日报·今日诸城》一版显著位置发表；10月28日，在诸城电视台诸城新闻频道播出。同时，龙城先锋、幸福诸城、诸城发布等公众号也进行刊发。开展了“孝行龙城·我先行”敬老志愿服务活动。组织志愿者开展文化进敬老院、老年维权普法、专家义诊、免费体检进社区及慰问救助等活动，营造了全社会尊老敬老的氛围。

【老龄宣传调研立体化】 年内，潍坊市级以上新闻媒体采用诸城老龄工作宣传报道稿件95篇、信息稿件79篇，《今日头条》刊登62篇。在《潍坊日报》8版头条刊发魏本欣老有所为、情系热土的典型事迹，宣传质量和数量均比上年有较大提高。老年节期间，《老年生活报》对诸城获得“潍坊市模范老人”称号的10名老人事迹进行了专版介绍。诸城市提报的《孝德文化建设的意义及形式创新》等2篇调研报告，得到了省老龄部门的肯定；提报的《影响老年人长寿的精神心理因素及其社会原因探析》获山东省第六届老年健康与长寿理论研讨会论文征集二等奖。

【老龄创先争优长效化】 积极组织参加国家、省、潍坊市级的创先争优评选推荐和各类老年文化活动，均取得优异成绩。在全省首批表彰的17个敬老文化教育基地中，诸城市大舜苑和龙城中学占2席；枳沟镇乔庄社区被授予“山东省银龄之家”称号；诸城茂腔剧团获得“山东省优秀老年艺术团体”称号；1人被授予“全国敬老爱老助老模范人物”；4人获山东省老年书法美术大赛优秀奖；1人获“潍坊市十大孝星”，1人获“潍坊市十大孝星”提名奖；10人被评为“潍坊市敬老爱老助老模范人物”；10位老人被评为“潍坊市模范老人”。刘光伟老人还作为潍坊市模范老人代表，在潍坊市庆祝老年节大会上作典型发言。

（王　香）

枳沟镇乔庄社区被评为山东省银龄之家

（供图　枳沟镇党政办）

民族　宗教

【民族工作】 2017年，全市常住少数民族29个，共1134人。其中，满族345人，傣族135人，蒙古族81人，藏族5人，彝族29人，布依族1人，瑶族7人，土家族22人，傈僳族95人，拉祜族3人，土族2人，锡伯族14人，普米族3人，京族1人，阿昌族10人，回族55人，苗族43人，壮族22人，朝鲜族77人，侗族4人，白族51人，哈尼族9人，黎族40人，佤族38人，景颇族33人，布朗族2人，仡佬族2人，怒族1人，基诺族4人。另有回族、满族、蒙古族、苗族、土家族等少数民族流动人口503人。

在民族工作中，认真贯彻落实中央和省、潍坊市委民族工作会议精神，市委、市政府召开全市统战工作会议暨民族工作会议。市委主要负责同志对全市民族工作作出批示。建立完整的民族工作系统网络，调整设立市民族宗教事务局，配备3名执法人员，各镇（街）园区明确统战委员负责具体事务，实现了全市民宗工作队伍的专职化，保证了工作主体明晰、工作体系顺畅。

扶持民品企业发展。争取国家、省、潍坊市对民品企业的政策支持，推荐诸城外贸公司纳入国家“十二五”期间少数民族特需用品（清真食品类）定点生产企业，享受国家对少数民族特需用品定点企业的有关优惠政策，2017年贷款额度6亿多元。

深入开展民族团结进步宣传月活动。重点加强对城市流动少数民族人员的服务管理，以“城市少数民族服务窗口建设”和“民族团结进步宣传月”活动为抓手，按照“贴近群众、贴近实际、贴近生活”的原则，通过编发民族宗教法律法规知识宣传册、穆斯林习俗小常识等宣传资料，在少数民族群众较集中的社区和企业开展民族政策、民族知识宣传教育活动，让民族团结进步教育“进社区、进校园、进企业”，将民族团结进步思想植根干部群众，了解和尊重少数民族风俗习惯，在全社会营造民族团结进步的良好氛围。

做好城市民族工作，加强对城市流动少数民族人员的服务管理，建立嵌入式社会结构和社区环境。摸清城市少数民族工作底子，建立台账，建立基础信息平台、服务管理平台和矛盾协调化解平台，确定少数民族群众服务管理事项，形成“覆盖广、反应快、处置有力”的城市民族工作管理网络，民族工作方面没有出现任何问题。

【宗教工作】 至年底，域内共有基督教、佛教两种宗教。基督教组织机构健全，管理规范，活动正常。另外，辖区内信奉伊斯兰教的教徒主要是分散在城区54家拉面馆内从事清真拉面经营者，共160人。

健全工作机制。市委、市政府高度重视宗教工作，建立统战、公安、民宗、国保等部门参加的宗教工作联席会议制度。镇（街）园区明确统战委员负责宗教工作。在信教群众较集中的社区也落实了相应的宗教工作负责人和专职信息联络员。发挥党校理论导向作用，加强业务指导培训，开展“民族宗教知识进课堂”活动，在市委党校举办全市科级干部理论进修班2期，培训各镇（街）、市直部门党政领导干部50多人。

依法管理宗教事务。认真学习贯彻国家《宗教事务条例》和《山东省宗教事务条例》等一系列法律法规，抓好宗教领域敏感事件的应急处理，制定《宗教事务突发事件紧急处理预案》，印发《关于加强和规范全市民族宗教基层基础工作的通知》，把宗教事务管理工作纳入全市社会管理服务创新暨平安建设责任体系。

加强宗教团体建设。培养建设懂政策、顾大局、有威信的宗教团体领导班子。解决宗教团体的编制、人员、经费和办公地点“四到位”问题。举办宗教教职人员培训班和法规政策读书班，进行宗教政策法规宣传，增强信教群众的法治意识。加强宗教团体的思想建设和制度建设，指导宗教团体建立健全政治理论学习制度、民主管理制度、宗教事务管理制度“三项制度”。落实重要宗教活动报告制度、外来宗教人员报告制度、入教人员定期汇总报告制度、宗教团体财务报告制度、宗教活动场所安全管理制度等，从制度建设入手，不断提升管理水平，提升队伍素质，提升场所品位，推进和谐宗教活动场所创建活动深入开展。

引导宗教界服务社会。开展“我为建设和谐诸城做贡献”活动，在信教群众中开展科学技术、致富信息、文化图书进教堂，信教群众奔小康和争创文明活动场所、争做文明信徒的“三进一奔”和“双文明”活动，广泛开展赈灾济困、捐资助学、助残敬老等公益活动，基督教会为社会救济扶贫捐款10万余元，衣物数千件。教会青年会帮助无依无靠的信教群众，在社会上树立了良好的形象。

（李子兵）

镇（街）园区

密 州 街 道

【概况】 密州街道位于诸城市城区东部，面积105平方公里，辖19个社区，5.3万户，人口15.9万人，耕地面积3133公顷。2017年，全街道完成地区生产总值532亿元，比上年增长8.1%；地方财政收入12.45亿元，比上年增长10.04%；限额以上工业实现销售收入207亿元，利税24.7亿元，分别增长17%和7.3%；农民人均纯收入21187元。

【城市经济内涵发展】 全力加快棚户区和片区改造。深入开展项目攻坚，全力加快棚户区改造，先后启动臧家庄子、龙王庙子、五里堡一期、北关、南关路、十里等重点片区棚改拆迁，全年共完成拆迁3300户、土地4500亩。

加快服务业大项目建设。新开工枫香小镇东区、润东家园、华诚悦府、龙海文苑、华宇府等服务业大项目8个，新开工楼宇141栋，建筑面积135万平方米。积极推进紫檀文苑、奥韵花园东区、东鲁学府、繁荣尊府等16个续建项目建设，新封顶楼宇96栋，建筑面积78万平方米。

突出抓好电子商务。发挥电商创业园的带动作用，重点打造集体验店、电子商务、仓储物流等业态于一体的鑫城购物广场电子商务一条街，加快建设省级电子商务产业服务基地和电子商务全产业链综合服务园区。

全面提升城市建管水平。切实保卫创卫迎审成果，认真落实长效化管理机制，全年共清理整顿老旧小区81个，建筑面积49万平方米，拆除各类违章建设5200多处，面积14.2万平方米。

【工业经济转型升级】 牢牢抓住工业大项目建设不放松。新开工瑞普顿高档皮具制造、晨立克除醛植物蛋白和中坛再生资源回收加工基地及双向物流园等投资过亿元项目5个，贝特尔大型环保设备，高强核电、军工高端紧固件，松日自动化食品加工设备等3个项目投入试生产。强化与日钢精深加工、华一奥熠卓环保装备、美川食品机械、金正机械等6个在谈项目对接，确保项目早日落地。

加大招商引资力度。年内，全街道共完成招商引资6.6亿元。

深入实施创新驱动和人才发展战略。先后实施总投资13.6亿元的义和专用车等21个技改项目。引导义和车桥、美晨科技、高强紧固件、开元电机等企业加大技改力度，大力弘扬“工匠精神”，加强技术改造和品牌建设，提升产品的科技含量和市场占有率。

加快规模企业规范化公司制改制。积极帮助24家企业完成规范化公司制改制，加快推动重点企业在公开市场、“新三板”上市，改善企业融资结构，促进企业持续健康发展。

【乡村振兴战略实施】 全年共流转土地3700亩，开工建设万源丰蔬菜生产基地、绿园板栗生态休闲园、匠心谷等500亩以上现代农业园区5个。完善提升裘皮创业园，推进水貂养殖产业向产业链上游延伸，全力加快“新六产”发展。

【社会事业发展】 加快基础设施建设，全年调整和清障土地1520亩，全力保障平日路绕城段、人民东路东延段、纵二路南延段、纵三路南延段、气象局、工商职业学院公寓楼、新经济学校等重点基础设施项目。投资600万元，对铁沟河进行了综合整治。结合城区片区改造，先后搬迁养殖户630户。加强散煤清洁化治理，制定完善实施方案，层层落实工作责任，统筹推进散煤清洁化治理工作。

（管日岳）

龙 都 街 道

【概况】 龙都街道位于诸城市城区西部，面积88.65平方公里，辖20个社区，36898户，人口12.75万人，耕地面积3989公顷。2017年，全街道完成地区生产总值251.34亿元，比上年增长5.7%；地方财政收入4.66亿元，比上年增长6.6%；工业实现销售收入287.71亿元、利税9.74亿元；第三产业增加值达15.8亿元；农民人均纯收入21954元。年内，街道被评为山东省平安家庭示范街道，杨春社区被评为国家地震安全示范社区，邓戈庄社区被评为省级文明社区，水泊社区被评为省级文明村镇，邱家七吉社区荣获省级绿色社区、省级四型就业社区荣誉称号。

【产业布局和产业结构持续优化】 努力打造工业强街。开工建设了总投资7.8亿元的伊甸缘婚庆服装高端订制工业4.0、福田汽车诸城车辆厂涂装环保升级及总装车间技术改造、元康食品5万吨马铃薯速冻薯条加工、尚清环保装备等大项目。其中，伊甸缘婚庆服装高端订制工业4.0项目基本建成投产，福田汽车诸城车辆厂总装车间技术改造项目投产达效。续建的天耀婴童二期、邦信纺织品包装、新和高档服装面料实现投产达效。2017年，限额以上工业企业发展到29家。

推进服务业提质增效。盘活西环路市场群200多万平方米并已建成物业的存量资源，信息化、特色化、专业化改造提升步伐加快，建设运营了电商创业园二期企业电商运营中心。实施恐龙花海、花朝水乡城市公园等节点性项目，为生态旅游业发展奠定了良好基础。2017年，限额以上商贸企业发展到34家，全年实现销售收入18.64亿元，利税1.27亿元。

【现代农业全面振兴】 新建龙都现代农业示范园、春夏秋冬·榉园、亿樱农庄等500亩以上农业园区7个，其中龙都现代农业示范园实现当年建设当年投产达效，成为“新六产”发展示范园区。新建规模化农业园区8个，占地面积5966亩，完成种植面积3716亩，其中瓜菜面积为1000亩，果茶面积为186亩，其他高效经济作物2530亩。潍坊市级农业龙头企业发展到10家，诸城市级农业龙头企业达4家；新注册成立家庭农场25家，全街道发展到129家；新发展标准化农民专业合作社4家，规范提升11家，总数达201家。全街道10个农村社区完成土地流转11452亩，其中大源社区完成3713亩，见屯社区完成2168亩，大村社区完成1343亩。

【城市形象和城市品质逐步提升】 加快棚改旧改。实施人民医院、新一中两个组团中的人民医院西片区、兴华西路片区、栗元片区、龙都新苑二期等7个片区的拆迁，加快了龙都现代城、范阁园、东升龙华园等20个棚改项目建设。全年签订拆迁协议1100户，完成拆迁1019户。建成建筑面积20万平方米，在建35万平方米。同时，完成了永胜家园、陶瓷小区和市建公司家属院等5个老旧小区的改造提升。

加快品质城市建设。依托恐龙小镇、三河

湿地建设，带动品质城市建设。恐龙小镇组团规划用地总面积3.972万亩，三河湿地总规划面积3.2万亩。开工建设了万亩恐龙花海和花朝水乡城市公园，打造市民休闲娱乐度假基地。加快一中国际化学校建设，多元化教育资源进一步完善。其中，恐龙花海已栽植各类花卉苗木1400亩，花朝水乡城市公园完成土地调整900亩，一中国际化学校教学楼、公寓楼即将封顶。

强化基础设施配套。开工建设了卧龙湖水库，完成584户1600多亩土地的清障工作，推进了见屯闸建设。开工建设了龙昌南路、恐龙涧路、龙祥路西延、臧克家路西延、环湖南路西延、产业园纵二路等重点道路，构建起了全街道八纵六横路网，有效提升了产业发展、城市建设承载能力。

【发展活力和发展动力逐渐增强】 加快土地调整，保障实力龙都建设。全年完成工业项目用地调整500亩，完成恐龙花海项目土地调整4200亩，完成花朝水乡城市公园项目土地调整900亩，完成种植业结构调整土地流转7000亩，保障了产业转型升级的土地要素支撑。

加强环境综合整治，保障美丽龙都建设。整治提升明诚市场、新天地龙城广场等市场6处，拆违治违2.8万多平方米。严格落实河长制和畜牧粪污综合整治，开展清河行动，共拆除河道周边违章建筑13处、搬迁养殖户2家、清理垃圾1200立方米、清理树木7000余棵。在农村社区开展清垃圾、清杂物、清乱搭乱建、清庭院“四清”专项行动。扎实开展美丽乡村标准化建设，全街道60%以上的村庄达到美丽乡村建设B级以上标准。

改善民本民生，保障幸福龙都建设。新建龙都中心小学、沙戈庄小学、七吉小学4栋教学楼，改造提升中心幼儿园、社区学校分院，新增教学面积2万多平方米，全街道四中心一体化教育布局初具雏形。实施医养结合试点，打造了500多平方米的大源社区医养结合示范点。开展食品安全城市创建，规范提升龙海水产城、亿康餐具消毒中心等近百家食品流通、餐饮服务企业全程食品安全制度，保障了餐桌上的安全。

（徐桂军）

舜　王　街　道

【概况】 舜王街道位于诸城市城区北部，面积178平方公里，辖18个社区，2.1万户，人口7.2万人，耕地面积10500公顷。2017年，地方财政收入1.21亿元，比上年增长12.2%；工业实现销售收入132亿元、利税18亿元，分别增长3.68%和15.4%；农民人均纯收入22473元。年内，街道被评为潍坊市级创业型示范镇街。

【做大做强工业经济】 强化招商引资引进新动能。面向北京、青岛等重点地区，积极组织开展招商活动，累计对接洽谈项目21个，新签约投资过亿元新技术、新产业项目11个，青腾科技、鸭龙碳业等14个项目达成落户意向。

强力推进项目提速新动能。根据产业优势，规划建设机器人小镇、舜王智能装备工业园两大园区，积极参与创建诸城市出口实木家具质量安全示范区，推动产业项目集约化、特色化发展。迈赫智能化产品升级扩建、昌泰包装装备等14个新建、续建项目快速推进，累计调整工业项目用地860亩，挖潜盘活低效用地260亩，拆除旧厂房、养殖场6万平方米，完成固定资产投资29.9亿元。

狠抓企业转型催生新动能。实施企业裂变升级工程，积极培育行业隐形冠军，累计完成重点技改项目8个，更新改造先进设备21台套，培育创新中心2家，完成现代企业制度改革14家，永创材料等6家企业成功挂牌。处置僵尸企业3家，关停整改化工企业35家。

【做新做特第三产业】 提升外向经济开启新通道。积极推进保税物流中心建设，在完善通关卡口等硬件设施的基础上，积极跟踪关区代码批复等手续办理，协调国检、海关等入驻办公，推动保税物流中心正式实现封关运营，累计完成通关货值1500多万美元。

完善产业链条搭建新平台。依托保税物流中心，加快外贸关键节点项目引进，搭建起海关数据化服务平台、青建奉凰供应链平台和外贸综合服务平台等3大产业功能平台，并成功招引海程邦达、青建优迈等60余家国际物流、跨境电商、总部经济类企业入驻开展业务，初步形成了链条较为完整的保税产业体系。

强化产业融合增添新优势。规划建设机器人特色小镇，创新探索“工业+旅游+教育”模式，基于工业4.0建设的迈赫机器人大世界已成为全国知名的科普教育基地和工业旅游示范景点，年内接待游客量达到3.6万人次。同时，开发建设了舜丰生态采摘园、尚德民俗博物馆等一批新的“农业+旅游+休闲”“文化+旅游+教育”等项目，推动了产业融合化水平不断提升。

【做优做活现代农业】 优化农业结构拓展新产业。按照“三调两提五化”要求，加大政策宣传力度，引导农户规范有序开展土地流转，发展大棚甜瓜、草莓、葡萄、无花果等高效经济作物，累计完成土地流转1.2万亩，新拓展瓜菜、果茶种植面积3800亩，冬暖式大棚种植面积达2100亩，农业基础设施建设累计投入800万元，申请农业贴息贷款1600万元。

创新经营体制发展“新六产”。围绕发展农业“新六产”，积极培育新型农业经营主体，新引进佳博天益、田园绿禾等农字号企业5家，新发展专业合作社15家、家庭农场6家，累计分别达到31家、290家和162家。依托新型经营主体，积极推进“三链重构”，采取“企业/合作社+基地+农户”等新模式发展现代设施农业园区16个，并与“一亩田”“地主网”“农村淘宝”等电商平台开展合作，加快品牌推广和产品营销，开辟了农业增效、农民增收新路径。

强化科技兴农打造新品牌。与山东农科院果树研究所、潍坊农科院蔬菜研究所在园区建设、种植品种、栽培技术等方面开展深度合作，并依托舜丰生态种苗基地、大辛庄子有机甜瓜基地等示范园区载体，推广水肥一体化新技术2600亩、节水滴灌技术2300亩，引进映双红桃、烟富10号苹果等农业新品种15个，培育出舜农果蔬、新蜜甜瓜等农产品品牌12个，“三品一标”农产品认证34个，农业品牌效益进一步彰显。

【加快新型城镇建设】 抓好民生基础设施建设。持续加大民生事业投入，相继开工建设箭口教育中心、大辛庄子社区服务中心、舜王聚合馨苑安置区、舜王新卫生院、无忌小学搬迁改造等民生事业项目。同时，加快路网完善提升，全面启动驻地舜华路以及下辛路改造工程，累计改造完成连村路及村内道路20余条，硬化面积12.3万平方米。

深入开展环保质量提升行动。坚持绿色发展理念，加大环保污染治理力度，累计完成24台10吨以下燃煤锅炉的“清零”任务；完成化工企业评级评价复审，关停取缔氧化锌企业27家，停产整改8家；整治排污不达标企业98家。关停禁养区养殖户、养殖场18家，整改限养区、适养区养殖户2069家，修建沉淀池、沼气池等粪污处理设施2807个，达标率100%。

持续深化美丽乡村建设。紧抓城乡环卫一体化工作不放松，累计投入1500万元，持续开展农村环境综合整治行动，街道102个自然村全部一次性通过验收并完成交接。深入开展拆违治违集中行动，累计拆除违法建筑300多处、面积1万多平方米。全面落实河长制要求，对潍河、太古庄河等7条河流实施清河行动。积极开展造林绿化，完成成片造林3189亩，栽植绿化树木等5.3万余株，铺设草坪13000多平方米，有效防控以美国白蛾为重点的林木病虫害事态蔓延。抓好土地日常监管，新发现和制止违法占地28起，立案查处违法占地6宗。关停违法采砂、采矿点3处，环境卫生水平有了质的飞跃。

【提升社会治理服务水平】 推进文化繁荣发展。深入实施“五个推进工程”，18个社区全部建立儒家讲堂，常态化开展道德讲堂、善行义举四德榜评选等活动，倡导和践行24字社会主义核心价值观。完善提升社区公共文化服务体系，累计新增健身器材、乐器等文体活动用品500余件，新发展业余文艺队伍3支、民间茂腔剧团1个，举办文艺演出培训班8期，送茂腔下乡演出30场，开展各类文体活动162次，成功举办第八届舜王社区文化节和第三届转秋千节。推进文化资源开发，成功申报潍坊市级非物质文化遗产项目1个、诸城市级非物质文化遗产项目9个，省级、潍坊市级、诸城市级非物质文化遗产项目分别达1个、8个和16个。大力实施乡村记忆工程，诸城尚德民俗博物馆、岳家庄乡村记忆馆等场馆规模不断扩大，舜王文化品牌影响力有效增强。

完善民生服务体系。持续巩固扶贫成果，帮助10户贫困家庭进行危房改造，为60户精准扶贫户办理了医疗救助。抓好民政救助工作，申请低保救助78户，为137名残疾人免费体检，发放残疾人辅助器具149件，救助困难大学生19名。完善就业创业平台，定期开展职业技能培训，共举办种养技术、家政服务等培训班260余期，培训社区居民2万多人次，新增就业1160人。加快网上政务大厅建设，依托山东省政务服务网，全街道18个社区第一批次建成网上政务大厅，实现了服务事项网上审批、网上办结。落实全民参保计划，医疗、养老、银铃安康、女性安康、社会治安等各类保险人口覆盖率稳步提升。

（郭增光）

枳沟镇

【概况】 枳沟镇位于诸城市西南部，面积85.2平方公里，辖9个社区，13276户，人口5.1万人，耕地面积3867公顷。2017年，地方财政收入12449万元，比上年增长199.7%；工业实现销售收入23.1亿元，利税2.2亿元，分别增长0.1%和19.7%。农民人均纯收入12503元。年内，获得“中国最美生态文化旅游名镇”荣誉称号。

【夯实产业发展基础】 开工建设投资9000万元的舜沃农业科技规模化大型沼气项目、投资6200万元的汤润食品加工、投资5800万元的普韵食品加工等项目，在建的潍源塑业大型液体集装袋项目、德美利源年产15万吨清真食品加工项目等进展迅速。立足国省道、高速、铁路交汇的交通区位优势，赴京津冀、江浙沪等地招商10余次，引进、洽谈项目24个。48兆瓦特大型垂直轴风力发电项目获省发改委核准立项并进行施工前地质勘探，项目投资方山东风动能电力科技有限公司荣获2017年度最佳风电创新技术企业。

【实现农业规模化特色化】 推动农业产业融合升级。以创新发展理念为引领，构建以农业产业为基础、以新型经营主体为骨干、以模式创新为动力的现代农业“新六产”体系。依托泰田龙头企业的创新引领，实施“3311”发展战略，大力发展蘑菇种植，推动禁养区转产转型，带动养殖户增收致富。

加快农业园区建设。建设1万亩乔有山干鲜杂果基地、环庙山5000亩春华秋实农林经济带、北杏1000亩设施农业园区、东西永安1000亩农业园区、1000亩泰田农业三产融合示范区和潍河循环农业经济带等特色农业板块。

突出农业大项目建设。实施投资9000万元的舜沃农业大型沼气项目和投资6600万元的种兔繁育基地以及为农服务中心项目。调整潍河两岸各200米范围内的5000亩土地，重点发展美国红枫、中裕农场、林下中草药、乔庄大院、荷花泥鳅循环种养、英达七彩田园综合体等。

加强农业水利工程建设。在农业、水利、农业开发等部门单位的支持下，投资1750万元，实施7000亩高标准良田灌溉项目。投资2600万元，建设长198米蓄水4.1米的枳沟橡胶坝。投资4000万元，实施第三期小农水重点县项目，改善贫水区灌溉条件，惠及4个社区13个自然村，受益人口达2.1万人。

【提高服务业发展水平】 打造稳增长、促升级新引擎，借助紧邻潍日高速公路的区位优势，调整210亩土地，建设投资1.2亿元的双欧专用汽车制造及物流中心项目。规范传统商贸，对原集贸市场进行搬迁，并实施枳沟商贸城改造提升工程，投资约5000万元，建设六合城镇商住综合体，发展农村电商、光伏发电项目等。

【打造特色文旅小镇】 依托“齐鲁诸邑、山水尽美”文化底蕴，以纪念王尽美诞辰119周年和120周年为契机，深入挖掘王尽美精神内涵，全力配合市委、市政府抓好王尽美党性教育基地建设，并以此为核心打造尽美红色文旅小镇，结合三尽美纪念馆、王尽美广场、王尽美故居和古村落、革命老街、党性教育培训中心等功能区建设，先后实施故居修缮、尽美广场打造、北杏村史馆、知青记忆馆、党史展馆建设等一系列工程，接待“菜单式”培训及参观2万余人次。加快区域土地流转、设施配套，做好现代农业、乡村旅游、红色文化和教育培训产业四大主导产业，实现基地带头、产业繁荣、农民增收、政府增财、区域发展增活力。以新建2500平方米的镇驻地综合文化中心为龙头，建设农耕文明史展馆、百家姓展馆、自行车展馆、军史展馆、昆阳馆等独具特色的9个社区文化展馆群，大力发展庙山民俗文化旅游度假区，规划诸邑古城，开展了系列社区文化活动，繁荣枳沟文化事业，打造底蕴深厚、精神文化活动丰富的文化名镇。

【提升城镇建设品位和质量】 投资2000万元，实施镇驻地硬化、亮化、绿化、净化、美化“五化”工程。投资100万元实施43个村庄的围村绿化，栽植苗木7.5万株，投入400万元，修建了3处特色主题公园。投资1000余万元，安装路灯、景观灯5700余套，全面提升了镇域亮化能力。实行镇驻地建管提升网格制度，以网格化、规范化、精细化建管提升，加快镇、社区驻地及美丽乡村建设。

（刘梅花）

贾 悦 镇

【概况】 贾悦镇位于诸城市西部，面积288平方公里，辖27个社区，2.8万户，人口10.9万人，耕地面积17333公顷。2017年，全镇完成地区生产总值40.15亿元，比上年增长6.4%；地方财政收入1.6亿元，比上年增长17%；工业实现销售收入61.43亿元、利税6.79亿元，分别增长9.4%和10.3%；第三产业增加值达15.5亿元；农民人均纯收入17975元。年内，获得“省级文明村镇”等称号。

【农业结构调整】 完成种植业调整1.8万亩，培育500亩以上现代农业园区7个、100亩以上农业园区32个；大力实施品牌农业建设计划，着力打造金丰园、梅香园、舜居园等一批品牌农业园区，规划“三小镇一基地”农业发展蓝图，重点建设中药小镇、草莓小镇、樱桃小镇和浯水蔬菜基地等一批特色产业区；突出设施配套。结合美丽乡村建设、基本农田改造、烟草水源项目实施，完善农业园区水、电、路等基础设施，年内完成675口机井通电工程、马庄35千伏输变电工程，实施贾悦水库、庄家村水库等16座水库的维修养护工程，完成新建及整修农业园区道路25公里，投资20万元，完成北方园林、康盛源供电供水等基础设施建设，推动现代农业提档升级。以科技兴农战略为支撑，与山东农业大学、青岛科技大学建立产学研合作机制，在栽培技术、人员培训等方面开展深度合作，引进先进理论与技术；大力发展“互联网+”营销模式，依托农村淘宝等电商平台，促使园区触网销售，实现线上线下融合发展，已有50家合作社建立网上营销平台。加大政策扶持力度，积极争取市里贴息贷款，与金融机构对接，累计帮助56家种植户申请资金760万元，制定出台《鼓励农业园区建设扶持补助办法》，对符合条件的设施农业园区进行补助，并根据情况统一进行水、电、路等设施配套。

【工业园区建设】 科学规划布局，以悦东新材料产业园建设为核心，对园区制定工作实施方案、《园区总体发展规划》和《园区产业发展规划》，会同有关部门重新规划界定园区范围，使园区总区域达16平方公里。重点抓好投资过千万元项目10个，其中新建4个，续建4个，洽谈2个，稳步推进投资20亿元的北京恒通新型环保节能材料项目、投资8亿元的神华新能源风力发电项目、投资1.2亿元的信得禽流感疫苗技改等项目，力争早日投产达效。投资1500万元，新建园区横一路、横二路、纵二路3条道路，总里程4.8公里。充分利用省道，使园区形成“四纵四横”道路网格，已建成企业变电站2座，能够有效地满足园区用电需求。利用泰盛化工蒸汽供热，铺设供热管道7公里，为园区企业提供热能，铺设供水管道12公里，将墙夼水厂自来水引入园区，保障了企业生活用水，同时配套建设排污管道，接入市排污管网系统，实现污水集中处理。开工建设悦东新材料产业园消防站、污水处理厂。园区内通信网络实现全覆盖，全部实现光纤接入。

【小城镇建设】 强化镇驻地品质提升。深入实施“东提西扩”工程，在东部，响应文化育人、文化惠民的号召，建成占地12500平方米的文体活动中心，对镇驻地主要道路兴贾路进行升级改造，沿两侧绿化带增添文化元素与健身路径，为居民提供1处健身休闲场所。对贾悦文化广场进行红色文化改造提升，新建1条党的十九大文化长廊、1座党旗浮雕、19面红色足迹文化墙，红色历史文化氛围浓厚，成为弘扬和宣传党的十九大精神的主阵地；在西部，规划建设占地60亩的湿地公园；结合烟草水源项目，推进乡村道路建设，投资500万元，新修滨河道路2公里，投资700多万元，完成槐荫路、兴贾路西扩工程，新修道路3公里。新开工建设南外环西延段和镇驻地西封闭线道路2公里，同步绿化、亮化，将阎家庄等村庄纳入小城镇发展空间，进一步拉伸镇驻地框架。

聚焦生态宜居。开展农村人居环境整治行动，加大农村危房、厕所等改造力度；加大镇驻地“拆旧改五”力度，推动拆违治违工作向纵深发展。2017年集中拆除900余处，拆除面积1.8万平方米。结合“美丽乡村”建设，投资1100万元，累计出动8万多人次，对农村“三大堆”进行了彻底清理。对河道、坑塘进行治理，规范垃圾收集运输处理，提升镇域整体形象。实施治理散煤清洁化，秸秆禁烧工作取得良好效果，提高清洁供暖比重。创新管理机制，对环卫保洁人员进行业务培训，实行一月一考核制度，不断加强环卫队伍建设。做好拆建结合文章。积极推进城乡建设用地增减挂钩，对珠藏北岭、范家官庄实施搬迁，对希努尔等社区的禁养区实施养殖户搬迁，做好搬迁户的安置工作。

【民生事业发展】 统筹推进生态文明建设。加大对镇村绿化、道路绿化建设的力度，成效显著，已完成成片造林4000亩、道路绿化22公里、栽植各类绿化苗木105万株，完善和新建农田林网1.4万亩；着力抓好环村林带建设，完成8个村150亩经济林种植；高度重视环保工作，关停10家散乱污企业，对禁养区内3家规模养殖场、80家专业户关停搬迁；全面落实河长制，扎实开展“清河行动”，对镇域内10条主要河道进行整治清理，提高了生态涵养能力。

协调发展各项社会事业。推动义务教育均衡发展，投资7700多万元，在贾悦、马庄、孟疃新建教学办公楼4栋、公寓楼3栋、学生餐厅1栋，切实改善了办学条件，初步解决了“大班额”问题。加快公共文化服务体系建设，举办社区文化节、儒家讲堂、一村一场戏等100余次，切实丰富群众精神文化生活。深化乡村文明行动，在社区全面覆盖善行义举四德榜的基础上，移风易俗，向镇机关、企业、学校延伸，大力弘扬新民风民俗。

（高国建）

石　桥　子　镇

【概况】 石桥子镇位于诸城市西北部，面积169平方公里，辖18个社区，1.7万户，人口6.5万人，耕地面积1万公顷。2017年，实现农村经济总收入60.84亿元；实现财政总收入4779.27万元，比上年增长7.1%，其中地方财政收入3030.48万元，比上年增长1.9%；工业实现销售收入26.74亿元、利税3.98亿元，分别同比增长7.4%和12.5%；农民人均纯收入17223元。

【工业转型升级】 投资5000万元的隆晔FD食品深加工项目车间主体已完成。正新食品8000吨肉制品扩产项目完成安评、环评等手续。顺达木业儿童桌椅、舒尔家具60万套衣帽架已投产见效，松源木业研发设计中心已建成使用。做强做优木器产业。做好木器产业动能“转换”和产业“升级”文章，实施“二次创业”计划，培育行业“隐形冠军”。松源、顺达、舒尔等木器龙头企业坚持贴牌生产与培育自主品牌相结合，通过技术革新、设备更新和人才引进等方式，面向欧美市场研发智能家居、儿童家居等系列10余个新产品。恒盛丰隆新建车间1.5万平方米，新上600万套高端木制家具项目。深入推进商业模式创新，积极培育网销产品品牌，2017年木器产业网上销售额突破5000万元。进一步加快木器产业挂靠联合、兼并重组，打造宜家家居配套产业集群，创建山东省出口实木家具质量安全示范区。

【现代农业发展】 大力调整农业产业结构。为种植业结构调整流转土地1.2万亩。发展100亩以上现代农业园区19个，其中500亩以上现代农业园区7个。通过强化土地流转，发展规模经营，重点培育发展家庭农场、农民合作组织、专业大户等新型经营主体，逐步将零散种植户通过现有的农业合作社进行整合，实现规模发展。全年新增农业合作社12个，家庭农场20个。加大品牌创建力度，年内新增“三品一标”认证农产品5个。天美益韭菜品牌被农业部认证为全国名特优新农产品。

积极发展现代农业园区。重点建设占地500亩的石桥子镇现代农业创业园、占地300亩的清源农科生态链项目和占地200亩的西臧家庄社区设施农业产业园等高标准设施项目，以样板园区引导农民发展设施农业，扩大设施农业面积。加快畜牧业提质增效步伐，山东牧族建成两个15万羽蛋鸡养殖车间，开工大型有机肥生产项目，致力于打造现代生态循环农业。推动农业“接二连三”，占地300多亩的龙乡雁地葡萄园融合泷匏葫芦画非物质文化遗产元素，发展风情民俗游，创办果品采摘节和游园会。积极对外宣传推介，引导工商资本投入农业。山东绿旺达肥业有限公司在相石路沿线流转土地400亩，用于优质标准化生姜、黄芽姜生产。与中国食品谷集团签订战略框架合作协议，打造集技术、品牌、金融、信息、招商中心和仓储物流加工基地为一体的产业平台。

狠抓农产品质量安全。健全镇、社区、村三级农产品质量安全监管网络，充分发挥农产品协管员的作用，层层落实责任，加强日常监管检查。强化对农资农药生产经营者监管，建立健全进销货台账，从源头上杜绝销售高毒农药行为。通过开展韭菜“双证制”管理，在韭菜交易市场全部配备农残速测仪器，加大日常抽检力度，形成抓农产品安全的倒逼机制，打造农产品质量安全示范区。

【生态宜居城镇建设】 开展造林绿化行动。重点实施道路绿化、农田林网、围村林带和山岭林果建设，完成植树造林4300亩，栽植果树1750亩，建成12.8公里的央赣路“绿色长廊”。沿潍日高速两侧规划设计15公里的经济林带。

开展环保综合整治行动。对渠河、荆河等7条河流全面落实“河长制”管理，积极开展“清河行动”，共拆除河道内违章建筑18处，清理树木27000多棵，农作物560亩，清运垃圾2700多立方米。加大养殖业粪污污染整治力度，搬迁或关闭禁养区规模养殖场5家、养殖专业户140家，养殖户全部配套粪污处理设施。聚焦“打赢蓝天保卫战”，全面做好秸秆禁烧和散煤清洁化治理工作，全镇11家企业的燃煤锅炉全部整改完毕。

开展城乡一体化提质行动。先后拨付社区清理整治启动资金和一次性验收通过奖补资金110万元，对村庄出入口、沟边地堰、河道池塘等重点区域和垃圾死角进行全面清理。注重宣传引导，严格落实“门前五包”责任制，积极发挥保洁员日常作用，形成社区、村居和保洁公司齐抓共管的强大合力，环境卫生水平进一步提升。

【品质城镇打造】 加大基础设施建设，打造靓丽城镇。建成电力联动服务中心、农商行便民营业厅和卫生院医疗门诊楼。加快镇驻地改造提升步伐。投资400万元实施驻地绿化改造工程，栽植锦带、玉簪等6000余平方米，海棠、樱花等7000余棵，总绿化面积1.7万平方米。围绕突出“木业小镇”这一主题，投资500余万元，对驻地沿街房屋统一喷涂外立墙面5万平方米，更换广告牌匾3500平方米，并配套建设了景观墙、景观石和景观林。投资360万元，改造雨污管网2.5公里，进一步完善道路、街景公园等配套设施，城镇面貌有了很大改观。积极配合做好潍日高速公路建设和相石路拓宽改造工程，为潍日高速新调土场300多亩，为相石路完成拆迁倒地424亩。积极发展教育事业，投资600多万元，新建3000平方米的石桥子初中公寓楼。对全镇157户建档立卡贫困户落实长效扶贫、稳定脱贫机制，持续巩固扶贫成效。完成朱苏铺、常吉疃、近戈庄等5个社区的改造提升工程。配合做好2.2公里的引墙入吴供水管网改造工程，共调整土地205亩，涉及农户130多户，满足了3万户居民的用水问题。持续开展美丽乡村建设，投资1800多万元，完成20公里村庄道路硬化工程，安装路灯300余盏，栽植绿化苗木37万余株。持续推进农村“七改”工程，抓好“厕所革命”，完成农村旱厕改造2293户。提高乡村文明水平，打造文化名镇。积极开展文明村、文明单位创建和“潍坊好人”“诸城好人”等评选活动，深入实施“四德榜”工程，大力弘扬社会主义核心价值观，扎实推进移风易俗工作，培育文明乡风、良好家风、淳朴民风。积极开展社区文化节、大型文体比赛等群众性文化活动15场。大力营造文化宣传氛围，绘制文化墙2800平方米，粉刷墙体标语400余条。坚持弘扬红色文化，开工建设刘家庄抗战纪念馆，打造党性教育基地。

刘家庄抗战纪念馆　　（供图　石桥子镇党政办）

（张宝昌）

相　州　镇

【概况】 相州镇位于诸城市北部，总面积120平方公里，辖12个社区，2万户，人口6.9万人，耕地面积7200公顷。2017年，全镇完成地区生产总值54亿元，比上年增长12.5%；地方财政收入3766.72万元，比上年增长5.4%；工业实现销售收入128亿元，利税12亿元，分别增长2.5%和9.1%；第三产业增加值达21.8亿元；农民人均纯收入19080元。年内，获得“全国农村优秀学习型乡镇”等荣誉称号。

【全力全速推进项目建设】 坚持一切围绕项目转、一切围绕项目干。年内，确定华宝智能冷链物流和食品深加工、龙强中国重汽SMC塑料部件、中顺工贸高档宠物纸垫、广森门业等13

个投资过千万元的项目并扎实推进，环宇油漆、升荣木业在青岛蓝海股权交易中心成功实现挂牌。

引导现有企业开展“二次创业”，积蓄发展后劲。山东龙强汽配新投入资金1500万元进行技术改造，与中国重汽集团卡车公司合资建设“中国重汽SMC塑料部件生产项目”。恒信基塑业继续拓展与北汽福田、雷沃重工的合作领域，投资研发的汽车塑料油箱已开始批量生产，年产能力达6万个。

不断强化研发平台建设和高端人才引进。泰诺药业投资2800万元新上固体发酵项目，已升格为农业部核准的国家农药定点生产企业，并作为主要研发机构参与国家重点研发计划，研发生产新型高效生物杀菌剂。大力实施“人才强企”战略，积极组织企业对接“千人计划专家诸城行”活动，构建“高层次人才+企业家”的创新团队模式，泰诺药业公司人才强企、科研转型的经验在《大众日报》作了专题宣传报道。

【扎实推进现代农业发展】 突出规划引领和园区布局。规划驿丰生态庄园、惠丰果园、海尔兄弟乐园、百果采摘园等20个农业园区，其中驿丰生态庄园积极融入美丽乡村标准创建，成功举办了诸城市第一届葡萄采摘文化节。

加大土地流转力度。借鉴工业项目用地调整的做法，对于适宜发展设施农业、确定流转的地块，社区“两委”干部包户包地块，面对面地做通群众工作，组织群众通过互换并地促进成方连片、入股分红形成利益联结、吸收土地所有户成员成为产业工人等做法调整流转土地，完成土地流转7860亩，占总任务数的115%。

积极强化资金和技术服务。组建专门的信贷支持工作小组，向农户宣传农业结构调整财政贴息政策，共为26个农户申请办理财政补贴贷款561万元。镇政府采取以奖代补的方式拓宽资金渠道，对部分重点园区进行水电路配套，新硬化园区道路1850米，整修砂石路6500米，新安装变压器4台，架设输电线路9500米，新建设过路桥涵12座。为解决技术力量不足的问题，聘请省农科院李宗新为科技副镇长，聘请6名寿光蔬菜产业集团专业人员进行技术指导。

现代农业引领助推三次产业融合发展。重点打造佳博天益“良种培育—规模化种植—粮食深加工—多渠道销售”的三产融合发展模式，实现粮食托管面积2万亩以上。积极实施“现代农业+”工程，大力发展休闲农业，沿潍河两岸自南向北精心规划10个休闲农业观光项目。强化产业链延伸，华宝食品、相府果子、泰诺药业等7家省、潍坊市级农业龙头企业坚持“前端拉动、两端延伸、后端撬动、平台推动”，带动作用十分明显，华宝食品“鑫鲜”商标被评为中国驰名商标。做优新型农业经营主体，全镇共成立农业专业合作社213家，家庭农场97家，示范合作社17家，其中永丰盛专业合作社荣获全国示范合作社荣誉称号，泰丰资金互助社被评为省级示范合作社。

【倾力打造靓丽村镇】 深入开展“美丽乡村”标准化建设。确定1个省级、6个市级和48个A类、B类标准村，基础设施、村内环境、产业发展、文化氛围等有了较大突破与提升。切实抓好潍河生态屏障建设，共完成水系造林1200亩，栽植经济林和绿化苗木6.8万棵。以提升农民生活品质为核心，集中开展镇域环境综合整治行动，各社区对村庄进行统一粉刷，绘制宣传画和固定标语，大大提升了社区文化的美誉度，增强了凝聚力、向心力和感召力。

全力抓好禁养区关闭搬迁和畜禽养殖污染整治。明确镇驻地8个自然村和境内潍河西岸滨河左路两侧9个自然村为禁养区，驻地禁养区有养殖户179家，其中规模养殖场39家已全部关闭搬迁；潍河沿岸54户养殖户已全部关闭，美化了河道环境。

持续完善镇域道路网格和农村供电网络框架。全面完成全长6.5公里的潍河滨河左路胶王路以北路段工程建设，对潍河堤顶路进行高标准绿化。对已通车的镇北外环路进行人行道铺设和绿化，共栽植各类绿化苗木2.5万株。扎实做好境内6.4公里的相石路拓宽改造工程的清障工作，共调整和清障土地220亩，清除树木6万株。突出中心村供电能力提升和农业示范园区机井通电两个重点，统筹推进农村电网改造任务，共改造、新增变压器35台，新架设10千伏农村线路8.4公里、0.4千伏农村线路17.8公里。

【着力提升群众幸福感和满意度】 坚持开发扶贫与社会保障两轮驱动，把资金、良种和技术送到贫困户家中，全镇已脱贫996户、2306人，全面完成脱贫任务。加快实施校舍"改薄"工程，调整优化中小学校布局，占地42亩、投资1160万元的双庙小学主教学楼体已封顶，新学年投入使用，可容纳12个教学班，540名在校学生；投资600万元，整修了相州初中和小学操场，铺设了塑胶跑道，对学校道路全部进行罩油。稳妥推进封家岭土地增减挂钩项目，8栋5层住宅楼及配套设施、246个农机房建设全部完成。投资100万元开通天然气，投资34万元规划建设文体广场，安装庭院路灯34盏，至年底已有240户搬迁入住新楼房。老村落已拆除350户，完成拆迁复垦验收后，节约土地289亩。全面提升镇驻地的承载能力和档次水平。对镇驻地实施全面改造提升，统一更换125个沿街业户的店面门牌，统一粉刷沿街营业楼房外墙立面，统一更换和栽植镇中路两侧绿化带，统一铺砌营业楼房到主路的地面，统一整理入地道路两侧所有弱电线路，同时新铺设地下排水管道800米，实现了雨污分流，大大增强了聚集产业和吸纳人口能力。规划建设文化体验长廊，共分为中国共产党党史、社会主义核心价值观、共产党员"十在先"、根深叶茂的相州文化等宣传版块。不断改善镇驻地中心居住区的居住条件，规划建设锦祥、瑞祥、富祥、襄阳、祥福园和教师公寓等6个住宅小区，多层住宅楼22栋。至年底，已经集中居住880户、3600口人。

（郑松松）

昌 城 镇

【概况】 昌城镇位于诸城市东北部，面积118.4平方公里，辖15个社区，1.6万户，人口6.7万人，耕地面积7187公顷。2017年全镇地方财政收入1.5亿元，比上年增长15%；工业实现销售收入217.4亿元、利税12.8亿元，分别增长12.63%和1.49%；农民人均纯收入24880元，实现了镇域经济平稳健康发展。

【狠抓大项目建设】 突出项目导向，牢牢抓住项目建设不放松，先后调整工业用地660亩，新建、续建投资过千万元的工业大项目31个。

做大做强食品产业。先后开工建设了投资7亿元的得利斯智能制造牛肉制品项目、投资1亿元的食尔康食品加工项目、投资1.2亿元的得利斯肉制品加工"三品工程"项目，进一步拉长食品产业链、提升品牌价值链。年内，荣膺山东省健康食品小镇称号，并成功入围国家级农村产业融合发展示范园。

扶优扶强先进制造业。投资8000万元的丰源汽车板簧生产加工项目、投资5000万元的洋晨机械“零增地”技改项目顺利投产，投资1亿元的恒业科技项目顺利开工，投资9000万元的奥隆机械货箱总成项目2月底开工建设。

加快培育新兴产业。投资1.5亿元开工建设海龙元生物科技项目、投资3亿元续建新建华昌、金祥、金威力3个光伏发电项目并顺利投入运营，为优化升级产业结构，积极应对新一轮区域竞争赢得了主动。

【推动现代农业发展】 加快转变农业发展方式，在抓重点、补短板、强弱项上持续用心用力，先后调整土地5200亩，其中高档设施农业用地1100亩，高标准打造马家双塘300亩设施农业园区、官沟1000亩现代农业园区、大地绿丰200亩农业生态园、得利斯富硒梨种植基地等7个现代种植园区。投资1.2亿元开工建设得利斯310亩智能标准化现代生猪繁育示范基地，在实现养殖业生态化、集约化、智能化、高效化上先行先试。建成投用华昌农牧500亩田园综合体项目，加快推进农旅一体化发展。为扎实做好引导帮扶工作，对新发展的超过6亩的蔬菜大棚，每个给予6000元的补贴，并积极协调金融单位，加大信贷扶持力度，已发放全额贴息贷款608万元。

【城镇建设取得新突破】 实施镇驻地改造提升。坚持把镇驻地改造提升作为塑造城镇形象、完善城镇功能的重要抓手，统筹优化服务资源，全面提升小城镇建设水平。先后投资800多万元实施驻地改造提升项目，投资680万元实施平日路道口社区段改造提升项目，投资2000万元对为民服务中心进行改造提升，投资4000万元打造占地面积8700平方米的商业综合体项目，从城镇规模和承载能力上全力提升城镇整体形象和核心竞争力。

扎实推进聚合区建设。2017年先后投资1.35亿元开工建设了芝灵家园二期、圣荣一品二期、水岸府邸二期等重点聚合区项目，总建筑面积达6.7万平方米。至年底，圣荣一品二期、芝灵家园二期完成封顶，正在进行内外装修工作。

优化完善基础设施。着眼于增强城镇综合承载能力，投资3200万元完善镇区路网建设，投资4000多万元完成建成区1.2公里热力管道铺设以及得利斯大道、昌盛街、同路街等主次干道7公里雨污管网铺设，投资600万元组织实施昌舜路潍河大桥改造工程，新建芦河河崖橡胶坝，投资7500万元组织实施农村社区“煤改气”户户通惠民一期工程，进一步完善了功能配套，优化了人居环境。

【社会事业发展】 加快教育事业发展。投资1200万元，建成投用建筑面积1万平方米的树一中学综合教学楼和学生公寓楼；投资2600万元实施芝灵小学重建项目，建成后将巴山小学、大宋小学合并到芝灵小学，加快打造昌城北部第二教育中心。

加快发展文化事业。依托为民服务中心，开办特色学堂，2017年共培训居民5000多人次。举办社区文化节、体育节等大型文艺活动20场次。保护性开发刘墉板栗园、巴山旧址，打造有昌城特色的栗园文化和巴山文化。

加快养老事业发展。创新养老方式，投资300万元高标准建成投用康乐居养老中心，全镇城乡居民基本养老保险参保率和城乡居民养老保险覆盖率均保持100%，在2017年全市养老事业观摩点评中，昌城镇位列第一名，并被中国老年协会授予“中国老年宜居名镇”，全镇养老事业发展取得显著成效。

【美丽乡村建设】 深入开展农村环境综合整治集中攻坚行动，投资8000多万元，出动人员2万多人次，出动垃圾车、铲车等机械3000多台次，粉刷墙面50多万平方米，绘制文化墙350多幅，新建文体活动广场6个，硬化文体活动广场8000多平方米；扎实推进畜禽禁养区环境整治工作，全镇禁养区136家专业户全部搬迁完毕，并完成了限养区和适养区425家养殖区和养殖户的改造提升。至年底，全镇已有50个村达到美丽乡村建设标准并顺利通过验收。

（徐建承）

百 尺 河 镇

【概况】 百尺河镇位于诸城市东北部，面积126平方公里，辖13个社区，14540户，人口5.21万人，耕地面积7467公顷。2017年，全镇地方财政收入3372万元，比上年增长20.7%；工业实现销售收入776265.4万元、利税49733.4万元，分别增长8.12%和7.96%；农民人均纯收入16768元。

【做强工业】 坚持工业强镇不动摇，围绕做大做强精密铸锻这一“当家产业”，重点抓好园区改造、项目建设、公司改制“三篇文章”，进一步叫响“青潍铸锻城”品牌。在园区改造方面，投资2200多万元对园区道路进行全面改造提升，拉起“五纵六横”的道路框架，同步完善弱电、雨污等地下管网，增强园区承载能力。加大园区招商力度，先后赴北京、深圳、青岛、大连等地招商10多次，洽谈企业20多家，真正把园区建成为产业高地、企业高地、财源高地。在项目建设方面，坚持以“项目建设攻坚年”活动为抓手，打响重点项目建设“百日会战”行动，新开工建设建华年产12万吨水务工程装备及制品等过千万元项目4个；加快推进奕辰食品、东方华泰童装加工等3个续建项目实现投产达效；同时，深入落实全市“零增地”发展模式，完成溢华新型高强铝镁合金制造等技改项目，不断增强企业发展活力。在公司改制方面，引导和鼓励企业进军资本市场，拓宽融资渠道，完成企业规范化公司改制15家，其中建华阀门等多家公司实现挂牌，为企业上市打好基础。

【做精农业】 突出规划引领。根据辖区自然资源、生态条件等因素，以蔬菜、林果、黄烟为重点，把全镇规划为“三区一带”，分别是：“两河”（百尺河、五龙河）流域蔬菜种植区、优质烟叶种植区、高效农业种植区和岭地林果经济带。坚持立足地形、水源、土壤等资源条件，围绕引进高端设施农业项目，沿平日路、新方崮路等主次干道，新开工建设天德·芳利园循环农业示范园、后于庄农业科技示范园等一批现代农业园区，其中500亩以上园区6个，打造起以平日路为轴的农业园区集聚带。同时，加强与中国“食品谷”的沟通对接，抓住“潍坊国家农业开放发展综合实验区”建设机遇，规划建设集科技研发、技术推广、生产加工、商品物流、金融服务于一体的农业开发实验基地。加快推进与中农集团的洽谈合作，建设遍布全镇79个自然村的农资、农产品供销配送网点。持续搞好与百泽泰和公司的对接洽谈，推动农业综合体项目尽快签约落地。

突出特色发展。加快土地调整力度，争取工商资本下乡，集中在龙泉、清济庵等社区，规划建设了占地200亩的霜红蜜桃种植园、占地150亩的西洋参种植区、占地200亩的樱桃采摘园、占地300亩的雪藕种植区和占地200亩的泥鳅养殖区，带动群众扩张种植规模，形成一社区一特色，逐步叫响农业品牌。同时，突出百尺河驴肉等传统特色产业，大力发展生态、绿色养殖。

突出配套服务。投资260万元，拓宽改造五龙河流域农业园区道路，降低农产品运输成本，不断增强园区发展活力。认真落实农业产业结构调整贴息贷款办法，办理贷款1100多万元。通过财政购买用电服务、新打机井补贴等方式，加大对农业园区的扶持力度。稳步推进农村集体产权制度改革，组织成立了3处社区农业发展公司，探索增加社区集体经济收入的新路子。

【做活服务业】 牢牢抓住新东环路建设机遇，加快完成土地调整200多亩，为发展仓储、物流业预留空间。投资30多万元，改造提升驻地商贸市场，实行公司化管理，打造功能齐全、安全方便、富有活力的新商业街区。同时，立足本镇实际，突出抓好以为农服务为主的农技推广、农产品物流、生产资料、涉农金融等服务业态的招商，切实助力农业农村发展。大力引进一批资源占用少、税收贡献大、带动能力强的总部型企业，至年底，已成功招商山东百利能源公司等6家企业总部落户百尺河镇，补齐服务业短板。

【做实社会事业】 投资4200万元，开工建设中心初中、中心小学综合楼和于家庄小学教学楼，同步完成塑胶操场改造，改善了教育教学条件。组织开展社区文化节、日记节、茂腔戏剧进社区等30多场特色文化活动，受益群众达2万多人次。加快推进天然气管道延伸至镇敬老院，保障老人冬季供暖。稳步完成旱厕改造2398户，提升社区服务中心3个，新增社区幸福院4处，办理各类群众困难救助300多人次，不断提升群众满意度。

【做美乡村环境】 坚持把握机遇、上足力量、齐茬并进，持续打好城乡环境综合整治、美丽乡村标准化建设、拆违治违、清河行动等攻坚战，城乡环境面貌实现全面改观。全镇79个居民点已全部通过验收，5月迎接了全市现场会的召开。东盆渠、后大村等5个自然村被评为“2017年度山东省森林村居”。狠抓畜禽养殖“三区”治理，拆除违章建筑40余处、19000多平方米，搬迁禁养区养殖场5个、养殖户87户，限养区、适养区粪污改造提升320户。加快推进美丽乡村建设，50个自然村达到A、B类标准；投资180多万元，推进谢家庄、后桃元等7个示范村建设，共硬化道路11万平方米，新建排水沟5000米，粉刷墙体3.6万平方米，绘制宣传画76幅，栽植绿化树5600棵。严格落实河长制，加快推进百尺河、五龙河等5条重点流域的“清河行动”任务，先后清理河道树木3万棵、农作物300余亩、垃圾20立方米，封堵排污口5个，拆除沿河养殖户32家，有效地整治了河道及周边“八乱”。

（李丽洁）

辛兴镇

【概况】 辛兴镇位于诸城市东部，面积73平方公里，辖11个社区，1万户，人口3.5万人，耕地面积4533公顷。2017年，全镇完成地区生产总值189亿元，比上年增长2.4%；地方财政收入1.84亿元，比上年增长2.9%；工业实现销售收入186亿元、利税13.5亿元，分别增长4.4%和3.8%；第三产业增加值达68亿元；农民人均纯收入17880元。年内，被评为山东省森林城镇。

【工业转型升级步伐加快】 深入开展“项目攻坚年”和“百日会战”活动，着眼全镇经济长远发展，全力培强壮大主导产业。做好产业园区发展规划，规划了占地1500亩的大业发展预留区和占地3000亩的生物医药产业发展预留区，集中优势资源向好产业、好项目倾斜，推动装备制造、生物医药两大主导产业齐头并进、迅猛发展。深入开展“项目攻坚年”活动，完成投资18.3亿元，实施过千万元项目12个，其中过亿元项目7个。至年底，大业2万吨胎圈钢丝和3万吨钢帘线扩产、浩天5000吨甜菊糖精加工、东晓中水回用等7个项目已建成投产。自主创新能力持续增强，规划建设东晓生物与青岛海洋大学产学研平台，引进“泰山领军人物”1名、“鸢都人才”1名。夯实园区基础设施，完成园区管廊提升工程，铺设热力管道2万米、燃气管道1.6万米。深入推进规范化公司制改制，东晓生物、源发生物等19家企业先后完成改制。积极引导企业进军多层次资本市场，浩天药业在青岛蓝海股权交易中心挂牌，山东大业在上海主板挂牌上市。大力发展总部经济，引进潍坊美盛、天津欧铭庄生物科技公司在辛兴设立总部。

【现代农业取得显著成效】 规划建设高效冬暖式大棚蔬菜、甜叶菊育苗、优质黄烟三大农业版块，各规划占地5000亩。累计流转土地5300亩，建成齐沟社区高效农业示范基地1000亩、甜叶菊育苗示范园区1500亩、优质黄烟基地4500亩。按照“一社区一特色”的要求，建成捎铺社区大樱桃、米沟社区矮化砧苹果等5个社区特色农业园区，农业竞争优势不断增强。

【新型城镇化建设快速推进】 坚持科学规划引领。聘请青岛华策建筑设计院量身定制产城融合发展规划，进一步修编完善产业发展、基础设施、生态景观等专项规划，构建起“一核两带三园三基地”的现代城镇发展框架。

承载功能不断提升。完成滨河仁居二期、滨河花园二期建设工程，建成居民楼6栋、1.6万平方米。投资720万元，开工建设镇中心幼儿园。投资260万元，实施商贸城改造提升工程，硬化路面1.5万平方米，粉刷墙面7500平方米。完成镇驻地和朱诸路亮化提升工程，安装LED路灯95盏，着力打造高品质驻地核心区，城镇宜居水平不断提升。

生态环境明显改善。深入推进美丽乡村建设，牢牢把握“五化”标准，大力实施“五统一”工程，拨付专项资金400余万元，组织专项考核20余次，至年底全镇42个B类以上村庄全部达标，美丽乡村覆盖率达70%。扎实推进畜禽养殖污染整治工作，禁养区内养殖户全部关停，建设标准化粪污处理设施20处。深入推进10吨以下小锅炉清零和“小散乱污”企业整治，开工建设龙光热电锅炉技改、鑫兴污水处理厂二期工程，高标准完成散煤治理和清洁型煤推广任务，全力保护碧水蓝天。

【群众满意度和幸福感不断提升】 社会保障水平不断提升。严格落实低保、“五保”、困难救助等政策；投资20万元，完成敬老院提升工程；广泛开展救助慰问活动，累计慰问困难户310户。充分发挥特色产业优势，扎实推进产业扶贫，积极帮助贫困户到企业、合作社就业打工，提升贫困户可持续增收能力。至年底，全镇建档立卡贫困户698户、1481人全部脱贫；扎实巩固扶贫成果，做好贫困户帮扶救助和回访工作，确保建档立卡贫困户真脱贫、不返贫。

社会事业全面发展。抓好精神文明建设，高标准改造提升镇文化站、图书馆，开展各类文化活动50余场次，更新健身器材120台套。大力弘扬孝善文化，创建特色文化品牌，积极开展“五好家庭”、好婆婆、好媳妇等文明创评活动；年内，共评选各类模范典型100余名。深化教育事业发展，成立辛兴镇教育联谊会，筹措资金100万元，设立“奖教助学金”，教师节期间组织开展“奖教助学”活动，对20多名优秀教师和困难学生进行了奖励帮扶。

（李朝辉）

林家村镇

竹山生态谷　　（供图　林家村镇党政办）

【概况】 林家村镇位于诸城市东南部，面积325平方公里，辖27个社区，26973户，人口9.8万人，耕地面积12333公顷。2017年，完成工业总产值98.9亿元，同比增长7.5%；完成固定资产投资55.9亿元，同比增长21.3%；实现财政总收入7379.1万元，其中地方财政收入4769.8万元；农民人均纯收入19396元。年内，获得省法治维安年活动先进镇，省健康村镇试点乡镇称号。

【工业提质增效】 围绕培育壮大机械制造、食品加工、工艺品服装加工三大传统产业和先进装备制造、海洋性功能食品、新能源三大新兴产业，构建起了更加合理的工业发展新框架。重点加快软控二期、山东环保成套设备制造、欧拜尔智能家居、青岛顺程传动和布垒赛特工艺品等10个新开工项目建设进度，山东环保成套设备制造、欧拜尔智能家居、布垒赛特工艺品等项目车间主体已完成，正在夯实车间地面，安装车间外墙。同步加快国华风力发电六七期、和顺源智能家居、青岛旭清科技等5个续建、扩建项目。其中，国华风力发电和和顺源智能家居项目已全面投产。

【农业全面振兴】 紧紧围绕“三带六廊八基地”和六小镇的总体部署，按照“三调两提”和“五化”发展要求，积极打造青岛西部的“菜园子”“果篮子”和生活服务基地，确立了在东南部发展林果、中南部发展观光旅游采摘、西南部建设设施农业、北部发展有机绿色食品的农业结构调整思路，增创农业发展新优势。完成土地流转1.3万亩，确定投资主体43个，办理贴息贷款770万元。新建润竹山农业生态园、青朴樱桃采摘园、正山堂北方茶叶种植基地、竹山文旅小镇、障日山农旅小镇、龙湾猕猴桃种植基地等7个占地500亩以上的规模园区。同步加快林科院杂交构树繁育推广基地、厚艺德葡萄园等5个续建规模项目，打造生态农业观光圈。抓好山区土地流转，推动林业向规模化发展。完成成片造林5500亩，围村绿化、“四旁”植树100万棵。沿方崮路延伸建设青岛都市农业产业园，打造万亩生态农业基地。积极发展设施农业，在半边井子、大岳峙等社区，建设了1000亩的草莓种植基地。发挥合作社带头作用，在皂户、麻沟等社区发展绿色有机蔬菜1500亩。

【生态旅游“新名片”打造】 抓住产业融合发展契机，积极引导工商资本下乡，培育经济增长新业态、新模式。发挥竹山、障日山资源优势，与中科院植物研究所合作，共同开发竹山生态谷、竹山润山泉水、汽车宿营地等高档服务业项目，开工建设白鹭园生态湿地，打造生态旅游观光圈。

【新型城镇化建设】 沿省道薛馆路，打造10公里城镇聚集带，构建特色城镇、新型社区、美丽乡村协同发展的新型城镇化体系。规划建设连接城镇聚集带的7条纵向县乡路，完善小桃路、方峀路、林辛路等县乡路的路网体系，增强对沿线20个社区的辐射带动功能。新修方峀路至竹山生态谷连接线、林杨路、牛台山旅游观光路。完成更换、安装薛馆路、驻地沙张路、百陈路路灯。完成林家村初中公寓楼、桃园初中公寓楼及教学楼、瓦店小学教学楼、赵家庄子小学教学楼等5个教育工程。全面实施石门、桃园、大岳峙3个社区2.9万亩土地整理项目。加快聚集融合步伐，推进河湾村、斜里村、下屋子村3个增减挂钩项目的进度。落实精准扶贫工作，建档立卡贫困户2254户4649人，确定享受扶贫政策的贫困户770户1464人。

（刘宗科）

桃　林　镇

【概况】 桃林镇位于诸城市南部，面积142平方公里，辖11个社区，1.03万户，人口3.19万人，耕地面积4148公顷。2017年，全镇完成地区生产总值43.2亿元，比上年增长5.8%；地方财政收入1082.8万元，比上年增长26.3%；工业实现销售收入30.08亿元、利税3.69亿元，分别增长5.5%和9.1%；第三产业增加值达3.2亿元；农民人均纯收入11761元。年内，石屋子沟村获得全省美丽乡村标准化示范点称号。

【园区经济】 完善山东头临港高端产业示范区建设。建设总投资8181万元的110千伏输变电站和总投资1560万元日处理污水5000立方米的园区内标准化污水处理厂工程，完成松三路、纵二路改造提升和山阿路改建工程，有效地提升了园区承载功能。

发展壮大战略性新兴产业。成立专门的工程建设管理领导小组，全镇所有在建项目都安排专人包靠，主动协调解决项目建设过程中遇到的问题。建设总投资4.3亿元的天融风力发电项目并顺利入网发电，完成江北唯一一家抹茶加工企业鸿雨抹茶加工项目，并实现了抹茶产品的量产。稳妥推进以总投资1.6亿元的锦山秀谷生态旅游度假区、总投资1.2亿元的诸城农林谷、总投资1亿元的奥扬新能源、总投资9000万元的外贸大型智能孵化车间等为代表的新能源、新技术项目建设进程，有效地推动了产业强镇建设进程。

健全企业服务机制。制定并下发《桃林镇关于实行干部企业包靠责任制的意见》，每月对企业运行信息进行汇总，主动帮助协调解决制约企业发展的突出问题。对到桃林镇落户发展的企业实行“全托式”“保姆式”服务，从项目引进、土地征用、手续办理到日常生产经营等实施全程服务，形成便捷、高效的企业服务新优势，为创新创业引领区建设提供强大动力。

【现代农业】 突出绿茶产业发展。年内，共新发展茶园3000亩，总面积达2.5万亩。规划建设了茶文化综合体1处。成立茶叶管理办公室，按照“取消专职会长，企业轮流坐庄”的思路，对原茶叶协会进行了换届。抓住桃林镇所产茶叶获福建正山堂原料供应授权的契机，指导企业规范使用“诸城绿茶”国家地理标志商标，

桃林茶文化博物馆　　（供图　桃林镇党政办）

新推出“正山堂—诸城绿茶”等3个高端品牌，为“诸城绿茶”进军高端市场打下了坚实基础。

推进农业提质增效。抓好优势果品发展，年内新发展矮化樱桃、矮化苹果等特色果品5000亩，打造阿洛子1000亩蜜桃园、张家小庄农林谷等8个500亩以上的特色农业园区。其中，阿洛子1000亩蜜桃园首年投产就实现蜜桃收获17.5万公斤，通过采用网络直销与线下营销相结合的运营模式，产品远销北京、辽宁、浙江等地，实现了蜜桃生产销售的开门红。

加大招商引资工作力度。抓住开城路全面开通的有利契机，积极做好开城路的开发利用文章，利用得天独厚的交通区位优势，围绕新技术、新产业、新业态、新模式，积极引进青岛的项目、资金、技术、人才和发展理念，重点打造沿开城路青岛万亩休闲农业产业带项目，大力推动果品采摘、休闲农业发展。至年底，已成功引入了原本山居农业园区、漩沟子休闲农业产业园、诸城农林谷农业园区3个青岛籍项目到桃林进行投资建设，进一步优化全镇的农业产业结构，不断加快对接青岛、融入青岛同城发展的步伐。

【村镇建设】 突出镇驻地改造提升。学习借鉴黄岛区海青镇的城镇规划模式，结合桃林实际，采取天际线以山形水势为线条，黑、白、灰为色调，以原木为镶嵌的独特建筑风格对驻地进行改造。对沿街绿化进行规范提升，解决原有的密植式绿化遮挡商铺门头的问题，形成了独具特色的驻地建设风格，优化了城镇面貌，增强了镇驻地的吸引力。

抓好社区建设。稳步推进篱园风情小镇、山东头茶旅小镇和康体养生小镇3个特色小镇的规划建设进程，建设完成桃林茶文化博物馆，有效提升了全镇茶文化感知氛围。按照“四全一特”的标准，加快特色社区建设，年内重点实施阿洛子社区新建、石屋子沟及鹤现社区改建以及山东头智慧社区建设等5个社区基础设施项目，进一步增强了服务社区群众能力和水平。深化城乡环卫一体化建设。牢固树立“经营城镇”的理念，深入实施城乡环境综合治理专项行动，加快推进城乡环卫一体化和美丽乡村建设步伐。成立美丽乡村建设办公室，按照“五化七改”的要求，对首批确定的40个美丽乡村示范村，全部制定详细的整改方案，努力为群众提供干净、舒心的生产生活环境。年内，镇域美丽乡村建设经验被市农工办推荐到潍坊市参与创建典型评选，石屋子沟自然村被省质量技术监督局评为全省美丽乡村标准化示范点。

加快乡村旅游开发。通过外出对标、提标，充分借鉴外地先进经验，立足自身优势，不断加大旅游基础设施投入，大力发展“农家乐”旅游项目，通过现代农业与乡村旅游业的有机融合，拓宽农民增收致富渠道。重点推进篱园风情小镇、龙门口生态旅游度假区等7个生态旅游项目建设。开发建设龙山文化遗址、大山林场青岛知青点等历史名胜旅游线路。举办桃林镇首届春茶樱桃采摘节，仅采摘节期间就吸引了潍坊、青岛、日照等地5万余名游客前来游览采摘，初步形成了以休闲采摘、乡村体验、亲子互动为特色，集记得住乡愁、留得住青山绿水于一体的田园综合体，有效提升了全镇旅游品牌知名度和影响力。

【社会事业】 加大民生投入。继续深化扶贫工作，持续强化对贫困户的产业、就业、教育、医疗扶贫力度，做好帮扶项目、产业园区的拉动效果，实现增收致富。年内，桃林镇作为全市唯一代表参与2017年全省脱贫攻坚先进集体的评选。推进标准化学校建设，对桃林初中等5所中小学校进行标准化学校改造。加大医疗卫生投入，完成3个社区的社区卫生室改造任务。针对全镇社区留守老人较多的实际，推广“医养结合”的社区养老模式，打造山东头社区“医养结合”示范点。

协调发展社会事业。加快活力小镇建设，创新实施便民服务联动指挥平台和党群服务中心、为民服务中心、综治维稳中心、执法监管中心“一平台四中心”的建设，着重构建以镇便民服务中心为平台、部门便民服务窗口为节点、社区服务中心为延伸的为民服务体系，抓好计生、科教文卫事业发展。深入推进市长热线、民生热线集中办理工作，提升人民群众的满意度，加快推动幸福和谐样板区建设进程。

做好生态培育保护。牢固树立生态优先理念，加快生态宜居示范区建设步伐。加大造林绿化、古树名木保护、封山育林、河流整治力度，提高山区生态涵养功能，年内新增绿化面积3000亩以上，林木覆盖率达63.2%。

做好护林防火工作。加大人力防控力度，配备专职护林员15人，兼职护林员72人，整合社区干部力量，形成了200余人的防控队伍。完善智能防控体系，安装智能防火语音提醒系统等智能化管理设备13台（套），接入市林业局电子监控网络，采用电子屏幕全天候监控山场情况。加强器械防控能力，新购置风力灭火机、灭火弹、灭火器、油锯等防火专用器械，大力实施引水上山工程，确保森林资源安全。

（刘世发）

皇　华　镇

【概况】 皇华镇位于诸城市南部，面积192平方公里，辖14个社区，1.8万户，人口5.9万人，耕地面积9760公顷。2017年全镇实现财政总收入4896万元，比上年增长35%；地方财政收入3253.14万元，比上年增长26%；限额以上工业企业实现销售收入85.78亿元、利税9.39亿元，分别增长0.84%和6.13%；农民人均纯收入14000元。

【工业】 建成总投资5000万元的万德福高档熟食品加工项目，投资3亿元的国电二期实现投运。东宝重工完成芬兰塔沃有限公司85%的股权收购，观光潜艇成功打入欧洲市场。开工建设投资6300万元的云成高端食品加工项目。投资2000万元，建设潍坊凯姆特精密凸轮分割器研发中心。投资6000万元，开工建设三羊榛缘精深加工项目，主要建设榛子加工车间、冷库7000平方米，引进意大利、美国等地先进榛子加工生产线，聘请资深坚果零食专家作为技术顾问，重金购买专利配方，面向全球市场提供榛子系列产品。

【农业】 围绕落实全市“三调两提”和“五化”发展部署，全镇加快农业产业结构调整，发展新产业新业态。坚持将土地流转作为转变农业发展方式的重要举措，积极推进土地流转。2017年，上级分配给皇华镇的土地流转任务数是6300亩，全镇流转了2.1万亩，超额完成分配计划数。加快建设现代农业园区，全镇按照“园区景区化、农旅一体化”标准，连片建设农业园区，推进产业化经营。全镇新建过1000亩的农业园区6个、过500亩的农业园区8个，过200亩的农业园区12个。重点打造华山农林万亩平欧榛子示范基地、甘泉岭农业园、浦兰生态观光园、卢山美农庄园等特色园区。发展特色农作物种植，种植平欧榛子、大樱桃、矮化苹果、核桃等特色农作物11000亩。增加绿色优质农产品供给，依托果品为农服务中心建设农副产品体验中心，规划建设农副产品交易中心和集散中心。开展特色农产品标准化生产示范，成功为平欧榛子、盛泰润苹果，绿达樱桃、蜜桃、梨，浦兰葡萄，柏戈庄韭菜、土豆等农产品申请“三品一标”绿色农产品认证。将老魏榛子、绿达茶叶、盛泰润苹果等特色农产品打造为“山水皇华”特色农产品区域品牌。

【服务业】 推动服务业上档升级。内蒙古交运物流总部经济项目落地皇华。开工建设投资1.3亿元，占地237亩的警官培训基地。积极发展新能源项目，在莫家庄子建设华能农光结合项目，正在争取光伏建设指标。加快发展乡村旅游业。培育马耳山景区、浦兰生态园、橡谷山庄等11处精品旅游景点。设计制作皇华旅游宣传手册，打造皇华镇农旅公共服务平台。在华山农林万亩平欧榛子示范基地、苗山益民生态植物园等景点设置了统一风格的特色导向标识。成功举办第十一届桃花节、首届浦兰捕鱼节。增加购物环节的收入，将苗山花生、老魏榛子、绿达茶叶、盛泰润苹果等土特产品、农副产品加工成能储存、易携带的旅游商品。投资8700万元，建设全长36.1公里的观山旅游大道。在华山农林万亩平欧榛子示范基地的基础上，向东扩建5000亩至平日路，建设榛缘欢乐谷田园综合体项目。

【生态文明建设】 完成禁养区内59家畜禽规模养殖场和养殖专业户关闭搬迁，清理取缔4家“散乱污”企业，对7条重点河流实施了河道综合整治，完成农村无害化卫生厕所改造任务（2017年任务数为446户）。推广使用清洁型煤2000吨，节能炉具332个。深入推进美丽乡村建设，对标城区创卫迎审标准，把美丽乡村标准化建设和环境综合整治、拆违治违、建设拆迁等工作结合开展，年内完成55个美丽乡村示范村（A级32个，B级23个）的建设工作。全年完成绿化造林面积4407亩。

【小城镇建设】 全镇完成新的城镇整体规划修编。投入1200万元，实施镇驻地改造提升工程。贯通倒漾河大桥，将新奥燃气延伸至镇驻地。对龙华街两侧实施亮化、绿化、净化工程，铺设路沿石6.5公里，对两侧3公里辅路进行整修，实行机动车非机动车分流；安装中国结路灯、街头雕塑，建筑立面采用清明上河图亭台楼阁风格进行改造。配合做好新平日路镇区段改造拓宽工程。完成下河、西小庄增减挂钩项目原村址复耕验收。筹资600万元新修平郝路等12条农村道路。对3处社区服务中心进行了改造提升或搬迁。

【社会事业】 年内，全镇农村最低生活保障户843户，1259人，支出313.9万元；农村“五保”集中供养77人，支出44.2万元；农村“五保”分散供养92人，支出38.1万元；农村低保医疗救助9人次，共支出2.6万元，建档立卡医疗救助52人，发放救助金4.1万元；临时救助4人次，国家抚恤、补助各类优抚对象33人，抚恤费用支出7.5万元。认真抓好老龄工作。年内，共发放高龄补贴13.3万元，“银龄安康”保险实现全覆盖。全年收缴居民养老保险金633.54万元，收缴居民医疗保险金830.5万元。至年底，全镇共建有文化站1处，社区文化中心14处，图书室26个，藏书近30万册；各类文艺队伍40支474人；举办文艺演出30场次。年内，辖区共有幼儿园14所，在园幼儿503人，专任教师108人（其中集体园1所，在园幼儿98人，专任教师14人）；有小学8所，在校学生1842人，专任教师241人，小学适龄儿童入学率达100%；初中2所，在校学生1116人，专任教师123人，小升初升学率100%；成教学院1所。九年义务覆盖率达100%，小学学业和素养综合成绩居全市（镇）街园区第五名，高中阶段学校录取率为98.25%。投资400万元，为艾东小学等5所学校修建塑胶跑道，投资100万元修建郝戈庄学校门前道路1公里，解决师生出行难问题。提升校园环境，修建围墙1公里，修建操场2万平方米。皇华幼儿园完成项目审批。成功举办马耳山艾东小学建校暨“艾东公益”开展十周年庆祝活动。辖区内疾病预防控制、妇幼保健、爱国卫生、健康教育、卫生监督等公共卫生服务与管理职能不断强化。全镇建立起以皇华镇中心卫生院和郝戈庄卫生院为骨干，以14个农村社区卫生室为基础的医疗卫生服务网络。皇华卫生院在全市首创家庭医生签约服务模式，提供上门服务，为群众就医提供方便。做好中小学生健康查体工作，0—6岁儿童系统管理100%；对孕产妇定期进行孕期检查，并做好产后访视和母乳喂养指导工作，孕产妇管理率100%；按照计划组织妇女进行“两癌”查体和计划生育透查，为妇女身体健康提供保障。认真完成65岁以上老年人健康查体工作。

（郭一婕）

诸城经济开发区

【概况】 诸城经济开发区位于诸城市城区北部，面积56平方公里，辖6个社区，11327户，人口4.7万人，耕地面积1567公顷。2017年，全区完成地方财政收入5.08亿元；限额以上工业实现销售收入121.2亿元，利税12.5亿元，分别增长1%和14%；限额以上服务业实现销售收入31亿元；农民人均纯收入17465元。年内，在全省131个省级开发区发展综合评价排名中上升至第九位，大舜苑被山东省老龄委确定为山东省敬老文化教育基地。

【产业发展】 把加快新旧动能转换、推动产业转型升级作为重点，按照“项目建设攻坚年”和重点项目建设“百日会战”要求，着力推进腾笼换鸟、机器换人、科技换芯、空间换地、电商换市“五换”发展。全年共实施过千万元重点项目50个，总投资超过210亿元；其中，“零增地”技改项目11个，节约集约利用土地1000多亩。

突出抓好挖潜改造。腾笼换鸟，奥扬科技公司收购原日东公司，投资10.5亿元，新上LNG车载气瓶和氢气瓶生产线项目一期，实现年产能力7.3万套，年产值30亿元，利税2亿元。义和车桥公司收购原恒大内饰件公司，新上汽车高端座椅装配线项目。桑莎集团盘活利用原德利源厂区，新上转型升级项目。空间换地，桑莎集团投资6亿元，新上智能针织服装生产项目，在不新增用地的情况下，将成衣车间由单层改为5层，生产线由50条增加到200条，投产后达到年产2亿件的生产能力，实现年产值

30亿元，利税4.6亿元。信得科技公司利用厂内已有土地，新上香菇多糖和药品包被项目2个。天旭太阳能利用厂内已有土地35亩，新上年产1080万支新型高效太阳能集热管热管项目。中康格林利用厂内已有土地30亩，新上高端生活用纸项目。

突出抓好技术升级。机器换人，福田奥铃公司投资9亿元，实施工艺优化升级改造项目，新上喷涂、焊接机器人53台。桑莎集团实施智能化改造，新上9000台套先进自动化设备。科技换芯，中纺金维公司实施核心设备技术改造项目，艾泰克公司实施SCR生产线改造项目，青岛天赢智能科技公司新上智能化切割流水线项目。电商换市，桑莎集团在美国设立营销公司的基础上，将其嫁接转化到国内，打造全球网络营销平台。惠发食品公司将线上、线下双渠道经销商体系进一步完善，构建起集中优势资源的云市场。

突出抓好“三招三引”。积极推行代理招商，委托浙江招商引资在线、上海东方龙商务作为招商代理。全年完成台湾天洋、大信集团、北京天普等项目签约，合同利用资金7.35亿元。联系中簇电子商务、天利和软件等项目前来考察，招引中建集团五局、山东影视集团等企业洽谈驻地板块开发、舜庙开发等项目。同时，大力推进投资10亿元的“千人计划”科创园项目建设，积极承接“千人计划”专家、两院院士等高层次人才前来创新创业。

突出抓好要素保障。创新企业融资方式，着力破解资金瓶颈制约。惠发食品公司在沪市主板成功上市，盛康科技公司和裕兴针织公司、五洲化工公司分别在齐鲁和青岛蓝海股权交易中心挂牌，全年完成公司制改制企业25家。同时，对奥扬科技、信得科技、艾泰克环保3家公司加大上市培训、服务力度，力争2年内实现主板上市。

【片区开发】 片区和棚户区改造步伐不断加快，基础设施配套不断完善，产城融合加速推进。

切实加快城建大项目建设。年内，共实施红星家园D区二期、长运兰花清韵、兴业舜德帝景等片区改造项目12个，总投资超过100亿元，总建筑面积270多万平方米。完成李家庄子、官庄棚改拆迁1360户，官庄回迁安置670户。总占地面积3500亩的万里社区驻地片区改造提升项目已完成前期摸底工作，进入宣传动员阶段。

切实抓好功能配套。红星老年社区、诸城农商银行营业大楼等城市配套项目按计划快速推进。区内206国道、和平北街、北环路、万兴路、四平路等主要干道进行了全面改造提升，区域通行条件大为改善。

切实提升居民居住生活环境。投入1350万元对18个创卫村进行整治，全部达到创卫标准。22个村达到美丽乡村建设B类以上标准，超额完成市里下达的任务。城乡环卫一体化、铁路沿线治理、禁养区整治等各项生态环保工作，均按市里要求有力推进、高质量完成。

【民生保障】 不断加大民生建设投入，提高全体居民的幸福感、获得感，打造幸福和谐首善之区。

全面完成精准扶贫工作。开展扶贫工作“回头看”行动，各帮扶小组积极走访入户，加强日常调度和跟踪督查，重点走访相对困难的贫困户，因户扶贫，落实脱贫方案，做到真扶贫、扶真贫，进一步巩固脱贫成效，实现497户、1274人全部脱贫。

持续加大困难群众救助力度。全年发放低保户救助金60余万元。积极做好退役老兵优抚优待工作，发放退役老兵补贴141万元。认真做好“五保”供养工作，拨付“五保”供养款26万元。

持续加大教育投入。年内，先后投入1950

万元对诸冯、向阳、新园等学校进行整体改造提升，加快标准化学校建设；投入54万元更新电子化教学设备，加快教育信息化建设；投入132万元强化安全设施、配备安保人员，加强平安校园建设。

全面实施“医疗惠民行动”。投入20万元，与市热电力工程联网，改善卫生院供暖条件，提高医疗服务水平；投入30万元，购进骨科手术C形臂力光机，提高医疗服务质量，完善医疗救助短板。对外公布急诊急救电话，实行救护车24小时免费接诊；免费为辖区内居民健康查体，积极组织医护人员先后在红星社区、万里社区进行家庭医生团队与农村人口健康服务和健康扶贫“双签约”工程。

加强农民农业政策扶持。按时完成农机购置补贴，全年共申请购置各类农机具11台，补贴资金近40万元；发放各类农业药剂3万余袋(瓶)，总价值7.5万元。

高标准完成森林绿化任务。建成用材林540亩，完成市政府下达任务量的110%；完成成片造林680亩，完成任务量的100%；完善农田林网3000亩，完成任务量的100%。

（吴汶函）

诸城高新技术产业园

【概况】 诸城高新技术产业园位于诸城市城区东部，面积40平方公里，辖6个社区，6029户，人口2.27万人，耕地面积1577公顷。2017年，园区完成地区生产总值65.2亿元，比上年增长8.3%；地方财政收入1.075亿元，比上年增长147%；工业实现销售收入58亿元、利税6241万元，分别增长15.3%和10.2%；第三产业增加值达2.1亿元；农民人均纯收入21335元。

【项目建设成果丰硕】 坚持把服务项目建设作为园区发展的生命线，以大项目带动大发展。发挥北汽福田汽车产业链优势，规划建设占地8300亩、总投资200亿元的诸城汽车及零部件产业园，青特高端轻卡车桥等10余家汽车零部件企业入驻园区，2017年新招引南通大地电器公司车用线束等7个域外项目落户园区，其中5个项目已开工建设。依托美晨科技公司在减震橡胶领域的领军优势，开工建设占地467亩、总投资10亿元的美晨科技产业园项目。占地600亩的美晨工业化社区正在建设之中。依托大业金属钢丝产品年产销世界排名第二的优势，实施总投资10亿元的大业研发中心项目，为企业转型升级注入新活力。充分利用“百日会战”等时机，实施过千万元项目15个，完成投资18.6亿元。2个项目列入潍坊市“四个城市”10/30/100”支撑项目，其中诸城汽车及零部件产业园为关键支撑项目，美晨科技产业园为重点支撑项目。规模以上工业企业完成主营业务收入55.7亿元、利税5.4亿元，分别增长18.8%和14.2%。美晨、大业2家公司被认定为全省首批中小企业“隐形冠军”。

【创新创业活力迸发】 创新能力不断增强。推进装备制造业创新发展，加速先进实用技术的消化吸收，争做产业高端。美晨科技公司获得国家知识产权示范企业、中国专利优秀奖。

招商引资扎实推进。按照园区编印的《企业招商投资指南》，对外推广12个重点招商项目。年内，先后联系杭州、北京、福建开展专门招商活动。至年底，园区内共有投资过亿元企业40家，已认定高新技术企业9家。

就业创业环境显著提升。积极引进各层次

创新创业人才，先后成功举办2017年春秋两季人才招聘会，帮助企业招工600多人。为促进园区群众就业，化解企业招工难题，制发《高新技术产业园企业与各村用工联系手册》，为2714名有就业意向的村民建档立卡。该手册发送到园区每个企业，以方便企业随时满足用工需求。每月印发一期《高新园服务企业招聘信息》小册子，实现了企业精准招工、群众精准就业。

重点领域改革逐步突破。2017年，西王门经联社以深入开展农村集体产权制度改革省级试点工作为契机，通过集体资产经营管理体制改革，推进集体资产量化，把集体资产折股量化到人，实现了“资产变股权、农民当股东”，建立了集体资产监管经营体制，为集体资产增值、农民增收打下了坚实基础，激发了农村集体经济发展活力。

【城镇化水平不断提升】 基础设施体系日益完善。新修建道路8条，建成七纵六横骨干路网80公里，基本实现“九通一平”。新铺设排水管道和污水管道各15公里、燃气中压管道3.7公里、热力管道4.9公里。

城乡环境综合整治成效显著。累计拆除违法建设56处、3.5万平方米，重点控制区域违建拆除率达100%，整治硬化背街小巷26条，多数“老大难”问题得到彻底治理。实施亮化工程，沿密州东路和工业大道安装“中国结”LED路灯266盏，园区夜景更加绚丽多彩。在全园区推广样板社区、样板村、样板街创建工作，每季度组织一次环境卫生大观摩，促进了全园区环境整治工作水平提升。

【生态环境更加优化】 建立落实“河长制”，全面开展清河行动。加强芦河、栗行河水污染治理与生态保护，整治河道3200米，新建滚水坝1处，增加蓄水5万立方米。实施“增绿提质”工程，大力推进园区绿化，绿化园区裸露土地2.22万平方米，园区林木覆盖率达45.6%。大力开展环保污染综合整治，散煤治理取得初步成效，市里确定的清洁煤推广任务全面完成，“散乱污”企业和10吨以下燃煤锅炉全面关停，大气质量显著改善。关闭搬迁禁养区养殖场（户）4家。

【民本民生持续改善】 充分挖掘社会资金投入园区生态文明建设，积极为赵家潘旺争取社会资金，实现了大小街道路面硬化全覆盖。同时，为大杨家庄子社区新铺沥青路1条。为周吴芦水村新修村内街道0.75公里。共新建改建农村道路9.8公里，粉刷墙面30多万平方米。在冷家潘旺村原办公场所新建敬老院1处。发放各类救助资金200万余元，园区全体干部共捐赠衣物430件，受益群众1100多人次。高标准建设总投资7800万元、占地100亩的诸城高新技术产业园学校，新建校舍2.6万平方米，高起点规划总投资2.2亿元、占地100亩的诸城文德外国语学校。

（马东东）

诸城南湖生态经济发展区

【概况】 诸城南湖生态经济发展区位于诸城市城区南部，面积62.5平方公里，辖9个社区，1.2万户，人口4.2万人，耕地面积2333公顷。2017年，全区实现财政总收入2.46亿元，同比增长58.3%，地方财政收入1.53亿元，同比增长49.8%，其中税收收入1.45亿元，同比增长49.9%；农民人均纯收入18000元。年内，小郝家村荣获全国文明村庄称号，范家庄子社区获全省文明村镇称号。

【南部新城建设】 组织湖东、湖西所有村居到潍坊市高新区进行考察，除第一批棚改项目外，重新筛选一批具备棚改条件的村居进行储备。全年先后拆迁800余户，其中东土墙已全部拆除，横沟子、陈家花园拆迁工作已进入扫尾阶段。枫香小镇一期、繁华新城北区已进入主体封顶阶段，枫香小镇二期、繁华新城南区、盛元名府等地产项目已先后开工建设，全年棚改新开工面积超过270万平方米。

【产业优化升级】 全面启动“南湖生态城”建设。2017年，共谋划开工、续建投资过千万元项目40个，涉及全市“百日会战”过亿元的项目27个。按照“四个城市”“三区一城”战略部署，本着做好大规划、开发大片区、构建大格局的总体思路，全面启动“南湖生态城”建设。南湖生态城，规划总占地面积2.3万亩。2017年共拆迁居民户和经营业户6800户，其中湖东3110户，湖西690户，湖南3000户，完成拆迁倒地1万亩。南湖生态城立足于“山水城、田园林”融合发展、生态优先、品质至上，分湖东、湖西、湖南三个组团开工建设15个项目，总投资350亿元。即建设1个南湖CBD；万兴苹果乐园、东方田园2个田园综合体；南湖市民公园、南湖野生动物园、金查理小镇3个主题公园；东坡学校、繁华高中新校区、京师国际学校、龙源学校4所学校；枫香小镇、山钢碧桂园、盛元名府、繁华新城、万兴新城5个棚改项目，规划建筑面积550万平方米。

高效推进工业项目建设。2017年共谋划开工、续建投资过千万元工业项目12个，总投资9.2亿元。做好土墙工业园“腾笼换鸟”文章。优化、整合已有资源，引导传统企业加大技改投入，土墙工业园内企业新上过500万元的技改项目10个，扶优培强创新主体。高水平规划建设产业园区。在朱家村社区规划建设占地1200亩的高科工业园，在土墙工业园南部规划建设占地1800亩的中欧工业园，承接超然首新空间引进培育的高新产业，采取可定制、可出售、可租赁等模式，提高土地产出和效益，努力打造工业转型升级的引领示范区。

【产业融合发展】 投资15亿元规划建设占地20平方公里、涵盖23个自然村12500人的泛常山农村产业融合发展示范区，争创省级农业科技园。同时以旅游路为轴线，打造文旅产业带。立足南湖区产业发展规划和特色，先后建成国家级农林科技孵化器、东方园艺苗木孵化器、半岛花卉孵化器等农业科技项目，加强与科研机构和高校院所的交流合作，采取组培等国际先进技术，努力做大现代种苗业。至年底，高档育苗温室达10万平方米，孵化基地2000亩，年培育种苗1500万株，逐步打造成江北重要种苗基地。以此为带动，重点推动常山万亩果品生态产业园建设，栽植矮化苹果8000亩、桃2000亩、大樱桃1000亩，打造过500亩的现代产业园11个，完成土地流转14000亩。同时，大力发展仓储加工、电商物流、智能育苗等业态，实现产业链条延伸。加快建设占地5200亩的万兴苹果乐园、占地2160亩的东方田园综合体、占地1000亩的邦发蓝莓基地、永辉农场等项目，培强做大现代农业。

【社会事业发展】 以加快新旧动能接续转换为动力，瞄准更高目标，坚定不移走集约发展、绿色发展、产城融合发展的路子，着力建设宜居、宜业、宜学、宜商、宜游的“五宜园区”。

学校建设突破发展。龙源学校迁建和超然中学扩建项目、朱家村小学、孔戈庄学校改扩建项目已全部完成并投入使用，北京师范大学实验学校和幼儿园、繁华高中新校区、东坡学校、朱家村小学、孔戈庄学校二期等项目已开工建设。

道路建设成效显著。投资6279万元，先后竣工通车环湖南路西延、土墙工业园道路改造、常山东路、常山西路、万亩果园道路、植物园路、两河村南路等道路工程，总里程达17.1公里。美丽乡村建设步伐加快。实行乡村振兴战略，对村居街道硬化进行奖补，全年共有13个村居硬化村内道路，硬化面积10万平方米，投资718万元。

常山景区整体水平明显提高。投资600多万元，对常山山体、道路、裸露山岩进行全面绿化、美化，实现四季见绿、三季见花，对山内道路进行全部硬化，对全部景点和配套设施进行更新，建设广丽亭、望月亭、远览亭、诵经亭，维修雩泉亭、安华塔。免费开放常山文博苑和碧霞祠，新修西、北、南停车场和游客服务中心，全面提升了常山景区形象。

（耿　娜）

人　物

中国科学院院士

王小云，女，1966年8月出生，诸城市石桥子镇王家西院人，清华大学高等研究院杨振宁讲座教授、清华大学密码研究中心主任。2017年11月当选中国科学院数学物理部院士。

1983年至1993年就读于山东大学数学系，先后获得学士、硕士和博士学位，毕业后留校任教。2005年6月受聘为清华大学高等研究中心杨振宁讲座教授。现兼任中国科协女科技工作者专门委员会委员、中国女科技工作者协会常务理事、中国密码学会副理事长、中国数学会常务理事。

多年从事密码理论及相关数学问题研究。提出了密码哈希函数的碰撞攻击理论，即模差分比特分析法，破解了包括MD5、SHA-1在内的5个国际通用哈希函数算法；将比特分析法进一步应用于带密钥的密码算法包括消息认证码、对称加密算法、认证加密算法的分析，给出系列重要算法HMAC-MD5、MD5-MAC、SIMON、Keccak-MAC等重要分析结果；在高维格理论与格密码研究领域，给出了格最短向量求解的启发式算法二重筛法以及带Gap格的反转定理等成果；设计了我国哈希函数标准SM3，在金融、交通、国家电网等重要经济领域广泛使用。

代表性论文有40余篇，3篇获欧密会、美密会最佳论文。曾获2014年中国密码学会密码创新奖特等奖、2010年苏步青应用数学奖、2008年国家自然科学二等奖、2006年陈嘉庚科学家奖、求是杰出科学家奖、中国女青年科学家奖、中国首届先知奖等。

2017年全国五一劳动奖章获得者（1人）

孙秀平　　男　　山东美晨科技股份有限公司模具设备工

2017年富民兴鲁劳动奖章获得者（2人）

王海朋　　男　　北汽福田汽车股份有限公司诸城汽车厂技术员
周　剑　　男　　诸城中康农业开发有限公司生产部副部长

2017年富民兴潍劳动奖章获得者（5人）

刘瑞珍	女	山东得利斯食品股份有限公司速冻调理事业部班长
王大为	男	诸城市百盛超市有限公司生鲜部经理
韩培义	男	诸城市义和车桥有限公司售后维修工
玄洪旺	男	诸城市人民医院神经外科副主任
徐　洁	女	诸城市府前街小学党支部书记、校长

2017年诸城市劳动模范（35人）

王永辉	男	诸城常山永辉生态农业家庭农场总经理
王光明	男	诸城亿科机械电器制造有限公司车间副主任
王志海	男	诸城市百兴农机专业合作社理事长
王金魁	男	山东大业股份有限公司党委副书记、工会主席
王新森	男	诸城市龙都街道七吉社区大化村新森生态家庭农场场长
毛桂龙	男	山东溢华阀业有限公司维修技术工人
刘会华	男	诸城市皇华镇柏戈庄社区党委书记、村民委员会主任
刘贤文	男	诸城市贤惠蔬菜专业合作社社长、桃林镇合乐社区党委书记
刘金召	男	诸城市顺达木业有限公司备料车间主任
孙立芹	女	诸城东晓生物科技有限公司质检科科长
孙树荣	男	诸城泰盛化工有限公司糠醛车间技术员
孙衍乐	男	诸城市惠林精密机械有限公司精密间歇机构研发中心技术员
纪宝磊	男	潍坊青特车桥有限公司总经理、党支部书记
李丹丹	男	软控联合科技有限公司制造中心部长
李玉军	男	诸城市宝丰德粮食专业合作社理事长
李仕伟	男	诸城市密州街道龙王庙子居民委员会党支部书记、居民委员会主任
李连美	女	诸城市舜龙艺术团有限公司副经理
李艳艳	女	山东华宝食品股份有限公司职工
杨　波	男	诸城市昌城镇重兴社区党委书记、居民委员会主任
邹永华	男	诸城市康源供水有限公司生产技术部主任
张　辉	男	诸城市枳沟镇高辉粮食种植家庭农场场长
张　磊	男	北汽福田汽车股份有限公司诸城奥铃汽车厂甘新市场部经理
张瑞亮	男	诸城市石桥子镇近戈庄社区田丰蔬菜专业合作社理事长
张德亮	男	山东泰瑞汽车机械电器有限公司模具维修工

陈述国	男	诸城威仕达机械有限公司模具中心调试工段工段长
郑召伟	男	山东美晨科技股份有限公司董事长
郑思敏	女	山东得利斯食品股份有限公司董事长
孟庆海	男	诸城市孟庆海蔬菜种植园经理、龙都七吉社区党委书记、居委会主任
孟宪良	男	诸城市绿生良种猪场场长
赵锋祥	男	山东信得科技股份有限公司生化技术小组组长
袁增海	男	诸城市登峰焊接材料有限公司总经理、诸城市摄影家协会党支部书记
侯夕玲	女	诸城长途汽车运输有限公司环卫工人
徐　彬	男	诸城市国信橡胶有限公司职工
董崇全	男	诸城市贾悦镇徐宋社区党总支书记、社区村委会主任
鞠新卫	男	诸城高新园西王门社区党委书记、居民委员会主任

2017年诸城市先进工作者（14人）

丁尔安	男	诸城市实验中学教务主任
王锡良	男	诸城市人力资源管理服务中心人力资源市场主任
朱德芳	女	诸城市交通运输局市乡公路管理处计划科科长
刘相军	男	诸城市青墩水库管理局副局长
齐玉明	男	诸城市疾病预防控制中心结核病防治科主任
孙　瑜	女	诸城市经济和信息化局节能科科长
孙中军	男	诸城市桃林镇农业综合服务中心主任
孙连春	男	诸城市公安局特警大队副大队长
李　良	男	诸城市妇幼保健院院长
李树标	男	诸城市繁华初级中学党支部书记、校长
宋树金	男	诸城市财政局国库科副科长
张　红	女	诸城市环境保护监测站副站长
张瑞军	男	诸城市舜王街道九台社区党委书记
房中文	男	诸城市果茶站站长

荣　誉

2017年诸城市所获省部级以上荣誉称号一览表

序号	获奖单位	表彰奖励名称	颁发单位	颁发单位级别	表彰时间
1	诸城市	全省社会治安综合治理先进市	中共山东省委 山东省人民政府	省委、省政府	2017.05.22
2	诸城市	全国县级防震减灾业务工作考核先进单位	中国地震局	国家部委办局	2017.12.20
3	诸城市	全国平安建设先进市（2013-2016）	中央综治委	国家部委办局	2017.09
4	诸城市	2017年全国休闲农业和乡村旅游示范县（市、区）	农业部	国家部委办局	2017.11.23
5	诸城市	国家知识产权强县工程示范县（区）	国家知识产权局	国家部委办局	2017.12.26
6	诸城市	第一批畜牧业绿色发展示范县	农业部	国家部委办局	2017.06
7	诸城市	年度质量魅力城市	国家质检总局委托中国质检报刊社授予	国家部委办局	2017.12
8	诸城市	全国法治县（市、区）创建活动先进单位	全国普法办公室	国家部委办局	2017.12
9	诸城市	全国第二批基本实现主要农作物生产全程机械化示范县	农业部 农业机械化管理司	国家部委办局	2017.12
10	诸城市	国家卫生城市	全国爱卫会	国家部委办局	
11	诸城市	首批国土资源节约集约“四个创新”示范点	国土资源节约集约模范县（市）创建活动办公室	国家部委办局	2017.03
12	诸城市人民政府	全省2017年“安全生产月”活动优秀组织单位	山东省人民政府 安全生产委员会	省委、省政府	2017.07
13	诸城市	2013-2016年度全国群众体育先进单位	国家体育总局	国家部委办局	2017.08

附　录

2017年度诸城市委重要文件目录一览表

序号	文件名称	发布文号	发布机关
1	关于印发中国共产党诸城市第十四次代表大会报告的通知	诸发〔2017〕1号	市委
2	关于批转《中共政协诸城市委员会党组关于召开市政协十届一次会议的请示》的通知	诸发〔2017〕2号	市委
3	关于批转《中共诸城市人大常委会党组关于召开市十八届人大一次会议的请示》的通知	诸发〔2017〕3号	市委
4	关于印发《中共诸城市委常委会2017年工作要点》的通知	诸发〔2017〕4号	市委
5	关于全面推进现代农业“五化”发展的意见	诸发〔2017〕5号	市委 市政府
6	关于诸城市2017年招商引资工作的实施意见	诸发〔2017〕6号	市委 市政府
7	批转《中共诸城市科学技术协会党组关于召开第四次代表大会暨“全国科技工作者日”庆祝大会的请示》的通知	诸发〔2017〕7号	市委
8	关于开展“作风建设年”活动的实施方案	诸发〔2017〕8号	市委
9	关于印发《2017年全市人才工作要点》的通知	诸发〔2017〕9号	市委
10	关于诸城市全面对接青岛的实施意见	诸发〔2017〕10号	市委 市政府
11	关于印发《诸城市2016—2020年依法治市规划》的通知	诸发〔2017〕11号	市委 市政府
12	转发《市委宣传部　市司法局关于在全市公民中开展法治宣传教育的第七个五年规划》的通知	诸发〔2017〕12号	市委 市政府
13	关于印发《中共诸城市委常委会开展“作风建设年”活动实施方案》的通知	诸发〔2017〕13号	市委
14	关于认真学习贯彻省第十一次党代会精神的通知	诸发〔2017〕14号	市委
15	关于全市党员领导干部述责述廉全覆盖的意见	诸发〔2017〕15号	市委
16	关于运用监督执纪“四种形态”加强党内监督的意见	诸发〔2017〕16号	市委
17	关于印发《诸城市法治政府建设实施纲要（2016—2020年）》的通知	诸发〔2017〕17号	市委 市政府
18	关于建立市委巡察制度的实施意见	诸发〔2017〕18号	市委

续表

序号	文件名称	发布文号	发布机关
19	关于印发《十四届诸城市委巡察工作规划（2017—2021）》的通知	诸发〔2017〕19号	市委
20	关于印发《中共诸城市委巡察工作实施办法》的通知	诸发〔2017〕20号	市委
21	关于印发诸城市“四个城市”建设五年规划和三年行动计划的通知	诸发〔2017〕21号	市委 市政府
22	关于开展重点项目建设“百日会战”的实施意见	诸发〔2017〕22号	市委 市政府
23	关于认真学习宣传贯彻党的十九大精神的通知	诸发〔2017〕23号	市委
24	关于深入学习宣传贯彻党的十九大精神的决议	诸发〔2017〕24号	市委
25	印发《关于潍坊市委第五巡察督导组反馈意见的整改方案》的通知	诸发〔2017〕25号	市委
26	关于批转《中共政协诸城市委员会党组关于召开市政协十届二次会议的请示》的通知	诸发〔2017〕26号	市委
27	关于批转《中共诸城市人大常委会党组关于召开市十八届人大二次会议的请示》的通知	诸发〔2017〕27号	市委
28	关于印发《诸城市深化国家监察体制改革试点工作实施方案》的通知	诸发〔2017〕28号	市委
29	2016年度落实全面从严治党主体责任工作报告	诸委〔2017〕2号	市委
30	关于调整市扶贫开发领导小组组成人员的通知	诸委〔2017〕14号	市委
31	关于调整省定贫困村包靠责任分工的通知	诸委〔2017〕15号	市委
32	关于调整市维护稳定工作领导小组的通知	诸委〔2017〕16号	市委
33	关于表彰2016年度先进单位、先进个人的通报	诸委〔2017〕18号	市委 市政府
34	关于调整市委全面深化改革领导小组及专项小组组成人员的通知	诸委〔2017〕19号	市委
35	关于调整市机构编制委员会组成人员的通知	诸委〔2017〕20号	市委 市政府
36	关于命名表彰诸城市劳动模范和先进工作者的决定	诸委〔2017〕22号	市委 市政府
37	关于印发《市委市政府领导班子成员党风廉政建设岗位职责》的通知	诸委〔2017〕23号	市委 市政府
38	关于全力推进京沪二线潍坊至临沂段过境诸城并设站的请示	诸委〔2017〕24号	市委
39	关于潍坊市委对诸城市2016年度落实全面从严治党主体责任重点检查情况反馈意见整改落实情况的报告	诸委〔2017〕25号	市委

续表

序号	文件名称	发布文号	发布机关
40	关于成立诸城市化工产业安全生产转型升级专项行动领导小组的通知	诸委〔2017〕36号	市委 市政府
41	关于潍坊市党的十九大安保维稳工作视频会议精神贯彻落实情况的报告	诸委〔2017〕41号	市委
42	关于成立诸城市深化监察体制改革试点工作小组的通知	诸委〔2017〕45号	市委
43	关于成立社区（居）“两委”换届选举工作领导小组的通知	诸委〔2017〕48号	市委 市政府
44	关于成立社区（居）“两委”换届选举联系督导工作组的通知	诸委〔2017〕49号	市委 市政府
45	关于诸城市南湖生态经济发展区党工委开展“作风建设年”活动情况的报告	诸委〔2017〕50号	市委
46	关于全面落实河长制工作情况的报告	诸委〔2017〕51号	市委
47	关于表扬全市党的十九大安保维稳工作先进集体和先进个人的通报	诸委〔2017〕53号	市委 市政府

2017年度诸城市政府重要文件目录一览表

序号	文件名称	文　号	发布机关
1	关于公布市政府领导成员工作分工的通知	诸政发〔2017〕1号	市政府
2	关于公布诸城市城镇土地级别调整与基准地价更新成果的通知	诸政发〔2017〕2号	市政府
3	关于推进诸城市农村一二三产业融合发展的实施意见	诸政发〔2017〕3号	市政府
4	关于调整市政府部分领导成员工作分工的通知	诸政发〔2017〕4号	市政府
5	关于印发《诸城市人民政府工作规则》的通知	诸政发〔2017〕5号	市政府
6	关于公布第五批市级非物质文化遗产名录的通知	诸政发〔2017〕6号	市政府
7	关于印发《市政府领导成员工作补位制度》的通知	诸政办发〔2017〕1号	市府办
8	关于印发《诸城市政府规范性文件评估办法》的通知	诸政办发〔2017〕2号	市府办
9	关于印发《诸城市专利奖励暂行办法实施细则》的通知	诸政办发〔2017〕3号	市府办
10	关于印发《诸城市关于全面提升畜牧业标准质量和养殖效益的意见》的通知	诸政办发〔2017〕4号	市府办

续表

序号	文件名称	文 号	发布机关
11	关于调整市政府防汛抗旱指挥部组成人员及包库包河负责人的通知	诸政办发〔2017〕5号	市府办
12	关于印发《诸城市粮食安全应急预案》的通知	诸政办发〔2017〕6号	市府办
13	关于印发诸城市地方史志事业发展规划纲要（2017－2020年）的通知	诸政办发〔2017〕7号	市府办
14	关于印发《诸城市地震应急预案》等15个市级专项应急预案的通知	诸政办发〔2017〕8号	市府办
15	关于调整部分市政府领导成员工作补位的通知	诸政办发〔2017〕9号	市府办
16	关于印发《诸城市农业水价综合改革2017－2024年实施方案》的通知	诸政办发〔2017〕10号	市府办
17	关于印发《诸城市贫困重性精神病人住院医疗救助工作实施方案》的通知	诸政办发〔2017〕11号	市府办
18	关于认真落实企业退休职工中独生子女父母养老补助有关规定的通知	诸政办发〔2017〕12号	市府办
19	关于转发《潍坊市人民政府关于进一步健全特困人员救助供养制度的实施意见》的通知	诸政办发〔2017〕25号	市府办
20	关于印发《诸城国家一般气象站探测环境保护专项规划》的通知	诸政办发〔2017〕34号	市府办
21	关于进一步做好全市政府信息依申请公开工作的通知	诸政办发〔2017〕35号	市府办

2017年度诸城市政府主要规范性文件目录一览表

序号	文 件 名	文 号	发布机关
1	《诸城市专利奖励暂行办法》	诸政字〔2017〕10号	市政府
2	《诸城市专利奖励暂行办法实施细则》	诸政办发〔2017〕3号	市府办
3	《生产经营单位重点风险岗位持证上岗管理规定》	诸政字〔2017〕20号	市政府
4	《关于认真落实企业退休职工中独生子女父母养老补助有关规定的通知》	诸政办发〔2017〕12号	市府办
5	《诸城市城镇其他居民独生子女父母奖励扶助政策实施方案（试行）》	诸政办字〔2017〕50号	市府办
6	《诸城市公共租赁住房实物配租、租赁补贴申请条件、审查程序和保障标准》	诸政办字〔2017〕56号	市府办

索　引

A

B

C

D

F

G

H

J

K

L

M

N

O

P

Q

R

S

T

W

X

Y

Z